项目策划：舒　星
责任编辑：舒　星　刘慧敏　王　静
责任校对：谢正强
封面设计：墨创文化
责任印制：王　炜

图书在版编目（CIP）数据

四川抗战历史文献．亲历、亲见、亲闻资料卷／四川省地方志工作办公室主编．—成都：四川大学出版社，2020.12
　　ISBN 978-7-5690-1749-6

Ⅰ．①四… Ⅱ．①四… Ⅲ．①抗日战争史－四川 Ⅳ．① K265.06

中国版本图书馆 CIP 数据核字（2018）第 081333 号

书　名	四川抗战历史文献·亲历、亲见、亲闻资料卷
主　编	四川省地方志工作办公室
出　版	四川大学出版社
地　址	成都市一环路南一段 24 号（610065）
发　行	四川大学出版社
书　号	ISBN 978-7-5690-1749-6
印前制作	四川胜翔数码印务设计有限公司
印　刷	成都市前智印务有限责任公司
成品尺寸	185mm×260mm
印　张	72.75
字　数	1764 千字
版　次	2021 年 1 月第 1 版
印　次	2021 年 2 月第 2 次印刷
印　数	501-1500 册
定　价	470.00 元

◆版权所有　◆侵权必究

◆ 读者邮购本书，请与本社发行科联系。
　 电话：(028)85408408/(028)85401670/
　 (028)86408023　邮政编码：610065
◆ 本社图书如有印装质量问题，请寄回出版社调换。
◆ 网址：http://press.scu.edu.cn

四川大学出版社
微信公众号

四川抗战历史文献

亲历、亲见、亲闻资料卷 第一辑

主　编　四川省地方志工作办公室
分卷主编　四川省政协文化文史和学习委员会

四川大学出版社

《四川抗战历史文献》编纂委员会[*]

2015年5月—2016年5月

主 任 委 员： 陈越良　四川省人民政府副秘书长

副主任委员： 张邦凯　四川省政协文史委主任
　　　　　　　王承先　中共四川省委党史研究室主任
　　　　　　　丁成明　四川省档案局局长
　　　　　　　马小彬　四川省地方志工作办公室主任
　　　　　　　侯水平　四川省社会科学院院长　四川省社科联副主席
　　　　　　　何天谷　四川省人民政府文史研究馆馆长
　　　　　　　赵川荣　四川省图书馆馆长
　　　　　　　何一立　民革四川省委会专职副主委

委　　　员： 钟　钢　四川省政协文史委副主任
　　　　　　　李文星　中共四川省委党史研究室副主任
　　　　　　　张辉华　四川省档案局（馆）副局（馆）长
　　　　　　　王孝平　四川省地方志工作办公室机关党委书记
　　　　　　　汪　毅　四川省地方志工作办公室副巡视员
　　　　　　　张　彦　四川省社会科学院历史研究所所长
　　　　　　　何先进　四川省图书馆特藏部副主任
　　　　　　　何一民　四川大学历史文化学院教授
　　　　　　　陈廷湘　四川大学历史文化学院教授
　　　　　　　王　川　四川师范大学历史文化与旅游学院院长
　　　　　　　曾　敏　成都市档案局局长

---

[*] 本名单于2020年7月审定。

2016 年 6 月—2017 年 7 月

主 任 委 员：蔡　竞　四川省人民政府副秘书长

副主任委员：丁成明　四川省档案局局长
　　　　　　马小彬　四川省地方志工作办公室主任
　　　　　　侯水平　四川省社会科学院院长　四川省社科联副主席
　　　　　　何天谷　四川省人民政府文史研究馆馆长
　　　　　　何一立　民革四川省委会专职副主委

委　　　员：钟　钢　四川省政协文史委副主任
　　　　　　江红英　中共四川省委党史研究室副主任
　　　　　　张辉华　四川省档案局（馆）副局（馆）长
　　　　　　王孝平　四川省地方志工作办公室机关党委书记
　　　　　　张　彦　四川省社会科学院历史研究所所长
　　　　　　何先进　四川省图书馆特藏部副主任
　　　　　　何一民　四川大学历史文化学院教授
　　　　　　陈廷湘　四川大学历史文化学院教授
　　　　　　王　川　四川师范大学历史文化与旅游学院院长

2017 年 8 月—2017 年 12 月

主 任 委 员：钟承林　四川省人民政府副秘书长

副主任委员：马振犊　中国第二历史档案馆馆长
　　　　　　丁成明　四川省档案局局长
　　　　　　马小彬　四川省地方志工作办公室主任
　　　　　　侯水平　四川省社科联副主席
　　　　　　何天谷　四川省人民政府文史研究馆馆长
　　　　　　何一立　民革四川省委会专职副主委

委　　　员：郭必强　中国第二历史档案馆副巡视员
　　　　　　刘鼎铭　中国第二历史档案馆办公室副主任
　　　　　　许　茵　中国第二历史档案馆利用部副主任

　　　　　　钟　钢　　四川省政协文史委副主任
　　　　　　江红英　　中共四川省委党史研究室副主任
　　　　　　张辉华　　四川省档案局（馆）副局（馆）长
　　　　　　赵　行　　四川省地方志工作办公室副主任
　　　　　　邓　瑜　　四川省地方志工作办公室机关党委书记
　　　　　　张　彦　　四川省社会科学院历史研究所所长
　　　　　　何先进　　四川省图书馆特藏部副主任
　　　　　　何一民　　四川大学历史文化学院教授
　　　　　　陈廷湘　　四川大学历史文化学院教授
　　　　　　王　川　　四川师范大学历史文化与旅游学院院长

2018 年 1 月—

主 任 委 员：钟承林　　四川省人民政府副秘书长
　　　　　　朱家德　　四川省人民政府副秘书长

副主任委员：马振犊　　中国第二历史档案馆馆长
　　　　　　陈建春　　四川省地方志工作办公室主任
　　　　　　侯水平　　四川省社科联副主席
　　　　　　何天谷　　四川省人民政府文史研究馆馆长

委　　　员：郭必强　　中国第二历史档案馆副巡视员
　　　　　　刘鼎铭　　中国第二历史档案馆办公室副主任
　　　　　　许　茵　　中国第二历史档案馆利用部副主任
　　　　　　钟　钢　　四川省政协文史委副主任
　　　　　　江红英　　中共四川省委党史研究室副主任
　　　　　　张辉华　　四川省档案局（馆）副局（馆）长
　　　　　　赵　行　　四川省地方志工作办公室副主任
　　　　　　邓　瑜　　四川省地方志工作办公室机关党委书记
　　　　　　陶利辉　　四川省地方志工作办公室副主任
　　　　　　张　彦　　四川省社会科学院历史研究所所长
　　　　　　何先进　　四川省图书馆特藏部副主任
　　　　　　何　民　　四川大学历史文化学院教授
　　　　　　陈廷湘　　四川大学历史文化学院教授
　　　　　　王　川　　四川师范大学副校长

《四川抗战历史文献》编辑部

2015年5月—2017年7月

主　　编：马小彬　四川省地方志工作办公室主任
　　　　　陈廷湘　四川大学历史文化学院教授

执行主编：何一民　四川大学历史文化学院教授

副 主 编：张辉华　四川省档案局（馆）副局（馆）长
　　　　　王孝平　四川省地方志工作办公室机关党委书记
　　　　　徐学初　西南民族大学政治学院教授
　　　　　王　川　四川师范大学历史文化与旅游学院院长

编　　辑：高伟明　四川省地方志工作办公室市县志工作处副处长
　　　　　朱艳林　四川省地方志工作办公室市县志工作处主任科员
　　　　　臧国亮　四川省地方志工作办公室市县志工作处主任科员
　　　　　张　华　四川省地方志工作办公室市县志工作处主任科员

2017年8月—2017年12月

主　　编：马小彬　四川省地方志工作办公室主任
　　　　　陈廷湘　四川大学历史文化学院教授

执行主编：何一民　四川大学历史文化学院教授

副 主 编：张辉华　四川省档案局（馆）副局（馆）长
　　　　　徐学初　西南民族大学政治学院教授
　　　　　赵　行　四川省地方志工作办公室副主任
　　　　　邓　瑜　四川省地方志工作办公室机关党委书记

王	川	四川师范大学历史文化与旅游学院院长

编　　辑：高伟明　四川省地方志工作办公室市县志工作处副处长
　　　　　朱艳林　四川省地方志工作办公室市县志工作处副调研员
　　　　　张　华　四川省地方志工作办公室市县志工作处主任科员

2018年1月—

主　　编：陈建春　四川省地方志工作办公室主任
　　　　　陈廷湘　四川大学历史文化学院教授

执行主编：何一民　四川大学历史文化学院教授

副 主 编：张辉华　四川省档案馆副馆长
　　　　　赵　行　四川省地方志工作办公室副主任
　　　　　邓　瑜　四川省地方志工作办公室机关党委书记
　　　　　陶利辉　四川省地方志工作办公室副主任
　　　　　徐学初　西南民族大学政治学院教授
　　　　　王　川　四川师范大学副校长

编　　辑：高伟明　四川省地方志工作办公室市县志工作处处长
　　　　　朱艳林　四川省地方志工作办公室市县志工作处三级调研员
　　　　　张　华　四川省地方志工作办公室市县志工作处四级调研员

《四川抗战历史文献》专家组

首席专家： 何一民　四川大学历史文化学院教授
特邀专家： 谭继和　四川省社会科学院研究员
　　　　　　　王嘉陵　四川省图书馆原副馆长
　　　　　　　陈廷湘　四川大学历史文化学院教授
　　　　　　　徐学初　西南民族大学政治学院教授
　　　　　　　王　川　四川师范大学副校长
　　　　　　　侯德础　四川师范大学教授
　　　　　　　吴宏远　成都市建川博物馆副馆长

《四川抗战历史文献》审查验收小组成员

组　长： 何一民　四川大学历史文化学院教授
成　员： 陈廷湘　四川大学历史文化学院教授
　　　　　　高中伟　四川师范大学原副校长　四川省委宣传部副部长
　　　　　　姚乐野　四川省社会科学院副院长　四川大学教授
　　　　　　李　健　西华师范大学原副校长

四川抗战历史文献·亲历、亲见、亲闻资料卷

编 委 会

主　　任：王正荣

副 主 任：杜兰举　吴显奎

成　　员：丁成明　马小彬　邓子跃　朱丹枫　冉卫文
　　　　　刘永剑　杨天宗　陈　炜　张小军　周思源
　　　　　赵川荣　蔡　竞

编 纂 组

夏剑军　曾　玉　姚林芳　杨　文　陈云麒　何允中
李岷聪　严裕寿　李圻昌　张光秀　谭方德　肖冀川

总　序

　　中国人民抗日战争暨世界反法西斯战争，是正义和邪恶、光明和黑暗、进步和反动的大决战。在世界反法西斯战争中，中国人民抗日战争开始时间最早、持续时间最长。面对侵略者，中华儿女不屈不挠、浴血奋战，以决死之意志赢得近代以来国家独立和民族解放的关键性胜利，也是近代以来中国抗击外敌入侵的第一次完全胜利。这场战争，彻底打败了日本军国主义侵略者，捍卫了中华民族五千多年发展的文明成果，彻底粉碎了日本军国主义殖民奴役中国的图谋，洗刷了近代以来中国抗击外来侵略屡战屡败的民族耻辱，重新确立了中国在世界上的大国地位，开辟了中华民族伟大复兴的光明前景，开启了古老中国凤凰涅槃、浴火重生的新征程。

　　在抗日战争中，中国人民以巨大的民族牺牲支撑起世界反法西斯战争的东方主战场，为世界反法西斯战争胜利做出了重大贡献，而四川人民更为此做出了特殊贡献。1945年10月8日，《新华日报》发表社论《感谢四川人民》。社论写道："四川人民对于正面战场，是尽了最大最重要的责任的：直到抗战终止，四川的征兵额达到三百零二万五千多人；四川为完成特种工程，服工役的人民总数在三百万人以上；粮食是抗战中主要的物资条件之一，而四川供给的粮食，征粮购粮借粮总额在八千万石以上，历年来四川贡献于抗战的粮食占全国征粮总额的三分之一，而后征购与征借亦自四川始。此外各种捐税捐献，其最大的一部分也是由四川人民所负担。仅从这些简略的统计，就可以知道四川人民对于正面战场送出了多少血肉，多少血汗，多少血泪！"1946年5月7日，《新民报》发表社论《莫忘四川》称："假如没有四川，我们就不能想象抗战何以能支持如此之久。"抗战十四年，四川被国人公认为"民族复兴基地"，"在整个民族解放战线上作最前进之先锋，在实际战事上为前方之后盾"，在人力、物力、财力等方面为支援抗战而倾其所有，其贡献与功绩可"历千万祀，与天壤而同久，共三光而永光"。

　　有鉴于四川及四川人民为抗战胜利所做出的巨大贡献，为让中华儿女乃至世界人民了解中华民族复兴之路的坎坷和所做牺牲，更为让历史铭记巴蜀儿女在国难关头感天动地的付出，四川省委、省人民政府高度重视传承和弘扬抗战精神，2014年10月对民革四川省委会参政议政委员会顾问、四川大学教授何一民，民革四川省委会专职副主委、省政协副秘书长何一立提交的《关于编纂四川抗战历史文献，加强对四川抗战历史研究的建议》做出"关于编纂四川抗战历史文献，由省志编委组织研究、提出意见"的批示。按照该批示要求，四川省地方志编纂委员会（简称省志编委，2015年7月30日更名为四川省地方志工作办公室）立即组织人员就编纂"四川抗战历史文献"分别听取民革四川省委会、中共四川省委党史研究室、四川省社会科学院、四川省档案局（馆）、四川大学历史文化学院、重庆市有关部门领导、专家意见，研究论证编纂的必要性和可行性。同年11月4日，省志编委向省人民政府呈报《建议批准编纂〈四川抗战历史文献〉的报告》，随后省人民政府批复同意编纂《四川抗战历史文献》，由省志编委牵头组织编纂。2015年5月4日，省志编委印发《〈四川抗战历史文献〉丛书编纂工作方案的通知》。同年5月20日，省人民政府召开《四川抗战历史文献》编纂工作专题会议，正式启动编纂工作。

编纂出版《四川抗战历史文献》具有重大现实意义和学术意义。

首先，编纂出版《四川抗战历史文献》具有重大现实意义。

一是有利于弘扬中华民族伟大的爱国主义精神，增强民族凝聚力，构建社会主义核心价值体系。十四年抗战，巴蜀儿女之所以为中华民族最终战胜日本军国主义侵略提供无以计数的人力、物力、财力支持，盖有爱国主义为精神支柱也。在战时巴蜀儿女的思想世界里，"四川是四川人的四川，四川更是中国人的四川""中国的苦难是四川的苦难，中国的屈辱是四川的屈辱""爱国与爱乡邦实一体两面"。面对日寇的侵略，四川人民同全国人民一起，"排除一切歪曲的认识，克服一切事实的障碍，前赴后继，百折不挠""务即摩顶放踵，贡献民族斗争"。正因如此，编辑抗战时期四川相关历史文献，以展现巴蜀儿女高尚的爱国主义情操，必将增强当下中国人，尤其是四川人的爱国意识和民族观念，为中华民族伟大复兴提供丰富的思想资源。

二是有助于反击当前日益活跃的日本右翼势力企图重构历史记忆和历史观的言行。日本右翼势力企图掩饰或美化1931—1945年日本军国主义对中国对亚洲乃至对世界人民所犯下的侵略罪行，如否认1937年的南京大屠杀，拒不承认第二次世界大战时期日本军队的"慰安妇"制度等。对于这股反人类、反历史的逆流，若任其发展，势必歪曲历史记忆，进而威胁世界和平。在这样的现实语境下，编辑抗战时期"民族复兴基地"四川的相关历史文献，向世界再现四川人民可歌可泣的抗战史迹，必将有助于粉碎日本右翼势力篡改历史的图谋。

三是有益于以史为鉴，强化中华儿女的历史意识、历史记忆，从而使中华民族的复兴道路更趋畅达。中华民族是最具历史意识的民族，也是最善于透过历史智慧擘画未来发展前途的民族。编辑作为中国抗战史重要组成部分的四川抗战历史文献,重温巴蜀儿女在抗日战争中表现出来的自强不息、英勇无畏、同舟共济、艰苦奋斗的民族精神,能强化中华儿女的历史意识、历史记忆,从而使中华民族复兴道路更趋畅达。

四是有助于丰富巴蜀文化内涵,加强民族团结。巴蜀文化源远流长,然为世熟稔者集中于三星堆文化、金沙文化、秦汉以来的蜀文化及饮食文化,抗战文化却没有得到充分的开发与弘扬。而四川抗战文化本身即为巴蜀文化在历史脉络的重要衍生品,其所蕴含的强烈的家国意识、民族观念及自强不息、百折不挠的精神等,值得大力弘扬。故此,编辑抗战时期四川历史文献,不仅能延长巴蜀文化的传承谱系,而且能使区域内外人士进一步认识四川、了解四川。

此外,四川各少数民族在抗战时期,为支持抗战也做了很大贡献,因而记载他们的抗战事迹,有利于加强民族团结。1931年九一八事变不久,十三世达赖喇嘛的驻京总代表贡觉仲尼、九世班禅大师驻京办事处处长罗桑坚赞及时联络诺那活佛、松朋活佛等康藏旅京人士,于10月7日成立"康藏旅京同乡抗日救国会",召集在京藏族学生及各界代表共商抗日救国大计,做出多项抗日决议,发布"康藏旅京同乡抗日救国会"宣言,发表《为国难告康藏同胞书》。1934年,四川道孚县灵雀寺堪布麻倾翁发表《告五族同胞书》,呼吁"五族男女同胞,废除私见",共同抵御外来侵略。卢沟桥事变后,四川各少数民族更是积极投身于抗日运动。如1937年12月,"四川回民抗敌后援会"(后改为"中国回民救国会四川分会")诞生;1938年9月,藏族学者喜饶嘉措大师在重庆发表《告蒙藏人士书》,号召佛门僧徒团结起来,一致抗日,挽救国家厄运。多位藏传佛教大德高僧,也利用一切机会宣传抗日,所到之处,或聚众演讲、宣传抗日,或诵经读典、为国祈祷,听众深受教育和鼓舞。因此,编纂出版《四川抗战历史文献》,弘扬四川少数民族的抗日精神,有利于加强民族团结。

其次,编纂抗战四川文献具有重大学术意义。

一是可更有效地保护和利用抗战时期四川相关历史文献。关涉四川、四川人民在抗战时期所经所行之各种史事的载体,门类繁多、文本多样,此前尚无系统化的整理。这导致研究者在利用相关文献时,往往挂一漏万,不能全面真实反映历史原貌。同时,主客观原因造成的四川抗战时期历史文献毁损现象亦时有发生,这极不利于传承历史记忆和培育历史意识。沧桑变幻,岁月流逝,当代人都亲身经历了许多事件。当事人健在的,比较清楚好写;当事人不在,甚至物是人非,则会出现史料搜集方面的困难。再过若干年,这一代人都不在了,这一代的一些事就难以说清。特别是当前加快对建设四川的老一辈领导、专家学者的数十年历史经验及"三亲"（亲历、亲见、亲闻）资料的抢救性保护，形势紧迫，意义重大。因此，无论是拓展四川乃至中国抗战史研究的深度，还是"抢救历史"，都有必要系统地搜集、整理抗战时期四川历史文献，并编辑成册。此举既方便学术界研究，更要传诸后世。

二是可为深入开展四川抗战史研究提供新资料和开拓新领域。前事不忘，后事之师。抗战史研究向来为中国近现代史研究的重心之一，但21世纪以前，研究视角多聚焦于宏观层面。随着新材料的发现、新研究方法的运用、新范式如民族国家范式的流行，尤其是地方史研究的日益深入，抗战史研究呈现出从宏观走向微观，从中心转移到边缘的趋向。在这样的学术背景下，编辑抗战时期四川历史文献，一方面势必为抗战史研究发掘更多的材料，另一方面必将深化如中华民族认同在抗战时期如何深入四川人民心灵、抗战与四川现代化进程的关系等问题的研究。

编纂组

2020年7月

《四川抗战历史文献》凡例

一、《四川抗战历史文献》（以下简称《文献》）是一部大型历史文献丛书，旨在系统发掘、整理四川一地抗日战争的相关历史文献，记录四川抗战伟大历史，传播四川抗战历史文化。

二、本《文献》所收历史文献上限为1931年9月抗战爆发，下限为1945年8月日本战败投降。为保持文献的完整性、系统性，个别文献适当上溯或下延。

三、本《文献》收录文献空间范围为抗战时期的四川省（包括重庆市及1939年至1945年的西康省）。

四、本《文献》收录文献内容为抗战时期的四川省（包括重庆市及1939年至1945年的西康省）行政区域内形成的档案、书籍、报刊以及亲历、亲见、亲闻等文献资料。如国民政府与四川省政府公文、历史档案、报刊文章、文学作品、文艺作品及其他各类公私文书等。文史资料选辑、口述史等各类历史文献，也在本《文献》收录之列。

五、本《文献》共11卷（具体册数根据资料情况进行调整），分为大事记卷、政治卷、社会卷、经济卷、军事卷、文化卷、科技教育卷、卫生卷、少数民族卷、川渝图书馆抗日战争时期出版图书联合目录和亲历、亲见、亲闻资料卷，个别卷下分册。

六、本《文献》对符合收录范围的相关文献一般不做裁选，以保证收录的原真性、系统性、完备性。

七、本《文献》部分卷次适当配以珍稀抗战图片，以图片见证四川抗战历史。

八、本《文献》以四川省档案馆、四川省图书馆、四川大学图书馆、四川师范大学图书馆的藏书为基础，中国第二历史档案馆、台湾文献馆、台湾"中央研究院"等各公藏机构、个人藏书为补充。

九、本《文献》所收录每种文献原则上注明名称、卷数、著者、版本、时间、版别，或者收藏之公私机构、个人。

编辑说明

一、本卷所收录文献均为亲历、亲见、亲闻史料和新征集的文章，总计三百余篇。文章成文的最早时间为1938年，因语言的发展，个别词语在今天已不使用，但为尊重历史，本卷仍予保留。

二、资料来源于各类历史文献、参战官兵回忆文章、采访整理、历史文献重新归纳整理、参战川军官兵后人回忆文章和专家研究成果。

三、多数文献已公开发表，少部分尚未公开发表的文献和文章，尽可能联系到作者本人或作者后人，并征得他们的同意。

四、部分文章为作者整理口述资料成文，或亲闻、或听闻历史事件经查证撰写而成，亦符合亲历、亲见、亲闻资料的要求，可作为历史文献。

五、抗战时期文献原版为竖排版，现改为横排。文献中的标点符号及异体字，根据通行使用规定做修改。

六、新征集的抗战官兵后人文章和专家文章，都经本人审校认可。

七、历年政协文史资料，由于历史原因造成个别词句不适于新形势，在编辑中做了如下处理：

（1）对个别文字过长者进行节选，对部分内容做删除处理。

（2）个别词句在不影响文献内容表达的情况下予以删改。

（3）时间、人名、地名、数据有误以及字词使用不规范的，均予以修改。

前　言

　　由四川省地方志工作办公室牵头、四川省政协文化文史和学习委员会编纂的《四川抗战历史文献·亲历、亲见、亲闻资料卷》（第一、二辑），旨在纪念这场伟大和正义的战争，弘扬中华民族精神和巴蜀气魄。全书用"亲历、亲见、亲闻"的第一手文史资料，以及翔实客观的历史文献，再现了川军奋勇抗战、后方人民勤劳勇敢、各方人士众志成城的壮丽史实。史料中包括省政协留存的未公开出版的亲历、亲见、亲闻资料，还有抗战史研究专家多方发掘线索、整理成文的手稿，对四川抗战的整体面貌和历史细节有最新的诠释，以供缅怀先贤和研究抗战史之用。

　　本书第一辑为前方抗战。1937年至1945年，四川出兵近350万，占全国兵员的五分之一，被誉为"无川不成军"。战争中阵亡、失踪约30万人，受伤34万人，其中牺牲战区司令长官一员（刘湘）、阵亡集团军总司令一员（李家钰），阵亡、自戕殉国将领十员（不含追赠）。成建制出川的川军共6个集团军11个军，参加全国正面战场22次大会战中的20次会战，北至山东、山西战场，南至广西、贵州战场，东至浙江沿海战场，西至湖南、湖北战场，遍及12省（市、区）。我们追寻6个集团军和其他一些川军、印缅远征军的战斗足迹，以充分展示抗战将士远离家乡抵御外敌、不惜马革裹尸还的英勇事迹。

　　第二辑为全面抗战爆发前川人参加抗日的情况，以及全面抗战爆发后四川作为主要后方对前线的支援。赵一曼是中华民族抗日英雄，从1931年就参加和领导了抗日战争，1936年牺牲在东北，是四川人民的骄傲。四川人民在肩挑背扛的条件下新建了9处军事机场，抗击日军对大后方的轰炸。1944年6月，中美空军首次轰炸日本本土即从四川出发，这次轰炸标志着我国对日作战由守转攻。早在抗战初期，川滇、川陕等多条国防公路通车，东部的工矿企业和大批生产物资辗转迁到四川，六百多家钢铁厂、兵工厂、纺织厂迅速落地生产，制造出前线急需的武器弹药和装备，有力保障了抗战的需

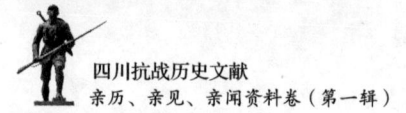

要。四川为抗战总计征购粮食 8200 余万担，占全国总数的三分之一，保障了本省人民和一千余万外省难民的粮食供应，而且四川省上缴的财政收入亦占全国总收入的三分之一。外省来川大学生和四川青年是印缅和滇西远征军的重要组成部分。我们力争全方位、多视角地反映后方抗战的真实面貌，发现其中值得后人弘扬继承的、积极正面的闪光点。

在艰苦的战争年代，四川作为大后方为我国保存和提供了宝贵的人力、物力和财政支持，优秀文化和民族精神在巴蜀大地落地生根璀璨盛开。历史应当永远记住四川在抗日战争中的贡献。抗战这段历史，是四川人民的骄傲，应永远留在四川的方志史中。

尊重作者、尊重原稿、再现历史、多说并存是我们编纂本书的原则，因作者身份和视角的原因，文章记述的内容难免有与史实相出入之处，敬请读者使用时多方印证，并提出意见。

目　录

本辑序言 …………………………………………………………………（1）

一、第二十二集团军抗战亲历、亲见、亲闻

在山西火线上血战的川军	范长江	（11）
南畔村中之邓锡侯	子　隽	（13）
川军在山东前线	范长江	（14）
两下店川军建奇功	范长江	（20）
孙军滕县血战实录	范长江	（21）
陈离师长病榻访问记	范长江	（23）
滕县血战殉国的王铭章师长	铁　流	（25）
税梯青函述川军在滕县血战经过	枕戈　昌溪	（27）
随枣线上	铁　流	（29）
二十二集团军出川抗战概述（节选）	胡临聪	（31）
击毙日军少将和抗击日军报复	潘近仁	（38）
滕县守城战亲历记	张宣武	（42）
记王铭章师长血战滕县壮烈牺牲的经过（节选）	何煋荣　曾达光　徐　诚	（52）
在抗日的随、枣之战中的亲历和见闻	陈启雄	（56）
军民合作，夜袭伏儿岭日寇	张全金（口述）赵纯新　鲜魁南（整理）	（58）
我在二十二集团军的抗战经历	唐　开（口述）宋君良（整理）	（61）
转战晋鲁皖鄂忆录（节选）	杨禹文	（65）
血战老河口	周肇国（口述）徐忠稷（整理）	（69）
老河口抗日战役亲历记	何翔迥	（75）
父亲邓锡侯在抗战中的二三事	邓宇民	（80）
总司令太原遭遇战	张企予　张树君	（82）
父辈留下抗战的家庭记忆	李岷聪	（85）
缅怀公爹王铭章将军	白光莲	（90）
赵渭宾烈士家书	赵令德　赵令蓉	（95）
爷爷邹绍孟最后家书	邹　维	（98）
抗战时期陈离前线二三事	金　雷	（100）
侵华日寇少将旅团长田岛死伤之谜	陈洪涛	（106）
父亲严翊血战滕县东关	严裕寿	（111）

从日军的战报看川军死守滕县	任世淦	(117)
寻找爷爷王麟	王　愔	(121)
缅怀爷爷吕康的抗日往事	吕　瑞	(127)
怀念父亲李兆麟烈士	李祖君	(131)
张全中兄弟上阵	张文兴	(134)
老河口保卫战中的汪匡锋兄弟	汪复娟	(136)
隆中英魂	钟行果	(141)
应永垂青史的川军抗日精神	游联璞	(148)

二、第二十三集团军抗战亲历、亲见、亲闻

饶将军浴血殉国	汪导余	(155)
郭勋祺恰当敌锋	济　南	(157)
陈万仞师长在繁昌	朱民威	(159)
荻港战役之一页——川军阵中日记	徐仲达	(162)
二十三集团军出川抗战概述	岳星明	(165)
二十三集团军固守江防和参加浙赣会战的回忆	骆周能	(168)
我在二十三集团军参加的抗日战斗历程	吴官明	(173)
父亲和我参加抗日战争的回顾（节选）	郭开尧	(176)
三攻贵池两布水雷	罗心量	(181)
攻克马当要塞	骆周能	(184)
长江布雷断忆	骆周能	(187)
父亲刘兆藜在南京保卫战中	刘文镜	(189)
父亲饶国华的出征与还乡	饶毓琇	(193)
徐元勋一四七师参加浙赣会战	徐定一　何允中	(198)
回忆老兵黄士伟	唐汉军	(203)
川军抗日四三八英雄团	马民康	(206)
唐氏家族抗战概况	唐汉军　唐　旭　唐　宏	(209)
三走父辈苏皖抗日路	郭开慧	(216)

三、第二十七集团军抗战亲历、亲见、亲闻

二十军上海作战记（节选）	杨　森	(229)
杨森将军在前线	胡兰畦	(233)
杨汉忠抗战经过	范长江	(235)
夏斗枢将军会见记	胡兰畦	(237)
二十七集团军出川抗战纪要（节选）	向廷瑞	(239)
记川军二十军参加上海抗战（节选）	莫　湘	(243)
临危受命　淞沪喋血	向廷瑞	(245)
国共携手　抗日皖北	蓝纹波	(248)

我在二十七集团军参加1939年冬季攻势的回忆 …………………… 蓝纹波（251）
第一次长沙会战 ……………………………………………………… 蓝纹波（256）
我参加第三次长沙会战 ………………………………………………… 刘 朗（260）
我参加第四次长沙会战 ………………………………………………… 罗士瞿（262）
追忆长沙保卫战 ……………………… 李茂实（供稿） 滕昭辉（整理）（264）
湘桂战地行军记 ………………………………………………………… 罗士瞿（267）
老兵张文治的抗战回忆 ……………… 张文治（口述） 张秀模（整理）（270）
父亲景嘉谟在抗战中几次战斗 ………………………………………… 景光复（274）
我的父亲邓梧生，我的母亲裴汉卿 …………………………………… 邓佑黔（279）
父亲的八年抗战 ………………………………………………………… 杨明罡（282）
陈家乾少壮出川，暮年赴京受勋 ……………………………………… 杨明罡（286）

四、第二十八集团军抗战亲历记

二十八集团军抗战记略 ………………………………………………… 卢惠修（293）

五、第二十九集团军抗战亲历、亲见、亲闻

二十九集团军出川抗战概述 …………………………………………… 李 秾（297）
出川战斗在大洪山 ……………………………………………………… 李 辉（301）
战斗在大洪山 …………………………………………………………… 邱正民（306）
襄河保卫战 ……………………………………………………………… 许维新（310）
回忆李宗仁先生"捉放曹" …………………………………………… 萧德宣（312）
忆以身殉职的许国璋师长 ……………………………………………… 邱正民（319）
协同美军爆破组歼敌辎重队纪实 ……………………………………… 萧德宣（321）
忆八年抗日战争中的二三事 …………………………………………… 李 秾（324）
大洪山反扫荡军长廖震受伤歼敌记 …………………………………… 廖泳贤（328）
许国璋后人揭尘封心底的秘密 ………………………………… 余 行 杨 力（331）

六、第三十集团军抗战亲历、亲闻

我率三十集团军出川抗战的经过 ……………………………………… 王陵基（337）
三十集团军抗战记略 …………………………………………………… 刘识非（341）
在江西武宁前线抗日亲历记 …………………………………………… 叶汉维（349）
参加长衡会战的回忆 …………………………………………………… 骆湘浦（353）
抗日军人——明继光 …………………………………………………… 明 科（357）
川军抗战的罗忠信兄弟 ………………………………………………… 罗 江（361）
孙海澄在七十二军的抗日纪实 ………………………………………… 孙启平（367）
父亲邓遂良作战湘鄂赣 ………………………………………………… 邓伯川（370）

七、第三十六集团军抗战亲历、亲见、亲闻

保卫长治的李其相将军 ……………………………………………… 范长江（379）
二等兵李发生之忠勇 ……………………………………………………（381）
三十六集团军出川抗战概述 ……………………………………… 张光汉（383）
记洛阳会战与李家钰殉国经过 …………………………………… 张仲雷（387）
随李家钰将军出川抗日回忆 ………………………………………… 龙 晖（393）
回忆李家钰将军在抗战中二三事 …………………………………… 刘 玺（397）
回忆我追随李家钰总司令在抗战中的短暂时刻 …………………… 黄开仁（401）
魔窟历险前后 ………………………………………………………… 黄开仁（405）
有关长治血战的电文和报道
　　………………………… 张光汉（口述）　曹善群（提供资料）　何宏钧（整理）（408）
寻访东阳关缅怀抗战英烈 …………………………………………… 邓 鲁（410）
略说四十七军抗战中的三通碑 …………………………………… 李圻昌（413）
团长孙介卿 …………………………………………………………… 王剑峰（419）
抗日英雄彭仕复 ……………………………………………………… 彭杰洲（425）
亲闻父亲在抗战中的几件事 ………………………………………… 李乃安（427）
父亲李宗昉战时收集北朝隋唐碑拓 ………………………………… 李子元（431）
李家钰将军殉国灵柩归来纪略 …………………………………… 李克林（434）

八、第八十八军新二十一师抗战亲历、亲闻

第八十八军出川抗战的回忆 ……………………………… 李文密　陈章文（441）
1944年夏秋新二十一师的丽温战役 ……………………………… 李怀宸（451）
新二十一师温州"莲花心攻占战"考证 …………………………… 柯永波（455）

九、第四十三军二十六师抗战亲历、亲闻

二十六师抗战纪要 …………………………………………………… 何聘儒（463）
川军抗日铁血二十六师 …………………………………… 王修和　马民康（467）

十、独立第三十五旅抗战亲历、亲闻

独立第三十五旅守备长江半壁山要塞及参加随枣会战的经过 ……… 萧德宣（475）
追溯历史线索还原真实的李宗鉴 …………………………………… 李如荣（479）

十一、滇印缅远征作战亲历、亲闻

我参加出国抗日的回忆（节选） …………………………………… 王大中（485）
远征印缅纪实 ………………………………………………………… 陈公屿（491）
密支那丛林作战 ……………………………………………………… 卢少忱（496）
我在远征军的经历（节选） ……………………… 刘启达（口述）　范裕珍（整理）（499）
印缅作战记 …………………………………………………………… 姚 辉（503）

参战官兵访问录 …………………………………… 邱中岳等（508）
中国驻印军中的"娃娃兵" ……………………………… 易克恨（530）
我所目睹的日军广州投降 ………………………………… 钟　华（535）
滇西作战概况 ……………………………………………… 黄　杰（538）
1942年滇西第一仗
　　——中国远征军反攻滇西战役亲历记（之一） ……… 高仁勋（540）
腾北之战
　　——中国远征军反攻滇西战役亲历记（之二） ……… 高仁勋（543）
滇西大反攻
　　——中国远征军反攻滇西战役亲历记（之三） ……… 高仁勋（547）
血战松山的敢死队员
　　——一个参加松山血战幸存老兵的点滴回忆
　　……………………………… 吴汉文（口述）　谭方德（整理）（557）
勇士血战南天门 …………………………………………… 谭方德（561）
壮烈之战长忆松山
　　——老兵晚年忆抗战 ……………………………… 刘中柱（启然）（564）

5

本辑序言

全面抗战爆发后，四川积极出兵抗战。1937年到1945年八年间，四川共有官兵近350万人走上抗日前线。其中阵亡约26万人，失踪约3万人，负伤约34万人。兵员总数和伤亡总数，均占全国五分之一。因此，时有"无川不成军"之说，川军可谓四川人民在抗日战争中最突出的表现。

所谓川军，实际只是川籍官兵的一部分，是指以川籍官兵为主体的，或属川省绥靖公署编制内的军队（不包括补充到川外军队的壮丁），他们是国民革命军第二十二集团军（四十一军、四十五军）、二十三集团军（二十一军、五十军）、二十七集团军（二十军）、二十八集团军（五十六军）、二十九集团军（四十四军、六十七军）、三十集团军（七十二军、七十八军）、三十六集团军（四十七军）、四十三军（二十六师）、八十八军（新二十一师）、独立三十五旅，以及留守川康未开赴前方的二十三军、二十四军、九十五军等。

在前方作战的川军，常年保持约30万人。他们分布在全国六大战区十二个省区（包括上海、江苏、浙江、山西、山东、河南、湖北、湖南、江西、安徽、广西、贵州等地）。

全面抗战期间，川军阵亡和牺牲了战区司令长官刘湘，集团军总司令李家钰，师长王铭章、饶国华、许国璋等将官十余员。川籍官兵前赴后继，屡败屡战，不屈不挠，忍辱负重，无怨无悔，谱写了无数惊天地泣鬼神的壮歌，为抗日战争的最后胜利做出了卓越的贡献。

一、川军的爱国主义

爱国主义是鼓舞官兵舍生忘死的精神支柱，是他们不可动摇的信仰。他们在这种精神的引领下，彰显了忠勇可风的民族气节。官兵们从上到下一致称出川抗日是打"国仗"，是为国家、为中华民族打仗；为保卫中华而牺牲，是尽忠，是尽职，是光荣。

四川以及川军的抗战，领军人物当首推时任省主席、省绥靖公署主任刘湘（后任第七战区司令长官统率川军）。他的爱国主义精神，贯彻于川军抗战始终。那时刘湘虽年仅四十八岁，却身患重病，连弯腰穿鞋也很困难。但他仍力排众议，坚持带病出征。他在出川抗战声明中说："誓站在国家民族立场，在中央领导之下，为民族救亡抗战而效命。"最终他因病势过重，仅出征三个月即客死武汉万国医院。他逝前留下遗嘱："敌军一日不退出国境，川军则一日誓不还乡，以争取抗战之最后胜利，以求达我中华全民族独立自由之目的。"

1937年9月5日，在成都召开的出川抗战誓师大会上，二十二集团军总司令邓锡侯代表北路川军讲话，他说："我记得司马穰苴说过，'将受命之日则忘其家，临军约束则忘其亲，援枹鼓之急则忘其身'，我们现在把家也忘了，亲也忘了，身也忘了，我们要上前线去了。"他还说："我们出川抗战，要踏着先烈们的血迹前进！更希望后方的人民要勇敢地踏着我们的血迹而来。"铮铮誓语，振聋发聩。

1938年6月，四十七军军长李家钰对来前线采访的《新蜀报》记者说："清代诗人袁子才悼念在新疆平叛时殉国的鄂容安的诗句'男儿欲报君恩重，死到沙场是善终'，我取其意而又改动其中的一个'君'字，变成了'男儿欲报国恩重，死到沙场是善终'。鄂容安是为报乾隆皇帝对他的厚恩而死战，最终马革裹尸。可是在今天，再提'君'，显然就不合适了。我军两万余众在前线苦战，不惜战死沙场。我们要报的是'国恩'，这个'国'，就是中华民国，也就是我们祖国和我们民族。"六年后，集团军总司令李家钰将军阵亡于河南陕县南寺院，是我国阵亡于前线的最高长官之一。他的爱国主义精神，完整地体现于"马革裹尸"之豪言壮语中。

为国家死战，为国家尽忠，不仅体现在各高级长官的言行中，在下级官兵中也随处可见。如1939年冬季攻势后，美国著名女作家史沫特莱到二十二集团军前线采访。她记述说，在一个战地医院见一个头上裹着纱布的机枪手靠墙坐在草席上，于是她靠过去轻声问他伤情。这位伤兵嘴张了张，似乎想说什么，可是说不出话来。过了一会，这位机枪手终于开了口："这算得了什么，为了我们的国家。"说着，声音微弱下去，头也向胸口耷拉下来，就这样，这位机枪手牺牲了。

史沫特莱感叹道："战争爆发以来，他们已经深为民族意识所鼓舞，我看见他们战斗得自豪而且勇敢，为一个不曾给过他们任何福利的国家献出自己的生命。"

士兵们普遍具有这种朴实而又高尚自豪的爱国主义。也许他们对国家的概念并不那么清晰，但他们知道，除了自己的小家以外，还有一个赖以生存和繁衍的更大的家，这就是国家。自己就是这家中的一员，应该义不容辞拿起枪来保卫她。他们这种爱国精神和高级长官浸润着浓烈国学修养以及中华民族数千年历史精粹的爱国主义，是一致的、融会贯通的。这就是川军官兵浴血奋战、舍身成仁的精神支柱。

二、川军的家国情怀

川军官兵热爱自己的国家，同时也热爱自己的家乡。当爱家和爱国不能同时兼顾的时候，他们舍出小家，顾全国家；当忠孝不能两全的时候，他们毫不犹豫，移孝为忠，主次分明。

1937年底，四十七军李家钰部步行出川。当他们经过广元朝天，到达川陕边境地界时，长官命令全体官兵立正向后转，向家乡告别。列队后，面对着家乡，随着执旗兵手中的军旗"唰"的一声由直立变为横摆，这些遥望着家乡的官兵再也忍不住，竟"哇——"的同时号哭起来，人人泪如泉涌。不少官兵双膝跪地，俯身叩头，呼爹唤娘，哭声撕心裂肺，震耳欲聋！直到长官命令士兵起身后转，这些官兵才擦干泪水，义无反顾地踏上萧萧寒风的征程。

1937年10月，阵亡于上海大场镇的二十六师团长解固基，在七七事变后从贵州开拔前线前，有一封家书寄母："儿已开赴抗日前线，古人云'能尽忠则不能尽孝'，儿愿移孝作忠，以报国家民族。"

在同一地点阵亡的营长刘舟楫倒下后，官兵从他的衣袋中找到一份遗书。遗书中言："舟楫在军有年，不无交往，身无长物，死无余件，凡我欠人者、人欠我者，烦副团长及上级等代为清偿，使舟楫报国之后，无负于人也。"

1938年3月17日，在山东滕县与王铭章同时阵亡的一二二师参谋长赵渭宾有书信寄回家，他在信中教导正在攻读工科的儿子："希望（你）准备在一个社会主义国家中能够当一个优良的技师！能够在社会主义国家中服务！能够在复兴民族、恢复失地的工作上做最大的努力、最大的贡献！"

与王铭章、赵渭宾同时阵亡的一二四师参谋长邹绍孟，在阵亡前六天，寄家书回乡教导子女："望汝凡事立志向上，存极盛竞争心，不可一味贪玩，不温功课，以致每事均落人后，不知羞奋。因我身属军人，刻在前线抗战，万一不幸以身殉职，完我军人天职，则今后捍卫国家与复兴中华民族，责任端在汝辈。"

川中名将、一四四师师长郭勋祺，出川临行前回到家里，特地用车接来儿子的班主任老师叶尧华女士，当着各亲朋好友的面对她说："我今日即将出川抗日，我的娃儿就拜托您了，如我到前方遇有不测的话，就请教师教育我娃儿，将来长大了也要当军人继续抗日，直到胜利。"

传奇式的抗战将领范绍增，受命任八十八军军长，他变卖家产，组织起一支嫡系部队新二十一师。出征之日，他高举一方大旗，上书"受命之日忘其家，出征之时忘其身"。

更能集中表现出川军抗战精神和家国情怀的是著名的"死字旗"。1937年底，北川县曲山镇老人王者成，送子王建堂从军，并赐"死"字大旗的事迹，激励了多少爱国青年和仁人志士。这面白布制成的大旗中央，写着一个斗大而苍劲有力的"死"字；左右两侧写着这样几行小字：

（右书）我不愿你在我近前尽孝，只愿你在民族分上尽忠。

（左书）国难当头，日寇狰狞。国家兴亡，匹夫有分。本欲服役，奈过年龄。幸吾有子，自觉请缨。赐旗一面，时刻随身。伤时拭血，死后裹身。勇往直前，勿忘本分！

曲曲燕赵悲歌，无不闪耀着川军将士高尚的、以民族大义为前提的家国情怀。

三、川军的拼命精神

川军官兵奔赴前方，手执步枪、大刀、手榴弹等简陋武器，直接面对拥有飞机、大炮、坦克以及毒气和火焰喷射器等先进武器的敌人，靠的就是拼命精神。

这种拼命精神和在这种精神鼓舞下产生的英雄气概屡屡在川军官兵身上展现，感天动地。被誉为川军抗战第一人的省主席刘湘，也充分体现出了这种精神。当时，刘湘患有严重的胃病，不仅伤及健康，甚至危及生命。但他仍在为抗战奔走、呼吁、策划，不遗余力，直接领兵上前方。

1937年8月7日南京国防会议上，他慷慨陈词："抗战，四川可出兵三十万；以两

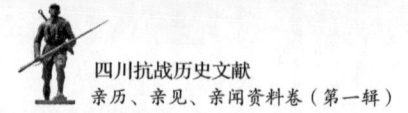

年为期限，四川可筹出兵员五百万，供给粮食一千万担以上。"这掷地有声的豪言壮语，是从由人搀扶着出席会议的病体中发出的。

11月底，刘湘在南京亲自指挥川军参加南京保卫战。他调动近七万人的部队在苏浙皖交界的太湖西岸及泗安、广德一线围堵日军，准备打一个大仗。当月27日，正在口授命令时，刘湘病体难支，昏厥倒地。经抢救后，复又挣扎着继续下命令，指挥作战。直到第二天，刘湘久病的身体不堪重负完全昏迷，不省人事。

这种拼命精神不仅刘湘具有，也为川军各高级带兵将领所秉承。

1944年豫中会战中，日军调集重兵东西两路夹击洛阳和三十六集团军总部所在地新安。此时，集团军总司令李家钰有家书寄回乡，信中称："逆料敌势滋大，余当与敌决死，以完素志。"

1937年10月，杨森率二十军坚守上海陈家行，全军伤亡惨重，连军部特务连也拉上火线。全连在连长张文治带领下，在战壕里齐唱岳飞《满江红》后，拼命发起反冲锋，终将敌人打退。

1938年台儿庄战役中，二十二集团军奉命坚守滕县，四十一军代军长王铭章率五千余众困守县城。明知坚炮之下城必破，城破人必亡，但他们明知不可为而拼命为之，全军誓言"生于四川，死守山东！"王铭章下令堵塞四门与城共亡。三日之后他们与敌城中激战，代军长王铭章，师参谋长赵渭宾、邹绍孟，团长王麟，政训处长缪嘉文，副官处长罗甲辛等将领阵亡。

三十集团军参加了武汉会战中著名的江西万家岭战役，为了堵住日军一〇六师团出逃麒麟峰山口，川军在日军前后夹击下伤亡惨重，战场上尸横遍野。战后，集团军总司令王陵基接受记者采访时，对记者张善说："在前方，有些将士遇到重大牺牲，便用电话向我请示那办法来，我的答覆，'打完'就是办法，军人的任务就是保卫国土，牺牲到底。"

武汉会战后，二十九集团军坚守鄂西大洪山根据地。在日军反复的扫荡中，集团军总部被包围在大洪山的核心，到了山穷水尽的地步。最后，集团军总司令王缵绪召集直属队营连长以拼命精神做最后一次训话，他说："能够突围出去的，最好投靠友军。如果没有突围出去的，留在大洪山打游击，只要不死，绝不能让敌人把我们吃掉。不论在哪种场合，都要保持我民族的骨气和尊严。"

1938年3月14日，山东滕县保卫战全面展开，阵亡官兵的尸体不断从火线抢下来向后方转运，当地人刘慕唐负责迎送尸体。他说，我迎的那辆车上有两具尸体，一位看样子三十来岁，留着平顶头张着大嘴，好像仍在喊"杀！冲呀！"是中弹而亡的，嘴里镶着金牙，像是个军官。另一位年纪也差不多大，脸上有一道很深的刀痕，鼻梁被砍断了，血肉模糊。

山东枣庄市退休教师任世淦，采访了当年滕县战场的亲历者与见证者。他写道："（滕县池头集的）许志元老人说：'1938年旧历二月十三日，为了阻击日军南进滕县境内，川军队伍到北边的石墙、古路口一带布防阻击。经过激烈战斗，我川军退守在这里——燕山。连长个头不高，打仗真有种！'"

任世淦老师还记录道："到了快要抵抗不住要撤退的时候，官兵们向该村村民大声喊叫催逃：'老乡啊，你们赶快找地方避一避噢，日本鬼子上来，我们就要和他们拼命喽！'"

可见，"拼命"就是川军官兵的精神。

徒手官兵也拼命。徐州会战后期，二十二集团军五百名徒手新兵奉命向西撤退，撤退途中被日本骑兵包围。领队官兵打光了弹药，全营被敌人俘虏。鬼子把俘虏赶下一道黄河河堤，架起十多挺机枪准备屠杀时，数百名官兵高呼"拼啰！"一起向河堤冲。不少官兵在机枪扫射下翻上河堤，扭住日寇用拳头、石头和牙齿撕打拼命，竟然夺下几条枪，冲开一条血路！

最后突围的只有罗浚等十几个人，四百余名新兵全部拼命死战！

最悲壮的莫过于敢死队之拼命死战。由于没有重武器，在面对汹涌而来的日军坦克，攻取坚固堡垒，翻越城垣峭壁以袭敌，以及当面击敌时，官兵往往以血肉之躯拼死搏杀，或者身捆炸药、手榴弹与敌同归于尽。

组成敢死队时，被挑中的壮士或是自告奋勇的队员，都知是九死一生，他们往往向长官或战友托嘱后事，便慷慨上路。也有的根本来不及留下临行遗言，便飞身扑向敌阵和隆隆而来的坦克。这种战术往往用于恶战中夺取最后胜利，或掩护全军夺路突围。如二十二集团军一二五师在滕县战役中三攻二下店，第三次攻击全面占领街区后，唯有中央堡垒尚未攻克。堡垒四周为开阔地带，无法隐蔽接近，于是组成敢死队突击。敌人机枪成密集火网，敢死队员伤亡惨重。最后敢死队全部队员放下步枪，一手拿大刀，一手拿手榴弹，分列排队成波次冲锋。战况惨烈，尸横遍野，血流成河，道路为之堵塞。

民族危亡时刻，川军将士以死相拼、血战到底的气概，何其壮烈！

四、川军的忍辱负重

由于历史的原因，四川地方政府和国民党中央政府多有猜忌，互不信任。这种猜忌和互不信任也被带到战场中，甚至常使川军在政治上和军事上受到歧视，成为一种阴霾罩在心头。

二十二集团军从川北步行出川，按计划奔赴河南进入第七战区。所有各军皆持窳劣枪械上前方，出川时为秋初，士兵均着单衣、单裤、草鞋。出川前报准军委会部队到达陕西后换发装备武器，官兵满心欢喜等待换装。

可是令人不解的是，部队到达陕西后军委会却不经第七战区指挥系统，临阵更换隶属关系，命令二十二集团军转向山西进入第二战区作战。这 临阵变更，令全集团军所有战前准备完全作废，又无相应措施补救，根本无所适从。此时已到秋冬之际，装备完全不予换发，绝大多数官兵依然穿着单衣单裤在风雪中行军作战，冻死者众。太原会战失利，完全属于战略部署和指挥失误，可国民党却把原因推诿给川军，进而排挤和抹黑川军。

就是刘湘本人的遭遇也是如此。刘湘身为第七战区司令长官，长官部原定于郑州。可刘湘正在出川途中，他亲率的二十三集团军各部竟被调离第七战区，连司令长官也不知部队去向。后不得不临时联络，转而集中到苏皖，参加拱卫首都之战。

为了阻止日军西进，刘湘精心策划了一场太湖西岸和泗安广德伏击战，准备充分利

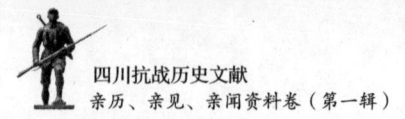

用地形优势和川军特点予敌打击。可又被指责为川军惧战，不敢与敌正面交锋。痛心疾首的刘湘不得不在围歼泗安之敌时奉令撤出部队，本就身患重病的他也因受此打击昏厥不省人事。

八年舍生忘死作战，川军武器装备补充明显不如中央各军。渴望重武器的孙震二十二集团军在1944年底始得建立自己的炮兵营，且八门山炮全是中央军系统淘汰不用的，有的还缺少零件打不响。辛苦建立起来的炮兵营，只参加了老河口一战，日寇就投降了。

部队配属中央军系统作战，往往进攻时是"挡箭牌"，撤退时担任掩护部队，打胜了无功可居，失败了却要负更大的责任，背黑锅，受惩罚，受指责，这种情况几乎屡见不鲜。

前面是强敌，背后是国民党内部派系别有居心的不公正待遇。川军就是在这种情况下，血洒疆场，无怨无悔，忘身而不辱使命，悲壮之极。

五、川军的纪律和军民关系

川军官兵出川抗战，远离故土，强调群众纪律成为各部的要务。有的还仿照八路军的三大纪律八项注意，制定了自己必须遵守的纪律和注意事项。如杨森的"四大纪律"：决心英勇抗战，服从长官命令，不拿人民东西，坚固国军团体。"十四项注意"：逢人宣传，说话和气，爱护武器，不当散兵，整洁驻地，买物公平，借物送还，损坏赔偿，不乱拉屎，远让汽车，不嫖不赌，自己洗衣，负伤守纪，负伤交枪。

范绍增部也规定了类似的纪律和注意事项。

这些纪律执行得十分严厉，各部都有处决不法分子的记录。李家钰甚至处决过总部一名蹂躏妇女的上校。

由于有了这样的纪律，川军同驻地老百姓形成了十分融洽的军民关系。1940年出版的《民族战争川军战绩史料存要》记载："（皖南民众）看见川军待他们如弟兄，买东西给价，分文不少，借东西原璧归还，说话和平，老百姓知道了川军可亲，便纷纷为川军服务。""（鲁南）川军又是那样的军纪严肃，处处讲规矩，所以特别受到民众的爱护。送食物、送柴火、送冻疮药和手套的络绎不绝，于送的人不管收不收，送到就走。……所以，至今许多到鲁南的部队，还冒打着川军的名声。"

除了后勤保障支持外，还有鲜血凝成的鱼水深情。鲁南枣庄退休教师任世淦调查记录称：（一位川军士兵受伤了）宗茂忠老人二话没说，就背起这位受伤的川军战士吃力地向山下走去，谁知还没走到山根就被站在山顶上的鬼子看见了，鬼子瞄准目标"呼呼"开枪，宗茂忠老人就和那位战士倒在一起。

（川军士兵）杨子清流血过多，昏迷在万院村边农场一个窝棚里，后被抱柴而来的赵家老奶奶发现。赵奶奶六七十岁了，见是我爱国战士，就把杨子清搀扶到自己家中掩藏起来。她省吃俭用为杨子清治伤补养，使得这位川军战士逐渐好转恢复健康。临城沦陷了，杨子清无法追回自己的部队，就认赵奶奶为母住了下来。赵奶奶孤独一人，把杨子清当成亲生儿子。一直到抗战胜利，又到新中国成立之后，杨子清一直靠做小手艺养活赵奶奶。赵奶奶离别人世，杨子清披麻戴孝将这并非生身的老母安葬之后才返回四川老家。

1942年河南大旱，更兼蝗灾，灾区颗粒无收。当地驻军四十七军不仅帮助民众救灾，还有收养灾儿的。营长杨克昌就收养了灾儿杨胜雄，现今杨胜雄已在蒲江县生根立业，子孙兴旺。

各地官兵深受当地民众怀念，这种怀念历经数十年而不忘。2013年，山西省东阳关镇的民政干部写道："川军们开口大爷大娘，闭口兄弟嫂子相称。除了外出吃饭操练，闲下来擦拭枪支，讲究卫生。他们买东西公买公卖，军纪严明。""当年的川军，就像后来的八路军。"

2014年12月，川军抗战将领后人组团参加抗战将领后人抗战历史宣讲团，深入皖南探访当年川军五十军驻地，并祭奠阵亡将士。当地群众自发热烈欢迎，四处悬挂彩带横幅，鞭炮锣鼓齐鸣，引领着宣讲团参观当年的抗战文物和遗址，争相诉说抗战川军的事迹和军民深情，言之切切，泪之潸潸，令我们抗战将领后人感动得热泪盈眶。

川军抗战史是我国抗日战争史的重要组成部分。知史可以鉴今，传统的爱国主义在新时代条件下展现出的创新精神和担当精神，与川军所体现的以爱国主义为核心的民族精神一脉相承，是中华民族永远立于不败之地的根本保证。

川籍官兵也是滇西印缅远征军的重要力量，因此本辑也将远征军的作战概要纳入其中。

抗日战争胜利万岁！

何允中执笔
2015年8月

一 第二十二集团军抗战亲历、亲见、亲闻

在山西火线上血战的川军

范长江

　　川军邓锡侯、孙震两部奉命北开后，先由四川徒步到陕西宝鸡，然后搭乘陇海路车东开。原来预定在西安要整理休息一下，所以他们完全是赤足草履短裤单衣，根本没有作在北方作战的御寒准备。

　　谁知到了宝鸡，因山西军事紧急，没有休息补充的机会，就以这样的南方服装，赶上了气候凛冽的山西战场。从宝鸡以后，东至潼关，过风陵渡，登同蒲车，北进太原，完全过的是铁板车生活。人多车少，有站无坐，且适逢连日风雨，火车日夜不停，无法造饭。饥寒交迫，士兵痛苦不堪。但是他们精神很好，抱定决心："去打死日本鬼子！"完全忘却了出川前享福与发洋财的奢望。

　　邓锡侯先生是四川军人中富于政治术略的能手。这次出兵，他领导巴蜀健儿在山西一带火线上与敌浴血抗战，得力异常。他曾坚决地表示过："我上前线去作战，就只有一条命。这条命是随时都准备牺牲的。"

　　到太原附近后，邓孙两军部队奉令进入右翼阵地，全军皆如命而入。谁知敌情早起变化，左中两军早已退却，只剩右翼军孤军深入，遂陷于敌军重围中。

　　最危险的是他们部队进入阵地之后，有大部已被敌人包围击溃，他们仍继续前进。在前进过程中，本已数度发现敌人征候，但仍以为自己部队在前方，谁知进入一个已被日军占领之村庄后，日军用机枪射击，起初犹以为是友军发生误会，仍然前进。结果，左右伤亡累累，参谋长当时阵亡，邓将军的乘马亦中弹受伤，始仓皇后退。几为敌人生擒。其危殆情形，可以想见。

　　据接近邓将军的人说，当邓将军在山西南畔村深入敌阵时，他并不知道当时的危险，但他的部下知道了这消息，倒为他万分担心！

　　日本人是深于观察敌情的。等到邓将军发觉已陷入敌阵准备退出时，事实上已经来不及了。他的左右仝被敌人打死。他单人独马急驰图脱，但日本兵用了小钢炮在后面测量着，向他瞄准着追击，幸而孙将军在高岗上瞥见，急派兵从间道去把担任小钢炮射击的日军杀死，邓将军才脱了险。

　　事后，邓将军告诉人家说："我身为军人，二十余年间经过大小数百次战役。这次才遇见日军依照兵法在作战。因为他先测量敌人的行程，然后发炮射击，完全是依照了兵法而做的，所以发炮准确。"

　　川军有这种勇敢沉毅的将领领导，自然会建立不朽的功绩。他们在山西饱尝了痛苦艰难，并未获得怎样的胜利。但，多亏在山西经过了一次失败的教训，川军才知道日军的优点、自己的缺点是什么，敌人的缺点是什么，要怎样才可以和日军作战。

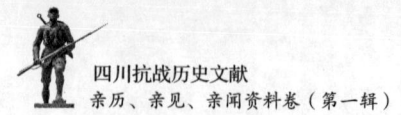

川军在山西火线上的血战，牺牲了无数健儿的热血生命。但，川军的英勇战士在踏着这些血痕前进！

本文选自杨昌溪《川军滕县血战前后——邓孙部抗战实录》，上海金汤书店，1938年，版本后略

南畔村中之邓锡侯

子隽[*]

抗战初期，战局重心在华北，华北战场的中心在山西。二十六年冬倭寇即攻下雁门，东入娘子关，会攻太原。我川军连夜赶到，赤足草履，单衣短裤踏上了雪地冰天的北战场，邓将军和孙震将军就是这里川军的统帅。

二十六年十月下旬，川军先头部队在正太前线与敌激战，十一月初奉命固守太原，邓部担任右区，占领太原城外北营之线，距太原城十里，孙部位置于狄河附近，为总预备队。当时川军虽无现代战争经验，但大家都满腹杀敌报国的热血，以真诚坦率的精神在战场相见。

邓将军奉命后，即于十一月五日午后先行亲自率兵一连赶向北营部署，企图达成进入阵地的任务。时战况已非常严重，枪炮声四处大作，敌机又不断地低飞轰炸，邓将军是三军统帅，为了任务不惜冒死前进。

一月六日，邓将军前进途中，道经南畔村，发觉有可疑的现象，为急于达成任务，仍向村里驰去。刚进村机关枪钢炮如疾雨射来，邓将军当时还急呼，恐怕是友军发生误会，不要还枪，而枪炮更来得利害。

这时左右只有步兵一排，乘马二匹，猝然遇敌，人马纷纷倒地。邓将军见势不佳乃疾纵马出村，而敌机炮骑兵亦乘势进击。出村不远，乘马失足，将邓将军跌入左泥淖，淖深，直陷过腹部。此后挣扎出泥，强行数十步，敌炮弹纷落左右，枪声威力不远，而邓将军的卫士只余一人。直到出险后，再走一两里路到达西营，王志远旅炮声仍隐约可闻，孙将军来救，始得幸免。

原来敌情已变化，中左两军早已退却，只剩右翼，孤军深入遂陷敌军重围中。嗣邓将军退守洪洞，曾与新闻记者谈及此役。他说，损失是不小，本来我各路已经退却，我所奉命令，已成过去，但我们绝对执行任务，乃求与友军联络，以致有此重大牺牲，这在我们实无愧色。所幸的本集团军从川西出发入晋，以致此项战役的前进和后撤，都能保持每个官兵的牺牲精神，且能充分地表现以极窳劣的武器和装备，仅凭白刃与手榴弹给敌人以相当的打击。此外还有两个特点，即：一、全军无逃亡；二、士兵出没冰天雪地中至今尚没有着棉服，火线上重伤及阵亡未及拖下，而一致无怨言，这确能充分发扬川军刻苦牺牲的精神。提到南畔村，他又说，孙将军向我主张，将在成都康庄井改名为南畔村，这倒很有意思。

本文选自傅双无《民族战争川军战绩史料存要》，民族学会，1941年，版本后略

---

[*] 作者时任国民党《中央社》记者。

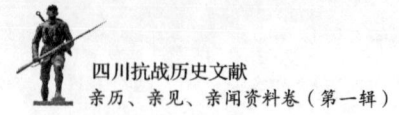

川军在山东前线

范长江

一、新作风

到徐州后，我们非常兴奋地知道四川军队在津浦战局的挽回上尽了很大的力量。当韩复榘让开津浦正面，从济宁西退的时候，如果没有川军星夜赶到，日军可不费一弹而至徐州，徐州动摇，则今日的武汉，恐万万不能如现在这样安稳了。素来被人目为魔窟的四川，素来被人目为只知内战的四川军队，今天在民族神圣自卫战争的号召之下，竟在山东这样远离四川的前方，发生捍卫祖国的功绩，这是多么不平凡的事迹啊！

难得的并不只此，四川民众对于川军军纪的感觉，一般都是头痛的，然而在徐州一带，我们从民间得来消息，川军的军纪竟是非常良好，大家相处得相安无事。

为了这些令人高兴的奇迹，我们特别肃敬地去看邓锡侯和孙震两位川军统帅。由于事实的需要与习惯的观摩，四川军人那样威仪，在民族战争的战场上变得朴质了。有史以来，四川军队从剑门关出来，过巴山，越秦岭，横穿关中，转战太行山边，而今更东进至圣贤故里的山东作战，恐怕是空前的事情。诸葛亮六出祁山，所到不过渭水上游，姜维九伐中原，始终未出陇南一隅之地，今川军竟横贯数千里外，勒马泰山边，西望巴蜀，东指扶桑三岛，四川军人之光荣，实亘古以来所未有。故上自将校，下至士兵，皆表现为一致之愉快心情。邓孙二先生一再道述，官兵对于今回战争，不论胜负如何，皆觉得死而无恨。

徐州为古彭城，即西楚霸王项羽之故都，今日徐州车站上却有不少巴蜀男儿之踪影，在山东前线的川军，把徐州作为他们的后方，交通车上有许多健儿都用纯粹的川音在对话。历史改变了，中华民族内部大交流了，日本人欺侮我们所谓"一盘散沙的中国"，也快成过去了。

一月三十日，正是旧历除夕，我们从徐州北去临城，看望我们已立不朽功劳的川军将士。到时已近夜，车站小贩营业兴隆，军民安堵如平时。据地方人士谈称，韩军西撤时，军纪荡然，抢掠无度，民众一面恐惧日军之到来，一面又恐惧韩军之蹂躏，乃相率逃至乡间。人心惶惶，亡国之悲痛的阴影，笼罩于每一个民众心间，川军赶至，始相率回家，重度其几乎不能过度之旧历新年。

临城本为滕县之一镇，因有铁路东通枣庄、台儿庄，枣庄中兴煤矿公司所在，故商务超乎各镇。镇东依山地，西滨微山湖，成为军事上之隘地，过此，则徐州形势，已失屏障。微山湖多鱼，且多野鸭，土人捕野鸭，常架双土枪先后连续射击，第一枪近地面，第二枪高数尺，土枪发弹子，第一枪响时，野鸭惊起群飞，俟其刚展翅时，第二枪续发，所中特多，鸭肥而味佳。陈静珊师长于除夕之夜，享我们的腊味野鸭，感怀无极，盖以川军师长在山东前线以土味待客，其意义殊非等闲也。他日如陈静珊先生能请我们新闻记者在哈尔滨松花江游泳，更当令人兴奋也。

陈为富于政治头脑之军人，对国内政治局势，观察甚深，对于日前战局，甚抱乐观，川军武器较差，然而他认为变更作战方法，仍可以补救武器不如敌人的缺陷，如果我们军队能够机动地实行运动战，除少数正面牵制外，大部避实就虚自侧后方以攻击敌人，亦可以达成歼灭敌人的效果。但是欲此种军队达成新的任务，必须首先改造军队之自身，第一，军队战术观念必须改更；第二，军队自身政治教育必须加强；第三，军队对于民众运动，必须能健全地发动，与军队配合。具体言之，目前军队中一迫切需要在于扩大政治工作，最好能组织政治部，工作有办法，劣势兵器的军队，仍有打胜仗的把握。

二、辛酸的幽默

几位旅团长谈起他们在山西作战的经过，非常有趣。川军本来谁也没有想到到山西作战，所以对于山西地理形势的研究、友军的联络、敌情的考察等，都事先没有准备。当邓孙两部奉命北开，由四川徒步到陕西宝鸡，始搭陇海路车东开，原来预定在西安要整理休息一下，所以他们完全是赤足草履，短裤单衣，根本没有北方御寒准备，谁知道到了宝鸡，山西战事紧急，根本没有休息补充的机会，就这样以南方服装赶上山西战场，从宝鸡以后，东至潼关，过风陵渡，登同蒲车，北进太原，完全过铁板车生活，人多车少，有站无坐，且适逢数日风雨，火车日夜不停，无法造饭，饥寒交迫，兵士痛苦不堪，有士兵到终站下车时，已两腿发直，随铁门之开关，已倾倒而出，于是一种善意的悲声，普遍于士兵间："我们邓总司令告诉我们出来可以坐火车，里面有沙发椅子，坐在里面不要劳动，等于是洋房子走路。这就叫洋房子走路吗？我们不是坐火车，简直是站火车了！"

邓锡侯先生为四川军人中富于政治术略的能手，此次出兵，在西安开部属将领会议时，大家咸以为此次为国家生存而战，大家应一扫过去钩心斗角之习惯，以真诚坦率之态度，为国家效力，故到太原附近奉令进入右区阵地时，全军皆如命而入，谁知敌情早起变化，左中两军早已退却，只剩右翼军孤军深入，遂陷敌军重围中，最危险者为邓孙之部队在进入阵地之后，有大部已被敌人包围击溃，他们仍继续前进，在前进过程中，亦已数度发现敌人征候，而仍以为自己部队在前方，谁知进入一个已被日军占领之村庄后，日军用机枪射击，初犹以为误会，殆其左右已伤亡累累，其自己乘马亦受伤后，始仓皇而逃，几为敌所生擒。

川军在山西作战，本为破天荒之举。对于外面情形，太不明白，中央军服装与敌人服装，分别不清，故某次遇敌人骑探，见其骑大马，服黄呢外套，脚穿大皮靴，佩长刀，疑为友军官长，不加射击，殆其已近，哨兵被敌射杀，始知为敌骑。

川军仓皇入晋，官长多尚无山西地图，对于敌人的基本知识，毫无所知，若干受伤士兵被弃战地，见敌人坦克车冲过，误为我军汽车，频呼其停车，自报军队番号，要求搭车到后方。

这一串辛酸幽默的故事，说明半殖民地的中国，在民族解放战争中，发动了各方面的力量，这些力量往往不适合于近代战争的条件，然而在神圣的民族解放战争之中，任何部分都自愿贡献其全力，不管结果如何，参加抗战者的本身是忠诚庄重严肃的。而且事实是最好的教育，痛苦的经验，能给人以超常的进步，川军在山西尽了心，而没有造成很好的战争成绩，然而经过山西失败教训之后，四川军知道了日本军队究竟怎样，自己的缺陷在哪里，日本的短处在哪里，要怎样才可以和日本抗战。因为有了这次教训，所以津浦路北段的危局，他们能很镇定地把它挽回了。

抗战是刷新政治的最好力量，因为要在生死线上打圈，不是有吃苦耐劳和勇于牺牲精神的人，是不敢干的。平时贪官污吏把持政府机关，手段多端，排除万难，然而官僚最怕苦，最怕死，真到生死关头，官僚不打而自逃了。临城镇原来的公安局长在时局危急时私自逃了，现在的局长是滕县乡农学校的校长杨先生，他精干有为，临难挺身而出，维持地方，帮助军队，甚有办法。从这一观点上，我们欢迎战争，欢迎战争来洗刷中国历史上积累下来的腐败恶浊的政治！

临城这样小的地方，敌机来投过二十八次炸弹，结果只伤一人死一人。日本这样拙劣的投弹技术，只有一个效用，就是告诉中国军民：日本飞机的本领，不过如此而已！

川军的军誉，在前方更好，一方面是民众身受韩复榘时代痛苦，突然遇到川军这样讲规矩，有点超常的感觉，至于川军的自身，则除因参加抗日，特别自爱而外，士兵生活的改善，也有很大的关系。川军士兵在四川之穷，为全国之冠，但现在的士兵，每人有一套棉军衣和一件棉大衣，每月所吃军米为国家公米，不必出代价，故一士兵每月可得四五元之实饷，衣暖食饱而零用钱充足，当然军纪不容易坏了。

三、滕县好县长

临城北五十里为滕县，即为今日津浦路北段徐州北面唯一抗战重镇，滕县以北之邹县，已入敌手，敌我两军相持于邹滕之间。同行同业海萍先生与铁甲车王队长有旧谊，蒙其特开专车，约一小时至滕县。滕县为春秋时之滕国，滕文公当小国王就在这里。今日滕县为山东南部大县，包括春秋时滕薛等四个小国，当时所谓"地方百里而可以王"，实在当时国家小得太不成话，当时许多名将贤相，实在没有什么大不了的本领。滕县县长当古时四国盟主，而今却是行政上起码的单位。"孟子之滕，馆于上宫"，我们这次到滕县，就是住在古上宫所在进德会里面。这位滕县县长周同先生，我们一到就听到军民各方面异口同心地称道他的抗战决心和勇气。原来韩军一月三日弃兖州，日军即由兖州南下军，用七日始到，中间几天没有军队，完全靠周县长坚决撑持。敌军占邹县后，即速向滕县前进，前锋已到离滕县县城十五里之白沙河，当时全城恐慌，汉奸维持会之组织，已将出现。周县长此时对民众坚决表示，愿"先人民而死"，力持镇定，闭门拒守，以待川军之来援。且已在滕县东部山地布置，准备万不得已时，入山抗战，仍使滕县之行政组织不至动摇。一般民众闻县长如此坚定誓言，皆曰："县长既愿先民而死，吾民当与共死！"于是人心一致，局势始安，汉奸未得早日活动机会，稍迟日军之前进，予川军以赶上接防之时机，否则，滕县早已入于敌手，川军赶到已迟，则徐州危矣！我们很为此临难不苟免之县长所感动，特别在下车后，即去看他。他在朴质的服装和坚毅的容颜中坦然谓："无他！中国已失去数百县，未闻有县长殉国者，我有心打破此种可耻纪录耳。"因此我们称县长为"滕文公"。滕县民众武装组织，现在积极开展各种抗敌宣传，皆易为民众所接受。本来山东民众在韩复榘七八年来愚民政策与高压政策之下，军纪败坏，官吏贪污，民众恨政府入骨，真有不少欢迎日军之来者，然而日军到曲阜邹县之后，其行动与表现，使滕县民众大吃一惊，张皇万状。山东所谓孔孟故里，礼乐之邦，一切皆可商量，惟有对于女性之奸淫行为，绝对不能忍受，曲阜为孔子故居，日军到曲阜后，即有该县巨绅吴廷玉、尹凤山等出面组织维持会，吴为过去道尹，尹为前清统领，以至圣故乡之巨绅，出面欢迎日军，日军称素以尊崇孔教欺骗民众，宜乎应该讲些礼节，日军问吴尹等要若干牛，吴等照办，要若干羊，吴等照办，要若干粮食，吴等照办，然后要二百女子，使吴等大感困难。然而此时迫于淫威，亦只好允设法去雇用妓女，但吴等正出外焦头烂额雇用妓女，无所结果之后，回家一看，各自全家老少妇女皆为敌军所奸淫。敌军正在纵欲，而吴尹等已骇得面无人色，随即羞愤自尽。邹县情形更惨，敌军索女人，维持会不能应，即纵兵搜索，家无幸免，上自五六十岁老妪，下至十二三岁之幼女，因被奸致死者，城厢及各村镇日有所闻。这些山东同胞特别不能忍的消息，让那些本受过汉奸思想"哪个皇帝不纳粮"的麻醉的人民，也感到不能了。起来！不愿意任人蹂躏的人们！山东同胞不自觉地都普遍地觉醒了。但是山东过去的军事政治，专以压迫人民为事，民众要起来，而怕军队和官厅的阻挠，幸而川军到后，军纪与韩军大不相同，一切公买公卖，特别尊敬山东男女之别，并且派人到各乡宣传，尽量扶助民众武力，人心便为之大壮，以为有了靠山，灰颓失意的民意，自此复燃了。

滕县民众受川军带来的新气象的刺激，大家觉得有希望了，城内的绅士如柳厚山（七十五岁）、黄馥堂（七十岁）辈皆奋身而出，随军队政治工作人员到乡下宣传。滕县的青年也纷纷起来，加入县动员委员会作宣传员。县城东北九十里之城前镇民众为欢迎川军前往，除沿途杀猪宰羊，烤制大饼，预备做饭柴火送到镇上而外，且发动乡民将九十里长的道上积雪扫清，以迎川军。黄馥堂先生七代进士、滕县通家，特作七律古诗以迎川军将帅："天上遥瞻节钺临（指川军来），安危须仗老谋深（或系指邓总司令）。晋文攘楚先三舍，忠武服蛮倚七擒（指胜利在最后，目前胜败无足怪）。中府一朝诛贰竖（指杀韩复榘），阳光普照靖群阴（指中央军威大振）。川军将帅皆韩岳，岂有神州竟陆沉。"

四、军民合作的新姿态

川军不扰民，而民间送川军之礼物特多，王副师长学俊曾下令转达民间不必馈赠，然而各村各镇之送礼物者仍不绝于途。计已送到猪一百余只，粉条一千余斤，白菜以万斤计。村民送到即走，不管收否，商家更一致公议，在旧历年关为优待川军起见，破格不提高物价。川军多穿草履，雪地冰天，民众心中不忍，特纷纷送鞋袜，而使士兵不至于感受缺乏。

鲁民这样爱戴川军，许多军官都受感动，而且是他们有生以来所未曾遇过的热爱，他们于兴奋之余，辄慨然谓："为民族而战争，能得民众如此爱戴，可以死而无恨了。"

二月一日再由滕县赴最前线之界河，由另一铁甲车专送前方，因十五里之北沙河桥已破坏，故必须下车换马前进。车中知刘队长存恩在胶东退兵时，曾有一段壮烈经过，可以作为全国军人之模范。当敌人刚过河之时，他是铁甲车第三队，奉令入胶东破坏胶济路铁桥。后来敌人已占胶济路上之周村以至济南之线，他这一列车被截在敌人后方两百余里，士兵大哗，而他仍主西返津浦路，但各站已无人负责，电话电报皆不通。他料定敌人因欲利用铁道，不会破坏铁桥。天已入夜，敌已在周村，九股道路已被敌人破坏八股，他密派勇士，暗中将其余一股道搬好，然后猛冲而过，敌人枪炮大作，刘乃燃巨灯，一面看路轨，一面还击，终得通过周村。其余各站皆且打且退，追至济南，已寂无军队，然他所率第三队铁甲车已转入津浦路，而且至今尚能在滕县最前方负守卫之责，国家如人人能如此负责，则国家不知要多保持多少力量。

下铁甲车骑四川小马，久不骑马，见马技痒，但骑惯西北大马，今骑上如此小马，意有未尽耳。然而川军将士跋涉万里，全赖此小马以代辛劳，此马为抗日而翻大山，渡旷野，本已极度辛苦，今竟蒙川军将士厚爱，将其不能分离之马匹，借给我们不相干之人乘骑，心中实甚不安。

北沙河为日本骑兵曾到之处，北去界河十七八里，途中三五里一村庄，居民皆甚安静，红男绿女，村中尚有集而作赌博戏者，盖全不类战时气象。人民今觉有所恃，得安心过旧年耳。北沙河以北之铁路，已由工程大队加以破坏，令乡民自取枕木为薪，故沿路村中男子多在铁道上作拆毁工作，相聚成队，利之所在，人民自然趋之。但人民于拆毁铁路之余，自然想到战局之艰难，我军将自此与敌人长期战争，暂无北返之可能，生于此等地区之民众，当知前途之多难，敌军之必来，而速谋自身之组织与游击武装之建立也。

到界河后，车站已完全破坏，不见人影，我们数骑过后，哨兵惊出问何人，同行有政训员，始得过。又一里至界河镇，镇中军民杂处，春联贴满门墙间，街道且为驻军扫清，丝毫纷乱气象皆无之，不知者，绝不知已入战场矣。墙上标语，有"不退倭兵誓不还！"盖表示川军出川之决心。

至前方指挥部，访谭尚修团长，知此间民众对于军队之爱护又比滕县为更甚。民众送谭团猪已三十余只，粉条近千斤，鞋袜则随时做好送来。民众见士兵无手套，乃大家赶做布手套，期使人各一双。老者见我哨兵在雪山上监视敌人，风雪刺骨，乃亲送柴火至山上，亲为哨兵燃火取暖；见我作工事的士兵，雪时亦不停，除送柴火取暖外，更出冻疮药，并亲为受冻伤之士兵绑扎；见工作过苦或有病之士兵，则在旁望视，不忍即去。

谭团在前方曾与敌人接触数次，民众皆异常尽力，某次我军搜索前进，村中已有敌人，我军不知，一村民乃出来以手势阻止我军，我军不解其意，继乃近前谓"村中有敌人"，因川军不习鲁音，亦不明了，村民乃以手阻我士兵前进，并指村中频谓"有敌人！""有敌人！"至是士兵始明白，立即散开戒备，而村中敌人已知我军已至，立刻还击，此忠勇之村民，即为敌军所击杀，然而我军因此得以保全，皆此富有抗日意识村民之功。

又一次我军与敌军作战，遗下伤亡，不能立时撤走，战场附近民众乃自动将伤者之枪弹保存，而将死者尸体暂用土埋葬，伤者则暂收容家中。殆敌军退后，村民自动将死伤士兵送回营，而对死者，在交代尸体之后，与当地围观居民，同声痛哭，如丧老友。让许多官兵反而节制了自己对于同伴本有的哀痛，而劝慰村民，谓他们系为国家而死，死后可以升天，不必为之过于伤感。

五、打出了新胜利信心

一位曾经夜袭敌人最前进根据地两下店的尹惟一营长，畅谈其与日军接触后之得，他谓"从来没有比现在更好打的仗了"。第一，民众帮助，事事不感困难。第二，有民众作耳目，敌情明了，知其虚实，避实就虚，处处有打胜仗的可能。第三，敌军攻击精神都薄弱，只要稍为遇到一点我军攻击，即如乌龟式的缩头不敢外出。至于我方士兵则无人不轻视日本步兵行动之拙劣。但能避开日军之大炮坦克等正面冲突，一见日本步兵，那就算操了胜算把握了。

作战上他发明新的作战方法，他以为同日本作战，假如我们兵器不能变到对等，则我们正面死守或者猛攻，都不能达到战争上以少的牺牲换得大的胜利之原则。他经验所得，应说用少数部队正面牵制敌人，而以主力控制于敌人侧面，正面但求韧性的牵制，不在与敌硬拼，侧面主力必发现敌人侧面，然后猛力加以攻击。此种作战方法，可以转变敌人前进方法，分散敌人兵力，扰乱敌人阵容，最低限度可以做到无甚损失，而有效地阻止敌人前进的预定计划。

就敌情来说。据报在泰安者为矶谷师团，在邹县者为服荣联队。邹县与两下店之间，完全是空的，可以任我游击队活动。邹县与两下店敌人，皆用铁丝网将其驻营地围护，不敢出一步。邹县敌军人数不多，恐我民众起来反抗，乃在四门上每日贴红纸大布告一张，上写"大军明日到此！"每日夜间，日军用数十辆炮车自城中拖出，次日又将原炮车拖入，示人每日有新炮到此，其实就是原来那几门炮。拖炮的马老百姓已经看熟了。而且某次，拖炮的马将炮衣咬破，里面乃是木制假炮，所谓堂而皇哉的数十门大炮，真正的钢炮，没有几门。在泰安一带，敌军用汽车运输军火甚忙，有一次所谓军火的箱子不小心从车上跌下来，里面原来是些碎石子！敌人士兵因无战意，故戒备疏忽之至，我们的侦察可以自由出入日本所占领之城镇，并且可身怀利器，敌军不知觉。故往往若干下级干部与士兵皆请求主动袭击日军，盖众信有绝对把握，然而上方往往不准，故下级干部与士兵常感气闷。

越往东的山地县份中，民气越强，泗水县的民众曾自动入城将维持会分子捕出法办。蒙阴县的民众，甚至将盘踞县城的日本军队二百人打跑，打死日军一百余人。可以说日军在山东民众起来反抗之下，已感到处处困难，步步荆棘。

在界河的团部里，正在吃饭时候，见几位自动到军队中做宣传工作的地方知识分子，突然长袍马褂地进来了。叫声"同志"！大家坐在一起了，旧历元旦在界河前方，看到大家在抗日的总目标之下不分彼此的神情，衷心快慰。我们问他们为什么要尽义务来帮助军队，他们的答覆很简单，因为他们不愿做日本的奴隶，他们已经看过"高丽棒子"的先例，将来日本人要抽被占领地的壮丁去当兵，用中国人的钱雇养中国兵去打中国人，那是最悲惨的局面万万不能干的。因为我们不愿，所以起来反抗！

本文选自鹤琴、海燕《川军抗战集》，中央图书公司，1938年，版本后略

两下店川军建奇功

范长江

转战于晋东高原的川军陈静珊师长,自奉令调赴津浦战场后,与敌大小数百战,迭次给予敌人以重创。尤其是在两下店反攻一役中,建立了特殊的功勋。

从二月十三日起,他们向两下店开始了猛烈的反攻。一开头,就把两下店的敌军严密地包围起来。

敌人被困垓心,即以大炮集中火力猛轰,飞机亦来助战,猛烈轰炸我军阵地。我方死伤累累,但士兵杀敌心切,置之不顾,依然前仆后继地将敌军围住,同时我们另一部分川军,迂回绕道进袭,把敌人的后方与邹县间的交通,也截成了数段,敌军不能突围而出,狼狈不堪。

到十七日,敌又大批增援,向我反攻。十八日我军姚团和谭团,被敌包围在峄山、葛山高地上。我方抽调瞿团驰往,内外夹击,将敌人击溃。又调王澂熙团,带了另一团生力军,由铁路线的左翼,迂回到峄山、葛山,重把那块高地从敌人的手中夺了回来。

此后两军始终在两下店相持,敌军死伤重大,对于川军作战的勇敢,不敢侧视。

敌人的小汽车,从曲阜开到邹县,驶经小雪村时,公路已被我军破坏。敌人汽车正在进退维谷之际,埋伏的我军便蜂拥而至,手榴弹猛烈投掷,步枪密集射击,一会儿,把车上的敌人全解决了。

我们俘获了两架轻机关枪、三支步枪、二支手枪,还击毙了敌方北支派遣矶谷部队田岛部队的本部通译官中岛荣吉。

同时,邹县方面也来了一辆大卡车,上载士兵二十余名,行经凫村时,亦遭我军袭击,我方仅伤亡五人,敌人无一生还,并俘获了轻机枪一架、步枪十余支。

本文选自杨昌溪《川军滕县血战前后——邓孙部抗战实录》

孙军滕县血战实录

范长江

在日寇疯狂的侵略之下，它的目的是一贯的夺取徐州，打通津浦，完成平沪通车的路线。军事方面，使南北兵力沟通，截断陇海线，从事皖豫鄂的侵略。政治方面，使北平伪组织势力由北而南，达到其半分割中国的局面。我最高军事当局早已看透了日寇的伎俩，在津浦两端布置了雄厚的兵力，敌人自从津浦南段进攻失败后，乃改变战略，调集兵力，从津浦北段正面进攻，壮烈的战幕展开，我担任津浦正段北面防御的孙军，在抗战史上造成了最悲壮、最光荣的战绩。

邹县及两下店的敌人，原只一〇八师团的一部分，约有八百多人，由福荣指挥，以后加上重藤千秋的一师团，并陆续由青岛济南运到两师团兵力，合计敌军约有四师团左右，担任津浦北段正面防御的是原在晋东作战的二十二集团军邓、孙两部，该军去年由川出发，刚到山西，敌人已突破娘子关，孙部在平定立脚未稳即和敌人遭遇激战。损失颇大，尚未补充完备，两部兵力总共不过两万人左右，装备武器和优势的敌人比较相去天壤，本年一月内始奉调担任保卫徐州、巩固武汉中心的任务，自韩复榘不战而退，津浦北段空虚，敌人乘隙直下，幸川军驰至填防，鲁南局势始告稳定。

邓锡侯氏返川任川康绥靖主任后，全部由副总司令孙震氏指挥，敌人在两下店构筑强固工事，先是邓部一二五师、一二七师在前线迭攻两下店，互有损伤，相持未下，我军以持久防御为目的，占领香城互界河至大山廿余公里之广大面积，孙部王、孙两师，亦全部开至前线，决心与敌浴血抗战。

敌人从三月九日起，迭以小部进扰，均经击退！十四日拂晓，敌厚集兵力，向我全线进攻，并实行两翼包围，我军奋勇迎击，血战竟日，两翼仍扼守龙山及大山阵地，界河正面，迄然未动。十五日我界河正面因太突出，乃抽调城内王旅部队于北河沙阵地布置第二阵地！左翼为制止敌之包围，亦于大坞、小坞另设阵地！是日我龙山各处原阵地守军在敌猛烈炮火之下，死亡枕藉，仍继续奋斗，敌除围攻我龙山守军外，另运兵万余人于十五日午后由龙山以东向南迂回运动，入夜即达到滕县城东之城门、东郭、北明、龙阳店诸地。

孙氏以滕县为津浦北段战略上的要点，此时援军尚未开至，后方空虚，稍有疏虞，则徐州动摇，乃抱彻底牺牲保卫国土之决心，命令该军王师长之钟（即王铭章）、税副师长伯鲁，死守滕城！此时城内仅有守兵七连，部队均在前方与敌苦战，滕县县长周同躬率保安队、警察队共同守城，孙氏一面严厉督战，一面通知前方，援军不久即至，守城官兵恨敌入骨，咸抱有敌无我之决心，勇气百倍。

十六日拂晓，优势之敌由东北两面向滕城猛攻，以大炮架设高地射击，飞机终日轰炸，东面战斗尤为激烈，我东关守军严营浴血苦战竟日，相互冲锋十数次，肉搏达八小时，牺牲殆尽，外郭城垣多被摧毁，敌冲入数次均被击退！

汤部援军先头部队于十五日午前即到临城，时间尚不为晚！若能立向滕县挺进，既可迟缓敌对滕之围攻，复可使其继续部队安全集中，予敌打击，当有利于战局；不料以半日之差，竟铸成大错，所谓战争之胜负决于时空之能否获得，于兹益信！汤部于十五日夜始派兵一团，至距滕县三十多里之时家店，与绕滕南窜之敌遭遇，始终未达援应滕县之任务！至其主力均位置于临城以北铁路东方高地，致正面空虚，使敌于十六日午后，从空隙窜至南沙河与官桥附近，将临城与滕县之交通遮断！

十六日我龙山大小坞之阵地均无变化，至晚，孙氏以援军始终未与我守城部队取得联络，守城兵单力弱，危急万状，乃急调大小坞之王智远、曾甦元两旅，冲出重围，增援滕县，一部得进入城内，一部在城外与敌血战！是时邓军在前线被敌击破，陈静珊师长由城内冲出收容部队，在南沙河防护桥梁，遇敌包抄部队攻击受伤退下，守城全系孙部。

十七日黎明，敌增兵一师团之众，重炮七八门猛攻，战况之烈为前所未有！排炮密集轰击，城垣扫成缺口，我军急以沙包填塞，敌冲入均遭击退！九时许敌机向城内各处轰炸并指示炮位，每分钟发炮在十发以上，房屋坍倒，尘土蔽天，两小时停止；敌随以坦克车联合步骑兵冲锋，此时我城外守兵大部已作壮烈牺牲，我敌死尸遍野，赤血染红城河碧波，全城均被包围，守兵登临城垣，以手榴弹、大刀与敌肉搏。

十七日午后炮战益烈，每分钟敌发炮在十五发以上，敌机投掷燃烧弹，城内遍处起火，炮弹如雨，烟云迷漫，火光烛天。我军一面救火，一面抢堵缺口，一面格杀冲入之敌，尸骸杂陈，血溅长街！终以我军损伤过巨，敌由东南门各大缺口攀登，利用机枪扫射，将我城墙占据，全城入于混乱的巷战，我英勇健儿于负伤之余，仍振臂狂呼杀敌，吕旅长弹贯面部，王麟团长于抢堵城垣时督战阵亡，王师长立于街口，奋勇指挥杀敌，弹中腹部，流血过多身死。该师赵参谋长、罗副官长均先后阵亡，王智远旅长、汪洁泉副旅长、张宣武团长均负重伤，税副师长仅以身免，该师邹慕陶参谋长、傅参谋长均阵亡！其余营长以下官佐，死亡尚无从统计，周同县长坠城而死！（按，据四月五日消息，周县长已脱险）抗战到底，临难不苟，杀身成仁之壮举，神鬼感泣！城内数百重伤士兵不愿受暴敌残杀，均以手榴弹炸而死！死事壮烈，实属惊天动地！

孙军长于滕城失陷，所部牺牲，敌人逼近临城仅有数里，无兵可供指挥之际，始退至某地，收容残部。该军以微薄之兵力，拙劣之武器，与强敌血战，保守孤城达三十六小时以上，卒至弹尽援绝，人亡城破，以悲壮之牺牲，换取抗御时间之延长，使后方援军得陆续赶至，敌人不敢乘虚直下，徐州得以安定，武汉中心巩固，慷慨壮烈，造成我民族抗战史中最光荣之一页！在此战局好转之日，实应值得大书特书之一页！

本文选自杨昌溪《川军滕县血战前后——邓孙部抗战实录》

陈离师长病榻访问记

范长江

滕县血战一役，我军浴血抗战的忠勇悲壮，实足惊天动地，感泣鬼神！除王铭章师长等各将领殉国外，尚有一位陈离（静珊）师长亦因坚守滕县而负伤。在过去山东前线，陈师长是那样艰苦地率领部队扼守着，不容敌人轻易跨跃雷池一步。

陈师长是个富于政治头脑的进步军人。举止谈吐，沉静而有条理，见解深刻而又准确。在川省有新派军人之称。数年前他驻防汉州，该地曾发生过一次响应共产党的兵变，即系陈之部下。他对于文化事业十分热心，上海有一家专门出版社会科学书籍的辛垦书店，据传他的资本占了半数。他对于国内政治形势，观察甚深，对于抗战前途，尤抱乐观。他每次作战，必亲临火线。这次中弹受伤，就是他奋勇抗战实现了多年抱负的有力证明。

在一个细雨迷蒙的午后，笔者带了一颗崇敬的心儿上××医院的一间恬静的病室里，访问了这位勇敢的师长。

经过了双方寒暄之后，笔者要求陈师长报告在前线血战负伤的经过。他笑着允许了，便开始他的叙述：

本师的部队分驻在下看埠、白山、黄山、九山、王福庄、张庄、后屹村、全山等一带阵地。敌军于十四日黎明集结猛烈炮火，攻我下看埠、白山、黄山等前进阵地。我周营抵抗至为忠勇，有一个士兵曾以手榴弹向敌阵猛烈抛掷至八次之多，最后终于阵亡。周营虽奋全力抗战，卒因众寡悬殊，全营壮烈牺牲。敌即进攻我九山、王福庄一带阵地。激战良久，敌未得逞。乃改变战略，分兵千余，自龙山濮阳田间抄袭我军后方，本人得讯，即亲率部队一营驰往抵御。但敌人又增援千余，并有大批部队用迂回战术，自龙山前后枣庄占领了我军后方的柳泉埠，截断了滕县到界河的公路。我们正准备会同王铭章师部队夹攻柳泉埠敌人，肃清后路。不料战事恶化，敌人已占领了柳泉附近的界河，我们已陷在敌军包围中。乃协同王师长部队坚守白沙河、龙山、濮阳山阵地，以待援军。

到十六日晨，敌军万余，已从右方迂回攻我东沙河，情势危急。乃决定王师长、税副师长率部死守县城，本人则带了仅剩的特务连、手枪连出西门，向敌人作一个出其不意的奇袭。不料才出西门四里多路，即遭遇了大队敌军。我们猛冲，敌人狼狈溃逃。当我军跟踪追到铁路线附近时，敌方预伏着的铁甲车，即以钢炮、机关枪向我们猛烈扫射，火力旺盛，我军死伤累累。不得已乃退入东面一个村庄中。刚进村，敌人已自东面山上攻村，我们一面抵御，一面退出村中。我们出村才五十米，敌人已进村，就在那时，一颗机关枪子弹打中了我的右腿。

那时我们已只剩了几十个人。当时我即命令十个弟兄散伏在几个坟丘上,其余全卧倒在身旁的一道河沟里。发现敌人后,尽可能地杀死他们,然后留下最后一颗子弹,自杀以报党国。

但,侥幸敌人竟没有发现我们,我立即吩咐士兵赶快化装逃走,自己是一个负伤的人了,死在这里没关系。那些士兵却不肯走,全说要死就死在一起。我们一条命换敌人一条命,就不赔本了。当时我不禁感动得流下泪来。

在暮穹里,忽然走来了几个当地的老百姓。他们看见我受了伤,几个弟兄又挂了彩。他们非常忧愁,说我们能打日本鬼子是好军人,是有良心的中国人。又说他们非常同情我们,又指示了一条走出敌人阵地的路径,就那样我们一直走出了敌人的火线,平安地回到了自己的阵地。

他又说:"川军武器的窳劣,甲于全国任何部队。但只要变更作战方法,就可补救武器不如敌人的缺憾。如果我们军队能够自动地发动运动战,除以少数部队在正面牵制外,大部分军队避实就虚地从侧后方攻击敌军,亦可达成歼灭敌人的效果。但要此种军队达成新的任务,必须首先改造军队本身:(一)军队战术必须更改;(二)军队自身政治教育必须加强;(三)对于战区民众运动,须以全力辅助它展开,使于事实上能和军队作适当的配合。具体说来,目前军队中,迫切需要扩大政治工作,最好能组织政治部,只要政治工作有办法,劣势兵器的军队仍有打胜仗的把握。"最后,陈师长又说:"此次出川抗战各将领,抗敌意志十分浓厚,此次在前方抗战卫国,任何牺牲均无所怨。惟望全国同胞能加紧团结,拥护政府,前方将士,即欣慰无极矣!"

本文选自杨昌溪《川军滕县血战前后——邓孙部抗战实录》

滕县血战殉国的王铭章师长

铁 流[*]

三月十七日敌军猛攻滕县，我军浴血抵抗，壮烈牺牲。师长王铭章率部在城内死守，不幸于是役殉国。同时罹难者尚有参谋长赵渭宾、邹慕陶，团长王麟，县长周同，士卒两千余名。副师长税梯青，旅长吕立南、王志远、汪朝濂、张宣武、曾甦元等均负伤。师长桂永清行踪不明，此役又为川军战绩史上写下了最光荣的一页。

津浦北段正面之敌，四日起即向界河、黄山及香城之线猛攻，我军以血肉之躯，奋勇抵抗。敌迄未得逞，至十五日，敌以步炮空联合力量，集中攻我右翼香城一点。

我军以火力不及，弹药告罄，抵抗良久，卒被突破，敌即乘势由香城向我滕县临城迂回抄袭。当时我重兵均配备前线，滕县、临城兵力空虚。为敌所乘，实堪痛惜！

敌方既占香城，即派遣大军用迂回战术于十六日晨八时逼近滕县。先将我东关包围，并发巨炮向东城射击。我东关守军，初守土城，即与围攻之敌浴血苦战，肉搏达八小时，部队牺牲殆尽，黄昏始奉令退入城内。

这时我驻防界河部队，闻警后为巩固后方起见，即自前线撤回滕县增援。滕县城内守军共有军警三千人。

王铭章师长即以此三千士兵作基干，决在滕县和敌拼一死活。滕县县长周同，亦表示愿誓死协同固守。

敌既占了东关，乃于十六日夜向城开炮猛轰，达两万发，城垣被击坍两处，我军急以堆存之食盐千包，将缺口抢堵，四门亦以沙包填塞。十七日晨，敌大部已包围四城，由飞机大炮掩护，开始抢登我城垣，守军以手榴弹及机枪制敌，毙敌无数。

惟此时城内炮弹如雨，敌机轰炸不绝，烟云迷漫，火焰烛天。我三千士兵，生存者寥寥，王铭章师长因局势危急，当率参谋长赵渭宾、吕立南，团长王麟，县长周同等登城督战，我生存健儿，经王激励，仍奋勇杀敌，有死无退。

当战况紧急时，王师长曾连发告急电四通，向该军军长孙德操求援。惜时间上已不及驰救。兹将告急原电录下：

密（一）十七日黎明敌即以大炮，向城猛攻，东南角城墙冲破数处，王团长麟负伤，现督各师死力堵塞，毙敌甚多。（二）敌以炮兵班轰我城内，及东南城墙，东门附近又冲毁数段，敌兵登城，经我军冲击，毙敌无算，已将其击退，若友军深夜再无消息，则孤城危矣。（三）独立山（滕县东南十余里，即汤预定到达地点）友军本日无枪声，想系被敌击破，目前敌用野炮飞机，从晨至午不断猛轰，城墙缺

---

[*] 作者时为《新新新闻》记者。

口数处，敌步兵屡登城，屡被击退，毙敌极多，我忆委座成仁之训，及开封面训嘉慰之词，决以死拼，以报国家，以报知遇。（四）十七日晚，我援军尚未到，敌大部队冲入城，即督所留部队，与敌军作最后血战。

奈敌众我寡，卒于十七日下午三时，遭敌由东南城两缺口登城，窜至西城。我赵参谋长、周吕两旅长、王团长均中弹阵亡，王铭章师长腹部亦中弹。旋王师长因大势已去，危城难守，当以身已负伤，不愿落入敌手，即用手枪自杀。临死仍高呼："中华民国万岁！抗战到底！"

此种视死如归杀身成仁之壮烈情绪，神鬼为泣！

周县长越城而出，当亦跌死。我军有重伤士兵三百余人，未及退出，不愿受敌残杀，互以手榴弹爆炸而死。其死事壮烈，诚足惊天动地！

敌既入城，我城内零星部队尚有五六百人，仍集合与敌巷战。晚七时又突出重围，且战且退，途中又伤亡逾半。

滕县郊外，敌尸满野，血流成渠。滕县经此浩劫，城内建筑已成一片焦土，烟焰蔽空，入夜火光烛照百里。

王师长殉国后，蒋委员长甚为悼念，亲笔题赠"民族光荣"四字，已呈中央从优恤典而慰忠魂，中央决特令追赠陆军上将，依上将阵亡例议恤。

蓉市方面之王氏治丧处，于二十八日成服，开始公祭，自东门街口起，过街楼街止，全用黄白色缀成天花，两端各置素坊一道，两旁用白布竹条织成栏杆，悬挂各机关团体私人等挽联祭帐，有数百副，颇多悲壮激昂之词。从大门到祭堂，亦同样布置，祭堂中央悬王氏戎装约二尺高半身遗像一幅，英姿奕奕如生，绕以花圈及白色电光，灯光灿烂，满目凄凉。两旁挂川康绥靖主任邓晋康氏挽联一副，文曰："与孤城共存亡，视死如归，裹革尚留残齿在；为天下倡忠义，闻风兴起，请缨纷击肩头来。"又后设一灵堂，内设衣棺一座，绅书方鹤斋、刘豫波、尹仲锡、余沙园、向仙桥、徐申甫、陈泽浦等，及军政首长如省府邓代主席汉祥，警备司令严啸虎，警察局长周荃叔，军分校主任陈又新、马嗣良，暨张真如、但懋辛、田颂尧、陈益廷、朱光潜、马德斋、曾南夫、潘仲三等均亲往致祭。又各机关法团、学校、各大丛林，暨王氏家族亲友部属等纷往公祭，约四千余人。川康绥靖主任邓锡侯氏，于午后三时亦亲往致祭，并面慰王氏夫人周玉华、叶亚华两女士。

附王师长小史如下：

王铭章字之钟，现年四十八岁，四川陆军军官学校毕业，生平崇拜岳武穆，行军所在概以武穆及佛像随身，手执佛珠，身胖面圆，气象和蔼，常云军人须以武穆为模范，而上天有好生之德，故须兼有佛家普济众生之愿。作战勇敢，辄身先士卒。昔成都巷战时，王任田部师长，督战于煤山，左右参加人员为敌方迫击炮所炸死，无一幸免，王氏神色自如，不稍退避，其忠勇精神可见一斑。遗一子，仅四龄，夫人持家俭朴，粗布蓝袍，望者不知其为师长夫人也。

本文选自杨昌溪《川军滕县血战前后——邓孙部抗战实录》

税梯青函述川军在滕县血战经过

枕戈　昌溪

四十一军副师长税梯青氏，奉令在山东滕县协同王铭章师防守，与敌血战。王师长殉国，税亦身受重伤，幸已脱险。事后税氏曾作一亲笔函于家属，详述此次在滕县血战经过详情，特附录于下，俾见当时吾军誓死抗敌之忠勇亮节：

……十四、五两日，均在滕县西北十里地方作战，十六日晨六时，敌军即逼近城外，余闻王师长仅率兵七连，在滕县县城，奉命死守待援。敌以飞机、大炮、机关枪等向城内猛攻，城垣多被大炮轰毁，城内两日一夜，共中炮弹计两万发以上。余与王师长同住之屋，约中炮弹五百发以上，城内房屋多被炸毁燃烧。至十七日黄昏，敌军由东门进城，余同王师长及吕立南旅长等仍分队督战，死力抵御。约一个钟头后，始冲出西门，在敌之机炮密集射击下行二十里，始稍得安全。次日正午，又在中途遇敌，得一小渔船渡过湖，至昨日午后始抵××。此役本师与王师伤亡，均在两千以上，吕旅长头部负伤今已到徐，王团长及特务连长高德坤阵亡，排长周茂清负伤，士兵只剩十余人。邹慕陶、傅哲民等尚无消息，俟三日内，能回与否即明。王师长及该部赵参谋长象贤，均于冲杀时阵亡，尸体无法运下，其余负伤阵亡官兵，完全未能运下，视之令人惨痛极矣。（中略）本军因多守城两日夜，被困城中，不能冲出，故死伤特重，现本师正在收容部队，刻奉命在××附近整理。中央已另派别军担任前线防务，积极反攻中。

又四十一军一二二师师部职员姜某，由滕县脱险到汉口，航函川中友人，叙述王铭章师长督战滕县，尽职殉城之忠勇，原函略云：本月十五，我军及全部入滕县城内防守，被敌军围攻三昼夜，敌军大炮、飞机、坦克车、步兵联合大力猛攻，城垣被轰毁数次。我军以沙袋抢堵数次，与敌血战，毙敌无算，而城内房屋，几近数焚毁。十八日申刻，王铭章师长率赵象贤参谋长等，登城督战，与城偕亡。赵参谋长先被敌击穿腹部，王师长见状，即上前执赵参谋长之手而泣，加以安慰，旋被敌军机关枪扫射。登时王师长亦弹中腹部，犹勉力指挥部队，杀敌之声，不绝于口，尝以伤重，大呼'中华民国万岁'而气绝。赵参谋长亦同时殒命，罗副官长甲辛，亦被枪伤，坠城而亡。少校参谋谢天壎，亦于城上为敌平射炮击中头部而死……

又四十一军一二三师长曾宪栋氏，自得悉前方王铭章师长壮烈殉国的消息后，痛哭失声，特电呈孙德操军长请求调赴前线杀敌，兹将原电探录如次：

立到前方军长孙，×密，俊卿兄转来钧座电，留绵官兵聆悉之下，莫不悲愤填

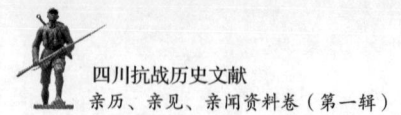

膺,职尤切恸。泣恳即调职全部,赶赴前敌,雪耻复仇,不胜企望之至,职曾宪栋叩。

在不久间,该师即将开赴前方增援了。

本文选自杨昌溪《川军滕县血战前后——邓孙部抗战实录》

随枣线上

铁 流

　　这是一支坚韧的队伍，是中华民族的马奇诺，是中鄂北的长城，在孙总司令领导之下，二十六年四川出发，转战于山西、鲁南、安徽、江苏之间，徐州突围以后，才来到这鄂北战场，一直在这里住了两年。保卫鄂北，屏障川陕，便是他们的责任。

　　在这个战线，整整地和敌人打了两年，充分地发挥他们的威力，在李司令长官和孙总司令领导之下，使鄂北固如金汤，使敌人没有侵入的机会，始终不曾越襄樊一步，数十次的血战，消灭了敌军中不少的锋锐，有名的板垣师团便在这儿掘成了他自己的坟墓。

　　这些都是四川的健儿们，用他们的血肉，筑成了这道坚实、伟大的防线，洗清了"川耗子"的耻辱。

　　整个集团包括×××和×××两军，一共五个师，他们仅有简单配备，服装和设备都显示得这样可怜，至少在外表上他们是没有作战能力、不值一击，然而他们有坚强的不屈精神，有丰富经验，有长期战斗的训练，有良好坚定的指挥，于是三年来，便在民族革命史上写下了这光荣的一页。

　　他们到达鄂北以后，一直担任随枣防线的任务，而敌人进攻的策略，就是企图要由鄂北进攻陕南，切断川陕鄂交通线，他们英勇地防御着，每一寸土洒遍了健儿们的鲜血，虽然武器相差悬殊，敌人确不曾越过防线一步，两年来成千成万的健儿是牺牲了，大后方都不断地在补充着新的生力军，这用不完的力量，便使敌人的泥脚是越陷越深。

　　两年来，鄂北的老百姓，都依靠他们为屏障，军民之间的感情是非常的融洽，他们曾充分援助了老百姓，而老百姓也充分地援助了他们。

　　关于一切和军事有关的工作，全由老百姓自动地来完成。破坏公路，修造桥梁，一切一切的工作，完全是他们在做。另一方面，在战事平寂的时候，在田野里，也随处可以发现我们的兵士在代他们耕种和工作。

　　在清朗的秋之黄昏，晚霞如火的照射在天边，村落里，树荫下，围着做完一日工作的人们，夹杂着为他们流过血的健儿们，亲密地闲谈着、玩笑和歌唱，他们是这样的和谐，和谐得像一家人一样了。

　　他们——孙集团军不单是完成了抗战的任务，而且也正在帮助老百姓们复兴和建设鄂北。

　　他们的防线，从××起一直到××之间，延长了几百里路。总部是设在枣阳城外××湾，若干个军官散居在这些分散的民房里，艰苦朴实地生活着。××军部设在××镇上，这儿也曾是相当繁荣的一个市镇，如今完全是毁灭在敌人炮火之下了。××军部在

×潭，五个师分配在这条长长的战线上。最近，因为敌人用力集中于越南方面，这里比较平静，给与他们以休息和补充的机会。

这些埋头苦干的健儿们，别离了自己的故乡，抛弃了自己的妻子，抱着有敌无我的牺牲的决心，艰苦地生活着，不断地斗争着，在炮声烽火之下，担任起复兴国家民族的伟大责任，但是由于交通不便，物质缺乏，在战壕里的健儿们，是意想不到的艰苦，他们不单是在飞机大炮之下生存着，而且医药服装都非常缺乏。

但是物资的缺乏，确不能影响他们的勇气，他们有必胜的信念，抱着必死的决心，饥寒是不足以动摇他们一丝一毫的，千万的心结合在一起，成为一个极伟大的集团，发挥着伟大的力量，莫可名状的雄心在跳动着。

作为父母之邦的四川的人们，是不应该有一秒钟忘掉了这数千里外浴血抗战的一群。生活在安适后方的人们，更不应该忘掉这一道血肉的屏障，应当用我们的全力去援助他们，去接济他们。

棉衣、书报、医药、食物，便是这儿缺乏的一切，尤其是应该用他们家庭、妻室儿女的生活的安定来安慰他们。

本文选自傅双无《民族战争川军战绩史料存要》

二十二集团军出川抗战概述（节选）

胡临聪

1937年7月7日，日本帝国主义悍然发动了卢沟桥事变，企图以武力吞并中国。全国人民坚决拥护中国共产党提出的国共合作、停止内战、全民抗日等正确主张。国民政府迫于大势，宣布对日抗战。当时，川康军人中，爱国将领纷纷请缨出川抗战。

1937年8月初，我从陆军大学特别班第二期毕业即回到四十一军任高级参谋。以后，曾历任二十二集团军总部参谋处长、四十一军旅长、副师长以及总部参谋长，一直到抗战胜利。

1937年9月，遵照国民政府军委会命令，第二十二集团军以四十一、四十五、四十七三个军组成。但四十七军出川到西安后，一部分即奉命归属第二战区副司令长官卫立煌指挥，一部分拨归第一战区受程潜指挥（注：四十七军1939年隶属第二战区，1939年冬季后隶属第一战区），1939年冬隶属于第三十六集团军，1945年初始归还二十二集团军建制。

一、北出剑门，驰赴秦晋

集团军所辖各军从1937年9月初开始，遵照国民政府军事委员会的命令先后出发，开赴河南郑州集结待命。

第四十一军（欠一二三师——师部及三六六旅留驻绵阳，三六九旅留驻陕南西乡）由原来的驻区绵阳、广元一带出发；第四十五军（欠一二六师，独立十七、十八两个旅——留川）由原来的驻区成都附近出发；第四十七军由原来的驻区西昌一带出发。

当时各军的武器装备简劣。所有步枪十分之八为川造，十分之二为汉阳造，且使用已久，质量太差，大都不堪使用。至于轻机枪，其数量甚少，每师多则十余挺，少则数挺而已。大炮方面，每师除数门迫击炮外，山、野炮一门都没有。其时虽已秋风萧瑟，但士兵每人仅有粗布单衣两套（短裤）、绑腿一双、单被一条、小草席一张、草鞋两双、斗笠一顶而已。真是武器不堪杀敌，衣被难以御寒！各军曾向国民政府军事委员会请求换发、补充武器装备与冬季被服，国民政府军事委员会答应到西安补充。当先行出发的四十一军近两万名士兵，沿着川陕公路，赤足草履，翻越秦岭走到宝鸡时，满怀希望地认为在此改乘火车到达西安后，即能得到武器和装备的补充。殊不知，当时我军在晋北忻口与晋东娘子关正受日军猛烈攻击，战况紧急，西安行营遂奉转军事委员会命令，要四十一军所属各军立即由宝鸡乘火车直开潼关渡河，隶入山西第二战区的战斗序列，驰援晋东。至于武器装备的补充，已电知太原第二战区司令长官阎锡山拨补，要集团军径向太原方面洽领。当时邓锡侯、孙震在成都得到上述命令后，即派我和高级参谋张雨初、四十一军参谋处长周静吾于 10 月 15 日先飞西安向行营接洽有关四十一军的军务；邓、孙两位则于 10 月 20 日先后飞到西安，亲向行营主任蒋鼎文请求部队先在西安进行应有的补充之后，再行开赴山西，仍然未得结果。邓、孙二人又先后赶赴太原，向阎锡山报告所属部队的状况和必须补充武器装备的情况。阎则推诿说：山西方面的一切武器弹药和军需物资，早已运过黄河储存于潼关附近，拒绝补给，结果仅送了晋造轻机枪二十挺与四十一军作为礼物了事。我们的部队不仅武器装备得不到补充，尤使人感到痛心的是当时各军师连作战地区的军事地图都没有一张，通讯器材亦极为缺乏，不但敌我态势不明，就是自己所属部队的位置和行动也不明白。

1937 年 10 月第二战区副司令长官黄绍竑命四十一军部队归第二集团军总司令孙连仲指挥，并限令于阳泉下车，不拘是一团还是一营，随到随即驰赴娘子关南侧的鱼口镇一带，阻击日军的迂回部队，并在上下龙泉附近掩护主力撤退。晋东战役后，四十一军部队即开赴洪洞整顿。

四十五军的一二五师初则受令在闻喜、侯马集结待命，继又北进扼守洪洞、沁源一线，一二二师则奉令向平遥附近进击，击溃敌方游击队，将平遥城收复。直到二十二集团军于十二月奉调鲁南为止，均保持这种状态。

二、由山西东调鲁南抗击日军

1937 年 12 月，因津浦线方面的第三集团军总司令韩复榘在济南一带不战而退，并将部队撤到鲁西的济宁、嘉祥、巨野一带地区，从而使战略要地——徐州暴露于敌前，第五战区局面顿成险状，急需兵力前往填防以资掩护。军事委员会乃令二十二集团军东调徐州，改归第五战区司令长官李宗仁节制指挥。

12 月底二十二集团军所属各军逐次到徐州、砀山等地。随即遵照李宗仁的命令以四十五军北开滕县、邹县间地区布防，四十一军则暂行集结于单县、渔台一带。

1938 年 1 月中旬，日军派军占领了滋阳、曲阜、邹县。此时第五战区长官司令部认为急需加强津浦线北段正面的防御，于是又令二十二集团军将四十一军北开滕县附近。四十一军即以一二二师开赴费县，一二四师开驻滕县。原在滕、邹间地区之四十五军部队则于香城、界河之线占领阵地，构筑防御工事，与在峄山、两下店一带之敌相对峙。总司令孙震即由砀山进驻临城指挥。

3 月中旬，敌军第十二军团西尾寿造令其矶谷廉介司令官指挥日军第十师团及一〇六师团的部队，配以飞机、坦克，对我在界河、香城之线发起攻势；我四十五、四十一两军部队凭借既设阵地拼死抗击。激战三日之后，我方伤亡重大。之后遵照李宗仁所转军事委员会令"四十一军固守滕县城三日，迟滞敌军，以待后方陇海路转运增援兵力，巩固徐州"的命令，转令部队退守滕县一线，继续阻击敌人南进。激战至十七日，日军集中火炮轰毁滕县城垣多处，突入城内时，我官兵奋勇抗击，与敌浴血巷战，终至弹尽援绝，滕县城始为敌占。

这一战役中，我集团军部队孤军奋战，遏阻强敌三日，壮烈牺牲殉国的计有代理四十一军军长兼一二二师师长王铭章、参谋长赵渭宾、副长官罗甲辛，一二四师参谋长邹绍孟、副官长傅哲民、少校参谋张重、团长王麟，一二五师营长王承骏等以下官兵五千余人。负伤的计有一二七师师长陈离、一二四师旅长吕康、副旅长汪朝濂、一二二师团长张宣武、营长严翊，一二五师参谋黄虎等以下官兵三千余人。滕县战役使徐州阵线得以巩固，为台儿庄的胜利奠下了基石！

4月中旬集团军又奉李宗仁之命，将部队北调接任沿涧头集至韩庄之线运河的守备任务。

5月10日左右，日军又于临城、峄县之线发动攻势。敌我双方主力于台儿庄附近进行激战，同时在涧头集至韩庄之线亦发生了战斗。我部为了确实掩护友军侧翼，曾令四十一军的一二四师、四十五军的一二七师数次渡过运河攻击韩庄、刘楼之敌。

三、转战豫南鄂北

1938年8月，在徐、蚌方面的日军，经由皖北的寿县、正阳关、霍邱等地向豫南进犯，企图攻占武胜关，将平汉铁路截断，转而向南包围武汉。当进至河南的固始、潢川地区，日军就与孙连仲的第二集团军发生了战斗。其时二十二集团军正在襄樊地区整补，奉第五战区司令长官李宗仁命令，以现有可以作战的部队，抽编两个师开赴信阳集结，以策应第二集团军作战。孙震其时因事回川，遂由襄阳总部参谋长税梯青转令四十一、四十五两军各抽编一个师，统归四十五军军长陈鼎勋指挥前往。四十一军遵令由一二二、一二四两师各抽编一个旅，归一二四师师长曾甦元指挥；四十五军由一二五、一二七两师各抽编一个旅归一二五师师长王仕俊指挥。

军长陈鼎勋率领曾、王两师于8日先后出发，经枣阳、桐柏开到信阳集结。

8月初旬，日军越过固始、潢川向西急进，情势紧张。四十五军奉命向罗山挺进归第十七兵团司令胡宗南指挥。9月中旬，潢川失陷，第二集团军部队向光山以南地区撤退，致使潢川至信阳公路正面开放。此时四十五军在罗山以东之竹竿铺南北及罗山东北到息县方面布防，构筑工事，准备迎接敌人。

9月18日，日军的一个师团突然向四十五军阵地发动攻击，双方激战三昼夜。日军除集中优势兵力外，并使用催泪瓦斯，致使四十五军伤亡甚重。因右侧胡宗南部被击败后撤，导致四十五军侧翼空虚，日军便乘隙越过宣化店以北的龙升镇附近公路，同时以小部队进占小罗山（在栏杆铺偏西约十二华里）。四十五军在情况突变之下，为避免被包围，乃决定撤至罗山以西栏杆铺附近，沿浉河布防遏阻敌人，于此又与日军作战四日。日军集中火炮，配合飞机，将浉河我军的防御阵地突破，时胡宗南部已南撤信阳，四十五军孤军难以作战，遂向湖北枣阳以北鹿头镇撤退，继而奉命仍回到襄樊整补。

此次参加作战的四十一、四十五军两军部队，因系新由山东战场辗转数千里始到襄樊整理即奉命抽编而成，装备既劣，又受到日军毒气攻击，以致伤亡过半。

1939年2月，第二十二集团军奉命开赴钟祥、京山两县所属之流水沟、张家集、周家集、袁家台子及随县所属之均川一带，接替二十一集团军（总司令李品仙），守备正面宽达二百余里的地段，与原在京钟路方面之丰乐河、长寿店、洋梓、黄家集、官桥一带及淅河、马坪等处的日军对峙。

3月下旬，在京钟路方面的日军第四师团部队与襄花路方面的日军第三师团部队，对我同时发动攻势。在流水沟方面之四十一军一二四师经与敌战斗后，即向襄樊退却。

一二二师在周家集、袁家台子等地与约一个旅团之敌进行了一天的战斗。因正面过宽（约有四十华里），我军彼此无法支援呼应。我指挥的三六六旅七三一团在袁家台子方面为敌隔断，情况不明；而在周家集的七三二团虽在跑马寨、三台山等据点尽力与敌战斗，亦以敌众我寡，得不到援应，不能作持久战斗，结果败退到张家集。一二二师见战况不利，决定向枣阳北退。在均川方面之四十五军，经与进攻之敌战斗后亦向枣阳撤退。

当四十一军之一二二师及四十五军的部队从东南两方面向枣阳转进之际，原以为流水沟方面之敌势必尾追一二四师直取襄樊。不料这股敌人竟趋双沟，于截断襄、枣交通之后，转而东进，企图由随县西进及由洋梓、周家集北进之敌会合于枣阳地区，包围二十二、二十一两集团军部队。所以，一二二师及四十五军部队为了避免包围受歼，急从枣阳附近向北经由唐河、南阳、邓县而退往襄樊。

这就是第一次随枣会战。此次战斗，全集团军伤亡损耗兵员三千余人。枣阳城在陷落时，又遭敌纵火破坏。

第二十二集团军退回襄樊后，继续进行整补训练，于是年秋又奉命开赴均川、厉山一带担负守备。左翼与在高城、天河口、草店一带之汤恩伯所率的三十一集团军部队相邻接。

1939年冬，第五战区司令长官遵照军事委员会的命令，决定利用冬季向应（山）随（县）方面之敌发动一次攻势。第二十二集团军于12月下旬遵命以四十五军向淅河、马坪之敌进攻；以四十一军（配属野炮一营）向随县城、擂鼓墩、滚山各据点之敌进攻。我所指挥的一二二师三六四团在当地群众的有力协助下，在一个夜间将擂鼓墩据点收复，并夺获三八式野炮一门和一部分武器、弹药与装备；一二四师对据守滚山之敌，曾数次利用夜间实行仰攻，奋勇前进，一度攻进滚山据点的外砦，因日军死守内砦的核心工事并得到增援，以致我军功亏一篑。自发起攻势之后，各军经过十多天的战斗，虽有所获并使敌受到相当的伤亡，但对敌人的据点却未能彻底攻占。同时邻接友军汤恩伯方面的战况亦无多大进展。其时天下大雪，行动极为困难，战区长官部见此情况，乃下令停止攻击。所属各军仍退守原阵地与敌保持对峙局面。

此次战役集团军所属两军伤亡共千余人。

1940年5月中旬，敌集中大军于信阳、随县、钟祥，发动枣阳及襄河东西两岸的攻势，其将攻击重点置于我军右翼，首先将三十三集团军阵地突破，即沿襄河东岸北进。此时二十二集团军总司令孙震因赴渝参加会议，所属四十一军奉命受襄阳第十一集团军总司令黄祺翔指挥，参加作战。一二四师奉命守备襄阳，一二二师驰赴田家集支援三十三集团军，合力阻止敌军北进。一二二师在田家集附近与敌军作战一昼夜，因战况不利，随即转到襄樊与一二四师共同担任这一地区的守备。由一二四师师长曾甦元任襄樊守备指挥官，统一指挥两师部队。一二二师担任右自小河左岸起，至刘家集、欧家庙到襄阳城南门之线的河防守备；一二四师则担任襄樊两城的守备。

5月下旬，襄河东岸之敌续向退守垭口、板桥店一带之三十三集团军部队进攻，战斗激烈。该集团军总司令张自忠亲自渡河前往指挥，在南瓜店附近的战斗中牺牲殉国。

敌人将三十三集团军的部队再度击溃后，即直扑宜城对岸至老营之间的河岸，准备渡河。

敌于直接控制襄河东岸之后，进行了两天的渡河准备，遂于一天夜间在刘家集对岸集中火炮向我河防部队猛烈轰击，并施放烟幕和催泪瓦斯掩护其强渡。我守军凭借工事尽力阻击，终以工事被毁，官兵无防毒面具，被敌人从二十九集团军新四旅（系四川保安旅改编而成）与三六六团的接合部分小河、刘家集附近突破。日军强渡过河，直趋襄阳。

第二十二集团军的四十一军部队在河防失守后，即向南漳所属的石门、茨河及襄阳以西的泥咀一带撤退。

敌进占襄阳数日后，又自动放弃该城而转向南漳方面。于是我一二四师又奉命从石门驰守南漳县城，在该地与敌激战，将突入城内之敌予以肃清，敌人被迫向荆门方面撤去。

这就是第二次随枣会战。在这次战役中，四十一军部队于敌人渡河后弃守襄阳；敌军于进占时放火将南门及南关一带烧毁，并以火炮轰击樊城，将该镇河街烧毁一部分，使襄樊人民生命财产受到很大损失。

1941年春，二十二集团军所属之四十五军在均川、安居一带，四十一军在厉山、高城一带，与原在淅河、马坪、随县、应山一带之敌相对峙。

1941年5月，在随县、应山之敌第三师团主力及所指挥的混成团、半岛兵团，分股向我襄花公路进犯。应山敌军一个支队首先出动，向高城附近一二四师三七二团阵地攻击。经过一天的战斗，敌人西进至青苔镇时即转向西南的唐王店前进，在此受到一二四师三七一团的阻击。此时在随县之敌亦发动攻势，其一股配有一个坦克中队，向厉山附近的四十一军一二四师三七〇团阵地攻击。经过战斗后，敌又继续西进到唐县镇附近。一二二师遂遵照军部命令，在唐县镇附近占领阵地，迎击敌人。从随县出动的另一股敌人，则向均川、安居之四十五军进攻。由厉山西进之敌在唐县镇附近与唐王店方面来之敌合力向四十一军攻击后，除以主力追击我军外，另以一部南下，经河源店向澴潭前进，与由随县西进之敌会攻四十五军。该军与敌力战后乃向枣阳方面撤退。因敌人继续西追，四十一军即由枣阳以北经新野向老河口方面撤退；撤退中，又遭到敌骑的袭击，人马武器及通讯器材损失很大。四十五军则由枣阳退到樊城以北的吕堰镇。

敌军在进至樊城附近后，仍折回钟祥、京山、随县、应山一带的原驻防地。

二十二集团军随即在襄樊地区对部队进行整补。这是第三次随枣会战。

1941年5月第三次随枣会战后，四十五军即在襄阳欧家庙、东津湾等地整训。12月中旬集团军遵照第五战区命令，指派四十五军前往接替二十九集团军大洪山地区的守备任务，并在扁担山、张家集、薛家集、客店坡一带阵地加强防御工事。

12月下旬，日军乘我交接之际，竟集结一个旅团的兵力，首先向我左翼客店坡阵地攻击，并随着战况的发展，由东向西逐次对我薛家集、张家集、扁担山阵地进攻。我一二五师部队凭借工事不断予以阻击，一攻一守的战斗持续了七天之久。敌见其攻势受挫，乃兵分两路，一由周家集、跑马寨，一由客店坡、青龙山，向京山退回。

1942年5月以前，二十二集团军之四十五军仍在扁担山、张家集、薛家集、客店坡之线与其当面之敌相对峙。四十一军则在襄樊进行短期整训后，又遵照命令东开厉山一带担负守备任务，与随县附近之敌相对峙。

1942年5月，随县之敌以约一个旅团的兵力，向守备厉山的四十一军前沿阵地攻击。四十一军部队予敌重创后，逐次向静明铺、唐县镇、万福店、枣阳西退。敌军进至枣阳附近即折向东南，经澴潭、安居退回随县。这是第四次随枣会战。

1943年8月，四十五军一二五师副师长陈玲奉命指挥三七三团及三七四团袭击随县日军马坪据点，焚毁敌军武器弹药、汽油库，取得较大战果。

1944年元月，为配合湘北方面会战，四十五军奉命以一二七师向皂市挺进，切断汉（口）宜（昌）公路交通，牵制敌军增援湘北，在汉宜公路北侧之五台大湾、三步岭、罗汉岭袭击敌军，使敌伤亡甚众。

1945年3月汉水流域战役之前，二十二集团军总部驻在樊城。所属四十一军及暂归指挥的六十九军（军长米文和）均在襄樊附近整训。四十五军主力（一一七师及暂编第一师）在大洪山地区担负守备，所属之一二五师则在老河口归战区司令长官直接指挥，担负该地区的守备。新近由第一战区调回的四十七军则在邓县附近整训。

1945年3月中旬，日军集中其在河南的三十八、六十九、一一〇、一一四、一一五共五个师团及骑兵第四旅团十余万人的兵力，附以飞机百余架及战车野炮等部队，由军团司令鹰森孝指挥，以豫西的南阳、西峡口及鄂北的老河口、襄樊为目标，于3月19日大举进攻。

在豫西南之敌一一五师团首先向南阳之第二集团军进攻。当时该集团军留黄松樵的二十七师据守南阳及其附近阵地，总司令刘汝明则率主力由镇平、内乡、淅川地区向丹江以西地区撤退。敌人以一部向南阳黄师实行攻击，主力则向当时第五战区司令长官部所在之老河口攻击前进。3月26日与我一二五师发生战斗。此时，刘峙命令二十二集团军立即派部队驰援老河口。四十一军当即奉命由樊城出发，向进攻老河口之敌进行侧背攻击，协调一二五师作战。同时集团军电令守备大洪山之四十五军军长陈鼎勋率其所部之一二七师及暂一师赶回襄樊加强对老河口方面作战之支援。

四十一军（欠一二二师）与四十五军（欠一二五师）在驰援老河口的途中，得知有敌两个纵队，由新野方面向西南前进，判断其企图截击我援军。因此，四十一军决定转向双沟东进；四十五军则从邓县与老河口之间的间隙越过公路；一二七师则绕至老河口以西的山地。

总部在得知上述情况后，一面命令一二五师巩固老河口，一面命令四十一军立即由双沟附近折回，指定其由太平店、仙人渡附近渡河到谷城集结待命。又令一二七师对进攻老河口的日军右侧背予以有力打击。

敌于攻击襄樊以后，复经泥咀、茨河向谷城前进。当到达茨河附近时即遭我六十九军阻击。此时总部以四十一军业已在太平店附近安全渡河，并在白虎山一带占领阵地。乃以一二三师之三六八团（另配属一个营组成加强团）及一二七师之三八〇团拨归一二五师师长汪匪锋指挥，以加强老河口之作战力量。同时命令六十九军于不得已时撤至茨河以西山地，相机牵制敌人。

进到茨河之敌与我六十九军战斗之后，继续向谷城前进。当进到茨河与庙滩之间的白虎山一带时，即遭到我四十一军有力的阻击。激战数日，敌以目的难达，且另有企图，乃向茨河方面撤退。

固守老河口之一二五师背水作战，在补给、交通极为困难的情况下，与进攻之敌连续激战了十一昼夜，由于伤亡甚重，奉长官部命令撤回南岸加强汉水河防。军事委员会以师长汪匪锋守城有功，授以"青天白日"勋章。

在这次战役中，六十九军伤亡营长孙子后、董志远等以下官兵三千余人，一二五师伤亡中校团副周启强以下官兵二千余人，其余各部共伤亡官兵四千余人。

此后，第四十一、四十五军曾两度反攻老河口，第四十七军归还集团军建制后亦对丹江、李官桥敌人据点进行争夺，形成拉锯战，直至8月10日反攻光复老河口时，即值日本宣布无条件投降。本集团军即奉命推进郑州、许昌、漯河接受日军一一五师团及商丘日军骑兵第九师团的投降，并予以缴械。

本文选编自四川省政协文史资料研究委员会、四川省人民政府参事室《川军抗战亲历记》，四川人民出版社，1985年，版本后略。

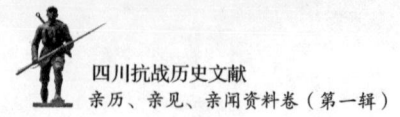

击毙日军少将和抗击日军报复

潘近仁

八年全面抗日战争的烽火岁月中,笔者先后供职于(川军)邓锡侯领导的二十二集团军及("中央"嫡系)汤恩伯所属的三十一集团军。随着疆场辗转,历经半个中国、五个战区、四次会战、十余次战役、二十多次大小战斗,其中有几次打得痛快淋漓,集小胜为大胜,兹举战例二则如次。

一、设伏击毙日寇佐藤少将

1938年(民国二十七年)农历正月,我在川军二十二集团军四十五军一二七师三七九旅七五七团三营十一连任少尉排长。师长陈离率全师部队驻山东滕县,受命防御津浦北段之敌南进,保卫徐州(江苏)。我们营奉令由滕县所属的香城推进到田黄至张庄间,加入了"友军游击战斗序列"。负责的任务是:破坏日占区交通线,伺机袭击日军。

一天,我连的谍报班长冯玉森,凭着当地老乡的"良民证",混进邹县城里,刺探到侵驻曲阜的日酋,将于某日要往邹县县城召开"皇军良民联欢大会"。营长陈九章(隆昌人)获得这一重要情报后十分兴奋,随即召集有关人员,依据老乡的地形介绍,参照邹县地图加以分析、判断,认定距田黄不远的小雪村,是曲阜通往邹县的公路交通要道。当机立断,决定设伏截击!

三天后的拂晓前,营部署了两个连的兵力,隐蔽在小雪村附近的几座民房和芦苇地带,并利用村子中两座相距约一百米的碉堡,令我们连挑选组成的两个加强班,分别潜伏到碉堡内,待机阻击敌人。同时通知老乡们一律关上大门,男女老少都不得离开自己住宅。部署完毕,大家深恐暴露目标,泄漏战机,只好静悄悄地潜藏在碉堡的上下两层楼里,进入战备状态。

早晨大雾茫茫,所幸九时过后,阳光驱散了浓雾。十点左右,外伏部队忽然听到远处传来隐约的马达声。顷刻间,便发现有汽车从曲阜方向驶来。当时官兵们都兴奋得摩拳擦掌,跃跃欲试。瞬间,便清晰地看到前行的是一辆大卡车,上面有十几个日本兵斜挂三八式步枪,靠立在车厢两旁。车厢前端架着一挺轻机枪,射手神气十足地直立在枪身后端,类似"预备放"的样子,好不威风凛凛,杀气腾腾。在卡车相距不远的后方,又发现一辆防空色小轿车尾随而来。由于小薛村村道狭窄,弯度大,当敌车驶进村子时,因受转弯抹角的地形限制,也可能看到家家关门闭户,知其有异,于是急忙倒车。但因困难大,只好加足马力往前奔。我们设伏在两个碉堡里的官兵们,却很能沉得住气,直到卡车和小轿车进入我们的伏击圈内,东头碉堡才轰的一声,投出一枚木柄手榴弹。小汽车后部当即被击中,车里立刻跳出三个手持驳壳枪的鬼子,盲目地开了几枪,就晕头转向地乱跑，刚跑到离车不过几步远处，就被我们的川造步枪送回了东洋。紧接着西头碉堡又是"轰隆"二三声，只见卡车急刹车后，跳下十多个惊慌失措的鬼子急于逃命。这时东西两头碉堡枪声大作，形成交叉火网，从卡车跳下的鬼子，当场被打死六七个，其余的竟忘掉了他们的"武士道精神"，一枪未还，便就近破门闯进民房，逃命去了。

奇怪的是，小轿车里还没见到军官模样的家伙钻出来，难道还想据车顽抗？因我们接受设伏任务前，营长一再严厉嘱咐："潜入碉堡后不准谈话、咳嗽、吸烟，发现敌情时只准听到枪弹声，不准发出吼叫声！"所以连"捉活的""快投降""缴枪不杀"这类战场上惯用的呼喊声，都只得强忍下去。营指挥所为了防备钻进民房的鬼子兵乘机偷袭，当即派遣两个排的兵力，分别堵住了东西两个村头，加上外围部队的延伸，遂把整个村子变成一个难于突破的包围圈。当我们气势昂昂地端着枪"清扫战场"时，刚冲到小轿车前端，突然车身底盘下，爬出一个衣冠不凡的中国少年，哇的一声，战战兢兢地大哭起来！顿时使我们一拥而上的官兵，既感到十分惊奇，更觉得小鬼真够命大！

当搜索轿车里部时，我们才发现一个浓眉大嘴、蓄八字胡，身着黄呢军装、腰配战刀（指挥刀）、脚穿长筒马靴，被步枪弹命中头部，满脸血糊糊的家伙，躺在车厢里。因我们急急忙忙地仅把战刀取走，竟至忽略了——事实上也不懂得还应取下马靴上的"金马刺"（注：将级为金色马刺，校尉级均为银色）。因而那次战斗结束呈报《战斗要报》时，仅报有毙敌十一名，缴获步枪、手枪十多支，轻机枪一挺和特别俘虏一名，而我方除消耗弹药外，人员毫无伤亡。这在战略上算完成了作战计划，在战术上已是取得了胜利成果，但由于无法呈交被击毙的日酋马靴上的"金马刺"作佐证，虽然受到奖励，却也挨了批评。

当天战斗结束宿营时，经我们耐心细致地询问，方知那位"特别俘虏"——中国少年娃儿，名叫游伦，年仅十二岁（如今应是年近七旬的老翁），家住曲阜城里，家境富裕，在高小一年级念书，尚有父母等人。被击毙在轿车里的日本人，名叫佐藤，是个旅团长（编者注：本次伏击重伤日军三十三旅团少将旅团长田岛荣次郎）。因佐藤住在游家前院，那天恰逢礼拜日，游伦在家闲玩，旅团长临上车时叫他同去邹县玩玩。我们把游伦上送团部后，刚过两天因他思家心切，团部便委托两位老乡，护送他到适当地方，让其返回曲阜去了。可叹那骄横一时的旅团长，还没达到"联欢"的目的，却提前破灭了"武运长久"的美梦。

二、血溅孟子山

小雪村设伏，击毙了日寇佐藤旅团长，我们虽然操了胜算，达到截击目的，但那穷兵黩武的日酋，损了兵丁又折将，焉能轻易罢休，这原是我们意料之中的事。

当我们部队胜利转向距邹县孟子山不过三华里的一个村庄，暂时休整待命时，营部为了犒赏官兵们的作战辛劳，特地请托老乡买了大批猪牛羊肉分发到连里。不料第二天拂晓，炊事班刚把肉类投进锣锅，营部传来了一道紧急命令："着令该连立即轻装出发，抢占孟子山制高点后，火速构筑防御掩体，并对西南方向严密警戒。"我们连立即轻装出发，以小跑速度，累饿交加地赶到了孟母林（因亚圣孟子之母墓在林中而得名）。这里古柏参天，是个隐蔽停歇待用早餐的好地方。连长廖璋溥（安岳人）为了把握战机，急命一排长周勋率领该排驰向孟母林后山孟子山布置警戒，其余两个排暂在林中休息待膳。未久，官兵们异常忙碌地享受了以盐巴加白开水佐餐的战地饭之后，也赓即登上了孟子山，利用山后方一个石砌的小寨，作为连预备队隐蔽待命的地点。

九时左右，阵地前沿的岗哨忽然发现左前方有同我军着装一样的队伍一百余人，朝着我方以急行军的步伐奔驰而来。当时大雾尚未完全消失，直到他们距我们阵地不过三百米时，排哨还误为是前来加强防务的友邻川军一二五师的部队。

原来日本鬼子在一天前偷袭了友军的一个"临时留守处"，把还未分配到连队的一批棉军装抢走并伪装成川军模样。

当临近约一百米时，我们才发现其穿的是皮靴，扛的是三八式步枪，而且还有多挺转盘轻机枪和小钢炮。"哎呀！是日本人，大家快开枪！"一排长周勋当即大声疾呼。这时寨内的预备队闻声后，鉴于敌情紧迫，立即按先前的部署投入四个班进入掩体增援。在集中火力射击下，只见敌军端着枪，唧里哇啦蜂拥而上。我们利用居高临下的地形优势，给予迎头痛击！只见鬼子兵接二连三地倒了下去。随即鬼子指挥官拔出白光闪闪的战刀指向我方，嘴里在大声喊叫（意思是）：冲！冲！顿时只见鬼子们气势汹汹地拔刺刀、上刺刀。当此紧急时刻，周勋排长一声怒吼："弟兄们跟我冲出去！"话音刚落，他首先跳出了掩体，却不幸中弹阵亡！接着跳出去迎击白刃战的士兵，不到几分钟，就有十多名牺牲于阵地之前！

连长廖璋溥眼见脱离掩体要吃大亏，便大吼一声：快把手榴弹甩出去！战士们把全连的二百多枚手榴弹投向敌人，霎时轰隆之声不绝于耳，破片横飞，硝烟漫天，看不清眼前目标。只听得鬼子们狂呼大叫，乱成一团，无可奈何地向山腹洼崖地逃命。

我们每个士兵随身携带的手榴弹仅有两枚，步枪弹约一百二十发，两项弹药都快使用光了，全连既无轻机枪更无迫击炮，明知敌人躲在山腹洼崖处隐蔽，苦于步枪无法发挥火力，只好采取暂时停击休歇的办法，严密监视着敌人。

敌我双方处于沉寂状态还不到半小时，突然"轰隆、轰隆"之声大作，敌方的曲射炮弹不断向我方阵地袭来。我们自知装备处于劣势，根本无法还击！尽管敌人前后打来百多发炮弹，但我们因利用了地形地物，结果只有二排长陶叔庄和两名士兵中了破片，负了轻伤。

掌灯时分，趁敌人炮击停止，我们连立即派出了十几个力气较大的士兵进行阵前"清尸"，清到我方的忠骸十二具，赓即背送到后山，安放在孟母墓前的草坪上。

约在午夜零点时候，敌人突然连放三枪，之后便听到有轻盈的脚步声，似在向山下移动，我们判断敌方不是在蠢蠢欲攻，而是在暗自撤退。因我们惯知鬼子这一花招，利用黑夜撤退前连放三排枪，是表示他们不甘示弱的所谓"武士道精神"。

第二天拂晓，我们清扫战场时，又发现阵地前端还有我方三具忠骸扑卧一团，而东仰西卧的鬼子残骸就有三十多具。另在山腹洼地处，又发现两堆残骸，有二十多具，有的衣裤上已浇有汽油，看来是要焚尸灭迹。我们从那些残骸的衣袋中，粗略地搜出了"军粮精""护身符"和一些形形色色的照片。

到了晌午时候，我们连奉命转移，离开了孟子山。回到原驻村子时，炊事班已把打牙祭的菜肴分别摆放在原来用膳的空坪上了,每桌两大瓷盆。官兵们不像往常逢着牙祭那样高高兴兴,相反却是哭丧着脸、没精打采地盛饭、举箸。刚刚吃几口饭,一部分人竟不约而同眼泪直流,转瞬之间,多数人号啕痛哭起来,有的索性把饭碗搁到地上,并将筷子甩了。围观的老乡妇女们,有的也因受到感动而流下了同情之泪!

连长眼见情势过于悲愤,只好强忍着给大家以安慰,老乡们也一再进言相劝,官兵们才止住了悲痛。

战争,原是残酷无情的!人心,乃天赋而有情的。如今虽然事已过去五十年,思之依然深感悲壮!

本文选编自《内江文史资料选辑》第十二辑,1995年

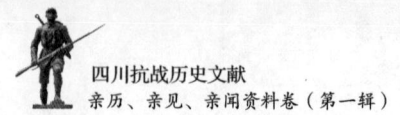

滕县守城战亲历记

张宣武

抗日战争初期,就山东战场来说,滕县战役是最大的、非常突出的一个战役,它奠定了台儿庄大捷的基础;就川军抗日的战绩来说,滕县战役是最有声有色、可歌可泣的一个战役。当时,我任团长,负城防之责,亲历此役。现将滕县守城战的战斗经过,追记如下。

一、敌我双方作战兵力

进犯滕县之敌,为日军第十师团的全部和第一〇六师团之一部约一个旅团,配备有大炮七十多门(内有十五榴弹重炮十二门)、战车四五十辆、飞机四五十架、装甲火车两列,共三四万人,由第十师团师团长矶谷廉介指挥。

我军参战部队,为川军组成的第二十二集团军。总司令初为邓锡侯,继为孙震,指挥两个军:第四十一军(军长孙震兼),辖第一二二师(师长王铭章)、第一二四师(师长孙震兼,副师长税梯青代);第四十五军(军长邓锡侯兼),辖第一二五师(师长陈鼎勋)、第一二七师(师长陈离)。两个军均系"乙种军"编制,即每师只有两个步兵旅,每旅两个步兵团,其他任何特种兵都没有。整个集团军不过四万多人,武器质量不好,装备很陈旧。主要武器为川造步枪、大刀、手榴弹和为数很少的川造轻重机关枪、迫击炮。重兵器如山炮、野炮、重炮,特种兵器如高射机关枪和战车防御炮等,则完全没有;交通、通讯、补给和卫生等各种装备器材,亦均阙如。

该集团军出川北上。10月上旬,部队到达西安后,由于蒋介石、阎锡山、蒋鼎文相互推诿,部队没有得到任何武器装备的补充,且因战况紧急,反而将该集团军一个团、一个营地逐次分割到晋东固关一带作战。该集团军在晋东南一带与敌周旋了四十多天,损失惨重,伤亡过半。乃于12月初在离石、赵城、洪洞一带进行调整编并,将每旅原有的两个团合并编为一个战斗团。至此,每个军实际上只有一个师、两个旅,全集团军实际兵力不过两万来人。

此时,山东守军韩复榘不战而退,济南、泰安、兖州相继弃守,津浦南段危急。第二十二集团军奉大本营电令,于12月底由第二战区晋东南战场调到陇海东段的商丘、砀山、单县至徐州一带,归第五战区(司令长官李宗仁)指挥。后奉李宗仁命令,该集团军开赴滕县南北地区镇防,阻止敌军南下。

二、战役开始前敌我两军的态势

1937年12月下旬,日军占领济南、泰安、兖州之后,即以邹县为据点,以两下店为前进阵地，暂时与界河东西一线的我军保持对峙状态。在邹县、两下店一带的敌军，为一〇六师团的一部约八百人，由福荣少佐指挥。2月下旬，敌一〇六师团的一个旅团增补到邹县。3月初，敌第十师团由青岛登陆，经济南、兖州也增补到邹县。与此同时，敌军板垣征四郎部的第五师团亦由青岛登陆，直取临沂方面。

我集团军于1938年1月上旬由陇海线经徐州沿津浦路北调，以第四十五军为第一线部队，第四十一军为第二线部队，集团军总司令部置于临城（今薛城）。四十五军以滕县为据点，以界河东西一线为第一线阵地。其第一二五师占领香城、金山、界河亘大山一线，构筑防御阵地，阻止敌人进犯；第一二七师师部驻滕县，以一部支援第一线阵地之一二五师，以一部游击于兖州、邹县之间。第四十一军一二四师的三七二旅（旅长曾甦元，只有一个战斗团，团长刘公台）进驻滕县，负城防之责。一二四师之三七〇旅（旅长吕康，只有一个战斗团，团长王麟）进驻滕县西北的深井；该师师部配置于利国驿。第一二二师为集团军总预备队，该师之三六四旅（旅长王志远，只有一个团，团长张宣武）配置于台儿庄亘顿庄闸一线，该师另一旅三六六旅（旅长童澄，只有一个团，团长王文振）配置于顿庄闸（不含）亘韩庄一线；师部置于台儿庄与韩庄之间的万年闸。

1938年2月，邓锡侯奉调回川继任川康绥靖公署主任，所遗第二十二集团军总司令一职由副总司令孙震升任；邓所兼第四十五军军长一职由第一二五师师长陈鼎勋升任；陈鼎勋所遗师长职，由该师副师长王仕俊升补。

3月上旬，敌在邹县、兖州大量增兵。从3月4日起，敌即不时派出搜索部队向我四十五军第一二五师的第一线阵地施行威力侦察，敌机亦在频繁出动，进行空中侦察。我军侦得敌人行将大举进犯，为了阻止敌军的南进，决心固守滕县，乃于3月10日前后重新调整部署，加强守备，调集团军总预备队第一二二师师部和三六四旅旅部进驻滕县；同时，一二四师师部亦由利国驿进驻滕县城内。孙震乃任命第一二二师师长王铭章为第四十一军前方总指挥，以统一指挥一二二、一二四两个师。王铭章乃令张宣武团由滕县以南之南沙河进驻滕县以北十五里的北沙河，部署第二道防线；王文振团由韩庄进驻滕县东北的平邑、前城，以掩护第四十五军第一线阵地的右侧背，并防止临沂方面之敌的侧击。

三、滕县外围战

3月14日拂晓，敌步、骑兵共万余，配以大炮二十多门、坦克二十多辆、飞机二三十架，向我一二五、一二七师第一线阵地展开全线攻击。我军凭借既设阵地，奋勇迎战，激战竟日。除我下看埠、白山、黄山等前进阵地被敌占领外，我界河东西一线的正面主阵地屹然未动。

在临城的孙震总司令得到敌人大举进攻的消息后，立即乘火车先到滕县了解情况，旋即亲临前线视察，随后又在北沙河召集附近的一些部队长和幕僚长指示作战方略，并下令：人人要抱有敌无我、有我无敌的决心，与敌死拼。士气为之大振。适在此时，敌轰炸机六架飞临北沙河上空，反复投弹扫射，正在构筑第二道防线的七二七团，当即伤亡六七十人。

15日，敌军鉴于从我界河正面阵地进攻未能得手，除以主力继续猛攻外，另以三千余人向我第一线阵地的左右方龙山、濮阳山迂回包围。但龙山、濮阳山已有我一二七师的有力部队设防据守。敌猛攻竟日，亦未得逞。

同日，另一股敌军约三千人由济宁东南的石墙出动，向我深井的一二四师三七〇旅进攻，该旅兵力单薄，布防不久，虽苦力支撑，但死伤惨重。在滕县的王铭章总指挥为了巩固四十五军第一线的正面阵地，防止敌人由深井向我左后方迂回包围，乃急调在滕县担任城防的一二四师三七二旅全部驰赴深井以南的池头集支援三七〇旅。经过激烈战斗，三七〇旅始得稳住。

15日中午，王铭章师长为了防止敌人乘隙渗入滕县左侧，复令在北沙河的第七二七团抽出一个营的兵力，到滕县西北七八里的洪町、高庙布防，拒阻敌军。

四、守城部署

15日下午，当面之敌愈增愈多，但我界河正面阵地仍然未被突破，龙山、濮阳山亦仍在我手。于是敌复以万余人的兵力由龙山以东延翼向滕县方向右旋迂回，下午五时许，其先头部队已分别到达滕县东北十多里的冯河、龙阳店一带。十分明显，敌之企图是撇开我正面阵地而直攻我战略要点滕县城，迫使我正面阵地不战自弃。此时，滕县城关有我一二二、一二四、一二七师的三个师部和一个三六四旅旅部，每个师部和旅部只有一个特务（警卫）连、一个通讯连和一个卫生队，此外就没有任何一点战斗部队了，滕县城处于十分危急状态。当时，第四十一、四十五两军的部队，绝大部分都在前线与敌相持，只有在平邑、前城的一二二师三六六旅尚未与敌接触。王铭章乃以十万火急的电报命令该旅迅速回援滕县城。但该旅远在百里之外，一则缓不济急，再则途中也难保不被敌截击阻拦。王铭章也曾用电话向临城集团军总司令部请求援兵。据云：蒋介石已命汤恩伯的第三军团全部（三个军约十万人）北来应援，其先头部队王仲廉军已于15日正午到达临城，但该军必俟其军团司令部到达后始能北上，因而不能指望它来救燃眉之急。而二十二集团军总司令部在临城的唯一的战斗部队，是四十一军直属的特务营。这个营的编制是三个步兵连和一个手枪连；孙震为了支援滕县的守城，只留下一个手枪连担任总司令部的警卫，而令营长刘止戎率三个步兵连是夜乘火车赴滕县。但这也缓不济急。王铭章在电话上直接向我下达如下命令："一、师决心固守滕县；二、第七二七团在洪町、高庙留一个营在原地执行原任务，另一个营留置北沙河第二线阵地暂归第一二七师指挥。该团长即率领其余部队立即由现地出发，跑步开回滕县布置城防。"

当我从北沙河撤走的时候，王铭章又令我将河上的铁路大桥予以炸毁。

两小时后，时已黄昏，当我到达滕县北门的时候，王铭章师长正焦急地在城门外迎候着。他当面又把各方面的情况向我扼要地述说一遍，令我立即着手布置城防。很凑巧，平邑方面的三六六旅配置在前城镇的七三一团第一营（营长严翊）也在此时奉调回到滕县东关。王铭章又告诉我，刘止戎营已由临城乘火车出发，再过一两个小时也可到达，所有这些部队，归我统一指挥，由我担任城防司令，统一布置守城事宜。

滕县东关有一道土筑圩寨相当完整坚固，可以作为据点阵地。敌人由东而来，我判断其一定先攻东关。因此，我就命令三六六旅之严翊营担负守备东关任务，利用寨墙连夜构筑防御工事。并在东关外附近各村庄派出警戒部队。严翊这个营，原为三个步兵连和一个机关枪连，但机关枪连因临时拨归团部直接指挥，尚未来到，故该营当时只有三个步兵连。严营长以两个步兵连配置在东关圩寨阵地上，以一个连作为营预备队，夜十时左右部置就绪，部队则彻夜构筑工事。

我所属的七二七团，总共只有两挺轻机枪，均配备在第一营，此时第一营位于滕县西北的洪町、高庙。全团总共只有四挺重机关枪，配备在第二营的第八连，此时该营留在北沙河，暂归一二七师指挥。我带回城的是第三营，这个营是四个步兵连，没有一挺轻、重机枪。此外，团直属有一个四门土造八二迫击炮的迫击炮连、一个只有四部破旧电话机的通讯排和一个有二十副竹子担架的担架排。该营以两个连担负滕县东、西两面城防，以一个连为营预备队，另一连作为团预备队，归我直接掌握。

夜十时顷，刘止戎营由临城开到滕县，我命令该营下火车后直接拉到城墙上布防。该营以两个连担任南、西两面城防，一个连为营预备队。

作为城防的部队，都在彻夜构筑工事，作为预备队的部队，则彻夜搬运弹药粮秣（这天夜里从临城运来一列火车的粮弹，其中有许多手榴弹，它成为守城战中最得力的武器，东关和城上的守兵每人都有一箱，每箱五十颗）。

我的团指挥所设在东城门内路北的一家山货铺内，连夜和这三个营部架通了电话，师、旅部也都向我的团指挥所架通了电话。三六四旅旅部驻西城内路南一盐店内，一二二师师部驻西关电灯厂内，一二四、一二七两个师部同驻在城内北街大绅士张镜湖的宅第内。

截至 15 日深夜，滕县城关的战斗部队，共为一个团部、三个营部、十个步兵连和一个迫击炮连，另有师、旅部的四个特务连，还有临时来城领运弹药的一二四师三七二旅七四三团的一个步兵连，共约二千五百人。此外，滕县县长周同所属的武装警察和保安团有五六百人。合计起来，城中共有武装力量三千人，但真正的战斗部队，尚不满两千人。

五、决心与城共存亡

16 日黎明，有万余敌军继续向我龙山、濮阳山阵地猛攻。上午七时五十分，滕县东关外附近各村庄先后听见机、步枪声，冯河、龙阳店方面之敌已开始向我守备东关的警戒部队进攻。八时许，敌炮兵约一营（山炮十二门）在滕县以东的东沙河附近高地放列，试射之后，即以排子炮的密集火力向我东关、城内和西关火车站猛轰起来，同时，12 架敌机飞临县城上空，疯狂地轰炸、扫射。

自敌人开始进犯滕县外围界河阵地两天以来，城内外人心安定，秩序良好。此刻忽然炮弹、炸弹如狂风骤雨般从天而降，居民顿时慌乱起来，男女老少纷纷出城向西逃难而去。半小时后，街上几乎看不到一个居民百姓，除了守兵而外，简直成了一座空城。

驻在西关电灯厂的王铭章师长，听到枪炮声、轰炸声之后，先在电话上向我询问情况，随后跑到城内第一二四师师部，同陈离师长、税梯青代师长、王志远旅长和我会面。他首先问我城防部署、工事构筑、弹药补充等情况。接着又问："张团长！守城有没有把握？"我说："守多久？"王说："两三天。"我回答："敌我情况你都清楚，你看能守多久？"王说："守个一天多有没有把握？"我说："担任城防的十个步兵连，有六个连都不是我所属的建制部队，严、刘两营的战斗力如何，我无法估计，因此我不敢保证能不能守个一天多。"王说："我们的援兵最快也得夜里才能来到，如我们不能守一天以上，那就不如在城外机动作战。"他说完，就向在场的几位师、旅长问："你们大家意见如何？"几个师、旅长和几个师参谋长都同意在城外机动作战。于是，王铭章师长立即打电话向临城的孙震总司令报告情况，并提出到城外机动作战的意见。孙回答说："委员长来电要我们死守滕县，等待汤恩伯军团前来解围。汤部的先头部队昨日已到临城，其后续部队亦正陆续赶到。我当催促王仲廉军赶紧北上，你应确保滕县以待援军。你的指挥部应立即移到城内，以便亲自指挥守城事宜。如兵力不够，可把城外所有的四十一军部队统统调进城内，固守待援！"

此时，王铭章才下了最后决心，他首先对我说："张团长！你立即传谕昭告城内全体官兵：我们决定死守滕城，我和大家一道，城存与存，城亡与亡。立即把南、北城门关闭堵死，东、西城门暂留交通道路，也随时准备封闭。可在四门张贴布告，晓谕全体官兵，没有本师长的手令，任何人不准出城，违者就地正法！"同时又命令他的师部副官长罗甲辛把师指挥所和师直属各部队全部搬进城内。

此时，第四十五军第一二七师陈离师长所属部队均在龙山、濮阳山作战，而计划中也没有调他的部队进城固守。因此，陈师长向孙震请示后，带着他的指挥所出城去指挥部队作战去了。可是，他离城才三四里路，就遭到敌装甲车的袭击，右腿负了重伤。

六、东关保卫战

在东沙河的敌人炮兵，自上午八时开始攻击，足足打了两个小时，东关、城内和西关火车站共落炮弹三千余发。上午十时许，敌炮忽然停止射击，敌机亦同时逸去；我军在东郊各村庄的警戒部队亦已撤回到东关，因而机、步枪声亦已停止，一时空气异常沉寂。这样过了半小时，敌炮忽然集中一点向我东关南半部寨墙的突出部分猛烈轰击，不到一刻钟，那段寨墙即被炸开了一二十米宽的一个缺口。此时，敌人集中了轻重机枪数十挺，对准缺口猛烈射击，掩护其步兵攻击前进，以阻止我军堵击缺口。当敌炮猛轰寨墙时，最初我寨墙上守兵猝不及防，略有伤亡，随即避开炮轰目标，伏伺缺口两侧，严阵以待。当敌停止射击时，我伏伺缺口两侧的士兵迅速堵住缺口。弥漫的烟尘刚一消失，就看见敌步兵一个排五六十人，正在陆陆续续地跳进缺口外的寨壕内。我守军三七一团第一连连长（忘其姓名）亲临缺口指挥，他集中了半个连的兵力六七十人，每人握四五枚手榴弹，当敌人全部下到寨壕而将要向缺口冲锋的时候，该连长一声令下，二三百枚手榴弹同时投向敌群，这一下子，使敌遗尸五十来具，退还者不满十人。

敌军发觉攻击没有奏功，立即以更猛烈的火力向着那缺口轰击、扫射。我守兵如法炮制，避开目标，躲伺两侧。敌人二次进攻的兵力仍然是步兵一排五六十人，头戴钢盔，两手端着上着刺刀的步枪，从寨壕内向缺口冲锋。我守兵仍和上次一样，在敌人将要爬上缺口的一刹那，几百枚手榴弹雨点似的向敌人丛中扔去，结果，这次敌人又遗下了尸体四十多具。敌人仍不甘休，和前两次同样地接着又来了第三次冲锋，结果又死亡三四十人。敌三次攻击失败，于是中止了攻击，除敌机继续在上空盘旋外，机炮火力一时暂归沉寂。此时,我东关右翼守军七三一团第一连亦已伤亡近百人,严翊营长将该连残部抽下,而以营预备队的第三连接替第一线守备任务。我亦将团预备队的七二七团第十二连由东城门内调赴东关,作为严营新的预备队。

敌我双方沉寂了两个多小时。在这一段宝贵的时间里,我们除调动了兵力,调整了部署之外,还修补了被摧毁的阵地工事(为了方便和快当,我们将东关和城内几家盐店、粮行内堆放的一两千包食盐和粮食用来填补被敌人炮火轰开的缺口和加强寨墙工事),补充了弹药,搬运了伤亡人员,第一线的官兵也擦了擦血汗,喝了点水,吃了点干粮。我也在此时亲临第一线巡视一周,对守备官兵加以慰问和鼓励。

下午二时许,敌人再兴攻势。似乎敌军认为我东关南半部是一个硬钉子,久攻不下,乃转移目标,向我东关的东北角猛烈攻击。攻击的方法,完全同上几次一样,先以炮火轰开一缺口,继以密集的机炮火力掩护其步兵前进。我守军七三一团第二连,在严营长的亲临指挥下,也和第一连的打法一样,等敌人进入寨壕将要爬上突破口的时候,就用大量的手榴弹来对付他。这样,敌人接连又搞了三次,每次也都以遗下三五十具尸体而告结束。

日军的攻击再一次中止,可是,严营的第二连比第一连的伤亡更大。在战斗过程中,新的营预备队第七二七团十二连全部使用上去了,而团部此时却无一点兵力了。除王、税两师长命令一二四师三七二旅来城领运弹药的七四三团第十一连(连长吴赞诚)归我指挥外,王铭章师长更将他的师部特务连(连长何经纬)只留一个排作为警卫,其他均交给我指挥。我即以吴赞诚连作为严营的预备队,而以何经纬连作为团预备队。

下午五时许,敌人又发动了第三次攻势。此时,敌炮有所增加,已达三十多门,其中威力较大的野炮约占半数;机枪火力也比以前猛烈;飞机每批约在十架以上轮番助战轰炸。这次敌人又转移了攻击目标,从东关正中间的东门下手,攻击的方法也和前几次不同,敌人的炮火不仅集中轰击东关门,而且还以一部分炮火向东关、城内和西关火车站到处施以纵深的遮断射击,企图阻止我军部队的调动和增援。敌人的步兵也不像前几次那样每次以一个排的兵力进行逐次攻击,而是一次三个排,每排相距百米左右,前后重叠形成波浪式攻击前进,最前的一个排在向东关门冲锋时,仍然被我们的手榴弹消灭得所剩无几。可是,敌人一阵猛烈的机枪火力,把我东关门及其两侧附近的守兵也几乎消灭殆尽。严营长急将吴赞诚连填补上去。吴连立足未稳,敌人的第二波又已冲击上来,于是展开了一场惨烈的肉搏战。结果,敌一个排全部被消灭,而我吴连亦只剩下一二十名士兵,其余官长和一百名士兵都壮烈牺牲。值此十分危急之际,我令何经纬连从东城门内奔赴东关,受严营长指挥,但敌之第三个冲击波眼看就要来到,何连已是缓不济急,严营长乃就近急将守备东关南、北两头的部队都调到关门附近堵击敌人,但仍被敌突入关内四十余人。此时业已入暮,敌人因不惯于夜战,并未增派后续部队,只有这四十多个敌军,当然也无力扩大战果,于是双方相距几十步暂时形成了对峙的局面。何连到达东关后,严营长立即命令该连驱逐这些日军。结果,何连伤亡三分之二,而敌人还有二三十个未被消灭。这时,天已黑透,我认为若不乘此时机把这一小股敌人消灭掉,等敌人后续部队增上,则东关势将不保,乃决心抽调守备城垣东、北面的七二七团第三营的预备队第十一连驰赴东关,归严营长指挥,做最后的一击。我对该连全体官兵作了简单的讲话，以鼓励他们的斗志，然后对连长张进如说："如能完成任务，官兵都有重赏，如果不能把这几十个敌人消灭，你就不要回来见我！"该连官兵士气极旺，锐不可当，猛扑之下，一举成功。虽然该连阵亡了两个排长，死伤了七十多名士兵，但终于把这股敌军全部消灭干净，东关关门也终于失而复得。而苦战竟日的严翊营长，也在最后一击的督战当中，大腿中弹负伤。

晚八时以后，战斗停止，枪炮声歇，双方才处于休战状态，只是敌方的照明弹不时划破天空，把城关内外照得如同白昼一般。

16日这一天，东关、城内和西关火车站共落炮弹万发以上。从东城门内我的团部至东关严营长的营部不到一里路的一段电话线，就被炸断二十五次之多。敌人的飞机自上午八时直到黄昏，几乎没有间断地在城关上空盘旋、轰炸、扫射，最多的一批有十八架。

16日上午，在敌进攻东关的同时，我城北四十五军当面之敌，愈益加强攻势向我龙山、濮阳山一带阵地进犯。我四十五军三天以来浴血奋战，伤亡过半；同时与滕县的交通通讯全被截断，指挥发生混乱，在正午前后，四十五军正面阵地也因此逐步被敌突破。

石墙方面之敌，于16日晨继续向我深井、池头集的吕、曾两旅猛烈进攻，经过竟日的战斗，吕、曾两旅逐次退守大坞、小坞一带。

七、调整部署死守孤城

16日晚九时许，王铭章师长约我到他的指挥所详询一天来的战况和伤亡损耗情形。我一踏进他的房门，他就握我的手说："张团长！你太辛苦了。想不到我们只这一点点人竟然能够撑持一整天，你真有办法。"我说："这主要是士兵的勇敢和严营长的出力。"王说："严营长是勇敢善战，你是指挥有方，明天我将直接打电报给委员长为你们两位请奖。"接着他又说："能把今天撑持过去就不要紧了。我们在城外的部队马上都要调到城内来，他们正在行动中，一两个钟头后即可来到。"王师长这时的情绪很好，显得很乐观。我问："调进城来的有哪些部队？"王说："吕、曾两旅的两个团和你那个团的两个营都可有把握来到，只是童旅在路上可能有麻烦。今天我们不足一个团就能撑持一天，明天我们增加两三个团，还怕什么？如果再把明天撑持过去，则汤军团的援军就可来到解围了。"接着他向我商量说："吕、曾两旅到达后，我想请你继续担任城防司令，所有各旅部队都归你统一指挥。"我答："团长怎能指挥旅长呢？"王说："你可以直接指挥各团。"我说："以一个团长指挥别个师、旅的团长，恐怕也不太顺当，还是由师长统一指挥为妥。至于城防，可以分区、分段负责，我愿担任最主要的区段和多负担一点任务。"此时，在座的师参谋长赵渭宾插嘴说："张团长的意见很对，城防应该分区负责，部队应该按指挥系统指挥。"王师长沉思一下后说："好！那就决定这样办吧。"

16日入暮后，吕、曾两旅从大坞、小坞一带脱离敌人，夜十时至十二时先后到达滕县；在洪町、高庙和北沙河一带我所属的七二七团一、二两营亦于夜十时来到城内。唯有在平邑的童旅（欠严营）途经前城、后城时，被敌阻拦，该旅绕道直接向临城方向退去。

当夜重新调整部署如下：

（1）以一二四师三七〇旅的七四〇团（欠一个营）接替东关一二二师三六六旅七三一团第一营的防务。

（2）以一二二师三六四旅七二七团仍附七三一团第一营担负东南城角（含）亘西北城角（不含）的东、北两面城防，并以一部守卫北关。

（3）以一二四师三七〇旅七四〇团之一营（营长蔡钲）及四十一军特务营担负西北城角（含）亘东南城角（不含）的西、南两面城防，由三七〇旅旅长吕康统一指挥。

（4）以一二四师三七二旅七四三团置于西关、火车站为总预备队，并以一部守卫南关。

城内储备的粮弹相当充足，当夜各部队都得到了充分的补充，部署调整后，各部队都不顾疲劳地拼命整修防御工事，挖防空洞，绑捆云梯。因为城墙高而且陡，城内上城的道路只在每座城门的旁边才有一条，当敌机在上空盘旋投弹、扫射和敌军炮火轰炸的时候，我守城部队为了避免和减少伤亡，城墙上只有最低限度的瞭望哨，其余都在城墙脚下的防空洞内隐蔽和休息，等到敌人冲锋爬城时，再迅速登城抵抗。但临时若只靠城门旁边那一条道路，则容易误事。因此规定守城部队每一个班至少都要有一架云梯，以备迅速登城之用。同时，还打开手榴弹的箱子，并揭开盖子。全体官兵彻夜都在忙碌，一直到17日天亮都没有得到片刻休息。

八、焦土抗战

17日上午六时许，敌军以五六十门山、野炮的密集火力开始攻击；同时敌机二十余架临空投弹、扫射，整个县城除北关一隅因系美国教堂所在地外，一时烟尘弥漫，墙倒房塌，爆炸之声震天撼地。当敌炮兵开始射击时，我适在西门内三六四旅旅部研究守城问题，在乘炮火间隙返回东门内团部时，竟找不到东、西大街的街道了，全城一片火海，遍地都成焦土。

敌炮击两个多小时后，步兵开始向我东关进攻。敌用前日办法轰开缺口，并以十来辆坦克掩护步兵冲锋；同时以一部分炮火向东关全线和城内施行遮断射击，以牵制我守军的临时调动和增援；敌机更是疯狂地进行低空轰炸扫射。防守东关的一二四师七四〇团（欠一营）顽强抵抗，与敌军反复肉搏，死伤惨重，而敌军也是遗尸累累，激战至正午十二时顷，我东关阵地依然固守无恙。

在敌进攻东关的同时，敌另一部兵力直接向我东南城角攻击。敌先以强烈的炮火猛轰城墙，一二十分钟即轰开一个缺口，接着以七八辆坦克掩护步兵百余人冲锋。在这个地点的守兵，是我所属的七二七团第二连，该连以手榴弹炸毁了先头的两辆坦克，并炸毙了敌步兵五六十名，但由于该连死伤殆尽，无力阻击，终于被敌冲上城角四五十人。七二七团第一营营长王承裕立即命令营预备队第一连反攻突入之敌，该连在其全团仅有的两挺轻机枪掩护下向敌猛扑，一阵手榴弹投掷之后，接着就是抢起大刀猛砍。一场白刃交手战后，突入之敌被我军全歼无遗，而该连原有的一百五十人，只剩下十四名士兵还活着，其余自连长张荃馨、副连长贺吉仓以下，全部为国捐躯了。这是正午十二时左右的事情。

自上午八时起，战至正午十二时稍过，敌因攻势顿挫，于是终止了进攻，整顿态势，准备新的攻势。我军亦趁此间歇时间，调整防御部署，准备迎接更激烈的战斗。

下午二时顷，敌突以十五榴弹重炮十二门猛轰我南城墙的街正面，同时敌机二三十架集中轰炸南关。守备南关的一二四师三七二旅七四三团的两个连，因昨天深夜始由大坞转移至此，只有简单的掩蔽工事，而无坚固的防空设施，以致在很短的时间内被炸死炸伤达半数以上，残余部队在南关无法存身，被迫转移到西关车站附近。南城墙被重炮轰炸一个多小时，城墙被毁，倾圮倒塌，几乎被夷为平地，处处可以攀登。防守南城的一二四师三七〇旅七四〇团的蔡钲营，猝不及防地突遭威力强大的重炮猛烈轰击，城墙上的守兵血肉与砖石交织横飞。敌步兵五六百人，在十余辆坦克的掩护下猛扑南城，一二四师三七〇旅旅长吕康、副旅长汪朝濂亲临城墙根指挥督战，但部队死伤殆尽，下午三时三十分左右，敌军占领了南城墙。吕康旅长面部中弹负了重伤，汪朝濂副旅长胸部也负了重伤。

在敌军攻占南城的同时，东面之敌对我东关再次发起更猛烈的攻击，寨墙被敌炮炸得犹如锯齿似的，到处都是犁犁牙牙，阵地工事全部被摧毁，东关守军无所凭借，以致死伤愈来愈多；同时弹药特别是手榴弹亦已告罄，因而在南城墙被敌占领之后不久，东西之敌步兵五六百人在十余辆坦克的掩护下，突入东关。守备东关的一二四师七四〇团团长王麟，在激烈的炮火中和危急的情况下，奋不顾身，亲临火线督战，竟被敌炮击中头部，经抢救后送走，尚未抬出西门，即因伤重致死。该团政训员胡清溪，在王麟团长受伤的同时，亦中弹阵亡。

敌占领南城墙和突入东关之后，王铭章师长亲临城中心的十字街口指挥、督战。

南城墙上之敌，以炽盛的机关枪火力掩护其步兵从西南城角向我西城墙上守兵压迫；同时敌炮兵又集中火力猛轰西城门楼，我西城墙南半部的守兵站不住脚，而且死伤太大，以致西门和西门以南的城垣在下午五时顷落于敌手。南、西城墙两面之敌，集中火力向城中心十字街口射击，王铭章师长和他的幕僚、随从无法在市街内存身，乃从西北角登上城墙，继续与敌周旋。王命令在他身边的师部特务连仅有的一个排，从西北城角向西城门楼之敌猛扑，企图夺回我唯一的后方交通路西城门。但这一个排尚未接近西城门楼，即被敌之机关枪全数打倒。西城门楼之敌继续向北压迫，在此万分危急的情况下，王师长迫不得已缒城出去，准备到火车站指挥一二四师三七二旅继续与敌搏斗。谁知他刚走到西关电灯厂附近，即被西城门楼之敌发现，敌人一阵密集的机关枪扫射，王师长和他的参谋长赵渭宾、副官长罗甲辛、少校参谋谢大墉、一二四师师参谋长邹绍孟、副官长傅哲民以及随从十余人，同时为国捐躯，只有王师长的一名亲信上士（忘其姓名）幸免于死。

突入东关之敌，略加整顿之后，随即猛攻我东城门；同时占领南城墙东半部之敌，以猛烈的冲锋，夺占了东南城角，并继续向北逼近。我东城墙上南半部的守兵，大部分死伤，一部分退守东城门楼。在东城门及其附近，我配置了一个整营（七二七团第二营，营长吴忠敏）的兵力，当东关之敌和东南城墙上之敌向我东门猛攻的时候，我和三六四旅王志远旅长都在东门附近督战、指挥。敌人以大炮猛轰东城门楼，并以平射炮的破甲弹猛攻东城门洞，城楼中弹起火，上面守兵无法存身，城门亦被摧破敞开，在极密集的机枪火力掩护下，敌步兵三四十人突进了东门，但我方四挺重机枪的集中火力和数以百计的手榴弹犹如暴雨点似的向突入东门之敌扫射、投掷，三四十个敌人全被消灭。此后，敌人以波浪式冲击连续不断地进攻，终以敌兵源源而来，而我方则弹尽援绝，黄昏时分，已无力反击，东门亦遂落入敌手，我们的残部逐次退守东北城角和北面城墙。恰在此时，我的右腿和双足中弹负伤，王志远旅长的左臂也挨了一枪，自此之后，城内陷于无人指挥、各自为战的混战状态。

入夜之前，敌人占据了东、南、西三面城墙，而东北、西北两个城角和北面城墙仍在我军手中，士兵们仍在顽强抵抗着，与东、西两面城墙之敌对峙。在北城墙上的守军，是一二二师七二七团的第三营（其中有两个连已于昨天在东关的战斗中伤亡殆尽）和其他单位的一些零星部队。敌军不惯夜战，入夜之后，即未继续向我北城墙方面压迫；同时占据城墙的敌人也未敢进入市内。

夜九时，我北城墙上的守军二三百人，在副营长侯子平、连长胡绍章等指挥下，扒开了已经闭死的北城门，有组织地逐次掩护突围出城。北面围城之敌远在北关二里以外，未发觉；而在东、西城墙之敌，只以火力追击，而未敢下城追赶。因而这支二三百人的突围部队，竟能安全地撤退到后方。但在城内，各自为战，与我大部队失去联系的零星小部队三四百人，则未能突围出城，他们与城上之敌对抗，彻夜枪声未停，直至18日午前犹在逐街、逐屋地与敌战斗。

敌军包围了滕县东、南、北三面，只有西面还有一条可与后方联系的道路。我们的后方是临城、徐州，到后方去的人，是出城后向南方而行。黄昏以前，出城的伤员和突围的部队，在途中又遭受到城南的敌人炮兵和城西北的敌人铁道炮兵（17日正午前后敌人修复了北沙河铁路桥梁，有两辆铁道炮兵的装甲火车开到滕县以北四五里的地方）猛烈的火力拦击，因而又被打死打伤了很多人。有一支突围的部队和伤员共二百多人，在17日的下半夜，走到夏镇（在今微山县）附近微山湖东岸的渡口上候船、休息，因为疲劳至极，大家都睡着了。18日天亮后，突遭敌之骑兵和战车的追袭，二百多人不是被打死，便是被逼到湖里淹死，幸存无几。

16、17日两天，滕县城关落下的炮弹共达三万发以上。第四十一军守城部队，自一二二师师长王铭章以下死伤五千余人。在滕县以北界河、龙山一带作战的第四十五军，自一二七师师长陈离以下伤亡亦达四五千人。这一战役，自3月14日早晨开始，到18日过午止，前后共四天半，计108小时。

本文选编自四川省政协文史资料研究委员会、四川省人民政府参事室《川军抗战亲历记》

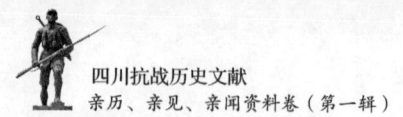
四川抗战历史文献
亲历、亲见、亲闻资料卷（第一辑）

记王铭章师长血战滕县壮烈牺牲的经过（节选）

何煋荣　曾达光　徐　诚

一、集团军部署概要

第二十二集团军的四十一军和四十五军被指定为第五战区总预备队，于1937年12月底集结于铜山雷王庙、砀山、虞城、商丘地区待命，总部驻徐州高提埝。

此时沿津浦铁路北上之敌，正被刘士毅、于学忠、张自忠等阻于淮河以南，并被挫于明光，形势比较稳定。但津浦路北段则因韩复榘不战而撤退济南，敌军指挥官西尾寿造即以矶谷及板垣两师团作主力，另附重炮兵团南下，图谋与南段之敌配合以夹击徐州。形势较紧张，邹县已为敌军占领，遂布前进阵地于两下店。

1938年1月初，第五战区司令长官部授予我集团军的任务概要如下：

（1）该集团军即时进驻滕县及其以北地区，相机进攻邹县并占领之，确保徐州外围地区，以待本战区各部队之集结。

（2）该集团军以一部进出兖州、济宁之间，切断该地区之敌军交通线。

（3）战区总预备队即交由陆续到达之汤恩伯军团接替。

我集团军受领任务后，以四十五军陈鼎勋师长率一二五师及一二七师之一部为先头部队，沿津浦北路向滕县及邹县附近推进。1938年1月9日，一二五师到达临城，一二七师到达韩庄。1月11日，一二五师进驻滕县，到春节时又向界河推进，并部署阵地，构筑工事，阻击日军南下。四十五军军部驻滕县以北刘家庄附近。一二七师除派一部向微山湖搜索警戒外，其主力为军预备队。同时四十一军派一二二师师长王铭章率所部及一二四之一部进驻滕县作为集团军之第二线配备。集团军总部及四十一军军部率部队及一二四师之一部驻临城。

一二五师派三七五旅七五〇团第一营营长陈仕俊率该团进驻界河以北，利用拆卸下的铁轨，构筑工事，与两下店之敌警戒对峙。另指定一二四师三七〇旅旅长吕康率七四〇团担负进袭兖州—济宁中间地区，以截断敌军交通联络之任务，又调七四〇团第二营（营长刘光任总司令部警卫），另以七三九团之陈洪刚营做补充，该团之另一营（蔡钲）随师部行动。

2月份的敌我双方态势约略如下：

（1）敌人在邹县兵力，先大约只有一个团，而以其一个大队（营）驻于两下店为其前进部队，该大队并附有一部炮兵，在两下店构筑坚固工事，布置铁丝网，有严密的火网，企图固守，暂时尚无立即转入攻势之样。

（2）四十五军之一二五师面向两下店布置警戒，以一二七师为纵深配备，其师部驻滕县城内。

（3）四十一军之一二二师和一二四师部均驻滕县城内，由一二二师长王铭章负责统一指挥，以其王志远旅及童澄旅部署于界河及大小坞之线以支援四十五军，另以一部及一二四师三七二旅担负城防和城郊警备任务。

（4）一二四师三七〇旅旅部及七四〇团进驻滕县西北约四十华里之东深井村及石墙村后，除布置警戒外，只派有侦探远出活动，始终没有向兖州及济宁之间做进袭准备。

（5）集团军总司令设在临城。

另外滕县专区专员兼县长周同及其所属地方保安团队协助城防及后勤供应等事务。

二、滕县外围战经过

1938年2月，一二五师奉命向邹县进攻，先行肃清盘踞在两下店之敌，同时一二四师七四〇团从东深村开进，相机策应，以牵制邹县之敌（两下店战斗从略）。

1938年3月初，一二四师七四〇团进至东深井村东北端约十里之石墙村，其雷迅营插进到前端约十里之一集团家屋后，被敌方发觉，并被敌方从两下店方向以炽盛的炮火猛烈狙击，不能再前进。何煜荣代团长率少校政训员胡清溪前去视察，得到侦察报告称，邹县县城内之敌人已有一部分与我前进部队处于对战中。鉴于当时形势，何煜荣即令该营停止前进，就地警戒，团部率其他两营仍回石墙村作预备队。

2月底，敌军矶谷、板垣两师团已于邹县地区集结完毕，为配合津浦南段北进之敌以夹击徐州，即对我在津浦路北段之二十二集团军全面转入攻势。与一二二师对峙之两下店守敌首先出击。敌人3月上旬开始总攻，炮火猛烈，继之以坦克前导，步兵随之前进。我方正面之一二五师及一二七师均被击溃，一二五师沿邹县公路线经香城、东郭等地，节节抵抗，迟滞敌人。一二七师在微山湖以东地区，交相掩护后撤，并坚守濮阳山、龙山、界河、北沙河、大山与大小坞之线。我一二四师七四〇团亦受敌倍于我之兵力及火力压迫，放弃石墙村，布置防御阵地于东深井村南之高地一线。为了掩护滕县左侧翼安全，该团一面竭力抵抗，一面急报师部求援。3月14日，一二四师部派了三七二旅旅长曾甦元率熊顺义营及江有厚之加强连驰赴东深井村应援，与七四〇团左侧方之池头集进攻之敌激战，勉力支撑，敌方一时无法前进。

此时津浦路南北段形势都紧张，战区正在调运增援部队，乃严令第二十二集团军必须坚守滕县，不准擅自撤退。集团军总司令孙震转令一二二师师长王铭章负责统一指挥滕县城防，非奉令不准任何一人擅自离城，违者军法论处。

命令下达后，一二七师师长陈离向王铭章报告，由于该师部队全部在前线，他在城内不便指挥，请求出城，王铭章电报孙震请示，允准陈离师长率其特务连出城，以掌握指挥部队。陈离出城后，即在南沙河野战中负伤，离开前线。

正面的一二五师及一二七师在敌军强大兵力压迫之下，逐步后撤，王铭章师长即令王志远旅及童澄旅掩护其撤退，并力阻企图南犯之敌前进。但各部均在节节抵抗后无力完成任务，一二五师及一二七师两师逐步布防于界河及大小坞之线，并从滕县两侧地区撤退。

三、血战滕县城

王志远旅及童澄旅奉令撤入城内,据城力守。此时滕县城已完全暴露在敌人炮火威力及步兵包围之下。滕县东门尤为敌军进攻重点,王铭章令张宣武团坚守,在城墙上赶筑防御工事,并以东门外一段小街及零星民房作为据点,部署防御阵地,与敌反复争夺,交战至为激烈。各城门均用沙袋填塞,仅东西两门略留通道(以曾甦元旅、刘公台团据守铁路,构筑工事,维护西门交通),守城决心极为坚定。

3月14日敌军加紧向滕县城猛扑,仍以东门作为重点进攻。城墙被敌大炮轰垮多处,我官兵奋勇迎战,用盐包千余袋堵填缺口,继续用手榴弹和步枪、机枪反击,敌人伤亡亦重,但仍仗恃其坦克及优势之炮火不断反扑,王、税两师长迭次亲临指挥,战斗更为壮烈。一二二师守军寒团严诩营长负伤,官兵伤亡颇重,形势危急。此时王、税两师长急令在东深井、池头集作战之三七〇旅王麟团(此时王麟已病愈返部)、曾甦元旅之熊营等部回滕县,加强固守县城兵力。两旅奉令后即时协议,由曾旅先行出发,吕旅继之,在16日拂晓前全部撤退,向滕县城转进。午后四时许,我第七四〇团行抵滕县近郊十余里处,已闻敌军炮声隆隆。同时敌军已发现我急行军部队,即从南沙河方面用炮兵猛烈向我军射击阻击,全团虽已暴露在敌火力之下,但因任务紧急,仍以疏开队形,尽速开往滕县西郊待命,随即奉令入城接受任务。王铭章师长做了如下指示:

(1) 两天以来,敌军猛烈攻城,预料明天必将继续。我两师奉命死守,以待汤恩伯军团到达时,即行出击,必能胜利地完成任务。

(2) 七四〇团即刻接替东门内外的一二二师部队的防守任务,将该部换下作预备队。

(3) 曾甦元旅担任维护从西门到后方的交通联络任务,并加紧构筑防御工事。

我七四〇团立即派出雷迅、康平两个营乘夜到东门内外接替,而以陈洪刚营作团预备队,布防于东门城内,团指挥部即在东门内城门洞下。此时城内外官兵听说明日即有汤恩伯军团前来增援,士气甚为振奋。

原来汤恩伯军团已于15、16日陆续到达临城,其先头王仲廉军之一个团刚下火车时,孙震总司令以滕县城情况紧急,命其及时前往增援。殊该团一到南沙河,即遭围攻滕县敌军之一部,以坦克前导,攻击前来,该团不支溃退,其他各部仅在南沙河后端警戒,不敢从正面攻击前进,以解滕县之围。待其军部到达后,得知滕县正受强大敌军攻击,乃借口"机动作战",将部队迂回向滕县东北峄山以东地区开去。于是南沙河之敌即向前推进,二十二集团军总部直属少数兵力不能抵抗,遂后撤至运河南岸之利国驿,从此与滕县守军失去联络,滕城完全陷入日军四面包围之中。

敌军自开始围城进攻,两天以来,迄未得逞。于是在3月17日拂晓,其炮火威力倍增,坦克、步兵频频冲击,我七四〇团及守城各已残破之团,只凭借简单工事,及机、步枪、手榴弹和城墙上兄弟部队的几门迫击炮支援。

团长王麟同何煌荣出东门督战,眼见不支之势,即叫何立即回城将陈洪刚营及临时配属的一个重机枪连带出,一并增加前线,并严令各营不得退后一步,形势又略显稳定。这时敌方炮弹如雨点般指向城东南门,以东门城楼为重点目标,因此遍街瓦砾,硝烟弥漫，城墙多处坍塌，守兵死伤累累。

午后三时许，城门洞已呈全部崩塌之势，王麟正同何煋荣密议暂时转移指挥位置之际，营长雷迅突然仓促来报，前线已经崩溃。王麟同何煋荣只得不顾一切地冲出城去，希图最后支持危局，但一个炮弹飞来近处爆炸，破片打在王麟头部，他即时倒地不起。何煋荣立即转身回掩蔽处叫随身几名卫士把王麟抬下，只身跑去向王铭章师长及税代师长报告当前危急情况。那时王师长态度极为镇定，但看见王麟（此时他还未气绝，但已昏迷不醒）抬进师部，知道情况恶化，已临千钧一发之际，立即召集各旅长到师部地下室开会。

王铭章及诸人在地下室紧急开会，准备竭尽全力再坚持一点时间，以待援军配合，再行反攻。正在这时，团长张宣武仓皇来报说："敌人已进城啦！"闻此紧迫消息，正在地下室开会诸人，即各自赶去指挥所辖部队去了。我（何煋荣）随同王师长出来站在街头，面对东门，督促身边少数士兵，依托街道两侧沙袋开枪拒敌。此时敌人已将我团在东门外的三个营肃清，其平射炮不断从东门射来，敌兵已纷纷入城或登上城墙，用步枪机枪向我们猛烈射击。何煋荣向王师长报告说，我西门上还有部队，他点了一下头，要何速去指挥，何立即向西门驰去，从此和王师长再未见面了。

何煋荣赶到西门时，即与税代师长梯青、主任参谋罗毅威、旅长吕康、副旅长汪朝濂等人会了面。那时城门沙袋堵塞，仅可容一个人侧身进出，突围官兵争相夺路，无法控制。不久，敌兵即从东门方向追击前来，从城墙上用机枪、手榴弹向我等射击投掷，吕康头部中弹，汪朝濂胸部中弹，接连伤亡多人，税代师长由几名卫士奋力拉出城门，我及师部参谋处长税斌、参谋张岐等奋力挤出，得免于难。幸曾甦元旅熊顺义营长及卢高煊营长、特务连连长江有厚等尚坚守于西门城外及铁路东站各阵地，奋力拒敌，掩护撤退，但过了铁路则是一带开阔麦地，早为敌人火力封锁，敌炮兵延伸射程，并用空炸子母弹不断射击，我官兵伤亡于这一地带者触目皆是。此时只见城内火烟四起，枪声不绝，我官兵还在城内街巷民房各自为战，与敌拼搏。黄昏后，敌人追击已停，炮声渐息。

王铭章师长在滕县被围时曾向总部发出电报三则，电文如下：

立到，临城军长孙：（一）十七日黎明，敌即以大炮向我城猛攻，东南角城墙被冲破数处，王团长麟负重伤，现督各师死力堵塞，毙敌甚多。（二）敌以炮兵猛轰我城内及东南城墙，东门附近又被冲毁数段，敌步兵登城，经我军冲击，毙敌无算，已将其击退，若友军深夜再无消息，则孤城危矣。（三）独立山（滕县东南十余里，即汤军预定达到地点）友军本日无枪声，想系被敌所阻，目前敌用野炮飞机，从晨至午，不断猛轰，城墙缺口数处，敌步兵屡登城，屡被击退，毙敌甚多，职忆委座成仁之训，及开封面谕嘉慰之词，决心死拼，以报国家，以报知遇，职王铭章叩。铣。

本文选编自四川省政协文史资料研究委员会、四川省人民政府参事室《川军抗战亲历记》

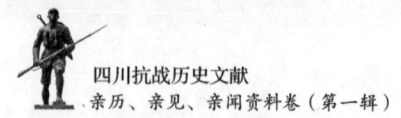
四川抗战历史文献
亲历、亲见、亲闻资料卷(第一辑)

在抗日的随、枣之战中的亲历和见闻

陈启雄

一、夜袭猫儿坡

1941年,第五战区司令长官李宗仁命令第四十一军一二三师三六九团第三营营长余天锡攻占武汉外围日军的重要据点猫儿坡。

余天锡营长奉命后,率部进行了三次强攻。由于日军居高临下易守难攻,再加上日军武器比我军优良,我营在三次强攻中,伤亡惨重。最后一次我营官兵攻到距日军阵地二十余米时,日军垂死挣扎,竟施放催泪性毒气。当时我营没有配备防毒装备,进攻官兵大都中毒,无法前进,迫不得已撤回我营原阵地。

当天的晚一些时候,我营又得上级命令说:"攻占猫儿坡是战区的战略意图,你营要不惜任何牺牲攻占猫儿坡,如不获胜,以军法论处。"

余天锡营长得到命令后立即召开全营干部紧急会议,传达命令,布置夜袭。即以重机枪连连长胡汉成率机枪连官兵为营预备队相机超越射击,用火力支援七、八、九连,七连连长张维德、八连连长刘伯江、九连连长廖自安各自先侦察好进军路线准备夜袭。

入夜后,各连运用各种行进办法进入夜袭地点。拂晓前余天锡营长发出进攻信号。顿时,猫儿坡杀声震天,手榴弹爆炸声、枪声响成一片,日军的照明弹、曳光弹不断发射,使猫儿坡明如白昼。我营官兵英勇顽强地与日军肉搏,一小时后,日军溃退,战斗胜利结束。

这一攻坚战中,我营缴获日军大炮一门,打死打伤日军甚多,我营伤亡二十余人,完成了湖北随县、枣阳之战的战略任务,受到第五战区长官部传令嘉奖。

当时,我在七连一排任中尉排长。

二、南漳遭遇战

1942年春,日军板垣师团一部,向襄、樊大举进犯,目的在于经襄、樊攻占老河口——当时国民党军第五战区长官司令部驻地。

国民党军第四十一军一二四师师长曾甦元奉命率部进驻南漳城,阻截来犯之日军。曾甦元师长立即带领三七〇团团长蔡钲、三七一团团长严翙、三七二团团长熊顺义率部分路赶赴南漳城。前卫部队刚抵南漳城时与日军板垣师团遭遇。经半天的激战后,南漳城沦陷。一二四师师长曾甦元激励全师官兵"誓与南漳共存亡",带领警卫连亲临第一线指挥作战,经过三天三夜的血战,在全师官兵英勇奋战下,南漳城郊一片焦土,日军伤亡惨重,溃不成军,败退去武汉。该师成功粉碎了日军进占枣、樊,攻下老河口的罪恶企图。

这一战结束后，该师得到第五战区长官司令部的传令嘉奖，曾甦元师长升任四十一军副军长，熊顺义团长升任一二四师副师长。

当时，我胞兄陈伟韬任该师中校参谋主任。

本文选编自《威远文史资料选辑》第五辑，1987年

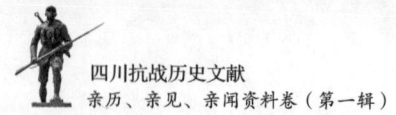

军民合作，夜袭伏儿岭日寇

张全金（口述）　赵纯新　鲜魁南（整理）

1941年，我在国民党第五战区第二十二集团军第四十一军（军长由集团军总司令孙震兼任）一二二师（师长张宣武）三六五团（团长张则荪，黄埔军校第八期毕业）第二营（营长刘敌，成都军分校十四期毕业）任副营长兼第五连连长。

同年7月，奉上级命令指调一二二师前往湖北大洪山接替一二四师第一线防务。当时，日寇驻湖北京山县、宋河一带。敌我两军所驻的前哨阵地间有个朝阳店（因朝阳庙而得名），地势较高，离我师团指挥部有二十余华里，距日寇的第一线前哨阵地伏儿岭也有二十多华里，新四军第五师的游击队常来这个真空地带和老百姓一起袭击日寇，他们对这里的天时、地利、人和了如指掌。日寇为了搜集游击队和国民党部队在此真空地带的活动情况，每月都要调小部队来巡逻、搜索一两次。敌军巡逻队一来，就逐户搜查，把老百姓的粮食、鸡、鸭、衣物洗劫一空，整得老百姓日夜不安，只好把日常生活用粮藏在山洞里或埋在地下，人都不敢在家住，晚间宿山洞或寄宿亲戚处，白天回家从事农业劳动生产，生活极端困难，苦到油、盐都没得吃。

一二四师初任防时，调了一营人去朝阳店担任前沿独立哨阵地的防务，由于官佐们和当地老百姓关系不融洽，驻了短暂时间，就被游击队摸了"夜螺蛳"（游击队深夜潜入营部，用手枪将营长号着，在"缴枪不杀"的政策感召下，全营枪弹就被游击队缴了）。这个营的士兵自愿参加游击队的就被吸收为游击队员，不愿参加游击队的各自散去，营长和连级以下干部不敢回部队见上级长官，也就逃之夭夭销声匿迹了。自此，一二四师也不敢再派部队前往该地担任前沿哨所阵地的防务了。

我师奉命接替一二四师防务后，为了确保安全，经师、团部研究决定，指派我连前去该地担任前沿独立哨阵地的防务。团部调配一个重机枪排补充，我连被命名为加强连。临行前，团长把原一二四师派去驻防的营被吃光的情况详细告诉了我，并指示要我提高警惕，不要重蹈覆辙。同时，团部还指派通讯连安装电话专线，以直通我连驻地。

军人以服从命令为天职，虽气候恶劣，但仍服从调遣。我率部开赴指定防务地点后，为防止意外事故发生，命令各排官兵，星夜轮班赶筑工事，假眠时，亦要枪弹不离身旁。在我连到达第三天的早餐后，老百姓引来一村校许老师（老百姓称"许指导员"，名字日久已忘）和我联系，相互施见面礼后，品茗对坐，许说："我们希望国军在此地常驻，你们要什么物资，我们好支援。这里的老百姓很苦，常遭日寇巡逻部队骚扰抢劫，穿不上，吃不饱，生产出来的物资运不出去销售，日常生活必需品又买不进来……这里的群众需要你们和我们合作，共同抗击日寇。"听完他这段话，我暗忖可能是游击队派他来同我们联系协商共同抗日的事。我毅然提出："国民党的军队有好的，也有坏的，要分别对待。现在是国、共两党第二次合作时期，中国人不打中国人，我们要同心同德，共赴国难，把日寇赶出去，誓死保卫祖国锦绣河山，不再被日寇铁蹄蹂躏。老百姓的困难，在力所能及的范围内，我们尽力帮助解决。团部有运输连，请许指导员转告老百姓，叫他们把要运出去销售的生产成品包装好，我挂电话请团部调运输连派大车来帮助运去襄阳、樊城销售，由老百姓安排人押车、销售，把需要的东西买好交原车队运回来。所花运费，由团部开支，保证不取老百姓分文。我连派部队护运，保护他们的安全……"许指导员听了我的答话后，也诚恳地表态说："咱们都是自家人，自家人不打自家人，只要我们军民紧密配合，共同打击日寇侵略者，那是无往而不胜的。"

协商成功后，团部每月派运输连调大车来帮助老百姓拖香菌（蘑菇）、药材（当归、川芎、党参、柴胡、杜仲、桔梗、甘草）、烟子（做墨用的原料）等产品到襄樊销售，又买猪仔、菜种、油、盐、布匹、针头麻线、毛巾等百货运回来。从此，我连官兵和游击队、老百姓的关系较融洽了，共同打击了日寇巡逻部队几次，日军也再不敢出来巡逻抢劫挠扰了，老百姓得以安居乐业，电话线得到群众保护也没人再偷砍了，信息畅通无阻，我连担任的防务也得以顺利进行。

是年腊月二十日起，接连下了几天大雪，大地被积雪装点成白茫茫一片银海。23日拂晓，团部突来紧急电话，命令我连夜袭"伏儿岭"（日军前哨阵地）的日寇，牵制敌人支援三战区战斗。我接电话后，立即派人请许指导员前来连部共同协商研究制敌决策，许指导员介绍说："伏儿岭是日寇京山前哨阵地，山背后有条公路，是京山通往宋河的要道，地势高，日寇在山岭驻有一连人的兵力，工事牢固，安有探照灯。阵地外围，安了三层电丝网；安有电话专线直通京山，并且还挖有隧洞直通伏儿岭北山麓的公路，岭前山脚下有条小河（冬季枯水人可踩水而过），北面是条深沟（日军未布防），岭南跑马寨是日军前沿阵地，地势险要，易守难攻……"

许指导员把敌方哨所所处地理位置及布防情况详细介绍后，在白茫茫一片雪原、分不清田野和人行道、进军困难的不利条件下，我深感任务艰巨。嗣经我们反复思考，决定"我部负担主攻任务，请游击队打援，由许指导员安排群众提前为我部进军踩出人行道和接近电网、电话线的路径"。思想、任务、行动统一后，许指导员回去，随即安排三批（中午一批、午后两批）老百姓前去踩路，并组织部署游击队阻击京山敌人前来增援。我安排重机枪排留守阵地，命令全连官兵提前开晚饭，晚餐后，一律把棉帽、棉衣、棉裤翻面穿戴（内灰外白），在白色如银的雪原中行军，以免让敌人发现。一切准备就绪，待时出发。

夜幕降临了，天空的雪花仍在密密地飞扬，许指导员指派白天踩路的三批老乡来做向导，一组引通讯兵、担架队渡小河，摸过山腰垭口到敌方哨所背后去砍直通京山的电话专线；一组引一排士兵去攻击正面；一组我亲自率领的后备部队直达小河岸边。当后备部队蠕蠕向前推进抵达小河边时，日寇哨所出来一名士兵，扭开探照灯探视四周动静，我部的伪装全是白色，与积雪无异。我们未被发现，哨兵关灯转身回哨所围炉烤火去了。不一会儿，担架队员把所剪的全部电话专线抬回小河岸边，切断哨所与京山日军联系的任务完成了。这时，我命令机枪排组织火力控制日寇哨所门口，余部荷枪实弹在老乡的引路下，匍匐上山，摸进哨所四周电网安装处剪铁丝。谁知电网线顶端悬挂有罐筒空盒，剪到一处，筒盒叮当作响，惊动了烤火的日军，先跑出来一名士兵，被我机枪手一弹命中，倒地身亡。我们随即用机枪扫射，压制哨所里的敌人。约莫20分钟后，未见日军还击，我率部进哨所窥伺，人影无踪，除死尸一具倒在哨门外，余敌早已从隧洞逃跑。我命令部队把所遗枪、弹、罐头、饼干及一部发报机和一部电话机等军用物资全部收拾，用担架抬走。

正回师间，忽见天空升起红色信号弹，并有枪炮声远远传来，日军的增援部队从京山来了。但他们遭到游击队的阻击，敌援受挫，未达增援目的。

我部抬着战利品快速下山，渡过小河，胜利归来，立派留守营地的部队把夜袭伏儿岭所缴获的胜利物资全部抬送团部。从此，朝阳店再无日军扰乱，老百姓得以安居乐业。

同年腊月二十八日过年，老百姓杀猪宰羊，宴请我部，军民共餐。欢欢喜喜，辞旧迎新。

1942年3月，我部防务仍移交一二四师接管，全连转回团部后，调我代理第三营营长，率队到敌后打游击，袭击宋河日寇驻军，牵制敌人，支援第三战区作战。

本文选编自《南部文史资料选辑》第六辑，1995年

我在二十二集团军的抗战经历

唐　开（口述）　　宋君良（整理）

　　1937年7月7日，卢沟桥事变爆发，日寇妄图以武力征服全中国。蒋介石在中国共产党领导全国人民要求抗日的压力下，被迫于10月7日在江西庐山宣布对日抗战，命令四川各军编为六个集团军出川抗战。我们第二十二集团军就是在这样的情况下组成的。

　　第二十二集团军上将总司令邓锡侯、上将副总司令孙震，下辖四十一、四十五、四十七三个军，有六万多人。我当时在四十五军一二七师三十七旅七五八团任中校团副。我师分别驻防什邡、广汉、新都等县，于1937年10月中旬，各部由上述各县出发，沿川陕公路步行，经绵阳、梓潼，出剑阁，翻秦岭至宝鸡，改乘火车到达西安。当我师官兵在川陕道上的广元县休息时，师长陈离召集全体官兵在大操场讲话，语调激昂。他说："现在抗战已经开始，我们的官兵都是有爱国思想的，特别是受到全国人民抗日救亡运动的影响，我们都有着不愿当亡国奴和抵抗日本侵略的情绪和要求。因此，希望我们官兵与敌军交战时，要身先士卒，冲锋陷阵，效忠党国。尽管我们武器很差，装备太劣，中央已有指示，到达西安就能得到补充。"其时虽已西风瑟瑟，万象肃杀，然而，全体官兵听了师长这些鼓舞人心的话，顿时兴奋异常。哪知到了西安，每个官兵除了发给棉衣一套、皮背心一件，每班配三件棉大衣在晚上担任警戒时轮流穿着外，其他什么武器、装备的补充只是一张空头支票。我们在西安乘火车，经潼关过风陵渡，渡黄河后由同蒲路乘火车北上到距太原约五十华里的榆次县。第二天，天刚蒙蒙亮，日寇向我军发动突然袭击，这是我师首次与敌交锋。虽然奋勇还击，但终因刚到榆次，地形不熟，情况不明，加之枪械又太差，不说没有轻重机枪，就连步枪也是川造的，打上几十发子弹就要"卡壳"，这样怎能与武器精良、装备优良的日军较量。我军力不能支，纷纷溃败。后来在洪洞县收容整顿。

　　值得一提的是，在洪洞县整顿的几天，师长召集排长以上军官在洪洞中学听八路军朱总司令讲话。当师长陈离陪同朱总司令登上礼堂讲台时，大家都聚精会神地注视着，只见朱总司令穿着同普通士兵差不多的军装，由此想到我们部队的大官们戎装佩剑、黑色高统皮靴的军人打扮，相比之下，朱总司令多么俭朴啊！师长陈离介绍说，这是我们尊敬的朱总司令，今天给我们讲话，我们感到十分荣幸，大家要好好地听。朱总司令说：弟兄们、乡亲们，你们从四川长途步行，翻山越岭，行程数千里，来到前方参加抗战，挽救民族危亡，这是军人应尽的天职，也是四川很大的光荣。我代表八路军欢迎你们，并向你们问好！全场报以热烈的掌声。接着，朱总司令首先引用了"天下兴亡，匹夫有责"这句名言，进而以深入浅出、通俗易懂的生动语言，讲述了日本帝国主义为什么侵略我们，在这生死存亡关头，我们为什么要抗战，又要如何抗战的道理。大家听得鸦雀无声。最后，他以父兄般的关怀，一再叮嘱我们，川人初到北方要注意起居饮食，保重身体，好为抗日效命疆场。朱总司令的讲话，使我们心中充满了温暖和欣喜，大家的掌声经久不息。师长将朱总司令送走后，还布置将朱总司令的讲话以连为单位进行传达，组织讨论。我们确信，朱总司令当时的谆谆教诲，大家是完全记住，并愿为之奋斗到底的。这次随同朱总司令一道来的，还有八路军西北战地服务团负责人丁玲。当朱总司令讲话约两小时后休息时，丁玲一行二十多位女同志与我们接谈，都和颜悦色，嘘寒问暖，十分亲切。

1937年年底，敌军板垣、矶谷两个师团的精锐部队沿津浦路南下，山东省主席韩复榘不抵抗，其军队望风而逃，不战自溃，使日寇不费吹灰之力，便占领了济南、泰安、兖州等地，由此，津浦南段危急，徐州局势紧张。我四十一军一二二师王铭章部、四十五军一二七师陈离部，于1938年元月上旬，奉命北上阻击。当我们进至滕县与邹县之间，即与日军遭遇，双方展开激战，经过三天的反复冲杀，我军官兵伤亡很大，势不能支，经王、陈两师长商议，王师即进入滕城布置防线，固守待援；我师即在滕县外围通往邹县道上的龙山、濮阳山一带构筑工事，设防据守，与滕县成掎角之势，借以牵制日寇。此后的一段时间，敌军停止进攻，我师与敌形成远距离对峙状态。记得我们在阵地上度过了这年的春节。3月中旬的一天，天刚拂晓，敌骑、步兵共万余，在天空的飞机，地面上的坦克、大炮掩护下，向我一二二、一二七师展开全线攻击。我师在龙山、濮阳山凭借坚固的战壕、掩体，奋勇迎战，敌军猛攻数天，仍未攻下。又一天敌军增大兵力，企图突破界河一带正面阵地，把龙山、濮阳攻下，但仍未得逞。于是敌军由龙山以东直接猛攻战略要点滕城。后来得知，固守滕县的王师官兵，虽然连日与敌苦战拼杀，终因伤亡惨重，弹尽粮绝，滕县失守，师长王铭章光荣牺牲。师长陈离，在距滕县十余里的南沙河，受到敌装甲车的袭击，右腿负了重伤。

由于陈离、王铭章麾师北上，阻击日寇于邹、滕之间，为徐州布防争取了时间，等到日寇进至徐州外围，台儿庄的袋形阵地已经布置完成。当日寇进入台儿庄，我军一鼓作气，聚歼了敌众一万余人，缴获了大量武器，取得了抗战以来震惊中外的台儿庄大胜利，从而加强了全民抗战的信心。当时的报纸和舆论分析说：没有邹、滕的苦战和死守，便不会有台儿庄的胜利，台儿庄的胜利是王铭章的死和陈离的伤换来的。因此之故，当陈离在汉口协和医院治疗时，每天不断有工人、学生和市民手持鲜花前来慰问。特别是八路军驻汉口的董必武、叶剑英和路过汉口的周恩来副主席都亲去医院探视他，使他十分感动。

我师在龙山、濮阳山阵地失守后即向徐州撤退。途经东郭村时已经午夜了，全体官兵经过连日以来与敌军的激战和一天的急行军，人困马乏，大家都已呼呼入睡。天刚发白，哨兵忽然发现前方一支骑兵像箭一般向我部袭击，立即鸣枪报警。我官兵从梦中惊醒，惊慌失措，抓枪找刀，乱成一团。转眼间，前哨部队便伤亡数十人。幸好后卫部队予以猛烈还击，敌骑才狼狈而逃。这一事件说明，在对敌斗争中，必须时刻保持高度警惕，容不得半点粗心大意，否则必将导致惨痛的血的教训。

我师在徐州进行了短暂的休整，便奉命在河南省东南部、淮河上游的罗山布防。一天，旅长王澂熙来阵地视察，他拿着望远镜向前方探望良久，觉察出敌军将有进攻企图，问我团团长王文拔："左翼是哪个营担任守备？""是第三营，营长赖祥章。""不行，他'炮'得很！"接着，旅长果断地说，"副团长唐开去指挥该营。"是时，我离旅长不远，他立即向我交代了任务。我马上去三营阵地，找到赖营长，问及兵力部署和一旦敌人进攻如何对付等，赖感到茫然。

于是我根据当地地形、敌情重新做了部署。果然，第二天早上，敌人集中优势兵力向我营防线猛攻，企图突破我阵地。

由于官兵战斗意志旺盛，英勇抗击，经过两个多小时的激战，终于打退了敌军的几次反扑。但就在这时，我的左臂、左胁负了重伤。旅长王澂熙得知我负伤甚重，即通知担架连派人将我送到信阳县医院缝合伤口、敷药包扎，然后被安排乘火车去西安医院治疗。两个多月后，潼关吃紧，我又随医院迁至汉中以南的西乡县。1939年初夏，我伤痊愈后，写信给师长，要求重返前线杀敌。师长函复要我去西安韦曲军令部参谋训练班受训，并寄来入校证件。半年结训后我回到部队。这时一二七师驻随县以西的廖家寨一带，我调任师部参谋处中校处长。廖家寨有一幢高大洋楼十分刺眼，楼顶上高耸着一个十字架，如同倒插的杀人利剑，这便是法国天主堂。在战争年代，这里的神父、教士以及修女，都逃得无影无踪。廖家寨地势比较险要，周围四五里林木茂密，为我部构筑坚固工事提供了有利条件。因此，日寇对我廖家寨进攻几次，均未得逞。1940年5月的一天，下午两点多钟，军参谋长刘郁打电话给我，告诉我随县之敌增加了兵力，有大炮多门、战车多辆，于明日凌晨要向廖家寨大举进攻，情况十分紧急，要我亲自带兵一营担任掩护，阻止敌人跟踪追击我第一线部队，只要拒敌人于大碑店以东，即算完成任务。他问我意见如何，我答：如果战况需要，自应遵命照办；不过请参谋长转告我们师长，征求一下他的意见。他说：可以。不久，师长来电话，问我要哪个营。我提出七五七团二营，师长同意了。因为我深知该营营长陶德周勇敢善战，带兵有方。于是我将陶营长和各连连长找来，研究一番，看了地图，制订掩护撤退方案：从廖家寨经澴潭、小马鞍山、大碑店（廖家寨到大碑店大约六十华里）等地选定有利地形分成五线，分线抵御尾追之敌，实行梯次撤退（俗称"蛇甩壳"）；至于武器通通使用捷克式机枪（1939年底每连配备了九挺轻机枪）、少量步枪和手榴弹，而辎重和体力差的士兵先行撤走，这样，火力集中，威力大，行动快。我问营、连长这样做有无困难。他们以异常兴奋的情绪满怀信心地说："这样办很好。"随即他们就照此部署了。后来敌军仅追到距大碑店还有七八里地的小马鞍山就停止前进了。当我带着几个传令兵、勤务兵撤退至小马鞍山时，还有一架敌机飞到这个山头上空，盘旋侦察并投下一枚小型炸弹落在我们附近，幸未爆炸。这次我们所幸完成了任务，为友军在枣阳布防，争取了时间。

1941年上半年，我升任三七九团上校团长。这时，我四十五军在襄阳欧家庙、东津湾等地整训，同年下半年奉命接替第二十九集团军在大洪山地区的守备任务。大洪山位于湖北省中部偏北，西北—东南走向，长达三百华里，崇山峻岭，树深林茂，进可攻，退可守，是一个具有军事价值的战略要点。抗战开始直至胜利，新四军即在该地区活动。由于该军既有人和而又有地理之利，因此，日寇曾多次进行大扫荡，均以失败而告终。我师在大洪山区的张家集、烟墩店、洛阳店、三里岗、茅茨畈等地构筑防御工事，加强守备。一天，二十二集团军总部电话通知我师派出一个强有力的步兵团，在汉宜公路线上的后港一带，对其公路和桥梁进行破坏，对日寇兵员、弹药、武器和粮食的补给增添困难。这时，师长陈离伤愈后，仍任我师师长。他考虑再三，指派我团执行这一任务。我接受任务后，感到非常兴奋，立即电话通知各营、连长来团部。我向他们传达了师长给予的任务，经过研究，量好地图，我团驻三里岗，距后港约二百华里，三个晚上即可到达。准备就绪后我团立即出发。为避免暴露目标，我们白天休息，晚间衔枚疾走。快到目的地时，我们已得到敌军仅有一连兵力驻在后港医院的情报。几年来与日寇交战的实践，使我们知道日军白天张牙舞爪，晚上就龟缩在碉堡里，不敢越雷池一步。于是我团编组了一个加强营，于深夜以迅雷不及掩耳之势，向敌军发起猛烈进攻。日寇猝不及防，仓皇失措。尽管他们凭借精良的武器进行顽抗，但因寡不敌众，连几具尸体也未来得及收拾，即狼狈逃去。当我加强营向敌猛攻时，其余士兵则早已组成作业部队紧密配合由师部派来的工兵排，带着铁铲、铁锹、十字镐等工具和炸药，人人动手，对汉宜公路后港段桥梁公路进行破坏。我团不损一兵一卒，胜利回到了原驻地三里岗。

我师驻大洪山期间，新四军新五师师长李先念和该师九旅旅长萧克、政委陈少敏（当地群众呼之为陈大姐），曾同我师师长陈离暗中往还，互通情报。陈离支援该师不少枪弹和通讯、卫生器材。萧克旅长送了我师两门战车防御炮。李先念师长、黄宇齐政委在我师师部住了一个星期，与陈离共商如何配合作战问题。有段时期，由于运输困难，我师粮食补给不上，恰在这时，李先念师长赠给了大批大米和面粉，解决了我师吃饭问题。后来，蒋介石获悉这些情况后，认为师长陈离有色彩，是危险人物，年底即指调其到重庆"中央训练团"受训，借以免去其师长职务。所遗师长缺，由副师长王澂熙升任。1945年初，我调任上校师参谋长。

由于年代久远，我已年逾八旬，所述诸战役，难免有疏谬之处，望识者正之。

本文选编自《永川文史资料选辑》第三辑，1987年

转战晋鲁皖鄂忆录（节选）

杨禹文

一、赴晋参战

抗战军兴，川军请缨抗日。我部原属邓锡侯部之一二八师。出川前奉命整编，一部编入一二七师，一部编入一二五师。我在第二十二集团军（总司令邓锡侯）第四十五军（军长陈书农）一二五师（师长王学姜）三七五旅（旅长林翼如）七四九团（团长瞿联丞）三营（营长柳世俊），初任十二连（重机枪连）的排长，后升任九连连长。1937年9月6日，我部奉命从驻地崇庆县出发，北上向山西进军，徒步36天至宝鸡。是时，西北地区已是严冬季节，可我川军士兵，仍是单衣草履，配备一条棉毯作为被盖，且已几月未发军饷，及至宝鸡才发了一个月的薪饷。赓即乘火车越潼关，过黄河，入山西至临汾下车，继续步行北上进入战区。当时，我军装备窳劣，每人仅有一支川造步枪，两颗手榴弹，部分连队机枪都未配备齐，迫击炮也仅有极少数。装备如此低劣之部队与配备有飞机、大炮、坦克等现代化武器的日寇精锐部队作战，其艰苦困难，可想而知。但接着英勇杀敌的事实说明，川军健儿就是凭着一腔爱国热忱，以血肉之躯，冲锋陷阵奋战于枪林弹雨之中，牺牲极为惨烈，表现了中华儿女的浩然正气。我部转移晋东后，又奉命回师潼关待命，于11月18日才领到棉衣、棉被和薪饷。19日乘车东进，在豫、鲁、皖交界的商丘、武城、金乡、砀山一带地区，短期剿匪。约于12月奉命紧急出发，日夜兼程，步行三天三夜到达陇海线上的黄口车站，乘车至徐州北上，急援山东。

二、增援鲁南

1938年元月，山东战场韩复榘不战而退，弃守济南，日军继续南下，鲁南危急，徐州外围急待巩固。第二十二集团军奉第五战区司令长官李宗仁命令，沿津浦路北上，急驰鲁南阻击敌寇。我四十五军进至济宁、兖州、两下店一带，布置防御阵地。我部乘火车至滕县南几十里的南沙河下车，搜索北进，经滕县，过北沙河。次日晨，到达界河进入阵地，与两下店之敌对峙。

在两下店与敌人相持的一个多月中，终日与敌进行对抗战，白天敌用大炮轰击我军阵地，入夜我部则偷袭敌阵。2月中旬某日晚（大约是阴历年三十夜）我部奉命出击两下店，我机枪排协助第七连连长杨德新进攻。刚攻进葛山下土山岭，便进入敌人的火制地带，我官兵前仆后继，几次强攻，均未奏效。当时，七连长杨德新不幸阵亡，士兵伤亡也很惨重，我排士兵已伤亡十数人，两挺重机枪中有一挺已成废枪，但上级命令继续组织攻击，大家虽拼死向前，仍无大的进展。直到东方发白，敌人援兵已到，向我反扑，经我部殊死抵抗，敌人数次反攻均未得逞。天明，由于右翼友军阵地失守，我七连才奉命退却，由界河车站撤到七贤庄警戒。敌人由于兵力不足，仍退回两下店坚守待援。

在两下店两军对峙攻防中，我军经常派小部队迂回至敌后，开展游击活动，或主动偷袭，或要道阻击，或设伏打援，收到了不小战果。

3月，日寇增援两个师团。某日，向我发起全线进攻，大炮不停地狂轰，飞机不停地滥炸，坦克和骑兵也向我多次猛冲。经我军奋勇抵抗，日寇终被击退。随后，日寇又投入多我几倍的兵力，一方面向我正面猛攻，另派一支强大兵力向右翼实行大包抄，将我部压制，中断我军电话。我正面两个团已彼此失去联系，旅部中校顾问尧光阵亡，我们仍就地死守。午后四时许，敌人的迂回部队已从我后面包抄袭来，飞机大炮狂轰滥炸，坦克掩护步兵猛扑，把我们七四九团截成两节，一半在界河以北，一半在界河以南。全团各连失去联系，各自为战，经过殊死决斗，终将敌之进攻压制下去。但团长瞿联丞还被围在王家院子，奉杨副团长令，我们接连几次发起进攻，去接团长出险，但团长坚决不走，他说："没有上级命令我不敢后撤。"他的侄儿瞿文哭着劝他离开，他也毫不动摇。大家只有分散到院子外围，依托地形进行抵抗。敌人在敌机不断侦察扫射下，又猛扑上来，将各连截成几段，大家下定决心与团长共存亡。直至午夜，始接到上级命令向北沙河转进。当收容散兵和整顿队伍时，部队已伤亡惨重。旋奉命退守滕县以西的鲁寨。次日，敌人的重兵力在坦克掩护和骑兵配合下，猛向我鲁寨扑来。其时我团只有八二迫击炮四门、重机枪六挺，人员凑合，亦不上四五百人，只有奋力战斗，以冀死里求生。由于八二迫击炮和重机枪对敌坦克均无杀伤力，勇士们只好提起手榴弹，前仆后继去炸敌人坦克，但这样也很难奏效。当敌坦克冲入我阵地后方，我军全线发生动摇。七九四团少校团副黄虎，在转进中被敌坦克追上，便倒在地上欲与敌坦克作殊死战斗，但他刚卧下，即被敌人的坦克从背上碾压过去，待敌坦克冲过去后，我们随即奔上去抢救。他尚未死，但已奄奄一息了，战士把他抬至一个村庄内，先用高粱秆将他掩护好，再托该村村民予以照料。入夜，当派人去背黄时，该村已被敌人占领，无法实施营救。当晚，我们即向临城方向退却，认为黄虎已死无疑。殊知他却被当地人民救护，并跋山涉水由微山湖送回石屯部队驻地，再转徐州医院治疗，幸获治愈。

此后不数日滕县即告陷落，一二二师师长王铭章将军及官兵五千余人据城苦战数日，壮烈殉国。此役，我川军虽牺牲惨重，但却阻滞了敌人，赢得了时间，使徐州能充分调兵布阵，为尔后台儿庄大捷创造了条件。

我军自滕县外围的鲁寨撤至临城，临（城）枣（庄）线上战斗又激烈展开。敌人从枣庄西进向临城压来，认为我军背后是微山湖无路可走，企图压制歼灭我军于此地。殊不知，战役开始，我军背水一战，自临城东向枣庄方向全力进击，友军在枣庄以东向西，从敌人背后夹击。日寇腹背受敌，被迫退却，我军收复了枣庄。在中兴煤矿公司炭洞里俘获不少敌人和无数枪弹。经过鲁南战役，我整个集团军人枪损失惨重，据上级统计，仅存兵力，已不到一万人，又处于精疲力竭状态，已无多大战斗力，只得退过运河南岸，到韩庄整训。经过整编，我七四九团和七五〇团各自只有一营多人兵力。笔者先被编入无兵的军官队，在徐州农业推广所所在地集中学习。之后，又被调任团部谍报组组长。由于台儿庄大战展开,我军尚来不及补充,又北渡运河投入战斗。我是下级军官,对整个战役部署及战役进程经过和敌我位置等具体情况并不清楚,只知我抗战健儿视死如归,努力杀敌,寸土必争。台儿庄失而复得达五六次,战斗异常激烈,战场成为一片焦土,由于我军指挥得当,将士用命,经过浴血奋战,终于取得震惊中外的大捷。敌人在溃退时,我部奉命追击向峄县败逃之敌,并在峄县围攻几日终未收复。后来,敌之援兵急速赶到将被困之敌接走。听说敌矶谷、板垣师团长当时也被困在峄县,惜未俘获。

三、徐州突围

台儿庄大捷后,笔者奉调第九连升任连长,驻防徐州以东之皂村,戍守运河。是时,敌人喘息未定,一时不敢进犯,战事暂告平静。大约时隔一旬,日寇大军自鲁南南侵,过微山湖,占领黄口东站截断陇海路,从北面威胁徐州;南线淮北我军失利,敌人北上,对徐州形成夹击的态势,徐州战场只得弃守。当敌人已占领徐州以北40华里的萧县,其长射程炮已能轰击徐州城时,我大部队已转移。师部命令我团担任后卫,待全军撤离完毕后,再相机撤至亳州(徐州之西,安徽之西北)。

我团于1938年4月29日拂晓开始由皂村向安徽的宿县方向撤退。行至老黄河旧址,忽遭敌机狂炸,在这几千米长的干涸沙河中,既无隐蔽地带,又无防空武器,只能硬着头皮听任敌机肆虐,我军死伤枕藉,牺牲异常惨重,骡马大炮均弃之一空。是夜宿官庄,惊魂未定,拂晓又遇敌人游击骑兵配合空军来袭,只得仓促应战,且战且走。可怜文工团的女兵,打死打伤不知多少,因缺乏后勤组织,死尸无法后运,受伤的,只好给点钱,请当地老百姓医治。4月30日夜,道经夹沟,又遇敌人包围,打了一日两夜始突围而出,水米难寻,饥渴难忍。行至张山又遇地方红枪会包围,要我们缴枪,激战三四小时,始将其击败。但我们一不敢进村庄,二不敢与老百姓接触,三不敢到处去寻水米,因一被红枪会的人发现就会没命。安徽、河南接壤的地方水源很少,不进村子就找不到粮食和水,大家饥渴交迫,随时都有牺牲的可能。此时文工团的人一个也未见到,也不知他们的下落。我们又迷失了路径方向,在夜间转了一个通宵,到了天亮才知仍在张山附近。经过侦讯乡民,始得其帮助踏上大道,向白庙方向行进。刚入袁小集,日寇又追来了。当时我部所剩人枪弹药无几,又在饥渴与疲惫的情况下,已无战斗力了,要如何对敌?官兵就地聚集商筹,前有红枪会的拦截,后有日寇追兵的袭击。大家认为降则死,散则亡,如要死里求生,只有拼力苦战,硬打死拼。于是,我团与敌拼命冲杀后,便跑步退却,入夜方脱离敌之尾追。到了龙山附近的倪庄露营,向村内居民采购得一点麦米,炊成稀粥暂时充饥。次日,到达龙山方和友军相遇。前后鏖战,奔走了11昼夜始脱困境。是日,抵达亳州,即赴河南周口,收容整顿,我团仅剩一营多人了。我们在这里过了端午节,后开赴信阳待命,6月14日出发赴湖北襄樊整训。待四川壮丁送到已是7月中旬,部队即行补允、整编、训练。7月底校阅后,出发回师信阳、罗山阻击进犯之敌。

四、罗山苦战

1938年8月，我团参加信（阳）罗（山）战役，驻守罗山东南竹竿河以东几十里之高地，构筑工事警戒西犯之敌。不日，敌军来犯，右翼友军阵地战斗激烈，接连几天敌人的进攻均被打退。我正面之敌仅时断时续打来一些炮弹。一日凌晨，日寇开始全线总攻，其势凶猛，初以飞机大炮向我狂炸猛轰，随即以大批坦克和骑兵猛扑阵地，但其数次进攻均被我军打退。突然间敌机轮番低空飞行，敌方炮弹、炸弹如雨点般倾泻而来，爆炸时有一股不正常的药味，大家一嗅到就直打喷嚏，直淌眼泪，才知是敌人在发射毒气弹。同时敌人又施放烟幕，在浓烟掩护下向我全线大举进攻。当时，我部中毒者甚多，势难支持战斗，不到两小时，全线崩溃。我连转移到竹竿河边时，距桥甚远，前有大江，后有追兵，战士中多数是才补充来的新兵，初到战场，虽令下不行，在敌大炮与飞机狂炸后，到处乱跑，一窝蜂乱七八糟地争相徒步过河。敌人除以飞机在上空狂炸之外，还配以步骑兵疯狂扫射，河对岸又无火力掩护，新兵只顾逃命，无法组织还击。遭受敌军猛袭之后，只见遍河尸体，血染流水，我连过河以后仅存三十余人了。行进十余里，突然大雨滂沱，有些受伤士兵，先被水淹，又遭雨淋，全身湿透，浑身稀泥，叫苦之声，惨不忍闻，狼狈之状，目不忍睹。经过一日一夜之苦挣，我连才到达湖北的随县，勉强有一休整之地，但仍得不到后勤的供给。次日，方觅得我大部队的行踪，而我当时双目因中毒气，发炎红肿不堪，几至失明，始入野战医院医治，但医治无效，又转汉口后勤部的二十八医院治疗。不久，汉口附近战事吃紧，医院迁走，我即转移至长沙就医，到1939年，病情才好转。出院后，我转到六战区继续参加抗日战争。

我川军虽然装备窳劣，补充相当困难，生活极为艰苦，同武器装备无比优良而凶残的敌人作战，艰苦卓绝，不怕牺牲，仍消灭了不少敌人。日军对我们也惧怕三分，遇上"川耗子"（机智灵活）、"草鞋兵"（吃苦勇敢）便不敢轻视。我军的牺牲极为悲壮惨烈，确实为伟大的民族抗日战争做出了不可磨灭的贡献。至今一想起他们就肃然起敬，我们应永远追念、缅怀那些为国而战而死的民族英雄啊！

本文选编自《成都文史资料选辑》总第十七辑，1987年

血战老河口

周肇国（口述）　徐忠稷（整理）

1945年3月上旬，豫西、鄂北会战开始。当时，日军完成了打通大陆交通线的任务，先后占领粤汉、湘桂沿线的美国空军基地。美军加强芷江、老河口基地军事力量，对日军平汉、津浦、粤汉、湘桂等铁路沿线及长江航运构成很大的威胁，因此，日军从其南北各师团抽调部分兵力，分头向芷江、老河口进攻。

日军进攻老河口前，第二十二集团军总部及其所属四十一军驻防襄阳、樊城，第五战区长官部设老河口。1945年元月初，四十五军决定将其所辖的一二五师（师长汪匪锋，当时未任军长）调老河口整训兼任长官部警卫，调一二七师担任大洪山前线防务。嗣因军长陈鼎勋调重庆甲级将官班二期受训，大洪山防务由一二七师师长王瓒熙代行军长职务指挥。

一二五师师长汪匪锋率其三七三、三七五团（三七四团团长裴元俊率部回川接收新兵）到达老河口部署警卫，整训部队。不久，第五战区司令长官李宗仁调任汉中行辕主任，战区司令长官由刘峙继任。3月下旬，日军华北方面军，以其一一〇、一一五师团，坦克第三师团，骑兵第四旅团，由南阳、邓县、新野、孟家楼直趋老河口，以攻占老河口盟军机场。3月27日敌军进至光化县的洋林桥。29日，刘峙命令一二五师固守老河口三天，以掩护后勤物资撤过丹江西岸。一二五师派副师长兼三七三团团长陈仕俊（又名陈玲，仁寿彰加乡人）在光化县城及塔子山等地占领阵地，阻止日军前进。汪匪锋率三七五团团长黄崇凯（仁寿五皇乡人）守卫老河口。30日，日军攻占我军前哨阵地，两次以炮兵掩护步兵进攻塔子山未果，31日又大举进攻，战至午后三时左右，三七三团撤进老河口城内与三七五团协同防守。

从4月1日起，守卫老河口之战，进入紧张阶段，日军连续进攻化城门及东门机场一带，战斗异常激烈，一二五师的两个团伤亡过大，防守力量过于薄弱。刘峙原令固守三日，后又命令坚守十天。一二五师侦察到日军正调集大部队增援，有加强进攻的迹象，因此要调我营进城协助防守。我是一二七师三八〇团（团长陈筱文）三营营长，原在襄河南岸地区布防。一二七师所辖的三七九、三八〇两个团，在战斗开始后，从大洪山区撤回老河口南岸的谷城地区，担任河防、掩护老河口作战任务。由于一二七师师长王瓒熙代行军长职务，在人事上与一二五师有矛盾，一二五师要调我营进城，师长王瓒熙不答应，料定此去凶多吉少，最后争执不过，我营仍被调去，实际上成了他们内部斗争的牺牲品。所以，当日军攻入城内，师部撤到青山港附近，还听到城内激烈的枪声时，王瓒熙不禁叹息："这个营完了！"

老河口的东、西、北三面都是浅丘和平坝，没有大山。南门靠襄河，水深河阔，大船可遂襄樊。东门小镇徐家滩去光化县方向、离城二三里处，有个高地塔子山，被日军占据，修筑了大炮阵地，白天直射城区，常配三五架飞机轮番轰炸老河口城，城内房屋大部被毁，居民逃光，不见烟火。东门外有个飞机场，靠近城墙边，日军多次用大炮猛轰，炸垮城墙，掩护步兵经飞机场进攻，但被一二五师的守城部队打死在机场内，未能得逞。一二五师三七四团的二营营长李银洲（仁寿始建乡人）率队防守机场一带，受敌炮、敌机的轰炸，死伤很重。我营于4月9日进城，受副师长陈仕俊指挥，奉命同其三七四团的二营交替任务，担负东门飞机场一带的第一线防守重任，城内由一二五师的三七五团防守。西北城外，已为日军占领，地形复杂，日军易于接近，为我军重点防守、敌人重点进攻之地，一二五师师部设于化城门。前几次日军均以化城门为进攻重点，连续两次进攻皆失败，我营入城后，其进攻的重点转移到东门飞机场一带。

4月7日，日军发动第一次进攻，没用飞机、坦克，只用大炮猛轰城内及东门城墙附近阵地，掩护步兵通过机场向我阵地猛冲。开始，我一枪不发，等日兵进入机场，少数机枪随后掩护，大部日兵进入我轻重武器编成火网的有效射程内，才用轻重机枪、六〇炮、掷弹筒、枪榴弹、手榴弹、步枪等一齐猛射，日兵纷纷倒地，拼命往后退。这时，日军大炮又集中火力，向我阵地狂轰，再次掩护日兵返回机场，反复三次冲到射程内，都被打了回去。因为我们从城墙内部挖到距城墙外立面三分之二处安置射击孔，从城墙内打敌人，日兵从机场射来的轻重机枪打不着我们，他们只有通过机场，到达机场边缘的小溪沟内，才能躲避我们的火力爬到城墙脚下。机场面积大，步兵前进受我猛烈炮火的压制，短时难于通过。敌人每次进攻，都在机场留下成堆的尸体不敢拖走。晚间，日军不打炮，我组织士兵到机场摸武器交公，其他物资，谁拾谁得。

就在这一天，日军用重兵进攻化城门，在大炮轰击我阵地的同时，炸开化城门两处缺口。冲进的大量日兵，为三七三团的集中火力封锁，敌人原想从两处同时攻入城内的计划，完全破灭。

其后，有两天平静无事。4月10日，日军第二次向我阵地发动进攻，照样没用飞机、坦克，但大炮的轰击比前次更猛烈、密集、持久，先后发射了一千多发炮弹，炸垮城墙百余米。我们备有大量沙包，趁大炮停射之际，由专门负责的运输兵一个接一个传递上来，堵住缺口。由大炮掩护，通过机场沿溪沟爬到城墙脚下想从缺口冲进来的日兵，连番几次靠近，都被严严实实的沙包堵住，攻不进城，依然由大炮掩护退回去。机场上，又堆积一批新的日兵尸体，我军第二次打退敌人的进攻。

4月11日，天还没亮，大炮轰鸣，城区房屋着火，烟焰弥天，显然，日军发动了第三次进攻。不到十分钟，大炮集中向东门至化城门间城墙附近的我军阵地轰击，把城墙打垮一百余米，形成比前两次更大的缺口。天色刚明，大炮停射，日军三架飞机轮流飞入阵地上空投弹、扫射，阻止我们堵塞缺口。我们没有大炮摧毁敌人的炮兵阵地，没有飞机和高射炮打击敌机，只能听凭敌炮、敌机任意逞凶而无力对付，实在令人痛心！

八点过，敌机离去，敌大炮轰鸣，掩护坦克出动。开始有两辆坦克开进机场，后面跟随密密麻麻的步兵，比前两次的人数更多。这时，大炮直指城墙缺口附近密集射击，使我军无法活动，并把缺口拉大。阵地上天昏地暗，日月无光，硝烟遮断视线，看不清日军的活动状况。轻重机枪的射击声、大炮的轰鸣声、炸弹的爆炸声、坦克的隆隆声交织在一起,震耳欲聋,却丝毫未能动摇我全体官兵坚守阵地的决心。等日兵到达射程内,照样枪炮齐射,给予其沉重打击。敌人的进攻受挫,飞机又出动了,先后有三架敌机轮番飞到阵地上空投弹扫射。阵地周围,乌烟四起,有些官兵中弹倒地,为国家献出最后一滴血;有些受了伤,仍然坚守阵地;有些阵地被毁,官兵便换个地点重新布防。战况进入紧张阶段,我军派人联系左右两侧友军,回报:"左右两侧无人。"我忙和三位连长商讨如何对付敌人,忽然电话铃响了,师长通知:"你营重机枪连、各连炊事班、勤杂人员及带伤官兵、病号,立撤南门,同师部一道过河;其余三个步兵连,由你率领,掩护师部渡河……"却没有指示我营何时撤退、撤到何处、谁来掩护、河边有无船只等候、同谁联系等。我一时心急,忙于传达命令、布置任务,没有问及这些问题,只叫各连做好准备,严阵以待。事后猜想,师长通知时,大部队可能已经渡过河了,余下的,仅是师部少数人。

大约九点半,日军增援两辆坦克,开到机场中央停下,等后面步兵到齐,便开始慢慢移动,似乎在试探我们有无动静。按照敌人揣想,狂轰滥炸两个多小时,阵地上一定无人了,却没料到,前面的坦克掩护步兵到达距我阵地百余米处,依然饱尝苦果,遭到我军更猛烈的打击,大批敌兵命丧机场。于是敌炮怒吼了,密密向我阵地打来,压制我军火力。日军又增援两辆坦克,共有六辆,分三路加速前冲,在大炮掩护下,进入机场中央,从尸堆中碾过,把尸体碾成肉浆,坦克上血肉模糊,沾满断肘残肢。坦克迅速冲到机场边缘,冲过溪沟,来到城墙下。我们没有打击坦克的武器,拿它没有办法,只能眼睁睁看到日军坦克耀武扬威地冲来,心情无比沉重!

日兵虽经连续打击,死伤不少,但被坦克挡护的步兵仍然躲过我军火力,越过封锁线,冲过溪沟,冲到城墙脚下,用各种工具爬上城墙,爬上被大炮轰垮来不及堵塞的缺口。传令兵接连报告:先后有百多名日兵爬上城墙了,后面的还在继续爬。爬上城墙的日兵越来越多,情况危急,我立即传令:"准备拼刺刀!"一时冲锋号响,三百多名官兵跳出阵地冲上城墙,甩出一串串手榴弹,趁手榴弹爆炸烟雾笼罩的一瞬间,迎击涌来之敌。三个连长同我一道,端枪出击。刚离阵地不远,眼见走在我左边的九连连长吕维周中弹倒地,再也爬不起来!不一会儿,还未冲上城墙,走在我右边的八连连长万强也被敌弹射中牺牲!我含着悲恨的泪水独自纵上城墙,正遇三个日兵迎头撞来。头一个日兵来势凶猛,哗的一刀对准我胸口刺下,像一股强劲的旋风迅猛扑来,刀尖划破我的上衣,我忙侧身一闪,举刀横劈,一下把他劈倒。第二个日兵纵步上前,与我近在咫尺,无法躲让,真是危险,幸我枪中有弹,一举手,恰好对准日兵胸膛,连扳带刺,枪响刀到,消灭了第二个日兵。第三个见状,怒冲冲赶来,左劈右杀,比前两个更凶狠。我喘不过气,有些招架不住,忙退让几步,避其锋芒。日兵号嗨大叫,疯狂反扑,发出骇人的吼声。几个回旋,又蹦又跳,劈刺同来,很有一手,但他来回十几刀,都被我挡回去,没能挨近我。当时,我自恃年轻有力,虽经反复搏斗没有制住日兵,心情倒很镇静,反观日兵,经过十余回合,斗不倒我,显然神情紧张。我瞄准时机,不容他喘息,再次振奋精神,乘其疲惫,狠狠反攻,把日兵逼到城墙边,趁他站立未稳之机,猛地一刀,将其戳下城墙。日本兵拼刺刀,技术高明,我遇到的三个,都不是弱者。事后回想,当时真处于极其危险的关头,一心只顾拼斗,没想到生死,说不出是怎样战胜敌人的。在抗日战场上，与敌人周旋八年，之前还没有经历过亲自与敌人拼刺刀的战斗，也没有亲自打死过敌人，这算是第一次，也是最后一次得偿夙愿。

城墙上下，到处都是你死我活的激烈战斗，当当当的刺刀拼搏声，日兵惊吓的狂吼声，我军愤怒的喊杀声，震撼四野，这一凶狠、残酷的恶战情景，真是惊天地，泣鬼神！经过一阵勇拼猛斗之后，终于把最初爬上来的百多个日兵打退。退下的日兵，乱滚乱窜，互相冲撞，秩序凌乱，又被我们乘机扫射，打死一大片。

最先冲在前面爬到城墙缺口的坦克，遇到障碍，没有前进，同后来开到的三辆坦克停在城墙外，组成一段长二百多米的防护地带，使后续日兵在我军同头批敌人拼杀时，躲过我们的火力，迅速向城墙缺口涌来。我们打退第一批日兵，正要调整队伍，但后续日军大部队已经赶到，像潮水一样冲进缺口，周围人头攒动，估计不下两千人，我们的人数太少，实在阻挡不住。我立刻下令："进城巷战！"

当敌我双方接近、相互混战时，日军坦克不敢打炮。日兵退后，城墙上下的官兵全都位于高处，暴露在日军坦克的射击范围下。城墙缺口的东北角，挨近化城门一带，原为三七五团的一营防守，他们何时撤走，并未通知我，令我一直认为那一带有部队堵截。没有料到，日军最后开到的两辆坦克掩护步兵到达后，悄悄绕到化城门爬过缺口，通过这段无人防守之地，钻到我军背后，我们压退敌兵，下令进城，还没来得及从城墙上撤下来，就遭到背后日军坦克枪炮齐发的猛烈扫射。眼见城墙上下成批成批的官兵，像山崩一样突然倒地毙命，武器混杂着中弹倒地的尸体交叉堆积在一起，鲜血奔流，染红了大片土地！有些重伤士兵尚未绝命，不断呼喊连长、排长的姓名，希望救他一把。传令兵报告，除两个连长阵亡外，又有四个排长在率部反击中重伤牺牲！我军从城墙上退进城，必须经过一段百多米长、种有蔬菜的开阔地，在这一带，我们又受到坦克的惨重打击，遍地倒下的士兵尸体，鲜血直喷，又有三个排长在此牺牲！悲伤的惨景摆在我面前，我的心好像要爆炸，仅仅这一瞬间，我估计先后足有二百五六十人死于敌人坦克残酷无情的猛烈射击之下！余下的，不过一百二三十人，我们的损失实在太大、太惨了！"男儿有泪不轻弹"，这时候，我生平第一次禁不住泪水唰唰直往下流！而这时日兵正在源源不断地从缺口涌来，城内弹雨横飞。在这生死关头，我不能让幸存的人再牺牲，实在顾不上把那些重伤未死的士兵带走，不是我无情无能、忍心抛弃他们，而是我们没有武器压制敌人的坦克，再不能以小失大造成更多的无谓牺牲！我应该受到良心的谴责！

老河口城区较宽，东、南、西、北各有一条大街，由许多横街小巷纵横相连，我的队伍通过蔬菜地，冲进一条小巷就安全了。小巷进口早已堵死，只能从侧面缺口进去，我们利用沙包、石块堵塞缺口，日兵枪炮打不着，又不敢冲进来。我派出一部分人经小巷绕到东街口扼守，阻止日兵入城。每隔三四十米，我们便把城内各条大街铺路的石板撬起来，筑成一堵一人多高的防守墙。两旁店铺，多被炮弹炸坏，我们利用断壁残垣、门窗铺板、乱石断梁，堆扎成严严实实的巷道。即使日兵攻破前段工事进入巷道也会四面挨打，难有活动的余地。后面墙壁被我们层层打通，以便必要时从这些通道撤走。从各街通往南门的十字口，是最重要的枢纽地，我军早在这里垒集石头、沙包，筑起坚固的防御工事，上有厚实的掩盖，周围布置无数枪眼，可从四面打击日兵，像座碉堡屹立在十字口中央，具有一夫当关万夫莫敌的气概。我同幸存的六七十人直奔这里，命令连排长集中所有轻机枪亲自掌握，一部分到各街口扼守，一部分上到街房高处架枪狙击，一部分沿城墙一带掩护警戒，防备日兵抄袭我侧背。老河口的东、西、北三面，都是日军占据的开阔地，毫无遮掩，不是退路之选，只有南门靠襄河，城墙就在河边上，日兵在此无立足之地，我军大部队即从此处撤走。撤进城中后，我立刻派人前去南门联系。

我军进城后，日机又飞到城区侦察扫射、投掷燃烧弹，尽力破坏我们的防守。这时，我军究竟有多少人进城，尚无法弄清楚，只知道有部分队伍退往西北街。撤退中，部队分散，失去掌握，并受地形地势的影响，被日兵火力分割成若干就地扼守、独力作战的小据点，各凭一股英勇爱国的热忱，前仆后继，奋力阻击日军。时近中午，日机飞走了，敌人的大炮也停止了射击，坦克为层层障碍所阻，开不进城，仅有日军步兵紧紧追逼，时时听到我军抗击的密集枪声，从不同方向传来。日兵攻到各街口，往往难于突破被我扼守的阵地。他们攻不进，又退回去，改用炮轰，将我防御工事打垮，才能占据短短一小段街道。我们凭借少数兵力，在城内苦苦鏖战，前一个机枪兵倒了，后一个上前继续打，每一处阵地都在和日兵死拼，不让日兵轻易得逞。有些士兵躲在墙角下，躲在倒塌的房屋后，利用隐蔽的有利条件射击，步步为营，寸土不让，处处都有成批的日兵受到严厉的惩罚。他们每前进一步，都要付出很大的代价。而且城内的枪声此起彼伏，连续不断，都是来自我军分散各处独力作战、狠狠打击日军的声音，这使日军猜不透城内还有多少人，不敢轻率冒进。他们每到一处，总要花费大量时间进行搜索，逐步移动，以致进展迟缓。从东街到我指挥的南街十字口，相距不过四百余米，我仅有六七十人的小部队，能从中午一直坚持到下午五点过，整整熬过五个多小时，日兵仍然离我们还有二百多米远，未能攻到我据守的十字口。这使我们赢得了充足的时间来掩护全军安全渡过宽阔的襄河，渡河中没有一个人遇难，我们完成了上级交付的艰险任务。

战到下午五点过，估计部队业已撤完，掩护任务业已完成，我叫人清点队伍，结果仅存一名连长、两名排长、五名正副班长、一名副官，加上士兵和我共三十八人。随我撤到东南角的六七十人又不幸损失一半！全营二十七挺轻机枪，仅存九挺，损失三分之二；机枪子弹，则少得可怜，有的剩一颗，有的一颗不剩，多的不过剩下一两个弹夹，总共剩余不到二十发；步枪十余支，全无子弹。我心一怔："太险了。"派去南门联系的人，两次回报相同：一、城门紧闭，二、河下无船，三、无人联系，四、对岸不见人影。这时，我军已失去抵抗能力，处境异常危险，日兵距我不过二百余米，子弹不断飞来，正节节逼近十字口。西北方向，早已听不到我军枪响，不知他们去向如何，是生是死，是逃亡还是被俘？虽多次派人侦察，却找不到半点踪影。到此危险关头，城是无法守了，只是四门无退路，我们要从何处撤走？时间不容我有更多的考虑，更不容我同大家讨论，征求意见。我心一横，毅然命令："全体集中上城墙。"大家迅速奔上去，派出两挺轻机枪集中子弹作掩护，把所有绑腿解开连接起来套在城墙垛子上，一个接一个拉着绑腿溜下去。离城墙不远，是块芦苇丛生的河坝。我们利用芦苇遮着日兵视线，通过河坝，脱离险境。

我们离开河坝急急忙忙顺河往下走了六七里，还听到城内日军射击的枪声，还看见房屋燃烧的火光。忽然前面一条横河挡路，河水浑浊，不知深浅，一时甚感焦急。有个士兵下河试探，水深仅齐腰，大家的心稳了，决定休息几分钟。坐在河滩上，大家相互看了一眼，由于受城内烟雾的熏染，个个脸色漆黑，分不清是谁，唯独两个眼珠转。所有军用品被丢光，仅存廿余支破枪，根本不像个作战队伍。全身衣服，烧的烧烂，撕的撕破，前后飞舞。此情景下，彼此相对默坐，半响无言，说不出的无限辛酸！

休息后，大家涉水过河。我在城内被日炮破片炸伤腿，正剧烈疼痛，不敢下水，很想不走了，三个士兵把枪一放，说声"来"，便一齐扶我过河。往下走不到两里，天已黑尽，见一小村有灯光，派人询问，是户渔民，便拖来一只渔船，分三次渡过河。上岸后，体弱得倒在地上不能走。从早晨到这时，大家紧张地苦战一整天，没有休息，没有沾过茶水，没有吃过东西，拖着饥饿疲惫之躯，勉强撑持到此，实已精疲力竭，只好相互搀扶到村，找老乡买粮做饭吃，找柴草烧火烤干破湿的衣服。

第二天，打听到军、师、团部已撤到离此七八十里的青山港，心头无比气愤。我们被命令转谷城，我派副官找县长送粮食、安排住地后，决心留下不走。中午，军部派人询问我们这个营是否存在，后在谷城找到我们。我生气道："为什么不派掩护？甚至一个联系的人也不派？你们身上长的是血是肉，我独是铁是钢？三百多官兵的性命被我葬送，在鬼门关找我算账，我要怎么交代？"结果，军、师、团部迁回谷城后，军、师长亲来道歉，劝我休息后再说。

这一仗，除了事先撤走的人外，战斗中牺牲的共三百八九十人，是我作战以来损失最大、最惨的一仗，是我抗战经历的最残酷、最危险的一仗，也是我抗战生涯中的最后一仗。八年全面抗战的巨大牺牲，终于在四个月后，换得日本的无条件投降。

本文选编自《仁寿文史》第四辑，1988 年

老河口抗日战役亲历记

何翔迥

一、老河口战役之前敌我态势

一九四五年三月，第五战区司令长官刘峙（前任司令长官李宗仁，已于当年一月调任汉中行辕主任）率领第二、第二十二两个集团军在豫西南及鄂北（包括大洪山）与敌寇对峙，长官部驻在老河口。其总预备队的第一二五师（二十二集团军所属四十五军的一个师，师长为汪匣锋），集结在老河口附近的光化县徐家滩、莲花塘一带整训。

第二集团军（总司令刘汝明）总部驻在南阳，所部据守在南召、南阳、邓县一带地区，与在舞阳、鲁山方面之敌对峙。第二十二集团军（总司令孙震，字德操）总部驻在樊城，所属的四十一军（军长孙震兼）和暂归指挥的六十九军（军长米文和），集结在襄（阳）樊（城）地区整训。二十二集团军所属的四十五军（缺一二五师）率领所属部队，以及暂归指挥的暂编第一师（师长李才桂）和地方部队的第三挺进纵队（司令曾宪臣）、第六挺进纵队（司令曹勖）、第九挺进纵队（司令李朗星），据守在大洪山东南麓张家集、洛阳店、瀴潭一带，与应城随县方面之敌对峙。

一九四五年二月，由第一战区归回第二十二集团军建制的四十七军，这时驻在邓县、李官桥间地区整训。

是年二月份，第四十五军军长陈鼎勋（号书农）奉调由大洪山赴重庆陆大甲级将官班受训，其军长职务由一二七师师长王瀓熙代理，一二七师师长职务则由副师长何翔迥（笔者）代理。

一九四五年三月，日寇集中十万兵力，企图夺取我豫西鄂北（丹江汉水以东）一带地区，并以我第五战区所在地老河口及其附近飞机场为主攻目标，由敌十二军司令官内山英太郎（四月七日后由鹰森孝接替）指挥一一〇师团、一一四师团、一一五师团、独立步兵第一一旅团、骑兵第四旅团、战车第三师团等，附以飞机百架，于三月二十一日兵分三路向豫西、鄂北我第五战区全面扑来。其左路由宜城方面发起，以第二十二集团军总部所在地襄阳、樊城为目标，攻击前进；其中路和右路向舞阳、鲁山方面发起攻势，企图夺取新野、南阳、邓县后夹攻我第五战区司令长官部所在地老河口。

三月二十六日，第二集团军方面先后丢失南阳、邓县，敌军主力随即向老河口扑来。

三月二十八日，第五战区长官部撤过汉水西岸，移驻草店，命令一二五师固守老河口三天，以掩护长官部人员和物资转移。

二、第四十五军率领一二七师由大洪山驰援一二五师

三月二十七日，第四十五军一二七师奉命将该部在大洪山的作战任务移交与暂编第一师（包括该师所指挥第三挺进纵队曾宪臣部、第六挺进纵队曹勋部、第九挺进纵队李朗星部）后，由军部率领驰援老河口的第一二五师。三月二十九日，第一二七师代理师长何翔迥率领三七九团（团长张观群）、三八〇团（团长陈筱文）、三八一团第一营（营长朴玉廷。当时三八一团已奉命回四川领兵，只留一个营在前方），随第四十五军军部从大洪山出发，取道平林店、茅茨畈、张家集、樊城向老河口驰援。

到达茅茨畈时，获得情报和军部转来通报称：襄阳、樊城已经陷于敌手。军部命令第一二七师改变路线继续前进。该师当即决定改由茅茨畈经双沟龙王集，从新野、樊城之间插向老河口，师部和师直属各部队及三七九团、三八〇团为第一梯队，在先头作战备行军。第四十五军军部和军直属各部队及三八一团第一营为第二梯队，紧靠第一梯队前进。

三、第一二七师在老河口附近的塔子山、晋公庙予敌以有力打击

两梯队兼程前进，四月四日晨，第四十五军军部到达龙王集，第一二七师师部及三七九团、三八〇团到达离晋公庙四五公里处，忽闻老河口方面传来稀疏的枪声。据谍报人员、老百姓报告：昨夜老河口城墙周围火光通明，枪声稀疏，塔子山有敌人据守，晋公庙岗上无敌人。这时军部命令第一二七师速向老河口之敌攻击，代师长何翔迥立即召集张观群、陈筱文两团长在塔子山、晋公庙师指挥所研究地形、敌情。大家一致认为：根据老河口的枪声，定是敌人仍在围攻老河口，如果我师能攻击晋公庙、塔子山之敌，出其不意，打击敌人侧背，敌人腹背受击，老河口第一二五师之围即可解除。何翔迥当即口头命令三七九团团长张观群率领该团迅速在塔子山东南岗上展开，向塔子山之敌攻击；三八〇团团长陈筱文率领该团（缺第二营）迅速在晋公庙亘塔子山的岗上展开，向晋公庙、老河口方面之敌攻击；三八〇团第二营（营长曾世庸）为师预备队；师部指挥所位于塔子山通晋公庙去龙王集的交叉路口附近；三七九团、三八〇团都在上午九时由岗上同时发起进攻，并令师通讯连向各团敷设电话线。

在晋公庙方面的三八〇团左翼的第一营，原以为晋公庙附近无敌情，殊不知在搜索前进中，晋公庙附近的敌人突向该营搜索队射击，当即打死我搜索队一人，伤二人。该营钟营长当即命令一、二两连立即展开，集中火力猛烈向该敌射击，在三八〇团右翼的第三营亦于同时从右向该敌左翼攻击，敌不支，向晋公庙敌据点后撤。据团长陈筱文报称，晋公庙方面之敌为数不多，不过百余人，可能是敌前侦部队。陈团长命令迫击炮连炮击晋公庙之敌据点，敌虽顽强抵抗，但战至午后一时，遂且战且退。我三八〇团第一线部队，占领晋公庙岗上向老河口方面的棱线时，发现有数百敌人从老河口方面向我三八〇团方面展开前来。团长陈筱文当即命令第一线部队在岗上的棱线附近，利用居高临下的有利地形构筑工事，占领阵地，停止前进，以逸待劳，准备将敌消灭于我阵地前。当数百敌军在麦田里散开向我攻击前来时，我军在岗上向麦田里之敌猛烈俯射，中弹之敌三四十人纷纷倒下，敌被迫停止前进，战斗持续到午后五时。三八〇团前线部队乃加

强工事，准备翌晨拂晓攻击。这次战斗，三八〇团阵亡排长一人，伤亡士兵二十余人。

当三八〇团向晋公庙攻击时，三七九团出敌不意，以一、二两营向塔子山之敌攻击。该团主攻方面的第二营（营长岳华杰）集中机枪和迫击炮火力，猛烈向塔子山之敌射击，予敌以重创。但由于敌人据守在工事内，亦以炽盛的火力向我还击，团第一线部队进到距敌人三百米左右，便前进困难。这时已是午后五时，该团只得就地停止，构筑工事，准备明日拂晓攻击。是日该团伤亡士兵二十余人。

四、从敌后突围

当第一二七师在塔子山晋公庙作战胜利的当天薄暮，军部传来情报，敌已占领仙人渡及谷城，并有向我军部所在地龙王集及第一二七师背面来犯之势。军部命令第一二七师当天黑夜向龙王集集结后，分三路纵队夜行军，从敌人后方突围，在两天之内通过邓（县）老（河口）公路，向李官桥、三官殿方向前进。第一二七师奉命后，即令三七九团、三八〇团趁夜迅速脱离敌人，三七九团在前，三八〇团在后，向龙王集集结。四月四日夜，该师全部到达龙王集，遵照军部规定，分三路纵队从敌人后方突围，通过邓老公路向李官桥、三官殿转进。第一二七师当即命令三七九团为左翼纵队，三八一团朴玉廷营随军部为中路纵队，师部、师直属各部队及三八〇团为右翼纵队，白天各部队在农村宿营，傍晚开始行进。当三七九团在莲花堰附近敌据点侧面通过时，被据点之敌发现，该团先头的第二营遭敌射击，营长岳华杰当即命令第五连予以还击，掩护该团主力通过。战斗约一小时，该团全部通过，敌人仍然缩在据点内，营长岳华杰及士兵三人在战斗中负伤。三路纵队都于四月六日拂晓前到达了三官殿（在汉水西岸）东岸附近的高地上。赓即征集船只，分三个渡口渡河。

五、袭击老河口敌侧背和飞机场

渡河的第二天，四月七日，老河口城的激战又起，为了支援守城的第一二五师和牵制老河口之敌，第一二七师命令三八一团第一营营长朴玉廷率领该营并附三七九团机枪一连，轻装由老河口上游的三官殿西岸渡过汉水东岸，沿汉水东岸河边高地相机袭击徐家滩（在光化县东边）老河口飞机场之敌，打击老河口之敌侧背。该营渡河后，以第三连在河边高地口占领阵地，以备必要时掩护该营进退。朴玉廷营长率领主力，出其不意，向邓老公路路边的徐家滩和飞机场之敌进行袭击。该营在徐家滩附近战斗至午后二时，夺得徐家滩附近的村庄；战斗到四时，该营有一个连将要穿过邓老公路向飞机场袭击时，情况骤变，敌人从老河口、光化方面开来二三百人增援部队，朴玉廷认为牵制的目的已达，当即命令各连停止前进，以第二连断后，速向第三连方面转进。敌人见该营停止向飞机场方面前进，并向占有阵地的高地转移，亦停止前进，该营乃利用黑夜渡过汉水西岸。

在老河口的第一二五师，由于连日来与敌战斗伤亡很大，加之敌人攻击甚猛，因而要求军部和总部派部队进入老河口城内增援。

六、直接进入老河口市内与敌血战

四月九日,第四十五军军部遵照总部命令,指派何翔迥率领三八〇团由三官殿附近出发,于当晚到达老河口城的西岸,利用黑夜渡过汉水,进入老河口城内,受第一二五师师长汪匪锋指挥。

日将入暮时,何翔迥率师指挥所人员及三八〇团官兵,到达老河口西岸河坝,渡船都是木船,每只船只能载一排人左右,遂令陈筱文团长指挥部队渡河,何翔迥先行过河到第一二五师师部(是个地下室),见到汪匪锋和其参谋长吴奇英(汪、吴、何,都是陆大特三期同学)。汪、吴对何说一二七师来得正好,现在情况紧急,汪指着老河口敌我态势图说,敌人向我攻击的重点是化城门(北门)附近,目前化城门三七三团(陈仕俊副师长兼团长)方面紧急万分,必须增加部队,你们是生力军,三八〇团就插在化城门的三七三团与其右翼第四十一军的三六四团(团长黄伯亮)之间,加入战斗。并说,从化城门右边起到东门止为三八〇团的战斗区域,现在来不及写命令,请就这样部署吧。这时陈筱文来报告说,该团一排一连地渡河后,即由第一二五师部派在河岸边引路的人一排一连地带到化城门去了。何、陈两人走出一二五师师部后,一面走,一面谈战况和部署,并迅速赶到化城门右边,看见三八〇团第一营的部队,已由一部一二五师引路带到城墙上,其余部队正在城墙内菜地里集结,有的部队还正从河边开来,何、陈两人研究决定:一、二两营登上城墙担任守城的第一线任务,第一营在左,第二营在右,特别要注意交叉火力配合;第三营为机动部队。并立即命令通讯排在各营间架设电话,师指挥所和团部驻在一、二两营间城墙脚下的临时掩体内。

四月十日晨,敌人集中数十门大炮,连续向化城门及东北门一带城墙轰击,弹落如雨,坦克分数路掩护步兵向城垣前进,其中一股向三八〇团第二营右翼的城墙缺口蜂拥而来。当敌步兵接近城垣时,我守城官兵,齐心协力,与第一二五师指挥的战防炮部队对准敌坦克猛烈射击,我前线部队亦用手榴弹和机枪拼力还击,很多敌人被打死在麦田里。与此同时,攻击三七三团方面缺口之敌二百余人,遭到一二五师副师长兼团长陈玲(陈仕俊)督率所部在缺口处的拼杀,敌伤亡惨重。三八〇团当面缺口之敌,仍不顾一切向缺口冲来,何翔迥及陈筱文团长指挥机动部队第三营增援,向缺口之敌冲杀,缺口两边机枪交叉火网的机枪声、手榴弹爆炸声震耳欲聋,打得敌人抱头鼠窜而退。到上午十一时,枪声渐渐稀疏,三八〇团第三营立即用篾篓及沙袋堵填缺口,城墙上各连也加强了工事,以防敌人再度来攻。

四月十一日拂晓,敌人又发起进攻,敌炮弹如雨,向化城门和东门一带城垣射击。大约轰击了一小时,城墙被炸垮了好几处缺口,尘土、硝烟弥漫天空,河对岸四十一军的炮兵营被敌炮压制到不发一弹,三八〇团方面的城墙被打垮了两个大缺口,麦田里的敌战车分两路向三八〇团开来,掩护其步兵前进。我守城部队以机枪及手榴弹与城下之敌激战,敌战车不顾一切冲向各个缺口,三八〇团第二营杨排长带头以集束手榴弹向敌战车投掷,炸中敌战车,使其不能继续前进,但其步兵仍继续往前冲击。三七三团、三六四团、三八〇团都在各自的阵地上与敌冲杀。当敌人向我三八〇团第二营缺口攻击时,第三营也增援到第一线阻击敌人,最后,上起刺刀与敌展开肉搏。何翔迥、陈筱文督饬团特务排投入战斗,敌后续部队不断增加,缺口处战斗惨烈。何翔迥曾经下令:"如果排长伤亡,由连长指定军士代理,连长伤亡由营长指定排长代理。"因此连、排长负伤后,由于有人代理,部队仍能继续坚持作战。三八〇团由排长代理连长的有五人,军士升排长的达十三人。三八〇团两翼的三七三团、三六四团,亦在拼死鏖战,但都未能将缺口之敌赶走。在左翼战斗的曾世庸营长向何报称,化城门的敌人已经进入城内,情况恶化,何立即以电话向汪匪锋报告,汪即令该师逐步向南转移过河。何命令陈筱文团长立即派机动部队第三营以两个连在师指挥所附近占领比较坚固的民房,并利用街巷工事,与敌巷战,阻击敌人,以掩护守城部队逐步向城南转移渡河,同时令陈筱文团长渡河后在河对面幺店子附近收容部队。当各团在城内进行街道巷战,何翔迥与营长曾世庸退到一二五师师部时,汪师长已奉命率师部人员过河去了。

七、转进

老河口西面是汉水,渡船不多,部队且战且退,到午后五时,各团部队才退到河边。虽然一二五师师部有人负责分配船只,但因船只不多,有些部队在河边候船,有些部队则沿汉水东岸南奔谷城,何翔迥和三八〇团第二营营长曾世庸率部队出城后,亦向谷城方面移动。此时,敌炮不断延伸射击,炮弹在部队行进的河坝上爆炸,卫士杨斌廷在何左侧行走被敌弹打中,当即牺牲。被打死打伤的其他官兵有十几人。当走了半里路左右,由上游划来载着三八〇团官兵的一只船,船上官兵才把何翔迥、曾世庸等叫上船去。将到对岸时,这只船又被敌炮弹炮片击中,打伤二人,打死一人。船已漏水将翻,各人抓住木板,游向西岸。何上岸后,见对岸还有不少部队和老百姓向谷城方向转移。他在老河口对岸的幺店子附近找到了一二五师师长汪匪锋和三八〇团团长陈筱文后,当即要求汪命令管船只的人在老河口南岸增加渡口,以便多渡些人过河,同时命令陈团长在幺店子附近设立三八〇团收容站,当晚即收容了该团官兵三百多人,第二天又收容了五百多人。该团奉命在戴家湾附近整训。这时,第十五军军长陈鼎勋(书农),经获准提前由重庆陆大甲级将官班赶回部队,也到达了这个幺店子。汪匪锋、陈仕俊、何翔迥分别向陈军长报告了一二五师和一二七师在老河口的作战经过。汪匪锋说:长官部开始只命令一二五师在老河口守三天,以掩护长官部物资和人员撤退;守了三天之后,又下令继续再守一个星期;又守了一个星期,长官部又下令还要再守一个星期。陈鼎勋说:"一二五师、一二七师在保卫老河口战役中,都是努了力的,部队牺牲太大,当向上面要求补充。"又说:"这次战役,根本应该由整个第五战区与敌作战,南阳、邓县很快失陷,襄阳、樊城又早已失守,老河口成了一个孤城。总部派第四十一军直接支援第一二五师的部队,却只有黄伯亮的两个营,太少了。从大洪山那样远调第一二七师驰援,远水难救近火,这是漏斗战术,不应该守这个孤城。不过,我军将士能服从命令,团结奋战,使日寇得到了应有的惩罚,这就很好嘛。"这次战役,除一二五师伤亡不计外,只一二七师就伤亡了官兵五百余人。

本文选编自《成都文史资料选辑》总第十辑,1985年

父亲邓锡侯在抗战中的二三事

邓宇民

邓锡侯

大约是1959年，周恩来总理号召各民主党派写回忆录，把自己的亲历亲见写出来。那时，父亲就想写抗战纪事，却由于种种原因未能写出来。可惜这一亲历、亲见、亲闻的史实就没留下来。值此庆祝抗日战争胜利七十周年之际，我作此文，一方面是支持政协工作，一方面也是了却父亲的心愿。

1937年七七卢沟桥事变后，全国人民都愤怒了，作为军人当义不容辞上战场，父亲和其他川军将领首先表态请缨出川杀敌。

川军先是被编为后备军，刘湘任总司令，邓锡侯任副总司令。后来前方战事吃紧，命川军出川抗战，刘湘任二十三集团军总司令由东出川，邓锡侯为二十二集团军总司令（辖四十一军、四十五军、四十七军）由北路出川。成都誓师大会上，他代表北路川军慷慨陈词：

"'将受命之时则忘其家，临军约束则忘其亲，援枹鼓之急则忘其身'，我们现在把家也忘了，亲也忘了，身也忘了，我们要上前线去了。"

"川军出川以后，如战而胜，当然很光荣地归来；如战而不胜，决心裹尸以还。"

"我们出川抗战，要踏着先烈们的血迹前进！更希望后方的人民要勇敢地踏着我们的血迹而来。"

北路川军翻秦岭走了近一个月，没有人掉队，没有人请病假，没有人当逃兵，我川人抗战无一点私心杂念。

北路川军第一仗就是增援河北、山西交界的娘子关。在日本人飞机、大炮、坦克的攻击下死伤近三千人！在太原南的南畔村，父亲中敌埋伏，差一点就成了让后人踏着的"血迹"。但父亲并不把自己的生死当一回事，而将自己子弟兵的生死放在心上。父亲很少哭，这次南畔村血战却为自己的兵哭了，大呼："我的四川子弟兵呀！"我几年前去过娘子关，那里的老百姓都说川军死得很惨，而且都很年轻。我问为什么你们都知道，他们回答说："爷爷们抬过担架，看到的……"川军把这次出川抗战称为打"国仗"，所以怀着满腔热血出川，却在装备、补给上受到不公平对待，但就是在这种艰苦条件下，他们对日作战仍十分勇猛。如山东滕县两下店一战，我敢死队一波一波冲锋，前仆后继，视死如归，打出了四川人的顽强不屈，受到了当时的最高统帅部通报表扬。

当时国共合作，川军和八路军、新四军关系比较好。川军到达山西时连作战地图都没有，后来用的地图是周恩来叫人送来的。后来川军与八路军关系友好，还得感谢朱德总司令，护国战争时，他随滇军在泸州纳溪同邓锡侯支队、田颂尧支队共同抵抗北洋军阀，与川军结下了友谊。这种私人友谊在1937年双方共同抗日中又体现出来，并保持到中华人民共和国成立后。

1938年1月，父亲去武汉八路军办事处会见了周恩来和叶剑英，回到河南驻地后给驻马店市确山县竹沟镇新四军八团送去一批枪支弹药。在抗日战场上，川军和八路军、新四军关系是友好的。

1950年6月，父亲去参加全国政协第一届第二次会议，朱德和聂荣臻请他在北京御河桥军管会吃饭。后来父亲去参加人大会议，周恩来请他参加欢迎印度总理尼赫鲁的宴会（抗战时父亲任川康绥靖公署主任，尼赫鲁来过四川成都，有一面之交），贺龙、刘伯承、徐向前也曾请父亲吃饭……20世纪50年代，朱德和陈毅还到成都我家（新南门十七街6号）吃饭，彭德怀还专门送了我一本有关抗美援朝战争的书。

2015年是抗日战争胜利七十周年，我想借习近平总书记在纪念全民族抗战爆发七十七周年仪式上的讲话来结束我的文章："从那时起，大江南北，长城内外，全体中华儿女冒着敌人的炮火共赴国难，无论是正面战场，还是敌后战场，千千万万爱国将士浴血奋战、视死如归，各界民众万众一心、同仇敌忾，奏响了一曲气壮山河的抗击日本侵略的英雄凯歌，用生命和鲜血谱写了一首感天动地的反抗外来侵略的壮丽史诗。"

抗战的先辈们永垂不朽！

本文写于2015年6月

总司令太原遭遇战

张企予　张树君[*]

1937年，卢沟桥事变爆发后，川军广大官兵深明大义，纷纷请缨杀敌，出川抗战。平津失陷，华北门户大开，以冈村宁次为统帅的日军，由七个师团增加到十二个师团，计三十余万人，向河北、山西发动进攻。

1937年9月，邓锡侯、孙震分任第二十二集团军正副总司令，下辖四十一军、四十五军、四十七军共三个军，北上出川抗战。由于川军武器窳劣，装备落后，邓锡侯出川前曾向蒋介石提出"对出川抗战部队的装备、武器要做必要的补充"，蒋介石一一同意但却没有兑现。第二十二集团军原计划东进皖豫，到了西安又奉命北渡黄河，增援太原。于是，孙震第四十一军一二二师为先头，乘上同蒲铁路窄轨小火车，穿单衣着草鞋，冒着寒风向太原进发。

1937年9月底，山西境内正在进行一场大会战。第二战区长官阎锡山连失雁门关、平型关后，把二十余万主力集中在太原以北七十公里的忻口与南下日军展开决战，以保卫太原。可是，从太原到河北的石家庄还有一条东西向的大道：正太铁路。这条铁路通过太行山的娘子关，娘子关东是一马平川的华北平原，娘子关的背后，便是陡然突起的太行山和山西高原。此时，日军已经攻占了石家庄，正在攻击娘子关。如果日军攻占了娘子关，便可沿正太铁路直达太原抄忻口的后路。可是，阎锡山对娘子关的战略地位却缺乏应有的重视。部署在娘子关的守军不敷分配又多是缺少装备的杂牌军，而且任务不明，相互缺少联络；负责指挥娘子关前线的战区副司令长官黄绍竑手中又无兵可调。这样，娘子关成了山西东部的软肋。

10月中旬，河北日军向娘子关猛攻，攻占了娘子关南的固关。我守军虽伤亡惨重，仍在关前关后与日军围堵激战，死守娘子关一线，但局面已危如累卵。更为险恶的是，一支日军的迂回部队正从河北境内沿太行山麓南下，企图攻破太行山中防守薄弱的石门山口，绕道娘子关侧后。

这时，我二十二集团军增援忻口的先头部队在疲惫中陆续到达太原南约二十公里的榆次。黄绍竑顾不得联络二十二集团军指挥系统，急令到达的川军无论营、团，随到随即开赴娘子关前线阻敌。我一二二师零星到达的两个旅在既无地图又无上级指挥和友军联络的情况下，分别在东回村和西回村遭遇突破石门的迂回之敌。孤军激战多日，不仅遭受日军优势武器的立体攻击，而且遭受日军毒气和火焰喷射器等化学武器的疯狂进攻，伤亡惨重。紧接着一二二师陆续到达的一二四师又仓促与敌接战，损失极为惨重。

---

[*] 张企予为张曼伯侄孙，四川出版集团四川辞书出版社编审；张树君为李鸿焘之子。

此时，娘子关守军已经崩溃，前线一片混乱，总指挥黄绍竑与下属各军完全失去联系。10月26日娘子关失守，10月29日至11月2日，日军向西攻陷正太铁路上的平定、阳泉和寿阳。

11月4日，川军部队正在溃撤途中，阎锡山的一名传令官乘三轮摩托车找到邓锡侯和孙震，传来一道命令，要求第二十二集团军于两天之内开到太原城南的北营、荻村集结，建立防线抵抗即将到达的日军。

这道命令送到邓、孙处时已经迟到了一天半。邓锡侯总司令立命后期到达前线的第四十五军一二七师迅速转进北营，集团军总部聚集残部，随后赶向太原。

5日黄昏后，邓锡侯决定乘夜由榆次附近越铁道，渡汾河经仁村，向太原南边的北营前进，准备先赶到北营布防，以便尽快调动部队进入阵地。可是他们哪里知道太原已将要弃守，而且日军已经穿插到他们前面。更为可悲的是，他们的向导竟是一名汉奸。

孙震率集团军总部其余文职人员及大部队在后。为了邓锡侯的安全，孙震又增派了一个连和几匹战马赶到邓锡侯那里候用。

11月6日凌晨二时，邓锡侯率副官王席儒、高参李鸿焘、译电室主任郭开铭、副官邓石民，骑马依次行进，并与集团军总部部分人员一起，抄小路火速赶往阎锡山指定地点。天明时，看见所过村庄十室九空，到处有尸体血迹，还发现汉奸打信号弹。

11月6日上午九时左右，距太原不过几公里了。通宵夜行的队伍正感到疲乏不堪，看见前面有一个村，向导说是南畔村。还没有进村，就发现村东头地上有帆布机枪弹带，路边还捡到白纸片，上面有用铅笔写的日文。村中隐约有人影晃动，还有一人正伏在房顶上的隐蔽处用望远镜瞭望前方。众人正在惊疑，突然前面的苞谷秆后面伸出枪来，顿时枪声大作，子弹"嗖嗖"地从村内直射过来。邓锡侯根本没有想到敌人已经插到自己的前面，还急喊不要还枪，恐怕友军误会。顷即回过神来，向导已不见踪影。邓锡侯急令警卫连迎战，部队散开卧倒还击。警卫排掩护邓迅速后撤。此时，走在前面的高参李鸿焘的坐骑中弹蹶倒，李左脚负伤跌倒在地；副官王席儒的坐骑被打死，他也摔下马来；周围的士兵不断伤亡。

村里日军先用机枪射击，后以迫击炮轰击，随后又派一小队骑兵出村追击。众人急忙后撤，一条壕沟横在前面，邓锡侯正欲纵马跃过去，一枚炮弹落在附近，马受伤失足，邓锡侯跌入泥淖中，淤泥过膝，脚被扭伤。万分危急中，从后面赶来的王席儒赶紧和手枪排卫兵保护邓锡侯，把满身泥浆的邓锡侯扶出泥淖，背着冲出枪炮火网，无数日本兵"嗷嗷"怪叫在后猛

李鸿焘

追，追兵越来越近，连闪烁的刺刀反光也清楚可见，总司令周围敌人炮弹纷落，爆炸的烟雾不断腾起，掩护的士兵不断栽倒。所幸敌机枪射程已不及，此时手枪排士兵伤亡过半，仅余数人护送邓锡侯撤退。

此时一二二师的张宣武团赶到，看见总司令受袭，立即展开队形，奋力击退日军。邓锡侯到西营才知道11月5日日军已迫近太原，各友军均先南撤。太原在11月7日夜里陷落了。

邓锡侯更不知道的是，几乎就在南畔村枪声响起的前一天，在南畔村东南十余公里，一场激烈的战火在这里的明（鸣）谦村展开了。

一二七师师部已经按命令到达太原东南二十余里的北营赶修工事，可是他们在这里根本找不到友邻部队。他们黑灯瞎火、孤零零地据守着这道摇摇欲坠的防线。11月5日清晨，敌人的骑兵和坦克组成的先头部队赶到，一二七师的殿后杨宗礼旅最先同敌人接仗，他们刚到太原南郊榆次的明（鸣）谦村即和日军遭遇，双方当即展开激战。

日寇大军压境，势如破竹。孤军杨宗礼旅很快就陷入了敌人的包围圈，遭到疯狂的攻击。日军飞机、大炮、坦克和骑兵都投入战斗，阵地上烟雾弥漫、火光冲天。杨旅拼死抵抗，伤亡惨重。优势之敌横冲直撞，阵地被分割成数块。杨旅两个团，其中七六一团团长陈玲和七六二团团长邹迪僧先后负伤被抢出火线，营长张曼伯（四川富顺县人）代理团长指挥余部坚守。

张曼伯率全旅残部继续与日寇血战，日寇以大炮猛轰，官兵以村外土碉为工事，很快土碉即被夷为平地。孤军死守无险无援，粮尽弹绝。

激战一昼夜后，张曼伯率残部突围，战斗进入白热化，几次前仆后继的拼死冲锋，都在敌人猛烈的机枪扫射下被挡了回来，阵地上遗尸累累。最后关头，张曼伯高呼口号领头冲锋。敌人数十挺机枪对准这些企图冲出火网的官兵疯狂扫射，子弹密如飞蝗。炽热的弹丸无情地穿透壮士的身躯，出村仅三十余米，张曼伯在密集的火网中身中数弹牺牲（时年四十），所率余部几近全体壮烈殉国，杨宗礼旅伤亡惨重，损伤大半。

连长张伯明藏身于稻草堆深处，被日追兵用刺刀捅了几刀未着侥幸脱险。第二年4月，他到了武汉讲述了张曼伯率部作战和牺牲的经过。张曼伯是家中的九弟。此时他的大哥张肩重正在武汉，在周恩来、郭沫若的领导下筹组军委会政治部第三厅，接待郁达夫、曹荻秋、陈农非等三百余名中国文化界精英和社会名流。大哥得知张曼伯壮烈牺牲的消息，既悲痛又自豪。来到第三厅的各方社会名流闻之无不动容，厅长郭沫若亲自为张曼伯在武昌县华林中学召开了追悼会。参加追悼会的还有当时第三厅的中共党组书记阳翰笙、曹荻秋，以及旅长杨宗礼等军中袍泽近百人。

此时，他的故乡富顺大城乡地方士绅、家族亦举办了张曼伯烈士追悼会，对烈士抗日牺牲表示崇敬的悼念之情。时富顺县城《救亡三日刊》对此报道甚详。当地诗人邓笠塘先生作诗曰：

> 山西烽火急，川北出师忙。
> 娘子关何在？倭奴态正狂。
> 血浇榆次县，名重竹园张。
> 君未归忠骨，英魂恋战场。

这时，张肩重向当时的军需署请得烈士证并年领抚恤金九百元，直至1949年止。

本文写于2015年10月

父辈留下抗战的家庭记忆

李岷聪[*]

一、以亲历九一八事变之感受鼓动官兵士气

卢沟桥事变后，全面抗战爆发，川军将领纷纷请缨出征御敌，准备出川。时任四十五军一二七师师长的陈显焯（号离，字静珊），派少校参谋李子宜在四十五军等部，以他当年在奉天（今沈阳）亲历九一八事变的感受，介绍日本在东北以多年的"亲善"迷惑了东北同胞。1931年，抓住东北军毫无防备之机会，突然发动九一八事变，打了东北军和东北同胞一个措手不及。日军制造东北军"挑起事端"的弥天大谎，在武装进攻东北军营区北大营的同时，铺天盖地散布欺骗性舆论，进一步迷惑我东北同胞，致使一些东北人认敌为友，追随叛国投日的民族败类，公开拉起队伍袭击抗日的东北军部队，加速了东北的沦陷。李子宜以当年东北军团长王铁汉组织部队奋起回击突围，黄显声率领公安警察骑兵部队一举剿灭张学成拉起的叛国投日队伍为例，鼓动我川军官兵为挽救民族危亡，做好充分准备，坚定抗战必胜的信念，众志成城，在抗日战场上扬我川军军威，打败日本侵略者及叛国投敌之民族败类。

二、兵马未动粮草先行——兼谈川人以抗战为己任之情怀

当年川人以抗战为己任，陈离亲属多在一二七师。李子宜是陈离的表亲，在东北陆军讲武堂亲历九一八事变后，曾入庐山军官特别训练班，后来回川仍在陈离身边任副官参谋（陈离的部队早已扩编为师）。1937年底陈离派调他回川筹办军需，其兄李志厚则一直在师警卫连征战，后任连长。陈离亲属随军参战或在中央军部队参战的人很多，仅看1938年刊印的族谱和陈离家书所载的就有：

陈显焖（号载生，一二七师军需处长，后勤军需军械总负责人）；

陈显熺（号隐庵，中央军校洛阳分校毕业，历任排连长、副官大队长，曾参加一·二八淞沪抗战，手刃日兵数人；后任四川省立各校集中军训教官、陆军第四十五军一二七师特务大队长，川军出川抗战时随一二七师师部出征）；

陈隆厚（陈显炘之子，一二七师司令部准尉司书）；

康月昇（陈离的妹夫，一二七师司令部参谋）；

刘登仲（字汉魂，陈离妹妹之子，军职不详）。

1938年，陈离养伤重返前线之前，派调李子宜到成茂师管区任学兵大队长，为四

---

[*] 李岷聪为李子宜之子。

十五军训练输送新兵并配合留守处军需工作；同时委派叔伯兄弟陈显燿（号安策）任一二七师成都留守处主任，做了大量的工作支持前线部队。至此，已清楚知道的陈家投身抗战的就有 9 人，另外还有陈家的亲戚康家、刘家、罗家、杨家、周家……我们这辈人现在已搞不清楚他们的姓名或具体关系了。

家族至亲这么多人参战，在当时的四川非常普遍。今天只要注意到这一事实，就可了解当年川人护我中华的执着情怀和全民抗战的实际状况，"天下兴亡，匹夫有责"为抗战时期四川军民的坚定理念，可以让人从中获得力量和信心而坚信抗战必胜！

艰难的军需保障，也饱含川人以抗战为己任的情怀。

1937 年 9 月，四十五军一二七师从成都附近驻地出发，沿川陕路步行北上。部队尚在行军途中，突闻战区改变，不再作为预备军到河南许昌集结，而是要开往山西作战……此事影响非同小可。陈离一行即于 10 月 21 日由成都飞抵西安。当天晚上，西安行营蒋鼎文主任设便宴接待，席间通报国内各地战况，特别谈到晋北忻口与晋东娘子关战况。蒋鼎文主任强调："晋东北急待川军到达后，方能发起攻击（实际赶去时已经晚了）……"陈离提到部队武器急待更换，蒋鼎文主任明确表示只有到第二战区后找战区（指山西）了。不过，弹药（子弹和手榴弹）有保障。当时，一二七师三七九旅（旅长陶凯）已抵宝鸡，正候火车前往西安，两天内可以抵达；三八一旅（旅长杨宗礼）还在步行途中。蒋鼎文主任表示一定做好安排，保证杨旅抵达宝鸡时立登火车，预计四五天后到达西安。席间决定，待全师到齐后在西安车站集合，由蒋鼎文主任训话，交代赴晋作战任务，介绍情况和注意事项，鼓励将士们英勇杀敌，建立功勋。

陈离抵西安已感天寒，念及行军途中的官兵大部分还是单衣赤脚草鞋，十分着急，几次催问棉装。因通常配发棉装是 11 月下旬，部队开拔时只将陈离弟弟陈显煊（字谷生）捐赠的棉背心和布鞋配发给部队，大部分官兵未备棉装。部队在行军途中奉令改赴山西作战，部队要在西安等齐，军需后勤就极其繁忙，已运往许昌方向的物资，都急需改运西安，在西安分发棉装。一二七师司令部很多人都忙着办这事。罗铸光一行被派往汉口领取棉装，领到棉装也迅速往西安运。陶旅于 10 月 23 日抵达西安就立即分发了棉装；三天以后，杨旅到达西安也立即分发了。官兵每人一套棉军装、棉背心和一条毛巾。另有部分棉长大衣，按三五个人一件分到部队，还有较多的草鞋和少量的军鞋以及其他生活用品也补充到了部队。这是四十五军一二七师出川后第一次配发军装。据说当时一二七师不但每人都有棉装，而且都有一双布鞋，只是布鞋贵重，士兵常留着不穿而穿草鞋，草鞋供应源源不断，穿起方便。以后，至少在 1941 年陈离及其司令部的十多个从军亲属亲信离开部队回川以前，一二七师官兵的军装、鞋子等用品、电话、电线、无线电器材等军需物资，一直源源不断，比较充裕，常有储备。其来源主要有两方面，第一方面是向战区、行营和军委申领配发；第二方面由留守处筹办和在四川申领。另外，陈部还有后盾——陈离的弟弟陈谷生。他经商，把一二七师当成自己的部队，舍得破费为部队购置物资。部队出发前，他已花费数万元购物捐赠部队；陈部在山西作战失利，他知道部队的困难，立即决定自己出钱购买物资，并指名要李子宜回川采办。据记载，他一次购买运到前线赠送部队的物资就有"川盐十四挑，罐头一千筒，花椒、海椒、榨菜、冬菜、腊肉、豆腐乳等四十六挑"，还有"无线电器材与中西医药材料"，等等，并雇请了"长夫二百余名"将这些物资转车运到徐州，于1938年2月交给前线部队接收。这批无线电器材、电话机和电话线，当即用到了界河前线等多处阵地，有效提高了部队指挥通讯水平。这些器材，当时非常稀缺，管制也很严格，李子宜竟能购置办到，具体原因已无从了解，可能与李子宜从军前曾在成都一所电机学校上过学，1932年又在上海交通大学读过一学期电机专业，有同学从事无线电方面职业有关。更可能是为前线服务，人人都愿帮忙。

陈谷生大量捐款捐物助一二七师出川抗战，因此负债，遂"将隆盛街坐宅连同独院一并抵债"。他的这种义举令人钦佩，在当时又是比较普遍的情形。更令人感动的是，大战在即，转运物资的二百余名"长夫"，竟要求留在部队当兵参战。最后经过挑选，留下了其中百多名，由二十二集团军接收，就地训练后补充到部队。川籍"长夫"临阵不惧、踊跃参军参战，足见当年川民以抗战为己任之共性，足见"天下兴亡，匹夫有责"已成川民的坚定理念，这是抗战必胜的力量源泉。

三、征战晋东北

一二七师师部和陶旅王文拔团渡过黄河，经同蒲铁路开往晋东，欲增援娘子关。当时晋东北战事激烈，但部队缺少通讯条件，对各处战况并不清楚。娘子关于10月26日被日军攻陷，占领了娘子关的日军开始沿正太线向西追击撤退中的我国守军，但二十二集团军军部并不知情，到达榆次县城的一二七师师部也不知情。他们仅仅知道"晋北敌我相持于忻口，敌方伤亡甚大"，不知道娘子关守军全线撤退的情形，不知道按照战区命令，二十二集团军周边应该有的友军部队，或者溃退后没有到位，或者受阻不能到位，所以对战事的严峻形势估计不足。陶旅王文拔团抵达榆次刚刚下车就遭敌机空袭，伤亡二十余人；师部在县城曾遭敌轰炸数次，第三次敌机投下三枚炸弹，其中一枚炸弹着点距陈离不足百米，所有官兵都寻觅防空壕暂避，所幸有惊无险；且发现前线汉奸或日军派出的间谍极多，常有人给敌机指示轰炸目标，夜间出现明亮灯光后，附近即遭敌机轰炸之事常见。一二七师未想到榆次沦陷在即，更没有想到忻口、太原失守在即。军长邓锡侯按照二战区正副司令长官增援娘子关之命令，令陶旅在长凝镇布防，杨旅驻榆次附近为预备增援部队，并令司令部张晓峰为一二七师兵站站长，从太原装运了数车（汽车）子弹和手榴弹到长凝镇和榆次附近，装备全师。

10月28日陈离在榆次县城，并不详知战况，只知"晋东娘子关得而复失，孙震四十一军王之中一二二师、税梯青一二四师加入作战伤亡虽大，但已将西犯之敌拒止于阳泉、平定，战局已得暂时稳定"。且当天下午蒋介石电令守军在寿阳以东坚守待援，严令"有退出寿阳以西者以军法从事"。但战事瞬息万变，实际上哪有援军呀。忻口失守，敌北沿同蒲路南犯，东沿正太铁路进逼阳泉、平定。孙军王师、税师继续受敌攻击伤亡惨重，不能阻敌而退守寿阳，晋东十分危急。

阎锡山长官坐镇太原，黄绍竑副长官在寿阳马首村支撑危局。11月1日早晨，邓锡侯、孙震一行在太原面见阎长官，阎决定以四十五军陶旅和四十一军王志远旅支援晋东。邓锡侯、孙震一行当夜乘装甲车赶往寿阳马首村，面见黄绍竑副长官，11月2日即令陶王二旅在寿阳、阳泉由黄绍竑副长官指挥，协同友军阻敌。

两旅以劣势武器与敌现代化飞机、大炮、坦克配合的陆空机械化部队作战，真是以血肉之躯与武装到牙齿的敌人拼杀，实不能达到阻敌之目的。孙军王旅在寿阳与敌拼杀半天，伤亡过重不支，被迫撤退。四十五军一二七师按阎锡山、黄绍竑两长官令扼守正太铁路本道之卢家村、上下潘家垴至北村一线，陶旅因张鹏翼营在寿阳掩护友军陷入敌阵下落不明，也只有撤退。

自11月2日起至太原的邮电已不通了，各处战况军部、师部都无从知晓。11月3日，因忻口此前已失守，敌从北沿同蒲路南犯，太原危急。阎锡山派出骑摩托车的传令官找到了邓锡侯军长，令其回援太原。阎欲距太原城约二十里一线分三地区守太原城：令二十二集团军四十五军守右地区，四十一军为右地区总预备队；同时令冯钦哉部守左地区，孙连仲部守中地区。四十五军实则只有一二七师三七九和三八一两个旅。按此命令，两个旅既要阻止来犯正太路正面之敌，又要负责"右地区"防线，力恐难及。陈离当即面报长官邓锡侯和孙震，称："正太路正面发生激战后，部队恐难就右地区新防。"于是商量决定，以一二七师杨旅（三八一旅）负责正太路正面防线，在距城三十余里的西洛镇东西聂村一带布防，陶旅（三七九旅）先就新防北营庄。但是，11月5日早晨，杨旅即与敌接触，激战整日，因子弹、手榴弹充足，虽然伤亡很大，仍毙敌不少。但因交通、通讯设备太差，师部整天未获杨旅战况报告。陶旅王文拔团及时得到就新防之命令，11月5日夜开始移动，本来预计6日拂晓前可以到达新防北营庄。殊不知尚未至北营庄即遇敌袭，敌陆空联合猛攻，周围无友军，"左地区""中地区"亦无友军就防。而王澂熙团5日未得到就新防之命令，还在（正太路）正面猛进，因而陷入敌阵，被敌人包围。就这样，一二七师陶旅（三七九旅）两个团，都在敌四面包围之中独立支撑战局，一直战至11月6日近中午，两团都被敌击溃，伤亡惨重。尤其是王澂熙团多次组织突围，猛冲敌阵，均未成功，伤亡过半，出攻部队官兵极少生还。团副康烈光，营长蔡为、张曼伯，副营长彭子钧阵亡，十二个连长中，仅有因负伤当时还在太原城的陈子仪及随师部行动的蒋连长健在，其余十位连长全部阵亡。

四、太原历险记

在此激战期间，晋北战况完全未能传出，军部、师部尚不明究竟，太原与榆次交通中断两天未见恢复，未想到太原失守在即，仍在继续往新防移动。邓锡侯、孙震和陈离商量决定，赶快回援太原，邓锡侯长官先走，孙震长官随后。王文拔团长叫人牵了几匹战马给邓孙长官及其军部人员骑用，并派陈纠桓连长率兵一连护送。随后，邓锡侯军部行至临近太原的南畔村时，不知南畔村已被敌占领，与敌遭遇而被包围。在晚上突围时，邓坠马摔伤，遇救脱险。高参李明远受伤，军部卫队官兵亦多伤亡，邓后来将这天定为自己的抗日遇险纪念日，勉励自己永远不忘报仇雪恨，此为众所周知，不再赘述。

无独有偶，11月8日凌晨两点多，陈离也在太原西郊遇险。

陈离的亲属——我们长辈长兄六七个都在师部司令部，陈离在太原西郊历险，也是众长辈长兄在那里历险，留下的记忆令人难忘！

此前，11月6日，陈离师部到达北营庄，未寻见陶旅（三七九旅）部队，即令特务连和蒋连布置警戒。刚布置就绪，就有敌骑探来侦察。开始尚误为陶凯旅长来见，幸派手枪兵一班前往，敌骑探未察见而远去。旋遇陈永廷营长收集部队约两个连，乃令其扼守北营庄。至午后六时许，敌又来犯，激战至晚，陈营伤亡过半而后退，与敌脱离接触。此时往榆次的路已被敌占领，通往太原的路已被敌截断，陈部不得已而于当夜渡汾河。水虽浅，但泥深，徒涉时水淹至腰，后来知道过河时有被淹毙者。过河后向太原县前进。

11月8日凌晨二时，在太原县遇自府城（太原城）来者云，城内白天（11月7日）仍为我军固守。陈离闻报，估计军部及本师部队未退出太原，于是又率两连继续往太原前进。行至太原城西郊三四里处，为警戒线所阻，嘱派人前往探察交涉。刘崇高和特务连谭准尉奉命前往，数十分钟未回，乃由司令部陈隐安往探。

陈隐庵，即陈显熺（名隐庵），是陈家第一个参加抗日战争的人，陈离的叔伯兄弟，中央军校洛阳分校毕业，参加过一·二八淞沪抗战。有文字记载参加"一·二八淞沪抗日民族战争手刃日兵数人"的就是他。后任四川省立各校集中军训教官和成都协进中学军事教官，1937年随军出川，在一二七师司令部任特务大队长。

他行至步哨近处细看，见有数骑兵头戴白色钢盔，不会说中国话，仅喊"你来，你来"！他见势不好急返，催陈离快跑，急令特务连掩护并逐次收容部队。未几，成队敌军追出。他指挥特务连拉开阵势步步为营，分兵后退回击。敌追至约三十里处，蒋连（随师部的王澂熙团的一个连）又收容特务连予以回击。敌追至约四十里处，晋绥军两个营在那里，应司令部康月昇（陈离的妹夫）相请，派兵两连收容我特务连和蒋连配合回击。该部轻机枪、小炮均全。部队在此战斗甚烈，分兵围护陈离撤退，途中枪炮声昼夜未停。退至大麦郊，遇到战区司令长官阎锡山，告以战况，彼此甚为抱歉。阎长官当即拨派汽车一辆，专送陈离到临汾。汽车行驶一天一夜到隰县县城，遇到一二七师师部人员，仅康月昇一人骑马不在一起，其余全在，亦上车同往临汾。11月12日夜，汽车到达临汾。得悉杨陶两旅长和各团团长都已脱险，并已经到达灵石后方。部队尚在逐步收容中，邓锡侯军长尚在往灵石的路上。敌追击队距灵石二三十里，蒋介石命令卫立煌在灵石后方二十里之韩侯岭布防，晋绥军在隰县附近布防。

和陈离师部一道在太原西郊遇险的我特务连和蒋连，因与敌接战紧急之故，退往山中十多天以后方知安全，随后归来。此系太原之失败及陈部太原历险之大概情形，值得亲历险境之众兄弟的亲朋铭记。

之后，二十二集团军驻在灵石后方交城、孝义、洪洞县一带，一面在沁源、安泽、长治一线布阵拒敌，一面整训，待命再战。八路军总部亦来到洪洞县东关外。

在寿阳因掩护友军而陷入敌阵下落不明的陶旅张鹏翼营，后遇八路军游击队助战接应脱险，也随之来到洪洞县归建。该营基本无大损失，算是奇迹。

本文写于2015年8月

缅怀公爹王铭章将军

白光莲[*]

抗日战争时期，中华民族的优秀儿女写下了一部可歌可泣、气壮山河、威震寰宇的壮烈诗篇。我公爹就是在那场血肉横飞的台儿庄战役序幕战——滕县保卫战中，立下赫赫战功、壮烈殉国的抗日英雄。

公爹王铭章（字之钟），1893年7月4日生，四川新都泰兴场人。国民革命军二十二集团军四十一军代军长兼一二二师中将师长（殉国后被追授为上将）。他的祭日是1938年3月17日，那时我还不足两岁，对他的壮举毫不知情。做了他的儿媳后，看了他牺牲时的历史文献、报刊报道，听了当年抗战中的幸存者及他的次子、我的老伴王道义的回忆讲述才知道的。

王铭章

公爹自幼父母双亡，靠叔祖父王心田收养才就读于新都县高等小学，毕业后考入四川陆军军官学堂。家贫使他发奋学习，力求上进。1916年，他曾响应过讨袁大战，在川南泸县、纳溪一带奋勇作战，屡建奇功，接连升为连、旅、师长之职。然而我的婆婆周华玉却是目不识丁的小足女子，与公爹的婚姻是由叔祖父做主的。1922年公爹卷入军阀混战之中，东征西战，常年在外。婆婆善良，勤俭持家，抚养子女全由她一人承担，毫无怨言。公婆虽不是自由恋爱，但感情很好，夫妻和睦，互敬互爱，生养了三男二女。

公爹的职务高，在外应酬多，别人都是带着夫人赴宴，他总是一个人，同仁们劝他说："王将军，夫人不宜迎宾待客，你何不另娶一房呢？"他总是笑着回答说："这不是很好吗？"后来他的同仁与婆婆提起此事，婆婆说："只要他同意，有适合的陪陪他当然可以呀！那你们就帮忙找一个吧！"在同仁和婆婆的说合与默许下，公爹才另娶一房庶母叶亚华。两位婆婆相处很好，从未争吵过。庶母生有两子，均夭折了，婆婆便将自己的三儿子王道纲过继给她，去台后他们定居于台北。

1937年7月7日卢沟桥事变后，日寇大举入侵，公爹首先请缨出川抗日，要求到最前线去杀敌报国，并愿担当先头部队。9月7日一二二师在德阳誓师，在万余军民参与的誓师大会上，他慷慨激昂地说："日寇侵入国土，国家民族危亡在旦夕，我们出川抗日是为了国家的存亡、民族的生死而战，我下定有敌无我、有我无敌的决心，不把日

---

[*] 作者为王铭章将军二儿媳。

本鬼子赶出国门，决不生还。过去川军连年内战，自相残杀，给老百姓带来很大的灾难，想想过去，我内心十分内疚。身为军人，战死沙场原为天职，愿与诸君共赴国难，报效国家，以赎我二十多年参加军阀混战祸国殃民之罪孽……"如果他没有爱国忧民的思想，就不会有那激动人心的讲话和滕县的捐躯。

德阳军民誓师大会后，他立返成都、新都两地与家人作别。他把两位夫人及子女全叫到他房里（最大的13岁，最小的未满周岁），深情地说："我自幼家贫，双亲早逝，赖心田大爷资助才得以读书，现在新都还没有一所中学，我想在新都办所中学，为国家培养人才，至今未能实现。而今国难当头，日寇侵入，凡事要以国家民族利益为重。我请缨出川抗日，深知低劣装备是国军之最，也知这次出川抗日救国，是敌强我弱，绝非三年两载能够结束，肯定要付出很大的代价。我的决心是不成功则成仁。我是军人，战死沙场是为国家民族而战，是死得其所。我走后你们更要和睦相处。亚华年轻，不必居孀，任何人不得阻拦她改嫁。子女们要听话，好好读书。"他说这话时，两位夫人及子女均已泣不成声。第二天上午，全家人含泪送别了公爹，谁知竟成了永诀！当我听老伴讲述时，此情此景就好像我目睹似的，情不自禁地泪湿双眼。由此可见，公爹后来死守滕县与敌血战、英勇殉国之壮举，绝非出于一时义愤，实为高度的爱国主义精神和强烈的民族意识所驱使。

1937年9月时已秋凉，北上抗日的川军每人只有军装两套、绑腿一副、单被草席各一床、草鞋两双、斗笠一顶而已。不单是武器不堪一击，衣被也难御寒。徒步行军到剑门关，过巴山，越秦岭，共走了28天才到宝鸡以东改乘火车到西安。川军来到西安火车站时，受到当地人民的热烈欢迎，并收到大批慰问物品。最激动人心的是"热烈欢送川军抗日杀敌"的口号声，川军异常兴奋，忘却了疲劳与寒冷。随后一二二师加入第二战区序列。部队到了山西，正值日军大举进攻娘子关，一二二师奉命驰援，与敌血战数昼夜，损失惨重，保住了阵地，首战打出了川军的威名。

1938年3月，台儿庄战役在即，台儿庄是徐州的门户，徐州又是津浦路和陇海路的交合点。日军欲攻占徐州，必先攻占台儿庄；欲攻占台儿庄，必先攻占台儿庄北面的滕县。此时，日寇以滕县以北的邹县为战略据点，以邹县南沿的两下店为战术据点，以其主力指向滕县，拟以此攻陷滕县，打通津浦，直达徐州，继而攻战武汉。

3月上旬，敌寇在邹县、兖州大量增兵。3月14日，敌以步兵万余人，配以飞机、大炮、坦克、骑兵等向滕县北面山地的一线阵地全面攻击，我军奋勇迎战，浴血抵抗，击退进犯之敌。敌在付出惨重代价后才攻陷我军前沿阵地，但我界河东、西线的主阵地，仍屹然坚守未动。

孙震司令闻报战斗已开始，即来滕县视察，并下达上级命令，命四十一军代军长兼前敌总指挥王铭章临危受命"固守滕县三日待援"。公爹坦荡自若地说："以薄弱的兵力和低劣的装备，担当津浦路线上保卫徐州第一线之重任，力量之不够是不言而喻的。我身为军人，牺牲原为天职，现在只有一切以完成任务为重，若不剩一兵一卒亦无怨言，不如此则无以对国家。"

3月16日黎明，万余之敌迂回至我四十五军正面界河阵地，同时猛烈进攻滕县东关，又以排子炮密集火力向滕县东、西关及火车站猛攻。同时敌机在县城上空疯狂地扫射轰炸。此时，炮弹、炸弹如狂风骤雨一般从天而降，老百姓顿时慌乱起来，男女老幼纷纷出城逃难，大约半小时后，街上几乎看不到老百姓，除了守城兵外，简直就是一座空城。

日本侵略军原估计二十二集团军也和韩复榘的军队一样不堪一击，不用费力就可以长驱直下，直达徐州。经过三天的恶战，他们才知道碰上了硬钉子，于是矶谷廉介在16日夜间调集重兵包围了滕县东南北三面。

17日上午，敌人以五六十门山炮、野炮的密集火力进行攻击，同时二十余架敌机临空投弹、扫射，炸弹、炮弹像倾盆大雨般往下注，一时烟尘弥漫，墙倒屋塌。倒塌的建筑物堆成一个个小山丘，石板路被炮弹炸得粉碎，陷成深坑。全城一片火海，沦为焦土。下午，敌占领南城和突入东城门之后，公爹亲临城中心十字街口指挥督战。他紧握手中枪大喊："弟兄们，我们要坚持到最后一分钟，要拼到最后一滴血……"

最后，公爹在西城墙指挥作战时，日军翻译官喊话："你快投降吧……"公爹昂首挺胸不予理睬，敌人枪炮齐发，公爹身中数弹，鲜血喷洒在城墙上，坠城壮烈牺牲（电影《血战台儿庄》中，公爹拔枪自杀的壮烈场面实为艺术加工）。

川军在滕县四昼夜的血战中付出了很大代价，二十二集团军伤亡七千余人，阵亡师长一人，负伤一人；阵亡师参谋长两人、团长两人。

公爹以报国之心与城共存亡，阻止了敌人直驱南下。日军战地记者佳藤芳子当时报道说："1938年3月初，我军占领济南后，组织濑谷混成支队，步兵两团、坦克、飞机继续南进，在泰安、兖州等处均未遭到抵抗，到了滕县，却意外地遭到四十一军一二二师顽强抵抗三天，遭受严重损伤。"

战后，第五战区司令长官李宗仁说："若无滕县之死守，焉有台儿庄之大捷？台儿庄之战果，实滕县先烈所造成也！"

公爹壮烈殉国后，李宗仁呈报蒋介石称："迄17日下午五时半城垣俱遭摧毁后，被敌突入。巷战结果，我官兵除少数冲出外，余均洒尽最后一滴血以殉城。此14日至今日该部抗战经过之概略情形也。此战役伤亡官兵不下万人，阵亡师长王铭章，参谋长赵渭宾、邹慕陶，团长王麟等；负伤师长陈离，旅长吕康、王志远，副旅长汪朝濂等；其余团营以下伤亡人数尚在清查中。查该集团军以劣势之装备与兵力，对绝对优势之顽敌，独能奋勇抗战，官兵浴血苦斗达三日半以上，挫敌凶锋，阻敌锐进，使我援军得以适时赶到，战役中心之徐州得以转危为安，此为国牺牲之精神，不可泯也。"

蒋介石回电："李司令长官勋鉴：王故师长铭章，力战殉国，达成任务。缅怀壮烈，悼惜殊深。准给特恤一万二千元，转请国府特予褒扬，追赠陆军上将，由军委会依上将例给恤，并将生平事绩宣付史馆，以奖矜惜，而慰忠勇。中正，三十日。"

国民政府对公爹的褒扬令曰："陆军第一二二师师长王铭章，赋性刚毅，志行忠贞。此次于滕县之役，苦守要区逾三昼夜……以率部奋力巷战，竟尔殉职，缅怀壮烈，悼惜殊深，应予特令褒扬，追赠陆军上将，交军事委员会从优议恤，并将生平事绩存备宣付史馆，用彰忠勋，以资矜式。此令。"

蒋介石下令务必找到王铭章将军遗体厚葬。公爹幸存副官李绍锟等人，在当地百姓的指引下，找到面目已模糊不清的遗体进行辨认，确认那套灰布军装、毛袜、布鞋为公爹所有物，衬衣袖口上的两枚金质扣系成都天成金号所制，标记尚存，于是用老百姓的高粱秆把遗体裹好运走。

武汉各界组织了"王铭章治丧委员会"，5月9日王铭章将军灵柩运至汉口，上午十时，在二十二集团军专使王文振旅长护送下，载有灵柩的火车在悲痛的哀乐声中徐徐进入车站。第一、第二月台上站满了佩戴小白花的人群，前来迎灵者多达六千余人，国共两党领导人均赠送了挽联和挽词。

中共中央毛泽东、陈绍禹、秦邦宪、董必武、吴玉章挽：

> 奋战守孤城，视死如归，是革命军人本色；
> 决心歼强敌，以身殉国，为中华民族争光。

八路军周恩来、朱德、彭德怀、叶剑英、贺龙、刘伯承等挽：

> 一旅守孤城，为民族解放事业牺牲，真是炎黄子孙流芳青史；
> 万人兴义愤，抗日本帝国主义侵略，将使沦亡大地复兴中华。

国民政府军事委员会委员长蒋中正挽：

> 执干戈以卫邦家，壮士不还，拼死忠诚垂宇宙；
> 闻鼙鼓而思将帅，国殇同哭，忍标遗像肃清高。

国民政府主席林森挽：

> 云暗鲁天，魂归蜀道；
> 忠昭党国，绩著旗常。

第五战区司令长官李宗仁挽：

> 君真三峡豪，拼血肉作墙垣，顿使翁城成铁壁；
> 我忝五区帅，率健儿驱丑虏，誓将凯歌慰忠魂。

> 碧血洒滕城，壮志难酬，只惜央才多死职；
> 玄棺归蜀道，忠魂不返，当为厉鬼助平倭。

国民政府监察院长于右任挽：

> 身死重泰山；魂归蜀道难。

川康绥靖公署主任邓锡侯挽：

> 以孤城共存亡，视死如归，裹革尚留残齿在；
> 为天下倡忠义，闻风即起，请缨分系虏头来。

新四军叶挺、项英挽词：

> 民族之光。

公爹的忠骸魂归蜀道，老百姓无不设香路祭，就连英、法外国轮船都鸣笛下半旗志哀。在成都有衣冠冢，少城公园（今人民公园）塑有公爹的骑姿铜像，新都有墓园、墓道碑。家人遵照遗嘱，用国民政府的抚恤金在新都县办了一所铭章中学（后改名为新都一中）。师生们发扬忠烈正气，树淳厚之学风，凡品学兼优者免费就读，学生质量蜚声省内，为国家培养了许多优秀人才。

1988年，山东滕州建有"王铭章将军"碑亭。2003年3月17日，四川新都区政府在桂湖公园内为公爹重塑骑姿铜像，并举行了隆重的揭幕仪式。党政军团及各界人士均有参加。一中校内塑有公爹半身铜像，以教育学生不忘外侮和国耻，继承和发扬爱国主义精神，努力学习报效祖国。

在新都烈士陵园内重建将军墓和碑，并将原将军墓园的墓道碑街更名为铭章路。

值此纪念抗战胜利七十周年之际，我们更加怀念公爹。他是中国人的骄傲，是川人的骄傲，也是王氏家族和后裔们的光荣和骄傲。

最后，一部描写将军出生、成长，直至投笔从戎，从战士到将军，到抗日殉国的十集电视剧《王铭章将军》剧本已完成十多年，尚未找到制作商。我们恳请有关部门能协调相关方面制作出来，使其展现于世人面前，以教育后人不忘国耻，发扬爱国主义精神。

本文写于2015年2月

赵渭宾烈士家书

赵令德　赵令蓉[*]

我们的爷爷赵渭宾将军，是民政部第一批公布的全国抗战英烈之一。1937 年 9 月，爷爷沿川陕路出川参加抗日战争，任二十二集团军四十一军一二二师少将参谋长。1937 年 10 月，他从太原前线给长子赵世诚（铁松）发出了最后一封家书。从其字里行间，可以感受到一位川军将领面对民族危亡、勇赴国难的爱国精神。后辈们每每取出细阅都不免潸然泪下，家书敬录如下：

赵渭宾

铁松：

　　出门因在行进中，未得家中一信，甚念！你学校的通知到了么？何时入校？望你告诉我！

　　到陕即催促前进。西安行营说到太原就可补充，到潼关等部队过河及孙军长来陕，又被催得要死。到了此地，仍一无所有。阎（锡山）的新炮新枪，均运到后方去。晋军则望风而逃，十五万人现只两三万，余均把枪带回家了。这种残余军阀的可恶，真正是太无人心到极点了。

　　我们奉命增援娘子关方面，受孙连仲指挥。娘子关一带是山地，倒还可守。不过川军的枪等于零，重轻机枪均土造，不能连发，没奈何只有以血肉去与敌人机械化的部队飞机炮火碰。结果之如何，不问可知了。

　　平汉线方面已退到彰德，整个的河北已入敌手，从石家庄到彰德沿途都有道路可以进入晋南，以威胁太原。太原有失，娘子关更极暴露。最后的退路，尚不知在何所，前途茫茫，也不愿再焦了。

　　所幸娘子关南翼，是红军的刘伯承师。我已同他们接洽，约〔均〕有联络。红军之善战，红军之努力，真使东北军、晋绥军、陕军愧死！老百姓有三句话说，红军又会打仗又不扰民，中央军会打仗但是扰民，晋陕军又不打仗又扰民，就可见一斑了。

　　因为刘汝明、万福麟、李服膺这些家伙，使敌人把中国军队看得一个钱不值。它很少部队硬和我们干不稀奇，它连后方都不要，还是一往前进，向着一点攻击。它认为中国军队只要突破一点，全线都会溃退。所以在忻口的敌人，它的联络虽被

---

[*] 赵令德为北京航空航天大学教授，赵令蓉为该校工程师。

红军截断，它仍然向我□不断的〔地〕猛烈攻击。可恨这些军队都是私人的工具，都无协同作战的精神，所以才使敌人骄傲自信到这样子。

红军改编后，中央原意把他分作三处使用，经他们再四要求，乃发表第八路，在山西境内作战。但仍然一师在晋西北，一师在晋东北，一师在晋东南，各发挥他的巧妙的勇敢的游击战术。

我在西安会李一氓不遇，蒙林祖涵（林伯渠）先生接见我，并与我写信介绍周恩来、彭雪枫。今天往会周，到五台总部去了，只会见彭。他说，前线红军除了得点中央的子弹外，一无补充。

他们全靠俘虏敌人的粮食作粮食，他们把山西民众发动起来，同他们一致，所以他们敢于深入到雁门以北去。

从侯喜起（红军上车地点）沿途都听着红军德政。不只是人民，中央军也说他好，也称赞他不已。到了太原，人民团体竟（相）公请周恩来同丁玲讲演游击战术，他们到一处，也即集合民众演抗日的爱国戏剧，这些自然都是这些军队所望尘莫及，自然只有让他出风头了。

我为什么同你写这么详细？就是要使你知道现在已是万恶军阀总崩溃之一日。民国二十六年的总结算，恐怕快要到了！同时红军在民族抗战中的一切一切，也就是共产党在中国民众心理上所建立的很大基础，未来的成功，未来的抗战，恐怕还是要靠共产党吧！

你现在一切也不必问，埋着头只去读你的书，只要能学来一个健全工人、健全的技术家，我也就无恨了。况且你学的技术，正是未来抗战必需的工具呢！

我的安危，我自己晓得。这么多人都牺牲得，我又怕什么？可惜的我的体力不顶强，不能参加红军去作战，否则倒是一个很好的机会！

我所谓机会，并不是机会主义者，我自信对于共产党，至少是同情的！就是列宁说的同路人，我自信也是同路人的一个！从前这类的话不能说，现在短期内总可以大胆说点。老实说我希望你技能的标准，不是希望你作一个普通工程师了事，还希望准备在一个社会主义国家中能够当一个优良的技师！能够在社会主义国家中服务！能够在复兴民族、恢复失地的工作上做最大的努力、最大的贡献！

封建势力和军阀的总崩溃，自然是最近将来即可看见的事！可恨的这种残余和新兴的（军阀）势力，不铲除于民众手里而铲除于敌人。坐使我们几千万无辜民众，也随他们而断送。这种痛心，真不能往下说了。

汉奸之多，出乎意外。自然是政治不良、民生凋敝的必然结果。细想起来，也无足怪。但是听彭（雪枫）先生说，晋北民众的发动，还比其他省份快，还比其他省份靠得住点。这就难说了。

我说这些话，不必使祖母知道，你也不必向人说！自己有一目标，有一志愿，且把目的地走到再说。反正你们的造就比我好，你们的前途自然也比我好，你们的幸运自然更比我好了。

我不幸生在过渡时代，自己又无毅力打破环境，始终受环境的支配，以至今日。我也无怨。不过要使你们弟兄晓得，就不负我的苦心了。

原说今夜上车，因车不够，延到明日。一个人无事，提笔随便同你谈谈，并没有其他意思，不要误会。

来信仍交太原正太街安仁里32号苏宅一二二师留守处转。

代我问祖母及刘外婆安好。

宾十、二四、夜于太原（1937年）

赵渭宾家书（原件现存国家军事博物馆）

"犹留正气参天地，永志丹心照古今！"

赵渭宾，字象贤，1914年毕业于四川陆军军官学堂第二期，1937年抗日战争全面爆发后，任国民革命军第四十一军一二二师少将参谋长。1938年在台儿庄会战前夕，一二二师奉命固守山东滕县，全师将士与日军精锐师团殊死搏斗四昼三夜。1938年3月17日下午五时许，赵渭宾和一二二师师长王铭章在对日激战中壮烈殉国，时年四十四。1985年经四川省人民政府批准追认为革命烈士。前辈们不仅用鲜血和生命挽救我中华民族的危亡，更用他们不朽的精神激励我们永远前进！

今年，恰值纪念中国人民抗日战争胜利七十周年，我们能够在此告慰爷爷：后人们遵循爷爷的教导，都在祖国的国防工业教育战线上为国效力，做出了不负您期望的业绩。

长子赵世诚（已故），是空气动力学专家，北京航空航天大学教授、系主任，享受政府特殊津贴的航空航天工业部突出贡献专家，核工业部某院设计部副主任、技术部副主任，为我国第一颗原子弹的试验成功做出了重要贡献，荣获核工业部颁发的荣誉奖章。

次子、女儿及长孙、长孙女及次孙等五人也都在航天部、航空航天大学担任管理人员、研究员、教授等职务，为我国的国防科学贡献着自己的力量。

川军的血液在我们身上流淌，川军的精神是我们的脊梁！作为川军的后代，我们誓为中华民族的伟大复兴冲锋陷阵，再创辉煌！

本文写于2015年9月

爷爷邹绍孟最后家书

邹 维

1937年七七事变，国家危亡，神州罹难，7月川军请缨抗战。9月，爷爷邹绍孟随国民革命军第四十一军第一二四师由驻地绵阳北出剑门出川抗日，驰援晋北，转战鲁南。1938年3月10日，为了为台儿庄战役赢得准备时间，国民革命军第一二四师和第一二二师奉命守卫滕县。爷爷时任第一二四师参谋长，这时他收到寄自乐山五通桥岳父母的家书，得知长子邹汝宁成绩"名列丙等"，心中甚感忧虑。3月11日夜，爷爷伴着不时传来的枪炮声给在乐山五通桥读书的长子邹汝宁写了一封信：

宁儿如晤：

日前接得汝外祖父手谕，借悉汝去岁下学期成绩甚坏，名列丙等。想汝天资不甚坏，只要稍为勤奋，最优等虽不可得，优等谅必可能，今竟名列丙等，真使我增加无限忧思。回想汝前次来函云，准定受外祖父母教训，不再贪耍，勤愤读书，与乎因功课甚多，正在准备试验，均是一派假话，益令我愈觉忧气。幼时均一味说谎，长成亦必无所成就，对国家社会无补，国家何须有此国民，家庭何须有此子弟！望汝凡事立志向上，存极盛竞争心，不可一味贪玩，不温功课，以致每事均落人后，不知羞奋。因我身属军人，刻在前线抗战，万一不幸以身殉职，完我军人天职，则今后捍卫国家与复兴中华民族，责任端在汝辈，而是否能肩此重任，则视汝等幼时之修养造诣如何为断。望汝细味此旨，不晓处请汝外祖父与汝解说，牢记勿忘。见函后汝之思想如何，及汝外祖家老幼情形如何，与汝今年入校经过，统盼函报。手此，顺询近好。

书信的字里行间，透露出爷爷与日寇誓死决战的信念和以身殉国的决心，对家庭子女的关爱和对子女的谆谆教诲、殷切期望，以及对国家和中华民族复兴的信心。

第一二四师和第一二二师官兵与日寇激战至17日，滕县城破，爷爷在城破后的巷战中与第一二二师师长王铭章将军和第一二二师参谋长赵渭宾将军同时壮烈殉国，时年四十四。国民政府追认为少将。

邹绍孟将军（坐者）与长子邹汝宁（左一，即信中宁儿）

这封信寄到成都时，加盖的邮戳日期为3月15日。当信送到乐山五通桥他的岳父手里时，滕县城破守城将士全部成仁的消息已传遍大江南北。一二四师绵阳留守处处长杨光明专门将这封家书翻拍，冲洗五千张，赠予前来索要该信文本的人们。此信激励了无数的热血青年报名参军，并怀揣此信的照片奔赴抗日前线。1938年4月17日，成都《新新新闻》刊出了家书全文。家书的影印件还登上了当时国内唯一的画报《良友》1938年第4期的扉页。

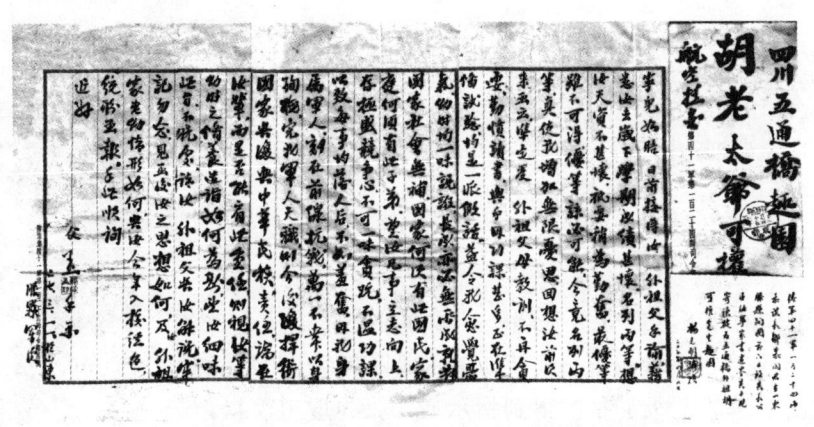

一二四师参谋长邹绍孟将军殉国前6日的家书照片

在四川成都安仁古镇的建川博物馆，两米高的邹绍孟将军塑像与214位抗战名将和著名烈士的塑像矗立在中国壮士（1931—1945）群雕广场上。

在古城台儿庄的邮政博物馆中，邹绍孟将军伏案书写家书的蜡像栩栩如生。

1984年11月15日，中华人民共和国民政部授予邹绍孟革命烈士称号。

2015年8月24日，邹绍孟将军被列入中华人民共和国民政部公布的第二批600名著名抗日英烈和英雄群体名录。

2015年8月5日，在台儿庄古城忠烈祠中，首批供奉了邹绍孟将军等八位在台儿庄战役中殉国的国民革命军将军。

本文写于2015年10月

抗战时期陈离前线二三事

金 雷[*]

1939年10月,陈离(字显焯,号静珊,四十五军一二七师中将师长)先期抵达西安,待部队(尚在宝鸡)到达后,开赴前线作战。

一、西安会见林伯渠

在蓉工作的地下共产党员张晓峰,曾详细介绍他从1936年到1941年与陈离的交往始末。当获知陈离即将率军出川抗战时,他立即向在上海的上级汇报。得到指示后,张先取道汉口,于1937年10月初转抵西安。陈离抵达西安,住入西京招待所后,就和张联系上了。张已和七贤庄八路军西安办事处主任林伯渠联系好,并把陈离的情况做了汇报。林叫他待陈离到达后立即安排他们见面。张将陈带到西京招待所附近的鼓楼旅馆旁边,进了一家小饭店的小包间休息等候。张出去不一会儿,就接来了一个人。这就是林伯渠。当时他已年过五十,头发花白,像是怕被人发现,还特地戴着一顶战士帽子。虽是初次见面,二人却一见如故,边吃边谈,一晃眼就是两个多小时。二人相谈甚欢,林提出让张晓峰加入部队,陈立即同意,并当即安排张任一二七师师部少校副官。知道陈离即将率部赴山西前线,林伯渠给彭雪枫(太原八路军办事处处长)写了一封介绍信,交给张晓峰,叫张负责联络。后来在山西,张随陈去太原,拿着这封介绍信陪同陈会晤彭雪枫,交流了战况。

陈离

太原会战中,川军部队损失惨重。太原沦陷后,二十二集团军转移到洪洞和韩侯岭一带进行整顿补充,一二七师师部驻洪洞县城。

二、洪洞巧遇丁玲战地服务团

洪洞小城迎来了大批抗日将士。官兵经过连月来的作战,疲惫不堪。陈离下令,全师官兵放假三天,好好洗个澡。洪洞县城浴室原本不多,这样一来,几乎所有的浴室门前都挂上了"客满"的标牌。那天晚上,师部提早派人同浴室的账房打了招呼,言明第二天上午有将军去洗"清水浴",时间约占半小时,让他们提前做好准备。

第二天一早,陈离和参谋长、卫兵等五六人来到城南关这家浴室,还没走近,就看见浴室门口站着一群吵吵嚷嚷的女兵。原来,她们是丁玲率领的八路军战地慰问演出

---

[*] 作者为陈离外孙女。

团，要去演出，急着洗个澡出发。账房一再申明："昨天老总已来包了堂了，小店只有一个池子……"可是，对方人多嘴杂，执意要洗，就同账房吵了起来。陈离问清缘由后，宽厚地说："就让她们先洗吧！"账房说："不行呀，老总。洗个澡换次水需三个钟点才能热，不能让老总等着的——况且我们也从来没有接待过女客。"陈离坦然地说："我们等她们洗了再洗，水就不用换了！"账房赶紧说："长官，这样的话，传出去不好吧！"陈离笑笑："没有什么不好的，人人都是父母所生嘛。"陈离的话一出口，在场的人哄堂大笑，账房也就同意让女兵们先洗了。

陈离一行坐在旁边等着，不时有一些官兵掀开门帘探头进来，看见师长等在那儿，就进来向师长敬个礼，转身想走。陈离见状关切地说："既然来了，就一起等一等嘛！"女兵们洗完澡出来，个个红光满面，再三向陈离表示感谢。

后来，慰问演出团专门为一二七师的官兵安排了几场演出，受到官兵们的热烈欢迎。

三、与朱德相会于洪洞县

十八集团军从正太路来到洪洞县休整，总部也在洪洞县。张晓峰见到了他在上海时的领导王世英。陈离送了两支手枪给王作为见面礼。王世英领张晓峰到总部，向周副主席、朱总司令、彭总司令和任弼时等做了汇报。

当天傍晚，朱总司令就来到了四十五军一二七师师部。

一位身着褪色灰军服、背着斗笠、普通士兵装束的中年男子声称要见陈师长，卫兵漫不经心地说："会师长吗？拿条子来嘛。"

来人说："没带条子，就说我姓朱。"

卫兵问："朱什么名字？"

来人仍然很和气地答道："朱德。"

正巧，陈离的警卫罗昆也在门口，囿于四川人的规矩，他以为来人是朱总司令的警卫员，便走上前来打招呼，说："朱德，八路军总司令朱德嘛，他在哪里？"

来人说："我就是。"

罗昆一愣，这位士兵打扮的中年男子怎么可能是朱德总司令呢？他怀疑此人可能是为见师长而冒充朱德，于是就耸了耸肩，理也不理。来人没法，只好站在门口等着。过了会儿，罗昆见这个人怎么还不走，就给他递了纸和笔，让他写一张字条。来人写后，传给卫兵直接送往师长的办公室。陈离接过纸条，打开一看，是朱德，共产党八路军朱德总司令！他又惊又喜，赶紧披上外套，亲自到门口迎接。

陈离对卫兵的失职很不满，正要斥责，朱德在一旁连忙制止，笑眯眯地说："自己人，没关系。听说你们徒步行军几千里，来到山西抗击日寇，挽救民族危亡，这几天又和日寇打了仗才下来，太辛苦了！今天我特地来看望你们。"

这句话使陈离和在场的卫兵相当感动，彼此间的距离一下子就拉近了。

朱德这次突然来访，陈离是又惊又喜。两人一见如故，倾心交谈。

朱德向陈离介绍了八路军的游击战在抗战中的作用，并希望陈离不管在什么地方驻防，都要设法帮助当地共产党领导的抗日游击队，陈离欣然允诺。

临别时，朱德对陈离说："我们住在距这里二十多华里的地方，你有时间，可以到我们那里去聊天。听说你们邓总司令驻地距此不远，我准备明天去看看他，我们是二十多年的老相识啊。明早你来我们那里吃早饭，饭后我们一道去。"

第二天，陈离应约前往八路军总部回访。经朱德介绍，陈离会见了中共中央军委副主席周恩来、八路军副总司令彭德怀、政治部主任任弼时、副主任邓小平、参谋长叶剑英、副参谋长左权等领导人。周恩来副主席热切地握着陈离的手，一个劲地摇晃着："听说你在大革命时期就同共产党有了联系，接纳、掩护我们的革命同志，我们为有你这样的好朋友而骄傲！"周副主席的话，深深地打动了陈离，他说："共产党为民众着想，顺应历史前进潮流，我做的这些，都是应该的，算不了什么。"周恩来副主席诚恳的话语，更坚定了陈离一生亲近共产党、帮助共产党的信念。

早饭由朱德陪陈离入席。桌上摆着一大盘豆芽、一大盘烩萝卜、几盘每个约有半斤重的土面馒头，不分长官士兵，围着桌子就吃。陈离取来一个馒头尚未吃完，朱德又夹给他一个，素来以能"打粗"著称的陈离，吃到第二个时，因实在没法下咽，只好塞到衣兜里揣走。

饭后，陈离陪同朱德来到第二十二集团军司令部去见邓锡侯。

一见邓锡侯，朱德便风趣地说："猴（谐'侯'）子，二十多年不见，你发福了呀！想不到今天我们在抗日前线又见面啦。"

陈离说："朱总司令讲了八路军的游击战，我们川军官兵对游击战知道得还不多，经验也不够。是否可以请朱总司令抽一点时间，给我们讲一讲。我的部队都驻在附近，集中起来方便容易。"朱德爽快地回答："可以，当然可以嘛。你们把时间安排好，捎一个信，我准来！"

于是，陈离选定日子，集合第一二七师全师官兵，迎请八路军朱总司令来做报告。朱德一开口就说："弟兄们，你们辛苦了！你们从四川跋山涉水，步行几千里来到这里抗击日寇，实在是伟大光荣。我特代表全体八路军指战员欢迎你们，慰问你们。我们四川子弟有机会出来参与抗战，挽救民族危亡，是四川人的光荣，是四川人的骄傲。我也是四川人，也巴着你们享受到光荣了。"

这几句开场白，不仅内容让四川士兵听着舒服，朱德带着浓厚川味的乡音，更是在以安岳、遂宁、乐至等县人组成的第一二七师官兵的心灵深处引起了震荡和共鸣，现场响起了经久不息的掌声。

接着，朱德以深入浅出、简单明了的语言讲解了八路军的游击战术，官兵们听得聚精会神，全场鸦雀无声。

最后，朱德大声说："一二七师的官兵们，你们初次离开家乡，远来北国，可能水土不服，生活不习惯，希望你们注意起居，保重身体，好为国杀敌。"

讲话完毕，掌声经久不息。

送走朱德以后，陈离指示第一二七师各团以连或排为单位，组织官兵讨论朱德的讲话，并把讨论情况向邓锡侯做了翔实的汇报。

邓锡侯听完陈离的汇报，觉得朱德的讲话效果很好，又连续三次请朱德到第二十二集团军给团长以上军官讲游击战术，陈离每次都在座相陪。1954年，陈离去北京参加全国人民代表大会，已成为人大常委会委员长的朱德元帅与陈毅元帅在北京饭店宴请陈离，三人边吃边聊，谈起在山西洪洞的这段往事，不禁感叹时光飞逝。

1937年底，山东韩复榘不战而退，致使津浦路北段无兵把守。第五战区司令长官李宗仁急令第二十二集团军前往设防。

集团军开拔前，张晓峰报告朱总司令，说陈离要去八路军总部辞行。朱总司令便派人带马来接，陈离一到总部，就见朱总司令和任弼时已等在门口了："知道你们要开拔，正想来告别，你倒先到了，快请进屋。"屋子里非常寒冷，朱总司令见火盆里的白炭快要烧完了，亲自从桌下取了白炭加进去。任弼时掏出了一封信："静珊兄，你到临汾后可以同八路军第一二九师的刘伯承联系。"

临走时，朱总司令一扬手，警卫员立马牵来一匹高大的战马。朱总司令说："静珊兄，牵出去遛遛！"陈离牵住马，一跃而上。只见那马前蹄一抬，仰天长啸，带着风声载着陈离飞奔而去。不一会儿，陈离回来道："太过瘾了，这马是小日本提供的吧？""是啊！这是我们在平型关大捷中缴获的，送给你留个纪念吧！"（朱总司令知道二十二集团军总司令、军长、师长的坐骑全丢了，一共送了六匹这种马给邓锡侯和陈离等人。）陈离当即再三致谢。

后来，陈离率部到临汾，刘伯承已转入敌后。刘伯承与陈离这两位蜀军将校学堂时的老同学，欲在抗敌前线会面，却这样失之交臂。

陈离率部到山东，张晓峰去汉口八路军办事处见董必武，陈离派他带去两千元法币交给董必武，作为在汉口筹建八路军办事处的经费。后来，汉口八路军办事处派中共党员冯宝珊、翟醒梦、吴基永等人到一二七师，组织了担架连，他们中多人都在滕县牺牲了。

四、滕县保卫战前夕

二十二集团军到达鲁南驻守滕县。此地是津浦铁路由济南通往徐州的要道，两军对峙，可谓牵一发而动全身。总司令邓锡侯命陈离为代军长，任第一线指挥，指挥四十五军的一二七师、一二五师及第四十一军吕康的一个旅，防守界河一线。王铭章任第二线指挥，驻守滕县县城。

滕县正面之敌，为日军矶谷廉介的第十师团和另一旅团万余人，配备有大炮七十多门（其中十五榴弹重炮十二门）、战车四五十辆、飞机四十多架、装甲火车两列。

3月上旬，四十五军驻守县城以北一带：一二七师占领龙山高地及南北界河，防守津浦正面阵地；一二五师主力扼守香城、普阳山、白石山、堡子一线阵地。大战即将开始，陈离率参谋长到阵地视察，来到小万苑庄东头时，士兵们正忙着加强掩体。

14日，日军从正面发起进攻。四十五军在龙山阵地和普阳山、石墙阵地，同敌人激战了一整天。日军步兵骑兵万余人，配以大炮、坦克、飞机向第一线阵地展开全线进攻。陈离沉着指挥，凭借既设工事，奋勇迎敌，打退了敌人数次进攻，界河一线阵地屹然未动。敌人又开始猛攻滕县正面的下段阜、白山、黄山等前沿阵地，一线阵地仍然屹然未动。

15日黎明，日军一支步兵、骑兵、炮兵混合编队大约三千人，在飞机的配合下，

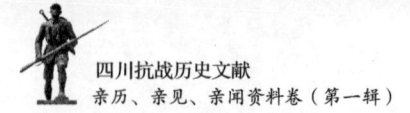

绕开正面向滕县县城杀奔而来。滕县东关外附近各村庄先后响起枪声。同时,敌对滕县大包围成功。16日晨,在城北一线阵地指挥的陈离率两个警卫连回到滕县与王铭章、吕康等紧急商量,确定了两个作战方案:

一方案为以现有兵力死守滕县县城,等待战区总预备队汤恩伯军团增援,内外夹击,打垮敌人。

二方案为汤恩伯军团若不能赶来,就放弃县城,占领城外有利地区,侧击敌人,使其不敢长驱南犯。

第一方案虽有城池、工事可以利用,但此时大部分兵力都在城外同日军作战,城内没有一支战斗部队,只有三个师的师部人员,连同通讯连、卫生连、警卫连和周同带领的警察和保安队四五百人,总数不足三千人,而警卫部队配备的多是近距离射击的手枪。援军如不能及时赶到,必成劣势孤军固守孤城的局面;第二方案比较主动、灵活,可以在运动战中捕捉有利战机,侧击敌人,消灭其有生力量。

五、血洒南沙河

16日,"左翼微山湖发现敌踪,临城后方铁路被敌截断数处,正面北沙河右翼龙山等处炮声终日不绝",滕县部队最后的退路受阻,急需到南沙河"指挥右翼部队并驱逐断我后方之敌"。

王铭章向孙震报告说:"敌人先头部队,现已到达滕县东关外围,正与我东关守卫部队激战。我守卫部队仅一营人,恐难持久。即使将四十一军在城外的部队全部调回来,也怕缓不救急,不如放弃滕县县城,转移到城外有利地带,侧击敌人。"可是孙震以毋庸置疑的口气说:"你们必须死守城内,等待援军到达!"

孙震问:"第四十五军现在位置在哪里?"陈离接过电话答:"四十五军现在城外南沙河一带。"孙震说:"我命你速出城去收容、指挥你的部队。"陈离把电话交回王铭章手中,王铭章继续和孙震通话。

"赶快走吧,不要贻误大事!"王铭章说罢,起身推搡陈离:"快走,快走呀,我要去布置守城了,一刻千金,不要再迟疑了!"

王铭章是陈离在四川陆军军官学堂的老同学。两人怅然握别后,陈离带上他的两个连出西门直奔南沙河。约行十五里,至距南沙河里许时突遇日军骑兵和坦克,与敌遭遇而激战。我军伤亡过半,敌机关枪不断射击,我军被逼到一块开阔地带。陈离率众边打边撤,突被日军机关枪洞穿右腿,子弹从大腿射入,从臀部穿出,鲜血直流。此刻,他们距日军仅150米左右,陈离带着伤,行动需人搀扶,后命大家就地匍匐隐藏……此时的陈离,近乎昏迷。大队的敌人向远处移动,没有发现这支匍匐隐藏的队伍。直到夜幕降临,陈离才在老百姓的帮助下绕道转至利国驿觅车转移至徐州。3月18日,传来滕县城破,之钟阵亡的消息……

3月19日,奉李宗仁之命令,陈离经郑州转移到汉口协和医院治疗。

在滕县及其界河、龙山、南北沙河一带作战的四十一军、四十五军两军,以官兵伤亡数千人之重大牺牲鏖战旬日,徐州因以安定。滕县县城保卫战自14日起,历时四天半,为徐州台儿庄的口袋布阵赢得了时间。当日军进入台儿庄时,我军一举聚歼日寇一万余人，获得了抗战以来的第一次重大胜利，极大地鼓舞了中国军民的抗日决心。

李宗仁为滕县之战写下题词："拼一军全部的血肉，作整个战局的支撑，壮矣哉成仁！伟矣哉成功！书之史乘，光照天下后世而永见其熊熊！"当时的报纸和舆论都分析说："没有邹县、滕县的苦战和死守，便不会有台儿庄的胜利。台儿庄的胜利，是以王铭章的死和陈离的伤换来的！"

王铭章的灵柩运抵汉口，上万军民前往迎祭。正在汉口医院治疗的陈离，赋诗一首以表缅怀之情：

> 国之蒙难士之羞，相将并辔长征，为我蜀军纾义愤。
> 我也负伤君也死，亟应裹创再战，擒他倭帅祭英灵。

陈离在汉口医院疗伤期间，国民政府要员蒋介石、李宗仁、孔祥熙、李济深等或打来慰电或亲到医院探视；八路军领导人朱德、彭德怀联名致电：

> 静珊兄：鲁南喋血，卒挽危局，捷报传来。惊闻裹伤督战，几陷重困。忝在同袍，弥深怀念。今幸安抵汉皋，健复有期，尚祈为国珍摄，续伸壮怀为祷。

中共在汉口的领导人周恩来、彭德怀、董必武，以及彭雪枫、李涛、曹荻秋、陈同生等，或派员或亲自到协和医院慰问陈离。

陈离伤愈后，继续转战抗日前线，参加了武汉保卫战、随枣会战和豫南会战。中华人民共和国成立后，陈离历任第一至四届全国人大代表、民革中央委员、湖北省副省长、林业部副部长，1977 年 5 月在北京病逝。

本文修订于 2015 年 9 月

侵华日寇少将旅团长田岛死伤之谜

陈洪涛*

台儿庄战役是中国军队在抗战正面战场上取得的首场重大胜利，彻底粉碎了日军不可战胜的神话。在此次战役中，日军主力部队第十师团三十三旅团被中方重创。其旅团长濑谷启少将是指挥该部进攻滕县和台儿庄的直接指挥官。

滕县保卫战1938年3月14日开始。濑谷启于3月1日才接替田岛荣次郎担任第三十三旅团长。他一上任，仅半个月即奉命亲率装备精良，步兵、炮兵和装甲作战部队一应俱全的机械化部队攻打滕县和台儿庄，野心勃勃，似有一改前任止步不前的晦气作为。但他做梦也没有想到，大战开始，竟在滕县被川军挡住了四天，失去了最佳战机，在台儿庄又几乎全军覆没，败得如此之惨！日本人临阵换将似乎没有达到预期目的。人们不禁要问：日方为何在大战前夕仓促换帅？难道他们不知道临阵易帅自古就是兵家大忌吗？从1935年12月起就担任第三十三旅团长的田岛荣次郎少将究竟为何突然在中国战场消失了？

陈九章

原来，这一切都源于一场发生在小雪村的伏击战。小雪村位于山东曲阜城南八公里处。今天很少有人知道，七十七年前，二十二集团军四十五军一二七师七五七团曾在这里神秘设伏，奇袭了一支日军车队，造成日军多人伤亡。这些死伤者中，到底有哪些人物？对此，日方一直守口如瓶，加之我方亲历者的回忆和事后战地记者的调查求证，均存在多种说法和版本，这场战斗披上了一层神秘的色彩。真相到底如何？近年来，谜底才被逐步揭开。

一、小雪村伏击战的战果及存疑

二十二集团军于1938年元月从山西东调山东，编入李宗仁第五战区，奉命驻守滕县，与日军对峙。此时，日军已沿津浦铁路占领了济南、曲阜和邹县。邹县最南的两下店成了双方拉锯的地带。小雪村伏击战就发生在邹县以北十余公里的敌占区内，而且就在日军重兵驻守的眼皮下面。

小雪村伏击战干脆利落，零伤亡，获全胜。但由于日军封锁消息，我军小雪村伏击战取得的战果却不完全明朗。当时主要有四种说法：击毙日军三十三旅团长田岛荣次郎

---

* 作者为陈九章之孙、四川德阳工程技术学院教授。

少将；击毙田岛本部翻译官中岛荣吉；击毙矶谷师团少将中岛荣吉；田岛荣次郎少将受伤。这四种说法都能找到史料依据，但也都各存疑点。

1. 击毙田岛荣次郎少将的依据和疑点

击毙田岛一说主要依据川军亲历者的回忆及日方相关资料：

（1）当时川军在战场搜索时发现被打得满是窟窿的轿车内爬出受到惊吓的中国少年游伦。他说，住在他家的田岛临行时邀他上车一同到邹县玩一玩，参加日伪"皇军良民联欢大会"。

（2）川军战士在搜索时，发现一个已气绝身亡的"老鬼子"，搜索者取下他的战刀后即迅速转移了，却不知道还应辨认这个"老鬼子"马靴上是否有将军级别的军官才具有的"金马刺"，并取下它作为物证。

（3）日本资料中还有一个十分重要的证据：从日本防卫厅防卫研究所战史室编著的《中国事变陆军作战史》中可以看到，1938年2月中旬，第十师团编制里还有步兵第三十三旅团长田岛荣次郎少将名字，但紧接着的下栏里又写道："支队长濑谷少将于3月1日定期调动，继任步兵第三十三旅团长田岛少将遗缺，3月8日到达兖州。"这说明，2月中旬田岛少将还在编，3月1日却已经遗缺了。这足以证明田岛"不在了"。田岛"不在了"的时间，恰好就是小雪村伏击战的时间。

以上第一条只能证明田岛在这个车队里，但不能确证被川军击毙的这个"老鬼子"就是田岛。第二条也只有参加搜索目击者的人证，而无日军将级军官的"金马刺"物证，因此，也不能作为"老鬼子"就是田岛的确凿依据。第三条也不能充分证实田岛一定被击毙了，也有可能是他因为受伤或生病等被"定期调动"，只是时间上刚好和小雪村伏击战偶合。

2. 击毙田岛本部翻译官中岛荣吉的依据和疑点

当年《大公报》的随军记者范长江在他的一篇报道里说，那个被干掉的日本"老鬼子"不是田岛少将，而是他的翻译官中岛荣吉，而且日军在邹县还为这个翻译官召开了追悼会。但报道没说明范长江具体是如何调查并得出如此结论的，也没交代田岛的下落。

3. 击毙少将中岛荣吉的依据和疑点

这种说法的主要依据是《徐州会战：原国民党将领抗日战争亲历记》的记载："……14日上午十时左右，在小雪村以东忽然发现曲阜方向驶来敌人小汽车三辆……激战半小时，将日本侵略军矶谷部队的少将中岛荣吉以下十五人全部打死。"

据范长江调查，中岛荣吉是日军矶谷师团田岛旅团的翻译官，但没有证据证明他是少将军衔。而且田岛是少将，他的翻译官当然不会是少将。因此，击毙少将中岛荣吉的说法证据也不充分。

4. 击伤田岛荣次郎的依据和疑点

1938年11月19日，在武汉会战结束，武汉和广州等大城市刚刚沦陷的背景下，《大公报》采访部主任杨纪发出一篇综述战局的报道，列举"敌高级军官之伤亡，已确凿可考"的，有击毙中冈弥高、藤井重郎，击伤片山理一郎、田岛荣次郎四个战例，并评论道："此等将级军官不轻立前线之人，尚有如是伤亡，其干部与士兵遭遇之惨更可

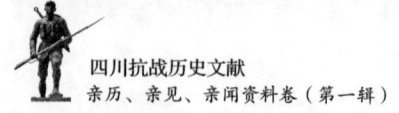

想见。"

但此报道中没有详述田岛在何时、何地受伤，伤势如何及受伤后的动向。

二、小雪村伏击战的经过

小雪村伏击战到底真相如何呢？这一问题长期困扰着笔者。借由最近被邀前往枣庄参加台儿庄大战胜利七十七周年纪念活动的机会，笔者跟几位川军后人一起专程拜访了著名的台儿庄抗战史民间研究学者任世淦老师。任老师曾特意去小雪村采访了当年的见证人，并从日本友人处搜集了有关这次伏击战的详细资料。下面，笔者试将任老师的研究成果与当年中方将士目睹、回忆的文献及素材加以甄别，以求尽量还原这次伏击战的真实场景。

1938年2月初，滕县战役打响之前，日军第三十三旅团十联队驻扎在曲阜，六十三联队驻扎在邹县。这一带不少地方还布防有日军小股部队作为据点，彼此相互呼应，其最高头目就是少将旅团长田岛。从山西战场转战山东战场的川军，除了在两下店一带与日军对峙拉锯外，还不断派出小股部队深入敌后游击作战。此时，川军四十五军一二七师七五七团也受命深入敌占区开展游击战。该团谍报队有一个班长叫冯玉森，异常聪明，口齿伶俐，极具语言天赋，来到邹县仅仅几天，就能说一口流利的本地话。有一天，他混进邹县县城打探到一个重要消息：三天后正好是农历正月十五元宵节，日军想借助这一中国的民间传统节日，在此地召开"皇军良民联欢大会"，以彰显"大东亚共荣友善"，届时曲阜方面将派要员参加。

冯玉森立即赶回部队报告。一营营长陈九章（四川隆昌人）闻讯大喜，立即向团长王文拔报告请求率部伏击。受命之后，随即召集连排长等人开会，研究制定行动计划。同时请来熟悉地形的当地老乡一起分析，最后选定小雪村为伏击地点。小雪村是当地一个较大的村镇，因为距曲阜不足十公里，就在日本鬼子重兵守卫的眼皮下。一向骄横的日本人万万想不到装备简陋的川军敢到这里来伏击作战；从曲阜到邹县的必经公路由东向西从村内穿过，村旁恰好有两座相距近百米的古钟楼，便于隐蔽设伏，也有利于居高临下打击日寇；而且村外还有一片芦苇地，密密的芦苇丛中，可埋伏一连人，来回接应迅速方便。

为了不走漏风声，陈九章下令在曲阜、邹县附近封锁消息，并率部悄然无声地隐藏了两天，日军浑然不知。第三天拂晓前，部队按计划进入伏击地点，由排长潘近仁（四川内江人）带领两个加强班分别潜入两座钟楼，在第一线打击敌人；连长廖璋溥（四川安岳人）则带领全连潜入民房和芦苇丛中。与此同时，他们在道路上还设置了路障，并通知村民一定要紧闭大门，不得出入。一切布防停当，川军严阵以待。

2月13日（农历正月十四日），田岛心情很好，起了个大早。按出行计划，他今天要亲率人马到曲阜周边的三十三旅团各驻防据点巡查战备情况，同时打算顺路前往邹县参加次日的"皇军良民联欢大会"。当时田岛住在曲阜一富绅游家的前院，这天恰好是星期天，少年游伦在家玩耍，田岛上车出发前看见了他，便招呼他上车，并说："皇军大大的友好，随我一同到邹县玩耍玩耍！"游伦不敢不从，告别父母后随田岛及其翻译官、副官、通讯班长、传令兵、同盟通讯社记者以及两个分队的卫兵等随从，分乘一辆轿车和两辆卡车驶离曲阜城……下午一时许，天空正飘着小雨，田岛乘坐的轿车及两辆车头架着机枪、满载日军的大卡车一前一后向小雪村驶来。等日军车队完全进入伏击圈后，营长陈九章一声令下，钟楼上的手榴弹和枪弹像冰雹一样突然从天而降，纷纷落在日军身旁。埋伏在芦苇丛中的战士也集中火力打击敌人，日军拼死反抗。我官兵没有机枪，但集中步枪火力，也是弹如雨下。田岛的大腿被枪弹击中，血流如注，几个日兵拼死保护田岛转移。陈九章见此情况，命令战士集中火力并投射手榴弹狠击敌人。其中一枚手榴弹恰好落到田岛身旁，即将爆炸时，被敌登中洋夫中尉迅速捡起，手榴弹在被扔出的瞬间轰隆爆炸，两名日军被当场炸死，登中洋夫中尉的右手指全被炸掉，鲜血淋漓，田岛则身受重伤。一阵交火后，田岛等人在车上日军的掩护下破开一处民院躲藏，并指派三个没受伤的日兵冲破民房后墙速回司令部报告，自己和几个伤重的官兵则在民房暗处躲了起来，侥幸逃过了川军士兵的搜索。

为了清点战利品，陈九章命令搜索日军车辆。突然，从小汽车里爬出了一名中国少年，穿着光鲜，俨然富家子弟。他看到满地的血迹和死人，放声大哭。战士们继续向车里搜索，看到小汽车后座上仰躺着一名"老鬼子"，脑袋被子弹洞穿，弹孔还在汩汩流血。由于曲阜、邹县距离小雪村均不远，为防日军增援，搜索的士兵取下"老鬼子"的战刀后迅速转移。

川军官兵转移后，这家院落的老者担心财产受损，只身回家探望。没想到刚推开房门就被刺刀刺死，一声没吭倒在了院内。

最先赶回曲阜报告的是田岛轿车司机今井上等兵，他在车队受到伏击后，躲过了川军枪弹，拼命向旅团司令部飞奔报信。高级副官奈良正彦中佐得到田岛被袭击的报告后大吃一惊，立即派出六十辆卡车，运送一个大队的兵力驶往小雪村救援。没等卡车出发，自己先骑上战马，率领通讯员等一队人马向小雪村疾驶而去。在日军的大队人马到达小雪村时，川军部队已安全转移，日军扑了个空。

当天下午，邹县的日军久候曲阜方面的日军要员不来，就派出一辆卡车前来接应。当日军卡车来到距离小雪村几里远的凫村时，看到路上有几个大石块，便下来了几个日军，准备搬走石块。突然，公路两边的芦苇丛中枪声四起，日军遭到了另一队川军的伏击。原来，当初团长王文拔担心小雪村的川军弟兄难以抵挡日军，就在凫村设置了第二道封锁线。

当天晚上，部队回到营地，陈九章仔细地询问了从车下钻出来的少年，才弄明白战果是如此的辉煌。原来这个少年叫游伦，年仅十二岁，在曲阜念高小一年级，家住曲阜县城，家境富裕，当天是被田岛邀约一起到邹县玩耍的。听说田岛在车队中，当时参加搜索的士兵回想起车内被击毙的"老鬼子"，才怀疑这个人就是田岛，但当时因为匆忙，没有取下证明他身份的物件，在《战斗详报》中只写了"击毙鬼子十一名"，而没有标明他们的身份。本次战斗，川军无一伤亡。

据任老师获取的日方资料，关于此次战事日军死伤人员情况是：死亡八人（含翻译官一名、同盟通讯社记者一名、士兵六名），重伤九人（含田岛、中尉一名，下级军官一名，士兵六名）。田岛重伤后，被立即送往后方医院救治。作为其替代者，濑谷启被任命为第三十三旅团长，3月9日到任。日方生恐此事有失"皇军"的颜面和影响士气,对外则佯称田岛只是"定期调动",由濑谷启继任,试图蒙蔽田岛遭川军奇袭的真相,就连著名战地记者范长江也被弄懵了。限于当时缺乏足够的证据确认遭袭的日军车队死伤人员的身份,导致川军四十五军一二七师七五七团陈九章营廖璋溥连,在小雪村痛击日军少将旅团长田岛的辉煌战绩,没有得到足够的宣传和表彰。

读到这里,大家可能对田岛的下落会很好奇。从目前搜集到的资料证实,田岛因受重伤即刻被调回了日本国内,于1938年3月1日就任下关要塞中将司令官,实则明升暗降,以掩人耳目。1939年10月2日田岛离任,因伤过重,不久转预备役,1942年当选第21届日本众议院议员,卒于1952年。

至此,有关小雪村伏击战的一切,似乎已真相大白了,但参加该战斗的川军排长潘近仁在后来的回忆中提到,川军当年在清点战场搜索日军车辆时,发现了一个已气绝身亡的"老鬼子"。既然这名"老鬼子"不是田岛,那此人到底是谁?也许有人会根据上述日军八名死亡人员的身份猜测,这个人应该是翻译官中岛荣吉。但从任老师调查获取的日方资料显示,翻译官不是死在车内,而是被川军扔到田岛近处的那颗差点要了他的命的手榴弹炸死的。那么"老鬼子"究竟是谁呢?这或许是小雪村伏击战留给后人的最后一个未解之谜吧!

三、小雪村伏击战的历史意义

小雪村伏击战发生至今已七十七年了,尽管给后人留下至今未解的悬念,但它在川军抗战历程上已彪炳史册。作为滕县外围战的一场经典战例,其意义主要有:

(1) 滕县外围战系台儿庄战役的重要序幕战。在此期间,川军分兵深入鲁南敌占区,采用灵活多变而且有效的游击战术,出奇制胜,令日军从此不敢小觑川军这支"杂牌军"。

(2) 台儿庄大战前夕,川军瞄准战机主动出击,使日军损兵折将,迫不得已更换主帅,乱了阵脚。这沉痛地打击了日寇不可一世的嚣张气焰,鼓舞了我方士气,为台儿庄大捷创造了有利条件。

(3) 田岛荣次郎虽然没有死,却从此退出战场。他是整个徐州会战日军损失的最高指挥官,重伤田岛是川军参加徐州会战取得的一项重大战果。

本文写于 2015 年 6 月

父亲严翊血战滕县东关

严裕寿

七十七年前，在鲁南大地，爆发了震惊中外的台儿庄大战。

父亲（严翊）时任二十二集团军四十一军一二二师三六六旅七三一团第一营营长，参加了台儿庄大战之滕县县城保卫战。

今年清明节，我和部分川军后代有幸受邀参加了由山东省民革枣庄市委召开的"纪念台儿庄大战胜利七十七周年暨《台儿庄大战之黄埔师生录》出版座谈会"。

能回到父亲曾经战斗过流过血的地方，是我们全家七十多年的愿望，带着家人"向抗日英烈致敬！向山东人民致敬！向父亲致敬！"的嘱托，我来到了魂牵梦萦的台儿庄。

枣庄市领导对会议的高度重视，让我们感受到"山东人民没有忘记川军"！那几天，我仿佛穿越了时空，见到了父亲，缠着他讲抗战的故事。

严翊

滕县战役，是二十二集团军全体将士历经两个多月，拼尽一军全部血肉而写成的川军抗战史上最光辉的一页！书之史页，光照天下！笔者无力描述该战役的全貌，仅以日军战时档案资料、枣庄任世淦老师的讲述和家人的回忆等三个侧面来记叙父亲守备东关第一天的那些故事。

一、战前日军的精心部署

1937年底，日军矶谷廉介第十师团和板垣征四郎第五师团抵近黄河。时任山东省主席兼第三集团军总司令的韩复榘畏敌南逃，使日军得以长驱而入。板垣、矶谷两师团以台儿庄为会师目标，企图实现打通津浦线、威胁武汉的战略目的，为此，必须首先消灭已在滕县地区布防阻敌南下的川军二十二集团军。至此，鲁南保卫战进入紧急阶段。两军相对，一场恶战一触即发。

日本防卫厅防卫研究所战史室编著的《中国事变陆军作战史》（简称《战史》，下同）披露的滕县战前资料显示，在津浦方面活跃着的日军第二军第十师团于1938年"2月上旬进入兖州、济宁、邹县地区"（《战史》），与1938年1月6日入驻滕县地区的我二十二集团军（总部设临城）隔界河南北对峙，并称"四川军将大举北上"（《战史》）。同时，在滕县东北方面的日第五师团命令片野支队（后增兵改为坂本支队）沿潍县、莒县一线攻击南下,"准备向沂州方向前进"(《战史》)。这样日军第十、第五两个师团就像一把铁钳,把鲁南徐州地区死死钳住了。

1938年3月8日,日第二军司令官要求第十师团"应占领滕县附近及确保大平邑(平邑集)"(《战史》)。3月10日,父亲所在的一二二师第三六六旅(童澄旅)奉命由韩庄进驻滕县东北一百七十多里处、与滕县成犄角之势的平邑、城前一线,以掩护我四十五军第一线阵地右侧背,并防止临沂方面之敌的侧击。

初春的齐鲁大地,仍是雪窖冰天,寒气逼人。三六六旅前往城前镇时,老百姓不仅熬汤烤饼招待官兵,还把从滕县到城前九十里路上的积雪冰碴清扫干净,为的是不让打赤脚穿草鞋的川军冻伤脚。在残酷的战争中,军民彼此信任、以命相托的情谊,使川军"生在四川,死守山东"的信念更加坚定。这也是我这次到台儿庄来一定要"感谢山东人民"的缘由之一。

日军情报称:"正在第二军正面活动之敌约十一个师(中央军三、山东军三、四川军四、杂牌军一)。据情报,其中约五个师待3月中旬从津浦线方面,向第十师团方面转入攻势。"(《战史》)

日军第十师团步兵第三十三旅团长田岛少将原是滕县战役的指挥官。但田岛被我军设伏重伤,日军被逼临阵换将,由濑谷接任。3月8日,日军第十师团长命濑谷支队南下,即日到达兖州。我二十二集团军将面对悍酋濑谷。

"第二军于3月13日命令第十师团击灭大运河以北之敌,第五师团以一部占领沂州后进入峄县附近,配合第十师团作战。第二军的企图是:在达到以上目的后,大致在滕县、沂州一线,给以后作战做好准备。"(《战史》)

"濑谷支队于3月14日拂晓从两下店附近发起作战,击败驻在(该地)之敌,于15日傍晚到达滕县附近。"(《战史》)至此,滕县外围已是大兵压境,只等最后的决战了。

二、日军兵力组成和攻城策略

攻城部队由日军第十师团之两个步兵联队及若干独立装备旅组成,包括"步兵第三十三旅团司令部、步兵第十联队(约缺一个半大队)、步兵第六十三联队、独立机枪第十大队、独立轻装甲车第十第十二中队、野炮兵第十联队(缺一个大队与二个中队)、临时野炮兵中队、临时山炮兵中队、野战重炮兵第二联队(缺一个大队及联队级之一半)、中国驻屯炮兵联队第三大队(十五榴二个中队)、工兵第十联队第一中队、师团通讯队之一部、卫生队、第一野战医院、兵站汽车第十五中队。此外,还配属野战重炮兵第一旅团长以下的指挥机关一部分人员,与师团参谋逆濑川幸男大尉"(《战史》)。

3月14日,日军兵分三路向滕县县城发起进攻。濑谷旅团长以步第十联队(赤柴八重藏)为右路纵队,经由我一二七师三七六旅、一二四师三七〇旅防守的大石墙—大季寨—池头集线路进攻;以步第六十三联队(福荣真平)为左路纵队,经由一二七师、一二五师防守的香城—龙山南侧线路进攻;中央纵队为旅团本部指挥机关。敌各纵队在突破界河后,并没有马上攻击滕县城北,而是在铁路东侧汇集后,向县城东边迂回开进,攻击城东。如此,一是可避开川军的正面防线,出奇制胜;二是可避开城北大片美国建筑，避免引来国际纠纷。次日，福荣联队奉命经吉山西麓，从县城以东攻占南沙河，截断守军退路并阻击汤军团的援军北上，而赤柴联队奉命专攻滕县县城。"15 日，敌已增至三万人，附骑炮各联队，战车百余辆，已迫近滕县。"（何应钦《八年抗战之经过》）

三、我军的防城态势及人员装备情况

滕县必须死守。

15 日，因赤柴右路纵队猛攻城西三七〇旅深井防线，王师长急令唯一的城防部队三七二旅出城驰援三七〇旅。这样一来，所有战斗部队都在外围一线与敌胶着，不能脱身回援，除驻县城的各师、旅部警卫连外，就没有战斗部队了。相对于日军的强大兵力，县城几乎就是一座空城！

援军又无望！

集团军总司令孙震，把总司令部警卫营（刘止戎）的三个步兵连从临城派往滕县守城，只留一个手枪连担任总司令部的警卫。

王师长令七二七团（张宣武）留下两个营执行原任务，率第三营四个步兵连、一个土造八二迫击炮连马上跑步回城。张团长奉命担任城防司令，连夜配置城关各阵地的防守任务。

还有一支可回援的战斗部队，就是刚调至平邑、城前一线才几天但尚未接敌的一二二师三六六旅。王师长乃以十万火急的电报令该旅（实为一个团）回援县城。

父亲有幸参加了这场英勇悲壮的战役。

14 日，三六六旅命令配置在城前镇的七三一团第一营先行，团部率队随后跟进。第一营机枪连划归团部指挥，父亲就带上剩下的三个步兵连出发了。第一营突破日军的围追堵截，奔袭一百多里山路，于 15 日午后回到滕县县城。王铭章师长和张宣武团长见到严营长欣喜万分。七三一团跟进部队却被日军阻击，向临城方向退去。父亲奉命守备日军攻城的突破口东关。他把两个连配置于东关寨墙根阵地，一个连作为预备队，连夜构筑工事，放出警戒。当夜敌人喊话劝降并数次扰袭，父亲下令坚决回击。

临时回城领弹药的七四三团的一个步兵连，也被留下来参加县城保卫战。

总部连夜送来一火车皮的手榴弹，每个战士可分到一箱（五十枚）。这些手榴弹成为我军近距离杀伤敌人的利器。

至 15 日夜，滕县城关的战斗部队共有一个团部、三个营部、十一个步兵连和一个迫击炮连，另有师、旅部的四个警卫连，共约二千五百人，加上滕县县长周同所属的武装警察和保安五六百人，合计武装人员三千余人，实际能战斗的不足两千人。

各部队按张团长的命令，相继抵达指定阵地，构筑工事，严阵以待，准备迎敌。

四、九荡九决保卫东关

一场力量悬殊的悲壮战役拉开大幕。

16 日凌晨，日军万炮齐发，东关和县城瞬成一片火海。父亲带领战士们打响了县城保卫战的第一枪。

王铭章师长向孙震报告:"敌人先头部队现已到达东关外围,正与我东关守卫部队激战,我守卫部队仅一营人,恐难持久……"

东关是滕县东门外被一圈半米多高的土寨墙围着的一片民居,寨墙外挖有东西纵深接近二里的壕沟,有一条南北主干道,东西向是一条一条横着的小街,如沙窝街、岗子街等,那里有春秋阁、火神庙等建筑。东关北有一座北宋时期的古塔——龙泉塔,塔高数丈,是县城唯一的制高点,但被日军抢先控制。登塔瞭望,滕县县城一览无余。通过塔顶指挥,日军的大炮就能指哪打哪,我们一点办法都没有。仗还没有打,我军就已处于下风了。我军利用寨

1938 年养伤中的严翊

墙和壕沟作阵地,抵抗敌人。日军采用的是"天地一体"的立体式打击。几十门大炮,从上午 8 点开始炮击,仅两个小时,东关、城内和西关火车站共落炮弹三千余发,一天竟落炮弹万发以上;从东城门内张团长团部到东关严营营部不到一里路的一段电话线,就被炸断二十五次之多。天上的十几架敌机轮番轰炸,机炮声震耳欲聋。敌步兵在坦克战车的掩护下,变着花样涌来。先是单排(五六十人一排)间隔式推进,守军还能喘口气;后是多排波浪式连续冲锋,不给守军喘气的时间。打击方向也在变化:先打东关南半部,再打东关东北部,最后打东关正中东寨门。战场上血肉之躯与钢筋铁甲相拼,惨烈程度惊天动地。严营三个步兵连不到半天就只剩二三十人。一天下来,打光了张团长派给严营的四个预备连队,其中包括王师长在战斗危急时派来驰援严营的师部特务连(何连,缺一个排)。

从上午 8 点到晚上 8 点,敌人共发动了三波共九次铁血式的扫荡。而我军每次反击亦伤亡近百人。就是说每一个多小时就有一个连的士兵伤亡。

下午 5 点情况最为危急,眼看敌人已冲到眼前,预备连(师警卫何连)还未到达,情急之下,严营长乃就近急将守备东关南、北两头的部队(不属严营建制)都调到关门附近堵击敌人,但终因力所不逮,被敌人突入东寨门内四十余人。当何连到达时,严营长命令何连驱逐突入东寨门之敌,结果何连伤亡三分之二,而敌人还有二三十个未被消灭。这股敌人不灭掉,则东关不稳!这时,张团长手中已无预备队了,怎么办?他孤注一掷地将守备城垣东北面的七二七团第十一连(张连)派往东关,归严营长指挥。并做了战前动员,该连官兵士气极旺,在严营长指挥下如猛虎下山,锐不可当,一举歼敌。张连死伤七十多人,苦战竟日的严营长在最后一搏的战斗中,大腿重伤。

晚 8 点以后,枪炮声歇,敌人的照明弹不时划破夜空,把滕县县城照得如同白昼一般。

东关仍在我军手中!

指挥有方,将士拼命,日军未能越寨墙一步。张宣武团长在战后称这一天的战斗是"九荡九决,保卫东关!"

看看日军和日媒是怎样评价第一天战斗的:"步一○基干部队从 3 月 16 日早晨开始攻击,但遭到意外的顽强抵抗,18 日午后才完全占领滕县。"(《战史》)日军战地记者

佳藤芳子报道:"3月初,我军占领济南后,组织濑谷混成支队……继续南进,在泰安、兖州等处均未遭到抵抗,到滕县却意外地遭到四十一军一二二师顽强抵抗三天,遭受严重损伤。"可见,3月16日第一天的成功抵抗,意义重大,壮我军士气,灭敌军威风,为后几天重新部署抵抗赢得了宝贵的时间。

16日晚战斗结束后,王铭章师长对张团长说:"张团长!你太辛苦了。想不到我们只这一点点人竟能撑持一整天,你真有办法。"但张团长回答:"这主要是士兵的勇敢和严营长的出力。"王师长说:"严营长是勇敢善战,你是指挥有方,明天我将直接打电报给委员长为你们两位请奖。"并接着说:"能把今天撑持过去就不要紧了,我们在城外的部队马上都要调到城内来……"

两位指挥官对父亲给予了充分的肯定。更令人动容的是,面对荣誉,张团长首先想到的却是战友。先辈们在战争中结下的生死与共的情谊令人嘘唏!当我见到张团长的孙女时,我们无言地相拥而泣。

再看看主攻县城的日军步兵第十联队的联队长、人称"鬼赤柴"的赤柴八重藏的下场:在战斗中,他被我军射出的一颗致敌一死一伤一险的神奇子弹击中左臂,且部队损失惨重。战后,他遭到日本国民唾骂,不得不离开自己的府邸,四处躲藏。这是后话。

五、历史——未来交响曲

2015年4月8日,我们川军后人一行在任世淦老师家中听他给我们讲滕县战役。

"滕县之战前两天最惨烈的是东关之战,一个是牺牲的王麟团长,一个是负伤的严翊营长,他们都是在滕县之战中在最重要的火线上的战斗者。我很推崇这两位。"他沉思了一下又说,"不把这段历史留下来,我们对不起先烈,对不起后人,也对不起我们这个民族,不是吗?"

老人倾二十几年之心血研究这段历史,对那场战争,对川军浴血奋战的悲壮历程都历历在心。他提高声音说:"明知守不住也要守,还要守三天!不守三天,汤恩伯的部队还没有到台儿庄,围歼日军的部署还没有准备好!所以孙将军不许将领出城——出城还可能捡条命嘛——必须在城里死守!这就注定了他们要用生命来换时间,这样才能保住大局,保住徐州。他们的悲壮就在于此,他们的伟大也在于此!你不要考虑我们被日军杀伤了多少,我们有没有守住——没有守住是必然的,但它的意义是伟大的!"这时,他拿出一幅滕县县城的手绘地图,指着上面的街道和建筑物,详细地讲述战斗情景。

"打得惨啊,死了好多人!"他指着一个叫"霍家坑"的地方说,"这里有个裁缝铺,日军进东关后,贾玉芳老人(时年九十二)一家十四个亲人,被一个日本兵用一把斧头连劈带砸地杀害了!"又说:"严营长受伤的地方大概就在附近。"我心一紧,正要问"是真的吗?"又一想,这有那么重要吗?我死死地盯着地图,想看到什么……

日寇又冲进来了!一阵手榴弹后,川军猛扑敌群,前面的倒了,后面的又顶上去!倒在自己热爱的土地上,是那样的慷慨从容!我忍住泪水,在心中喊道:英雄啊,向你们致敬!

停了停,老人拿出一把陪伴他多年的二胡说:"二十年前我和山东电视台的编导人员到滕县北边的龙山向着北方拉了《松花江上》这首曲子,以祭奠先烈。今天你们川军

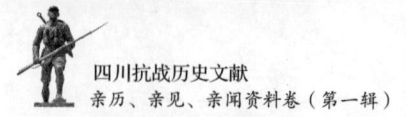

后人来到滕县,我也拉一曲告慰川军的在天之灵!"凄凉悲伤的乐曲在小小的客厅里回响,震撼着我们的心灵。日寇的残暴,百姓的流离,川军的拼杀,一幕幕在眼前出现,我们含着泪一起唱起来。

带着对山东人民的深情厚谊,带着对先辈们的无限崇敬,我回到了成都。

这是一次心灵回归的难忘之旅!我要把一个真实的父亲和那场战争的真相告诉家人。我讲见闻,说感想,放录像。当录像放到任老拉二胡时,家人深受触动,竟合着节拍齐声唱起了《松花江上》。歌声在客厅里回响。这时我大姐(八十二岁)两眼含着泪花,凝视着远方,思绪已飞回她少年的岁月……

滕县战役后,父亲伤愈归队,继续战斗在湖北抗日前线。1941年5月,我姑父李兆麟营长在随县唐王店殉国。1942年初,父亲奉命带职上校团长到成都中央陆军军官学校第九期高教班受训。

身披征尘,从战火中回家的父亲,每每受训回家时多独处一室,除读书、写笔记外,就爱唱抗日歌曲。有时,一向在孩子面前不苟言笑的父亲,把三个孩子叫到身边,教我们唱《满江红》《松花江上》等歌曲。他是用心在唱,也要我们用心去唱——爱恨都要用声音唱出来。大姐问他:"爸爸,鬼子好久才打得完呢?"父亲回答:"只要一直打,总会把鬼子打完!"父亲对着五岁的哥哥说:"我走的时候你快要出生了,我遵照你们爷爷的意思给你取名'裕国',就是要叫你们记住国仇家恨,将来长大了好报效国家。如果我们被打死了,你们就要接着打鬼子,敢不敢?"哥哥还不大懂事,还是大声回答:"敢!"大姐已近十岁了,虽不懂多少道理,但知道父亲恨日寇,只要父亲高兴,我们就认真地学唱歌。至今还忘不了的那些抗日歌曲,就是那时学会的。

高教班受训结业后,父亲又重返湖北战场,直到抗战胜利。

《松花江上》的乐曲还萦绕在耳边,从父亲战斗过、流过血的地方传来,就像是父亲的声音,时而铿锵有力,时而悲切婉转。我们合着父亲的歌声唱着,唱着……

在庆祝抗日战争胜利七十周年之际,先辈们用生命和鲜血谱写的史诗般的英雄篇章,将奏响中华民族伟大复兴的壮丽乐章。

本文写于2015年8月

从日军的战报看川军死守滕县

任世淦*

悲壮的滕县之战发生在南京沦陷后的 1938 年春。当时国府西迁，人心低迷，日本侵略军的气焰愈加嚣张，华北方面军急欲向我鲁南发起攻势，企图一举拿下徐州，打通津浦线，占领山东、江苏，进而直逼武汉，迫使国民政府签订亡国屈辱的"和平条约"。1937 年底，日军矶谷廉介第十师团和板垣征四郎第五师团逼近黄河，任山东省主席兼第三集团军总司令的韩复榘畏敌而退，擅令军队撤离黄河防线，向南退逃二百余公里，连曲阜、兖州、邹县等城都送给了日本人。如此一来，鲁南大片地区无兵防御，情势危急。国难当头，爱国川军邓锡侯的第二十二集团军远道来滕保卫国土。其敢战强敌、不畏牺牲的民族精神，实令滕县人感佩不已。当时滕县诗人黄馥棠老先生赋诗赞曰："川军将士皆韩岳，岂有神州竟陆沉！"川军实力虽弱，却誓做干城之师，国人由此坚信："中国不会亡！"

第二十二集团军于 1938 年 1 月 6 日进驻滕县，军部设在临城。日军方面第十师团福荣联队占领邹县后，即派兵驻守两下店，抵近川军的滕县北沿阵地界河。

一、川军深入邹县、曲阜的游击战

第二十二集团军甫至滕县，第五战区司令长官李宗仁就在防御方面做出指示，国民政府军事委员会更电令邓锡侯总司令（后为孙震），对邹县日军"切勿攻坚，应采取游击战术"。不久前，这支川军曾在山西战场与我八路军共同抗敌，军官们都聆听过朱德将军讲的游击战术，钦佩八路军"会打仗，不扰民"。如今来到滕县，即遵上峰指令学习打游击，不断深入滕县北境的邹县、曲阜对付强敌。

日军方面对我川军也颇了解。据日方披露，3 月 9 日，第十联队长赤柴八重藏在大汶口向下属指示，称"徐州李宗仁属下的四川军，不可小觑"，"他们很有耐性，能吃苦"，"他们穿草鞋，在山地的行动很巧妙"，"白天几乎不行动，常常进行夜袭"。这大概是日军从过去与之交手的实战中得出的认识吧。

李宗仁将军把滕县之战称为台儿庄大战的序幕战。但从时间上说，川军在滕县前后防御作战两个多月，而台儿庄之战只有十五天，这个"序战"的历程可不短哟！因此可以说，滕县之战绝不仅是三天的县城攻守战，还应包括前两个月的对敌游击战，而且这样的游击战还取得了辉煌的战果。

笔者曾多次深入邹县做调查，从而了解到两下店、郭山庄、纪王城、赵山庄、唐

---

* 作者为山东枣庄退休教师、民间抗战史学家。

店、香城、四基山、马鞍山、土旺、黄疃、姬家桃园、小雪村、凫村等地川军袭扰日军的事实。其中,川军对两下店(包括村落和火车站)的袭击竟达十次之多,日军联队史对此也有记述。更值得大书特书的是在曲阜小雪村奇袭日军少将旅团长田岛荣次郎的车队。川军第一二七师七五七团的侦察兵化装潜入邹县,探听到日军将有要员来县城谋事,于是派出两个营在其必经之路小雪村巧设埋伏,在 2 月 13 日成功地杀伤了田岛旅团长及随行人员。

由于日军的保密,战果在很长时间内难以确认。这次奇袭的真相到底如何,田岛旅团长是死是伤,一直疑团重重。根据当时《大公报》随军记者范长江的报道,奇袭击毙了日军一名翻译官。而国民政府军令部则作以下记述:"这次遭遇,击坏敌汽车四辆,毙敌四十余人,内有敌少将中岛荣吉一员。夺获轻机枪两挺、步枪五支。我亦伤亡官兵四十余名。"这是我方的记述。日方的记述则是:"2 月 13 日,第三十三旅团长田岛荣次郎少将巡视他指挥下的各部队。下午一点左右,于曲阜南方八公里的小雪村突然遭到川军第一二七师的大约二百名的官兵的袭击。这地方处于占领地,所以随从的护卫员只是持有轻机枪和小枪的两个分队。护卫队乘坐着两辆卡车,而旅团长的轿车在队伍的前面开动。当天淅沥地下着小雨,刚进入小雪村时,村边的瞭望塔突然射出了枪弹,扔出了手榴弹。一瞬间,护卫的两个分队被击灭,轿车也被集中射击,田岛少将的大腿中了子弹。没死的人好不容易才避难到附近的老百姓家里。"川军继续向躲在村民家中的田岛等人攻击,又击毙几人。最后,逃去的敌兵跑回曲阜报告,曲阜开来日军部队把受伤的田岛旅团长等人救回……这次奇袭,日方称:"战死者有兵六个、翻译官一个、同盟通讯社记者一个。负伤的有旅团长、通讯班长、下级军官一个,兵六个。"

小雪村奇袭,日军前线最高将领田岛少将被我军击伤,迫使矶谷廉介临战换将,赤柴联队队史称,这是"在山东南部发生的大事件",是"田岛旅团长的遇险案"。田岛被击伤后,濑谷启接任旅团长。日本方面还遮遮掩掩,说是正常调动。

据我认识的日本左翼人士称,田岛重伤退出战场,还保得了一条性命。有人在战后还看见过他。

川军在邹县境内的游击战,也付出不小的牺牲,日军方面每次战后检视,统计我川军遗下尸骸都有七八百具。尤其是第三次攻击两下店,由于是夜间,我军虽采取了夜战突袭战术攻入镇内,但却无重武器打开敌镇中心坚固堡垒。敢死队轮番多波次冲锋,最终伤亡惨重。

二、矶谷师团向滕境发起攻势

驻邹日军于 3 月 14 日向南突破界河防线向滕县发起进攻。日军是沿着什么路线进军的呢?据日军史料载,当时濑谷旅团长命赤柴联队为右纵队,经一二四师三七〇旅防守的石墙—大季寨—池头集线路攻进;福荣联队为左纵队,经一二五师和一二七师防守的香城—龙山(两侧)线路攻进;旅团本部为中央纵队,在突破界河后,在铁路东侧的范庄、崔官庄,集中左右两个纵队,接着转向县城东方迂回开进。濑谷旅团全部部队途经龙山南面,开赴东郭一带,夜晚分别在县城以北的大坞沟、岪城店、江家楼、周庄等多个村落宿营。次日,福荣联队奉命经吉山西麓,从县城以东绕到滕南去攻占南沙河;

赤柴联队则奉命专攻滕县城。

日军向东路迂回，一是避开川军正面阵地的防御；二是利于两联队在城东东沙河一带分离，各自执行军事任务。福荣联队迅速占领南沙河，阻断了我方汤恩伯二十军团的北援，使得滕县成为孤军孤城，令赤柴联队的攻城变得容易。另外，县城北关有美国教会的大面积建筑，从东面攻城，不致伤及他国，造成国际麻烦。

三、惨烈的县城攻守战

守滕县川军能够加入战斗的官兵不足三千，武器窳劣，可堪使用的只有手榴弹。日军攻城兵力据称为三千多人，武器精良，尤其是重炮，杀伤力极强；又有空军助战，坦克兵和骑兵则在东西外围冲击我方撤回增援县城的部队。日军炮兵先是猛轰东面外城，突破缺口，步兵随之向东关进攻。敌工兵用突破术在东关为步兵开道，逐渐推进。我守卫东关的川军战士虽喋血死战两日，最后团长王麟阵亡，官兵伤亡殆尽也未能守住东关。日军攻占东关的同时，炮兵夺取了东关龙泉塔，占据了制高点，从而能够全窥县城，精确测定目标，向内城实施有效轰击。

日军向县城东面进攻的是赤柴联队第一大队（大队长末永光夫），向县城南面进攻的是该联队的第三大队（大队长冈清三郎）。3月17日午前，县城东南城墙被重炮轰破大缺口。日本兵借助木梯不断从缺口登城。我川军战士在城上使用手榴弹和大刀不断地与登城敌兵血拼。几经厮杀，我川军将士终于无力抵住日本兵的冲击，日军占领东南城角。占据城角的日军迅速攻取东、西、南、北四座城楼。继而，第一大队日军冲入东城门。17日傍晚，日军已基本上占领滕县内城。我守城川军官兵除部分突出城门向后方转移，绝大多数官兵壮烈殉国，牺牲在城内。

日军占领县城，在扫荡后检视我三千多名烈士的遗体，发现了一二二师赵渭宾参谋长，但称没有发现王铭章师长；还称在北城外打死一二四师参谋长邹慕陶及随从人员，在县府门前"俘获"了王麟团长和张重参谋长（其实，王团长已牺牲）……

在滕县之战中，川军战士射出的一颗子弹打死了日军机枪中队长合田犹太，又穿入赤柴联队长的脊背，然后在第一大队长末永光夫脸边飞过——这颗子弹真是"高效"啊！日军有一张战地照片记录了该联队长负伤的样子——假装出笑嘻嘻，故作无所谓。

四、悲壮之役，值得永远纪念

滕县之战被认为是悲壮之役。这一仗，川军以孤军死守孤城。汤部王仲廉军派兵北援，在官桥、南沙河、官路口先后被福荣联队击溃直至消灭。待到17日下午临城沦陷，汤部牺牲官兵一千多名。王师长连发三电求援，而援兵不至，汤部已奉调枣峄，川军只有壮烈殉城了！

日军炮击滕县城，城防司令张宣武团长形容当时城上是"砖石与血肉同飞"，这一句话就可见其惨烈了！日军逼近县城时，孙震军长奉蒋介石、李宗仁令，命川军首长都必须在城内带兵死守，不准任何人出城。这意味着上峰下了死命令，我几千川军必须与滕县共存亡。为了台儿庄大战的全局，我爱国川军必须以牺牲换时间，让友军在南面做好军事部署，这种牺牲难道不悲壮吗？

滕县之战后，为追悼数千爱国川军的壮烈牺牲，国共两党的最高领袖分别题写了挽词，在武汉隆重举行了追悼会。郭沫若先生发表发慷慨激昂的演讲。滕县之战当永载史册。

本文写于2014年8月

寻找爷爷王麟

王 愔*

一直以来,爷爷对我来说就是一个谜。

最早认识他是1985年在《人民日报》上看到《台儿庄光照人间》这篇文章。文章生动记录了中国军队和民众为保卫津浦铁路北线,保卫徐州开展的临沂阻击、死守滕县、血战台儿庄的悲壮战役,那一幕幕激烈的战争描述吸引我一口气读了下去,读着读着我看到了川军,看到了王麟——我爷爷的名字,以及那一段惊心动魄的历史场景。从此,我清楚地知道了自己的爷爷是国民革命军第二十二集团军四十一军一二四师三七〇旅七四〇团上校团长,是台儿庄战役中牺牲在山东滕县东关的抗日烈士。1986年,电影《血战台儿庄》上映,影片中台儿庄战役的揭幕战——滕县之役的画面完全可以用炮火连天、白刃血拼来形容。战事最危急的时刻,士兵向王铭章师长报告:"七四〇

王麟

团团长王麟死战不退,已和阵地上的官兵们一起壮烈殉国了。"从此,我知道爷爷是在滕县血战最前线抗击日寇英勇殉国的第一位团长。但是,这些都只能够让我知道爷爷作为一个军人的忠勇和壮举,使我对他尊敬崇拜,感到骄傲和自豪。而我却更想知道那个与我有血脉亲情的爷爷长成什么样子,他的生命历程又是怎样。为此,我渴望找到一张爷爷的照片,继而寻找他的人生轨迹。

从2001年开始,我循着爷爷的足迹,踏上了寻找的路程,先后去过山东滕县、台儿庄,四川成都、北川,重庆荣昌,台北;各大档案馆、图书馆……

一、四上滕县

山东滕县(今滕州)是爷爷为国捐躯的地方,也是让我魂牵梦萦的地方。近些年我四次去到那里,去亲近那块先烈热血浸过的土地,去找寻爷爷七十多年前战斗献身的影迹。

第一次去滕州是2001年五一假期,我和弟弟两家六口,带着一本1992年出版的《悲壮之役——记1938年滕县抗日保卫战》,去到书中所说的滕县县城,想要看看当年爷爷冒着枪林弹雨拼死守卫的滕县东关和作为团指挥所的城东门门洞,找找还有多少当年战场的痕迹,想捧一把爷爷鲜血染过的热土回家。遗憾的是,早年的城墙已不复存

---

* 作者为青岛市教委巡查员。

在，东城门更不知去向，被问到的人几乎都说不出具体位置，大致指着的方向也都是车水马龙的现代城市街道和为生活忙忙碌碌的人群。当年战场的硝烟早已化作历史的烟尘，唯有一座古塔矗立在原地，上面残留的弹痕向人们述说着当年的悲壮。我们对着东关的石塔默默地哀悼，只当爷爷能够知道他的孙辈在六十多年后，来到了他献出生命的地方，正在寻找他英勇的战斗足迹。

1938年3月17日是滕县血战最悲壮的时刻，是二十二集团军以五千多血肉之躯在滕县浴血抗敌、壮烈殉城的日子，也是爷爷的祭日。2008年，我们联络了滕战烈士邹绍孟（四十一军一二四师参谋长）的后人邹汝祥，计划组成"滕县保卫战台儿庄大捷七十年祭拜团"，在滕县保卫战七十周年的时候，大家天各一方同时赶到滕州和台儿庄去祭拜先烈。3月17日，川军滕县参战老兵叶光文及邹、王两家共十六人，在滕州市民政局有关人员的陪同下，一起到滕州市烈士陵园，在王铭章将军纪念亭举行了庄严的拜祭仪式。我受拜祭团的委托，诵读了凝聚着千万抗日川军老兵和川军后人深厚情感的祭词。一声声"以史为鉴，永悼先烈"的呼声，震撼着在场每个人的心灵。邹汝祥老师特意带来了他在四川各地档案馆、图书馆收集到的当时新闻媒体在1938年滕县血战前后所发的战时报道以及部分参战人士的回忆录。滕县分别之后，叶光文老人专门将他收集到的滕战参战者对王麟烈士的回忆，工工整整地手书并寄给了我。第一次看到当年的人们对战争的描述，我对爷爷以及滕县保卫战的印象更清晰了。这是我第二次去滕州。

第三次到滕州是2012年10月，四川电视台拍摄《国殇——川军抗战纪录》，来到山东实地采访当年战场。我受邀到滕州，同时受到邀请的还有四十一军一二四师七四一团第二营营长熊顺义之子熊文正，四十五军一二五师三七二旅旅长卢济清之孙卢明京，民间研究日军罪行及抗战史料的资深专家、枣庄退休教师任世淦等。我们到了滕州西北部的大坞，东北部的北沙河、龙山等地——当年川军血战的战场。摄制组在寻找当年的战场痕迹，任世淦老师在讲述当年战斗的情景，我的思绪却回到七十多年前，想象着大地漫卷着滚滚浓烟，川军将士在离故乡千里之外的鲁南，冒着北方的严寒，手持简陋的武器与凶残的日军进行殊死战斗。

这次到滕州，我见到了此前极欲会见的何允中老师，他也因参加摄制工作来到这里。尽管之前我们常常通电话，但见面还是第一次。说起来他是知道我爷爷事情最多的人，因为他的父亲何煜荣将军是当年爷爷参加滕县战役时七四〇团的副团长。3月17日决战的最后时刻，何煜荣将军同爷爷率团部文职及通讯、后勤等人在弹雨中冲到东关前沿，爷爷重伤昏迷后就是他和士兵一起将爷爷从火线抬到师部指挥所的。危急中，税梯青师长当即任他继任团长指挥残部作战。

听何老师说，我爷爷来到山东前线还有一个插曲。本来，1937年秋出川后他在山西对日作战中曾因冲锋陷阵旧病复发，但他拼死不下火线，让卫兵用箩筐抬着他到阵地上指挥作战，后来才从战场上转到后方养病。1938年初，部队转战到山东，他病愈从成都归队，匆匆赶到临城二十二集团军的指挥部。当时，总司令孙震劝他不必去前线，留在总部协助工作，但他坚决不肯留下，执意回到前线亲自指挥部队。据说，他还带着从成都"三道拐街"肉包子铺买的香肠，3月17日的午饭就有那些香肠，尽管落满了被炮火掀起的尘土，这最后一顿午餐，他还是尝到了家乡的味道。

摄制组采访我时，让我再细细讲一遍这段细节：一个到后方养病的军人千里迢迢赶回前方，又执意不留在二线指挥部，毅然回到血雨腥风的战斗前线，这就意味着他选择了牺牲，选择了舍身报国，选择了和士兵兄弟们生死与共！这是一个何等悲壮的抉择！所有人都对他肃然起敬。

何老师还告诉我，1937年第一次出川时，车停西安，团部数人同游大雁塔。遇到一位热心的算命先生免费为几位出征者算命，唯独轮到我爷爷时，算命先生却一反常态低头不语，似有难言之隐，几经催促后，才说凶多吉少啊。爷爷说，出征抗战早已将生死置之度外，何惧凶多。复又催问，老者最后道："不死也要脱层皮。"没想到爷爷听到后，顿时起身不屑一顾地哈哈大笑："老子早就脱了一层皮了！"完全一副慷慨凛然、视死如归的形象。原来我爷爷出川前因患病，全身皮肤溃烂，好不容易才痊愈。他从不信命，也不信神。但这段近于玩笑的对话所显现的爷爷的豪放品格却让他的副团长何煋荣终生难忘。而我，则从中看到一个大义凛然、爽直豪迈，有爱国情怀，有生活情趣的爷爷。

第四次去滕州是给爷爷扫墓，有生以来第一次在滕州烈士陵园爷爷的墓前献上一束迟到的菊花。爷爷的"革命烈士证明书"是由中华人民共和国民政部在1997年发放的。2013年，民政部颁布了《关于进一步加强烈士纪念工作的意见》等一系列文件，滕州市民政局为赵渭宾、王麟等抗日烈士建立了烈士墓。我们兄妹三人终于能够在爷爷牺牲76周年祭日，第一次在他墓前为自己的爷爷，为民族的抗日英雄献上一束鲜花和晚辈的敬意。

二、回到荣昌

荣昌——爷爷的故乡，我远方的家乡。我从小随父亲生活于山东青岛，荣昌家乡已没有直系亲属（父亲是独子，爷爷牺牲时他只有十岁），我们就基本没有机会回到那里。2013年，重庆荣昌为纪念抗战胜利六十八周年，收集整理荣昌籍抗日烈士资料的时候，当地党史办主任联系到我们，告诉我们重庆历史名人馆有一尊王麟烈士雕像，并邀请我们回到老家近距离了解故乡，了解爷爷。这个消息让我们十分振奋，我们一直想找到一张爷爷的照片，想看到爷爷的真实形象——有雕像就意味着可能有照片。回荣昌就可能更多地了解爷爷，就这样，2014年9月，我和哥哥踏上回重庆荣昌的旅程，回到祖辈生活过的地方，去寻找爷爷的足迹。

我们来到荣昌海棠公园里的烈士陵园瞻仰荣昌的革命烈士。从辛亥革命烈士张培爵纪念馆到抗日烈士、解放战争烈士到抗美援朝烈士纪念碑，一路看过去，却没有找到爷爷王麟的烈士纪念碑。在公园的教育看板上，我们终于看到了对王麟烈士抗击日寇英雄事迹的宣传——故乡的人民没有忘记自己的英雄。我们又走进荣昌档案馆，看到了《荣昌中学校史》第三班名册中爷爷的名字，民国时期奶奶周淑芬领取烈士抚恤金的凭据，《统战印记——荣昌英才》中关于爷爷的人物事迹记载，《荣昌县志》王麟人物传略等。但遗憾的是，始终没能找到一张爷爷的照片。

我只知道，爷爷十岁时失去双亲，在长姊资助下读书，每天带些冷饭去学校，课余时间总是帮助做纸扇生意的姐姐家做些手工活和家务；十二三岁考上荣昌县立中学，成绩优

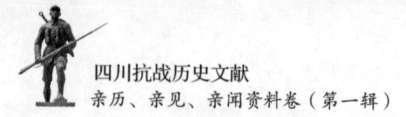

异,每学期都能得到减免学杂费的优待。中学时代,他受到新文化的熏陶,特别是受到孙中山革命思想的影响,立志要为振兴国家尽到自己的责任。他曾撰写一副对联贴在自己的床头:"国势衰颓多愤慨;民生凋敝总忧心。"并日夜看读。中学毕业后,他投笔从戎,投考国民革命军二十九军军官学校,以第二名的成绩被录取,从此开始了军旅生活。

这次在荣昌我们还见到了爷爷的外甥(爷爷妹妹的孩子)——我的表叔表姑,听他们说起一些爷爷的旧事。荣昌之行的所见所闻,让我们对自己的爷爷有了更多的了解。

三、走北川禹里

在父亲留下的《王麟烈士传略》里,有一段这样的记载:"1931年,先父出任四川北川县县长。"根据这个线索,我们在四川省档案馆查到了爷爷手书的《北川县志绪言》,看到他对北川修志的描述和他遒劲的书法。到爷爷工作过、父亲生活过的北川去寻觅他们的足迹,是我多年的心愿。2014年,在几位亲友的陪伴下,我终于去了北川。

当时刚结识不久的朋友王烈勋要亲自陪我去北川。他是北川县人,他的伯父就是当年扛着"死"字大旗出川作战的川军抗战老兵王建堂。在"5·12"地震中,王老师的哥、嫂和两个姐姐都在地震中罹难,他们的遗骸至今仍长眠在北川那重重叠叠的残砖巨石之下。唯他因移居县外而幸存。北川,成了他既爱且痛的地方。从他那里我得知北川的县城有三处:一是汶川地震毁掉的县城曲山镇,现在成了国家地质(地震)博物馆;二是地震后新建的新县城,在安县境内的永昌镇;三是民国时期的县城治城,在曲山镇西北方向十余公里处,也称禹里,即传说中的大禹故里。这次北川之行必须要到这三个地方去。

在新县城,我们首先到了北川县档案馆内的县志办。没想到在这里,就在这里,我得到了一套珍贵资料:地震后重新印刷的老县志,其中有两部是清志,一部是民国志。而民国志正是爷爷当县长时修订出版的!北川县政府极为重视这套宝贝,经重版印刷、精致包装之后当作重要地方文献保存。工作人员热情相助,在请示领导之后特赠我一套。我如获至宝,翻开民国志,找到多处爷爷留下的印记。其中,李景澄所作《县府二堂落成记》记载:"年复一年,堂堂官廨,风雨飘摇,出政之地,观瞻所系。今春智仁王公(爷爷号智仁)来宰吾邑,遂决议重修。于是委绅集款,督工量材,未三月而事竣。费省工多,较旧日规模,宏敞有加。吾小民更轻一负担。兹所谓一劳而永逸,暂费而久宁者也。子盍为文以记之?余闻王公居川东荣昌,上年任革命工作,足迹几遍全国,性爽直,工书。其来抚吾邑也,以英明果敢之才,行忠厚和平之政……今王公之为政,一以爱民为怀,此堂之成,势必进父老以咨询,诏学子而讲业。优游一室,治化大行。"我饱含热泪阅读此卷,爷爷的形象呼之欲出——一个年仅二十九岁就上任的县长,雷厉风行、知人善任、身体力行,以民生及文教为要,决策行事英明果敢,做出了许多利民兴县的业绩。爷爷在北川任上,修县志、重建县府二堂、兴建北街模范初级小学,并于民国二十一年遵照田颂尧军长新案于县城设救济院一所,又拨钱一万钏,除放年赈用去两千钏外,实存八千钏作为救济院基金等。

从新县城到曲山镇再到禹里,道路一直通向著名的龙门山深处。汽车穿过五六个

"5·12"地震后修通的隧道，原来几个小时的车程被缩短至十几分钟。王烈勋老师指着连绵起伏的山峦说，你爷爷当县长的时候，到禹里的道路根本不通，都是一些难于行走的羊肠小道，很多地方只能踩一只脚通过。

到了禹里，我站在老县府的前面，望着四周莽莽群山和崎岖山路，想到八十多年前，爷爷奶奶带着年幼的父亲在这里工作生活的情形。这里山高路险、土地贫瘠，人民生活艰难。爷爷当县长时，家里吃的蔬菜多是奶奶和随员在屋后种的，肉食多是爷爷偶尔在县城附近或乡下射猎的野鸡、野兔等。爷爷还教育当时尚年幼的父亲，要他学会吃当地粗粮，说玉米粒拌大米合蒸的饭是金银饭，小孩吃了长得壮实。那时的生活多么艰苦，多么不容易啊！

更难以想象的是，就在这交通不便的大山深处，竟然走出了一位御马挥戈、英勇殉国的抗战英雄和一位声震全国、扛着"死"字大旗冲锋陷阵的抗战老兵。

四、台北忠烈祠

台北忠烈祠与我有两段缘分。2010年4月我参加台儿庄大战的纪念活动，有位来自台湾的张记者听说我在查找爷爷的资料，就给我提供了可以通过台湾当局函查的信息。我立刻通过朋友在台湾查询。很快传来消息：台北忠烈祠的武烈士馆供奉着为国牺牲的王麟的灵位，牌位号为"J7-19"。当年10月，我报名参加赴台旅游团，并且和旅行社商议去忠烈祠祭拜爷爷的事宜。经过反复商量，旅游团领队终于破例答应我在台北离队半天。到台北之后，我立即来到忠烈祠武烈士馆，请下了记载着王麟等百位烈士英名的灵位牌。在鲜花盛开的祭台前，我向爷爷的灵位深深地鞠躬。第一次在海峡对岸的灵堂祭奠先烈，胸中涌动着澎湃之感，同时又五味杂陈，难于言表，只能任凭眼泪默默地流淌。从此，我把台北忠烈祠视作爷爷的墓地，总希望有机会能常常去祭扫、看望。与台北忠烈祠的第二段缘分发生在2014年春。一天，我接到成都严裕寿老师的电话。他是滕县保卫战中，镇守东关、于3月16日身负重伤的严翊营长之子。他去台湾旅游，受何允中老师委托帮我查找爷爷的资料，最终从台北忠烈祠请回了一幅王麟烈士灵位牌的大照片（这是台北忠烈祠的一项新服务）并转交给我。照片突出了烈士王麟的名字和牌位号，制作精美的图片上写有"中华民国抗日烈士故王麟上校"及"烈士奋勇牺牲之气节永为我国人同胞缅怀景仰"几行醒目大字。我好感动——既为忠烈祠对烈士的敬重，对工作的尽心尽责，也为严、何二位老师的深情厚谊。这份情谊，是先辈用生命和鲜血凝成的。

十几年来，除了在滕州、荣昌、北川、台北寻找爷爷的足迹，我还在许多亲戚朋友的帮助下，在书报和影像资料中寻找爷爷，获得了许多珍贵资料与信息。邹汝祥、何允中、赵令德、任世淦、熊文正、王烈勋、夔剑（孙宏志）、陈德崇（上海交大老师，他哥哥陈德华是在滕县牺牲的烈士）、张鹰（四川辛亥革命领袖张培爵的后人）、谭亚萍等友人，以及易艾迪、成北良等亲人，他们给我的无私援助不胜枚举，我无法用言语表达对他们的谢意。最好的感谢，莫过于继承先辈遗志，为振兴中华而有所作为。

弘扬烈士舍身救国精神的重任还没有完成，我的抗战使命还不能停歇。我参与了龙越慈善基金会"抗战老兵回家"网站的志愿者工作，帮助在世的抗战老兵是我完成使命的具体行动之一。明天,我将继续走在探寻的路上,为爷爷以及更多抗战英烈寻找出更多的历史陈迹。

编者注:本文撰成之后,终于在四川省档案馆发现了王麟烈士珍贵的相片。

本文写于 2014 年 10 月

缅怀爷爷吕康的抗日往事

吕 瑞

一、生平简况

爷爷吕康,四川华阳人,字立南,谱名永钊。由于曾祖父是前清举人,教子有方,爷爷自幼聪敏勤学,素为乡人所器重。少时就读于成都著名的文翁石室学堂,毕业后与杨辑五、李湛斯、刘善征、刘刚甫、刘明扬等同学东渡日本,就读于早稻田大学,翌年因国事日非、报国心切,而投笔从戎,考入当时被国人称为军事学家的蒋百里先生执教的保定军官学校。毕业后,于1921年就职于国民革命军第二十九军田颂尧部任营长。由于治军甚严,该部队战斗力和军风纪均佳,旋即升任团长、旅长。爷爷秉承家风,为人仗义疏财,扶危济困,曾经协助孙震将军筹办树德中学,成为校董之一,且常年资助乡里贫困学生邹汉乡、邓友生等人,助其完成学业报效国家。此类义举不胜枚举,为乡邻所称道。

吕康

抗日战争中,爷爷在滕县战役中负伤,头部受重创,曾受到国民党最高领袖蒋介石接见和嘉奖,被擢升为中将师长。在武汉养伤期间,周恩来、朱德、陈毅等共产党领导人均曾去医院探望、慰问。

爷爷在滕县战役头部重伤后,无法胜任前线作战指挥之职,调任军政部第十一补充训练处中将处长,抗战胜利后,任川东师管区司令。1950年随十六兵团在什邡起义,后任重庆市参事室参事。1969年不幸逝世,享年77岁。

二、喋血沙场

1937年底,爷爷任第四十一军一二四师三七〇旅旅长,奉命出川抗日,率部参加山西娘子关战役和忻口战役,而后转战山东。

爷爷到山东后即奉命驻防滕县以北至邹县附近津浦铁路以左地区,受陈离(静珊)师长指挥。1938年3月10日起,日军一个步兵联队挟40门大炮、14辆坦克攻击我军,爷爷率部沉着应战,截至14日,除左翼移入第二线外,原阵地被死死守住,岿然不动。3月13日击落、击伤敌机各一架,16日奉命回援滕县。当时滕县南、北、西三面受敌,爷爷率部协助曾甦元旅驱逐西门附近的敌人,半日激战后完成任务,但此战造成大量官兵伤亡。见部队剩下不到一个团的兵力,爷爷即令两个营的兵力扼守东门外东关,然后亲自率领一个营的兵力前往城内西北角镇守。此时，陈静珊师长接新任务出城，爷爷奉命归受王铭章师长指挥。爷爷后来常对家人说起当时面见王师长的情形，王师长说："立南，你一来，我的心就安稳了，因为你和你的队伍就是我平时所钦佩的。"爷爷说："请师长不要客气，我绝对服从命令，拼命去打。"陈静珊师长于16日晨出滕城，不久即有探报说他遇敌，力战后负伤，生死不明。爷爷急得直哭——受陈师长指挥两个月，爷爷对其人格和战术都很敬佩，二人在战火中建立了深厚情谊。

至16日晚，驻守滕城的将领有一二二师王铭章师长、王志远旅长，一二四师税梯青代师长、爷爷及曾甦元旅长。城内部队只剩一二四师的一个特务连，爷爷的一营（两个机枪连、两个步兵连），王旅长约一营弱。在城外东关驻守的为爷爷的两个营，西门为曾旅长一个团。经14日至16日三天的血战，这些部队早已伤亡过半。王旅长和童旅长的援军虽然已从东面山区开来，但大都被阻于城外，偶有零星突破者，亦即遭大队敌人骑兵冲击，均未能到达滕县城下。而因守城兵力不足，从15日敌军迫临城下起，所剩守城部队仅能勉强封守东西两面，城内是由爷爷与王旅长分任西北及东北的指挥，但因兵力欠缺，实际都是机动使用兵力，任务无法严格划分。

16日起，敌人集中大口径的大炮猛烈轰城。铺天盖地的炮弹飞向滕城，每天5000发以上，平均每分钟达30发。弹丸小城，百分之九十都化为焦土，独有王、税两师长驻地是一位青洪帮领袖花十几万元建造的房屋，一弹未及，实在是个奇迹。

本来爷爷奉的命令只是等待友军来援，并无守城任务。待集结在滕县县城内，爷爷主动向王师长表示愿以血肉作长城，誓与滕县共存亡。待到17日早晨八时左右，爷爷在城头上初次听到南沙河方向传来密集不断的炮击和枪声，知是友军到达。但不久，枪炮声渐稀，最后一片死寂，便知大事不妙。爷爷赶快将此情况向王师长报告。至此，爷爷知道必须死守滕城了。爷爷事后说，当时大家都坚定了与滕城共存亡的决心。王师长立即命令赵参谋长象贤发电报告孙总司令，引用委员长训话，表明誓与滕县共存亡的决心。赵参谋长的文笔很好，爷爷看后连声称："钦佩，钦佩！"——赵参谋长电文所表达的尽是爷爷的心里话。（是啊，军人当以战死沙场为己任！这一代中国军人，他们是无愧于中华民族的！）

话语未了，敌人来了。王师长立即召集将领训话，税代师长、王旅长、赵参谋长和邹慕陶参谋长及驻西门外的曾旅长均列席。大约是午后两点钟光景，枪声突然分外稠密，据报，敌人又冲进城来了。王师长、爷爷等参会将领冲出指挥部分别督战。这一战又伤亡百余官兵。爷爷深感城内兵力太少，很想从城外曾旅调进一个营，于是亲自到西门城头查看，只见城内层层沙包垒上城楼，即便门开了，兵也调不进来。正考虑间，敌人突以机枪向爷爷集中射来，一颗子弹从爷爷身边掠过，血洒满襟，爷爷反身拟向王师长报告，没走远，一士兵又叫道："旅长注意！"爷爷一看，敌人正迎门而进，于是急用手枪射击，两名日本兵应弹倒地。当面之敌，因此稍稍后却。亲自击毙二敌，是爷爷一生感到最快慰的事。

17日午后五时，东南角城垣被炮弹轰塌，敌步兵利用战车与炮兵掩护，从缺口冲入城内。爷爷机枪连协同王旅长的队伍奋力血战围堵，将入城的敌人打退。爷爷即率部下修堵各个缺口，并加强城内各街口的工事。四个城门是早已堵塞了的。

王师长和赵参谋长等站在原路口，爷爷报告城外的士兵调不进来，赵参谋长说："不是有梯子吗？就用梯子把曾甦元旅调进来。"王师长又问爷爷正面的敌情，爷爷报告："师长，我的全部兵力还有两百人。"王师长说："立南，依仗你了。"这就是爷爷和王铭章师长永诀前的一刻。

爷爷与王师长分别后，敌人攻击愈猛，大炮轰塌的缺口已有好多处，我方反攻亦愈烈，王旅长部张宣武团已奋勇夺回东门。爷爷本旅汪副旅长在西门督部力战，身负重伤。爷爷走到西大街时接报，适才增派到西门的一个排只剩四人，当即命剩下的机枪连中的两个排跑步增援并亲自登上城墙指挥。就在指挥前进的一刹那间，敌人已冲上城垣，机枪狂射，爷爷头部同时中两弹，一弹从前额射入，从鼻左穿出；一弹从右颊射入，穿左耳根出。爷爷当即昏迷倒地，人事不省。时间大致是午后五时后。

两个士兵把爷爷安放在城角一处散兵壕中，又继续冲杀。好在敌人怕夜战，入夜以后就偃旗收兵。不知过了多久，爷爷苏醒过来，听见士兵说："我们还有六七十人，无论如何要救护旅长出去。"爷爷自觉已无生望，但神智还清醒，只是不能说话，只能挥手让他们自去，表示自己不走。晚上六时左右，敌人四面合围，全城都处在激烈巷战中。（爷爷后来回忆，王铭章师长大概就是在这时殉国的。）

炮声、喊杀声，震地惊天。天黑后，枪声开始沉寂。半夜过后，爷爷复又昏迷。士兵背着爷爷从北门突围，经过一阵猛烈的冲杀，守在北城楼上的日本兵全都被消灭，而我方也有22位英勇士兵壮烈牺牲。虽夺回了北门，但因城门填塞太严，仍无法出去。敌人见我方还有反击的力量，又怕深夜中伏，故派步兵围而不攻，改以平射炮向北门轰击。这是敌人的惯技，每逢轰塌一个缺口，见我方还有抵抗力量时，步兵立马退下去，大炮又来逞凶，狂轰滥炸，待到城墙全部夷为平地而我方已无动静时，步兵又前来送死。没想到，在这儿却要感谢敌人的大炮，它替我方开出一条血路，敌人一炮把堵塞城门洞的沙墙穿了一个大洞，城楼也随之起火。这时，爷爷身边仅余32人，一名副官迅速将爷爷背上，余皆提起刺刀簇拥着爷爷，一鼓作气向炮火洞里冲出去。32个士兵护着爷爷出城门不到20步，发现敌人的坦克车横阻着去路，于是向右转往北走，一直走到北沙河再折回，沿微山湖南行。约及与滕县平行的地域，又与敌人遭遇，一战又阵亡6人，仅剩26人相随。因川军在鲁南与人民感情好，且滕县、邹县铁路以左至微山湖一带，爷爷的三七〇旅坚守日久，熟悉地理，爷爷一行故能从空隙中脱险。据爷爷后来回忆，当时得以脱险，实属侥幸，因内两师部、两旅部的官佐也有冲出城门的，但十之八九没出来。而爷爷出城后，由向右而转向北走，只因一时盲目，断没有想到深入敌占区反而安全。

直到18日天明后好久，他们才到达微山湖边。一个渔民认出爷爷，担心爷爷伤情重，迅即帮爷爷一行渡过湖西到沛县。爷爷吃了一瓶渔民送的白药，18日深夜被送到徐州入美国医院。医生认为爷爷已无救，拒绝用药。时孙震总司令特地从利国驿乘坐汽车赶回，见爷爷头肿如笆斗，血肉模糊，亦以为不可救活。他没有说话，只是流泪。爷爷当时虽然意识昏迷，但不知怎么竟从嘴里迸出一句话来："我要到汉口。"孙总司令说："好！既然立南想到汉口，就送他到汉口去吧！"爷爷就这样昏昏沉沉被送到了汉口。

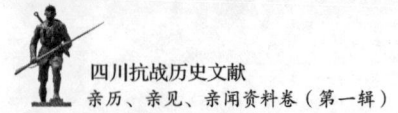

  车行三日，日晒风吹，到汉口后连住两个医院，医生都认为不会有生还希望，乃不收治。此时，奶奶赶到汉口，打电话找到时任湖北省主席的陈诚。爷爷与陈诚是保定军官学校同期同学，相交颇深。经陈诚说项，爷爷方住进医院。直到抵汉第五天，一位医生才说，只要三个星期内不死就给药医治——战时药品太过珍贵了。所幸在接近十日的时间里，伤口并未发炎或发生其他变化，而在入院三个星期后，爷爷不仅已脱离危险，而且能够说话了。

  爷爷本欲重整旗鼓，再上战场抗击日寇，但终因伤势难复，力不从心，只得退居二线，从事兵役工作。

本文写于2016年1月

怀念父亲李兆麟烈士

李祖君

父亲在抗日前线阵亡已经七十四年了。当年父亲参加抗日战争走上前方，我和母亲留在四川，大半年后父亲重伤回家时，母亲已经病逝。父亲再度回到前方，我和祖母、姑妈、两个叔叔相依在永川老家。1941年，父亲牺牲，我成了孤儿。一家三口，除了短暂的团聚，更多的是天各一方、天人永隔，再也没能走到一起。

李兆麟

李兆麟妻严惠初

父亲李兆麟（字宗藩）四川永川人，1911年农历三月十九日在永川大兴街布店出生，是我祖父李世勋第六房子。九一八事变后，1935年左右，父亲毕业于中央军校洛阳军分校步兵科，毕业后编入王铭章部二十二集团军四十一军一二二师三六六旅七三一团一营二连，任上尉连长。抗日战争爆发后，1937年9月12日，父亲所在部队从四川德阳誓师出发，北上抗日。我母亲是严翊将军（时任七三一团一营营长）的妹妹，父亲走的时候母亲正在重病之中，我仅一岁。这时我的家庭多么需要父亲来支撑。但因抗日，父亲义不容辞，毅然离开病妻幼子，奔赴战场。1937年11月3日，在晋东娘子关战役中，父亲在与敌人激战中负重伤（机枪子弹七创臀部，幸未伤及要害），后在西安养伤，留有一张养伤的照片，照片后面有父亲留下的唯一的亲笔签字，十分宝贵！这是他第一次负重伤。

1938年春节前，因山东韩复榘逃跑，日军南下，威胁徐州。父亲所在部队急调山东。此时父亲的伤大致好转，随部队进入山东布防，参加了滕县血战，镇守滕县东城门外的东关，在东关著名守将严翊营长大智大勇的指挥下，击退敌人多次冲锋。敌人死伤无数，横尸遍布，父亲所在的二连，将士也几乎牺牲殆尽。这是滕县保卫战中有名的"九荡九决"之役，是我父亲、舅舅严翊和他们的部队经历的决死战斗，惊山河，泣鬼神！敌人动用了飞机、坦克、大炮，展开了疯狂的立体式进攻，父亲不幸再次重伤，肚子被炸破，肠子流出，血流如注……父亲忍住剧痛，大喊："不拉稀！"（四川方言，意即"不做孬种，不能退缩！"）可见父亲的战斗意志。这个细节是从我大伯编撰的《家谱》中查得的。我的幺叔父说，这是我舅舅严翊的说话口气。我姑表兄张义荣告诉我（他比我大十岁），我舅舅严翊确实写过一封有关我父亲受伤情形的双挂号信寄到永川我大伯处。父亲此次所受之伤在战地医院治好后，又获准假返乡调治。这是他第二次惨烈

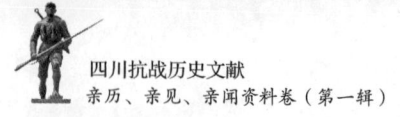

重伤。

山东省政协编写的《悲壮之役》详细地记述了父亲所在的第二连在东关前赴后继、热血飞溅，以手榴弹消灭敌人的鏖战情况。严翊营东关血战的亲历者叶光文老伯（时为七三一团三营八连文书，上士，代排长）也撰写了我父亲1937年、1938年两次负重伤的经过和见证材料。

1938年，父亲从前线回家调养伤势，同时安葬我的母亲，并把我从外婆家带回故乡永川。当时我不到两岁，试想父亲的心情是何等沉痛啊！1938年炎夏过后父亲归队，又参加了河南信阳阻击日军之战，不幸第三次负伤。这个情况是川军抗战史民间研究者何允中老师告诉我的。我问他信息从何而来，他告知是在采访抗战老兵过程中得知的。父亲再赴战场之前，和我幺叔父有段对话感人至深，听者无不动容。幺叔父跟我说："你爸归队之前，我们弟兄讲过一段话。你爸说'兄弟，我又要去了'，中间停顿了很久，然后你爸就数着拇指说：'我们走的时候，我认得的弟兄有一百多个，现在数来数去，连我在内，就那么几个了……'你爸说不下去，停了很久淡淡地说了一句：'当然，我还是要回来的！'我听到你爸这么说，难过极了，打断了他的话说道：'藩哥，你为国家为民众带了那么多伤了，也对得起国家了，是不是就在后方找个事情谋生？'你爸听了以后，很久没有说话，最后只淡淡地说了一句：'国难当头，不去咋办？'"是呀，不去咋办呢？两兄弟忍不住抱头痛哭而别！这件事情我幺叔父亲口跟我说过多次，讲一次哭一次，一直到他老人家九十岁去世前，都是这样，可见他对此印象多深刻！果然，从此以后，父亲就再也没能回到故乡。风萧萧兮易水寒，壮士一去兮不复还……知必死而赴难，这是何等的豪壮。这就是我父亲、叔父那代青年和爱国军人！他们走过人生巨大的劫难，是我们伟大的民族精英，我们后人不能忘记他们。

1941年前后，几个集团军为阻挡日寇进攻重庆，保卫西南大后方，在湘鄂一带与日军反复拼杀。1940年，三十三集团军总司令张自忠将军在鄂西牺牲，二十二集团军在鄂西大洪山北麓襄花公路的随县枣阳一带拉锯作战。1941年5月初枣宜会战，日军从三个方向进攻襄花公路上的随县、唐县镇。父亲奉命在唐县镇的唐王店阻击敌人。战斗开始前，父亲骑在马上指挥修筑工事，不料日军一阵密集的机枪子弹射来，他头部中弹，壮烈牺牲在唐王店北约两公里处。时间是5月8日上午十时左右。

战斗结束后，机枪排排长万成均等人将父亲的遗体抬回驻地，团长严翊赶来落葬，在墓碑上写下"抗日阵亡将士李营长兆麟之墓　籍贯四川永川"字样，将其安葬在唐王店以南，并率领全营官兵肃立致哀，宣誓报仇；又拿了一些钱给当地保甲长，嘱其好好看管此墓，之后还会迁回四川的。集团军总司令孙震闻报，顿脚叹息道："我二十二集团军又少了一位年轻有为的英才！"

第二年，军事委员会颁发恤亡给予令，按成例晋升李兆麟为中校，抚恤证上注明抚恤金受领年限二十年。可实际上抚恤金只发到了1946年就再也没有兑现了。

父亲牺牲时我还不到五岁，成了战争遗孤，真可谓"父母双亡，悲之凄凄"。

此后我一直寄养在祖母、姑妈、叔父和舅舅严翊家，即使后来在极其艰难的条件下，舅妈仍一直将我视为亲生儿子，直到我十五岁参军离开家。多年后，我以铁道部内燃机车厂工程师的身份退休。

对于父亲，我除了一张他的照片，余皆尽无。父亲血洒疆场，忠骨流落异乡，英魂难归。我决心千里寻亲，让父亲魂归故里，以尽孝道。

1992年春节长假，我只身到冰天雪地的豫南和鄂北唐县镇搜寻父亲墓茔。

我先到了枣阳的随阳店，一位知情老人跟我说："那时，李营长的墓和碑就在这里。说四川话的都埋在这里。"又说："民国三十年收麦子那个时候，日本人骑高头大马在枣阳随阳店打得很凶，守军是说四川话的，好多人被打倒在麦田里。有些人还没死，还在地上打滚。四川兵很苦，没有米饭，只能在背带里放些豌豆吃。"我在当地抗日战场遗址和烈士墓地进行了祭拜，并捧回一包四川英烈的血土。但这里不是我父亲阵亡的地方。

随后，我又到唐县镇，终于找到了自幼就晓得的父亲的阵亡地唐王店，并在原乡公所对面田地祭拜。我在这里书写挽联，烧纸祭酒，告慰父灵。最后，小心翼翼地包了一包父亲的血土，将其捧回家，当作父亲的骨灰供奉。

我寻父归来后，许多人都对此事非常感动。当年在唐县镇作战的徐诚老伯又给我介绍了另一位老兵万成均老伯（他是当年为父亲抬棺入葬的人）。万老伯详细询问了我寻父的经过和地点，最终确认：没错，我带回的土就是浸着父亲鲜血的血土。听了万老伯的话，我不禁泪如泉涌，大哭了一场。

在抗日战争胜利七十周年时，我参加了四川电视台举办的大型新闻活动——"铁血川魂"。9月1日上午，四川电视台在成都长松寺公墓举行了"铁血川魂纪念碑揭幕仪式"纪念活动。活动中一个让人激动又心情沉重的内容，是十余位抗战将士后代将从先辈们浴血奋战之地带回的泥土汇聚一起，经过魂归故里、入土为安、酒敬英雄等祭奠仪式，合放于纪念碑下。活动开始之前，我从家中小心翼翼捧出我从父亲埋骨之地取回的血土，含着热泪将血土汇入川中大地。

父亲终于能回归故里了。父亲，在您的周围，还有在全国各地阵亡的抗战英烈陪伴着您。您可以安息了！

本文写于2015年

张全中兄弟上阵

张文兴*

张全中祖籍四川省南部县晓霞村,生于1904年8月8日,毕业于黄埔军校八期二中队,后在二十二集团军四十一军独立团任副团长。

张全中父辈家庭富有,做嘉陵江河道生意,有十余艘船,上自广元昭化,下至重庆,贩运山货、煤炭、木材。此外,在县城对岸还有十余架盐井,主要生产雪花盐。当年张家还在嘉陵江边县城渡口、红岩子渡口和燕子窝渡口办义渡(现已有桥了),由张家买船、请船工送过江者渡江,不收分文。

张全中

1937年左右,张全中任二十二集团军四十一军新兵团副团长。在绵阳四十一军干部训练班第四期学兵队任队长,在盐亭、三台一带招兵。

抗战中,张全中曾带十余人骑马回家过一次,看望母亲,在家住了一夜;次日县长接待了一顿饭,张全中留下五支手枪给县政府,并同意县上安排二十余人去他所在的部队入伍抗日。随后即返部队。县上安排的二十余人后来都去了他的部队。

二十二集团军总司令孙震将其侄女许配给了张全中,据说夫妻俩生有一女儿。

张全中在1938年3月滕县保卫战中遭日机轰炸,壮烈牺牲,当时四川南部县政府在县中山公园为他举行了隆重的追悼大会。

张全中年轻时与南部县宋仕远一起在上海读书(张、宋两家本是亲戚,又都是南部县大户人家)。他们两人当时原本准备去日本留学,因轮船误期而停留,张全中就考入了黄埔军校第八期。

宋仕远后来还是去了日本,之后又到法国与周恩来一起留学。宋留学归来后,国民政府给他官做,他却坚决不接受。1949年中华人民共和国成立后,宋仕远给周恩来写信,说自己愿意为国家建设出力工作。周恩来给他回信说:已经安排好了,直接到重庆找贺龙,贺龙会妥善安排。他即起身前往重庆,途经北碚时,竟一病不起,逝于北碚。

宋家在南部县是大家族,有家人在空军当军官,1949年去了台湾。20世纪90年代,宋家后人还返回大陆探亲,与张全金(张全中的弟弟)及其子张文兴聚会,并合影留念。

---

* 作者为张全金之子。

1938年初，张全金任南部县模范小学主任教员，兼县政府"精选壮丁队"队长。他辞去教师工作和兼任的所有职务投奔哥哥张全中，要求参军抗日。消息传出后，南部县《党政周刊》刊发了他弃教从军、抗日卫国的事迹。后来张全金入读黄埔军校第十八期。1941年7月，张全金从黄埔军校毕业后，被分配到第五战区与日军作战。后因作战勇敢，升任二十二集团军四十一军一二二师三六五团二营副营长兼第五连连长。

张全金曾先后参加湖北省大洪山伏儿岭对日作战，战斗结束后升任第二十二集团军四十一军一二二师三六五团二营少校营长，随后参加夺取襄阳城等战斗。抗战胜利后，张全金随部队到河南漯河接收归村日本集松兵团战俘营。

"文化大革命"时期，张全金因受迫害跳嘉陵江自杀，被群众救起，后病逝。

本文写于2014年7月

老河口保卫战中的汪匣锋兄弟

汪复娟*

2012年2月,叔父汪梦泉在台北辞世,享年九十六岁。我们未能参加他的葬礼,终生遗憾。

2014年1月,我和先生获准赴台自由行,从成都直飞台北。机窗外蓝天白云,好一个晴朗的天气!飞过宽阔的台湾海峡,到达时已是傍晚时分,前方地面灯火辉煌——到台北了。飞机平稳地降落在台北桃园机场。走出机场,天下着毛毛细雨,婶婶已经在机场出口向我们挥手。一辆小车开到我们面前,司机是一位将军的勤务兵,他客气地请我们上车,一直将我们送到台北光复北路叔父家中。

第二天,我们去台湾五指山给叔父扫墓。汽车行驶在蜿蜒的盘山公路上,山路两边绿树成荫,空气清新。到了公墓,我们将叔父的照片、鲜花和他最喜欢吃的东西摆放妥当,然后三鞠躬。

汪匣锋

拜祭了叔父以后,我们来到忠灵殿叔父的灵位前。灵位前早已放好了一台升降机。我们登上升降机,抚摸了叔父的骨灰盒。我泪如雨下,透过泪水,仿佛看到十五年前叔父在美国洛杉矶双眼噙满泪水拥抱我时的样子。当时我想,他看见我,一定想起了我的父亲,想起儿时他们兄弟俩在一起嬉戏打闹的样子,想起了一起在自家办的私塾里苦读诗书的情景,特别会想起当日军侵凌我们中华民族时,他们兄弟俩一个在天上、一个在地上合力抗击日军的战斗。

那是1945年3月至4月间为期十三天的老河口保卫战。

老河口地处汉江故道,扼鄂、豫、陕三省要冲,又是西进四川必由之地。1939年6月,第五战区司令长官李宗仁迁至湖北老河口,南京国民政府军事委员会于此设立第五战区司令长官部。一时间,老河口成了鄂、豫、皖、陕抗击日寇的指挥中心。1945年初,日军集中了五个师团和三个旅团的兵力三万余人及百余辆坦克的装甲部队,分三路向豫西和鄂北大举进攻,企图攻占老河口。

当时,老河口有一战斗机场,驻有中美联合空军第三大队。第三大队担负着对武汉地区进行空中打击和为从四川起飞轰炸日本本土的B-25重型轰炸机护航的任务。因此,摧毁老河口机场也是日军这次作战的重要目标。我的叔父汪梦泉就是这支联合空军第三大队七中队的中队长、战斗机飞行员,时年二十八。

---

* 作者为汪匣锋之女。

在地面，第二十二集团军四十五军一二五师担负着警卫战区长官部的任务。自然，面对日军的进攻，保卫老河口的任务就落到了该师的肩上。这个师的师长，就是我的父亲汪匣锋，时年四十三。

这时，一二五师只有两个团（另一个团回川接新兵去了），集团军总司令孙震把保卫老河口的任务下达给父亲的同时，也急调四十五军一二七师增援老河口。可是，此时一二七师还远在四百余里外的大洪山区，在敌重兵压境的情况下要赶到老河口，谈何容易？

此前，李宗仁另调，战区司令长官为刘峙。刘峙最初下达给一二五师的命令是守城三日，以掩护长官部后撤。后来，又将守城日期延长为七日。再后来，守城日期再次延长为十四日。急急赶到的援军一二七师又受到日军包围不得不转到外线。因此，在援军入城前，几乎都是一二五师两个团在作战，孤军抗击着日军三万兵力的疯狂进攻。敌众我寡，这是一场空前惨烈的战役。战后，总司令孙震评价说，老河口战事之惨烈，不亚于1938年的山东滕县保卫战。

这次战役开始于1945年3月26日的河南西部。在日军包围南阳的同时，位于日军左翼的日骑兵第四旅团迅速绕过南阳，避开大道，向鄂西北的老河口奔袭，企图乘我军不备一举占领机场，攻占老河口城。

中美联合空军早有准备，并主动配合地面作战。3月25日，日军先头第四骑炮联队正在偷偷摸摸前进的时候，就被一架从老河口起飞的我侦察机发现。当敌骑兵联队当天下午驻扎时，第三大队的攻击机呼啸而来，一阵狂轰滥炸，第二十四联队被炸得人仰马翻，死伤惨重。几颗炸弹落入敌联队指挥部，指挥部正好集中了联队本部全体官佐开会。与会者无一幸免，不死即伤。联队长东高中佐也被炸成重伤，差一点丢了性命。这是日军所遭到我空军的第一次打击。

紧接着，我空军不断派出飞机作战，提出"看见太阳旗就打"的方案。我英勇的空军近距离作战，待在空中的时间很长。飞行员出任务回来，常常连饭也顾不得吃，急忙再挂炸弹，加装子弹就又立即起飞去支援地面弟兄。尽管地面日军渐渐逼近机场，我英雄的空军将士并不气馁，相反，他们更加英勇无畏。不少飞行员落地后，不下飞机，一打开座舱罩就高喊："赶快加油、挂弹，前方打得好紧张哦，我们要加把劲儿支援陆军兄弟。"

叔父说："长官知道我和大哥的关系，除正常任务外，每天再派我多达三次以上的出击任务，我看到冲上来的日军坦克，就是一阵狂轰滥炸。"他每次执行任务后都要到阵地上空多看几眼，回来还高兴地说："我哥哥这个师真够棒啦，这几天日夜战斗，敌人寸步未进。"地勤人员也马不停蹄地搬运汽油、炸弹，累得浑身汗水湿透。

在老河口城内，我父亲将师指挥部设在一个地下室内并坐镇指挥。副师长陈仕俊在前沿设立地面指挥部，直接指挥一线部队作战。

日军三面包围老河口。此时，老河口城中的守军只有一团的兵力。3月29日，敌骑兵旅团两个联队，再加上步兵支援，分别从北门和南门对老河口发起猛烈进攻。当天早晨，敌炮兵在城墙上轰出两个大缺口，敌两个中队步兵乘势从缺口攻入城中。双方在城中巷战，敌人占据城西北角顽抗。正好城外守卫机场的一个团在副师长带领下撤进城中防守，立即对敌发起了一阵猛烈的攻势，用刺刀、手榴弹与敌近身搏杀，敌两名中队长都被打死，最后终将入城的敌兵完全消灭。

这是敌第一次攻进老河口城。

十三天的战斗，一天比一天更为惨烈。日军拼命进攻，共五次攻进城内，除最后一次外，前四次都被打出去了。

敌人第二次攻进城是在3月31日拂晓。日军利用机场壕沟抵近城门，用猛烈的炮火轰击北门和东门，并在北门炸开两个大缺口。早上6点15分，敌骑第四旅团第二十五联队第三十和第一中队，以坦克开路，蜂拥而上突入城内。紧跟第一中队突入城内的是敌机枪中队主力、联队本部和第二中队。敌联队长山下大佐即率队从南关开始攻击作战，虽然遭到我军的顽强阻击，仍然抵近我城墙防线，与敌骑兵二十五联队（由古泽未俊大佐率领）冲入城内。数百敌人占据了几条街道。我军战防炮营首先击毁了两辆开路坦克，野战炮营又以密集的炮火截断敌人后路。我军士兵纷纷跃身上房，居高临下，用机枪扫射，构成了立体火力网，又从房顶投下燃烧弹，打得日寇狂呼乱叫，院内敌尸成堆。

空军飞行员汪梦泉（左）

对于当天的战斗，日军的战报称：第二中队长夏目大尉、联队炮中队长锻冶大尉相继战死，中岛曹长的机枪小队，攀登城墙时遭到炮击，全员战死。

日军第三次攻入城中是在敌主力一一五师团到达后。

4月2日一早，一一五师团全力攻城。日军步兵利用机场通向城门的防空壕接近城墙，日炮兵集中数十门火炮轮番轰击化城门和东门，将城墙轰出几个大缺口。并在烟幕的掩护下，以数十架云梯架在缺口处向上不断攀登。

副师长陈仕俊命令官兵只要日寇一冒头或听见有登城的动静就一齐猛打！爬上云梯的日本兵在我火力的打击下不断坠落城下。但日寇在猛烈的火力掩护下一批接着一批向上爬。少顷，就有四十多个日寇登上城墙。

城外日军指挥官看见缺口被打开，立即指挥日军向缺口猛扑。

我预备队三七五团火速赶来包围入城的日寇，又从缺口两端城墙向中间压缩。经过一阵鲜血喷溅的近身搏杀，终将缺口封锁住。在城中困兽犹斗的几十个日寇成了瓮中之鳖，全部被我军打死。

当天，敌军连续攻城四次，战斗一直进行到天黑。敌军每次攻击都是全力进攻，但都被眼前的我军打退。日酉杉浦师团长以为能一举拿下的土城墙，依然屹立未动。这天下午，集团军总司令孙震派一二三师第三六八团团长黄伯亮带领两个营增援老河口，于下午五时进入老河口城东北阵地。

4月3日，有数十个日寇攻上城楼，占据了北门城楼，依托城楼的砖石木料为工事进行射击。这伙敌人虽被我预备队堵在城楼，但城楼较城墙高出一台，机枪射击面宽，对我军威胁极大。

为了迅速消灭这伙敌人，师直属迫击炮营用硫磺燃烧弹对准城楼轰击。顷刻间，城楼燃起熊熊烈火，这几十个日寇不是被打死就是被烧死，无一漏脱。

4月4日，敌人暗中挖通地道，这是日寇第四次入城。

敌人在地面猛攻，地道作业乘机加紧进行。一些日寇沿地道秘密潜入城中。显然，日寇是经过精心策划和计算的，只等城外一声令下，便内外夹击。

进入城中的敌人正在一座民房中结集，被我一支预备队发现。连长立即指挥所部进行围攻，二十多个日寇全被堵在房内，被我军一一消灭。消灭了从地道钻出来的日寇后，官兵最后用成捆手榴弹把地道炸垮堵死。

敌人第五次入城是4月7日，这是守城以来形势最险峻的一天。

拂晓前，敌人集中重炮疯狂炮击城墙，北城门一带落弹越来越密。在猛烈的炮击中，摇摇欲坠的土城墙被轰出了一个大缺口！几辆坦克一边开火，一边对着缺口直扑过来。坦克后面跟着的步兵随即冲上缺口。

城内早就挖好了不少反坦克坑，第一辆坦克陷入坑内，正好挡住后面的坦克。

坦克被阻止住了，可后面的六七百步兵却乘势蜂拥进城。师指挥部立即调集所有的机动部队堵塞缺口，封锁住敌人的后续部队，同时围攻进城的敌人。城外攻城日军看见化城门已经得手，攻势愈发猛烈，火炮也不断向城内开火。

战事已到千钧一发之际，父亲亲自赶到前沿指挥，指挥部全体人员也都提枪上阵。巷战极为惨烈，双方都不顾死活，前仆后继，一波一波不停冲锋。

就是这最后五分钟的关键时刻！副师长陈仕俊一边大声命令各部严守阵地，一边迅速命令督战官对胆敢后退者就地正法！我军鼓起士气，利用巷战工事和街道房屋向敌不断发起进攻，终于将这伙敌人一步一步压制到东街的民房内。敌人占据东街，以两座砖房高楼为中心，架设起电话线，设立指挥部作战。

我军用几十挺机枪封锁街区，同时集中迫击炮连用硫磺燃烧弹向东街开火，火焰兵用火焰喷射器向敌占据的房屋喷射，凡是砖墙就用平射炮和成捆的手榴弹炸开。顷刻间，东街成了一片火海，燃起熊熊大火。我军士兵再次登上房顶，从顶上向里面投掷硫磺燃烧弹，一些正企图掘墙突围的日寇被烧得狂呼乱叫。二三百日寇在火中顽抗，大部分被烧死，一部分从火窟中冲出来，又被我军用机枪击毙，除了少数日寇翻上城墙跳城逃走外，其他的无一活命。街头巷尾，尸积如山。

4月9日，我一二七师在何翔迥的带领下入城增援。

4月11日，敌人从北城门攻入城内，与我军在街巷中激战。此时，我守军接到长官部电令，现已圆满完成守备任务，有序撤出县城，沿汉江西岸驻防与日军对峙。

从1945年3月30日至4月11日，我父亲汪匪锋指挥的一二五师在空军的支援下，面对数倍于我军之敌的疯狂进攻，顽强坚守了十三天，完成任务并有序撤出，最终又收复了老河口，因此获得国民政府颁发的"青天白日勋章"。此役，我军歼敌1600多人，缴获坦克5辆、武器700余件。叔父晚年在他的回忆录中说："长兄剑泉，任第一二五师师长，戍守该镇。余每日出击多次，兄长率部与日军浴血奋战；兄弟协防，陆空联盟作战，同时护卫该镇，传为佳话。"

2005年和2015年抗战胜利六十周年、七十周年时，中共中央、国务院、中央军委为我父亲颁发了"中国人民抗日战争胜利六十周年纪念章"和"中国人民抗日战争胜利七十周年纪念章"。

2015年是老河口阻击战七十周年纪念日，我们兄妹数人相约清明节去老河口祭拜。3月30日我们登上了北上的火车，穿秦岭，过陕南，到了湖北境内，车上旅客听见我们是成都口音，得知了我们到湖北的原委，热心地建议我们从谷城下车。有位小伙子还主动给我们带路。坐上公交车，在烟雨朦胧中通过了当初家父撤离老河口后与敌对峙的汉江。

老河口是抗战时期第五战区长官部所在地，现在已建起了老河口市博物馆——一座青砖青瓦的四合院，大门上有一块写有"熏风南来"的匾额，右边是一组枣宜会战的浮雕墙。进门左边第一间房内置第五战区司令长官李宗仁将军的肖像。我们正在瞻仰，突然听到我侄儿汪宇涛在另一间房间高声叫道"爷爷的照片！爷爷的照片！"我们赶快走过去，果然在最后一间展室的墙上看见父亲的照片高高地悬挂在中间，左边是第五战区司令长官刘峙，右边是支援老河口阻击战的一二七师副师长何翔迥。在父亲血战过的地方凝视父亲的照片，再环视这座四合院，眼前浮现出七十年前父亲在这里指挥作战的身影。我内心如翻江倒海，轻声叫着"爸爸"。

我现在为人妇、为人母、为人奶奶，虽无缘再当面叫您一声"爸爸"，但是我要对您说：我爱您，我为您感到骄傲！

我们在父亲的照片前面留影的时候，一群游客不断发出"英雄的后代"的感叹声。

走出老河口博物馆，冒着蒙蒙细雨，我们来到了抗战阵亡将士纪念碑前，一行六人，为老河口阻击战一二五师、一二七师全体抗战阵亡的将士及其他烈士们献上鲜花，默哀三分钟，三鞠躬。

先烈们安息吧！我们会把先辈们抵御外侮、殊死抗战的精神一代一代地传下去。牢记历史，缅怀先烈，珍爱和平！

本文写于2015年10月

隆中英魂

钟行果

在抗日战争时期，湖北襄樊城外古隆中山麓，出现了一座非常气派讲究的坟墓，那用花岗岩和大理石镶嵌的墓沿四周，镌刻的国民革命军第二十二集团军总部和枣阳军医院的挽联，以及当地一些社会人士的吊唁文字显得十分特别。硕大的墓碑正中，刻有"爱妻张晖凤之墓"字样，立碑人钟朗华，碑上镌有长长的哀诗。

钟朗华和张晖凤

哀晖凤
钟朗华

农历辛巳年，九月二十三，余偕妻晖凤，买舟出兴安。顺流方日午，险逢二郎滩。洪涛奔峻坂，怪石负惊湍。篙师手失慎，船尾触石穿。舵折失掌握，船随波浪颠。冲流撞峭壁，破碎无一完。同舟十二人，尽向波中翻。哀哉我晖凤，遥见首回探。号救一声绝，凄惨埋深渊。余随浪冲卷，浮荡赴岸缘。呼号乞援救，荒寂杳人烟。号泣绕江走，我妻不可见。漠漠秋风冷，茫茫波浪喧。寸心如割裂，断肠复摧肝。今年三月半，偕汝返西川。巴东千里路，险阻愁跻攀。飞雪盈征袂，人影走荒山。野茅连露宿，麦糗共饥餐。渝州受训满，返梓翁姑参。跪拜依乡俗，曲意承亲欢。弟妹善抚视，父母乐怡颜。余家本寒素，藜藿亦云甘。操作备勤苦，戚友赞淑贤。家居过夏日，赴蓉转襄樊。乘车候一月，销尽阮囊钱。穷途艰告贷，脱指售金环。还经三峡水，出走剑门关。关山千万里，饱经行路难。离家未辞暑，半途已秋天。匣中贮药饵，预防疾疫传。箱中检衣服，为我护风寒。汉水出秦境，滔滔入楚边。车行苦颠晕，顺水易舟趱。旅馆挑灯话，篷窗并膝谈。朝食方须臾，生命即永捐。哀哉我晖凤，何处汝声音，何处汝容貌。江畔招汝魂，江底寻汝身。江头日夜哭，泪枯血亦倾。余生自西蜀，君长出郢门。韶龄失阿父，乡里痛涅沦。投身学护士，秀逸出侪伦。药房任管理，化验复专精。敌机肆狂虐，襄阳成弹坑。救死扶伤病，危险无所惊。我来襄水畔，寇焰正骎骎。弹铗犹余恨，乱离独识君。情好经曲折，如剑试盘根。持躬廿九载，与君为婚姻。室家欣有托，报国励前程。司药军医院，工作无宵旰。裹伤瘥将士，施诊助贫民。娇躯驮细马，戎装作女兵。灯前常共读，月下忆行军。为我缝衫裤，为我浣衣衾。为我调饮食，为我护疾疹。但轻人志短，未怨我家贫。结婚一载半，身无一日宁。薄命惟怜汝，天心不可论。二郎滩下水，永作断肠声。去年三月八，桃李妍芳春。隆中三顾堂，宾朋集如云。清樽浮绿酒，齐祝百年盟。情景宛如昨，好梦已成尘。踽踽人影独，惨惨一灯昏。针线汝所用，今尚箱中存。明镜汝所照，触眼尘雾生。布被汝所盖，寂寞无体温。枕头昔曾共，泪落湿花纹。朝为同舟人，夕已化哀魂。人生谁不死，君死一何冤。人生如梦幻，梦幻亦辛酸。嗟余命太蹇，思君更可怜。父母闻汝丧，老泪坠涟涟。弟妹闻汝丧，热泪透衣衫。戚友闻汝丧，心酸不忍言。江边化汝身，旧衣包汝骨。结婚隆中山，葬君隆中麓。隆中山水擅幽奇，此是武侯隐居处。武侯夫人黄氏女，学富诗书甚贤淑。地下若相逢，应不苦寂寞。吁嗟乎，我晖凤，造物于人太残酷！写就哀词泪已枯，鳏鱼夜夜惟开目。

由于张晖凤生前事迹曾在坊间流传，突遭变故，颇受瞩目，当时有许多人前往瞻仰凭吊，其情状尤为罕见。为使其事迹昭昭，光耀后世，今天特将这段深埋于历史尘埃中的往事再现，谈谈张晖凤鲜为人知的故事。

著名作家姚雪垠先生写过一篇叫《戎马恋》的小说，描写的是抗日战争时期鄂北第五战区革命军第二十二集团军一位青年军官与一个教会医院护士的爱情故事，由于书中有襄樊地区人物的真实背景，所以书一出版销路就很好，因情挚动人曾风靡一时。姚雪垠先生作为战区长官部秘书，曾陪同美国女作家、记者艾格尼丝·史沫特莱在硝烟正浓的战地上采访，无意中获得了这篇小说的素材。

1939年冬，史沫特莱以英国"曼彻斯特卫报"记者身份，经国民政府外交部新闻处介绍，在作家安娥（戏剧家田汉的夫人）陪同下，到达第五战区。到达后，他们先到老河口见过战区司令长官李宗仁。长官部扼要介绍了开展冬季攻势的情况，派出秘书姚雪垠随他们到鄂北前线见第二十二集团军总司令孙震。孙再派遣总部秘书钟朗华陪同他们一道前往各战地访问。

由于随枣公路遭日寇破坏，他们一行只好步行绕道进入随县境内。一路艰难跋涉，第一站先到了四十一军野战医院的一个收容所。重伤员已送去后方，留在这里的伤员有二三十人。史沫特莱同他们亲切谈话，问一个披着日军毛毯的伤兵从哪里来，打过几次仗。这个士兵是历山前线的一个上士，在进攻敌人据点时受伤。他们排的任务是在随县附近庙儿沟、蒋家岗一带活动，侦察敌人火力和兵力。他们昼伏夜行，一有机会就突入敌人据点袭击敌人。一个伤兵躺在铺上呻吟，史沫特莱询问了病情，从随身携带的红十字背包中取出止痛药片给他服下，她还看了看收容所简陋的医疗设备和有限的药品。

第二站是一个团部驻地。团长在前线，副团长来接待。他向史沫特莱介绍前线情况。一行人在临河的前沿阵地，进入一米多深的交通沟，走了几百米，来到一个掩蔽部，从这里能看到敌人碉堡。远远可望见敌人碉堡外围着的铁丝网，天空中不时有敌人侦察机飞过。他们歇息了会儿从战壕里走出，转上历山正面的大路走了一阵，看见路旁停有一门溅满泥浆的野战炮，一问是昨晚进攻擂鼓墩的战利品。史沫特莱取出照相机，对着野战炮拍了照（此野战炮后来由军事委员会派员运回重庆陈列）。第一二二师副师长兼团长胡临聪正在前线，史沫特莱从受伤下来的官兵那里采访了进攻擂鼓墩的情况。一个很年轻的战士，头上裹着绷带，被炮弹片削伤了耳朵。他来自四川农村，哭诉着昨晚惨烈的战斗：敌人将照明弹打到空中，见到我们的人就发射炮弹。敌人的工事占据着有利地形，用机关枪向我方扫射。我方伤亡很多，一起参军的同乡在几次战斗中牺牲了一多半，他的表哥也在昨晚被打死了。虽然最后攻占了敌人据点，但付出了很大代价。有少数日军躲在掩体里等待援军死活不肯出来。现在还在清理战场，战斗还未结束。为安全考虑，钟朗华同姚雪垠商量不再前进。史沫特莱表示同意。他们在历山镇后面住了一夜，取道转回枣阳，路上经过的村口都有农民站岗，有些是妇女儿童，手里拿着戈、矛、大刀、土枪，史沫特莱为他们拍了照。

他们白天访问，夜间休息，休息时无拘无束地交谈。姚雪垠与钟朗华年龄差不多，彼此都是秘书，喜欢文学，谈得很投契。有次闲谈时他们问钟朗华结婚没有？钟答还没有，他说理想是找一个护士或小学教师，现在有个对象，将来怎么样还不知道，就把争取调张晖凤到军医院工作的经过说了一遍。他们很感兴趣，史沫特莱说要把它写成电影、戏剧。姚雪垠说：这是一个很有意义的战地故事，你把她的宗教感情转变为爱国感情，我要把它作为题材写一篇小说。

姚雪垠与钟朗华陪同史沫特莱访问了五天，体验了战地的艰苦生活。她亲眼看到冬季攻势中川军在前线的情况。后来回到枣阳，史沫特莱在安娥陪同下前往宜城访问张自忠将军的三十三集团军去了。姚雪垠回到老河口不久，果然写成了中篇小说《戎马恋》。男主人公"金千里"，就是把钟的繁体字"鍾"字拆开而来的。女主人公张晖凤用的实名。小说中金千里和张晖凤相识的情节，仅取了钟朗华讲述中的部分内容，而其中绝大部分内容是作者虚构加工的。书里说金千里后来做了集团军重庆办事处主任，张晖凤思想不断进步与金千里分手，和同志们一道上大洪山参加革命队伍去了。

而实际情况是，钟朗华和张晖凤于1940年在襄阳结了婚。1941年，钟被派到重庆中央训练团受训，张晖凤向军医院请假，与钟朗华一道回四川。俟钟受训四周期满，二人同回自贡老家省亲。同年秋，上成都转回襄阳总部，在安康乘木船沿汉水东下，过二郎滩时船触礁破沉，张晖凤惨遭淹殁，三天后尸体才在下游浮出。钟朗华请农民打捞上岸，在江边火化，把骨灰带回襄阳，安埋在隆中。结婚仅仅一年半的时间就生死永别，钟朗华感到摧心断肠的哀痛，流着泪写下了前述《哀晖凤》长诗。

钟朗华和姚雪垠在1939年于襄阳分别后就不通音讯了。由于战场流动性大，以后二人再没有见过面。姚雪垠曾托人带给钟一本《戎马恋》，多年后"文化大革命"抄家时被当作黄色小说收缴去了。1945年钟经过郑州，在书店里看到这本小说，书名被换为《金千里》（青年出版社出版）。

现补叙一下这一对恋人相识相恋的经过。

襄阳西门城外有一所教会医院——同济医院。院长是美国女医师，中国名字叫诺淑珠。护士长和传教士都是美国人。1939年上半年，二十二集团军总部一位参谋被日机炸伤住进该院，钟朗华常到医院看望。这所医院有女护士十多人，先是考进来当学生，实习看护工作，毕业后才成为正式护士。那时襄阳空袭警报频繁，日机不断飞来侦察投弹。有次空袭时钟正在医院，一些护士都躲避去了。他发现有位护士仍然在各病房照顾病人，便问这位参谋知不知道她的名字。参谋告诉他，她叫张晖凤，常来打针换药，很稳重，不与病人多谈话，他是听别人叫她名字才知道的。她是护士里面的优秀人才，工作很多、很负责，还管理药房，很受院长信任，据说院长将来还要把她送到美国去深造。她们都是基督教徒，每天都要做祷告。

部队在前方作战，随时有伤兵转下来，军医院医护人员不足，伤兵往往得不到很好的照顾。如能像这所医院那样，有一批有经验的护士多好。但襄阳是战区，万一日寇侵入，她们命运不知怎样。有一天钟朗华又去看这位参谋，后者已伤好，准备出院。住院期间，他与一些护士熟悉起来，并常和她们聊天，有的护士向他打听前方战况，他便问她们万一日寇打来怎么办。护士们说：院长说打仗是中日两国的事，医院是美国人办的，与战事没有关系；我们是基督教徒，基督是爱人类的，日本人来了也一样照常治病；院长还叫她们不要害怕，空袭时只要悬上美国旗就行了。她们听了，觉得好像有了保障。

钟朗华回到驻地，心里久久不能平静，老是牵挂着张晖凤。他鼓起勇气与她写了封信，信的大意是：他常到医院看望住院病人，对她的负责精神非常钦佩。日本侵略中国，每一个中国人都应该为抗日尽力。他们的军医院医护人员缺乏，希望她能参加军医院工作；且襄阳已成战区，万一日寇侵入，她的医院还不知会怎样？她是中国人，难道还要继续在医院工作，为日军治病，治好了又来打中国人吗？他请她考虑决定，等她回信，信末署了自己的名字。

哪知张晖凤收到钟朗华的信以后并不回信，把信交给了院长。院长对她非常嘉许。钟因感冒到医院看病，诺医生主持门诊，看到钟的名字就说："你给张晖凤写了信，她不与外面的人来往，请你不要给她写信。"钟说："我是来看病的，你既然谈到了写信的事，请你告诉我：一、你是不是完全代表张晖凤？二、我那封信有什么不对请你告诉我。三、她回不回信是她的自由，我写不写信是我的自由，你无权干涉我的自由。"这位院长无辞以答，便命另一护士去叫张晖凤。钟到另一间屋等候，一会儿张晖凤出来，不等钟开口就说："我信仰上帝，我在医院很好。你的信我交给了院长，请不要给我写信。"说完她转身就走了。钟朗华回到总部，心里反复思索，觉得这所医院的美国人是用宗教信仰来控制中国护士，信仰上帝就是服从院长，这使她们忘了国家，规规矩矩为其效命。不几天，日机又到襄阳轰炸，在医院也投下了一枚炸弹。

前方战况紧急，日军正大举向襄阳进犯，空袭警报不时响起。钟朗华骑着马从城内出来，在西郊的万山脚下发现医院的一些护士在那里躲避空袭，张晖凤也在里面。原来是医院落下了炸弹，院长叫她们出来疏散，等空袭过后回院。钟跳下马走近她们问：前天医院落了炸弹，有没有人伤亡？她们说幸好没有，只是房屋损坏了。钟说："战争是无情的，你们医院再挂上美国旗也没有用。你们是在中国的土地上，日本妄想灭亡中国，全中国人民都在起来抵抗，需要各方面的人才。我不是学军事的，我是大学毕业的文科学生，军队需要文职人员，我就到前方来了。你们当护士的受过训练，有经验，我们军医院很需要你们。照目前情况看，襄阳是战地，战事将来变化无准信，你们的生活并不安全。你们是中国人，日本军队对中国人不是以敌人对待就是以奴隶对待，你们能甘心当奴隶吗？"张晖凤听了钟朗华的话默不作声。忽然有位护士说："你们军队里很多人都有梅毒。"钟问是谁说的，她们回答是院长说的。钟说："我们军队有几万人，光总部官佐就有几百人，你们院长看过多少人的病，而且都是梅毒吗？她怕你们和军队的人来往，夸大事实恐吓你们，抗战工作与梅毒有什么关系？"她们问前方的战况将来会怎样，钟朗华说："日本军队武器比我们好，暂时取得优势，占了我们一些地方。但是日本国家小，人力物力不足，经受不起消耗；我国地大物博、人口众多，适宜长期作战，不在于一城一地得失。日本发动的是非正义侵略战争，受国际社会谴责，只要我们全国一心，同仇敌忾，坚持抗战，最后胜利必然属于我们。"

战火向襄阳逼近，城内紧急疏散居民。二十二集团军总部转移到乡下。同济医院已经停止诊病，医院人员转移到南漳一个教会机构暂住。有一天，钟朗华从总部乡下驻地骑马进城，又连夜赶到南漳，找到张晖凤说："你们医院已经停诊了，欢迎你们来军医院工作。往后方逃避不是办法，日本人随时都可能打来。"张晖凤说："院长对我们会安排，我们医院的人不能离开。"她这次和钟见面多说了几句话，仍态度坚决，不接受到军医院的邀请。钟说："我们总部在谷城有留守处，我不久要到谷城。"

总部在前方设指挥所指挥部队作战。钟朗华随非战斗人员转到谷城，过了几天忽然接到从南漳寄到谷城留守处转给他的信。信里面写着："你关心我们赶来南漳，你走后我想起你说的话，很对不起，使你失望了。我们都是中国人，也是爱国的，诺院长来信说战事停了我们就回医院，现在不知战事怎样，便写了写这封信向你打听。"信的后面写了张晖凤的名字，并留了南漳的地址。钟立即回了信，告诉她进犯襄阳的日寇已被打退，总部人员接着就回襄阳，希望以后能在襄阳相见。

接到张晖凤的信，钟朗华心里非常高兴。她对他的态度似乎有了转变，可能是在万山的谈话和在南漳的相见起了一定的作用。日军在襄阳投燃烧弹，许多房屋被焚烧。总部驻地在城外乡下，钟到医院去会张晖凤，她出来和他见面。那些日子，他们常常找机会相见，在一起交谈。经过交流，他们的感情逐渐加深。张晖凤是湖北钟祥人，家乡已经沦陷，父母早亡，由叔父抚养长大，她读过初中，到襄阳考进同济医院当护士。钟对她的身世深表同情。她是一个能刻苦自立、单纯质朴、心性善良的女子。钟朗华向她表达爱慕之心。她说诺院长对她很好，许多工作交给她做，她不想离开。钟说："帝国主义对中国的侵略，就是以做慈善事业、传教、办医院为手段。真正对中国人好，就应该帮中国抗战。你们的院长宣传上帝爱人类，对日本侵略者也一样爱，同时又对中国军人进行诽谤。她不是真正对你好，而是要你牺牲一切服从于她，忘了国家，忘了民族。日本飞机投炸弹，挂美国旗有什么用？日本军队屠杀中国人民，做祷告有什么用？你的家乡沦陷了你能回去吗？日本人打来了上帝能保佑你的安全吗？国家有前途个人才有前途，今天是国家民族生死存亡的时候，有热血的中国人都应该毫不犹豫为抗战工作。"在钟朗华的反复劝说下，张晖凤终于同意到军医院工作，并约了一位护士同来。钟向孙震总司令做了报告，通知军医处委其为军医院中尉司药佐，协助护理伤病兵。1939年秋，张晖凤到枣阳军医院驻地任职。

1940年春，钟朗华与张晖凤这一对倾心相许、真诚相爱的青年人终于喜结连理，在襄阳城外古隆中举行了隆重的婚礼。这就是诗中所描述的盛况："隆中三顾堂，宾朋集如云。清樽浮绿酒，齐祝百年盟。"

婚后枣阳军医院腾出一间屋子，给他们做临时新房。由于当时正是抗战最艰难的时期，战地流动性大，钟朗华所在的集团军总部驻地离军医院较远，交通又不方便，有时一两个月才相聚一次。张晖凤到军医院后工作比在教会医院繁重很多，还经常要亲自到战场抢救伤兵，每天见的都是血腥。但她无怨无悔，其敬业精神为人称道："裹伤痊将士，工作无宵旰。结婚一载半，身无一日宁。"

张晖凤遇难后，集团军总部和军医院为她在隆中三顾堂举行了盛大的追悼会，横幅大书："抗战英烈张晖凤永垂不朽！"总司令孙震和参谋长胡临聪都亲送了鲜花挽联，集团军部分师团将士，以及城中许多百姓都参加了这一隆重奠祭。花圈挽联堆积如山，当时情景在襄阳城史无前例。

张晖凤生前之为人、品德、情操，赢得人们衷心爱戴、敬重和景仰。每年春节和清明节她的墓地都有人去扫墓、献花、烧钱化纸。一些与张晖凤相识和经她护理过的兵士、平民，每逢春节假日都要结伴去拜祭她。

钟朗华的亡妻之痛，久经时间沉淀，转化为永久的思念缅怀。1983年已是74岁的钟朗华，从自贡专程到襄阳隆中上坟，晖凤墓却已成平地。我们从他的三首律诗中，可见其感情之深。

忆晖凤

一

抗日当年走战场，与君相识在襄阳。飘零家国怜身世，烽火关山共雪霜。
汉水覆舟悲玉殒，隆中埋骨痛琴亡。悠悠清夜常开眼，老泪已枯哀恨长。

二

受训渝州转故乡，天涯新妇拜高堂。家贫相对甘藜藿，国难同偕返战场。
西出蜀门征路远，东流汉水秋风凉。左绵久滞车难买，脱售金环助阮囊。

三

生前历历事难忘，惨祸无端痛断肠。医院助诊兼护病，军中司药又疗伤。
骨灰携葬隆中麓，追悼会开三顾堂。四十年来天地换，碑坟不见野烟荒。

后 记

我的父亲钟朗华，1909年1月出生在自贡一个贫苦农家，自幼聪颖好学，成绩优秀，小学毕业后因家穷无力供他继续念书，后得到川大教授、著名作家李劼人先生资助才读上大学。大学毕业后正赶上抗战开始，就由李劼人先生推荐到川军部队做了一名文职军人，全程参加了八年全面抗战。日本投降后，因不愿参加内战，他毅然抛弃高官厚禄和在襄阳优裕的生活，于1946年秋回到四川。2005年4月5日病故于自贡市，享年96岁。

当年（1943年），襄阳的一户殷实人家，著名中医、开明士绅廖固吾先生，因仰慕钟朗华的人品学问，托人说合，将自己尚在女中念书的女儿许配给了钟朗华。我就是钟朗华长子，也是本文作者。日本宣布投降前三天，我在襄阳出生。先父前妻张晖凤虽然不是我的生母，但她仍是我此生最亲、最敬、最不能忘记的母亲。从父亲生前的口述和留下的文字记载里，我完全能感受到她的那种大爱！她的爱，不单是献给我父亲，还无私奉献给了国家民族，奉献给了抗战，为抗击侵略者的将士裹伤疗病而供职于战火中的军医院。这种伟大的爱，难道不应该让我们永远铭记吗？她离开我们已经很久了，她的碑、坟也早已荡然无存了,知道她的人也不是很多。今天我向大家讲述这段真实的历史故事,呈现了最富人性的"生死恋"。我想或许今天幸福的人们会对此不屑,对此感兴趣的人也不会很多,但我仍然相信这个社会有良知的人不会很少,他们不会忘记!抗战老兵不会忘记!他们的子孙不会忘记!

历史,人们永远不会忘记!

本文写于2015年5月

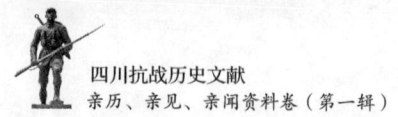

应永垂青史的川军抗日精神

游联璞*

我的父兄都曾是抗日军人。父亲游广居抗战前期曾任四十五军一二七师副师长、四十五军参谋长。胞兄游联璋，黄埔军校毕业，全面抗战八年中，除上陆军大学学习的两年外，几乎全程参与，接受日军投降时，任四十五军副参谋长。这支部队转战山西、山东、湖北，参加过台儿庄、大洪山、老河口等重要战役。中华人民共和国成立后，父亲作为民主人士，任四川省文史馆研究员；胞兄作为起义将领，在芦山县任县政协副主席。遗憾的是，由于各种原因，他们没有留下什么抗日文字和实物。

我1930年出生，全面抗战爆发时，已是多少懂些事的三年级小学生，所亲身经历、耳濡目染，沉积在心灵深处的一些往事，至今不能磨灭。我永远记得父兄出征前家祭辞祖时他们悲壮的誓言，有如我后来读到的荆轲易水之歌。

1937年9月，欢送川军出川抗日的大会在成都少城公园（今人民公园）广场举行，距我就读的华一小很近。我在老师的带领下高举三角小旗参加了这次大会。广场上人山人海，起码有几万人，我人小，虽只能看大人后背，挤不进，听不清，但当时群情高昂、壮怀激烈的氛围强烈地震撼了我幼小的心灵。我既为包括父兄在内的川军将士们的安危担心，更为他们临危受命、精忠报国的壮志所鼓舞。我以身为他们的子弟感到光荣、骄傲，想长大后也要当个抗日战士。我曾无数次经历过日寇飞机的狂轰滥炸，第一次27架，最多时108架，十分猖狂。我目睹过少城公园、盐市口等地受害同胞的尸骨遍地，还曾躲在防空壕里兴奋地看到中国空军英勇迎敌，打下日机领队奥田大佐的辉煌胜利。我挤在人群中恭迎过抗日英烈王铭章将军灵柩的归来，目送过抗日英烈李家钰将军灵车的离去，更不用说亲耳听到过的一些关于父兄和他们的战友们抗战的感人故事。1945年8月日寇投降时，成都全城彻夜狂欢，欢庆这一民族的大解放、大复兴，让我终生难忘。

转眼七十年过去了，我应该写点什么以资纪念。思来想去，选了"应永垂青史的川军抗日精神"这个题目。一是告慰340万抗日川军前辈，悼念以李家钰、王铭章、饶国华、许国璋、赵渭宾诸将军为代表的64万伤亡川军将士；二是彰显他们以国家大节、民族大义为重的崇高品德，以励后人。

从1931年九一八事变起，东北少帅张学良拥兵三十万，装备精良，地利、人和，后勤保障无虞，但竟然不战而丢弃了白山黑水大片山河。紧接着是汤玉麟，拥兵十万却

---

* 作者为中共四川省委党校教授、全国五一劳动奖章获得者、国务院政府特殊津贴获得者。本文为作者于2015年5月20日于病榻亲撰，并于2015年6月20日修订。本文完成后，作者于同年10月9日病逝。

不战而丢了热河。还有后来的韩复榘，手握十余万大军却不战而逃，丢了山东。在此日寇亡我之心昭然若揭，国家民族生死存亡之秋，三十万川军将士，明知敌寇离四川还远，竟能一声令下就毅然决然远离温馨富饶的故乡家园，不避艰险，风雪兼程，北上东下，赶赴远方陌生的险恶战场。同时，川人还以四川的一切人力、物力、财力资源支持国民政府，以重庆为陪都，以四川为抗日的根据地大后方，抗战到底。如此慷慨赴难的国家大节、民族大义，难能可贵之极，理应名垂青史，以励后人。

是什么力量支撑着川军能够如此坚持苦战八年，以弱抗强，前赴后继，虽败多胜少，仍屡败屡战，愈战愈强，直至取得最后胜利？就我所知，川军中不少人都类似王铭章将军，对过去打内战满怀负罪感，认为这次是"打国仗，光荣"，并以此动员全军将士。他们不满蒋介石排斥异己，但在抗日救亡的大旗下，能顾全大局，接受蒋介石的领导。大敌当前，他们拥护共产党提出的抗日统一战线主张。从刘湘、邓锡侯起，一些川军和共产党多有联系，在抗战时和八路军、新四军并肩战斗，相互支援。比较典型的事例就是一二七师陈离任师长时和新四军第五师李先念部的关系很好，一二七师先后以大量的棉衣、军用物资，甚至一部军用电台支援李部抗日。实事求是地说，川军中许多人地方派系观念较重，党派观念并不强。而在抗日战争时期，他们的国家民族观念则更是占了上风。

而且，部分川军将领以身作则，言行一致，对士兵起了带头示范作用。首先，刘湘作为川军主帅，在全国率先主动请缨抗日，提出要以全川人力、物力、财力支持抗日，并在行动上以有严重胃病之身亲临前线督师。原本说好全部川军集中于第七战区由刘统一指挥，以利相互支援，但一转眼，蒋就把三十万川军分散调派给各战区。刘顾全大局、痛忍听令，终至"出师未捷身先死，长使英雄泪满襟"。再一个，四十一军军长、后任二十二集团军总司令孙震，出征前把家财一一处理，大量捐赠给他一手创办的成都树德中学。这是破釜沉舟，不留后路，下定决心，不战胜就战死。没有了国，哪里有家！李、王、饶、许、赵诸将军，杀身成仁、舍生取义的事迹，更是惊天地泣鬼神！"魂魄毅兮为鬼雄！"还有范绍增将军，变卖家产，自购武器，自招兵马，拉起袍哥队伍上阵杀敌，屡立战功，哪点不该赞！天下兴亡，匹夫有责，棠棣之花，外御其侮，古有明训，这是有江湖味的正能量！这样的精神还不可敬可贵吗！

此处还有必要澄清一些有损抗日川军形象的流言和不实之词。或者出于误解，或者出于以讹传讹，有人说川军是"双枪兵"，有人说川军像"土匪"，似乎抗日川军丢了四川人的脸，丢了中国军人的脸。为此，我专门问过父亲。对"双枪兵"的说法，他微笑说：有些误会，以讹传讹。他说：川军绝大多数是农民出身，多喜欢抽叶子烟，当兵抗日，肩上扛一支步枪，腰带上或背夹上插一支不足一尺长或尺多长的叶子烟杆儿，这不是个别情况。抽叶子烟没什么不好，可以解困、提神，烟油还可以做外用药，一些毒虫就怕叶子烟油。四川省政府1935年就发布了禁烟令，抗日远行军，哪准他带鸦片烟枪！对"土匪"一说，父亲非常严肃地说：那是阎锡山骂我们川军的话。在山西时，我们川军是被迫抢过阎锡山的军用仓库，我就支持过。起因是，当时已是冬天，北方比四川冷得多。我们的士兵出川时匆忙上路，衣单，粮少，武器装备不仅陋劣还量少。原说到宝鸡时补给，没兑现。后又说到太原补给，都是空话。为了生存，为了抗战——能打日本鬼子才是大节，战区长官不给解决，我们自己动手解决，四川人不是那么好欺负的。再说这些仓库都位于即将沦陷的地方，我们不抢，便是留给日本人。但我们有一条底线，不能扰民，不能抢老百姓的。事实表明，当时各战区很少听说有川军扰民抢老百姓的。

至于川军的素质问题，父兄都能直率地承认，当时川军文化低、装备差、军事训练不足是客观事实。但他们同时认为，应该看到川军有自己的特点，那就是特别能吃苦、耐劳、不怕死，必要时敢拼命。如果带得好，在实战锻炼中能越打越能打，特别是能打山地战，连日本有关史料也不得不承认这些。所以，抗日川军不仅不丢脸，还长了中国人、中国军人的脸。

家兄游联璋以大洪山战役为例证说：1941年底，日寇趁我四十五军刚接防大洪山地区，集中了一个旅团的兵力，突然发动进攻，企图一举拿下大洪山地区。四十五军竟能临危不乱，凭借山区复杂的地形，凭险顽强据守，并灵活地迅速转移再攻击。日本鬼子的坦克、大炮完全用不上；因有森林掩盖，飞机也起不了多大作用，日军优势锐减，川军善于翻山越岭的韧性优势却大起作用。大战七天，鬼子没占到一点便宜，还付出了伤亡近千人的代价，不得不黯然收兵撤退。

家兄还以老河口战役为例证说：1945年3月下旬，日寇在太平洋战场失败的大局下垂死挣扎，聚集重兵，企图在中国大陆战场通过猛攻湘西、鄂北直插川东重庆和川西成都，迫降中国国民政府以挽回败局。这个战略大动作的攻击重点就选在了芷江和老河口。湘西芷江守军是中央军嫡系王耀武等劲旅，全部美式装备，还有中美混合机群助战，打得极好。进攻的日军损失惨重，为避免被歼命运，仓皇逃遁式撤退。老河口守军则是装备已有所改进的川军一二五师八千多人（未满员）。进攻老河口之敌是一个师团两万多人，长官部孙震下令四十一军一部就近增援，一二七师从大洪山区远程奔驰增援。但一二七师增援并不顺利，几经周折，突破险阻，进城已是战役中期。战场上一二五师师长汪匪锋、副师长陈仕俊指挥有方，将士拼命。敌人有野战优势，我军则在守备机场时予敌以尽量大的杀伤后，迅速收缩兵力回城固守。他有坦克优势，我就挖好防坦克壕，布置好坦克陷阱、准备好成捆集束手榴弹等他；他施放烟幕弹是登城信号，我早掌握了，机枪等他；他有大炮几十门，我也有总部调来的几门大炮——我们的大炮最喜欢打城破时蜂拥而进的成群鬼子。为了保护自己，我们的大炮稍后干脆转移到了襄河对岸，并灵活地打一两炮就换一个地方。有时还可以与敌人的大炮对轰一下，以鼓舞士气。遗憾的是，我们的中美混合大队的飞机来得太少，但多少使日本飞机有些顾忌。更重要的是，老河口城背靠襄河，我军始终控制渡口，保证了供给。虽有困难，也能坚守。巷战短兵相接时，我军不仅有工事和房舍屏障可利用，敌我单兵素质也大不同于抗战初期了。我军愈打愈老辣，士气也高昂，"打死一个鬼子，够本；打死两个鬼子，赚一个"。日本兵原来的凶悍武士道精神则在削弱，川军老兵对日本的眼镜小白脸兵最瞧不起。日军鬼点子多，我军也能对付：他挖地道进城，我军就用柴火熏他。从3月底到4月初，恶战十三天，敌人攻进城，我们把他们打出去；他们又攻进城，我们又把他们打出去，来回拉锯四次，双方横尸遍地，血流成河。我军直至接到总部撤退命令，还能有条不紊地安全撤至襄河对岸，并重建守河工事，彻底粉碎了敌人大举西进的战略意图。

四个月后，日本无条件投降。1945年8月，漯河受降时，四十五军军长陈书农严词诘问缴械投降后的日酋杉浦师团长：老河口战役日本究竟伤亡多少？杉浦九十度弯腰低头答：战死一千多，伤残更多一些。如此话属实，相比之下，我军伤亡更大一些，但战绩已很不错了。孙震也说，老河口之役，其惨烈程度不亚于滕县保卫战。抗战初期，敌我战斗力（包括装备和指挥官能力、单兵素质）的对比值是6∶1或5∶1，即我军以五六倍兵力才能与敌人打平，现在双方的对比值已接近多了。论功行赏时，汪匣锋师长荣获一枚国民政府颁发的军人至高荣誉勋章——青天白日勋章。事后，家兄游联璋一再高兴地宣称：参加抗战八年，这一仗出了一口恶气，打得最解恨（大意）。

　　基于以上认识，我认为川军虽有这样那样的缺点，但从大节上看，抗日战争中，川军是立有大功的，四川广大人民也是有大功的。当然，十四年抗战时期，全国大量精英龙虎风云汇聚四川，特别是重庆、成都，也大大推动了四川社会各方面的发展。应该还历史真相，尊重历史，才能进一步发扬正能量，推动社会发展。现在民间有关的活动更宽松了，民办建川抗日博物馆的建立、发展、兴旺，深受广大人民好评。我期望，在全国纪念抗日战争胜利七十周年大庆之后，能有更好的后续政策和政府主导的有关活动，如建抗日战争纪念馆、忠烈祠、烈士墓园，进教科书，等等，使生者有尊严，幸福地活；逝者能享纪念，永留丰碑。民心顺，社会和谐，国家大节、民族大义发扬光大，有助于中国梦早日实现。如此，国家幸甚，民族幸甚！

　　顺笔小诗一首作结：

　　　　七十春秋惊回首，川军大节岂能丢。
　　　　国家民族神圣事，中华梦里第一筹。

二 第二十三集团军抗战亲历、亲见、亲闻

饶将军浴血殉国

汪导余

十二月三日得到前方的一个消息，惊心触目，那就是：

饶国华在广德前线阵亡了！

这些消息立使我震动起来，当然，在日本帝国主义疯狂的炮火下，一个临危受命、以死将事的民族战士的捐躯报国，实在是每一个国民、每一战士的意中之事的。但是，和我分手还不到半月的饶将军，至今回想起来，还觉得那沉着雄伟的体魄、坚毅的精神，宛然在目，转瞬之间，如何能相信他已经为国捐躯，和我隔了个世界了呢！

我听了这个消息，悲痛与兴奋的情绪，一时都涌上心来，合目凝思我和饶将军历年的往来，以及饶将军平日的言行，都一一回忆起来。

饶将军是我入川以来的第一个知友。

我和饶将军的相识，是民国二十四年的冬天，也就是我入川的第一年，当时正是当初的红军，现在在西北战场抗战的第八路二万五千里长征西北，与川军相持于天台山的时候。饶将军就是在这天台山下的最前线和我初相见的。一个朔风袭人的晚间，饶将军亲自到我们的驻所山河场来找我，经过在座的人们介绍之后，彼此就一见如故地畅谈起来，饶将军是一个坦率的军人，一见就可以知道。那一晚似乎有很大的感触似的，精神兴奋，然而又好像有一种不可知的阻力，使他不能尽情地倾吐。原来他当时正感觉着一种苦闷，那就是他对于"兄弟阋墙，外御其侮"的一个苦训，有莫大的觉触。他当晚告诉，国难如此，他实不愿再见自相残杀的内战，损失国力，利于敌人。可是为了服从命令，保护地方，拥护政府，又不得不受命临阵！从这里我们不但认识饶将军，而且认识了饶将军一切思想行为的出发点，那就是真，就是诚，就是正，就是义，他不但远见了国家的危难，决斗不是解决这危难的大道；而且他也是一个彻底守分、服从纪律的军人。他虽然心里有十分的苦闷，但他却是一个能始终尽忠职守，所谓鞠躬尽瘁的人。早在相识之初，我就知道饶将军将来一定是一个能够尽忠国家，有天良，有正义，在神圣的民族抗战中，是一个最有力的战士。

以后不久，我执教于四川善后督办公署设立抗日教育之军官研究班第七期的时候，饶将军任班附。于是朝夕相见，与饶将军畅谈的机会更多了。当时国艰愈急，华北已经事实上沦于敌手，而日本帝国主义的贪心未已，有益加进迫之势。时欧洲局势，亦很混乱，意大利侵略阿比西尼亚的战氛正炽，欧洲和平国家应付维艰，对于东方之意大利，正是乘火劫掠之良机，我中华民国之国运，至此危险已极。饶将军和我每一相见，必谈国势，亦必慷慨激昂，深感于委曲求全，不能立即决战之苦闷。他常有一句使我们旁听的人异常感动的名言，是只要开始抗日，我就要立在战争的最前线，这句话差不多是饶

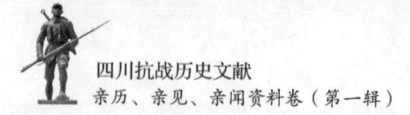

将军每次痛论国事必有的结论。饶将军现在是果然立在抗战的最前线，实践了他的诺言，而且为这诺言牺牲了。但是，饶将军这一句话，至今却是春雷似的，清清楚楚地在我的耳中振荡。我相信这句话决不只是代表饶将军个人的声音，也不只是代表战士们的义慨，而是代表着四万五千万被压迫的中华民族，向日本帝国主义无穷尽的贪欲，作了最有力量的回答。我一念及饶将军说这一句话时沉雄壮烈的神情，就不觉为之振奋，真要拔剑而起。

是的，我现已经追随饶将军之后，全川将士，全国战友都已经立在抗战的最前线了！我们在最高领袖，在刘司令官领导之下，我敢相信全川将士，没有一个不愿随饶将军之后，立在抗战的最前线，与敌人作坚决的战斗的。

饶将军不但是民族战士中最有决心的一人，而且也是战争中最有能耐、最有力量的一人。他在川中可以说是第一流人物，他的勇敢要比北方的吉鸿昌而沉着精明过之。他的军事譬如南方的邓泽生，而政治手腕却不及。饶将军在川军将领中，不但是刘主席最贤能的辅弼，不可少的左右手，而且也是川军中的一个少见的模范人物。他在平时，是练兵的能手，在战时是作战的先锋；对于战后的训练教育，他是经常负实际的责任的一人。对于巩固复兴民族根据地的一切设施，他是惨淡经营、周详擘划的一分子，而且是有力的一分子。所以我认为他实在是川军中的第一流人物，并不是夸大之词。饶将军不但在公的方面，值得我们信仰，而且在私的方面也值得我们的模范，他实在是一个为公忘私的人。他生活简朴，不穿大衣，不戴手套，布衣粗食，常不尚奢华，不纳姬妾，寡欲清心，不贪闲暇，勤于工作，这些都是我们和饶将军经常接触的人亲眼所见的。我们看见他这种自奉俭约、努力为公的精神，真不知道如何感奋。

饶将军和我因为工作的关系，是经常碰面的，而且只要有机会，他也常乐于和我一道作促膝之谈。上月十八日，政工会驻汉口废日租界大和街二十号。饶将军率队过汉，这天正是风雨晦暝的天气，饶将军冒雨来访，当时正有杨亚夫、吴秋影、鲁自诚诸君在座，彼此畅论前线战事。他那豪壮、慷慨、英勇、沉毅的精神，一如畴昔。临别之时，握手互道珍重，他还笑着说："前线见。"谁知道这就是他最后的壮烈的遗言，而这一次的分别，竟是最后的分别。

饶将军是十一月三十日晨在广德前线，亲冒矢石，坚守据点，与敌寇作殊死战斗时捐躯殉国的。饶将军虽然以身殉难，但因此振奋三军，卒能于浴血苦斗中，克复广德、泗水，可知饶将军殉国的影响之大，饶将军奋勇的精神长留于天地之间了。

现在饶将军是在抗战的最前线壮烈地殉国了。我们后继者应如何本着饶将军统一抗战的觉醒、奋勇杀敌的决心，学习饶将军刻苦自励、为国忘私的精神，继承饶将军抗日救国的壮志前进，奋斗，救中国，以慰藉饶将军的忠魂呢。

本文选自鹤琴、海燕《川军抗战集》，原题作"饶国华将军殉国记"

郭勋祺恰当敌锋

济 南

记者去月杪自东战场前方到汉,即于军事机关得着老友郭勋祺师长受伤的消息。打听了好几天方才知道他在医院留治,当即趋访,把晤之余觉得他虽然受创伤,但是精神仍然健旺,欣慰的情绪,真是难以言喻。

"你感着痛苦吗?"记者问。

"前几天比较有点痛苦,但是自从将脓血取出后,现在好多了,我受过多次的伤,第一二次未免心里有点着急,可是到现在仿佛是家常便饭了!也许拼着一死的人,他的精神抵抗力量是比较强些的。"郭师长现着自慰笑容回答着。

"这回什么时候离开四川?"

"我们是九月二十八日奉到命令由眉山、嘉定出发,开往平汉线作战。后来为着因战场吃紧,奉调前往增援,沿途为着交通困难的关系,直至十一月二十一日才到达长兴。当时嘉善、嘉兴相继失陷,宜兴告急,长兴、吴兴之线已不能再守,逼得向后撤退。我们的任务是掩护正面作战的桂军退却,刚好当着敌人挺进的锋锐,所以牺牲特别重大。二十五、六、七,整个三昼夜,和敌人在金山、小王山、朱砂岭等地鏖战,屡进屡退,前仆后继,总算侥幸地完成了我们的使命。然而我们的官兵已经是疲乏不堪了!到二十九那天,广德被围,我们奉命驰援,与敌人的主力接触了好几个钟头,正在要向敌阵突破的时候,忽然听说黄旅长重伤了。我当时悲愤万状,情不自己,于是不顾一切地下令向敌人猛冲,哪晓得不一会,连我自己亦给无情的敌弹击中,不能继续前进了!"

"你对于抗战前途的感想怎么样呢?"

"中国人民在坚决长期抗战的过程,必然得着国际的援助,因为中国与世界主张和平的民主国,有着深切的经济利益的关系;而且这种为着维持世界和平与人类正义的斗争,定然博得世界最大多数的同情。国际间同情中国抗战的人,对中国实际的行动,必然根据中国人民抗战形势的发展而决定。中国反抗日本帝国主义的基本政策,即中国民族革命的原理,这种原理,已由孙总理透辟地阐明,在目前抗战过程中,一切对内对外的战时最高政策,必须依照孙总理所昭示的原则而推行,也只有忠实地奉行,才能争得胜利的前途。最近若干军事上的挫折,仅属暂时一种应有的现象,绝不会影响吾人对于抗战前途胜利的信念和把握。"

郭师长这一席话简直是政治讲义了!谁敢说中国的军人不懂得和不注意政治?近年来,中国的军人比从前进步多了,像郭师长这样就是一个好的代表人物。记者月前晤见这类思想清新、见解准确的军人很多，不禁联想到中国抗战前途的光明！

谈到这里，慰问的客已纷至沓来，记者当即告别，郭师长犹殷殷嘱以再会。

本文选自范长江、胡兰畦《川军在前线》，战时出版社，1938年

陈万仞师长在繁昌

朱民威

论资源，大家许忘不了荻港的。这地方是距芜湖九十里的一个长江口岸，在十五里外桃冲铁矿就是由荻港出口的。恼人的事情，矿资良好的铁矿，是一直由荻港用什么"丸"装到日本去的。在那里制成了枪炮，又用到征服中国的功劳上来。这宗气人的事情，到八一三炮火响后不能继续了，驿山督办的日人跑回了国。这黑巍巍的矿山是必得在直接攻打占领之下，才没有可能继续为敌所用。我们的兵士防守在这里，已有许多拼死击退敌舰上企图登陆的水兵。

从荻港到旧县（原繁昌县县府所在地）、横山桥、三山镇，是繁昌县江防的四个重要据点。每天，在长江上，不时巡弋着敌人的灰白色什么什么"丸"之类小炮舰。这怪物是三只一排地在江心中鼓浪前进，到了旧县与荻港，常是无的放矢地轰起炮来。在江心中，如果发现我们过江的民船，马上就摇起机关枪去追击民船上的百姓。为了防止敌舰上的日兵登陆，沿江的四个据点都驻守了巡查兵，差不多过去为矿工及过往客商而繁华的四个镇市，而今都成了兵士活跃的田地。

在这条江防线上的兵士除了防江之外，还含有策动向敌人占据的鲁港进兵的意义。前哨的尖兵与每日前往攻击的部队是进驻到下马店螃蟹矶等江堤要地。可是，鲁港是不易拿到的。敌人已在一月半前拿到芜湖之后，即占领鲁港而加以经营了的，许多不能走掉的芜湖壮丁被征集去在鲁港南北两岸筑了极坚固的木栅城与铁丝网，好几次我军英勇地去攻，都被工事后面的敌人炮火压迫了回来。

除了从荻港沿江堤攻鲁港之外，在繁昌县的某某要地，也配备了进兵鲁港的布置。有一个勇敢的排长，常于夜间带了兵去摸进敌人的防御工事。有一次第一道铁丝网已被拆毁，在拆第二道网时，惊醒了敌人，被一阵机关枪打回转来。

夺取鲁港，是收复芜湖的重要前提。二十三日的早晨我方空军轰炸了鲁港附近的敌人阵地，掩护我军的摸进，夺到敌人三挺机枪，活俘日本兵五百名。这在士气上无论如何是一个鼓励。虽然没有完成占领鲁港的目的，也开始了我方陆空军联合作战的初阶。

南京芜湖失守以后，一般人以为江南战区的皖岸南部一定是成了人间地狱。其实这是后方对前线的推测，事实上，敌人的铁蹄占领芜湖之后，是只进展到鲁港这个据点就没再进了。鲁港是芜湖、繁昌接壤处靠江岸的一个镇市，一道通达南陵县的河道把镇市分成南北二部。由于江与河，敌人以兵舰支撑着在鲁港防守的敌兵。

我们所喊出的消耗战口号，敌人似颇为懂得，所以为了避免中我抗战计划，敌人很聪明地在运用他的少数兵力驰驱于南北战场。在大场突破以后，向京沪路进兵时，太原方面战地停止了活动，占领南京芜湖之后，大部分兵力由扬州、浦口、裕溪口三处北向，去完成打通津浦路计划了。江南战区就止于吴头（芜湖）浙尾（杭州）又不动。像下棋一样：津浦段吃紧了，我军在江南战区的繁昌与富阳一带策动了攻击，来分敌人的兵力。果然，这两天芜湖方面由苏州、扬州以及芜湖对江裕溪口等处，开来了近两师团的兵力。

担任攻击芜湖的是川军，这些远涉山水的四川健儿，都是久征惯战的老兵。他们知道这是二十年来打内战以来所没有的最痛快的一次保国卫民战争，每个人都有一番责任感在脸上显现。这其中有好些军官都是行伍出身，抱着在最近期内夺回芜湖的决心。虽然没有敌人的炮火精良，他们要以精神胜过物质，打败敌人。敌人方面也知道川军士兵的作战力是极强的，而日夜提防，总想隔着路程不打照面，以炮火把进攻的川军打回去。

到今日为止，从石脆方面进兵卡子口、竹丝港、芜孙铁路线的川军已经占领白马山、大姑山等要地了，虽然敌人不断地增援，我军进攻形势仍很顺利。

每天在繁昌境内的人，都可以听到清晰的阁阁机关枪声与大炮声，防御敌舰的敌机更是与每人从早到晚都在芜湖繁昌一带江面上空巡弋。有时我方三头飞机到了，敌舰上的高射炮声就隆隆响起。

靠近江边与芜湖鲁港接近处的繁昌人都逃过一次，在鲁港被占以后，敌人曾一度由螃蟹矶用兵舰上大炮轰击过江堤里面的许多水村，好些农民就在炮火中葬送了生命。这还不算，十个八个的倭寇还曾好几次跑到江堤里面的村落中来骚扰。一对七十岁老夫妻以为日本兵来了没事，不跑，也跑不动，结果这二老却被杀掉，人头被放在床上。这消息传遍了附近的村落，于是在敌人来时都逃跑了，结果又被敌兵用枪遥射，打杀了许多人。

农民们开始逃难了，每人衣角上挂着难民条子，挑一担米，提一个包袱，携了妻子儿子与耕牛，离开了不忍走开的家乡到繁昌县山里面去避居。有的是作暂时出走的打算，有的因为房子被烧，根本就不知何日才可返回来，他们开始知道敌人是个公共的民族敌人，而不是做了老百姓就可幸免的。却正是因为没有自卫，不敢直接与敌人抗战，才使得十个八个敌兵征服了一个二个村落，于是依靠军队的心理产生了。抬伤兵、挑柴、送米、烧饭、挖路面、向导等等的事情都在一呼百应之下去奋勇做了，请求编队发枪抗战的要求也提出了。这都是敌人残酷面孔所启示出来的新的生气，中国在发吼了，土虫也叫了起来。

种田的人因为敌人的骚扰而无心生产一心要打仗了。事实上在火线下的田地也无法可以继续耕耘，靠江的田地差不多都还灌满了水，这些在冬末就要放掉的水因为江堤出路破阻，无法泄出。农民也知道明年春耕是绝望了，于是更坚决了抗敌信心。

军事委员会第六部的皖南特种工作团在这里编组了好些行动队，号召着家乡人为家乡而战，无路走的群众得到了领导，勇气百倍地开始了新的集体生活。

繁昌县县长陈立本是一个久做县长的中年人，他已被江南战区的军事当局派任为该县的游击司令，把原有的县政府可以号召的武力都改编成游击队。他自己表示，刘备所以能有一部分成功的缘故，是在于火烧新野之后，他无一兵一卒，但还拖一大群百姓逃跑这一点。他认为假定与敌人抗战不了，那最低限度是要率领老百姓走的。所以从芜湖失守之后,他的辖境成了第一火线,他自己很镇定地在城里继续地工作,并不惊慌。

在县城里,一度万人空巷的逃到乡下去,现在因为敌人并未深进企图,于是又纷纷回到城里来。

记者在繁昌访问过川军师长陈万仞,他的相貌酷似蒋委员长,举止态度都类似。一个武备学堂出身的儒将风度人。他觉得皖南人比较四川(人)懦怯,记者也以为然。皖南由于山水与历史的关系,是一个文风较重、谋利心切的人民区域。陈师长说在四川,人民是不会轻易让外人来蹂躏。家家有的是枪,干起来就都是兵,乡村就是兵营,敌人怎么也不敢轻入。

记者得到他的方便,去峨桥、潘村、李村,以及火线外的任何村堡,江西刘筑村落去行脚过。驻峨桥的营长黄君与记者谈起他的战区民众工作经过。他到峨桥时,空无一人,于是他一人当街高喊:"川军来了,不要人家分文东西,也不扰民,你们赶紧回家,以免东西无人照管遗失。"喊了之后,不一天就都回来了。回来看见我们待他们如弟兄,买东西一文不少,借东西原璧归还,说话实在客气,于是老百姓知道了我们的可亲,就逐渐为我们做起事来。现在吃饭、烤火、住屋子、向导、抬伤兵,都由老百姓妥当地供应。老百姓知道了军队的可亲,记者在一村落里问人民,一卖猪肉者说:"川军是好,那天开差,个个提了钱来还钱,这是我想不到的。"为川军挑柴的老人,很怜悯这些年青四川人寒冷,为他们担柴烧火,妇女也不怕兵了,为他们缝着衣裳,在前线,军民关系是非常之好,这是可以告慰一般担心川军士兵政治意识的人。

芜繁相持局面到什么时候打破,谁也不知道,乡下人等得沉闷了,习惯了枪炮声之后,在昨晚燃放起送灶神的小鞭炮:准备过年了呢。鞭炮的火花在阴雨的暗夜中如同中国现阶段的抗战,胜利与黎明在苦尽甘来时是会来的。淳朴的乡下人,耐心些吧,比年还痛快的好日子在前面,靠我们牺牲了眼前的苟安,紧张着身手去争取,记者在废历年关迫近的时候,如此希望别人,也以此自勉。

本文选自鹤琴、海燕《川军抗战集》

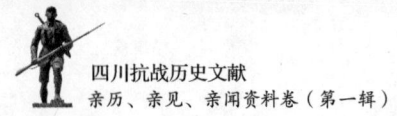

荻港战役之一页——川军阵中日记

徐仲达

四川抗敌某军徐旅长仲达，此次派定荻港，坚苦卓绝，将士同心，予敌重创，歼灭敌二千余人，实为川军生色，足慰国人喁喁之望。徐君好读书，有儒将风。军书旁午，日记未尝少辍。蒙以荻港战役一段日记相寄，兹披露之，以飨读者。

六月十八日　阴霁

晨，未起床，忽闻敌登陆电话，惊而细讯，始知敌在夜半时，有数百人在十数舰掩护之下，强迫登陆，过我营时正守荻港与之激战。余当即指示旅部机宜，率一部亲赴前敌。薄暮，过营以兵力关系，被敌攻取东山。余一面收容，一面配备第二线，终夜不寐。

六月十九日　阴雨

上峰以失荻港罪见责，并限立即收复。复派一兵营来援，嘱并力反攻。余以为宜暂取守势，再待机会。当责令张团立封塞铁道线。至晚，下令反攻，终夜激战，伤亡达百五十人，无何成绩。盖以仰攻不易，又不拂上峰命令故。仙大井三面环水，我去惟一线可通，而攻势既劣，不如听任暂据、围守之，较为计。

六月廿日　阴雨

趁天未明，命前线早撤，免多伤损。整日做攻击准备及计划。查三面环水之山，惟攀崖击其背，他则无绕攻之路。因令选死士行此计划。同时仍行正面攻击。俟死士登顶奏功，即乘势横扫，迫敌下山。此奇正兼顾之计也。敌夜来袭我未得逞。军事萦怀，彻夜不寐。

六月二十一日　阴雨

晨至午反复研究攻击计划，并令各部午后集敢死队人员训话，督促各部完成诸准备。傍晚，上第一线，再度视察。一切完备后，亥刻开始炮击敌阵，步兵亦与敌接火甚近，随即冲锋，战至夜半，敢死队攀□后山之崖，□占顶，信号发出，继施以大刀手榴弹、手枪杀敌至夥，敌阵于无意中，受此打击，全部弃阵奔逃滚山四下，不辨东西，甚有逃入我第二线阵地者。遗尸在三百具以上。遗弃械弹，满山皆是。我攻击队横扫敌人，所向披靡。卒迫敌退向江边，敢死队跟脚穷追。同时我军左右由水道抄袭之队亦达到，合力痛击敌舰，不许敌退回江边上船。落水死者，不计其数。

六月二十二日　晴霁

自子刻至寅刻，皆系我军大胜。无如敌上下游之兵舰先后来援者，已十六艘。至则枪炮并施满望驱敌上船，我军伤亡之后，又苦兵少，殊知敌之不能上船者，被迫反攻，狼奔豕突，势甚凶猛，船上来援之敌又相继上岸，既克之地，复成无力以守之势。敌机于天明来参战者，达五十余架。余于此际，且姑听之，实不能再增兵冒进以弱第二线之兵力也。辰刻，全部撤回，虏获者不及拾还，伤亡者不及抢运，不觉黯然泪下。幸第二线尚能稳固，遂暂返石龙□整理，并电请议处，报告战况。敌受此度创伤，亦正收拾残局，前线寂然。只敌舰之巨炮不断轰来。余如厕，方出十余步，厕所即中弹矣。夜派兵袭敌，就便摸索□□，寝而。

六月二十三日　晴明

终夜孜孜问讯前方情况，敌转而攻我右地区张团阵地，敌来共二千余人，故马鞍山岌岌可危。幸将士用命，敌至暮无功而还。于是，不能不心注右侧。至夜我援兵至，系周团长大钧，余好友也。先以其姚营配备小天堂曹天坳为预备阵地，全线紧张。

六月二十四日　晴明

午前部署河湖，戎备既毕，亲往张团阵地视察。以铁道为战斗地境，左右皆有封锁责任，因指示各级机宜。前夜重伤一排，伪作死状，敌兵剥其衣裤，将埋之。我伤兵睹状，遂裹体滚岩下，忍痛蛇行返阵，厚抚慰之。今则分张右周左而布防，夜撤老虎山数营代以姚营。本部移望拢指挥，夜寝稍宁。

六月二十五日　阴晴

拂晓，战事皆烈。敌初攻张团马鞍山阵地，同时以小汽艇驶上十里厂内河，继则以主力冲落花井铁道及半歇岭姚营阵地，我军方将马鞍山、落花井阵前之敌击退，而姚营长忽中弹殉国，其阵遂陷。不得已退守小天堂山，速予收容整理阵线。死尸狼藉，大痛我心。内河敌艇随去，忙至夜深始寝，但无由合眼。

六月二十六日　微雨

丑刻敌亦如昨之攻老虎山猛扑小天堂曹家坳石□。初以石□为最烈，继则小天堂更形吃紧，适我各部弹药皆至前线待其上冲近阵，乘其气喘力疲，以大刀手榴弹逆击之，继以机枪遮其归路。敌遭此挫，尸横满山。我虏获甚夥。于是昨所失地，乘势被我军收复。官兵听命，得此奇胜。连日慰奖之电甚多，计大帅奖三千元，战区司令先后奖五千元，所部声扬遐迩，亦稍自慰。我军虏敌之大旗共三十五面、步枪百余枝、机枪十五挺、子弹二万余发，其他军品，不计其数。我士兵得敌一物，虽属小些，亦必宝存，以为万里抗战之纪念。饬其缴呈有泪下者，同仇敌忾，于此可见。今日获敌日记，内载我之攻击精神与之相等，惟手榴弹投掷技艺较美。廿一二日，敌有两中队全死，记至二十四日而止。五六两日，尚未记入，知敌伤亡已在二千数百人矣。今敌陆战队失败，而海军发炮不止，乘机投弹不已，泄其愤。余于林架电线办事，避之夜间。敌我相袭遇于途中大战，毙其大尉一员，敌兵数十，狼狈奔去。夜深，俟前线无事而寝。

六月二十七日　阴雨

晨起甚早，盖防敌拂晓攻我也。以我阵方向言之，不畏早而畏晚。以夕阳西下，日光水光，足令我军目眩也。今夜作整个计划。敌惧我夜袭，终夜枪炮声不绝。本旅因伤亡较重，枪械多损，电请交换，已得上峰准行。

六月二十八日　阴霁

十日来，敌我皆疲，今日无多动作，惟□□来换防之田师，遭（敌）机轰炸黄浒，受害尤重。午后□促来者早替，自返孙村一行，旋赴前敌。敌防我夜袭，已无攻志。

六月二十九日　阴霁夜雨

晨来替之部皆至，俟其稍有头绪，余于午退回孙村。十余日之辛瘁，今始稍憩。

本文载于成都《新新新闻》1938 年 8 月 2—3 日

二十三集团军出川抗战概述

岳星明

第二十三集团军是由原第二路预备军第二纵队改编成立的。由刘湘兼任总司令，唐式遵、潘文华副之。下辖第二十一军（军长唐式遵兼）、第二十三军（军长潘文华兼）。1937年12月，泗安广德战役后，二十三军撤销，潘文华转汉口返川。1938年1月上旬，国民政府军委会免去刘湘兼任二十三集团军总司令之职，由副总司令唐式遵升任，下辖两个军：第二十一军军长陈万仞，下属第一四六师师长周绍轩、第一四七师师长章安平、第一四八师师长潘左；第五十军军长郭勋祺，下属第一四四师师长范子英、第一四五师师长孟浩然、新编第七师师长田钟毅。

唐式遵总司令先受第七战区司令长官刘湘指挥。刘湘在汉口养病期间，由该战区副司令长官陈诚代行指挥。1938年春，刘湘病逝，第七战区长官部撤销，第二十三集团军改由第三战区司令长官薛岳指挥，两个月后，改由顾祝同指挥。

1937年夏，抗战军兴。唐式遵奉命率部于9月初，分赴抗日前线。9月3日，成都各界人士在少城公园（今人民公园）集会，热烈欢送川军抗日健儿。唐式遵应邀代表全军在会上表示决心："失地不复，决不回川。"

此时，二十一军所属各部的整补尚未完全就绪，部队武器窳劣，装备简陋，各部开拔以后，在行军途中，时令已入深秋，官兵们身着单衣，脚穿草鞋，肩背背夹，甚为艰苦。但官兵们抗日志坚，杀敌心切，满怀报国救民的热情，置困难于脑后，冒寒霜夜露，兼程东下。各部在重庆、万县乘轮经宜昌，于11月初在武汉集结，旋奉命由平汉路车运郑州，紧接着又转调新乡、汲县、博爱、蒙泽一带集中待命。

同年11月中旬，淞沪战场形势逆下，中央军全线西撤。苏州、常州等地亦告危急。唐式遵部奉军事委员会急令，调至江浙的宜兴、长兴和皖南的泗安、广德一带阻止日本侵略军。综观八年全面抗战，第二十三集团军抗击日军的斗争大体可分为两个阶段：

第一阶段，从1937年11月下旬至1938年1月底的太湖、泗安广德和反攻芜湖三大战役。

第二阶段，从1938年春至抗战胜利，第二十三集团军主要担任长江南岸的江防任务，并参加了浙赣路战役。

1937年11月下旬，驻淞沪一带的中央军全线西撤。日军以三个师团、十数万人之众，沿沪宁路，渡太湖，在乍浦登陆，企图抄袭包围西撤大军，第二十三集团军各部奉命阻击日军，掩护大军西撤，太湖战役由此展开。此役，第二十三集团军仓猝与敌遭遇，既无预设的工事，又不甚熟悉地形，而日军挟步骑优势，配合飞机、坦克，气焰十分凶狂。但我官兵不畏强敌，奋勇抗击，作为出川抗战的第一仗，第二十三集团军在太

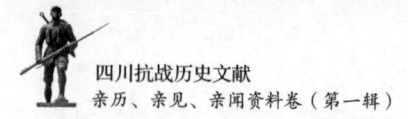

湖战役中表现了自己的特色。

泗安、广德战役是紧接着太湖战役进行的。在上述困难条件下，第二十三集团军参战各部官兵同仇敌忾，浴血奋战，多次出现肉搏拼杀、寸土必争的激烈战斗场面。据被俘的敌兵说："中国的草鞋兵（指川军——编者注）很勇敢。"这是对我川军官兵英勇战斗的客观评价。

在太湖战役中，第一四四师师长郭勋祺腿部负重伤，属下的旅长黄柏光也负了重伤。在泗安、广德战役中，第一四五师师长饶国华与广德城共存亡，壮烈殉国。

太湖和广德、泗安战役，虽没有完全粉碎敌人的西进，但是使敌人受到了重大的损失，在战略上取得了阻滞敌军的效果，为大军较顺利地西撤赢得了时间，并且为保卫南京京畿的准备和部署起到了极其重要的作用。

南京陷入敌手后，第七战区司令长官刘湘愤于首都弃守、敌焰猖獗，决心惩创日军，激发和坚定我军的抗战斗志。刘湘选调第二十三集团军所属一个军的兵力，反攻芜湖，欲攻占这一长江水运之咽喉要冲，以牵制自皖北豕突狼奔的日军。驻守芜湖的日军措手不及，仓皇应战，急调飞机轮番轰炸。我官兵不怕牺牲，前仆后继，勇猛杀敌，就在我军正逼近芜湖大街、大功即将告成之际，不料刘湘病逝噩耗传来，致使反攻芜湖战役功亏一篑，殊为遗憾！

1938年春以后，第二十三集团军担负起固守长江南岸，掩护炮兵腰击敌舰，布放漂雷阻断日军长江航运，策应保卫大武汉作战的艰巨任务。所属各部沿长江南岸，在东起铜陵、西迄湖口七百余里长的战线上构筑据点、工事，据险守备。

不论腰击或布雷，都需步兵确实掩护。在犬牙交错之敌我战线，执行任务之艰巨程度，实非局外人所能想象。尽管如此，我执行任务的官兵，仍视困难若等闲，置生死于度外，很好地完成了使命，沉重地打击了敌人。据不完全统计，自1938年8月到1941年底，我击沉和击伤敌各类船舰二千余艘。敌人心惊胆战，一方面派出大批部队进行扫荡，一方面被迫靠长江北岸夜间航行。

在此期间，我军为了掩护炮兵，扩展据点，也曾对敌发动过多次攻击作战。从1938年上半年至1941年底，先后进行过的战斗有：贵池、青阳的战斗，东流登陆战斗，冬季攻势，阻敌流窜石门街战斗，陵阳镇、木镇战斗，攻克斗龙山战斗，贵池、东流布雷战斗，攻克马当要塞战斗，东流、至德战斗，何家潭、马路口战斗，收复九华山战斗，鄱阳湖东岸战斗等。

以上战斗，以1940年10月12日我军攻占马当要塞、阻断敌人长江航运数天之久一仗战果最为辉煌。此役的胜利，鼓舞了川军士气，坚定了必胜的信心，同时对皖北、湖南战场，也起到了战略性的策应作用。国际国内舆论，对此次胜利交相赞誉，成都各界人士还举行了祝捷大会。

长达四年的长江南岸江防战斗，给予侵华日军以沉重的打击，其于战略上之重要性及抗战全局的影响，是不容低估的。

1941年1月，在国民党制造震惊中外的"皖南事变"中，二十三集团军曾派出两师一团之众，在第三战区副司令长官上官云相指挥下，参与了这一有损国共两党团结抗日、亲痛仇快的反共事件。沉痛之历史教训，思之殊感内疚。

此外，川军在抗战中值得一书的战绩，还有下面几次：

1941年，敌犯金华，第一四八师驰赴浙东，阻击了敌人西犯。

1942年5月8日，在浙赣路会战中，第二十一军一四六、一四七两师分别驰援，据守浙东寿昌、赣东鹰潭；又以游击战方式夜袭怀玉山南横峰、弋阳，迫使敌人缩短防线，与衢州之部龟缩金华。

1944年，已是强弩之末的敌人回光返照，又犯衢州，第一四五师沉着应战，保卫了衢州的安全。团长刘一战死机场，备极壮烈，英名永垂。

作为第三战区总预备队的川军八十八军所属新二十一师，在赣东、苏南，以及浙江之富春江三角地带、浙赣沿线地区的战斗中，特别是在进攻丽水、攻克温州等战役中均立下不可磨灭的功绩。

再者，川军二十六师虽不属于第二十三集团军，但在第三战区直接指挥下，曾参加反攻南昌、赣东抚河东岸战斗，奇袭绍兴，守备诸暨前线和浙赣路会战等战斗，尤其是投入抗战初期淞沪会战的大场之役，在枪林弹雨中浴血奋战，为川军争得了荣誉。

1945年抗战胜利后，国民党以部队整编的形式，将二十三集团军总司令部及其所辖之五十军军部、第一四四师、第一四八师、新编第七师均予撤销（唐式遵调任武汉行营副主任，其余军官全部入杭州军官总队），只保留了一个军的番号，即二十一军，军长刘雨卿，副军长岳星明（1940年底已发表为二十一军副军长），下属三个师：一四五师师长凌谏衔、一四六师师长戴传薪、一四七师师长黄柏光。

我集团军出川抗战将士，转战八年，备尝艰辛；无数英雄，血染江南，骨埋异乡，光荣事迹，可歌可泣。抗日健儿无愧于国家民族，无愧于川中父老，其英勇战绩将永远留在人民的忆念之中！

本文选编自四川省政协文史资料研究委员会、四川省人民政府参事室《川军抗战亲历记》

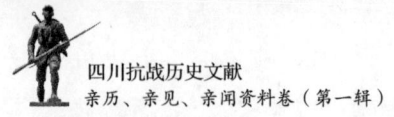

二十三集团军固守江防和参加浙赣会战的回忆

骆周能

第二十三集团军于1937年10月，在总司令唐式遵率领下出川抗战，初在广德、泗安、宜兴阻击敌军。1938年西调皖、浙、赣一带，担任东起芜湖、荻港，西至湖口长达七百余华里的长江江面防务，直到抗战胜利。在长达七年多的时间里，我军始终在这个区域作战。现就回忆所及，作片断记述。

一、乌沙头及荻港的战斗

1938年6月，日本侵略军为确保利用长江航运之安全，派遣陆、海、空部队向我军守备的荻港、铜陵、贵池、东流、彭泽和湖口各据点进犯。当时我第二十三集团军辖二十一、二十三、五十共三个军六个师二十四个团的兵力。奉命担任东自南陵、繁昌，西至彭泽、湖口，计七百余华里的沿江防务。由于江北舒城、六安吃紧，本军第一四六师奉调北援后，陆、江正面兵力配备颇为单薄，给予敌人可乘之机。

集团军总部据第五十军一四四师师长范子英报告说：日寇自5月下旬以来，兵舰已增加到数十艘，逐日驶至大通附近江面，向我铜陵、大通沿江阵地猛力袭击，并用小汽艇潜驶至我大通附近对水雷封锁线进行破坏。因我水雷封锁区没有炮兵掩护，不数日竟被敌人破坏净尽，以致敌海军舰只任意在长江航行，畅通无阻。

6月1日后，敌舰机关炮向我沿江阵地猛烈轰击。同时敌派遣飞机不断配合轰炸，每天投掷炸弹达一百余枚，致我军沿江工事和阵地附近村落被炸毁甚多。当时我军无大炮，火力不强，对敌舰行动无法制止。因此敌舰肆无忌惮地在大通、贵池间江面游弋。

不久，我军新配来炮三团第一连，即在大通附近的军山矶构筑阵地，开始用大炮向敌舰进行炮击，遏阻敌舰行动。我方炮弹虽多命中，惜非破甲弹，不能穿透敌舰，敌人损失不大。当敌寇发现我方炮兵阵地后，每天派出大批飞机配合舰艇向我炮兵阵地猛烈轰炸和攻击。所幸我炮兵阵地坚固，隐蔽良好，未遭受大的损害。

6月10日，敌出动飞机三十余架次，兵舰八艘，掩护波田、高桥、田中各部五千余人，在乌沙头、李阳河、前江口等处强行登陆。同时，敌机在贵池、梅埂、池口、上下江口水陆码头，大肆轰炸。我军奋战终日，击沉敌汽艇一艘、胶皮艇及木船十余支。敌伤亡惨重，终止登陆，但仍对我军不断炮击。

敌寇急欲占领安庆，攻我马当，在贵池附近登陆。6月12、13两日，敌军在飞机八架、兵舰三十余艘掩护下，倾巢出动，大举进犯我前江口、牛头山、大渡口等沿江据点，战斗十分激烈。我守备部队兵单力弱，且无险可据，遭受敌寇炮弹猛烈攻击，伤亡甚大，被迫后撤。上述据点，一度被敌占领。13日午后，我援军第二十一军一四六师、一四七师各一部赶到，配合守军与登陆未稳之敌作殊死战，经过一昼夜的激烈战斗，将登陆之敌全部赶下江去，夺回据点。是役击沉敌舰一艘，俘敌兵士三名，夺获重机枪一挺、汽油一百余桶及其他战利品，敌我各伤亡八百余人。

6月15日，敌一一六师团、一一三联队步炮联合五千余人，在舰艇四十余艘、飞机二十余架的强大海空力量掩护下，向我繁昌以西的荻港猛烈进攻，恃其海空优势，强行登陆。我军浴血奋战数昼夜，以火力悬殊，伤亡重大，奉命转移，以致沿江的几个据点沦于敌手。

二、马当战斗

马当在江西彭泽县境，北临长江，是长江中游的咽喉，形势险要，为镇锁大江的要隘，是重要军事据点。因此马当要塞的守备任务十分重大，当时由第五十二师、一六七师四九九旅、马当要塞司令王锡涛所属的要塞炮兵与守备营，还有炮兵第八团一个连、江西省保安十二团、新二十六师四个步兵连和两个工兵连，以及无线电台通讯部队等两万余人组成马当守备队，由李韫珩为马当守备指挥官，受第三战区司令长官顾祝同直接指挥。

1938年6月13日，日寇兵舰开始炮击马当，并派敌机轰炸。6月18日，江防总司令刘兴下达关于马当要塞部署要旨：令马当守备区指挥官李韫珩，指挥部队固守香山黄栗树阵地，并派兵一团以攻击敌登陆部队，掩护马当要塞，防止敌舰突入。

敌寇为了占领马当，自6月13日起至6月23日止，连续不断地对马当进行炮击和轰炸，我守备军伤亡甚众。6月24日拂晓，敌人猛攻香山，上午八时，香山被敌占领。九时，敌由香山向要塞核心攻击。25日拂晓，敌用小艇由文龙、石牛矶迂回登陆。26日拂晓，敌施用催泪瓦斯毒气，攻击我守备部队，乘势从石牛矶、娘娘庙强行登陆，迂回到我阵地后方。由于我方预备队全部增援第一线，后方空虚，援兵迟迟未到，不能抗御敌军，以致26日上午十一时，马当要塞陷于敌手。

马当失守后，原守备马当的军官，除死伤外，大部畏罪潜逃，士兵溃散，震惊朝野！蒋介石获悉，大为震怒，密令我集团军沿江前线指挥官，凡是马当溃退下来的官兵，勿论职别高低，一律按军法惩治。同时电饬战区司令长官顾祝同，立即调集兵力，收复马当要塞。顾复电称：马当地势，利守不利攻，我军现有装备，反攻恐难奏效。且以转移兵力，打乱了目前部署为辞，搪塞过去了。

马当要塞失守，是我战区指挥官军事上的严重失误。失守原因，众说纷纭，据当时第五十四军军长霍揆彰报告：(1) 马当守备指挥官李韫珩抽调部队军官1/3以上，承办抗日学校，对于实际战备，过于疏忽；(2) 香山乃马当外廓之主要据点，应严加固守，但守军一与敌人接触，即行放弃，贻误战机；(3) 马当已经失守，而指挥官尚不承认过失，高谈收复容易，不见实际行动；(4) 奉命增援部队不听指挥，迟未行动。如 六七师驻湖口之旅，限两日赶到马当，该旅竟四天未到。

三、东流、至德的反扫荡战斗

第二十三集团军之二十一军，奉令担任长江腰击敌舰任务，由于本军配属炮兵太少，仅配卜福斯山炮两个连，作为腰击炮兵使用；而且炮弹常常不继，补充稽迟；同时运输力不足，夫卒骡马均缺，要派前线步兵到后方用人力搬运炮弹，往返数百里，劳师费时，不能充分发挥腰击的威力。但是由于将士用命，上下齐心，也取得不少辉煌战果。敌人为了消灭这支腰击部队，遂对我军进行扫荡。

1940年11月中旬，敌在东流一带，集结一一六师团高桥旅团所属一〇二、一三八、一三九三个联队及志摩支队，步骑兵六千余人，大炮二十余门，飞机八架，于11月21日分两路向我东流、至德一带第一四六师阵地进犯，企图以优势兵力，扫荡我沿江炮兵及布雷队。我军节节抵抗，利用夜袭和侧击消灭敌人。11月23日，敌一路攻破马田，旋入洋湖陂、雷公岭；敌主力攻陷我至德尧渡街，向石门街窜犯。我一四八师由赣东奉命增援，昼夜兼程，于25日拂晓到达指定地区，即会同一四六师对敌寇两面夹击。激战一昼夜，敌人伤亡惨重，势渐不支。战斗到26日黄昏，敌人全面崩溃，遗尸遍野，狼狈逃窜。最后退至东流、香山两处固守。是役，敌伤亡官兵一千七百余人，我俘敌太田、荒三等三人，夺获山炮两门、重机枪四挺、步枪二百余支。

四、参加浙赣会战的经过

1942年4月18日，我盟国空军首次轰炸日本东京、横滨、神户等地，日寇人心惶惶，社会骚动。故敌军于印缅战争甫告段落，即迅速制定消灭我国浙、赣两省供盟国空军使用的机场的计划，以减轻对其本土的威胁。

4月下旬，敌寇即调集兵力，积极做进犯金华、兰溪、衢州、鹰潭之作战准备。敌第七十师团集中奉化、溪口一带；第二十六师团及伪军第十三师集中余姚、绍兴地区；由华北调来的第三十二师团、第十七师团主力，集中杭州西南地区；敌驻南京的第十五师团及一一六师团大部，分别集中于萧山、富阳等地；敌海军陆战队亦从厦门调运，总兵力达十万余人，由敌酋泽田茂指挥，于5月14日前，分别完成作战准备。

我第三战区司令长官顾祝同于4月下旬，亦调集兵力做好应战部署。他令调王耀武军、丁治磐军及第五预备师，于5月中旬前到达指定地点，并令上官云相驻淳安，指挥潜江北岸部队；王敬久指挥钱南及金华、兰溪守备部队；李觉进驻缙云，指挥浙南部队；第二十三集团军第一四六和一四七两师分别开赴浙江寿昌、赣东鹰潭，受第二十八军军长陶广及一百军军长刘广济指挥，担任寿昌、鹰潭守备任务。

5月15日，敌寇开始进攻的当天，日酋广播说："此次发动军事行动的目的，是消灭美空军轰炸东京使用的中国东部各空军基地。"供认了发起这场战役的阴谋。

当天拂晓，敌寇在飞机、大炮掩护下，全面发动疯狂的进攻。敌内田孝行中将率第十七师团独立第十七旅团沿奉（化）新（昌）公路，犯新昌、永康、武义；复以一部进犯金华西南。敌大城户三治中将率第二十二师团的三十四联队，从绍兴、曹娥江两岸进犯嵊县，陷东阳，攻金华，复陷汤溪、龙游。敌酒井直次中将率第十五师团第一独立旅团，进犯诸暨、兰溪、金华。敌武内井二郎率第一一六师团、第六十师团之一部，自余杭进犯，陷新登、桐庐。敌井出铁藏中将率三十二师团及一一六师团之一四〇联队及第四十一师团山炮四十一联队，沿新登、桐庐进犯建德、寿昌。

我集团军第一四六师守寿昌，留在兰江东岸各要点布防，敷设地雷，阻止敌人进犯。5月27日，我部与敌第十五师团主力部队激战于兰溪西北地带，战斗激烈，双方伤亡重大。当时，连日大雨，兰溪一带平地水深数尺，敌军扫雷工作遭遇严重困难。敌酋酒井师团长即在兰溪触雷炸毙。我军地雷炸死敌寇现役师团长乃是全国抗战以来第一次。

此事据日军第十三军第十五师团川久保参谋长的回忆证实。他的手记写道："5月28日上午，师团战斗司令部，命令工兵小队长，指挥一个分队，搜索并清除兰溪途中的地雷。官兵乘马前进的次序：卫兵骑兵、步兵尖兵、向濑参谋长、左谷金次郎参谋、酒井师团长、专属副官、川久保参谋长、吉村参谋。10时45分，到达兰溪北方1500米三岔路口时，突然轰的一声巨响，砂石俱下，地雷爆炸了，师团长从马上坠落，马被血染红，倒在地上，师团长左腿被炸掉，足心粉碎，在参谋长川久保等的守护下，阁下静静地长眠了。在入兰溪县城后，经军区部同意，将遗体火化。"

我一四七师固守鹰潭与敌激战数昼夜，伤亡重大，奉命撤出，复转战于弋阳、横峰地区，经过了几次被围又突围的险恶战斗。此役，我一四六、一四七两师，伤亡官兵1/3以上。

浙赣会战，敌寇窜犯时间最长，窜扰面积最广，占领44个县城，东西长一千三百余华里，南北宽五百余华里。东起萧山，西迄临川，如此狭长的战线，成为我军分散敌人兵力和运用伏击、侧击、尾击战术的大好空间。我不断予敌以局部打击，取得消耗敌人兵力的战果，致使敌人陷于兵员无法补充、军事物资短缺、战线过长、首尾无法兼顾的困境。我方把握时机，即于8月中旬发起全面反攻。

浙南方面，我暂编第三十二师，首先于8月15日光复温州。浙赣两侧我军，19日克上饶，20日克广丰，21日克玉山，23日克江山、常山。敌三十二师团、第十五师团及河野旅团各部，先后经衢州向金华方面溃退。赣东方面，我军第十九师、七十五师、一四七师于19日克贵溪，20日克余江，21日克鹰潭，22日克临川。敌三十四师团、第三师团残部，沿浙赣路向南昌方面溃退。赣北方面，23日克鄱阳。浙东方面，28日克衢州，29日克龙游，30日克汤溪。浙南我军28日克丽水，29日克松阳，30日克缙云。敌寇真是进也锐，退也速，最后竟鼠窜而逃。

浙赣会战，从开始到结束，计一百余天，共毙敌官兵二万四千余人，俘敌53名，击伤敌机两架，缴获战利品无数。我方伤亡官兵总数亦在三万人左右。在会战之初，我战区长官为避免与敌主力决战，令部队逐步放弃土地引退，致使浙赣两省数十余县男女同胞惨遭敌寇屠杀和蹂躏，人民生命财产受到巨大的损失，这是多么沉痛的代价！

五、日寇暴行种种

每当一个城镇沦陷敌手时，当地居民都要遭受一场惨绝人寰的大灾难。敌人借搜查我军官兵为名，挨门挨户搜查，凡认为形迹可疑的，一概枪杀。搜查出一顶军帽、一条黄色裤子、一双操（胶）鞋，户主都不能免死。凡是身体健壮，额上留有帽痕或剃和尚头的，以及手臂上刺有花纹的，都认为是潜伏下来的中国兵，这些人被敌寇成批成群捆绑起来，押到荒野，用机枪扫射。至于青年妇女，更难幸免，她们一批批地被敌人掳去强奸后杀害，所受的灾难，比男子更厉害、更凄惨！

日寇最恨有文化的知识分子，如公务人员、学校教师、新闻记者、青年学生等，都被认为是抗日分子，动辄枪杀。寇军经过街头巷尾时，怕遭人民抗击，常用机枪扫射两边人民房屋，因此中流弹而死亡的人，不计其数。以致许多街道尸首狼藉，惨不忍睹。

焚烧房屋与抢劫财物。日寇侵入城镇或乡村，大肆掳掠抢劫后，就放一把火，使之变成一片瓦砾。居民的金银财物、粮食牲畜，都要被抢光，无一幸免。即使是教会、医院、学校、寺庙都不放过。我亲自见到的，如广德、贵溪、贵池、鹰潭等城市，都被敌人烧成一片焦土。敌离去之后，当地居民个个鸠形鹄面，食不果腹，衣不蔽体，财产荡然无存；四乡农民也是十之七八，间舍成墟，田地荒芜，一片荒凉景象，令人目不忍睹。

敌人占领区内，来不及逃走的老百姓，全部被捉去做苦工，担任运输、筑工事、做向导、埋尸体等工作。稍不如意，即被拳打脚踢或杀害。如果敌人打了败仗，受了损失，就迁怒于当地群众，任意烧房杀人泄愤。如1940年冬，我军在彭泽、湖口间江面，布放水雷，炸沉敌舰两艘。敌人遂将附近居民，不论男女老幼，抓去二十余人，押到长江岸边沙滩上，剥光衣服，在数九寒天，让他们在大雪纷飞中活活冻死。又如在鹰潭战斗中，敌将我被俘军官兵十余人，用铁链捆绑，关在一间房屋里，浇灌煤油，放火烧死。

敌寇灭绝人性的种种兽行，实难尽诉。总的说来就是用杀光、烧光、抢光的残酷手段，对付中国人民。这些数不尽的血海深仇，中华儿女要永志不忘。

　　　　本文选编自《成都文史资料选辑》总第十七辑，1987年，原题作"随军出川抗战的回忆"

我在二十三集团军参加的抗日战斗历程

吴官明

一、在宣城遭受敌机轰炸

1937年11月上海会战失利后,二十三集团军奉命保卫南京外围,掩护大军西撤。当时总部驻南京国立编译馆,为了便于指挥前线部队作战,总部处室和直属部队官兵,于1937年11月21日,由南京出发乘火车开赴宣城,下午五时,我们从火车站下车。大家看见电杆、墙壁和铺板上,有我前站副官写的大字"仁总部驻宣城羊市街铁道部"。总部官兵到达铁道部,已无铁道部人员,大家按指定地点把行装放好,外出后看到这座中外闻名盛产宣纸的宣城,已是十室九空。

第二天天刚亮,就有一架飞机在上空盘旋侦查,半小时后,总部官兵刚开过早饭,敌机又飞来九架,三架一组,就在我们上空投弹轰炸,并俯冲扫射,炸得我们的房屋直摇晃,玻璃窗破碎。总司令唐式遵急令队长张杰派两名队员出去查看,队长叫上我和李宗伯(黄埔十六期,仁寿人,已故),并告知要注意隐蔽。我们俩把生死置之度外,冒着飞机的狂轰滥炸,沿着铁道部的墙边走去,找到了一个地方,在隐蔽中观察敌机轰炸的情况。这时我们看见三架敌机,向我们驻地北边80米处一座楼房轮番轰炸,俯冲扫射,炸伤不少伤残军人。我们问老乡才知道轰炸的是二五二后方医院,敌机来时伤病员都跑出来看,敌机认为出现的目标是"仁总部",因此大肆轰炸伤兵医院。此外,还在火车站、汽车站投了许多炸弹。回来后我把这一情况向总司令报告,他命令:"敌机走后,总部各处室及直属部队从宣城至十字铺公路两侧乡村寻找驻地,立即离开铁道部。"一小时后敌机认为已完成任务向北飞去,总部官兵按指示纷纷寻找驻地。后来大家议论,这是前站副官造成的损失,应该杀头。这样大的抗日战争,怎能在电杆、墙壁、木板上写"仁总部驻铁道部"字样,这明明是让敌特和汉奸去立功受奖。有人说这种轰炸首脑机关的阴谋是毒辣的,妄图炸死潘唐两位总司令和总部官兵,我们险些"出师未捷身先死"。我认为这次总部官兵幸免于难,完全是二五二后方医院的伤病员们救了我们。

二、参加广德泗安战役

1937年11月23日,日寇中岛师团侵入宜兴、长兴,随即兵分两路抢占泗安、广德,自恃武器精良,机械化部队有飞机、坦克掩护,气焰十分嚣张,认为川军不堪一击。哪知饶国华师长凭险坚守,采取纵深防御、步步为营的战术,工事坚固士气旺盛,不可小视。敌即出动27架飞机轮番轰炸,倾泻成百上千吨的炸弹。阵地上但见硝烟弥漫,火光冲天,我方工事遭到严重破坏,城垣房舍夷为废墟。敌兵在重炮掩护下,发起进攻，冲锋号声不绝于耳。可饶国华将军身先士卒，奋不顾身，出入于枪林弹雨之中，镇定指挥，全师上下，誓死抵抗。27日起与日军交火激战数日，饶将军以身报国。我当时是战地服务队员，随总司令奔赴广德前线督战，担任保卫工作。1938年3月12日，毛泽东在延安追悼抗日阵亡将士大会上指出："赵登禹、饶国华……诸将领到每个战士，无不给了中国人民以崇高伟大的典范。"对饶将军等人忠勇爱国的精神，给予高度评价。

反攻芜湖是刘湘司令长官愤于南京失守，对日寇一次惩罚性的打击。他令二十三集团军选调一个军的兵力，由唐式遵指挥，于1938年1月15日反攻芜湖。驻守日军仓皇应战，急调飞机轮番轰炸，我前方官兵不怕牺牲，前仆后继，勇猛杀敌，正当我军攻打至芜湖大街时，不料刘湘病逝，噩耗传来，官兵悲痛，致使反攻芜湖功亏一篑。

三、固守江防战果辉煌

1938年春，二十三集团军负责固守长江两岸，掩护炮兵腰击敌舰，布放漂雷阻断敌军长江航运，策应保卫武汉的艰巨任务。

无论腰击敌舰还是布雷摧毁敌舰都需步兵掩护，在这星罗棋布、敌我犬牙交错的阵地上，执行任务的艰巨性局外人是难以想象的。尽管如此，我执行任务的官兵不怕艰苦，置生死于度外，出色地完成了上述任务。据不完全统计，从1938年春到1940年底，我军击沉和击伤敌舰船二千余艘（只），使日寇心惊胆战。

在此期间，二十三集团军为了掩护炮兵布放水雷，扩展战果，曾对敌人发动过数十次攻击战和反扫荡战，其中以马当要塞之战最为著名。1940年10月12日，由二十一军军长陈万仞（仁寿人）亲自指挥，指定二十一军一四七师四三九团精干官兵，混合编成六个突击队，由第一营营长谢腾章领队，一举攻克马当要塞。此役俘虏敌官兵及物资甚多，我无伤亡，战果辉煌，震惊中外，国际国内交相赞誉。成都各界人士还举行了祝捷大会。

四、构筑防御工事群众无私支援

抗战时我任工兵营排长、副连长、少校连长等职务时，和群众一起构筑防御工事。1940年7月，我任工兵十四营中尉排长时，奉命修建安徽攘溪河一带方圆十华里地段的防御工事，指挥民工500名，限期三日完成。军令如山，我立即率五位民工队长到阵地上侦察地形。我说："这是上级交给的光荣任务，这个工事是用来掩护我军官兵打击日寇的，限期三天，只能提前，不能过期，工事还要保质保量，你们只需按照我所划分地段挖好掩体和交通壕，其余重机枪掩体和掩蔽部由工兵排构筑。你们有何意见？"队长们回答："没有意见，保证完成任务。"不到三天任务全部完成，上级检查十分满意。

1941年5月，我任工兵副连长时，担任浙江金华国防工事构筑任务；1944年我任二十一军工兵营少校连长时，担任江西贵溪、鹰潭两地的城垣工事构筑任务。只要充分发动群众，与当地政府密切配合，任何困难都会迎刃而解。当时构筑城防工事和城垣工事坚固程度要求较高，急需木材（包括圆木和方木）和铁爪钉、石灰等，数量较大，如果区、乡不能如期送到工地就会影响工事的完成。我和县长召集各区乡长开会，说明构筑国防工事和城垣工事的重要性和紧迫性，希望大家能提前把应征的材料送到工地，这些区乡长们回去都按期送来材料，并主动派出民工协助我们构筑工事。浙、赣两省人民群众对我军的无私支援，对抗日战争付出的许多血汗，至今我们铭记在心。

我们所构筑的金华国防工事，在1941年敌犯金华，阻击日寇西进时，帮助我军取得了胜利。1944年浙赣会战，因有江西贵溪、鹰潭两地的城垣工事，我军占领阵地击溃敌人。

1945年8月15日，日寇无条件投降。

本文选编自眉山政协《眉山黄埔》，2011年

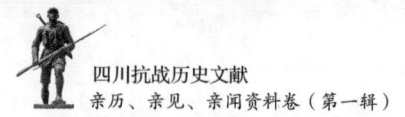

父亲和我参加抗日战争的回顾（节选）

郭开尧

一、青少年时期见到的抗日斗争

七七卢沟桥事变时，我还是一个初中学生，对于1931年九一八事变与1932年一·二八日军侵华的暴行，已知道得很清楚，也为中国军队在绥远百灵庙痛歼日、伪、蒙军之战及在长城喜峰口大胜而欢欣雀跃。当华北告急、平津危殆的重要关头，中国各族人民怒吼起来，要求人无分男女老幼，地无分南北西东，共赴国难，誓死抗日。当时民众气愤到抵制日货，把日货也当成仇货，当成日本经济侵略的罪恶象征。在这样一个历史背景下，我们天天高唱打倒日本帝国主义的雄壮歌声。《义勇军进行曲》成为中国的《马赛曲》，鼓舞着中华民族的爱国热忱，激励着全国军民的抗战意志。

郭开尧

我是一个军人家庭出身的孩子，1937年春节，我父亲高兴地对我讲道："娃娃呀！要好好读书。爹爹不久可能要上前线抗日了。军人嘛！国家有难就应该保卫祖国。"当时我虽然还年幼，但父亲保卫祖国的教导却深深地印入了我的脑海。我亦暗暗立誓，真有需要我的那一天，我一定要投笔从戎，打日本鬼子去。

1937年七七卢沟桥事变后，我父亲郭勋祺被任命为陆军第一四四师师长，待命出川抗日。

二、川军出川抗日

1937年9月28日，父亲郭勋祺率整编陆军第一四四师（刘湘部属，下辖三个旅、九个团）及直属部队一万余人，自眉山、乐山等地分头出发到重庆集中出川。事虽已过58年，我仍记得父亲要出川时的情景。那是10月初的一天，我正在学校上课，父亲叫他的卫士龚泽到学校来叫我回家，并请我的级任（现在的班主任）老师叶尧华（女）一同去。回家一看，已是好友亲朋济济一堂。父亲请叶老师坐下后，就亲切地同叶老师说："我今日即将出川抗日，我的娃儿就拜托您了，如我到前方遇有不测的话，就请老师教育我娃儿，将来长大了也要当军人继续抗日，直到胜利！"我在旁见到叶老师已是两眼流下热泪。此时，她也想到她在上海抗日战场上的丈夫罗广文将军。当时报纸已载我军姚子青营长率全营死守宝山，全营官兵壮烈牺牲，以身殉国了！那个姚营长就是罗广文将军的部下，身为战场军人妻子的叶老师，怎能不担心战场上的亲人，因为战场上军人随时都有可能遇到不幸。

席间，父亲举杯向来宾祝酒时说："勋祺当了二十几年军人，参加战斗不下百次。除随尹昌衡西征，平定英帝国主义操纵、唆使的西藏上层分子叛乱和后来的护法战争外，其余皆是阋墙之争。身为军人，不能保卫国家，深感内疚！此次出川抗日，决不辜负全川和全国人民的期望，不成功，便成仁，以报效祖国。不赶走日寇，誓不回川见乡亲父老兄弟姐妹们！"在座亲朋，听到无不为之动容！门前汽车响了，父亲立即抱拳以示告别。母亲、姐姐、我，还有一个不满两岁的弟弟和众亲朋，目送父亲和随行人员登上汽车，消失在视线之中。许久，大家才回过神来，默默祝愿他能平安凯旋。

一四四师于10月下旬抵达武汉，11月初到达河南新乡博爱县集中待命。自父亲出征后少有家书回川，仅11月中旬来信说华东战场紧急，部队将调京沪线支援上海，拱卫南京。我为父亲实现多年夙愿而高兴，但又为他将面临强敌而担忧。此后再没有接到家书了。母亲、姐姐和我都心里明白，是前方军情趋紧。那时开禹弟弟太小，还不知道可能会发生什么，最着急的当然是母亲，对于前方战况每天都在打听。一天她含泪说道：近日报道日军已在杭州湾金山卫地区登陆了，对上海数十万守军已形成了迂回包围，我上海守军已从大场开始后撤。我八十八师谢晋元团副率杨瑞符营的八百壮士，死守上海苏州河畔四行仓库，掩护大军后撤，已变成唯一被日军夹击的据点，情况十分危急。根据母亲了解的情况分析，父亲可能已在京沪线上战斗，全家人的心情都十分忐忑不安，日夜为父亲和前线将士祈祷。祝他们既多打胜仗，又能无事平安。这种希望前方杀敌亲人平安的心情，不是当年抗日战争时的军人亲属，谁又能有这样的体会呢？

三、父亲负伤，与刘湘谈话

12月初的一个寒冷日子，我家汽车司机突然来学校叫我回家，从他惊惶的神色中，已看出几分不祥的征兆。果然，一进门就听到母亲哭诉道："你爹爹作战负伤了，因伤势重，现已转移到武汉就医，我们要马上去武汉看视。"次日，便同母亲一道乘飞机去武汉，在万国医院病房里，看到躺在病床上面容消瘦的父亲。他见到我们母子到来，强作一丝笑容，反安慰我们说："没关系，只伤一点左腿而已。"

我小的时候，每到夏天全家户外纳凉时，我总爱到父亲躺的凉椅边，好奇地数着父亲身上的枪疤，胸前、腹部、膝盖等处共六个伤痕，现在又添上第七个。而这个伤痕是日本鬼子打的，我当时内心发誓，我二天要当兵，要上战场加倍还击鬼子。

11月27日傍晚，父亲在前线指挥作战时，被太湖方向驶来的日快艇上炮弹击中左腿，伤及较大动脉，血流不止，伤势很重。幸卫士们奋力反击，掩护背回我父亲，先进行止血急救。父亲负伤后，一再嘱咐师参谋长林华钧代行战斗指挥，直至上官云相第三十二集团军所部前来换防，我一四四师才转移到后方休整。是役保证我方大兵团转移到芜湖一带休整，得到总参谋部陈诚、白崇禧通令表彰，并报上级升我父亲任第五十军军长，辖一四四师、一四五师、新七师，隶属第三战区（长官顾祝同）战斗序列。

父亲在万国医院养病期间，还有一件使我永生难忘的事，那就是川军刘湘将军与我父亲的谈话。刘将军因劳成疾也住在万国医院，在他去世前不几天，叫他副官请我父亲去叙话。我搀扶父亲去刘将军病床前沙发坐下,刘将军先问我父亲伤病情况,后说:"翼之(父亲别名),看来我的病好不了啊!回想我们袍泽之情几十年,过去我们四川真不该打内战。目前全面抗战已展开,想不到我才47岁便得了难治之病。我一生有三大憾事:第一,不能康复再上前线杀敌了;第二,真后悔当年打内战,自家骨肉相残真可耻;第三,我主川政多年,未将成渝铁路、川汉铁路修好!对不起川中父老乡亲,我死也不瞑目。"最后勉我父亲伤愈后重返前线,勿负所托。

弥留前夕,刘湘将军的这番谈话,反映了一个爱国军人的心声。事隔57年了,如以"盖棺论定"来衡量,刘湘将军不愧是一个祖国的好人。他临终仍念念不忘祖国的抗战和反思过去的打内战,并对四川建设没搞好表达了歉意。这比起那些拥兵自重、消极抗日的人物来说,是何等不同呀!

四、父亲重返前线

1938年初春,父亲伤愈出院重返前线时,曾任军委会政治部第三厅长郭沫若赋诗相勉,诗云:

    山河破碎必须收,光复二京赖戎俦。
    此去江南风景好,相逢应是在扬州。

是年春夏之交,皖南的五十军佯攻芜湖,牵制敌一一六师团,阻其北上增援在鲁南被我围困之敌,有力配合了第五战区在台儿庄的空前大捷。芜湖阻击战论功,我父亲擢升为第二十三集团军副总司令兼五十军军长,并荣获忠勇奖章一枚。

五十军驻防皖南的青阳、繁昌、铜陵、贵池等地,与驻皖南的新四军军部所在地泾县云岭毗邻(五十军军部驻青阳木镇)。当时任新四军第一支队司令的陈毅将军,与我父亲原系故交。早在1927年父亲任江、巴城防司令时,陈毅刚从法国回国,以中共地下党员秘密身份到川东一带搞军运工作。给陈毅与我父亲"牵线搭桥"的人,便是陈毅嫡长兄陈孟熙(时任我父亲下属少校书记官)和另一个文职人员陈作孚。一个国民党将军与一个中共地下工作者交朋友,当时是有风险的。可能是我父亲对一个有正义感的青年的爱护和同情所致。五十军与新四军两支抗日队伍在皖南对日作战中,多次相互配合,并肩作战。新四军军长叶挺将军、副军长项英将军和陈毅将军,经常到青阳木镇五十军军部看望。由于彼此过从甚密,遭到战区长官顾祝同的疑忌。五十军政治部主任陈去惑向中央告密,诬我父亲左倾,向新四军支援武器弹药,并将1939年12月的一项战斗失利罪责加在我父亲头上,父亲被上级以"作战不力"罪免去五十军军长职务,调陆军大学特五期学习。真是"报国有志,杀敌无路"。对于一个抗日心切的人来说,父亲是多么难受呀!陆大在重庆,父亲回来见到我时,一个身经百战、有泪不轻弹的军人,竟抱着我痛哭一场。当然有可能是见到阔别两年多的儿子,心情激动,但更重要的是遭到"莫须有"之冤的悲愤。

五、我也投笔从戎

1942年夏,父亲在陆大毕业,我也在广益中学完成了高中学业。当我面临前途选择时，父亲竟改变了过去望我也当军人的夙愿。但当我决定国难当头应当投笔从戎，报效祖国时，父亲还是同意我报考中央军校第十九期。还因我未满18岁（仅16岁），把我带到军校来见万耀煌教育长和办公室主任皮震。当万教育长见我年龄太小，要我隔两年来考时，父亲急忙向万教育长、皮主任说我一心要去打鬼子，我什么样的苦都愿吃时，万教育长赞扬他送子参军，答应让我参加军校考试。三年后，我在中央军校十九期特种兵总队以全队第六名的优异成绩毕业时，受到万教育长、皮主任的赞扬，父亲也由衷地高兴，儿子亦走上报效祖国的道路上来了。

1944年，日寇发动打通大陆交通线战役，河南汤恩伯的十三军一触即溃。日寇赓即进湖南，入广西，前锋曾窜到独山，重庆震动。当时中央认为日军炮兵较凶，我军也急需组建新式炮兵部队才能挫敌兵锋。于是一方面空运美式新式装备，一面组建新的反攻部队，特别需要炮兵军官。经军训部批准，我十九期特种兵总队三个炮兵队学员都毕业，到云南中美炮校操习美式大炮的使用，并成立美式炮兵团。我们三百多名军校特种兵青年军官于春节前夕，从新津机场飞往云南昆明，踏上新的征途。

经中美炮校三个月培训后，我们纷赴各战区。当时组建的九个炮兵团，配属于青年军的九个师。我被分到二〇四师，那是一个当时不上前线的师，我上前线的愿望落空了。我立即向教育长梁华盛中将请求分到驻印军炮兵团。梁华盛曾任第十军军长，与我父亲是陆大同学，他看了我的报告先还是不允，后经我苦苦哀求，才同意派我去驻印军炮兵第五团任少尉。这个特殊照顾，使我心花怒放。

到印度后，炮五团团长林路生上校分我到二营五连任少尉排长。由于印缅战场多丛林地带，用不上汽车牵引的榴弹炮。我们奉命回国参战。回昆明后，营长于国璋对我说："小郭，你想打仗吗？我团将赴广西，参加大反攻。"我听到要去打鬼子，真像孩子过节一样高兴，杀敌的机会终于到了。

战时的公路路况很差，不幸的是我连连长舒治澄由于路滑车翻身亡。其未婚妻当时在武汉大学任教，他俩相约抗战胜利后再结婚，谁知舒连长英年早逝，她能不悲痛？这都是日本鬼子造的孽。舒连长遗体安葬在贵州马场坪南甘靶哨镇山冈上。当年我在他墓旁栽的树，半个世纪过去了，应该是参天大树了。抗战胜利后，我几次路过武汉，想去珞珈山武大去询问舒连长未婚妻的情况都没有去成，这个遗憾到现在，或许还要遗憾下去。

六、抗日战争胜利了

1945年7月，我国各战场已拉开了大反攻的序幕。炮五团在配合收复桂林后，一扫广西境内残敌。曾几何时，那残暴骄横的"皇军"威风已不复存在。尤其是欧洲希特勒德国垮台后，亚洲各战场以压倒优势的海空袭击和强大的地面攻势，已使日军只有招架之功并无还手之力了。

其实，早在1939年5月，日侵华派遣军华中司令，即后来的侵华派遣军总司令冈村宁次大将，在总结随枣会战经验教训时就说过："敌军抗日势力之中枢，在于他们中青年军官阶层的战斗意志与不屈不挠的抗日精神。要想和平解决事变（要中国不战投降），无疑是缘木求鱼。"中国兵学泰斗、陆大校长蒋百里先生说得好："胜也罢，败也罢，只要不和敌人讲和。"这就是中国不成功、便成仁，决不降敌的彻底战斗精神。

桂林收复后，炮五团转往湖南，8月6日和9日，美国在日广岛和长崎各投下一颗名为"小男孩"的原子弹；加上苏联远东红军五路进入我东北，围歼日本"皇军之花"关东军；中国大陆战场也全面大反攻。1945年8月15日，日本在裕仁天皇召开的御前会议上宣布无条件投降。中日双方鏖战八年另一个月又七天的、打了大小仗四万另四十八次的、中国官兵伤亡七百八十万人以上及单川军伤亡就近七十万人的抗日战争，终以中国战胜，日本无条件投降结束。无数英烈的遗骨在哪里？我们活下来的人每一念及他们，真想告诉战后才出生的中国人，我们的胜利是多么来之不易啊！

　　　　　　　　　　　　本文选编自《泸州文史资料选辑》第二十六辑，1995年

三攻贵池两布水雷

罗心量

1940年5月初旬，我一四五师奉命进攻贵池（在安徽省），挺进江岸，掩护我中央炮兵腰击长江敌舰。师奉命后，即电话指示四三四团为主攻部队，四三五团的两个营为预备队，四三二团仍固守原阵地，牵制当面之敌不得转用于贵池方面。进攻贵池时间定于当月11日晚上。

四三四团担任主攻，责任綦重，团长罗心量为了确保任务能顺利完成，乃召集各营营长及副营长，共商进攻办法。大家一致认为因我装备窳劣，不适于正面作战，应该采取奇袭，利用夜暗，出其不意，一举攻略为当。团采用了这个办法。适值当天整日下雨，入暮不停，敌人警戒疏忽，我官兵乃乘时冒雨突然袭击。敌抵抗不大，我军占领西南城垣，凭高瞰制城内。敌兵仓皇退出城外，利用既设阵地继续抵抗，激战至拂晓。而四三五团所派遣的增援部队，被齐山之敌所阻，无法前进，数倍于我的敌人援兵又相继赶来，进行包围。我守城官兵坚持到入暮以后，利用敌人最怕夜战和白刃战，仅付出极小牺牲便突破包围，大部撤离出城；对其通向我方的前沿工事进行了破坏，然后退至清溪，集结整顿。

师部鉴于我官兵仍然精神旺盛、斗志坚强，而敌人又骄纵轻敌，不为戒备，其已被破坏的工事也未加修复，认为时机可用，乃又令四三四团于15日再度攻城。这次进攻，团不改变原进攻路线和战斗方法，只加强两翼兵力，以掩护攻城部队强行攀登。由于我官兵效命，不畏艰危，奋勇登城，一举再次占领县城，即以信号通知四三五团迅速驰援，以扩大战果。但所派部队暴露了行动，被齐山之敌所阻击。既得成果，又落入敌手。所幸我攻城部队掌握了地形，待其由水陆增援的大军赶到时，我军已先期脱离了敌人。

敌经历了两次失利，提高了警惕，增强了防务，特地派来长驻的军舰两艘、水上飞机数架，以防御我军的再次进攻。同时加紧赴修城防工事，增强外围据点，连接齐山，构成了一道坚固的防御线，并封锁了通向县城的大小通道。军部为支持我师再次进攻贵池的意见，除允许将战区苏式战防炮连拨归指挥外，并增加迫击炮两个连、工兵一个连，统由四三四团团长罗心量负责指挥，原作战部队任务不变。师长孟浩然也代表军长慰问，勉以努力杀敌，官兵莫不振奋，一致表示坚决再战。团即分别下达任务，其要旨如下。

（1）第一营营长姚席丰率该营附战防炮三门、迫击炮两个连、工兵两个排，负责进攻通向贵池县城的敌外围主要据点陈家山阵地，一举攻占之。

（2）第二营营长张益斋率该营在第一营攻势得手后，立即加入战斗，以扩张战果。

(3) 第三营营长王天位率该营附团属迫击炮连及工兵一个排，进攻齐山之敌，牵制其兵力（不得转用于陈家山方面），适时攻占其阵地。

(4) 通讯排确保团同各部的作战联系及情报传递。

(5) 团长罗心量、副团长沈清源分别担任陈家山、齐山方面的作战指挥。

(6) 进攻时间为20日拂晓。

各营连在奉到团的指示后，即积极提前做好各项战斗准备。而在敌方，似已有预测，也同时在加强其守备力量。当我军进攻一开始，敌方就以炽盛的火力猛烈还击。右起齐山，左迄陈家山，构成了长达数里的浓密火网。但这并不能威慑我军的战斗意志和进攻精神。在我军的不断进攻下，在十时左右，我主攻陈家山的部队，已攻占山腹及几个大的据点。再上去，则阻于石壁陡峭，且敌工事坚强，火力炽烈，无法前进。敌配备的火力十分雄厚，小炮不下十余门，重机枪有二十余挺，制压着我战防炮及迫击炮，使其难以发挥效用，且战斗地面狭窄，兵力不易展开。在初攻时，我迫击炮一个连（师属，连长姓陈）就连中敌炮弹两发，牺牲惨重。所赖以攻占山腹及几个大的据点，全凭我步工兵的协力作战，奋勇攻击，特别是工兵犯难冒死，对敌层层障碍的破坏作业所取得的成果为最大。同时，齐山方面的第三营也达到牵制敌人的目的，并占领了三个据点，夺获机枪一挺、步枪十余支，毙伤敌数十人。此时天气已晴朗，敌人的飞机异常活跃，不断地低飞侦察轰炸，兵舰上的大炮不断猛烈轰击，增援部队也不断开到前面。看来形势将于我十分不利。就在此时，军指挥所派来的督战人员已由副师长许元伯陪同到了前线，巡视了一遍，亲见战斗实况，也认为再继续下去，将于我绝对不利。乃由他们据实电话呈报到军部，获得批准，立即停止进攻，并饬尽量先撤走战防炮，其余部队入暮撤离。我军进攻贵池的战斗，即就此结束。

进攻贵池，挺进江岸，掩护炮兵以腰击敌舰，这是具有重要的战略意义的。虽然这一任务未能完成，但我军统帅部仍不放弃这个战略部署，就在同年（1940年）的7月下旬，即派来海军第二大队，继续就贵池迄殷家汇一段江面布放水雷，以重创敌舰，阻绝其长江航运。负责掩护及协同布放工作，仍由一四五师选派部队担任。由于四三四团一、三两营正守备在这一线上，因此，师又将这一任务下达给四三四团。当该大队到达团部驻地桃坡时，团长罗心量与大队长林遵在图上进行了研究，然后又同到前线，现场观察，选定贵池以西包家圩至大龙圩之间，这一段江面较窄，流速不大，又是敌据点的间隙，最适宜于水雷的布放，但也存在许多困难：

(1) 贵池敌军经我军三次进攻，予以重创后，更加增强了戒备，其警戒线直达江岸，并配备伪军在外围活动。

(2) 由基地至江岸纵长三十里，圩内河区纵横，堤埂狭窄，行动困难。

(3) 水雷每具重达一百多公斤，圆形，运输不便。

(4) 布雷人员只能担任布放的技术作业，其余工作，概由掩护部队全部承担之。

(5) 布雷只能利用夜间，往返在六十里左右，又须于拂晓前完成任务，方不易为敌人发现。

根据以上情况，团做如下处理：

(1) 选派精干得力人员，潜入贵池城内与各阶层爱国人士取得联系，以侦察敌情、监视敌伪活动，随时具报。

（2）组织民众协力工作，负责监视、通讯、联络、向导等事。

（3）派遣部队，以第一营担任掩护任务，团属运输连负责运输工作，工兵两个班协助布放的技术作业。

因任务重要、时间紧急，仅以几天的时间就完成了各项准备工作。开始布放水雷的第一天，适逢天雨，道路泥泞，夜色茫茫，我军用船筏载着沉重的水雷，经行于复杂河汊与窄小堤埂之间，这是何等艰巨的行动啊！同时还要禁绝灯火、屏息声响，以免敌人发觉。我果敢英勇的战士，以极大的毅力克服这些困难，经过军民的共同努力，终于在拂晓前完成五十具水雷的布放任务，安然返回基地。全团、全队官兵莫不精神振奋，欣喜异常。我团又向上级申请，请准予不失时机，继续再布放五十具水雷，以扩大战果。师部完全同意。这一次布放，道路既熟，人员不变，方法仍旧，没有遇到更大困难便完成任务，获得上级嘉许。同时授权我团："关于布雷事务，与布雷大队斟酌处理，报师备查即可。"权责加重，我团更加小心谨慎。乃与大队研究，改变方位，取道大小苏岭，在殷家汇以西江面布放。连续三次，共布放一百多具水雷，效果极佳，连日来江上猛烈的爆炸声震惊四野。为了保密不让敌人知晓，在间隔一段时间后，又在原地布放一次，殷家汇两次，共七十具。总计布雷八次，约三百具，炸毁、炸伤敌大小船舰百数十只，创造了我军布雷的最高纪录（根据军部、总部及民众监视哨所的汇报数字）。

本文选编自四川省政协文史资料研究委员会、四川省人民政府参事室《川军抗战亲历记》

攻克马当要塞

骆周能

马当，在江西省彭泽县东北，北临长江，是长江中流的咽喉之地，为镇锁大江之要隘。当年川军第二十一军攻克马当的胜利，震惊中外，赢得了国际舆论的好评，同时也增强了我军抗战必胜的信念。兹就记忆所及，略述其梗概如下。

1940年9月，第二十一军参谋长余贤立应召至上饶第三战区长官部开会三天。他返部后，即传达司令长官顾祝同的指示，说明我军的任务是对敌沿江据点发动攻势，不惜牺牲，攻克要点，挺进江岸，腰击敌舰，截断长江，并强调这是大本营的要求，也是战区的主要任务。

日军进攻武汉得手后，控制了平汉铁路和长江这两条水陆大动脉，企图占稳京沪杭，夺取大量资源，以战养战，作为进攻我腹地的主要基地。敌人疯狂叫嚣，保证长江安全，邀请各国商船进出长江，与日方协办航运和商务，等等。听说，当时就有一些要钱不要命的外国大商人，乘船游览长江到武汉，以探虚实。因此，这不仅有伤我军民抗战的决心和士气，而且在国际视听上使我蒙受莫大的耻辱。所以我方不惜牺牲一切，也要争口气。截断长江航运，势在必行。

一、进攻目标的选择与决定

日军掩护长江航运的沿江据点都是堡垒式的防御工事，构筑坚固，层层设障，并有海、空军的火力支援，无论选定何处都是攻坚战斗。以我劣势的装备、有限的兵力，要一举截断长江航运，谈何容易！如果集结军队的主力，人多势大，以血肉之躯，硬碰敌人的钢铁堡垒，那等于驱群羊于猛虎，后果可想而知。如果用少数兵力，沿江敲打，那无济于事，徒劳无功。展开地图一处一点地对地形进行研究，从敌我部署的实力对比、当前侦察情况，以及敌军武器配备诸方面考虑，既要成功大、损失小，而且要有一定的把握达到截断长江航运的目的。军长陈万仞、参谋长余贤立召集作战科长骆周能、情报科长曹慧及军部两个高参，整整用了两天时间研究。研究结果是避实就虚，出其不意，用精悍少数部队潜入偷袭，一举攻克敌军主要据点——马当（那里的江面很狭窄），占领了马当，用步兵炮可以截断长江航运。一切作战部署均服从这个主要任务。

二、选定攻击马当的根据

攻占马当的大胆决定，是军长陈万仞的主见，当时部队掌握了以下一些情况：

（1）敌军马当东南面的据点工事，为堡垒和野战工事相结合编成的内外三层的阵地带，在配备上火力强、兵力少，与后方（马当）距离较远（二十华里左右），与我军阵地前沿工事成对阵形势。

（2）敌据点外围距我阵地有一段丘陵地带，湖汊纵横，杂木芦苇丛生，地形复杂。湖汊到秋冬季节，多处可以徒涉。我军在湖汊中间，设有几条秘密通道，侦察人员常利用这条通道潜入敌后侦察，始终未被发现。

（3）避开敌人据点和监视，进入敌后，就如入无人之境（距马当较远一带为无人地带）。

（4）驻马当敌人无正规作战部队，大都是守护军用物资的后勤部队。

（5）居住在马当内外的人民群众深受敌人的摧残和迫害，对敌万分仇恨，不顾一切帮助我军，并与我军早有秘密联系。

基于以上情况判断，制定出攻占马当的实施方案报请集团军总部批准执行。

三、作战准备及主要措施

（1）多次召开担任攻击部队的军官会议，提供意见。
（2）命政工人员做好振奋士气的思想工作。
（3）不断派遣人员潜入敌后侦察。
（4）多次模拟实地演习。
（5）绝对保密。一切都采取黑夜行动。
（6）其他准备工作。

四、攻击部署

（1）指定一四七师四三九团团长以该团精干官兵混合编成六个突击中队，由第一营营长谢腾章指挥进攻马当。

（2）命该团连长王家钟、张锦文、陈恕等，在发动进攻前率领主要人员做好侦察出入路线、潜伏地点和掩护设施等工作。

（3）师直属各部选编成一个加强突击营，由师部上校副官苏子明指挥，配合主攻部队猛袭彭泽、湖口地区各据点之敌。破坏通湖口、九江公路大桥。

（4）该师四四二团团长李昭指挥该团向东（流）至（德）沿江各据点之敌发起进攻，阻击由东流西进之敌，截断破坏通往马当的堤岸公路。

（5）四四一团除一部接替四三九团防务外，其余为师预备队，策应各团战斗。

五、马当攻击战

攻击准备就绪后，于10月11日黄昏，开始行动。部队严密遵照规定路线和战斗区分，在我两翼部队对敌阵的猛袭掩护下，在敌人据点的鼻子底下，悄悄前进，绕过敌人据点和监视哨，遇水蹚水，遇湖过湖，利用杂树芦苇，匍匐潜行，不论敌人发现与否，无论处在什么情况下，不许打一枪、一炮。凡要隘和岔路都在事前设好标兵和引导，行动敏捷，于12日拂晓进入马当附近的西南地区。部队稍事整顿后，即向马当突然发起攻击。敌人还在睡梦中，无丝毫作战准备，遭此突然袭击，晕头转向，来不及弄清底细，即被击杀。除当时击毙百余人外，其余拼命四处逃窜，又被我军追杀四五十人。

我军焚毁弹药库、汽油库各一所，夺获马厩一所（马五十余匹）、粮仓一所，其他战利品无数。我国国旗当即飘扬在马当最高峰。游动炮兵，立即射击，宣告我军攻克马当，截断长江。日军保证长江航运安全的狂言，彻底破产！

从我军攻下马当最高峰到我炮兵开始射击，我未伤亡官兵一人，这是抗日战争史上的一大奇迹！敌据点内敌人集结主力分数路猛力反扑，企图夺回马当，围歼我进入马当的官兵。当即展开激战，我军健儿浴血战斗，反复冲杀，战斗空前激烈。敌军死伤累累，终被我军击退。敌军从最初的八架飞机增加至三十余架，在马当及其周围上空狂轰滥炸。我军将士毫不畏惧，表现出大无畏的勇敢精神。

10月22日，重庆行辕主任贺国光致电第二十三集团军唐式遵、第二十一军军长陈万仞祝贺。同月27日，成都各界召开庆贺克复马当祝捷大会。祝捷电文有"扬川军之忠勇，握全胜之枢机"等赞誉之词。

本文选编自四川省政协文史资料研究委员会、四川省人民政府参事室《川军抗战亲历记》

长江布雷断忆

骆周能

关于二十三集团军在长江腰击敌舰、布放漂雷的作战情况，第二十一军军长陈万仞在1941年春的一次集会上，曾说过这样一段话："现在很多人热衷于打大会战，敌人伤亡惨重，便成为轰动全国的特号新闻。其实打大会战，我军的伤亡并不如敌人小。打仗就是要保存自己，消耗敌人。如果是两败俱伤，或者是我方损失大于敌人的损失，还高谈某某大捷，完全是自欺欺人。我们对敌人要像蚕子吃桑叶一样，一口一口地吃，积小胜为大胜。即我们以很小的代价，换得敌人几倍甚至几十倍的损失，才是真正的胜利。我们击沉击伤敌舰，就是这样。因为一颗炮弹、一只水雷，只花了几十元、几百元的代价，就炸沉了敌人价值几十万、几百万元的兵舰，这一本万利的买卖，却被许多指挥官忽略了。"他的这段讲话，是有所指的。我回忆当时的情况：沿江腰击、布雷，击沉、击伤日军舰艇达三百余艘。这是敌人的大损失，也是我军最光辉的战果。但是当时我前线官兵并不满意，为什么？第一，配属炮兵太少，在武汉弃守后，敌军在长江的航运更加频繁，但当局反而把原来配属的炮兵团调走了。经多次请求，仅拨来两个卜福式山炮连，为游动腰击炮兵。第二，雷、弹不齐，经常是有炮无弹，有人无雷，迟迟不予补充。第三，多次请求批补后，要从前线派兵到后方，用人力搬运，往返需时一月左右。真是劳师费时，官兵不满，同时也难以扩大我军布雷的战果。

1941年初我任第一四七师四三九团团长时，担任马当至湖口一带的腰击布雷任务，就深有体会，感到掩护布雷任务，要比打仗困难得多。当时我接到的命令是："挺进江岸，布放漂雷。"若领会为是要你带着部队打到江中去布雷，这样就完全错了。那必然人与雷均被消灭。第一四五师四三五团团长曾植林之自杀，就是因为他是这样干的。

我每次担任布放二十只到四十只漂雷的任务，每次都是成功的，见效很快。利用早选定好的暗道、湖汊、港湾、灌木密林，选择最坏的气候——大雨、大风、大雪、大雾，黑夜偷布。试想，一只雷重二百斤，要四至八人抬，四十只雷该多少人抬？还有掩护部队，潜行到江边，不是将雷放下江去，而是要装上船运到江中心布放。船从哪里来呢？要掩护部队把船抬到江边去。从敌人据点的眼皮下，到敌人屁股后面，把雷一颗一颗地放好，这不是一夜两夜，而是要十夜八夜才能完成。有时木船抬不到江边，布雷队的官兵就更辛苦了，往往要水下作业。在冬季大雪天，冻死在江中的也不乏其人。我是亲自潜行到江边看到的。我们为避免敌人沿江巡逻艇的监视，不得不在水下作业。如敌人发现我们在那里布雷，就会像疯狗一样，不惜一切代价来消灭你；你就是把雷布下去，也无用，几只扫雷艇很快就扫光了。雷布下江后，还要细心地消除所留下的一切痕迹。有一次在大雪天布雷，我们的官兵在身子后都拖了一条长长的尾巴，那是用树叶做成的"凤尾",不是装饰品,是用来扫平雪地上留下的脚印的。有一次通过冰湖的暗道,冻死十多人。时隔数十年,我对布雷队官兵至今还保留着最亲切的回忆,我对他们那种不畏艰险、勇于牺牲的精神,永表敬意!

本文选编自四川省政协文史资料研究委员会、四川省人民政府参事室《川军抗战亲历记》

父亲刘兆藜在南京保卫战中

刘文镜

父亲刘兆藜,字雨亭,四川南部县人,1885年5月15日午时生,又是家中的第五丁,故又名伍生。读过几年私塾,当过农民,做过郎中,后来从戎入刘湘部,从排长升到师长,是刘湘手下的一员战将,也是刘湘手下最忠实的带兵官之一。人称其打仗勇敢,又善于动脑筋。

抗战之初,刘湘任第七战区司令长官,率川军出川抗战。我父亲任二十三集团军二十一军一四六师师长。

1937年11月,日军攻陷上海后,拟从东面的京沪和东南面的京杭两条国道钳形夹击,一举而下南京,形势十分危急。

刘兆藜

京杭国道东起浙江省杭州市,向北到达太湖南岸平原的湖州市,再向西在长兴县城分成两支:一支向北沿太湖西岸宜兴到溧阳;另一支从长兴向西,在天目山的丘陵地带经浙江省的泗安到安徽省的广德,最后经宣城折向北到芜湖、南京,这一支称芜杭大道。

显然,在天目山打击这一支沿芜杭国道西进的日军是最有利的。刘湘决定在这里打击向南京攻击而来的敌人。

于是,在刘湘的指挥下,第二十三集团军分为两个作战群。以两个师部署在太湖西岸的京杭国道上,伺机阻击敌人。另外,以三个师、两个独立旅部署在泗安、广德一带的天目山中,待日军机械化部队进入山区,失去作战优势后,我善于山地作战的草鞋兵,一举从山中杀出,拦腰斩断日军,使其首尾不能相顾,在近战中给予敌人狠狠的打击。这样,即使不能消灭敌人,也能给予敌人极大的杀伤,迟滞敌人的前进步伐,起到保卫南京的作用。

父亲的一四六师属于第一战斗集群,部署在太湖西岸长兴县以南,专门对付沿京杭国道攻击而来的敌人。在他的后面,是郭勋祺一四四师,负责对付从太湖水路进攻的日军和陆路而来的日军。

部队进入阵地后,在太湖西岸的一四四师师长郭勋祺等人到阵前巡视,其中有一四四师三十二旅参谋长胡秉璋陪同。巡视中他们看见中央军有一个炮团从上海撤下来后正在此地休整。清一色德国造山炮在阳光下闪烁发亮,让这批从未有过大炮的四川军人眼馋。没想到这位参谋长胡秉璋和这个炮团团长胡克先认识,都是温江人,同乡同姓,而且还是黄埔六期同学,两人私交向来很厚。二人在此意外相逢,真是又惊又喜。郭师长见此情况，顿时心生一计，立刻授意胡秉璋设法利用关系把炮团留下来打一仗。正在胡团长感到十分为难时，父亲和他手下的两位旅长巡视阵地也来到这里。真是无独有偶，父亲的一位副旅长何炳文也是黄埔六期学员，不但与胡团长是同学，还与胡团长手下的二营营长范麟是结拜兄弟。于是何炳文也参加游说，一起挽留胡团长留下。胡团长一则难于推脱，二则也为自己同乡这种舍生忘死的抗战热情所感动，终于答应将范麟的一个营留下来与之共同作战，并言，该营全是新炮车，行动迅速，可有大用。于是郭勋祺师长和父亲各分得一个山炮连、四门山炮。

11月26日，从杭州湾登陆而来的敌一四四师团在二十多架飞机和坦克、装甲车的掩护下，向一四六师阵地发起猛烈的攻击。

一四六师阵地位于一片浅丘之中，横挡在京杭国道前面，其后防有一块狭窄的谷地，两山夹一谷，大约三里长的国道从这一狭窄的地段通过，是敌机械化部队的必经之路。父亲将一个旅埋伏在这段公路两侧，做了周密的安排，布下一个陷阱。官兵摩拳擦掌，专等鬼子进入这个死亡之谷。

第二天黎明，十架敌机飞临阵地上空，进行轮番轰炸和猛烈炮击。然后以步兵同时向各山头阵地冲锋，步兵之后大路尘土飞扬，有坦克、炮车、装甲车数十辆陆续跟进。父亲胸有成竹拿着望远镜登高观察，寻找战机。

看着时机已到，父亲命令前沿守兵按预定计划佯装溃败，把敌人引入后面的预伏地段。敌人一看守军败退，立即蜂拥追赶，后面的坦克和装甲车也加大马力沿公路向前开进，逐渐进入了这三里长的预伏地段。

在这里守候了三天的炮营范麟营长和副旅长何炳文亲自从炮镜中观察，看到鬼子数十辆战车已经进入口袋，憋足了劲的范营长一声令下，四门山炮同时开火。敌人最后几辆战车起火瘫痪，将后退道路堵塞。此时，四门山炮和全师集中起来的中小迫击炮、轻重机枪、步枪、手榴弹一起开火，真是弹如雨下，震耳欲聋，敌人堆里腾起的烟雾连成一片，尘土蔽天，血肉横飞。在前面进攻的敌人二千余，见后队有失，立即停止前进，回师救援。父亲当即下令冲锋，埋伏在道路两侧的廖敬安旅八七五团团长潘寅久率部从左侧飞驰抄袭过来；埋伏在右侧的八七六团团长杨国安亦身先士卒，带领全团士兵由右横冲而来。敌人在仓皇后退中突遭两面夹击，欲退不能，欲进不得，立即抢占道路两侧高点，凭借优势火力压住我冲锋的士兵，拼命抵抗。我军士兵看见鬼子已处于下风，又有大炮助阵，士气大振，不断在炮火的掩护下向敌人发起攻击。双方激战了几个小时，反复冲杀，敌人渐渐不支，派出飞机大炮掩护，拖起尸体向后退出战场。

敌人的战车遭受我炮击，被打毁的装甲车和坦克堵塞了后退道路，一些战车在乱窜中发现一条陡斜的小道，于是纷纷加大马力，吼叫着开上这条小道向后急驶逃跑。这些顺着这条小道逃跑的战车跑了二三里路时，又遇上一段陡坡，坡上堆满干草。鬼子慌不择路，纷纷开上这条堆满干草的陡坡。原来这正是父亲为鬼子设下的陷阱。这些干草早就喷满了煤油，当鬼子的车辆一踏上这里，两旁埋伏的轻重机枪和迫击炮一齐对准干草开火，燃烧弹引燃煤油，陡坡立刻燃起冲天大火，夺路逃跑的敌坦克和炮车不顾一切地冲过熊熊燃烧的火海逃命。只苦了橡胶轮子的装甲车，橡胶轮子一沾上燃烧的煤油，就跟着起火，几辆鬼子装甲车被烧毁在陡坡上。

敌人先头部队两千余人，正拟回师救援，又遭两面夹击，鏖战数小时，敌军全军溃败。

大队鬼子在掩护下逃走了，父亲又命令对鬼子的掩护部队不要歇手。天色已临黄昏，一伙掩护日军撤退的炮兵正准备后退回营地，朦胧中突然又冒出一群草鞋兵，突然一阵手榴弹、冲锋枪子弹像飞蝗一样射来，上百颗手榴弹在敌群中炸开，直打得这群敌人"啊、啊"乱叫，乱成一团。鬼子兵不明虚实，顾不得大炮，撤下炮镜等装置，弃炮逃跑了。原来四三二团在白天就已经侦察好了敌人这个炮位，挑选了三十多名精壮士兵，在三连中尉排长但启明的带领下，携带冲锋枪和刘湘兵工厂生产的马尾手榴弹，乘敌人在黄昏撤回营地时，迂回接近炮位，一顿乱打，夺得敌人三门缺少零件的大炮。

27日的战斗，一四六师大获全胜，俘敌官兵六名，击毁敌坦克三辆、炮车四辆、装甲车九辆，缴获敌山炮三门、野炮一门、步枪八十九支、机枪两挺、大小军旗十七面，其他物品共三百余件。

第一战斗集群在太湖西岸战斗的同时，第二十三集团军的第二战斗集群正在泗安一线同日军激战。

父亲结束了在太湖西岸的战斗，又奉命参加了在泗安对日军的围歼。泗安镇位于浙江省最西部，泗安以西就是安徽省广德县。

泗安镇由西而东分为上泗安、中泗安、下泗安三镇，地形十分平坦，南北有浅山，公路从镇中通过，东距长兴镇约三十公里，西距广德城约二十公里。

在这条战线作战的日军向泗安的一四五师发起了攻击。一阵激战过后，日军占领了中、下泗安。

此时，我战区司令长官刘湘决心围歼泗安之敌。在他指挥下饶国华一四五师继续坚守上泗安，并相机出击；父亲受命向南截断泗安敌人退路，并从左翼包围泗安之敌；其余各部也在统一指挥下相机进入阵地。泗安之敌已在我三个师和两个独立旅的围困中。

28日清晨，攻击开始，我各攻击部队的突击队均由旅长直接带领，突然向下泗安之敌发起猛烈攻击。

一四六师的廖敬安旅长在前夜就奉父亲的命令亲率一团摸近敌炮兵阵地潜伏。此时立刻向敌炮兵阵地猛扑过去。双方短兵相接，四十多名鬼子被击毙，一门九四山炮被俘获，还另加四匹驮马。

占据我下泗安的是敌指挥机关，在我攻击中一些鬼子在睡梦中就被打死，其余的鬼子乱作一团，利用镇上房屋和断垣残壁拼命顽抗。

我一四五师饶国华部同时从上泗安向东发起攻击，各部拼死冲锋，攻入中泗安镇中。中泗安守敌见下泗安的指挥机关有失，逐渐放弃抵抗，向下泗安靠拢。可是我军越战越勇，顷刻间，这伙敌人就被我包围在下泗安中。我军各部根本不给敌人喘息的机会，继续进攻，廖敬安旅长率部首先攻入敌指挥所。终于，中、下泗安均被我夺回，敌遗尸二百余具，三辆坦克和十一辆装甲车被炸毁。我缴获三八式步枪五十六支、歪把子机枪十八挺。除打死打伤不少日本鬼子外，生俘日军八名，其中两名躲在床下的日军女护士被我军俘获；另有一名叫龟谷的日军少佐军官被围在房屋里面不及逃走，竟用战刀剖腹自杀，廖敬安旅士兵冲进来的时候这个鬼子还没有完全断气。我军缴获日军二十三部汽车，还有车上的呢军服、呢大衣、毛毯，及千人针、神符神像等共计一千三百余件。汽车无法开走，被付之一炬。另有两门大炮被我军士兵塞上手榴弹炸毁推入湖中，后来又被捞出送回四川展览。此外，还有若干军需和文件等。

龟谷的御赐战刀被廖敬安得到，后来被勒令上缴战区总部。

当天夜里，我军又绕道敌后对敌人发起夜袭，打得鬼子狼狈不堪。

天亮了，廖敬安旅长亲自率领步兵一营，另加重机枪、迫击炮各一连，埋伏在小树丛中掩护我攻击部队撤退。当敌骑兵搜索到近处时，一声令下，枪炮齐发，打得敌骑晕头转向，四散溃逃。在猛烈的战斗中，四十七岁的上校团长杨国安肩和腿被子弹击中重伤，一位副团长罗世杰在战斗中阵亡。

二十三集团军在泗安和太湖西岸的胜利，在整个南京保卫战中虽算不上什么了不起的战役。但是，在当时却是一次十分重大的胜利。我数十万大军向西撤退，日军在败军后面乘胜追击。在追击中却遭到装备简陋的川军狠狠打击，敌人损兵折将、丢盔弃甲，狼狈溃逃；我军奋不顾身、英勇作战，连被俘虏的日本军人也承认我"草鞋兵作战十分勇敢"。这场战役的胜利对鼓舞士气、振奋人心都有极好的作用。

第七战区副司令长官陈诚在总结时指出：这次泗安战役，一四六师反攻日军，刘兆藜调动兵力和战术运用都很灵活，作战应以此为例。

我们纪念抗日战争胜利七十周年，必须再一次重温那段难忘的历史，要珍爱和平，反对战争，把我们的祖国建设得更加繁荣富强，实现强军强国的中国梦。

本文 2015 年写于成都

父亲饶国华的出征与还乡

饶毓琇*

2015年是中国人民抗日战争暨世界反法西斯战争胜利七十周年。第十二届全国人大常委会第七次会议于2014年2月27日通过决定：将9月3日确定为中国人民抗日战争胜利纪念日，国家举行纪念活动。又于同年8月31日通过决定：每年9月30日为烈士纪念日，举行国家公祭活动。

值此纪念抗战胜利七十周年之际，我特别怀念先父饶国华烈士和他的战友们。

忘不了送父亲出征的情景，那是1937年的事。七七事变以后，时任国民革命军二十一军一四五师中将师长的父亲主动请缨出征杀敌，并于当年9月率部由水路首批出川，奔赴广德泗安抗日前线，参加南京保卫战。

饶国华

出发前，他曾回家短暂停留。他做了当年广大出征川军官兵都会做的事，也做了别人不需要或不必做的事。看得出来，他是抱定了"为民族不怕赴死，打国仗不惜献身"的决心。

他首先和广大出征川军官兵一样，祭祖扫墓，预留遗书。接着拜访了住在资阳本地的启蒙恩师——前清举人、德高望重的"伍老天牌"伍銎老先生（在抗战中做了不少抗日救亡工作），拜托老师照顾其家属，表示："学生此行为国战，不成功便成仁。如幸马革裹尸还，学生的家属望恩师代为照顾。"又专程去成都拜会他军校的同窗好友，当时驻防成都、任少将旅长（后来任成都警备司令，1949年12月随刘、邓、潘几位将军在彭县起义）的严啸虎将军，把我长兄绍孝与严将军长女孝和的婚事定了下来，并当面拜托亲翁照顾留在后方的我们这一家子老小眷属们。

父亲这次回家，特意将他早就想好的为母亲腹中胎儿所取名字告知母亲。他对母亲说："如果是男孩就派名绍礼；如果是女孩就派名绍娟，学名毓琳。"离家归队的前夜，我看见父亲特地端了一盆洗脚水去到祖母饶陈氏房间，单腿跪地，仔细地为祖母洗搓她那双因裹缠变形了的小脚，并轻轻地、小心地修剪趾甲……照料祖母就寝后才退出房来。

临行那天早上，父亲全副军装，先去上房拜别祖母，然后来到堂屋。父亲用他温暖而有力的大手，一手牵着我，一手牵着六妹毓瑞缓缓向外走，母亲大腹便便，由长兄绍

---

* 作者为四川雅安市经信委离休干部。

孝和长姊毓瑛左右扶着紧随父亲之旁，三哥绍忠则和父亲的贴身卫士顾元兴紧跟在父亲身后。一家人就这样慢慢地边走边说，其间，父亲再一次嘱咐母亲："自古忠孝不能两全，老母年事已高，烦劳夫人代为奉养；儿女年幼，也劳夫人抚养成人。"就这样将养老育孤的担子交给了母亲。母亲深明大义，没说一句拖后腿的话。走至中门时，父亲停下脚步，把三哥由他身后叫到前面，对我们几兄妹说："你们要听玛玛（四川方言）和姆姆的话，要好好读书，不要做眼浅皮薄的人，要牢记我常常训诫你们的：比我强的我不怕，比我弱的我不欺；人有我无不嫉妒，我有人无不张扬。长大要像我期望的那样，做一个爱国顾家、对社会有用的人。"说罢，叫我们不要再送了，要我们全部站在中门口。从我家中门至大门口要经过一个天井和一条走廊，为了能够目送父亲走出大门，母亲领着我们兄妹"违背"父亲的指示，没有止步于中门口，而是走过放着两个大太平缸的天井，齐刷刷地站在走廊的这一头。我们望着父亲高大魁梧的背影，看着他迈着坚定的步子，大义凛然，头也不回大步流星走出了家门。他的卫士紧跟其后，迈着同样坚定的步子渐行渐远，消失在我们的视线中。这就是父亲深植在我记忆中的最后形象。万万不曾料到这竟然是和父亲的永别。

几十年来，此情此景常常浮现在我的脑海中，特别留恋和父亲牵手的一瞬。及至2007年7月8日，我与李家钰烈士的三公子李克林夫妇同行，又一次去到大邑安仁镇建川博物馆聚落壮士广场，瞻仰英烈塑像，已是白发老妪的我，依然情不自禁，请同行的李三哥为我拍下一张紧紧拉着父亲（塑像）手的合影。这不是第一次，也绝不会是最后一次。

送父亲出征几个月后，仅仅几个月后，我们几兄妹又一次齐刷刷站在门口。这一次是站在平时轻易不开的黑漆大门口，全身披麻戴孝迎接父亲的灵柩还乡，而不是迎回出征时那活生生的父亲。

父亲率一四五师出川，长途行军赶赴前线，参加史称南京保卫战之前哨战的广德、泗安战役，与郭勋祺将军所率一四四师、刘兆藜将军所率一四六师等二十三集团军各部并肩作战，抗击侵华日军牛岛贞雄师团。日军装备精良，人数众多，战斗力强。天上有飞机轰炸，地上有坦克和大炮猛攻，立体多路进攻，战事极其惨烈。川军将士们虽武器简陋，但士气高昂，同仇敌忾，勇往直前，以血肉之躯奋勇杀敌，真正是生死一瞬间，天地两茫茫。他们明知道每一次出击都可能会看不到明天的太阳升起，每一天都可能会成为自己的忌日，每一仗都必定会有流血与牺牲，他们却无所畏惧，前仆后继，无怨无悔，"冒着敌人的炮火前进进"。

经过几天几夜的血战，一四五师伤亡殆尽，陷入日军重围，成了危城孤军。父亲对士兵说："生是中华人，死是中华鬼，宁死也要为川军争国格。"面对敌人的诱降喊话，他怒斥："威廉二世如此强大尚且灭亡，何况你小小日本。"腹部已经中弹的父亲抱定与阵地共存亡的决心，率领剩下不足一营的士兵发出了绝地怒吼，在突围无望的情况下，焚毁了广德机场。尔后他怀着对民族敌人无比的恨，于1937年11月30日以身殉国，壮烈牺牲，时年四十三。父亲是用自己的鲜血和生命来激励战士们，同时也保持住了他身为一个中国军人的尊严，保持住了他自己的民族气节。据当年报载，父亲牺牲后，战士们高喊着"为饶师长报仇"的口号英勇战斗。

父亲牺牲后，国民政府发布褒扬令，追赠陆军上将，予以国葬。蒋中正、林森等党政要员纷纷题词、撰送挽联致哀。抗日名将、第三十六集团军总司令兼四十七军军长，1944年5月21日于陕县南寺院阵亡的李家钰将军，还为我父亲遗像亲笔题写《弼臣师长像赞》：

> 毣毣饶君，袍泽之英。
> 扔戈抗敌，取义成仁。
> 吴江星殒，蜀国归魂。
> 载瞻遗貌，凛凛如生。

父亲的遗体是顾元兴这位长期在父亲身边、又随他出征杀敌的贴身卫士从战场上背下来的。他和跟父亲一道出川、时任一四五师副官的大伯父饶厥炳（字耀廷）一起，随同警卫连长饶钧带领的送灵柩小队，从战区到后方，长途跋涉，一路艰辛难以尽述。既要躲避地面的敌人，还要防避敌机轰炸。每遇敌机轰炸，顾元兴总是用身体伏在灵柩上做保护，好不容易走到武汉，才得以搭上卢作孚民生公司"民俭"轮将灵柩送到重庆。重庆各界冒雨在朝天门江岸迎祭，后灵柩暂入厝忠烈祠，尔后返回原籍资阳，前后走了一个多月。

灵柩抵达资阳的那天是1938年1月4日。那时母亲已经生产下了遗腹小妹妹毓琳，正在坐月子，不能出来会见络绎不绝的吊唁宾客。长兄绍孝本是南渝中学的学生，已先期在重庆遵礼成服，扶灵还乡。在大门口恭候跪着迎灵的只有长姊、三哥、我和六妹及家中人等。

那一天，资阳全城下半旗志哀，到处挂着祭幛和挽联，鞭炮声不绝于耳……县长张镜蓉先生率领县府职员、各机关法团代表、驻军代表、模范营、县中校、女师校、一小、二小、崇德校等学生代表，各界民众代表，以及仪仗队、僧侣队、哀乐队、保安队、壮丁队……六千余人出城数里，在西门桥恭迎。大约上午十点灵柩抵达资阳。县长主持野祭，祭毕，又带领长长的迎祭队伍，导引和护卫父亲的遗像、灵位和灵柩返城，行进队伍绵延几里，缓缓前行，哀乐阵阵，诵经声低吟，十分庄严肃穆。从西门进城，经过大南街、小南街、中城街等，才转至上西街到达下西街66号我家（现粮食局所在地）。沿途各商家住户皆焚香秉烛放鞭炮悼念忠魂，及至我们兄妹跪拜迎入宅时已近中午两点。灵柩在家停厝期间，接受吊唁和延请高僧念经做道场，我们兄妹也得以最后陪伴父亲，天天守着他，陪着他，真希望时光流逝得慢些再慢些！1938年1月23日出殡，国葬于城北甘溪沟（现宝台镇协议村）。

四十五年以后的1983年，中华人民共和国民政部授予父亲"革命烈士"称号，人民政府也对早已被荡平为荒地的原国葬墓址进行了坟茔修葺，并树立革命烈士碑。2009年由国家文物局主编的《中国文物地图集·四川分册》，将饶国华墓列为近现代革命遗迹文物。2014年9月1日，国家公布首批300名著名抗战英烈名录，父亲名列其中。

父亲葬礼事宜毕，他的卫士顾元兴做出了一件令我们全家非常感动的事：他主动要求留在我家，成为我家一名没有血缘关系的成员。1950年初，土改工作组命令他必须离开我家。在那阶级斗争为纲的年代，他心里不愿意走，行动上却必须走。他又一次做出了令我们全家感动更感激的事。他对我母亲说：师长在我是他的卫士，师长牺牲了，我还是他的卫士，将来要发生些啥子事我挡不到，给师长留住一个上坟烧纸的后人我做得到。就这样，他带着我大哥的小儿子、当时只有三岁的清伟一同净身出户了。由于他是贫苦出身，工作组也无可奈何。他说到做到，践行诺言，终身未娶，多年里一直单身带着一个年幼的孩子，含辛茹苦把清伟抚养成人，并将其培养成一个优秀人才——清伟曾担任家乡一家国营工厂的副厂长，后来又被评为四川省劳动模范，至今仍享受国家津贴。清伟也孝顺懂事，尽心尽力给顾元兴养老送终，此事亦成为家乡人们口中赞颂的一段佳话。

父亲在抗日前线壮烈殉国，魂佑疆土，践行了他投笔从戎、以身报国的夙愿——"为国家血洒疆场，为民族马革裹尸"，是死得其所，死得有价值，令后人敬仰，虽死犹生。正如作家大仲马所说："人能为祖国而死，那是最美好的命运。"我们全家都以他为荣，但他的离去，还是让全家老小忍不住悲痛万分：想到祖母老年丧子，母亲中年丧夫，我们兄妹幼年丧父，尤其是想到刚刚出生的小妹妹，从此命运注定她一生一世不可能和自己的父亲见面，一辈子不能与自己的父亲说上一句话，就不禁悲从中来。从此，我们兄妹没有了父亲，却多了一个专指的称谓——"饶师长的遗孤"；七妹更有了一个特指的称呼，乡亲们爱怜地叫她"饶师长的背伢儿"（意即遗腹子）。

长大后我才知道，有着这样的战争伤痛的家庭岂止我们一家！孤儿寡母背伢儿成千上万！别说是全国范围，就仅仅是我们四川一省，据近年公布的资料显示：在1937年至1945年八年全面抗战中，四川子弟共有350万人出川抗战，而四川当时的总人口不过五千余万，350万人占到了全国兵源的五分之一以上，因而有无川不成军之威名。有学者做过这样形象生动的表述：八年全面抗战中，平均每一天有一千余名川人走上前线；在将近3000天里，源源不断地这样连续走、天天走。这是何等的壮观啊！古语云"自古征战几人还"，诗意的壮观无法掩盖战争的残酷，八年全面抗战伤亡的四川军人达64万之巨，又是占到全国伤亡将士的五分之一，许许多多的先烈不仅忠骸无存，甚至连英名也没有留下。而今屹立在成都人民公园东大门外祠堂街口的川军抗日阵亡将士纪念碑，就是26万在抗日前线为国捐躯的川军将士的化身，它凝聚着几百万抗日川军将士的魂魄，他们有一个响亮而悲壮的名字——"无名英雄"！想一想，这么庞大的出征队伍，这么巨大的牺牲，让多少母亲痛失爱子，多少妻子失去丈夫，多少孩子没了父亲。孤儿寡母背伢儿还会少吗？如果再加上殁于敌机大轰炸中的家庭，那就有更多的孤儿寡母背伢儿了。仅我认识的就不止一两个。多年来为筹建滕县保卫战3000英烈墙和希望小学而奔忙、在途中因车祸去世的邹汝祥先生，就是在滕县保卫战中阵亡的著名将领邹绍孟的遗腹子。一位抗日军人的妻子曾永清老师，她在大观镇的邻居蒋光兴先生，也是一个遗腹子，其父蒋有德先烈是在淞沪会战之大场战役中牺牲的四十三军二十六师一五五团的一位连长。前几年有一位年事已高的母亲，在年近古稀的儿子陪伴下，去到成都市档案馆，捧回了一份尘封多年、迟到的阵亡通知书。这个儿子也是一个遗腹子，其父是我父亲一四五师的一个士兵，是在广德、泗安战役中阵亡的。当年《中央日报》等媒体报道称"此役战事之激烈，是我军退出淞沪以后所仅见"等等。

在纪念抗日战争暨世界反法西斯战争胜利七十周年之际，回忆往事，重温历史，是为了珍爱和平，是为了缅怀在抗战中英勇献身的英烈们和所有在抗战中做出贡献的人们，是为了牢记历史，维护"二战"成果，绝不允许法西斯主义和军国主义野蛮侵略的历史悲剧重演。我们热爱和平，憎恨战争，无论是为了逝者还是为了生者，我们都不能、也不应忘记国仇家恨。正如国防大学金一南教授在《苦难辉煌》一书的前言中所说：无论我们如何富，也永远不要改变国歌中的这一句——"起来，不愿做奴隶的人们，把我们的血肉筑成我们新的长城。"我们还要严防患上南京大屠杀死难同胞纪念馆朱成山馆长所说的"和平麻痹症"，丧失对日本军国主义复活的警惕性。这样，才不至于再发生类似前些年报刊上报道过的那种种不该发生的事，诸如：明星穿着印有日本军国主义旗帜的T恤在公众场合招摇；旅游景区以装扮日本鬼子抢花姑娘为娱乐项目；饭店老板在神龛里供奉希特勒画像……我们不主张仇恨，但坚决反对遗忘！！

身为一个四川人，更不能忘记四川军民无私的、杰出的贡献和巨大的牺牲。四川当年是大后方，实则担负着支撑抗战取得最后胜利的重任。八年全面抗战中，不仅在兵源和将士伤亡上占到全国五分之一，而且还勒紧裤带供应粮食8440万石，占到全国的三分之一，上缴税捐7360亿元，占到全国的二分之一；同时，为修建机场、公路而服工役的达三百多万人；还安置了大批内迁的工厂和人员；等等。学界近年评价称：抗战的胜利离不开四川的支持，没有四川的支持就没有抗战的胜利。早在1945年10月8日《新华日报》就曾经发表题为《感谢四川人民》的社论："仅从这些简略统计，就可以知道四川人民对于正面战场送出了多少血肉，多少血汗，多少血泪！"又说："在八年抗战之中，这个历史上最大规模的民族战争之大后方的主要基地，就是四川……现在抗战结束了，我们想到四川人民，真不能不由衷地表示感激。"

这是我们四川军民永远的自豪与荣耀。不单是经历过战火硝烟的我们这一代人要铭记，更要让生长在和平年代里的四川军民的子孙后代永志不忘，代代传承。让他们传承和弘扬四川军民在抗战中充分彰显出的那种爱国精神和价值观——我以为就是——爱国奉献，不怕牺牲，团结御敌，勇往直前。

让我们和我们的子孙们，在先辈们的精神感召和鼓舞下，一代一代为中华民族的伟大复兴努力再努力！

国殇永念，浩气长存。

牢记历史，珍爱和平。

本文2015年1月写于广西北海

徐元勋一四七师参加浙赣会战

徐定一　何允中[*]

1942年4月15日，日本列岛东海岸以东七百海里的洋面上，十六架美国陆军B-25双引擎重型轰炸机从海军"大黄蜂号"航空母舰上起飞，携带着高爆炸弹，对日本东京和名古屋进行穿梭轰炸。

这些飞机在东京抛下炸弹后不再返回航空母舰，而是向西穿越日本列岛上空，到中国的浙江一带降落。飞行员则伺机返回中国大陆的国民党统治区。

这次轰炸给日本本土造成的经济损失微不足道，然而在日本列岛上空穿梭轰炸这三十秒钟所造成的世界影响却是翻天覆地的。

徐元勋

为了防止美军再次进行穿梭式轰炸及利用中国东部的空军机场袭击日本本土，日本大本营命令中国派遣军要不顾一切攻占浙江境内的飞机场。

中国派遣军根据上述大陆命令，决定以驻上海的第十三军于5月15日自杭州方面开始攻击我第三战区东面，以摧毁我浙江省的航空根据地。另以驻南昌第十一军为策应，配备华北方面军十五个大队，攻击第三战区西部浙赣交界地区。

这样，派遣军司令部总计动员了九个师团八十二个步兵大队，约为日军大本营方案规定兵力的两倍，以东线六个师团、西线三个师团对我进行东西夹击。

浙赣会战由此拉开序幕。

在浙赣会战紧张的时候，驻守在长江边上的二十三集团军受命派出有力一部直接参加会战，在江西境内鹰潭镇阻击日军。鹰潭位于江西省东北部的怀玉山和武夷山之间，两山同夹一河，是铁路由南昌通向衢州的必经之地。

一四七师少将师长徐元勋奉命率师急赴鹰潭受第一〇〇军指挥，得到命令以两个团防守鹰潭镇，师部带预备队驻镇东城郊。军令火急，徐元勋在细雨中催促部队加速赶往鹰潭。

到了鹰潭，徐元勋将四三九、四四〇两个团部署于镇西和镇内守备，自己带四四一李勋团驻于镇东二公里的小村里。铁路东西方向通过鹰潭镇，镇北是波涛汹涌的信江，难以涉渡。中央系第七十五师部署在镇南几里的地方，担任侧翼防守。

---

[*] 徐定一为徐元勋长子，何允中为徐元勋侄。

殊不料日军对鹰潭的进攻却首先从侧翼开始。七十五师在日军强大火力和飞机的打击下伤亡惨重，不得不向后撤退。这时，徐元勋得到当天的第二道命令：坚守阵地，掩护七十五师后撤，并派出一支部队为撤退的七十五师断后！

随后，又得到当天的第三道命令：七十五师撤退后，一四七师可寻机与敌脱离接触，在信江以南游击。

徐元勋立即命令李勋团派出第二营，在营长龚汉良的率领下赶到左翼占领阵地掩护七十五师和炮兵撤退。敌机九架在头上俯冲扫射、投弹轰炸，龚汉良营成疏开队形跑步前进，但重机枪连还是有八名官兵伤亡。

日军攻破七十五师阵地，立即向鹰潭镇发动进攻。当天是阴天，无雨，敌机对镇内镇外的阵地反复轰炸。另一部日军向镇东迂回，追击后撤的七十五师残部，直对着一四七师师部攻击过来。

团长李勋立即指挥部队抵抗。一四七师还指挥着一个江西保安团。保安团虽然战斗力较弱，但熟悉地理环境，也不失为一个好帮手。因此保安团没有独立承担任务，部队都以连为单位，被分散编在一四七师的团营中参加战斗。

战斗正激烈的时候，一个意想不到的情况发生了！一个保安队连阵地上的枪声突然停止了，保安队有汉奸混入临阵叛变！阵地口子大开，一支日军已在猛烈的火力掩护下冲入我阵地纵深。

李勋团猝不及防，顿时被冲得七零八落。完成掩护任务正要回到本团的龚汉良营已被突入我纵深的日军冲到一边，不得已急向师部靠拢过去。龚汉良在这种意外情势下还能控制住残部，而另外一些部队已经不能收拾，向后溃散。李勋和师部也被分隔开来，各自为战。

敌人的动作异常迅速，上千的鬼子从西面和南面对李勋部猛力压迫；另一部敌人在汉奸带领下直冲到信江边，迅速迂回包围了徐元勋师部所在的小村子。

徐元勋完成掩护七十五师撤退的任务后，正在指挥守城部队逐步后撤，根本没有料到阵前突变，听到火线枪声有异，通往李勋团部的电话已经打不通了。直到龚汉良营残部退到师部小村前沿，才知道阵前突变。不过更大的危机还在于，一队敌人尾随龚营，瞬间就到了近前。

徐元勋立即命令龚营一个连占领村后一座仅二三十米高的小高地，另外两个连依托村外工事抵抗。又命令师直属部队全体进入火线，师部所有的文职、后勤、通讯、运输人员都拿起武器准备作战。

紧急部署还在进行，敌人的迫击炮弹已经在村内爆炸，在密集的重机枪火力掩护下，一群群鬼子挺着刺刀，一边喊叫着，一边利用地形跳跃着冲锋。

敌人的攻击目标对准师指挥部，迫击炮弹越打越密，山野炮弹也不断在指挥部附近爆炸。由于保安队叛变，敌人对一四七师的兵力部署和指挥部的位置已了如指掌，在汉奸指引下猛烈进攻徐元勋的指挥机关。

此时，指挥部里的人员已经有了伤亡，徐元勋命令通讯参谋销毁密码、作战参谋销毁机密文件。

后勤人员全都提枪上阵，一股敌人已经攻进指挥部。徐元勋把望远镜交给卫士，向

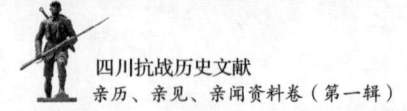

卫士长李朝阳要了他的那柄大刀。从团长至师长，徐元勋在紧急关头都不忘叫卫士长拿出那把特制的长柄大刀，这已经成了他的习惯，尽管他的腰里有一支手枪。

当敌人包围师部的时候，李勋的残部受到敌人两面狠攻，被向东压迫，同师部的联系被断开。李勋的阵地被敌人突破，部队已被冲乱，他一面收拢部队，一面抵抗。这时最令他难办的是，一部保安队叛变了，但团里还有一些保安队员在同李团官兵并肩作战。李勋摸不清虚实，既不能把好人当坏人，更不能把坏人当好人！只好对身边的人说，对保安队员要看着点，不能太放心。

突然，李勋听见师部这边枪炮声骤然激烈起来。师部遇险，李勋心急如焚，手上能指挥得动的部队抵挡不住日军的攻击，正在后退，后退的士兵又在不断地伤亡，根本组织不起向师部增援的力量。正在着急之时，发现远处有一个机枪连和一排步兵正在向后撤退，李勋立即命令号兵吹响调令，把这支队伍吹向后转，冲入包围圈，阻挡敌人向师部的进攻。

眼看敌人就要攻入师指挥部！就在这危急时刻，鬼子的侧后突然响起一阵猛烈的机枪声。正在冲锋的敌人纷纷被打翻倒地，剩下的敌人不是回头就跑，就是被密如飞蝗的子弹钉在地上不敢抬头。

重机枪连赶到了，几挺轻重机枪在轮流向敌人扫射。他们在一群步兵的掩护下，从包围圈外向小村奔跑过来增援。机枪连在最危急的时候发挥了作用。当四挺重机枪都进入师指挥部阵地时，掩护机枪连的步兵几乎全部阵亡。

突然增加的几挺机枪加强了抵抗的火力，敌人的冲锋被扼住了，双方成胶着状态。天色渐晚，敌人停止了攻击，紧紧包围住小村庄。

天黑以后，徐元勋同本师防守鹰潭镇撤退下来的一支部队取得了联系。半夜时分，内外同时动作，随着一阵激烈的枪炮声和手榴弹的爆炸声，敌人的包围圈被撕开一个口子，被围困在里面的人冲了出去。在突围的时候，徐元勋脚部受伤，无法站立。卫士长李朝阳是个大个子，一伸手把他背着突出虎口。

营长龚汉良在战斗中腿部重伤，在李军医官为他包扎处理后继续指挥作战，突围时率部断后，终于冲出重围。突围后，还有约一百名保安队员跟在一起。龚汉良怕再出意外危及师长安全，想了想，对这些保安队员说："兄弟们，大家委屈点。"命令士兵把保安队员的枪机全部卸下，空枪仍让他们背着走。

军医官李畦民却被拦在了战线后面。

李畦民是四川安岳县人，早年毕业于成都华西协合大学，1937年即随军出川参加抗战。原任一四七师军医处长的李畦民却不愿为官，主动到前线当了卫生队长。当天突围的时候，他落到了后面，待他和一些散兵跑到突破口的时候，迎接他们的是迎面而来的机枪子弹，突破口又被堵死了。

李畦民摸到村后一个陡岩处时摔了下去，双眼一阵金星乱冒就什么也不知道了。等他醒过来时，黑夜已经过去，天空已见黎明。他挣扎着爬起来，没想到眼前却出现一柄雪亮的刺刀对着自己的咽喉！抬头一看，一个日本兵双手握枪正虎视眈眈地对着他。突然，他听到对方"叽叽咕咕"说了一阵日本话："你是谁？师团来的军医官吗？联队长找你很久了。"

李畦民虽被摔得头昏脑涨，但在这生死关头却异常地清醒。他知道是他满脸的大胡子和上身穿的日本呢军服起了作用，再加上他自己身材较矮，一块白围腰已经被鲜血染得失去了原色，眼前的这个日本兵把他当成了自己人。李畦民会日语，顺口就说："是的，我是师团来的军医官，我不小心在这里摔昏过去了。"

日本兵说："联队长就在前面山坡上那棵大树下面，从这条小道可以找过去。"李畦民道了声"谢谢关照"，顺着小道走了一段，听着后面没有动静了，转身朝着相反的方向插入树林中溜走了。

李畦民后来又指挥担架队抢救伤员等，又通过关系为军部购买到大批医药物资，并亲自长途押运，最终积劳成疾，退伍回家后一病不起，在家中辞世。

鹰潭作战紧张时期，二十一军直属团接到总部紧急驰援的命令。团长率部还没有到达鹰潭，就在鹰潭以东的上饶同一支优势敌军遭遇。双方随即展开激战，战斗激烈时，团长唐祖梁牺牲。

唐祖梁，四川仁寿县五皇场人，唐式遵侄。川军出川前，唐式遵回乡祭祖并招募唐氏家族男丁入伍。唐祖梁当场第一个报名，并慷慨赋诗："有志男儿上前线，不怕战场多艰难。不把倭寇杀灭完，七尺男儿不回川。"浙赣会战时，军直属团奉命驰援一四七师。唐祖梁的妻子是其出川后在驻地所娶，是安徽人，大学生，任团部秘书兼报务员。此时二人已有一子，两岁，取名希平（希望和平）；一女，一岁，取名淑闺（期望速归）。得到驰援鹰潭的命令，唐祖梁就知道这将是一场恶战。部队紧急开拔前，夫妻二人把子女交给了军部警卫营长、本家兄弟唐思可。

唐祖梁率部增援鹰潭，在鹰潭以东的上饶附近与日军遭遇，双方展开激战。全团坚守阵地两天两夜，伤亡惨重，在日军猛烈的狂轰滥炸中，团部中弹，唐祖梁夫妻二人同时阵亡。

抗战胜利后，唐思可将希平、淑闺护送回老家。路途艰难，淑闺身体瘦弱，因伤寒不幸夭折于路途中。

希平由自己姑妈养育长大。后来亲戚问起他，他说自己连父母的名字都不记得了，更回忆不起他们的长相。只记得当时回家路上坐过汽车，走过路，吃的是馍馍，少儿时代被骂是国民党反动派的儿子。

在这次战斗中阵亡的还有集团军总部辎重营长唐吉常。唐吉常是唐式遵的本家兄弟，前方战斗激烈，受命输送弹药支援。途中遇敌轰炸，地面一片火海，物资和人员损失过半。唐吉常中弹，头部被弹片削去大半。

因为输送物资中看见的死伤者太多，有的重伤员无法行动，常哭着叫着让兄弟们补一枪。唐吉常经常说，如果自己有那一天的话，请你们把我的骨灰带回四川老家。可是，他的这点愿望没有实现，牺牲后尸体只能随地掩埋，荒草枯骨，不知其踪。

徐元勋等人突围后，李勋也甩开敌人走小道转山路向信江岸边撤退。到了第二天上午，发现大批日军骑兵由南追击而来，同时有飞机在天空中盘旋。李勋独自决断，迅速向北渡过信江，以避免背水作战。三营八连蒋连长命令班长张弼臣（四川南溪县人）寻找涉水地点。张弼臣带了三个士兵朝下游探寻，终于找到一个涉水地点，全连士兵安全渡河。事后，团长李勋被军部以"擅渡信江以北，丧失阵地，造成严重损伤"为由，被撤职查办，关押在浙江兰溪县诸仙镇陆军监狱，蒋连长亦受到处分，而张弼臣则以"善觅涉渡地点"受到表扬。

徐元勋一四七师在突围两天后，修复了电台，同军部取得了联系。

二十三集团军参加浙赣战役就此结束。

本文 2015 年 8 月写于成都

回忆老兵黄士伟

唐汉军[*]

黄士伟

2014年10月，川军抗日老兵黄士伟离开了我们。他给我们这一辈提供了许多珍贵的川军抗日资料。黄老是我们川军的抗日英雄，也是我们民族的英雄。他不仅在作战中机智勇敢，而且品德高尚，是一位不谋私利的军人。

黄士伟的父亲黄鳞鳌和二十三集团军总司令唐式遵是清末四川陆军速成学堂的同学，又一同参加了平定西藏上层统治者的叛乱和辛亥革命。可谓同学兼好友，关系特殊。可黄士伟一直遵从父训，从抗战军兴参加二十三集团军战地服务队开始，至后来两次在抗战前线读军校和在集团军总部任工兵营长，都没有向任何人提起过自己父亲和唐式遵的同学关系。直到后来，一次唐式遵总司令巡视战地，来到工兵的驻地，才问起这位年轻的工兵营长是四川哪里人氏。黄老当时回答说："我是荣昌人。"唐又问："你认识荣昌的黄鳞鳌吗？"黄老说："他是我父亲。"唐式遵感到很惊讶，没想到这位常出入集团军总部的年轻人竟是自己老朋友的独子！反复询问后，不禁扼腕顿足长叹："黄鳞鳌呀黄鳞鳌，你的独子就在我的身边，你也不吱一声呀！"现在想到这一幕，也为黄老父子的高风亮节、秉性操守而心生敬佩。

本人曾多次到万年场黄老家拜访。黄老的书法很好，还赠送我一首他手书的唐式遵的诗。他说当年在军部任职时，认识很多唐家人，如唐思可、唐子虞、唐祖梁、唐少梧等人。尤其是唐少梧，和他是黄埔十六期的同学。当时黄老读的是工兵班，唐少梧读的是高教班，所以黄老对他特别熟悉。黄老说唐少梧打仗很勇敢，每次都冲锋在前，所以他带的兵个个都很勇敢，打起仗来也都是不要命地往前冲。

唐少梧是我的伯父，所以我多次问起他们的事。于是黄老给我讲述了唐少梧和他配合的一次战役，也就是炸毙日军第十五师团长酒井直次中将的那次重要战役。

那是在1942年浙赣战役期间。日军由有"虎将""急先锋"之称的酒井直次指挥一万多人向兰溪进攻，一路上烧杀掳掠，无恶不作，所过之处血流成河，满地血腥。当时我川军将士依托坚固工事进行了英勇顽强的抵抗。经过三昼夜的激战，日军进展迟缓，伤亡惨重。酒井见状恼羞成怒，于是亲自到前线指挥作战。

浙江境内的衢州机场是日军的军事目标。二十三集团军一四六师受命暂时划归三十

---

[*] 作者为唐式遵侄孙。

二集团军陶广指挥,参加衢州保卫战,前往大小长山阻击敌军。

一四六师在兰江东岸炸毁所有桥梁,埋设地雷,破坏水陆交通,阻击日军。师长石照益命令四三六团团长唐少梧,必须在5月25日晚12点之前通过兰江;命令独立工兵第八营代理营长黄士伟,等唐少梧的部队一过江就马上炸桥。掩护炸桥的任务,则由四三八团马国荣团长派一个步兵营来完成。工兵在步兵掩护下马上开始作业。炸药装好之后,大家便开始等唐少梧的部队过桥。但天都快黑了,仍然不见唐的部队过桥。黄老见状,便命令报务员向师部发报询问。没想到师部回电称唐团长已在下午五时过桥了。原来,唐少梧接到命令后已经提前行动了。黄老得知后,马上命令工兵炸桥。刚把桥炸掉,就看见了远处日军的汽车灯光。

唐少梧早已做好了阻击日军的战斗准备,激战顷刻便开始了。日军来势汹汹,一遇到阻击,即开始动用所有的轻重武器,对我川军进行疯狂的轰炸和射击。我川军将士不畏强敌,英勇阻击,迟滞敌人。工兵营在步兵掩护下于夜间突进兰江东岸,在兰溪城北埋设了大量地雷。当时军部调拨给工兵营黄色炸药10吨、甲级雷管2000枚,要求工兵营到时务必全部用上,师部还要求工兵营必须在5月27日前完成任务。在官兵们的艰苦努力下,这项艰巨的任务终于完成了。

战斗前,黄老在兰溪城内见到了守城的川军新二十一师师长罗君彤,与其共同研究地形和敌我态势,又多次到敷雷区查看地形。他见兰溪城北三里有一处高地,其下有一条大路分出的小道,于是命令士兵放弃大路,在小道上多埋些地雷。黄老心想:"如果日军被我军猛烈阻击,指挥官很可能会去高地上查看战况。"

这就是衢州会战中最精彩的一着!果然,阻击开始后,战斗打得异常惨烈。唐少梧的部队当时提前占据了有利地形,用轻重机枪对日军进行猛烈的扫射。日军每前进一步都异常困难。这支部队正是酒井直次的十五师团。酒井命令日军动用轻重武器,对川军进行狂轰滥炸,但是仍然举步维艰。

酒井直次多次指挥日军冲锋,都毫无进展。唐少梧见日军进展迟缓,又鼓励士兵再接再厉,高喊立功者重赏。士兵们都知道团长一言九鼎,说话算话,战斗士气更加高昂。唐少梧也不顾自己的安危,来回在阵地上奔跑指挥,甚至把军装脱了,赤膊上阵,这是唐少梧打仗打到激烈时的一个习惯。他的副官韩志和一见团长脱了衣服,就知道他已经杀红了眼,除了杀敌什么都不顾了,"唐莽子"又要发飙了。于是,韩副官便提了双枪跟在团长后面,时刻不离左右(但最后唐团长还是负了重伤,由副官把他背下火线)。

此时酒井直次的总部已渐渐进入雷区。工兵开始扫雷,可是大道上根本没有埋地雷(这正是黄老的高招)。酒井直次麻痹了。他骑在马上,四面观望,见到左侧有一高地,于是骑马踏上小路向高地上奔去,想借助高地观察战场。这正好走上了黄老为他铺就的不归路。

酒井踏上小路还没走到山顶,只听轰的一声巨响,战马踏上地雷被当场炸死,酒井也被弹片击中,负了重伤。此时敌军一片慌乱,还没有等到送往医院,酒井即已气绝。敌师团军医部长细谷大佐签署了死亡证明书,同意火化。

以上就是黄老给我讲述的这一战役的经过,以及关于唐少梧阻击日军的一些情况。

由于年代久远，很多细节黄老已经记不清了。黄老说，直到1985年他才知道那次战役中炸死的是日本第十五师团长酒井直次中将。

　　黄老已经走了。敬爱的黄老，您和您战友的抗日英雄事迹，我们以及我们的子孙后辈都会永远铭记在心中。

　　愿您老在天之灵安息。

本文写于2014年11月

川军抗日四三八英雄团

马民康

2007年6月1日,台湾黄埔同学后代联谊会会长、宏广股份有限公司执行董事丘智贤先生给我发来一封电子邮件:"偶然发现一位台湾著名的军旅作家,原来就出身于川军二十一军,寄上他的一篇文章。文章说:'二十一军四个师中,一四六师最能打,尤其是它有个很有名的四三八团,是二十一军的英雄团、先锋团,号称常胜军。我生平第一次喝到的咖啡,抽到的第一根洋烟,便是拜四三八团所赐。早年曾把这些内容写入《咖啡,那杯苦水》,先在《联合文学》刊载,后收入《坐对一山愁》。'"

马国荣

看了丘先生的来信后,通过丘先生,我给文章的作者张老发了一封电子邮件:"看到张老伯的文章里写道:'二十一军四个师中,一四六师最能打,尤其是它有个很有名的四三八团,是二十一军的英雄团、先锋团,号称常胜军。'我非常自豪,因为从1939年到1945年,我的祖父马国荣一直是四三八团的团长,1945年抗战胜利前后升任一四六师副师长,1947年3月到台湾,任新竹第一绥靖分区司令,1948年3月任国民政府主席(总统)特派少将战地视察官(又称国防部战地视察官),1949年7月2日在成都病故。"

张老很快给我回了信:"我是四三八团的崇拜者、仰慕者,六十余年来,它一直是我心目中的英雄团。当年我在师部迫炮营当上等炮手兵,年纪轻、少不更事,但对于'英雄崇拜'一事,日日萦绕于心。四三八团到哪都是先锋团、英雄团,有幸和四三八团同属于陆军二十一军,真是毕生荣幸的事。我本以为这一生很平淡无奇,但如今却觉得很精彩了,因为我做过马国荣先生的间接部属,一甲子之后忽然又借网络结识了马民康先生你,结识马家祖孙三代,荣何如之,幸何如之。对于二十一军之事颇为关切,非常希望听到一些零零碎碎的回忆和感慨。"

1985年我在杭州中国计量学院读书时,第一次在《川军抗战亲历记》中看到祖父抗日的史实,那是薛彦夫老前辈写的《殷家汇之战》和李克猷老前辈写的《布放漂雷阻敌航运》,这两篇文章里都提到了祖父和他的事迹。之后又在《武汉会战亲历记》中看到骆周能老前辈写的《长江下游布雷战》,里面也提到了祖父和他的事迹。从此,我开始收集查阅全国各地的文史资料,掌握了大量的川军抗战史实,对祖父和他所在的部队有了全面的了解,对川军抗战的精神也有了进一步的认识。我联系到了薛彦夫、李克猷两位老前辈，又通过他们认识了黄士伟、吴官明两位老前辈，通过他们了解了更多的川军抗战的英雄事迹。

从20世纪90年代开始，我多次到南京中国第二历史档案馆查阅有关川军抗战的历史档案，发现里面有非常详尽的原始记录，几乎有川军抗战的全部作战计划、战斗详报、阵中日记，从中可以看到川军抗战的全貌。

陆军第二十一军一四六师四三八团是1939年9月废旅改团后的番号，1937年9月出川抗战时是四三六旅，旅长梁泽民。该旅参加了南京保卫战的广泗战役，取得了辉煌战绩。中国第二历史档案馆藏《第二十三集团军抗战经过报告书》记载："一、潘团于二十一时三十分克服泗安及尖山等高地，杨团已自龙岭正向界牌进攻，林团亦由东亭湖向广德之观音堂攻击前进；二、我各团共毙敌数百人，夺获大炮一门，毁敌装甲车三十余辆。机步枪、防毒面具、钢盔、大衣等无算。等情。当呈奉委员长蒋电令嘉奖，并给奖金壹万元。"之后该旅参加了安庆、潜山战役，中国第二历史档案馆藏《第一四六师四三八旅及四三六旅八七二团在安庆、潜山、桐城等地战斗详报》记载："六月十、十一两日，江面之敌舰，甚形活跃，以大小兵舰三十余只，满载拖木船，飞机十余架，沿江轰炸，将我阵地完全炸毁。乃于六月十二日午前四时，以飞机掩护之下，在我新河口、大王庄、药王庙各处，强行登陆，计登陆之敌，约〔有〕五六百人。五时二十分将我三营九连、一营二连击溃，我一营二连伤亡最大，团长据报，即电令前江口之何连，跑步增加，并令第一营营长马国荣率兵两连驰援。殊该敌登陆后，即分两路进犯，以大部沿菜子湖、破岗湖大道进犯，以一部沿江边堤埂用飞机低飞掩护进犯，幸我马营长国荣驰援得力，指挥得当，乃将该敌阻止于马家窝前方之线。"

1938年8月徐元勋任旅长，开始在长江南岸的安徽铜陵、繁昌、东流、至德，江西湖口、马当一带掩护炮兵腰击敌舰，配合海军布雷大队（大队长林遵、郑天杰）布放漂雷阻击敌舰。1939年9月废旅改团后马国荣任团长，一直到抗战胜利，该团参加了1939年冬季攻势，策应了第一、二、三次长沙会战。综计第二十三集团军，共腰击敌舰59次，击沉敌运输舰3艘、汽艇1艘，击伤运输舰68艘。布雷作战成绩：击沉敌中型舰15艘、运输舰22艘、商船3艘、汽艇61艘、驳船8艘，击伤敌中型舰14艘、小型舰18艘、运输舰19艘、商船5艘、汽艇49艘、驳船4艘，共计218艘。参加了1942年浙赣会战，在大小常山一带与日军多次肉搏，派出第一营营长阎哲明掩护工兵营（代营长黄士伟）布雷，在兰溪城外炸死了日寇中将师团长酒井直次。参加1944年龙衢战役，策应了第四次长沙会战、衡阳保卫战。1945年抗战胜利前，收复丹阳县城，随后率部进驻上海，完成了抗战使命。

在《景德镇文史资料》第四辑里，有一篇当地一位老前辈程缉光先生写的《抗日时期浮梁的驻军》。他在文中写道："一四六师，长期驻守东流、至德两县防线和炮兵阵地红草山。1940年2月上旬，红草山失守，一个礼拜后，夺回了炮兵阵地红草山。炮兵三十二团三营接替二营阵地，退来浮梁杨家店村整训。他们军纪严，讲礼貌，接近群众，公买公卖，不侵害老百姓利益，需用工具，有借有还，损坏照价赔偿。约驻三个月之久，仍调回东流原驻地。同时，一四六师四三八团，因伤亡甚重，也调来浮梁补兵整训。他们驻西乡鸣山、大洲上、李家门等村。他们纪律也严，除派一连驻市协助治安及巡逻等工作外，其余官兵，一律不准擅自离开驻地。三个月后，他们奉命调往至德尧渡街附近各村，为一四六师后备团。离浮时，他们先归还借物，打扫清洁，最后派副官到各户访问，收集群众意见，然后离开。"

听祖母说："当时全家老小从四川成都来景德镇随军，到达部队留守处后，很久没有见到你祖父，部队长官安慰说，你祖父执行任务去了。直到后来才知道，你祖父在红草山战斗负了重伤，差点死去。当时你祖父告诉部队长官，千万不要让家属知道，怕家属知道担忧，影响今后继续作战。"

李克猷老前辈来信说："我和你祖父情同手足，当年在殷家汇一带布雷作战，有一次被日军围困在白水湖七天七夜，靠吃生鱼和芦根活下来。还有一次被一位张姓老乡掩护，躲在地窖里，才摆脱日军的追杀。你祖父和老百姓关系非常融洽，经常给老百姓挑水、劈柴、干农活。现在你去那里打听，还有人记得当年的马团长。"

吴官明老前辈来信说："1946年我调四三八团任第一营少校营长，对你祖父非常崇敬。抗战时期，他任四三八团团长时，就是一位能征善战的抗日英雄，四三八团在全军中基础好、战斗力强，在作战中从未失利。"

李克猷老前辈在《泸州文史资料选辑》第七辑《第二十三集团军出川抗战经过概述》中写道："1940年10月，军事委员会对一四六师师长周绍轩和参谋处长李克猷，一四六师四三六团团长凌谏衔，四三七团团长郭英，四三八团团长马国荣以及布放漂雷有功（人员），各奖给（干城）甲等奖章一枚。"

祖父还获得过陆海空军甲种一等奖章、光华甲种一等奖章、忠勤勋章、抗战胜利勋章，最珍贵的要数2005年抗战胜利六十周年之际，中共中央、国务院、中央军委颁发的"纪念中国人民抗日战争胜利六十周年纪念章"。这是一枚迟来的奖章，更是一枚珍贵的、难得的奖章，是党和政府对祖父马国荣少将八年浴血抗战、英勇杀敌的肯定，也是党和政府对川军抗日爱国将士后代的关怀和勉励。让我们深切缅怀抗日川军艰苦卓绝的丰功伟绩，牢记他们的英雄事迹。抗日川军将士永垂不朽！

本文2014年11月写于徐州

唐氏家族抗战概况

唐汉军　唐　旭　唐　宏[*]

唐式遵（1884—1950），字子晋，四川仁寿人，毕业于四川陆军速成学堂。抗战爆发后，时任第二十一军军长，率部出川抗战，后任第二十三集团军总司令、第三战区副司令长官。1949年4月，任西南军政长官公署副长官、四川省主席。

1937年七七事变后，抗日战争全面爆发。在中华民族最危难的时刻，唐式遵就任第二十三集团军总司令。在他的号召下，1937年至1945年间，我唐氏家族先后有三十多人走上了抗日战场，与四川几百万英雄儿女一起，不惧流血牺牲，不惜为国捐躯，怀着对日本侵略者的无比痛恨，奔赴前线，浴血奋战！

唐氏族人在前线奋勇杀敌，留下许多悲壮事迹。昔日的川军是中华民族的英雄！他们的名字也许会在几代人之后逐渐被遗忘，但他们的卓越功勋及其英勇抗击日本侵略者的事迹，将被子孙后代永远铭记在心！

为了抗日救国，唐氏家族的先辈们阔别了亲爱的父母、妻子、儿女、亲友和美丽可爱的家乡。这一去是否还能重回家园？是否还能再见到自己的亲人朋友？世世代代辛勤创下的家产，是否还能属于自己？所有这些，谁也不知道，但是，唐氏先辈们明白一个道理，那就是国家国家，没有"国"，何谈"家"？没有"大家"，何谈"小家"？为了中华民族不被灭亡，为了子孙后代不受奴役，他们毅然出征，视死如归！先辈们不仅是我唐氏家族不朽的楷模，也是我中华民族伟大抗战史上永远的英雄！

先辈们已走向天堂，作为唐氏族人，我们对先辈们的抗战历史深为感动、无比自豪！他们为中华民族而英勇抗击日本侵略者，是我唐氏家族子孙后代永远铭记、效仿的榜样！

四川仁寿唐氏家族出征抗日的先辈众多，只因年代久远，我们未能将他们的名字、职务和事迹——记载，实为憾事。现仅将我们知道的人物和典型事例列出，以纪念抗日战争胜利七十周年。

一、唐氏家族抗战人物

唐式遵，二级上将，二十一军军长、第二纵队司令长官、二十三集团军总司令兼第三战区副司令长官，参加指挥抗日战争初期诸战役及南京外围保卫战。唐俊，唐式遵私人秘书，黄埔军校毕业。唐明昭，一四四师师长，黄埔军校毕业。唐祖贤，一四七师四三九团参谋。唐式训，补充团团长。唐吉武，又名唐林，后勤团团长。唐子虞，军部特

---

[*] 三位作者均为唐式遵侄孙。

务团（手枪团）团长，黄埔军校毕业。唐少梧，一四六师四三六团团长，黄埔军校十六期高教班毕业，绰号"唐莽子"，参加和指挥大小战役几十次，曾身负重伤四次，负轻伤十几次。唐祖梁，集团军直属师团团长，其妻为团部报务员，夫妻二人双双阵亡。唐海，一四七师独立团团长。唐映华，预备团团长。唐善儒，一四六师四三八团团部副官。唐祖辉，军部独立团副团长。唐思可，军部警卫营营长兼警卫团副团长，黄埔军校成都分校毕业。唐义智，营长、代理团长，黄埔军校毕业。唐世英，军部特务营营长。唐吉常，辎重营营长，阵亡。唐祖书，营长。唐吉舟，警卫营营长。唐白勤，营长。唐晋传，营长，黄埔军校桂林分校十六期毕业。唐习邦，营长。唐增辉，营长。唐祖和，营长。唐炳玉，二十三集团军某营营长，曾参加上饶战役。唐君泽，营长。唐屏，特务营营长。唐汉池，营长，阵亡。唐祖炎，副营长。唐君锡，二十三集团军工兵营副营长。唐祖贵，辎重营副营长。唐桂林，二十一军一师特科三团一等军医。唐光宗，连长。唐贤邦，连长。唐尧权，连长。唐汉光，连长。唐继宗，连长。唐照普，连长。唐美玉，二十三集团军独立工兵营三连连长。唐吉海，某部连长。唐俊才，军部警卫排排长。唐德清，二十三集团军军部警卫营第一排排长。唐英，刘文辉任总指挥的二十四军预备队副总指挥兼一三六师师长。唐庶伦，一四六师参谋长……

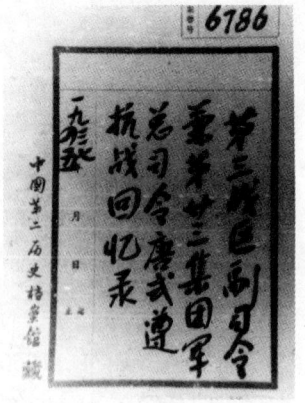

唐式遵《抗战回忆录》

二、抗战中的典型事例

（一）唐思可在军部两次立功

廖化明讲述了有关唐思可的事迹。廖是唐思可介绍到军部的，是一名上士班长，二人在家乡是近邻，彼此早就认识，所以很熟悉。

1937年12月，广德刚经历了一场惨烈的战斗。日军以优势兵力突击广德、泗安，在飞机、大炮和坦克的掩护下，包抄了二十三集团军指挥部。唐式遵指挥部队死战，仍不能阻止日军的攻势。眼见指挥部将被分割包围，炮声越来越近，到处都能听到喊杀声，唐式遵命令军部马上突围转移。唐思可是他的贴身警卫，他脱掉上衣，背起唐式遵就跑，同时命令卫兵做掩护。这时司机开始发动小汽车，唐式遵说不能坐车，因汽车太容易被敌人发现。他们跑了很远，至军部防空洞，才脱离了危险。

1942年春天，廖化明、唐思可一起走进军部大院，看见有几个穿老百姓衣服的陌生人，像当地老乡。唐思可问卫兵这几人来干什么的，卫兵说他们是找参谋长的，问是谁介绍来的，带有介绍信没有。唐思可看这几个人不像好人，就上前查问。一个当地口音的人说话吞吞吐吐，牛头不对马嘴，唐命令卫兵把他们带到会客室去查问。一听要带他们到会客室，那人就说，我们回去吧，改天再来。唐思可一看这几个人想溜，立即命令卫兵把他们抓起来再说。军部的警卫兵这时全部赶到大院，这几个人一看情况不妙，其中一人立即掏出手枪，叽里咕噜地大声喊叫，大家才知道他们是日本特务和汉奸。唐急令卫兵开枪，卫兵同时开火，除了一个受伤的，其余全被打死。经审问，他是当地汉奸，带领日本特务想混进来暗杀唐总司令。问他，你们为什么要来暗杀唐总司令？答，因唐的二十三集团军在长江流域封锁了日军的航运，炸军舰，使日本前方得不到物资和兵员补充，对日方战场产生了很大威胁。

唐式遵知道后，命令唐思可把大门口的卫兵关禁闭，马上清查内部是否有汉奸给特务报信，同时给唐思可记一大功。

这是唐思可的又一功劳。

（二）主力团团长唐少梧抗战时期的绰号是"唐莽子"

唐少梧出生于1912年，身高1.9米，身材魁梧。在唐氏族人中，只有他们家每个人个子都很高大。

1937年抗日战争全面爆发，唐少梧是第一批跟随二十三集团军出川抗日的唐氏族人，随军长唐式遵奔赴前线。他们从成都出发，走路到重庆，再从重庆坐轮船到达宜昌，从宜昌再乘船赴前线。

唐少梧一到前线就上战场战斗，参加过"南京外围保卫战"的广德泗安战役。因打仗勇敢冲锋在前，深得赏识，从排长、营长，一路升到团长，在任连长时曾负伤。

因一四五师在南京外围保卫战中伤亡惨重，饶国华师长以身殉国，唐式遵总司令重新整编一四五师，命佟毅任该师师长，唐少梧任该师主力作战团团长。

二十三集团军整编时，独立十三旅改编为新七师。师长田钟毅又把唐少梧从一四五师要到新七师任主力团团长。

川军老兵黄士伟认识唐少梧，他们是黄埔军校的同学。黄士伟说，唐少梧打仗很厉害，而且很勇敢。黄士伟读的是工兵班，唐少梧读的是高教班。读高教班前唐的职务已是团长了，但由于不是军校毕业，文化程度也不高，便由军部保送到黄埔军校进修。

唐少梧，绰号"唐莽子"，是唐家打仗最厉害的军官。他参加的战役最多，也是唐式遵的爱将。唐少梧从来不摆官架子，和士兵打成一片。他的团打了胜仗回来，庆祝大会将打牌和打麻将放在第一位，吃好的放在第二位。唐少梧打牌最厉害，如果唐少梧输给谁，就说明他在战场最勇敢，是给他的特别奖励，所以唐少梧的士兵打起仗来特别勇敢。

有一次，唐少梧团负责掩护师的主力部队快速转移，唐式遵说："等主力部队撤完后你才能撤退。主要是守住一条道路的主要通道，阻击敌前进。如果主力被日军追上，你唐少梧提头来见我。"

军人以服从命令为天职。唐少梧和日军一交上火，就不知打退了装备精良的日军多少次冲锋。但川军死伤惨重，尸横遍野。他看到士兵伤亡越来越多，亲临阵地指挥部队。

此时，唐少梧急红了眼，他脱掉衣服，提枪冲上前。他的副官韩志和是一直不离他左右的，也提起双枪冲上去前后左右射击，保护唐少梧。他俩子弹打光了，被四五个日本兵包围在中间。唐想这次死定了，就拼命吧。韩也提起带有刺刀的长枪。两人背靠背地拼刺刀，终于把几个日本兵刺死。这时唐少梧的腿已被子弹打伤，身上也多处受伤。

部队在这里打了两天两夜，人员伤亡惨重，已是弹尽粮绝，唐少梧已不能动弹，他命令各部清点人数，集中弹药。这时上级来电命唐团快速撤离，唐少梧不能走路，子弹

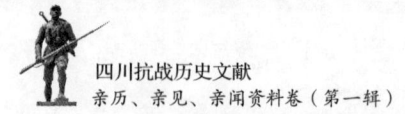

在腿里无法取出，血流不止，军医和卫生兵叫速送后方医院。韩志和背起唐少梧就跑，这也是副官韩志和第二次背唐少梧下火线。

前一次是在泗安的一次战役中和日军短兵相接，无法撤退，只有拼命地打。战斗打得非常激烈，我军死伤惨重。唐少梧亲自在前线指挥，因而身负重伤，是他的副官韩志和将他背下战场，送到后方医院抢救过来的。

川军中都叫唐少梧绰号"唐莽子"。

（三）唐祖梁夫妇同时阵亡

唐祖梁，是唐家抗日成员中第一个报名参军的，也是唐家第一批出川抗日的人员。他有文化，到了二十三集团军后，总部将他送到军官短期速成班接受培训，进行军事作战训练。之后分到部队，先后任连长、营长、团长。

唐祖梁带的团是二十三集团军总部直属团，由总部直接调动。他从小读过"四书五经"，聪明，会用兵，因此升职很快。他在安徽驻防时娶了一位妻子，是名大学生，是团部的秘书兼报务员。

在上饶一次战役中，部队与日军发生大规模遭遇战，川军官兵伤亡惨重，前线来电报要总部派兵救援。因各战场都在激烈地战斗，总部无法抽调部队支援。唐式遵命令唐祖梁直属团做好准备，快速前往上饶前线。直属团是总部的机动团，在最需要时才能调上去。这次行动是他最后一次上战场指挥他的一团官兵了。

部队出发前，夫妻俩带着孩子去军部找亲房哥哥唐思可。唐思可是军部警卫营营长，一般情况下是不会上前线打仗的，他娶的也是安徽妻子。唐祖梁夫妻把儿女托付给唐思可，并嘱咐说："如果这次我们两人回不来了，希望在抗战胜利后，把我们的儿女带回四川家乡。"还特别叮嘱把孩子交给其弟唐祖才来抚养，将来等孩子们懂事后一定要告诉他们，父母是怎样牺牲的，教育他们不要忘记日本人侵略中国的这段历史和罪行。

看见孩子们天真活泼的可爱样子，两个女人一边说话一边流泪。弟兄俩见此，也不由得心潮澎湃，伤心万分。

唐祖梁团一到前线就和敌人开打，打了两天两夜，又饥又渴，伤亡惨重。最后敌人用飞机大炮乱轰乱炸，团部指挥所被敌人炸平了。唐祖梁夫妻也双双被炸死。

他们两人的尸体被葬在浙江，具体在什么地方大家就都不知道了。

抗战胜利后，二十三集团军撤销，唐式遵带了部分人员回到四川。唐思可夫妻也带着两个孩子回川。两个没有父母的可怜孩子什么也不懂，也不知父母为什么没有一起走，也不知他们是死是活，也都不去问。

那个年代交通落后，没有汽车，一路上吃不上饭，不知走了几个月才回到家乡。唐祖梁的女儿太小，才一岁多，身体又不好，在路途上得了伤寒病无法医治，最终夭折。他的儿子也生了病，不吃东西，脸发黄，回到家乡吃了好多中药也没有治好。

唐思可总算把唐祖梁的儿子带回了家乡，交给了唐祖才，完成了唐祖梁的心愿。

（四）被弹片削去半个脑袋的营长唐吉常

唐吉常，是1938年第二批出川抗日的唐氏族人。他们这次出川是由唐家来往于抗日前线与家乡之间的联络员带走的。联络员把家乡每家的情况、书信捎到前线去，再从抗日前线捎回军饷、家信,将前线每个人的情况告诉家里,好让家人放心。

唐吉常一行人和其他新入伍的人一道,由补充团团长唐式训带领,步行向安徽总部进发。不知走了多久,终于到了安徽青阳。唐氏成员一见家里的亲人都十分高兴,纷纷打听各自家里的情况。

唐家两代人都在抗日,唐式遵是长辈,又是总司令。俗话说:"打虎亲兄弟,上阵父子兵。"当时唐家人普遍在军部的重要部门任职,如总部警卫部队、特务团、军需物资处、情报处、机要处等,在这些部队中唐氏人员占大部分。之所以这样,是因为自己家人办事更可靠,据说有一张姓人是唐家本乡近邻,当时任连长。后来他被发现伙同他人倒卖枪支弹药,唐式遵便把军需物资交由唐氏人员来管理。

唐吉常和唐式遵是同辈人。唐吉常读过私塾,能写能算,便被任命为辎重营营长。辎重营的差事辛苦,营长也和士兵一样,要押送武器弹药。白天要躲敌人的飞机,晚上又怕土匪打劫,有时还会遇上日本的小股部队,一路上都得小心谨慎,保护物资。

有一次,唐吉常从后方押送一批辎重回来,因一路劳累,上级便叫他们休息几天。在休息期间,唐吉常每天都到唐家人的家里去聊天,几乎每家都去了一次。据一位抗战回川的老人回忆,唐吉常在很多人家中都讲述了押运途中的惨烈遭遇,经常讲到伤心处便号啕大哭。

唐吉常说,在一次押运途中,他们被日本人偷袭,死伤了一部分士兵。受伤的人都痛苦万分地哭喊着,有的大叫"救命啊",有的痛得哭爹叫娘,有的要死不活地喊道:"再给我一枪吧,我难受啊!"当时,辎重营尸横遍野,惨不忍睹。唐吉常说:"我怎舍得对自己的弟兄们开枪嘛,大都还是我们四川人呀。"为了保护好物资,唐吉常指挥部队突围。民夫、骡马、马车都不要命地往前跑,哪能顾得上伤员啊。只有靠伤员们自救,各自逃命养伤。

唐吉常说:"如果我要有那一天的话,请你们把我的骨灰带回四川老家去。这是我的一点心愿。"这事在战争中,说不定哪天就发生了。后来说到怎样顺利地运回物资,唐吉常又高兴地哈哈大笑起来。

几天后唐吉常接到团部命令,要三个营全部往前线运送物资。当时正在打上饶横峰战役,战斗打得十分激烈。因前线快弹尽粮绝,必须连夜出发。但三个营的物资一起往前送,目标很大。汽车、马车、马夫、民夫走到半路,突然发现天上有两架敌人的飞机低空飞来,大家都慌乱起来,可飞机盘旋一圈就飞走了,大家这才知道是敌人的侦察机。在辽阔的平原上无法躲藏,只得继续往前赶路。不一会儿,天上飞来几架日本轰炸机,向运输队伍狂轰滥炸,地面霎时变成一片火海。团长在后压阵,指挥部队隐蔽,但是已来不及了。一时间,到处人喊马嘶,一片混乱。

等飞机飞走后,活着的官兵清理各营人员,发现物资已损失过半,官兵死伤半数之多,尸横遍野,伤员哭天喊地。突然,有人喊道:"报告团长,李营长和唐营长已经牺牲了!"此时的唐吉常,被弹片削去了半个脑袋,血流了一片。团长见此情景忍不住流下了两行热泪。想起出发前大家生龙活虎,精神百倍,"保证完成任务"的口号响彻天地;转眼间,却在炮火中化为一具具惨不忍睹的死尸。

（五）重伤失踪的唐继宗后来还活着

唐继宗，是1938年8月第二批出川抗日的唐氏族人。他家当时有田地上百亩、房屋几十间，家庭富裕，父母妻儿一家人过着殷实的生活。唐继宗读过洋学堂，在家帮助父亲照看房屋田产账目。在出川抗日的唐家成员中，他辈分最小、最年轻，怀着满腔热血，放弃优越的生活，到抗日前线去战斗。

唐继宗一行人到了安徽青阳二十三集团军总部，在总部待了一段时间后，他被送到军部军官训练班去培训。因他有文化，学得很快，毕业后就提升为连长。在战斗中他每次都冲锋在前，即使发现自己的弟兄被打死或打伤，也从不迟疑退却。他参加过多次战役，上级看他年轻有为，打仗有经验，准备提升他任营长，可他却在前线的一次战斗中负了重伤，失踪了。

这次战斗异常惨烈，日本人不仅装备好，人数也比川军多了一倍多。战斗打了一天一夜，后援部队又跟不上来。当时已弹尽粮绝，官兵们没吃上一点东西，但凭着顽强的战斗意志，和敌人血拼到底。战斗结束后，官兵们找不到唐继宗，清理战场，也没有发现他的尸体。军部唐家成员合力派人四处寻找也没有找到，大家估计他很可能是被日本人俘虏了。

唐继宗失踪几个月后，消息传回家乡。他的母亲、妻子哭得死去活来，女儿天天喊着要爸爸。唐继宗家是三代单传，起初父母并不同意他当兵。但唐继宗满怀抗日热情，执意要去，家人也深明大义，最终应允。可如今妻子成了寡妇，儿女失去父爱。唐母不久就把眼睛哭瞎了，唐父也伤心忧虑生了病，一年后二人都离开了人世。

没想到在五十年代初，唐继宗突然从外地写回一封信，是按原家庭住址寄送的，但此时他家早已无人了。有人把这封信送到他妹妹家，才知道他还活着。

原来，当年他在战斗中重伤昏迷，半夜醒来还听见周围有鬼子叽里呱啦的说话声。他把跟前的死人拉来压在自己身上，只留了个小空隙出气。等日本人走了，他却站不起来，才发现腿被炸断了，臀部还挨了一枪。他自己忍痛慢慢爬出来，快天亮时，听到狗叫声，实在爬不动了，加上流血过多昏了过去。等他醒来时已是两天以后，自己正睡在村民家的地洞里。老人告诉他，自己早晨天不亮就去拾狗粪，看见一个当兵的躺在路上，腿上有血，一摸还有气。老人看周围无人，便把他背回家藏在地洞里。见他醒来后说话是四川口音，老人才知道昨天是川军跟日本人打仗，于是叫他安心养伤，把伤养好再说。

老人忠厚老实胆小，他告诉家里人谁都不能把伤员的事告诉别人，万一走漏风声，全家的性命都难保。后来部队来找人，老人也都没有告诉他们，所以唐家人一直找不着唐继宗。唐继宗一直在他家养伤，也不敢找医生，只是找些草药治伤，用土办法接骨，所以一年后才能一瘸一拐走路。老人家穷，只生有一个女儿，没有儿子，这时老人提出要他给自己当儿子，他答应了，因为要不是这家人救了他，可能也没有活着的唐继宗了。

抗战胜利后，他本想回四川，可老人家又提出要把女儿嫁给他，这家人对他有救命之恩，女儿对他又好，养伤时对他体贴入微，互相也产生了感情，他就同意了这门亲事，就这样在这里安家落户了。一晃几年过去了，他一直都没有给家里写过信，两地的人都互不了解情况。

唐继宗那里比四川解放得早，看到当地的土改运动，想到四川的家庭也可能一样，就把再回四川的想法打消了。他在信中最后写道："我对不起父母，更对不起妻子、女儿。请不要怪我无情，这些罪行都是日本人造成的，请原谅我吧。现在我已改名李唐宗，有一儿一女，家庭幸福，勿念。"

收到这封信后，家里给他回了一封信，告诉了家里情况。此后便再没有收到过他的信了。

（六）重伤生还的唐子虞团长

唐子虞，黄埔军校毕业，是唐式遵堂兄弟，1937年出川时在二十三集团军任特务团（手枪团）团长。

1941年，正是抗日战争在各战场打得激烈的阶段，也是最残酷的阶段。二十三集团军对长江流域封锁得更加严厉。这期间日军的过往军舰、船只常被川军用漂雷、水雷炸沉，损失重大。

日军对此恨之入骨，用尽了各种办法都没消灭这些部队。日军组织扫荡、围剿，甚至成立了间谍站点，向我川军防区明侦暗查，对我布雷区、码头进行偷袭，破坏漂雷、水雷等设施。唐子虞特务团是军部的直属机构，也是情报组织，由唐式遵亲自调动并指挥。特务团成员都是从各部队挑选的四川籍官兵，身体强壮、机智勇敢。他们到特务团后还要接受特殊军事训练，人人要会用双枪，在行动时除手语外都说家乡土话。军部命令唐子虞从特务团中挑选一个加强特务营，由他带队亲自指挥，沿长江流域侦察和打击特务汉奸的活动。

唐子虞来到日本特务活动最猖獗的地区，在一个镇上的杂货铺内建立了指挥部。各连、排分散成若干个小分队，全部穿当地老百姓的衣服。唐子虞扮成老板，头戴瓜皮帽，身穿长袍马褂，警卫员扮成伙计。作战官兵全部着便装，说话操当地口音，各小分队分段负责江岸，取得了不小的成绩。

一月后，日军发现了他们的行踪，并跟踪他们的小分队，发现了他们的指挥部。

有一天深夜，天空伸手不见五指。一队日军包围指挥部，等到卫兵发现开枪报警时已来不及撤退。双方展开激战，唐子虞带着几个卫兵从后门朝江边突围。日军在他们后边猛烈射击。快跑到江边时，唐子虞腿部挨了一枪，栽倒在地上。这时警卫员掩护他往江边的芦苇丛里隐蔽。他们藏身芦苇丛后，卫兵撕开衬衣为他包扎伤口。唐子虞脸色苍白，伤口流血不止，终因流血过多昏迷不醒。

指挥部这边继续与日军战斗，由于川军各分队人员的不断支援，终于打退了日军。副指挥长向军部报告遇袭的情况，以及唐团长生死不详。军部回电：速找回，活要见人，死要见尸。天一亮，大家才将唐团长从芦苇丛中抬出，急送往军部总医院抢救。唐式遵亲自到医院看望唐子虞，并给他记了一等功。

本文写于2014年7月

三走父辈苏皖抗日路

郭开慧

父辈抗战七十多年过去了。岁月不留情,历经时代变迁的我辈,已年入七旬。时不我待,中华民族悲壮辉煌的抗战史,应该真实地写出来、传下去,这是历史赋予我辈的责任。

退休后的我,走进图书馆、档案馆,拜访抗日老兵,收集抗战文献、资料;三次重走父辈的抗日路,寻访、采集民间抗日片段,在此基础上,将《川军骁将郭勋祺——抗战篇》一书付梓面世,向抗战胜利七十周年献礼。

一、重走父辈的抗日路

1937年,东出夔门的第二十三集团军第一仗便是南京保卫战。因此,2013年我重走父辈抗日路的第一站,便是南京。

郭勋祺

侵华日军南京大屠杀遇难同胞纪念馆墙上有《南京保卫战中国军队战斗序列》大幅图表,其中有第二十三集团军长官名单:刘湘、唐式遵、潘文华。带兵将领:一四四师郭勋祺、一四五师饶国华、一四六师刘兆藜、一四七师杨国祯、一四八师陈万仞、独立十三旅田钟毅、独立十四旅周绍轩……

历史没有忘记浴血的川军。

纪念馆运用现代陈列手段,再现了日本鬼子烧杀奸淫、无恶不作的残忍行径;大书拉贝先生"可以宽恕,但不可以忘却"名言。

11月底,我们驱车前往太湖西岸的夹浦、金村(现名香山村)一带,寻访当年一四四师参加南京保卫战、拱卫首都的战场。11月底这个时节,正是当年一四四师与敌激战之时。亲历战争的长者和当地的学者一路陪同我们并细致讲解,把我带到血与火的抗战岁月。

1937年初冬,淞沪战场形势险恶,面对武装到牙齿的二十多万日军,中国军队尸横遍野。出川打"国仗"的第二十三集团军五万草鞋兵,临危受命,前往太湖西岸的江、浙、皖一线,阻击疯狂追击中国军队、兵锋直指南京的日本强盗。川军总司令刘湘对郭勋祺师长下令:"无论如何,得拖住敌人至少三天!才能掩护我军安全后撤。"明知是一场必败的恶仗,在国家民族存亡关头,郭勋祺毅然挑起这副千钧重担,精忠报国,责无旁贷!

11月24日黄昏，一四四师在太湖西岸的夹浦，与在金山卫登陆的日军先头部队遭遇。

25日，欺我无防空能力的三架敌机飞来，低空投弹，机枪扫射。就在这一天，郭勋祺师长、刘兆藜师长晓之以理、动之以情，说服正在撤退的中央军炮兵留下八门山炮。郭师长将分得的四门山炮置于兰香山（川内史料误写为南山）隐蔽处。26日晨，二十多架敌机向一四四师、一四六师阵地狂轰滥炸，两个联队千余敌兵，分两路进攻。数十辆敌坦克、装甲车后面，紧跟着800名平端冲锋枪的鬼子兵，向一四四师阵地扑来。当敌机械化部队距我方阵地只有几百米远时，中国的山炮怒吼了！炮弹飞向敌群，鬼子肢体横飞，三辆装甲车解体。郭师长率军冲入敌阵，一阵机枪扫射、手榴弹投掷，打光弹药，便与敌肉搏。激战至暮，双方伤亡惨重，敌人退却。阵地上留下近300具日军尸体和被炸毁的坦克、装甲车。

一四六师的刘兆藜师长用四门山炮的火力，将敌人的坦克、装甲车逼上一条铺满浇过煤油的稻草的斜坡。"火龙"顷刻杀伤大量鬼子。

27日战斗打得很惨烈。山炮连奉命撤走，一四六师调离增援广德。太湖西岸仅剩一四四师孤军抗敌。陆上敌人大举反攻，太湖上大批日汽艇开来。各旅请求增援的电话一个接一个打到师部。尽管我淞沪战场大军已撤退完毕，一四四师也接到撤退命令，为了万全，郭师长决定先打退敌人，天黑再撤。

黄昏，紧急电话打来："有数百鬼子兵被包围在朱砂岭夹沟（当地叫株树林）里，请求增援。"

此时已无兵可派，郭师长对警卫一挥手道："走！打了几天仗，还没有抓到一个俘虏，今天非要去逮他几个东洋鬼回来不可！"这是他当天第四次冲到前方督战了。

郭师长率警卫冲出金村指挥所，爬坡时，从隐蔽在太湖边芦苇丛中的敌汽艇上，射来一梭子弹，击中他的左腿，伤及动脉和胫骨，鲜血如泉涌。

简单包扎后，郭师长躺在担架上，继续指挥战斗，直到天黑鬼子退却。

川军完成掩护任务后，奉命撤退，饶国华师长的一四五师殿后。最后，仅存一营官兵、深感无力回天的饶师长悲壮自戕殉国。

第二十三集团军五万草鞋兵，在南京保卫战中，以高级将领一四五师师长饶国华牺牲，一四四师师长郭勋祺重伤，众多将士伤亡的惨重代价，阻滞了日寇的进攻，赢得了数天宝贵时间，成功掩护我几十万大军安全转移，为中华民族抗日战争的最后胜利保存下至关重要的主力部队。

1938年初，伤愈后的郭勋祺升任军长，受命赴皖南青阳县木镇组建第五十军。

郭勋祺上任不久，滕县失守，王铭章阵亡；日寇两个师团被阻击在台儿庄，驻芜湖的谷寿夫第六师团准备北上增援。消息一个个接踵而至。

郭军长决定主动出击，牵制芜湖之敌，策应台儿庄战役，于是致电四川省代主席邓锡侯请战："……弟已于月前到达南陵，接近前线，以便指挥。倭寇月来迭受我守区部队之进攻，及游击队之抄袭，惊恐万状，时有顾此失彼之危。我正补充各部实力，并加以整理，稍俟部署就绪，极力反攻，收复京芜，不过指顾闲事……"

川内报纸以大标题《川军奉命取南京》报道："华方军事最高当局现正计划，乘长江以南，日方军队空虚，游击队卓著战绩之时，派军直迫南京……"

此时的五十军，获准在芜湖附近打一场湾沚战役，以策应台儿庄战役。郭军长调动军队巧妙布阵：令主力一四四师正面猛攻芜湖以南的日军重要据点湾沚；令新七师、一四五师分别佯攻芜湖及湾沚以南的宣城；商调谭震林的新四军第三支队，埋伏在湾沚附近，伏击芜湖出洞之敌。

头天晚上，一四四师"摸夜螺蛳"到预定地点潜伏。天刚蒙蒙亮，我军轻重机枪、手榴弹齐发，湾沚之敌仓皇应战。同时，芜湖、宣城的战斗也打响。驻芜湖日军派兵增援湾沚和宣城。敌援军才到卡子口，就遭到新四军第三支队的迎头痛击，便知中计，逃回芜湖固守。

湾沚战役相对于台儿庄大捷来说，是个局域小仗。但是，它是新成立的五十军打的第一个大仗，成功阻滞了敌一个师团北上增援，为台儿庄大捷做出了贡献。

五十军在湾沚战役中毙敌甚多，缴获了大量战利品。现今，重庆市三峡博物馆展出的刀柄有八朵樱花、刀隔有四朵樱花的侵华日军大佐指挥刀，就是郭勋祺在这次战役中缴获的。

二、二走父辈的抗日路

1939年初，五十军军部经过数次迁徙，定址太平县（现黄山区）盛村，几个师部也相继迁至太平县、泾县一带。母亲罗显功也从成都赶至皖南前线，组织了小有名气的"太泾妇女抗敌协会。"

2014年底，我二走父辈抗日路，选择去皖南太平县和泾县。这次同我一道走抗日路的还有川军抗日将领后人和八路军、新四军抗日将领后人十数位。

我们驱车进入泾县厚岸村，村里噼里啪啦鞭炮齐鸣，咚咚嚓嚓锣鼓喧天，腰鼓队员身着红装扭秧歌，"欢迎抗战将士后人来访""欢迎五十军后人来访"的红色条幅招展，村民男女老少一拥而上，夹道欢迎。

我们被民众簇拥到小山丘下，来到一个叫住前山塝的荒野。

"铭记抗战历史，祭奠民族英烈"的黑色横幅在风中颤动，长桌上摆满香、蜡、酒等祭品。这里埋葬着五十军抗战殉国官兵近千名，好些是裸埋的。

人们默默沿着田间小道聚集而来。祭奠仪式由当地文保协会副会长主持。敬献花圈后，警报嘶鸣，鞭炮震空，哀乐齐奏。

郭勋祺夫人罗显功在前线

人群面对祭坛有序站列，按照指令，默哀、鞠躬、点蜡、燃香、敬酒，场面肃穆。

"对不起，五十军抗战英烈们，我来晚了。"我抽泣着说，"你们远离家乡在这里长眠了七十多年，我今天才来，请你们原谅。今天，我代表我的父亲，你们的军长郭勋祺来看望你们。我们希望在这里，为你们建立一个英烈园，让你们有个遮风挡雨之所，后人有个祭奠缅怀之地。……"

清澈见底的柳溪河水缓缓从前山塝前流过。

老乡对我说:"前山塝是块风水宝地,地契上写着:'上有青天,下至黄泉。左青龙,右白虎;前朱雀,后玄武。'厚岸人拿出这块风水宝地,来葬川军英烈,是因为我们对五十军的感情很深。没有五十军,就没有我们厚岸的今天。你放心,五十军抗日英烈葬在这里,'白天有千人跪拜,晚上有万炷香火'。"

老乡解释说,当地妇女白天都要到附近的柳溪河畔洗衣。以前的小脚妇人跪岸搓衣,每搓一次,都要弯腰点头一次,就好比千人跪拜;晚上,厚岸村家家点灯,就好比万炷香火。

厚岸人有诗意、重感情,一年两次——清明节和七月半,都来前山塝烧香祭拜五十军抗日英烈。

邻近的太平盛村,是早就刻在我大脑里的皖南地名,母亲曾多次深情地提到过。母亲一提到盛村就会说起美国作家史沫特莱和她的《中国的战歌》。

1939年初,史沫特莱到盛村访问五十军时,百姓夹道欢迎、人声鼎沸。回美国后她写出《中国的战歌》,对五十军和郭军长赞赏有加。

七十多年后,热情的盛村百姓,同样在狭窄的小巷两旁夹道相迎,鞭炮锣鼓声喧天。

五十军军部是一座标准的青瓦翘檐、徽派明清大夫第古院落群。斑驳的灰砖墙围出一个大而坚实的庭院,四周住房环绕。庭院门口,贴着"五十军军部旧址",灰砖墙上贴着数幅斗大字写的"热烈欢迎五十军和抗日将士后人来访"的红色标语。

百姓在老祠堂举行欢迎座谈会。当地抗日老兵后人盛先生慷慨陈词:"我怀着万分激动的心情,欢迎抗战将领后人来访。感激五十军在皖南英勇抗战,保护百姓。郭军长爱国、爱百姓。没有当年五十军的英勇抗战和流血牺牲,就没有厚岸、盛村和查济村当年的安宁和今天的繁荣昌盛。五十军官兵是抗日英雄、民族脊梁。五十军牺牲的将士们长眠于我们村庄地下,我们要永远纪念他们……"

百姓争相讲述五十军的故事:

"郭军长深得民心。老人们至今说起郭军长无不称赞。郭军长在盛村搭了万年台(戏台),请老百姓看戏。老百姓制了一块'皖南屏障'的横匾,挂在戏台中央,来谢郭军长,谢五十军。"

"一天,郭军长骑一匹大白马,路过一个叫马元岭的村子,看见一个妇女带着一个十几岁的男孩,孩子手捂肚子蹲在路上,疼得不能行走。郭军长下马,把孩子抱上马,扶着孩子走到查济吉仁医院。还有一个冬天,郭军长见一个小孩流鼻涕,掏出自己的手绢给他擦了,还给他一粒糖吃。"

"一次,郭军长到查济地头给士兵做报告。想看郭军长的老百姓很多,哨兵人喊'别往里面挤'。这时一位老人太被绊倒了,郭军长马上停下报告,过来扶起老人坐在他的座位上,亲自倒了杯开水给她喝,最后派人把老人送回家。"

"查济洪公祠旁边有个食堂。一天郭军长来检查士兵的伙食,发现水缸里有翻跟虫,河里也有。郭军长叫勤务兵抬来一口大缸,在缸底钻个洞,缸上放个铺有纱布的淘米箩，缸洞对准下面另一口空缸，再放上灶台。郭军长亲自到河里捞沙子，再把沙子铺在淘米箩上，一层纱布一层沙子，铺数层。我们一批顽皮孩子觉得很好玩，跟在他后面跑，也手捧沙子往淘米箩上放。郭军长看着我们，笑嘻嘻地说：'小朋友别弄了，看你们的鞋子和衣服都湿了。'他对我们从来不摆架子发脾气，我们一点都不怕他，跟他继续捧沙子。弄好后，士兵挑河里的水倒入上缸，过滤后的水流进下缸。从此，士兵们就有干净水喝了。事后就有了规定：不准在查济河里洗马桶、夜壶、放鹅、放鸭、倒垃圾。查济河水从此就变干净了。"

"厚岸有一个排的五十军军部执法队。执法队员臂戴红袖章，手持红棒槌，检查卫生，维持治安，保护环境，绝对不允许军人侵犯老百姓利益。凡出现军民纠纷，郭军长先处理自己的部下，再调解军民关系。一旦军人违犯军纪，就会受到严厉处罚。曾有一个士兵冒充军部人员，到厚岸'同真祥'布店拿走一些布。事情暴露后，这个士兵被正法了。有个小兵搞女人，郭军长知道后，下令枪毙了。"

"一天日机投弹，把查济天申桥炸掉一个拐，一个摆摊的商人被炸得身首异处，一只手粘在墙壁上。五十军冲进被炸垮的房子，徒手扒废墟救出了被埋的老百姓。"

"白马塘一仗打得很惨烈。五十军在万脚岭打了胜仗痛歼日军一个团后，日军报复，用飞机轰炸，机枪扫射，五十军尸横遍野。整天就看见担架不停地抬伤亡人员。阵亡的遗体被运到前山塝水沟旁的平地待埋，有的钉了木板，有的用白布裹，后来就用稻草裹或者直接埋。那一次在前山塝和钟秀门就埋了好几百人，有的立了碑，有的插木牌。70年代改林耕田时，前山塝就挖出好多遗骨。"

"厚岸的宁远堂、生生堂是五十军战地医院，伤员挤在地上睡。由于缺医少药，一些疼痛难忍的重伤员要求给予了断，有娃娃兵叫喊：'爸爸妈妈我要回家。'好些伤兵等不及抢救就死了，被堆在生生堂附近的坎上待埋。埋前，生生堂举行过祭奠仪式，挂有好多挽联。"

"厚岸一个商人在钟秀门给川军修了一座孤魂祠，刻有'孤鬼无归，肇建一祠供木主；魂灵不昧，春秋二季荐馨香'。每年的清明节和七月半，这家人都要挑着祭品，去烧香祭拜，一直延续到1972年老人相继去世。"

皖南人代代相传至今的故事，令我感动至深！

1939年初，五十军军部何以从青阳木镇迁至太平县（今黄山区）盛村，这要从1938年底惨烈的青阳木镇保卫战说起。

1938年11月中旬，敌向芜湖新增十余个大队万余人，天上飞机狂轰滥炸，江面军舰载寇强行登陆，对我展开强行攻势；芜湖湾沚道上，一个师团之敌，一路进军徽州，一路逼向泾县，两路锋芒直指青阳，青阳顿时变成前线。

二十三集团军总部撤离青阳，移到后方的越山村（现属仙源镇）。

自23日起，敌步骑兵向我五十军亘延百余公里的前沿阵地猛犯。面对来势凶猛的敌军，郭军长下令：一四四师扼守右翼阵地，新七师扼守铜陵江防，各师组织游击队主动出击；新四军谭（震林）支队在芳山镇阻击敌军；一四五师严阵以待，相机策应增援。

铜陵道上，敌机、舰炮猛烈轰击，继而以骑兵三百余、步兵一千数百人，向盘龙树、老鼠石、牌坊头一线猛犯。守老鼠石的新七师刘旅第一团第四连拼死抗击，弹尽援绝，全部壮烈牺牲。

盘龙树之敌，直捣祝祠、龙口，将新七师刘旅王团重重包围。王团官兵殊死奋战五昼夜，弹药竭尽，全团官兵冲出阵地与敌肉搏，多数壮烈牺牲，少数突围。

25日晨，敌调集杉岛、石谷、志摩三个联队，步、骑兵两万余人，在十余架飞机的掩护下，向我贵池、青阳大举进犯。与我守军新七师在木镇、丁家桥一线拉锯鏖战。

新七师伤亡极大，工事全被摧毁；一四四师战线太长，不能前来应援。为避免无谓牺牲，郭军长于午时下令，全军退至第二线阵地固守，准备反攻。

下午二时，四架敌机飞临木镇，投弹伤亡百姓十余人，毁房屋二十余间，郭军长督饬官兵抢救百姓的生命财产。

26日上午九时，三架敌机飞来投掷两枚燃烧弹。顿时，木镇火光熊熊冲天际。郭军长派军部官兵分头灭火，冲入火屋，救援百姓。

27日上午八时，三架敌机又飞来投弹、扫射。木镇已空无一人，剩下焦土一片。

12月初，日军占领了新七师杨西冲师部及县东北之茗山、丁家桥地区，新七师第二旅后移至茅姑庵、黄山一带。日军随即向五十军军部所在地木镇进犯。

11日，第二十三集团军通报：

（1）由荻港、顺安侵入之敌，大举深入，主力进攻木镇。

（2）第五十军新七师伤亡极大。第一四四师扼守繁昌附近战地，绵亘百余里，无法抽出部队转移攻势、牵制敌人。诚恐影响大局，五十军退守青弋江、南陵、狮子山……木镇之线。

（3）调第六十七师（中央军，师长莫与硕）增援木镇、曾形山之线，归五十军郭军长指挥。

（4）新四军谭支队归第五十军一四五师师长佟毅指挥，留置南（陵）繁（昌）要点，担任游击任务。

（5）聚集力量，准备反攻。

11日午，敌与我六十七师对峙于木镇以南约一公里之倪家冲一带，敌施毒气，我军中毒三百余人。敌尸身上符号表明，敌为清水师团之石谷联队，顺安方面敌为松岛联队。黄昏，敌三四百人进入木镇。

12日午，获增援的敌石谷联队，猛攻并突破我六十七师曹家塝、倪家冲阵地。我军反攻，激战两小时，敌又使用毒气，我官兵中毒二百余名，仍与之激战。

13日，木镇及附近七个联保相继沦陷。

14日晨，敌五六千人，攻占我大成山、亮山、挂岭、鸦山岭、锅冲、殷家嘴、杨街等阵地，并以一部绕袭木镇；敌五百余攻我汪祠、肥子坞一带六十七师阵地，敌施放毒瓦斯，我中毒三四百人；五架飞机助战的敌军，在木镇公路两侧与我激战，继而肉搏，我官兵伤亡数百。

郭军长紧急下令转移阵地：新七师进攻野猪冲亘高岭、木镇之线，占领阵地；六十七师胡旅进攻木镇亘茶山、牌坊山之线，占领阵地。入暮，双方仍在对峙中。

15日，五十军组织一四四师、新七师对敌反攻，收复了木镇及附近四个联保。

次日晨，一四四师张团李营在木镇与敌肉搏血战，日军增兵千余，终因敌众我寡，收复的地盘又落敌手。五十军的第一次反攻失利。

17日，新七师第二旅进行第二次反攻，与敌激战，伤亡惨重，第一团第四连全数阵亡。

截至17日，守木镇的五十军官兵，伤亡逾五百。

22日，新四军谭支队一个营，伏击木镇以北的日军。

23日，五十重组反攻，到年底陆续收复木镇等七个联保，青阳木镇保卫战告一段落。日军一一六师团撤到池州（贵池）陈家大山（煤炭山）建立据点。

三、三走父辈的抗日路

在皖南大地上，留下了第二十三集团军抗日烈士的无数忠骸，仅五十军的大墓地就有三处：九华山脚下青阳县杨田镇，百姓叫"万人坑"的"卫国阵亡将士本境一切孤魂总祭"墓；泾县厚岸千人墓地；黄山区（原太平县）谭家桥新洪村"抗日烈士公墓"。

除杨田镇的孤魂碑仍孤立于交通不便、四面环山的野草丛中外，其他墓地墓碑丢失、白骨裸露，让人揪心。

2015年，我希望借纪念抗战胜利七十周年的春风，与皖南墓地所在地政府商谈，修复川军抗日烈士墓地，让抗日英烈魂归有处，后人祭拜有地。4月底，奔着这个目的，我们三走父辈抗日路一行13人（郭勋祺的子、孙、重孙辈，抗日将士后人，志愿者，川内媒体等）启程去皖南。

我们被请进泾县行政大楼，在会议室与县长、民政局局长等十来位领导分坐大会议桌两侧，商谈在泾县厚岸重建川军抗日英烈园问题。由于县政府事先去过厚岸、查济、盛村等地考察，对川军抗日历史有所了解，我们很快便达成共识：尽快启动申报重建川军抗日英烈园项目。

我们满怀希望，又匆匆赶往黄山区，与当地统战部、政协等政府部门人员面谈，共商宣传川军在当地的抗日事迹和重建谭家桥抗日烈士公墓事宜。当地政府爽快承诺，尽快启动对烈士陵园的重建工作，并计划将其辟为爱国主义教育基地。

我们来到谭家桥新洪村抗日烈士公墓遗址，看见马路边一通高约两米、宽约一米、重量超过数千斤的巨大石碑靠墙而立，"抗日烈士公墓""卫国成仁忠勇已垂千古史，舍生取义英灵应受万民崇"三行犹如鲜血凝结的大字，夺人眼目，震撼人心！真可用墓柱侧面所刻五个鲜红大字"浩气贯山河"来概括。

2013年底，农民夏四林整修自家鱼塘，从塘底打捞出来这块墓碑，被淹没了数十年的墓碑终于重见天日。当地人感慨题诗赞川军、悼英烈：草履八千里，提颅出康川；黄沙掩忠骨，英魂镇青山。

马路对面是墓地遗址。夏四林介绍：墓地里的千具遗骸，是一层土，一层遗骸，多层掩埋。近年因雨水冲刷，骸骨裸露，十多具一堆，头挨头靠拢成圆圈，躯体向外，形成抗日国民革命军帽徽图案。村民不忍，掀土覆盖。百姓说川军出来抗日的是壮士，牺牲的是英烈，应该重建墓园厚葬他们。

裸露的白骨催人泪下，我颤抖着双手含泪捧土掩忠骨，期待着陵园早日修复。

5月1日，我们前往池州陈家大山。对川军很有感情的当地百姓聚拢过来，向我们展示锈迹斑斑的日军手雷、毒气弹、子弹；带领年轻人登上山顶寻找废弃的战壕、碉堡；讲述当年惨烈的战斗。陈家大山葱茏的草木下，掩藏着太多太多的抗日故事，留下了太多太多的英烈白骨！

陈家大山（川军叫煤炭山）上有个725高地，站在上面，东可望青阳，北可瞰长江，宛如咽喉，战略地位极其重要。因此，这里曾多次发生我军与日军一一六师团惨烈的争夺战。

1938年初夏，为策应武汉会战，五十军一四四师受命攻夺煤炭山，协助中央军炮兵在山上建立炮兵阵地，以腰击源源不断、溯江西上、运送兵员和战略物资的敌舰。

郭军长把前线指挥部悄然建在九华山脚下，指挥一四四师夜袭。我军以伤亡30人的代价，攻取725高地。不几天，日军以九架轰炸机沿着煤炭山山梁狂轰滥炸，随后派军舰载步炮混合联队登陆，与我军反复鏖战争夺煤炭山，致使此地失而复得六七次。这几次战斗，我川军阵亡连长4员，伤6员；阵亡排长35员，伤23；阵亡士兵九百余人，伤七百余人。敌人也用船运走伤兵两千余人，焚尸一千余具。

当时的武汉报纸对五十军夺取725高地和掩护中央军炮兵作战大为赞扬。

1939年开打的第三战区攻夺煤炭山的冬季攻势更加惨烈。战斗于12月16日拂晓开始。此役，中央军王敬久部为中央兵团，主攻煤炭山；川军五十军郭勋祺部为右翼兵团，一面向大通、铜陵之线日寇进攻，阻其增援，一面助攻煤炭山；川军二十一军陈万仞部为左翼兵团，确保原阵地，牵制日军。

时至今日，泾县一带百姓还记得开战那天的情况：夜晚，驻厚岸老潭的五十军一四四师紧急集合，沿老街急行军。百姓闻讯，都打开家门，站在门口，举着松明火把，为川军照路。之后的数天，一到天黑，百姓就站在家门口，望着火光映红了半边天的陈家大山方向，盼望他们平安回来。厚岸柳溪客栈也住着五十军一个排。那天清晨，一个手提折叠灯笼的通讯兵匆忙赶来对排长说了句话就转身离去。紧急集合哨吹响，排长高喊：接到命令！有战斗任务，全排早饭后马上出发。可是，掀开锅盖，饭是生的。有的吃了两口，有的还没来得及吃就响起了集合哨。消息不翼而飞，乡亲们把自家的饭连同锅巴一起端出来，只看见川兵背枪出征的背影。十多天过去了，只回来两个战士，其他三十多人全部阵亡！

当年，右翼兵团五十军将士冒着敌人的炮弹、子弹和毒气弹，仰攻推进上山，一排排倒下，再一排排顶上去。战斗数大，伤亡惨重。川军的右、左（二十一军）两翼兵团均完成了预定任务。

头两天，中央兵团四个师推进到煤炭山山麓时伤亡颇大，之后又调来两个预备师增援。12月20日拂晓，预十师将煤炭山的日军击溃，一路奋勇冲锋，追击日军。由于通讯不畅，发生了中央军炮兵把冲上山的预十师误认为日军的严重失误。十余门大口径山野炮猛烈轰击，致使预十师伤亡惨重，日军反败为胜。第三战区的冬季攻势就此以失败告终。

听闻当年战斗的惨烈，我问及阵亡情况。百姓七嘴八舌地回答：山上至少死了几万人，血流成渠，尸横遍野。少数遗体被运到后方，有一些放进附近一个煤窑埋了，绝大多数留在山上未做处理。每逢下大雨，就有白骨冲下来。二十多年前，在"乌鸦扑翅"小山上，还发现有好多白骨……

这些遗骨姓甚名谁无人知晓，但是他们有一个共同的名字——抗日英烈！他们应该有个灵魂回归之所，应该享受中华民族崇高的敬意。

四、庆祝抗战胜利七十周年

中国人民抗日战争暨世界反法西斯战争胜利七十周年之际，令人欣慰的消息陆续传来。

黄山区政府和人民尊重历史、崇敬英烈，收集谭家桥一带千余名川军抗日烈士遗骸，统一安葬。"抗日烈士公墓"于纪念抗战胜利七十周年的九三大阅兵前夕，隆重揭幕，庄严矗立。

当地政府《重立"抗日烈士公墓"碑的说明》如下："1938年秋……第二十三集团军第五十军（川军部队）在青阳对日作战失利……一批重伤员留在谭家桥感梓里分院治疗。当时医疗条件有限，转移到此的重伤员病情恶化并大量死亡，医院将遗体集中埋葬在公路对面的山地中……兵站医院在墓地中间砌起墓台，上竖墓碑，镌刻'抗日烈士公墓'，以兹缅怀！……前事之鉴，后事之师！为让后人铭记这段历史，永远记住日本侵略军对中国人民犯下的滔天罪行，永远记住那些为抵抗侵略、捍卫民族独立而牺牲的抗日将士，值此中国人民纪念抗战胜利七十周年之际，经黄山区人民政府同意，在原址建亭重立原碑，以慰英灵……"

因参加庆祝抗战胜利的九三大阅兵，四川抗日烈士子女李克林、饶毓琇，在北京幸会抗日烈士王甲本将军之子王宁生。为了却父辈的遗愿，王宁生向李克林、饶毓琇打听曾经解救过王甲本将军一个师的川军援军的番号。

王宁生在《抗日民族英雄王甲本将军》一书中记述："1938年武汉会战期间，王甲本率领九十八师……开赴芜湖阻击日军西进武汉。在芜湖湾沚，九十八师和日军大部队遭遇……战场上，九十八师各连队被日军一块块分割包围。王甲本的师部也在大批日军包围中……然而，就在这十分危急的状况下，大批川军援军赶到，最后一起全歼了日军……多家媒体进行了报道……九十八师名扬海内外。"

我竭力回顾武汉会战期间，父辈的抗战经过。

1938年7月，我最高统帅部下令：全国各战区均须进行反攻，以纪念八一三淞沪抗战。

二十三集团军唐式遵总司令下令：五十军东进攻夺湾沚，牵制芜湖日军向武汉调动。

五十军郭军长下令：我军分五路进攻，新七师孟旅、一四四师唐旅担任主攻。孟旅攻湾沚东南，唐旅攻湾沚西；□□（字迹不清，可能是一四五师）攻竹丝港；一四四师刘旅攻三山；新七师刘旅攻荻港。待各路占领敌据点后，13日晨，同时出击，合力夺下湾沚，让芜湖日军顾东不顾西，以策应武汉。

五十军各路浴血奋战，攻破湾沚东南，强取湾沚西的小河口，截断湾芜铁路，攻竹丝港，克荻港，占牛歇岭，收老虎山，取马家堤，夺茶山。

我与王宁生电话交谈战役经过，双方叙述的时间、地点完全吻合，我们彼此认定，当年增援王甲本九十八师的部队，就是川军第五十军。

我激动于父辈的抗战功绩再现。同时，又感到还有一些抗战史实尚存民间，有待发掘。时不我待，继续发掘中华民族的抗战史，是历史赋予我辈的责任。

本文写于 2015 年 11 月

三 第二十七集团军抗战亲历、亲见、亲闻

二十军上海作战记（节选）

杨 森

一、率二十军自动请缨

……西安事变顺利解决，乃使最为忌刻中国统一、唯恐中国不乱的日本军阀大出意外。因此之故，他们便积极部署，不惜挑起中日之战。

二十六年七月七日，卢沟桥变作，蒋先生呼吁全民抗战，喊出了"牺牲已到最后关头"的沉痛号召。我在贵州，读了蒋先生的文告直感到热血沸腾，血脉偾兴。因此我接二连三地电呈蒋先生，自动请缨，请他将我所统率的二十军，迅即编入战斗序列，到最前线去和日本军作战。

蒋先生立即覆电嘉勉，同时令我加强准备，以便随时出发抗敌。一个多月以后，到了民国二十六年的八月十二日，淞沪之战又度爆发，蒋先生檄调我军开拔，先到安徽省会安庆待命。他叫我在部队开拔之前先走，乘飞机到南京出席最高军事会议，共筹大局。我飞抵南京后，首先见到的是国民政府主席林森先生，林主席是党国元老，知人抑且知兵，他见我的第一句话，便是问我的部队现在何处，我本人又将作何打算。

我敬谨回答这位蔼蔼长者，我说我的部队已经首途出发，目的地是蒋先生指定的安庆。水陆兼程，依我最保守的估计，从黔南进军经湖南长沙再乘轮（船）到安庆，最低限度要走四十天。

至于我个人，我向林主席要求，我说我是否可先到沿海一带去察看一下地理情势，以及军事部署。我计划先到淞沪前线，然后北上青岛、开封、郑州，再折回汉口，和我的部队会合。

林主席答应了，我便到上海，淞沪之战正在激烈进行，黄浦江上敌舰排列如山，贴红膏药的日本飞机每天轮番轰炸，想去最前线了解一下实际战况，部队长为我安全着想，要我在夜晚活动。夜间我到达最前线，将士们士气倒很高昂，只是敌人的飞机、大炮、坦克车太厉害，以平面战术应付海陆空的立体战，血肉之躯怎敌得过猛烈的轰炸与炮火？白天受伤的将士要等到夜晚才能运到后方救治，因为敌人一发现目标，炸弹和炮火就会排山倒海地轰来。这个问题实在太大，我匆匆又乘京沪路车回南京，准备向蒋先生提出报告。

二、顿悟寺阵地浴血战

一路上，只见上海的国军伤兵在往南京后运，前进的后方队伍倒还整齐，就是火炮等重武器的配备实在太少，坦克车更是寥寥可数。我一到南京便去晋谒蒋先生，我把我

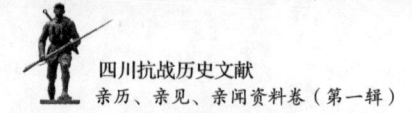

在上海前线所闻所见,以及我的感想和看法,毫无保留地向蒋先生报告了。蒋先生说敌我武器优劣悬殊,那是必然的现象,如今我们只能凭恃敌忾同仇的决心和顽敌奋战到底!

他叫我仍旧按照预定计划,多方面了解各线战事情形,我便乘津浦路车转胶济路先去青岛,沈鸿烈在那里当市长,他很有新智识,思想见解也高。我和他曾作一席长谈,他说他正担心京沪战事失利以后青岛无法据守。在战略方面,我们都认为沿海一带,便于敌军机舰活动的地方,在防务上有极大的困难;未来的决战,应该是在华中山峦起伏、河流纵横的地区。我问他对于这次抗日战争的态度如何,他主张必须坚持打下去,因为,他认为我们与其不战而亡,曷不战后而亡?他告诉我,他正在积极准备把青岛纱厂的机器利用陇海铁路运到开封。

在青岛住了两夜,再折回济南,山东省主席韩复榘很热烈地招待我,我在一日两晚的停留时期,曾经几度和他长谈,简直谈不出道理,我发现这位山东省主席根本是个抱残守缺的旧式军人,对于外界的情形非常隔膜,他口口声声最钦佩蒋委员长,又把他的兵力和武器拼命夸大。一提到日本人,他就怒目奋映地说:"我非要跟他们拼个死活不可!"

跑了一趟山东,收获不多,由津浦而陇海而平汉,兜了一个大圈子,经过徐州、郑州而到汉口。沿途所见最可喜的现象,则是各地士气民心的激昂,全国部队都在摩拳擦掌,积极备战。城市乡镇,老百姓举行示威开会讲演,"牺牲已到最后关头""打倒日本帝国主义"的标语处处可见。这种种团结一致、共御外侮的表现使我非常感奋,回想自庚子(一八四○)年中英鸦片之战开始,我们丧权辱国,割土失地,不知道吃了帝国主义多少苦头。如今总算到了跟侵略者决一死战的时候。我猛记起吴佩孚在洛阳所说的那一番话,不觉精神一振:莫非中国睡狮果已醒了!

在汉口赶上了我二十军大队,由于军情紧急,我军奉命直驶上海,参加大上海保卫战。鼓轮东航的那几天里我忙于分批召集干部讲解,集合士兵训话。我将我视察前线的见闻,以及抵抗强敌的作战要点,不厌其详地告诫他们,我并且鼓励全军将士,要确保二十军的光荣优良传统,要尽量发挥全部战力,因为我们参加的是关系国家民族存亡的御侮战争。

二十军的将士,绝大部分不曾出过四川,对于十里洋场,全国第一大都会难免十分向往。但是我们一到上海立刻加入战斗,连上海热闹成什么样子都没有看见。前敌总司令顾祝同先生指定我的司令部设在南翔,二十军除了有一旅人因桥梁被炸毁未到外,全部投入大场一线,负责顿悟寺的防务,遏阻正面来攻的顽敌。

那真是一场天崩地坼、日月无光的恶战,相信日本人和我们二十军一样,但有在那场恶战中幸获生存的人,时今回忆仍还会谈兵色变。大场附近河流纵横,一片平阳,除了沙包、战壕根本没有掩避,而双方火力之炽烈简直达到了白热化的程度,一进战壕枪炮之声先就震耳欲聋了,漫天匝地硝烟弥漫,弹道如织。当时友军已自第一道防线后撤,日军挟幸胜余势,企图一举突破我们的第二道防线,溯江直上攻打首都南京。

他们没有想到突然间挺上来一支援军,而这支援军跟他们以往交手的军队颇不相同。我军短小精悍,动作灵活,尤其我那支部队在四川可以说是身经百战的精粹,作战经验比日本人丰富得多,每一个士兵都有单独应战的能力,指挥官的调度更是机动灵活。还有,二十军最大的特色是不怕死,不后退,何况这一次又补充了不少的武器弹药。部队里有一句谚语,说是"新兵怕大炮,老兵怕机关枪"。我那些兵不但连机关枪都不怕,而且因为过去打仗从来没有看见过这些好武器,今日一见,头一个念头就是把它拿过来。因此常常会有若干人一涌而出,前仆后继,硬是用刺刀枪托,把日本人机关枪倒拽回阵的精彩演出,再则,日本人装备多,负担重,训练的动作过于呆板,我们二十军是翻山越岭、涉水渡江惯了的,最是我们人人经过长期体育训练,那边一吹冲锋号日军刚刚爬出战壕不远,这头早已跑百米,三级跳地赶了去,刀砍枪挑,杀得日本人跑都跑不掉。

三、二十军屹立如山

十月十三日,二十军接防由盛宅到顿悟寺一带阵地,当面之敌趁我们在最前线换防,阵脚不稳的时候,上来就是一阵猛攻,他们不知道我们的番号,以为这一次猛扑,最低限度也可以迫使我们放弃防线,向后方撤退。岂料我军作战经验丰富,丝毫不(受)临阵换防的影响,士兵一进战壕,举起枪来就射击,敌人倾巢而出打冲锋,后面的弟兄干脆跳过战壕迎头一阵劈刺,于是在瞬息之间,我方等于构成了两道防线而且由于这么一波又一波地涌上,反倒夺取了敌军的一道阵地。

日本人吃了亏,恼羞成怒,他们退却了几百米,进入第二道战线,立刻枪炮齐作,又调来大批的飞机,轮处轰炸。这一场惊天动地的恶战,一直从十四日的上午六点多钟,打到十六日的凌晨三点,整整二十一个钟头,硝烟弥漫,火光烛天,不知有多少弟兄被爆炸的巨响震聋了耳朵。阵地前面的沙包轰平了,他们抬出身旁的战友尸体,伏在上面做掩蔽,二十一小时之中,也不晓得打过多少次冲锋,经过若干回肉搏,吃喝排泄,一概都忘记,即使记起,也找不到空闲来解决。我部的一位团长林相侯,奋不顾身,率队与敌从事白刃战,差点要冲到敌军阵线前,一阵机枪怒吼,他不幸吻弹而亡。弟兄们把他的遗体舁回,立刻报告后方,我听到噩耗,好半天没有将电话耳机搁回去。

林相侯,那个英俊健壮的身影宛然如在我的眼前,他是我的学生,精明强干,忠贞勤俭,一出学校,就在我的二十军当排长,百战功勋,洊升团长。他结婚时,都还是我当的证婚人,我正希望他能创立事功,他却在英年之际为国家壮烈牺牲,当时我心中极为难过。由而想起他的家境很不好,立刻拍电报回广安,将我的一座庄屋,连同每年可收三百多石谷子的田地,送给他的孤儿寡妇。这一份私人的抚恤,在当时要值到十多万银元。

这一场死伤累累的恶战,使林相侯的一团牺牲殆尽,死了三位营长,三百位低级军官,旅长、团长、营长受了伤的还有多位,连师长杨汉忠都受重伤。日本人的损失,也就可想而知,但是他们炮火炽烈,又有飞机助虐,因此,旋不久我便接获报告,前方牺牲惨重,局势岌岌可危。

在我的司令部里,我咬牙切齿,啪的一声,将电话机丢了,弟兄们的血海深仇,不能不报!二十军的防地,断不容失!我奋袂而起,驰赴前方亲自率领作为后备队的两个旅,用最快的速度,赶往增援。我们抵达顿悟寺附近,前线已呈不支,他们见我统领大军赶到，欢声雷动，转身再作一次猛扑。将近拂晓，霭霭灰云之下，天惨地悲，战场上遗尸遍野，受伤者还在血泊里辗转呻吟，我们便踏着先死者的血迹，勇往直前，一时只听到杀声震天，冲锋号凄厉急鸣，两军交接，刀枪闪闪，这真是一场生平仅见、惊天动地的血战！万千大军，以雷霆万钧之势，将顽敌的凶焰霎时间扑灭无遗，几次冲锋，敌人之劫已如强弩之末，于是他们急急后退，一连让出几道防线，这便是我们二十军用血肉换来的顿悟寺之捷。

顿悟寺之战，敌人受了重创，日本鬼子斗不过人，他们就斗狠，不晓得集中了多少门大炮，一刻不停地向我们的战壕猛轰，阵地前面大片的土地都给打翻了，落弹率之密骇人听闻！他们简直是在沿着我军的防线，用地毯式的炮击，发挥了极大的压力，把我的弟兄们打得抬不起头，睁不开眼，然而仍还是一寸一尺也不退，就这么不见天日不知时辰地日夜挨打，我的弟兄们居然整整撑了五天，伤兵运不出来，人也爬不出战壕去，没有饭吃，没有水喝，一炮击中总要死好几十人。这五天里，中外报纷纷以大字标题赞扬：二十军屹立如山！

二十军屹立如山，使我付出了生平最大的代价，半生心血，一手训练，和我相亲相爱、如手如足的弟兄，二十军三个师开上前线，到顾总司令下令后撤南翔整补的时候，零零落落，七拼八凑，只剩下了一旅之众。

在南翔，我深宵不寐，彳亍独行，远处前方，炮声隆隆，火光摇曳，鏖战还在友军支撑之下持续，我想起那几条填满碧血忠魂的壕沟，那里面都是我的子侄亲友、乡胞爱卒，我们同生死，共患乱，转战四川各地，以至康滇黔湘鄂皖苏，最后到了上海，才七天，他们以生命争取空间，以空间争取时间，对抗战前途、国家民族算是作了极大的贡献。然而，对于我，却在那夜使我惨痛地激出了生平不流之泪。

我自小发奋图强，一直想要出人头地，从开了智识，我便不哭。任凭遭多大的打击，受多大的创伤，我的第一个反应总是如何反击，如何补救，我没有闲空想起去哭！因为我知道自己要做的事情更多。唯有在那个炮声不绝、月白风清之夜，我哭了，同时恨恨地骂，古诗有一句不通，什么叫"一将功成万骨枯"？试问古今中外每一位带过兵的将领，谁不是把自己的将士当作骨肉一般地看待？万骨枯时，那该是多么深刻的切肤之痛！

原编者按：本文原载于《中外杂志》第八卷第一期至第六期。

本文选自杨森《九十忆往》附录《沙场二十年》，文章标题为编者所加

杨森将军在前线

胡兰畦

四川人或者去过四川的人，大家都知道杨森将军是在四川的文化事业和建设事业上有着特殊功绩的一个进步军人。记得民国十年，杨森将军曾经欢迎过很多新文化运动的先觉者到四川去负教育的责任，比如恽代英、萧楚女、李求实、唐际盛、卢冰，北伐时攻打武昌而殉国的谢啸仙，都是他请到四川去做新文化运动的人物。当时在四川，凡是他的驻防地中，通俗教育馆、通俗讲演会、图书馆、巡回文库，在通俗教育馆指导之下的各种戏剧活动，各种改良的书场、运动场、陈列馆、大小的公园几乎遍地都是。为了要发展四川的实业，曾经普遍地饬令造林，改良牲畜，鼓励生产。为了要便利交通，曾经发起兵工修路，发展航业，最有名誉的民生公司的创始，都是由于他的负责帮助，才有今日的成绩；为了四川的工业，他曾经聘去很多的工程师，为了四川的文化，他曾经聘去很多的文化人；为了四川的体育，曾经请去很多的体育专家；为了各种的事业，曾经请去很多的专门家。总之杨森将军为了要建设一个新四川，曾经尽过很大的责任。

杨将军不但是一个努力于文化事业的进步军人，而且是一个有名的勇将。

杨将军，现在这伟大的战场上他已经加入了前线，以他这样一个勇敢的进步的军人，在蒋委员长的领导之下，记者认为杨将军所率部队在抗敌的斗争上，确实是加了一支生力军。

记者和杨将军不见面已经十四年了，听着杨将军在这伟大的抗敌战场上，用他的血肉和暴敌决胜负的时候，便冒着炮弹，亲自赶到火一般的前线上去拜访他。

为了等车，到达××通讯处已是很晚了，早已有同乡人通知过了，军部早派有人在通讯处候我和×先生，在那里又打了一个电话，到达军部的时候，一弯残月已从树梢中露出模糊的脸来，田野放出清香的气息，朦胧中我直见了几个黑影，经带路的人问明后，才知道是杨将军和夏将军出来候我们。

在那个不十分明亮的灯光下，我看见杨将军还和十四年前一个样子，神采奕奕，非常沉毅。从他的谈话，我才知道上海抗战开始后，他个人已经上过战场，他到××师、××师，土肥原到山东的谣言一起，他又去过山东一次。他告诉了我，他在陇海道上火车中的感怀诗：

> 才消炎暑试新凉，沃野欣闻禾稼香；
> 为挽艰危征万里，不教倭寇事披猖。

他说，曾经问过韩复榘关于土肥原的话，他说没有这件事。由山东回到四川，我们的部队就马上开赴前方。本来我们的部队是在贵州，在八月十五日奉命改编，九月一日出发抗敌,二十五日到武汉,十月十日到前线。本军原由上峰预定作为出击部队,以××、×××之线,屏障××縠毂京沪,敌人五次总攻开始,即举陆空主力,企图冲破此线,袭取上海,威胁南京。此时我守兵因众寡悬殊,阵地已呈不稳之象,本军见危授命,于十三日增援该线,惟部队尚未到齐,仅我×××师×团之众,经血战一日,将陈××收复,我素有战功之林团长阵亡。第二第三两日,敌复增兵猛扑,我×××师之周旅,亦由后方赶到,加入战斗。敌在×××、×××两点正面一千余米之地每日投弹在千枚以上,炮弹在五千发以上,我工事全毁,但我军有进无退,冲锋肉搏,每日达十余次,双方伤亡枕藉,在十七日换防休息。

"这次的牺牲固然很大,只有在这牺牲之下,才可以证明我们军人的人格。"说时杨将军又示以在前线的近作一首:

> 满天烽火遥相望,切齿倭寇势正张;
> 指点三军杀敌处,×××日月如霜。

在谈话中,不觉也是深夜,我们告辞了杨将军,到军部给我预备的房中去休息,分手时,杨将军说:"好好地休息,不要担心,这次的抗战,胜利一定属于我们!"

本文选自鹤琴、海燕《川军抗战集》

杨汉忠抗战经过

范长江

参加淞沪战役扼守顿悟寺阵地负伤之杨师长汉忠因腿部受伤，牵动鼻部旧疾，经前方医院诊断，认为有转院必要。爰于日前出院，乘民生公司轮船返川治疗，已于（九）日傍晚抵渝。记者以杨氏新自前方归来，见闻当更详实，特班车往访，当承延见。杨氏衣草蓝哗叽中山服，冠呢帽，御草履，左脚小腿部紧扎白绷带，座旁白木撑棍二根，面部微有风尘色，而精神仍极兴奋。记者趋与寒暄，并略致慰问，即叩以此次参加战役经过，及其本人感想，当承分别答覆，兹特提记大要于次。

本人所部原驻黔西大定清镇一带，担任绥靖工作。自卢沟桥事变发生，本军军长即向中央请缨抗敌，迨八一三淞沪战起，本军奉令集中武汉，准备相机应援。计自贵阳至长沙，向例于五十九日途程，而黔在湘西又为苗岭山脉最难走的路，但本军为迅速戎机起见，决定兼程前进，结果在二十四天的期限当中，全部到达长沙。由长沙乘火车到了武汉之后，初意还可稍稍休息，深感长途的疲劳，洗涤积垢的军服，不料刚刚宿了一晚，翌日又全军踏上北进的征途，由汉口乘平汉路车到郑州，再由郑州换陇海路车到徐州，复由徐州换津浦路车到达首都，最后由首都乘津沪车到苏州。时值大雨，为避免敌机轰炸，仍冒雨前进，在黄渡车站下车，暂驻附近一带，因敌人大举五次总攻击，前方情况异常紧张，我们在这严重时局之下，便于十月九日正式加入前线。本军在上月九日，由渡站运到南翔附近，所受的任务是一面赶筑工事，一面抵抗增援三十二师陈家行方面阵线。不过因了当时敌人正以全力进犯、差不多前方各处都受着猛烈的攻击，因之本军所当应援，也不止陈家行一段。在到了南翔以后，两天之后，在一三三师就拨出了四营去参加，到了十三日原守顿悟寺桥亭宅线阵地的部队，因任务已达，撤换下去。

本人的四团兵力就分配顿悟寺和桥亭宅的一段重要阵地，从十一日到十六日，本人受伤以后止，这几天都是敌人会集陆空军全副力量进行，全线总攻时期，所有战斗经过，大略已见中央社消息。本人因了腿部枪伤，牵动过去鼻部旧疾，同时使大脑部也受了影响，以致现在还不能用心思索，甚至现在还不能详细记叙，但有几点，为我毕生不能忘怀的。第一，十一日我接顿悟寺阵地线时，敌人便知道另有主力军开到，即猛力进攻，我林团长相侯亲到最前线指挥，官长奋勇出壕应战，白刃相接，结果我仍守持原阵地，是役林团长相侯阵亡，其他官兵伤亡亦众。第二，十三日正午，陈家行阵线曾一度动摇，我们的赵嘉谣团长、胡王两营，在敌人飞机大炮之下长进，不到一小时，就把原阵恢复起来。胡国屏营据守原线，王肇春营乘势跟踪追击，将自命"皇军"的残敌赶过蕰藻浜岸去。但团长王营已入敌之火线网，致王营长同全部官兵尽数壮烈殉国,而赵团长嘉谣亦负伤,这在我们固然是很大的损失,但也可说是淞沪战场空前的进展。第八〇一团团长向文彬在顿悟寺附近亦经敌人猛烈的进攻,力撑危局,结果化危为夷,达成任务。在那一天三小时内,由中校升上校,由上校晋升少将,这是东战场绝无仅有件事,也可说是川军在抗战史上的光荣。

最后记者复叩以经过此战役之感想,杨氏笑谓:"本人完全是一个军人,只知奉令作战,对于政治外交国际问题,素无研究,所以在此次战役中,只知我们应当为国家为民族生存而战,纵然弄到一兵一卒,也还是要放完最后的一粒弹,流尽最后一滴血,才算完全结束,此外并无所谓感想。不过就个人在军生活的经验,敌人除用武器比我精优一点外,其他并不比我们强。而且就我亲见的,我们之工军和炮兵技术,都要比敌方高超。至于我们的陆军士兵的攻击精神,更非彼怯懦如鼠之皇军所能望其项背,如我方能有同样之器械,敌早已完全歼灭。其次,此次抗战,不惟是全国武装同志人人乐从,后方的一般民众尤其热烈援助。本来军人杀敌御侮是自己应尽的天职,在阵上负伤,也算不得一回事,但是个人这次负伤以后,不用说远劳亲友和长官袍泽的厚注,就是素不相识的许多人士也来纷纷向我劳问慰藉,那种热烈的情意使我有不用说负伤,就是阵亡也很值得的感想。并且从这一点可以看如对日抗战,实为我四万万人一致的要求,就凭了这种敌忾的心,也可以把握着最后的胜利。再则此次作战,前方军站设备非常完善,经常必需的米面炭盐固然可以领得,就是士兵们等梦想不到的饼干罐头等,都是取之不尽。而且在阵地上,每天的伙食并不在饷内扣除,这是川军从来所未听见过的。又此次在京治疗,曾遇几次空袭的警报,觉得成绩非常之好,尤以交通管制最为周到,警报一来,全市若干动脉,便完全停止,但在警报解除不到两分钟后,市面又照常地活动起来,我曾听得一位外国医生说,像这样完善空防,还是世界所仅见云云。

本文选自鹤琴、海燕《川军抗战集》

夏斗枢将军会见记

胡兰畦

"全面抗战"这一个"全"字，至少在军事方面完全做到了。记者在前线参加劳动妇女战地服务团的工作，半月以来，遇到的武装同志，包含全国各地的部队。但不论是哪儿来的军队，再没有一点地方的分别。在战场上，我们再没有听见说中央军、桂军、粤军、川军等分别，我们的队伍只有一个，就是中华民国的国军。

记者是四川人，四川是有名的产生军阀的地方，在民国二十六年的历史中间，单是四川一省就有过三百次的内战，但是现在，四川的大部分军队，居然作万里长征，担任抗日战争的最前线，那种英勇壮烈的牺牲精神，并不亚于国军的其他部队，这是我最初所意想不到的。

记者很幸运，前日在前线遇见了××军副军长夏斗枢将军。将军精神奋发，谈吐豪爽，不愧为英雄本色。同乡人在这伟大的抗敌战场上见面，自然更是亲切。他把他所率领的四川军队这次参加抗战的经过详细见告，这是数天以前的事。现在前线局势已大见改善，夏将军这一番谈话，已到了发表的时候，所以除了有关军事秘密的一部分以外，把我们四川同乡抗日英雄的一席话，全写在这下面。

劈头夏将军就说："朋友，你是四川人，你知道四川的情形。常言道：'好事不出门，恶事传千里。'四川军人在外面的名誉向来不很好，一般人说起四川军队，总以为是只知从事内战而没有一点民族意识的。我们老早就想找一个机会，洗刷一下这个恶名声，幸喜现在机会来了，抗战开始以来，我们这一个部队奉到中央命令之后，就像逃婚一样地悄悄地跑了出来。我们从××到××预计要有五十九天路程。我们为了要赶忙上火线，和东洋鬼子比个高下，所以日夜赶程，过了二十四天，就到了××。我们的弟兄们常说：'汽车四只脚，到了一站还要上油休息，检查机器，我们只有两只脚，却一天走到晚，休息的时候，还要自织草鞋，要是在四川打仗，老子早就回家了！'"

到了××以后，有了火车运输，交通要快得多，不久我们就到达了前线，我们忘却了家，忘却了自己，更忘却了敌人飞机大炮的恐怖。我们没有忘记的，只是我们为国为民应尽的责任，但是使我们自惭形秽的是，我们的武器和装具比较其他的同志真是小巫见大巫。我们的军长×告诉我们："咱们在这抗日的战线上，什么都没有，有的只是血和肉，用好武器打敌人，不足以表现我们的战斗精神，以旧老的武器克制了敌人的精锐，才见到川耗子的真实功夫。"我们本着军长的教训，防守着××。我们前线×部，因为苦斗已久的疲乏和工事的被毁，不得不从×××调回休息，我们王肇春营长所率全营的弟兄增援上去。以血肉守职的精神，我在敌人飞机大炮不断的轰炸下，不但把原线恢复过来，而且乘胜追击，把敌人追过×××××，但是王营长和全营的士兵，也在此全体殉国了。

"我们四川的军队，遇见这样重炮火和海陆空军联合威逼，还是第一次。但是在作战的时候，一点不畏缩，不慌张，从没有一次退却过，因此所受牺牲，也是极其壮烈的。加入战局以后，师旅团长因为身先士卒，有好几位受伤。并且一位团长阵亡，营长伤亡的更多。我们的损失虽然不小，但是敌人的损失至少要比我们多一倍。所以我们不但毫不气馁，而且我们用了落后的武器击溃了暴日的最精锐部队，更加增加我们对于抗战胜利的自信。"

最后夏将军说："就我们四川军说，常备军已有四百五十万，加上民团及壮丁，抽调一百万人到前线是不成问题的。虽然物资设备比较欠缺，但就我们这次抗战的经验，实是不可忽视的抗战力量。现在××军和×××将军领导下的数万健儿，已负起抗敌救亡的天职，希望其余的四川军队，也一律开拔到前方。使从此以后，再没有人敢说四川军人是只知内战而不知卫国的。"

夏将军说完了以后，精神异常地兴奋。记者就和他握手，向他说："多谢××军全体将士，你们不但洗刷四川军人的坏名声，而且给我们四川人增加以万丈威光，抗敌造成了四川的新生，也造成了中华民国的新生！"

本文选自鹤琴、海燕《川军抗战集》

二十七集团军出川抗战纪要（节选）

向廷瑞

1937年夏初，川康整军会议后，二十军将原有的三个师改编为两个师，即一三三师和一三四师，撤销一三五师番号。

1937年8月13日，日本侵略军集结驻沪陆军及海军陆战队万余人，向我保安队进攻，淞沪战事，拉开序幕。二十军军长杨森闻讯，急电蒋委员长请缨抗日。中央接电颇为嘉慰，命杨森即率二十军开赴上海。蒋介石并下手令云，陆军中将杨森着加陆军上将衔，并由国民政府明令发表。二十军开赴上海后，接受淞沪战区第六兵团司令长官薛岳指挥。

13日夜，我一三三、一三四师在蕴藻浜、大场一带遭敌第三师团主力猛烈攻击，两师奋勇抵抗，使大场、顿悟寺阵地得以保住。敌援军部队不断增加，攻势益烈，我军伤亡甚重。10月15日，我八〇二团团长林相侯在阵地浴血鏖战，不幸以身殉国。一三四师八〇四团团长向文彬在战斗中镇静自如，指挥若定，带领全团战士收复了阵地。战后，他晋升为少将，获奖金六千元。一三三师七九四团团长李介立，在炮兵配合下，经过激战，终于把阵地从敌人手中夺回。战后，也获得了嘉奖。

二十军这次在桥亭宅、顿悟寺、蕴藻浜、陈家行一带与日军鏖战七昼夜，计伤亡团、营长二十多名，连排长二百多名，士兵七千余人。

11月，杨森奉命率二十军到安徽整补。在安庆时，杨森奉令为第六军团长，仍兼二十军军长。

1938年春，杨森升为第二十七集团军总司令兼二十军军长，接受第五战区司令长官李宗仁指挥。

1938年5月，徐州会战开始，敌第六师团攻陷含山及巢县，续向西犯，与我一三三师及一三四师等部发生激烈战斗。我军自10日起，协同友军对敌发动攻势，曾于11日晚，攻抵含山附近，又于13日午后，攻克巢县，并协助友军攻击合肥日军，迄15日，在含山、巢县等地与敌成对峙状况。

南京失陷后，国民政府虽迁都重庆，但军事、政治中心却在武汉。日本大本营决定攻占武汉。溯长江西犯的波田支队在海军配合下，于6月12日攻陷安庆，并进占潜山、太湖，为其大举进犯武汉建立补给基地。紧接着，马当、湖口亦失守。7月23日，敌军在九江附近登陆，于是，武汉会战的序幕正式揭开。

我方对以武汉为中心的防务做了重要部署：命第五战区司令长官李宗仁部驻防大别山，担任长江以北的防务；杨森带领第二十七集团军担任桐城、舒城一带的守备，参加武汉外围战。

敌第十三师团主力由合肥南犯，其一部窜抵舒城以北之桃源镇附近，杨森急命到庐江的一三三师与夏炯指挥的二十一军两个团立即西撤到桐城南边的园塘铺阻击日军。以后，敌虽数次对我发动攻势，赖我官兵顽强抵抗，沉着应战，将敌击退。后因战局恶化，杨森率部经高河埠退驻潜山的水吼岭。6月中旬，敌第六师团及海军队之一部，与伪军于芷山部，共万余人，向潜山以北的源潭铺进犯。15日，与我一三三师在该地西北地区发生激战，我阵地一部被敌突破，使全阵地处于危急中。一三四师奉命派一部增援，由于敌我力量悬殊太大，使我军遭受重大挫折。战局发展到无法挽回的地步，于是部队向潜山以西山地转进，一三三师奉命留下部分人马守备潜山。16日午后，敌后援部队赶到，发起猛烈攻击，激战至18日，我军终因孤军乏援，伤亡甚重，失掉阵地。

1938年6月到10月的武汉会战，是抗日战争初期中国投入兵力最多、战线最长、坚持最久、牺牲最大的一次战役，战场遍及皖中、皖西、赣北、豫南、鄂东广大地区。

1938年11月初，南岳军事会议认为，中国抗战，业已达到新阶段，战略着重于持久战，使敌阴谋不能得逞。在会上，对日作战部队进行了重新调整。薛岳为第九战区司令长官，杨森为副司令长官兼二十七集团军总司令。

整编后的二十军，进入湘、鄂、赣幕阜山区北麓，担任崇阳白霓桥及通山沿线的警戒任务。

一三三师、一三四师为策应南昌作战，向鄂南楠林桥、白霓桥、崇阳一带日军发起攻击。杨森亲率一部攻克鄂南咸宁、汀泗桥两车站。

日军为了长期控制武汉，解除第五、第六、第九战区对他的威胁，于1939年8月初，将南昌方面主力部队转移到粤汉路北段。9月初，对华派遣军总司令部派西尾为总司令、板垣为参谋长，企图打破军事僵局，秘密结集南昌方面两师团兵力，向赣江以西移动；同时，鄂南之敌，亦秘密向湘北移动，共约十万人；长江方面的敌舰也向岳阳方面集中，准备总攻长沙。

9月22日，敌第三十三师团向通城东南地区进犯，先后陷高冲及鲤鱼港。次日，敌复陷麦市，适我一三四师四〇二团及时赶到，在南楼岭、苦竹岭一带与敌作战，后占领了阵地，阻止了敌人前进。敌忽增加兵力，24日陷我桃树港，我部被迫退守金凤山至福石岭一线。26日，福石岭被敌突破。四〇二向文彬团占领白沙岭，敌猛攻两日毫无进展，就取道苦竹岭到南江桥。杨森急派总部新兵营向敌尾追，一直追到湖北通城。10月8日，一三三师又协助友军光复渣津；10日，再克麦市，恢复原阵地。至此，日军发动的第一次长沙会战，以失败而告终。

是役，蒋介石立即传令嘉奖，颁发了各种不同勋章。薛岳任第九战区司令长官，杨森、王陵基升任第九战区副司令长官，仍兼集团军总司令。二十军军部驻修水白沙岭，一三四师驻通城麦市，一三三师担任通城以南防务。

1941年8月底，日军在鄂南、湘北集结约十二万兵力、一千六百挺机枪、四百一十多门炮、五十多辆战车、四十多辆装甲车、一百五十多架飞机，向长沙发动了第二次反攻。二十军担任鄂南通城以南唐城坳、高岘、七里山等地防务。9月17日拂晓，敌以主力分由港口、潼溪街、新墙等方向，强渡新墙河，然后派一支突击队，直插我长官部附近，被我守军猛烈截击，受到重创。一三三师随军奉命为左纵队，配合第五十八军及第四军向易水以南之敌侧击,反复冲杀,激战甚烈,除克复平江以北地区的关王桥,还向大荆街及长乐街之敌攻击,予敌以严重打击,毙、伤敌军甚多,并尾追敌军到新墙河南岸,与日军隔河对峙。10月2日,由长沙败退之敌来援,被我击退,敌恐慌万状,改道向北突围溃退。

第九战区司令长官通电表扬二十军的勇敢战斗精神,并让其继续守卫新墙河。

1941年12月,日本向长沙发起第三次进攻。为了牵制第九战区部队增援广东,敌陆续集中第三、第六、第四十师团于岳阳地区。24日,敌第六、第四十两师团,突破我新墙河阵地后,连犯我关王桥、洪桥、大荆街、黄沙街、长寿街,我军节节抵抗,鏖战至31日,向文彬团日夜奋战,给敌以严重打击,使其不能东进。一三三师第三九八团的第二、第三两营及第三九九团的一连,先后在傅家桥、洪桥及黄沙街等地的战役中,全部壮烈牺牲。

第三次长沙会战后,二十军仍担任新墙河南岸的防守任务。但二十军只有两个师六个团,兵力不敷分配,薛岳调新二十师(师长李子亮、副师长李以劻)的五十九、六十两团,列入二十军编制。周翰熙升一三三师师长,三九九团团长陈亲民升副师长,彭泽生升三九七团团长。杨森为了团结新二十师,将久经战斗锻炼的一三四师缩编为两个团,即五十八团、五十九团,编入新二十师,将四〇〇团编入新二十师为五十八团,四〇一团由军直接指挥。

1944年5月,日军由武汉大举南下,发动第四次长沙会战。日军根据前三次失败教训,不仅调用关东军参战,而且在战略上也有了修正,用最广泛的两翼包抄,放弃以往从中央突破的方法。敌军用两路进攻的作战方针,一路由湖北的通城、通山,江西的修水等地进犯;一路经新墙河突破我军防线直攻长沙,并配合空军猛烈轰炸。当时二十军驻平江岑川,敌机轰炸时,所属撤到岑川,准备撤退。日军沿途轰炸,使二十军遭受空前大损失。日军一面与我军周旋,一面推进至长沙,并不断增加兵力。我一三三师为策应鄂西会战,奉令协同第一三四师向岳阳及临湘附近地区之敌攻击,以截其平汉铁路南段之交通。一三三师在茶陵一仗打得十分出色,军长杨汉域亲自指挥,化险为夷,守住了茶陵的弹药库,保证了我军的弹药补充。

8月中旬,杨森令军长杨汉域率全军前往安仁截击日军。二十军经过八昼夜激烈战斗,多次击溃了日军掩护部队。蒋介石迭电嘉奖。10月27日,各路敌军同时进犯,以围攻桂林、柳州为其作战目标。桂林告急,杨森奉令率二十军增援桂林;行至途中,桂林失守,又奉令固守柳州。我一三三师团长彭泽生在修仁英勇殉国,杨森侍从副官唐贤孝在罗城英勇战死。一日后,柳州陷落。黔南重镇独山,无部队防守,日军乘虚而入。杨森奉急令指挥警卫团、二十军、二十六军收复独山。原来日军进攻独山,其意图在于把我军排远一点,今见我军进攻,稍事抵抗,即向南退却,退到广西金城江以下,目的在于掩护柳州至镇南关(今友谊关)交通,使其在印度支那及缅甸的占领军有进退自如的通道。8日,独山收复。我军旋即奉令开往贵州的榕江、黎平进行补充整训。

1945年7月,全国开始总反攻。下旬,二十军奉命侧击百寿,使柳州主力反攻得胜。一三三师担任二十军进攻桂林的主攻任务。三九九团从贵州之榕江直扑桂林,三九八团也同时赶到。一三三师胜利完成了克复桂林的重任。汤恩伯对此给予嘉奖与慰劳。

接着，三九九团克复灵川，三九七团克复兴安。8月16日，三九七团与三九九团向全县负隅顽抗之敌发起猛攻。此时，正是日军无条件投降之时，敌军以坦克二十四辆、装甲车数辆、骑兵数百、步兵千余向我反扑，妄图做垂死挣扎。因日军已投降，上级命令我军停止还击，以示宽大。不久，二十军奉命到衡阳，接替二十六军看管一个日本战俘团的任务。至此，日本发动的侵华战争，以中国的胜利而宣告结束。

本文选编自四川省政协文史资料研究委员会、四川省人民政府参事室《川军抗战亲历记》

记川军二十军参加上海抗战（节选）

莫 湘

　　1937年8月，二十军在贵州将1936年川康第一次整军会议决定编成的（一三三、一三四、一三五）三个师缩编成（一三三、一三四）两个师。军长杨森，副军长夏炯（原一三四师师长），参谋长鲜光俊，副官长范筵生，军直属手枪团团长杨汉印，一三三师师长杨汉域，一三四师师长杨汉忠。每师辖两个旅，每旅辖两个团。其裁撤之一三五师官兵除充实一三三、一三四两个师的员额外，尚有三分之一的编余人员，除其中的老、弱、病、残送交川康绥靖公署安置或资遣外，还留有中、下级军官一百三十多人编成二十军军官第一队，任莫湘为队长，同时成都军分校拨来毕业学员朱泰安（原二十军团长）等一百二十多人编为军官第二队，任朱泰安为队长，准备随军出发。

　　二十军在贵州整编就绪后，于1937年9月中旬从贵阳出发，取道湘黔公路行进，部分部队与军部人员到了沅陵、辰溪地区，分别雇船从水路先后抵达长沙，转乘粤汉铁路火车至武昌徐家棚车站，立即乘夜渡江，在汉口车站搭上京汉铁路火车至郑州，换乘陇海铁路火车至徐州，又转津浦铁路火车至浦口后，即原车渡江沿京沪铁路直开嘉定县南翔车站。

　　在贵阳出发之前，杨森分别召集两个师的官兵与军部各处及军直属手枪团、军官队全体人员在六广门空地训话，他说："本军过去历年在四川打内战，为了争权夺地，牺牲了不少人的生命，也给人民带来了难以估计的损失和苦难，真是可耻的罪恶行为。今天为了国家、民族的生存，调赴上海地区抗击日本帝国主义的侵略，这是无上光荣的任务。望我官兵，上下一心，共同努力杀敌，保卫国土，竭尽军人天职，造福后代。"他的讲话，鼓舞了全体官兵的抗日热情，激发有我无敌的决心，为国家、民族争存亡而战，纵死疆场，当是无上的光荣。因而在行军途中，虽然风尘仆仆，疲劳辛苦，但仍精神振奋，斗志昂扬，大有"灭敌朝食"的英雄气概。再就是部队所经过的地区，沿途均受到群众无限热情的欢送与慰劳。特别是汉口群众赠给每人毛巾一张和罐头、榨菜等慰劳品的同时，还由电影制片厂拍摄了二十军是四川部队第一个参加上海抗战的新闻纪录片，作为纪念。这更加鼓舞了官兵抗日精神，奋发了战斗志气。

　　1937年10月10日后，部队陆续抵达江苏嘉定县南翔车站，接受淞沪战区长官薛岳指挥，位置于大场、蕴藻浜、陈家行之线后方，准备随时进入战斗。军指挥所设在南翔车站附近，为了不暴露目标，避免敌人飞机、大炮的轰炸，军长杨森、副军长夏炯亲自挖掘掩蔽部。之后，杨森必于每日夜将暮时从昆山县军部来到指挥所观察战局，指挥部队，待至天刚拂晓又返回军部休息。

　　1937年10月15日夜，一三四师进入大场、蕴藻浜前线阵地，即直接与日寇白川大将指挥的第九师团和近卫师团所属部队展开了激烈的战斗。日寇企图从中央突破二十军守备的石桥阵地，在两天两夜的争夺战中，部队伤亡很大。其中林相侯团长极为勇敢顽强，从战斗开始就亲临前线指挥官兵与敌人搏斗，多次击溃敌人的进攻，所守阵地，屹立未动。日寇乃改变战略，而于薄暮之时集中优势兵力，在飞机、大炮的掩护下，向我林团守地猛扑，妄图一逞。在此阵地或存或失的瞬间，而林相侯团长身先士卒冲出战壕与敌搏斗，不幸饮弹殉国！营长先纠华奉令参加战斗就下定与阵地共存亡的决心，虽然多次击溃了进攻之敌，但在全营官兵伤亡殆尽而呼援未至的情况下，就集合全营的杂兵夫役持枪上阵拼死抵抗，在继续与敌鏖战中英勇牺牲。至于一三三师部队因增援前线固守阵地兵力用尽，伤亡同样很大。在参加战斗的第二天下午，敌人集中优势兵力在机枪、大炮的掩护下，向我全线阵地猛扑，在无兵可援岌岌可危的情况下，杨森乃令手枪团加入战斗，但因手枪射程较近，难以压抑敌人的嚣张气焰，然敌人亦不敢接近我阵地，在彼此相持的战斗中，因我火力不行，伤亡极重。

第三天中午，固守陈家行阵地的友军王修身师长率领的三十二师部队，在日寇的猛烈攻击下撤离阵地，薛岳命令杨森派队立即收复。杨森当即与炮兵联系，集中火力支援我步兵攻击前进。并令向文彬团长率队收复陈家行侧的桥亭宅、顿悟寺阵地，随后即向据守陈家行阵地之敌进行侧面攻击，支援李介立团收复陈家行阵地。向、李两团长奉令后，立即率队出发，英勇向前与日寇冲杀进行肉搏战斗，收复了陈家行阵地。在这次战役中，我营长戈厚培阵亡，营长刘龙骧、卢光荣负伤，官兵伤亡过半。后由一三三师凑编三个营的兵力增加固守。在坚守两个多昼夜后，奉令交与广西部队接替，结束了这次战斗。

二十军在这次参加上海抗日战役中，坚持了一个星期的日日夜夜，总计伤亡团、营长二十多人，连、排长二百多人，士兵七千余人外，一三四师师长杨汉忠负伤，战区长官部决定将二十军撤到后方补充训练。

杨森率领残部由昆山经苏州、无锡到达南京的第二天，即受到蒋介石的召见，对杨慰勉有加，并表示对杨森的信任。二十军这次在上海战役中以最劣的武器，抗御装备精良的敌人海、陆、空军的多次进攻，英勇顽强地守着阵地，敌人未能前进一步，这就粉碎了日本帝国主义者三月亡我的狂言。川军二十军决定优先补充人数，换发武器，总结经验，加速整训，为继续参加战斗做好准备。

本文选编自《泸州文史资料选辑》第七辑，1985 年

临危受命　淞沪喋血

向廷瑞

1937年9月，我随杨森军长回南京时，三九七旅部队刚经过下关驶向战场。我立刻回到旅部，参加战斗指挥。这次二十军先头部队最先到达南翔车站参加战斗的是一三四师四〇二旅八〇四团（团长向文彬）。当时淞沪战场属于第三战区，由蒋介石兼司令长官，顾祝同任副司令长官，他们以二十军部队初到战场，不谙敌情地形，将部队分割使用。10月15日，防守桥亭宅、顿悟寺的三十二师王修身部队被日军突破，阵地失守。上级令四〇二旅旅长杨干才派兵一团入夜向敌反攻，收复桥亭宅、顿悟寺阵地。杨干才即令八〇四团向文彬部队执行任务。向团在黔西整编部队时，军部在编制上无直属部队，杨森即将原手枪团裁编成一个营，列入向文彬团第三营建制，但手枪团仍担任守卫军部勤务，故该团实际上只有步兵两个营。向文彬平素练兵有方，所以士兵的精神面貌很好，较各团更为活跃能战。向文彬奉命后，即率领该团进入攻击准备位置，入夜即向敌攻击前进。敌亦顽强抵抗，战斗进行得十分激烈。经过反复冲杀，鏖战至午夜，终将敌击溃，收复了桥亭宅、顿悟寺阵地，并夺获了敌轻机枪、步枪、弹药等。当时战局紧张，二十军仅一团兵力单独出击，各上级指挥官都在守候该团战报。阵地收复后，即由旅长杨干才呈报军事委员会。蒋委员长即在电话上通知："向文彬升少将团长，奖金六千元。"次日即来正式电文："二十军一三四师四〇二旅八〇四团团长向文彬率部奋勇出击，收复桥亭宅、顿悟寺阵地，着即晋升为少将，并奖金六千元。"这次向文彬团首先出击，战果辉煌，但代价是高昂的。在恢复阵地后，清理全团官兵，营长只剩彭焕文一人，连长非死即伤，无一幸免，排长只剩四人，士兵剩一百二十余人。

二十军这次参加沪战，担任桥亭宅、顿悟寺、蕴藻浜、陈家行一线防守任务，右翼与大场王静久军相连，左翼与阮肇昌四十四师衔接。军部指挥所设在南翔车站附近一号桥后方的院子内，受第六兵团总司令薛岳（号伯陵，广东人）指挥。而二十军担任这防线，亦即三十二师王修身师担任的防线。这个时间，也就是日军所称"第三次增援，第四次总攻"，由日指挥官自川大将指挥第九师团一个旅、近卫师团一个旅和其他特种部队共数万之众，以桥亭宅、顿悟寺、陈家行一线为攻击重点，企图从中央突破，结果未得逞。

日军不甘失败，即于翌日以一部与向团相持，又集中优势兵力，在飞机大炮掩护下，向蕴藻浜一三四师四〇一旅林相侯八〇二团阵地猛攻（该团自向文彬团收复桥亭宅、顿悟寺阵地后，即进入蕴藻浜阵地掩护翼侧）。激战整日，伤亡虽大，但日军的几次进攻均被击退，阵地屹立不动。林相侯原系杨森之警卫员，素来作战勇敢，后升任团长。这次作战，他一直在第一线与敌拼搏，最后饮弹殉国。杨森得知林相侯阵亡，在电话上急命师长杨汉忠亲临前线指挥。杨汉忠在电话上说:"我家里尚有一个老母,我若牺牲,请军长给予照顾。"但他行至中途,即重伤手臂,于是回重庆养伤。当杨汉忠离开师指挥所时,副师长李朝信急令赵嘉谣八〇一团增援上去,使阵地得以稳住。林团这时只剩下二百余人,编为一个营,由营长胡国屏率领,编为八〇四团第二营。第二天拂晓,日军又在飞机大炮掩护下向赵嘉谣团继续猛攻。赵团官兵于昨晚将工事完全修复后,沉着应战,经过终日搏斗,毫不气馁,打退敌人多次进攻,敌军伤亡惨重,无法进展。日军因攻势被阻止,实不甘心,于次日又组织力量,向桥亭宅、顿悟寺进攻。杨干才这时才命八〇三团李麟昭前往增援。因昼间增援,伤亡颇大。但官兵激于义愤,且有向团的榜样,仍能顽强战斗,使敌之攻势又受遏阻。

第四日午后,王修身师陈家行阵地又被突破。薛岳急命杨森派队反攻,恢复原阵地。杨森命一三三师师长杨汉域火速前进,执行任务。当时一三三师只三九七旅全部到齐,三九九旅只到了徐昭鉴一个团,旅长刘席涵率陈亲民团尚在途中。杨汉域因以三九七旅为第一线向敌攻击前进,以徐昭鉴团为预备队;由于蕴藻浜左岸至陈家行全系棉花地,于是旅长周翰熙、副旅长向廷瑞决定以李介立七九四团作攻击部队,向敌反攻。李奉命后,当即利用棉花地以疏开队形向敌急进。当时最令人感动的是,李介立团官兵在敌人密集的枪声中,看到三十二师残余士兵在棉花地内乱窜逃跑,士气仍不低落,仍挺起胸膛,向前迅跑。李团的先头部队到达目的地后,立即转为散兵队形,以机、步枪向迎面之敌猛烈射击。日军原以为要将三十二师一追到底,冷不防出现这股兵力奋勇地向他们扑来,不知所措,李团乘机发起冲锋,全线冲杀过去,与日军展开肉搏战。日军的飞机大炮虽然很厉害,但在近距离互相冲杀、搅成一团之际,也就失去了作用。由于我们后援部队不断增援,敌遂不支,向后溃逃,李团不仅恢复了陈家行阵地,并夺获了一批枪支弹药。这时三十二师梁副旅长见我军增援上来击退了敌人,前来交防。当时他指出蕴藻浜右岸尚有一段阵地系他旅防守,现在敌已退回原防线,必须立即派队占领。旅长周翰熙决定仍派七九四团李介立率领部队随梁副旅长到蕴藻浜右岸部署防务。这时已到薄暮时分,日军只惯于白天作战,到了夜间,就销声匿迹,停止进攻,我们也就利用这段时间护送伤兵,修补工事,补充弹药,准备次日的战斗。

当时战场情况:每日拂晓后,日军气球即升起在日方战场上空,内设观察站,观察我军动态及它的炮兵弹着点。因我军白天既无飞机,也无大炮,完全不能阻止日本气球在战场上空的活动。在气球升起时,日本飞机分批轮番出动,在战场上空盘旋侦察,除轰炸有利目标外,还为炮兵指示目标,从早到晚,从不间断。因此,我军在白天活动极感困难,日军也就利用这种优势不断向我进攻。我们就利用棉花地作掩护,一遇敌机向我方飞来,即潜伏在棉花地内,待敌机掉头飞时,就向前跃进一段,逐步匍匐前进。我们阵地后方的棉花地内,也有少数炮兵阵地,但是为了避免轰炸与炮击,都是用伪装掩盖着,一般没有发生作用。我们前线的官兵,每天只能在黑夜吃两餐饭,因为白天举火冒烟,即遭敌机轰炸,只能在每天入夜后吃晚餐,拂晓前吃早餐,整个白天不能进食。这种艰苦的作战生活,是因为我们没有空军造成的。一天上午,日本飞机在旅部上空丢了十余个炸弹,旅部虽免于难,但有一个班的士兵被炸得血肉模糊。

三九七旅在陈家行及蕴藻浜(右翼与一三四师赵嘉谣团衔接)阵地与日军激战三

日，白天顶住了敌人在飞机大炮掩护下的多次进攻，夜间修补工事，全未顾及休息，士气仍很旺盛，坚持战斗，未失去尺寸阵地。到第三日上午，李介立团防守的蕴藻浜阵地，虽一再增援，但官兵已所剩无几，势难久撑。这时预备队徐昭鉴团只剩下吴伯勋一个营，师长杨汉域急令吴伯勋立率该营前往增援。因系白昼，沿蕴藻浜河左岸前进，遭到日军炮击，营长吴伯勋负伤，但其余官兵仍快跑到达阵地，担任防守。至于陈家行阵地，营长只剩景嘉谟一人，指挥士兵数名，仍坚守不退（战后晋升中校营长）。杨汉域师长派师部手枪连前去增援。旅长周翰熙说："我们怎好使用他这个部队呢?"我说："手枪兵只能在敌密集部队接近时发挥效力，可暂时留着以防万一。"到了下午，杨森转薛岳命令，派广西部队廖磊军接替二十军防线，嘱固守阵地，等候移交。不久，该军韦云松师即前来接受阵地。正在交接之际。日军一部忽向蕴藻浜阵地猛烈进攻。韦师接防部队刚进入阵地，一见此情况，立即向后退缩。旅部见此情形，马上命令李介立团坚持抵抗，一旦阵地稳固就向后撤。李介立当即指挥吴营奋起还击，虽然将敌击退，但伤亡很大，李介立手部亦负伤，交防后于薄暮撤退到李家村。军委会传令嘉奖李介立陆海空军甲种一等勋章一枚，并提升为上校团长。这时，全旅召集起来的士兵只剩下四十余人，其中找不到一个排长。

这次二十军在桥亭宅、顿悟寺、蕴藻浜、陈家行一线与日军激战七昼夜，虽然取得了胜利，但代价很高。据不完全统计：除团长林相侯阵亡，李介立负伤，营长戈厚培等三人阵亡外，连、排级军官伤亡二百八十余人，士兵伤亡七千余人。其中有些官兵，在生死存亡的关头，表现得特别突出，如连长高峻，在参加战斗前，把家庭地址交给了上级，表示与阵地共存亡的决心，结果阵地保住了，他却献出了宝贵的生命；连长姚炯，擅长武术，用大刀（马刀）、刺刀、手榴弹杀退敌人几次冲锋。他在电话中说：日本鬼子怕大刀（根据日俘供称，日本人迷信，认为被大刀斩首的二世不能变人），请收集大刀供他使用（一三三师师部手枪连士兵，除佩戴手枪外，俱背有一把马刀在身）。当他收到大刀后，高兴地说："又可杀死更多的日本鬼子了。"在第二天的激战中，营长负伤，他立率全营官兵继续向敌冲杀，负伤后仍坚持战斗，终于杀退了敌人，巩固了阵地，但因流血过多，抢救无效，为国捐躯。

军委会以二十军官兵在上海战役中极为英勇，发奖金三万元以示慰劳。杨森刚到鼓楼街驻京办事处，蒋介石立即召见，并对杨森说："你的部队这次在上海打得很好，第一批外械到时，优先给你补充。"随即命杨森率部到安徽整补，担任驻守安庆的重任。

本文选编自四川省政协文史资料研究委员会、四川省人民政府参事室《川军抗战亲历记》

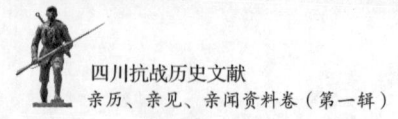

国共携手　抗日皖北

蓝纹波[*]

1937年12月，第二十军在上海抗战中因伤亡巨大，奉命开赴安徽整补。军长杨森率部到达安徽，军部驻安庆。军属一三三师随军部驻安庆，派出一个营在枞阳镇担任警戒。一三四师驻集贤关和西路湾。杨森因在上海抗战中有功晋升为第二十七集团军总司令仍兼二十军军长（未另设总部），隶属第五战区司令李宗仁指挥。二十军整补后，担负长江以北巢湖南岸防卫任务，布置刚就绪，适有二人前来总部要求会见杨总司令。那天，笔者正在总部担任值日副官，问其来意才知道来者之一是新四军第四支队长高敬亭，我当即向副官长范埏生报告，范出引见杨森。杨说："我正准备派人到贵部联络，说明我军在无为地区没有兵力，请贵部仍驻无为继续组织地方抗日武装。"

二十军在整补期间，兵员由四川广合和叙泸两个师管区送交了六个新兵补充团。武器装备直接由军政部补充，将原来的川造步枪全换为捷克式步枪，保留了部分高表尺俄式双筒步枪。各营增设一个重机枪连，各团增加一个迫击炮连。通讯部队和军部增设一个通讯营，师部增设一个通讯连，团增设一个通讯排，各营添一个通讯班，大大加强了指挥部队作战的灵活性。

二十军在整训过程中，杨森考虑到新兵多必须重视军纪教育，便派政工人员到无为新四军四纵队学习治军的"三大纪律，八项注意"。杨森根据抗日实际和川军旧有的习性，改为"四大纪律，十四项注意"。四大纪律是决心英勇抗战，服从长官命令，不拿人民东西，坚固国军团体。十四项注意是逢人宣传，说话和气，爱护武器，不当散兵，整洁驻地，买物公平，借物送还，损坏赔偿，不乱拉屎，远让汽车，不嫖不赌，自己洗衣，负伤守纪，负伤交枪。命令各连队早晚诵读，务必牢记。通过短期的紧张训练，全军官兵士气高涨，基本达到原来的战斗力。

1938年5月日寇侵占南京后，继续沿长江南岸西上，侵占了安徽芜湖，旋又转向铜陵、贵池。

另一路日军由蚌埠铁路南下，攻占安徽的合肥、巢县，企图打通安合公路，直扑安庆。南下巢县之敌，妄图由含山和和县之间强渡巢河攻占庐江，进击安庆总部，陷二十七集团军于水陆南北夹击之中。其时，杨森只有二十军两个师和驻无为地区的新四军第四支队，地方抗日武装很少，经请示上峰，增调第二十三集团军一四五师四三三旅（旅长戴传薪）和一四六师的四三八旅（旅长梁泽民）赶来支援。

6月初，日寇攻占了巢县。杨森即令一三三师反攻，考虑到敌人大本营设在蚌埠，

---

[*] 蓝纹波，广安人，后入籍乐山，民革成员，原区政协委员。

即便攻下也难固守。遂令一三三师师长杨汉域率师赴无为、庐江地区构筑工事，阻敌南下安庆。

一三四师在长江北岸的枞阳镇重点防守，又请新四军第四支队会同地方抗日武装，负责无为地区防务，并密切监视巢县方面的敌人。

一三三师到了指定地点后，适有当地老百姓告知"巢县城墙下有个洞，即使部队携带机枪也能通过"。师部决定组织两个营的突击部队夜袭巢县之敌，以一个营入城袭击，一个营掩护。时值7月，天气炎热，城内日军都在大街上睡觉，只城门关着，未设岗哨。我突击队入城后，很快将城门打开，以便袭击日军后迅速出城。与此同时，向躺在大街上的日军猛力袭击，打得敌人狂吼嚎叫。这次袭击，歼灭日军二百多人。天明后，日军出城追击，在追击战斗中，我军营长张运辉阵亡，二十余名士兵牺牲。

杨森为了确保安庆安全，采取以攻为守的战略方针，在一三四师抽调杨干才旅长担任主攻巢县的任务。杨旅长即令八〇三团李麟昭团为主攻团。该团经芙蓉岭，在钓鱼台过河到林头铺，沿淮南铁路北上，直捣巢县。主攻团利用夜幕掩护逼近巢县城，该团以第一营（营长唐式臣）为主攻，第二营紧随其后担负城内巷战。一切安排妥当，后据侦察回报，巢县城东门大开，城外的树林砍光，房屋也烧了，看来敌人有所准备。尽管如此，也没有改变原定计划，这时才发现巢县城的四道城门全部敞开，各架有几挺机枪，但不见有敌人。主攻部队便以少数人发起试探性冲击，以了解敌人的意图。果然敌人的机枪响了，攻城失败。我攻击部队退至事先决定的阵地，不断开枪诱敌外出歼灭。由于我军阵地暴露未能如愿，天大亮后反而遭到敌人设在牛头山上的十余门大炮的轰击，伤亡二十余人，排长余铁铮负重伤。旅部得知战情，命令八〇三团掩护攻击部队撤回驻地。第二天巢县敌军三四百人向我八〇三团阵地猛烈进攻，该团反复冲杀，激战三昼夜，仍坚守阵地。该团三营用的俄式步枪和双筒枪都打红了，在水里浸一下再打。第四天无可奈何的敌人撤回巢县城。

二十军副军长夏炯，组织前线指挥部进驻无为县指挥。指挥部配备有无线电台一部，保护电台的步兵一个排及少数随员。笔者时任指挥部上尉副官，在夏副军长身边做侍从。指挥部驻无为县城南郊区，当天夜里，新四军第四支队长高敬亭来指挥部联络，向夏副军长通报情况说："最近巢县之敌可能侵犯无为，无为城北约二十华里的运漕河上架有一座浮桥。"夏副军长说："我们明晨去运漕河看看再做部署。"第二天到了运漕河，果然有一座浮桥跨在南北两岸，长约一百五十米，是一座舟桥。夏副军长对高说："这座浮桥必须尽快拆毁。"高敬亭立即答应："这任务交给我好了。"

指挥部到无为刚三天，第二十三集团军派来江北支援我军的四三三旅和四三八旅就赶到指挥部报到。指挥官夏炯向他们介绍情况说："敌人占领巢县后，我二十军采取以攻为守打击敌人的嚣张气焰，已向巢县发起两次攻击，歼敌百余。现据侦察报告，敌人有向无为侵犯的行迹，无为县只有新四军第四支队和少数地方抗日武装。现在我身边只有一个排的兵力保护电台，无为又无险可守，敌人随时可能利用夜间偷渡运漕河，请你部立即赶到运漕河构筑工事坚守。敌人军舰已接近南通，有可能沿江直上。"

梁旅长率部赶到运漕河时，果然有几十名日军在昨晚越过浮桥。梁旅长遂派该旅三七六团第一营向敌人发起猛烈攻击，敌人拼死抵抗，敌我双方都势在歼灭对手，战斗十分激烈,已经交织在一起。对岸敌人的火力无法用上,敌人终被我军全歼。然而,对岸敌人居高临下猛烈炮击我后援部队,我军伤亡较大,但仍坚守至黑夜。梁旅长一面调另一团接防,一面全力抢修掩体加固阵地。第二天敌人出动三架飞机狂轰滥炸无为县城和运漕河我方阵地,并以机枪低空扫射,无为县城炮声隆隆,震耳欲聋,无为县城几乎被夷为平地。新四军第四支队长高敬亭在敌机轰炸的间隙到指挥部慰问,夏副军长也要笔者随高敬亭进城察看敌机轰炸后的伤亡损失情况,并向夏副军长汇报。与此同时,高敬亭支队长也主动向夏副军长要求战斗任务。夏副军长答复说:"好,运漕河下游是敌人汽艇载运兵力补给最频繁的河段,你部协同梁旅防守,阻敌增援。"敌人多次增援都被高敬亭部击退,我军稳住了运漕河河防。后来,由于合肥失守,何成俊部与敌刚一接触便溃退,敌人便乘势向安合公路前进,攻击无为,运漕河即陷入敌人的包围之中。与此同时,敌人援军两个师团沿安合公路向安庆总部猛扑,敌四艘军舰也沿长江西上,在安庆强攻登陆。总部才命令守运漕河的两个旅立即撤退到大小关,掩护二十军安全撤退。当时高敬亭部向指挥部要求留在敌后打游击,杨森也感到腹背受敌、水陆夹攻的形势严峻,乃向上请示,经同意后于8月20日从安庆撤退。二十军全军集中岳西,准备向汉口方向撤退。到达汉口后二十多天,一三三师三九七旅七九四团(团长李介立)全团未到,都认为该团陷入敌人重围后被歼灭了,乃向蒋介石报告:"七九四团在安徽战斗中全团官兵殉国!"当时后方各新闻单位都报道了这一消息,并把这个团的官兵视为"抗日阵亡将士"。殊知一个月以后,这个团安全撤退至汉口,闹了一个误会。

无为运漕河失守以后,七九四团奉命在无为、庐江阻击向安庆侵犯之敌,战斗了两天两夜,又奉命向西撤往十里铺,在大小关与敌遭遇,当时,敌军主力部队已截断了安合公路,该团再次陷入敌军包围,无法与军部联系,形成孤军作战。随着战斗形势的变化,该团采取化整为零的办法,编成若干小组,一面与敌周旋,在夜间越过鄂湘之间的公路,取道潜江太湖,进入湖北浠水。有些小组得到新四军第四支队官兵的支持和帮助,知道了撤退方向和路径,最后全团才顺利返回汉口。

杨森的二十军,在汉口整休一段时间后又奉命到湘、鄂、赣边区阻击日寇,坚持抗战,为最终打败日本帝国主义,取得民族解放战争的胜利做出贡献。

本文选编自《乐山市中区文史资料选辑》第六辑,1992年

我在二十七集团军参加 1939 年冬季攻势的回忆

蓝纹波

1939 年秋，我军取得第一次长沙会战的伟大胜利，大长我军士气，大灭日寇威风，全国人民抗战情绪普遍高涨。蒋介石为顺应民情，举行全国性的冬季攻势。九战区司令长官薛岳命副司令长官兼二十七集团军总司令杨森指挥二十军、七十九军，乘敌第一次长沙会战惨败喘息未定之际，向盘踞湖北蒲圻、崇阳、通城等地日军第六师团（由日本天皇禁卫军扩编，是侵华日军最精锐的部队之一）发起总攻。杨森为指挥方便，将总部由平江长寿街，推进至渣津黄坊。采取围点打援、分割包围和破坏敌占区交通通讯、削弱日军机械化力量等战术调兵遣将。部署如下：命二十军军长杨汉域，转令一三三师师长夏炯，派三九九团附师工兵连、无线电台、谍报员十余人，深入敌占区羊楼洞至崇阳公路以北山区，破坏羊崇公路沿线交通通讯，阻击增援崇阳之日军。另以一三三师一部向大沙坪之敌（约一个联队，相当一个团）佯攻，截击增援大沙坪之日军。以一三四师四〇二团攻击崇阳城之敌（约一个大队，相当一个营，配有炮兵），破坏崇阳至白霓桥之间的交通通讯；该师主力占领白霓桥东北山区后，以一部佯攻白霓桥之敌（敌第六师团一个加强联队，相当一个团，配有重炮兵一个中队），诱敌外出围歼，破坏白霓桥至白羊铺之间的交通通讯。以七十九军攻击通城之敌（敌第六师团一个加强联队），破坏通城至大沙坪之间的交通通讯。限各军于 12 月 5 日前，进入攻击位置，于 6 日晚开始总攻。各地日军遭到突然袭击，惊恐万状，只凭借坚固工事顽强抵抗。由蒲圻等地前来增援之日军，均遭各军阻击或伏击。笔者当时担任一三三师三九九团副团长，现将亲身经历和确知情况奉告读者。

一、破坏羊崇公路，激战羊崇山区

三九九团奉师部命令后，团长景嘉谟立即召开连长（包括师工兵连、无线电台台长）以上军官紧急会议，传达师部命令，组织讨论。一致认为敌后补给困难，必须多带弹药和医药，以便动员民众协助作战。于 12 月 3 日午前做好准备，午后由江西桃树港出发，入夜徒涉崇阳河，跨越崇通公路和羊崇公路日军警戒线。于 4 日拂晓前到达羊崇公路以北山区，开始组织民众。由于三九九团上半年在该地区打过游击，为敌占区缺医少药的广大民众免费治过病，纪律又好，颇受民众拥护。这次又带来药品，免费为民众治病。消息传出，民众奔走相告："景司令又来了，人多枪多，医药更多。"于是该地区民众不分白天黑夜，纷纷前来治病，我团各营、连长和政工人员借此机会动员组织民众，分段破坏沿羊崇公路的电杆电线。

12 月 6 日晚开始总攻，我团及师工兵连指挥民众三千余人一昼夜就将羊崇公路六十华里内大小桥梁全部炸毁，挖断路面，埋设地雷。7日白天，日军除用飞机侦察外，又急调武汉至蒲圻公路沿线日军增援反攻。我团先敌一步转移到羊崇公路以北山区构筑工事，纵深防空。又命第一营派出一个排，附重机枪一挺，指挥附近民众及时占领公路以南冬瓜岭。转移到公路以北的部队，首先将民众中的老人、妇女、儿童疏散到安全地带，只留下青壮年保护其家产。大多数爱国民众，经保甲长派遣在非作战区为我团购运主副食品，基本满足了我团官兵的需求。为避免敌人空袭或炮击，我团炊事人员都在夜间煮好饭菜送到前线，官兵一日三餐，都吃冷饭，生活极端艰苦。但这丝毫没有影响官兵们的战斗情绪。12月8日至11日，日军连续向我冬瓜岭阵地炮击两天，出动坦克十余辆和后续步兵七百余人，沿羊崇公路攻击前进。当先头三辆坦克被我地雷炸毁时，乘着浓浓硝烟，我第二、第三两营，立即反击，日军伤亡惨重，狼狈退回羊楼洞。次日，敌军一千余人在炮兵掩护下，分两路向我二、三营攻击，战斗至为猛烈。我将全团十二门迫击炮推至前沿，以排为单位占领阵地，集中射击，当即摧毁敌炮两门，并重创日军后续部队。我第二、三营乘机出击，激战至下午四时，敌遗尸二十余具，再次溃窜羊楼洞。同日夜间，我调回固守冬瓜岭的加强排，掩护团主阵地左侧背的安全。并组织优秀狙击手数人，专司射击日军地雷侦察队，迟滞敌坦克前进。次日敌以少数部队向我主阵地佯攻，主力一千余人在坦克掩护下向崇阳推进，工兵部队载运铁轨和槽钢的车队继后，抢修公路桥梁，敌另一部一千余人，在炮兵掩护下，沿蒲圻至崇阳老大路攻击前进，妄图截断我团退路。我团在洞察敌人的阴谋后，派出以勇敢善战著称的王超奎连，附重机枪一挺，先敌占领高地阻击该敌。激战至午后三时许，由于敌众我寡，力量悬殊，王超奎连只能逐渐后撤，迟滞敌人。傍晚敌已窜至李家大屋宿营，当天日军主力攻进崇阳城。第二、三两营乃互相掩护转移到主阵地最后一线，继续抵抗。此时，日军连续发射燃烧弹，我阵地附近燃起熊熊大火。我六连一个排官兵二十七人，被大火阻隔，退路断绝，与日军反复冲杀，直至弹尽枪损，全部壮烈牺牲。激战至午后，日军包围圈逐渐缩小，团长命令第一、二两营，共六个步兵连、两挺重机枪，与敌继续战斗；命令第三营营长任和清率领该营，携全团重武器、伤病员、无线电台等撤至崇阳河洪下东岸占领阵地，掩护第一、二两营和团直属队入夜撤退。由于我三营白天渡河登山时被日军发现，敌不断发射重炮、燃烧弹，将附近山头燃成一片火海，我三营只好直奔宋蔡门山区。团长率第一、二两营战至傍晚，准备经洪下渡过崇阳河时，侦知崇阳河上游金竹根渡口已被自崇阳外出的日军占领，由蒲圻经崇阳老大路前进之敌一千余人在李家大屋（距洪下六华里）宿营后，我派往李家大屋至洪下渡口的一个班又无报告，洪下是否被敌占领，情况不明。景嘉谟团长又派一位排长率领该排及谍报员共约三十人，奖法币1500元，跑步到洪下搜索。如无敌人，立即占领洪下南北街口警戒，由谍报员口头传递情报。该排到达洪下，查明确无敌人，团即率第一、二两营直奔洪下加强警戒，迅速带领伤病员渡过崇阳河东岸，直奔宋蔡门，于次晨四时在宋蔡门与第三营会合。到达宋蔡门后，师长夏炯立即命令一三四师南撤。是时日军主力大部已窜至崇通公路，预料一三四师明日必与强敌大战，因此立即电报夏师长：日军主力一部已窜至崇通公路，我团粮弹缺乏；伤病员拟转移至隋阳山区休整；我团一面掩护一三四师侧背，一面请当地民众到非作战区为部队购运急需的主副食品，然后乘隙南进。夏师长复电同意。次日上午在崇阳河下游徒涉过河,越过羊崇公路,途中与日军遭遇,但战斗规模不大,略有所获。次日拂晓,全团到达我师三九七团警戒内,立即派员向师长报告。是日中午夏师长率领警卫人员到达我团休息地,他从酣睡在稻草上的官兵中找到我,风趣地问:"是当主任参谋好,还是当副团长好?"我答:"只要能打败日军,干任何工作都好。"然后找到景团长,夏师长简略问了一下战况和伤员人数,鼓励地说:"你团这次打得很好,军部、总部、长官部都传令嘉奖。现在长官部又发来电报,指令你团仍返回羊崇公路以北山区,奇袭敌六师团驻地蒲圻城。"随即叫随员取出香烟两条表示慰问。我和景团长当即表示服从命令,只请求仍配属工兵连并带足炸药和地雷,调换捷克式轻机枪六挺。当时由崇阳增援大沙坪和通城之敌,正与我师主力和七十九军展开激战。我团于次日深夜徒涉崇阳河,越过崇通公路、羊崇公路到达羊崇公路以北山区,准备奇袭蒲圻城。

二、奇袭敌六师团驻地蒲圻城

为鼓舞士气,奇袭蒲圻城,我与景团长分工。他主制棺材,埋葬几天来阵亡的官兵四十余人,召开追悼会表示哀思。当地民众也派出十余人前来吊唁。景团长亲自主持追悼会,他神情严肃地讲了阵亡官兵们的英雄业绩,鼓励大家要化悲痛为力量,勇敢战斗,打败日本侵略者,为死难烈士报仇。这次追悼会实际上是一次战前动员会。我负责战前侦察,蒲圻有一位在该县教书多年,在民众中有一定威望的陈某(名字忘了),日寇强迫他充当伪维持会会长。我们在侦悉这一情况后,致函他,说:"先生从教多年,桃李芬芳,培育了大批爱国志士,为抗战做出不少贡献。我军深知先生被迫充当维持会长的苦衷,确有身在曹营心在汉的愿望。希望先生能以民族大义为重,在力所能及的前提下,协助我军早日赶走日本侵略者,还我河山。若能如此,先生非但可洗刷维持会长的耻辱,还可为抗战建功立业,光耀千古。"陈会长接信后,立即派其子随同我谍报员于次日正午来到我团警戒线外,我率警卫人员出迎。到达团部后,其子将他愿意协助我军抗战的回信和维持会人员使用的通行证十二张面交给我,又详细提供了蒲圻城日军兵力的部署情况。我与景团长研究决定,召开连长以上(包括师工兵连)军官紧急会议。会上,我报告敌军兵力部署,强调蒲圻城东门是敌人仓库马房地区,只有后勤部队看守,兵力不多,且只有一道铁丝网,是日军防守的薄弱环节,容易突破。关键是附近火车站有日军的铁甲列车一辆,配有轻重机枪、掷弹筒和小口径炮等,要设法先干掉它。经过研究,决定以第七连连长吴天佑(垫江县人,抗战胜利后复员回原籍)为突击大队长,突击大队由七连官兵和三营重机枪一排组成。三营其余部队占领城东丘陵地带,掩护突击大队进出东门。一营的王超奎连掩护师工兵连及武装谍报员数人破坏火车站通讯线路,埋设炸毁日军铁甲列车地雷,并掩护三营右侧背的安全。二营派一个排及爱国民众二十余人,破坏蒲圻至羊楼洞通讯线路,并掩护三营左侧背的安全。发给维持会通行证,由各营连轮流派遣官兵化装入城,详细侦察敌情,完成看不见的演习,做到心中有数。一切准备就绪后,选定在该星期的星期六夜间行动(日军惯例,每逢星期六夜间,有家眷的中上级军官都回家休息。下级军官和士兵分批到军官慰安所即随军妓院发泄兽性,故警戒松弛),密令混入维持会的谍报员,在我军枪响时告诉陈会长,由他向日军宣抚班报告:"大大的中国兵打进城来了。"这样安排是为了免去战后日军对维持会的猜疑。

各营连根据分配任务,进入奇袭蒲圻城的指定位置。午夜十二时突击大队发射信号弹后,立即按计划围歼仓库马房守敌,焚烧仓库物资,顿时黑烟滚滚,火光冲天。全城日军惊恐万状,急向蒲圻城四周发射照明弹,打开全城探照灯。龟缩在各据点内的日军盲目射击,全城一片混乱。停放在火车站附近的铁甲列车刚启动就被我军预埋的地雷炸毁,火车站的各种设施亦在此时被一一炸毁。日军在混乱中集中火力向火车站射击。我一连猛烈还击,掩护工兵连安全转移。袭击马房的突击分队,原拟牵回部分战马装备本团,因接连不断的爆炸声,惊得马匹狂奔乱跳,无法牵走,只得放火焚烧马房,将战马全部击毙。我突击大队完成任务后,在三营掩护下,于次日拂晓前撤回主阵地。当日,日军疯狂炮击蒲圻城附近山区。我团为预防崇阳县城日军截断后路,迅速转移到洪下附近,控制金竹根、洪下两处渡口。战事结束后,一三三师师部及各团移驻通城麦市。我团在敌后三昼夜的激战中,计毙伤日军约四十人,击毙和烧死日军战马近百匹,炸毁铁甲列车一辆、坦克三辆,击毁步兵炮两门,破坏羊崇公路六十华里间的全部桥梁及沿线通讯线路。此外,还缴获大批武器弹药和通讯器材。

是役我团阵亡排长以下官兵四十人,负伤排长以下官兵九十余人。由于资料全失,又事隔几十年,回忆不起他们的姓名、籍贯和英雄事迹。搁笔于此,不禁感愧交加,老泪纵横。

三、友军作战情况

一三三师(缺三九九团)除以一部佯攻牵制大沙坪日军外,还以主力破坏崇阳至大沙坪之间的公路及沿线通讯线路,截击日军,斩获甚丰。

在我团破坏羊崇公路阻击日军之际,一三四师四○二团乘机攻入崇阳县城全歼守敌,但该团仅有八二迫击炮,未能摧毁日军最坚固的工事,实在令人遗憾。不数日敌援军赶到,四○二团立即转移至宋蔡门山区配合师主力部队作战,奉命阻击崇楠公路增援崇阳之日军,歼其一部,缴获一批武器弹药。

关于七十九军的作战经过,现根据该军一四○师八四○团团长牟龙光撰写的《忆对鄂南通城的冬季攻势》一文,摘录如下。

> 第一次长沙会战胜利后,当时军事委员会乘敌喘息未定之时,举行全国性冬季攻势。第九战区司令长官薛岳,以副司令长官兼第二十七集团军总司令杨森,指挥第二十军两个师攻击崇阳附近之敌,七十九军攻击通城日军,即当时所谓的"鄂南冬季攻势"。

> 1939年12月,正值日军第一次长沙会战失败后,龟缩岳阳、通城、崇阳、大沙坪等据点,加强工事,以图固守之际,杨森下达攻击命令:第七十九军军长夏楚中负责指挥该军围攻通城,并破坏通城至大沙坪之间的交通通讯线路;第二十军军长杨汉域负责指挥该军攻击崇阳,并破坏羊崇公路、大沙坪至崇阳、崇阳至白羊铺的交通通讯线路,阻止增援大沙坪及通城之敌。

> 第七十九军奉命后,指定一四○师李棠师长指挥该师由隽水以东突击到通城东部,攻占锦山、锡山诸高地,逼近通城东门,然后攻占该城。九十八师由九岭西下,逼近通城西门,继之攻占该城。八十二师占领岳阳与通城之间的要道,阻击由

岳阳增援通城之敌。

一四〇师奉命后，指定八三五团团长陈肃指挥该团攻占锦山、锡山，逼近通城南郊，进攻通城。八四〇团团长牟龙光指挥该团由隽水东尾选定突破口，逼近通城东门，进攻该城。八三七团团长徐定远指挥该团进驻清水塘、堰市，阻击由崇阳来通城之援敌。任务下达后，各团星夜赶到预定攻击地点，集中攻击部队之营、连长侦察进攻路线，并在后方布置火力支援点，设置临时收容伤员的包扎所。

在奉命后的次日晚上，各团按指定地点进行攻击。八三五团第一夜攻到锦山山腰，天已拂晓，不能继续攻击，只在原地构筑工事防敌反攻。这一夜，伤营长邓少英一人，阵亡排长二人，伤亡士兵二十余人。八四〇团攻击通城北门外石壁寺成功，毙敌八十余人。当时我团在拂晓前深入到通城东北占领阵地，构筑工事，待入夜再进行攻击。是日我团伤连长张国宣一人，阵亡排长刘知非、黄云章二人，伤亡士兵二十余人。

第二天晚上，八三五团刚推到锡山脚下，即遭到城内日军炮击，伤亡较重，只得停止攻击。八四〇团攻击隽水西尾菖蒲港，因敌据点坚固，火力旺盛，第五连连长宋应槐和排长胡坤阵亡，中尉排长殷华重伤，伤亡士兵六十余人，攻击未获成功。第二营副营长周艇率全营由石壁寺深入通城东北，以迫击炮射击通城城内之敌。拂晓后转移到通往崇阳的公路上，砍断日军通讯电线杆二十余根。此后几天，通城及大沙坪之敌连续遭到我军炮击，整得敌人惶惶不可终日。日军无奈，从岳阳抽调一个大队赶来通城增援，在岳阳与通城交界的湾头附近，遭到我八十二师二四五团、二四六团的猛烈截击，经一日一夜激战，日军在丢下无数尸体后退回岳阳。通城之敌三百余人，从东门溜出徒涉隽水时，遭到我八四〇团二营阻击，浮尸二十余具，其中包括日军炮兵金田大尉。与此同时，我八三七团由三营副营长黄立新率两个连由清水塘赶来侧击，致敌于腹背夹击之中，伤亡很大，夜幕降临后被迫撤回城内。大沙坪之敌遭我友军连续袭击，亦有伤亡。由崇阳方面前来增援之敌，被二十军拦阻于楠林桥附近。由于我军缺乏攻城武器，官兵仅凭勇气作战，在将近一个星期的冬季攻势中，每日伤亡官兵都达百余人，这样大的代价，连一个据点也没有攻下。我重机枪连长张朗云及迫击炮排排长邓树清相继阵亡。1939年12月下旬，我军停止攻击，退回幕阜山下的凤凰楼、蔡石窝、葛家营等地休整。

侵华日军在第一次长沙会战惨败喘息未定之际，又遭到我全国性冬季攻势的沉重打击。与此同时，八路军和新四军在敌后也展开大规模的游击战争，扩大游击区域，巩固游击根据地，牵制了侵华日军很大一部分兵力，国民政府军训部长白崇禧抓紧这一有利时机，在1940年至1941年间积极整军，扩大各兵种的编制，轮流调训各级在职的优秀校级军官，提高作战能力，同时进行全国性大规模练兵运动。抽调优秀的将校级军官在经过短期集训后，分期分批去各地，检阅各军、师、团和特种部队的训练情况，从而提高了各军兵种的素质。这对1941年秋、冬两季连续取得第二、第三次长沙会战的伟大胜利，奠定了坚实的基础。

本文选编自《乐山市中区文史资料选辑》第十一辑，1997年

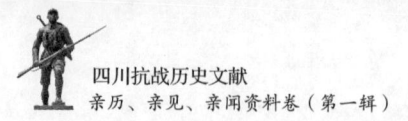

第一次长沙会战

蓝纹波

1938年夏,国民政府军事委员会总结了一年来抗战的经验教训后,制订出自力更生、抗战建国的方针和实施细则。其中,在军事方面,决定以全国兵力的三分之一深入敌占区打游击,建立和扩大游击根据地,牵制日军,保护沦陷区民众的安全生活和生产,三分之一与敌周旋,三分之一在后方整训,做好大反攻的准备。同年秋武汉失守,第九战区指挥的五个集团军所属各军,分别在湘、鄂、赣边区与日军对峙,并以一部深入敌占区打游击。日寇侵占我武汉、岳阳、通城等地后,在军事上调整部署准备南下打通粤汉路(今京广线广州至武汉段),在政治上以大东亚共荣圈为幌子,妄图诱降国民政府达到亡我中华之目的。大汉奸汪精卫于1938年12月18日叛国投敌,为虎作伥。日军于1939年9月下旬,集中最精锐的部队第三、第六、第十三、第三十三等师团,并配备工兵、炮兵、特种部队和第五纵队(便衣特务)以及汽艇运载的海军陆战队,共二十余万人,由侵华日军总司令冈村宁次坐镇武汉指挥。先以盘踞江西南昌的日军为主力部队,向上高等地攻击,被我十九集团军(总司令罗卓英)、三十集团军(总司令王陵基)和卢汉集团军(高荫槐代总司令)所属各军,分别击退。由湖北通城南犯的日军三十三师团,被我二十七集团军(总司令杨森)所属二十军、七十九军歼其大半,残敌逃回通城,一部溃窜修水。溃窜修水之敌被我三十集团军所属七十二军及第八军第三师,昼夜围攻,迨至全歼。由湖南岳阳进犯的日军被我十五集团军(总司令关麟徵)所属五十二军、三十七军击退。由洞庭湖乘汽艇南犯的敌海军陆战队亦被我洞庭警备司令霍撰彰所属部队以鱼雷和大炮击退。至此,日军首次进犯长沙的战略计划被我军彻底粉碎。这次战役是我军继平型关大捷、台儿庄大捷之后又一次伟大胜利。捷报传出,举国欢腾。慰问电雪片飞来,更加鼓舞了前线抗战军民的勇气和必胜信心,也是对叛国投敌的汪精卫一个致命打击。

笔者时在一三三师任代理参谋长,对上述战况只略知大概,不足之处,请整理抗战史的同志及早纠谬、补充,以臻完善。现将我在二十七集团军参加是役的情况记叙于次。

战前四天,驻在崇阳汪家畈山的一三三师侦知日军调动频繁,其第六师团已集结于粤汉铁路羊楼司至临湘之间,加紧劈刺训练(系日军战前的准备之一),作战物资已运抵沿线各火车站。经与师长夏炯研究,判断日军有意进犯长沙,乃立即电报军部、总部、长官部,请通令前线各部队详察正面敌军之动向,并做好备战。

杨森总部收到一三三师敌情电报后,急转各军加紧备战。1939年9月下旬,日军开始大规模进犯长沙。从通城南犯之敌,是支那派遣军总部参谋长板垣率领的三十三师团及配属的特种部队，原拟沿武长公路，直插平江，背抄长沙，被我七十九军九十八师利用九岭天险，顽强阻击，日军伤亡惨重，迫使板垣改变作战计划，绕道通城东乡，从南楼岭，经江西修水南下。我一四〇师在侦得日军动向后，立即命令各团先期抢占敌必经之险关、隘口予以阻击或侧击，迟滞其南犯。其中最突出的战绩是驻守高冲斗米山的一四〇师某团搜索连，该连以劣势装备和人员相对很少的兵力与强敌激战整日，多次击退日军的强攻，重创敌人，迫至深夜才按计划撤出阵地。又如据守汤谷山的一四〇师一个连也与强敌激战整日，给敌以重大伤亡，晚上才撤退到鸡笼山。更为突出的战斗是该师某团三营九连，在连长曾吉林指挥下，凭借鸡笼山的有利地形，与日陆军、空军的联合进攻抗衡，血战三天三夜，在大部官兵伤亡的严峻形势下，守住了阵地，没让敌军越"雷池"一步，日军被迫改由南楼岭南下。另一路由汉奸谢天香（抗战胜利后被通城县县长汪援华诱捕枪决）向导，经乌石洞出江西金华，也被我二十军阻击，战绩详后。基于上述战况，一四〇师在第一次长沙会战中，战绩卓著，受到国民政府军事委员会嘉奖。

一四〇师与强敌激战之际，杨森急调活动在通山敌后开展游击战争的一三四师和一三三师三九八团，分别从敌后崇阳东南山区分道南撤，协同一四〇师作战。一三四师师长杨干才奉命后立即以四〇一团（团长李麟昭）为前卫，昼夜兼程抢占南楼岭战略要地。但因山区小道行军缓慢，敌人骑兵行动迅速，四〇一团在南楼岭以南即与敌骑兵遭遇，展开激战。由于日军不断增援进攻，又以大批飞机助战，四〇一团伤亡很大，仍然完成掩护四〇〇团（团长赵嘉谣）、四〇二团（团长向文彬）占领白沙岭主阵地的任务。后在四〇〇、四〇二两团掩护下，次第转移到后方作师预备队。次日，日军出动数架飞机和大炮，掩护步兵分路向白沙岭阵地左、中、右三面围攻，我一三四师官兵凭险还击，多次重创日军，巩固了阵地。特别是为争夺被我击毙的日军军官遗留下的图囊，战斗更为激烈。经过拉锯式的反复冲杀，我四〇二团终于夺得图囊。从图囊中发现驻守武汉代号为"吕集团"的冈村宁次中支派遣军投下的地图。图上标明敌三十三师团从南楼岭、白沙岭南下经龙门厂、长寿街，从侧背包围长沙，协同由岳阳南下日军作战的机密。杨森得此情报，急将总部从长寿街经黄金洞、蛤蟆石移驻青梅湾。日军与我一三四师经过两天的激烈战斗，无法越过白沙岭，遂留下少量部队与我一三四师周旋，主力改道全丰，经朱溪厂、龙门厂南下。此时，我一三三师三九八团由崇阳兼程赶到全丰。敌一部正向朱溪厂推进，从行军速度判断，必在朱溪厂宿营。师乃急令三九七团（团长陈亲民）衔尾追击，夜袭日军。三九七团入夜到达朱溪厂外围，占领附近高地。同时组织九个轻装突击队，分路奇袭宿营的日军。由团部发射信号弹，各突击队同时攻入日军宿营地，正在酣睡的日军被打得晕头转向，自相践踏。激战至次日黎明，残敌向龙门镇溃窜，三九七团跟踪追击。正当三九七团与敌激战朱溪厂之夜，三九九团（团长景嘉谟）亦奉命夜袭龙门厂，阻敌南窜，协同三九七团将龙门镇及朱溪厂南逃之日军分别包围歼灭。同时将敌情电告驻在江西铜鼓石街乡整训的三九八团取捷径赶到青梅湾，受总部指挥。次日九时许，师部到达龙门镇以东山区，据陈亲民、景嘉谟报告："正协同围歼敌人。"师长夏炯立即前往三九九团指挥所，直接指挥两团战斗。激战至午后四时，敌残部南逃。当时，我正在师指挥所收容转运伤病员，军长杨汉域亲临我处指示："奉总部

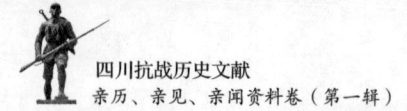

急电，日军主力窜至长寿街至嘉义一带，正与我七十九军一部激战。"命令师长夏炯立即率部前往青梅湾配合七十九军作战。军长杨汉域也来电命令在全丰附近的一三四师阻击增援日军，破坏敌后勤设施。我在电话上将杨汉域军长命令告诉夏炯。经研究决定，以三九七团、师部及直属队、三九九团的次序，急行军去青梅湾。次日傍晚部队到达青梅湾附近，补充粮弹后，即向公路推进。

在二十军与强敌大战于白沙岭附近时，杨森及时将敌情电告七十九军，命令由九岭速开平江，阻击南窜日军。敌我双方由青梅湾到达公路备战时，我师部与八十二师部同驻一个村庄。夏炯师长与罗启疆师长交换敌情后，着重研究次日围歼敌人的作战方案。为了掌握战机，我通夜守着电台，及时综合各方情况，指示译电员、电报员等工作。大约在当晚十点，长官部来电略述关麟徵集团军已在金井以北地区与敌激战。杨森立即将战况报告长官部，第九战区代长官薛岳征求杨森意见："如明日不胜，是否转入幕阜山区打游击战？"杨森答复："打到明日十二时再说。"杨森及时综合当前敌我状况，急令七十九军派八十二师一个团坚守钟献，阻敌南进。其余各师和二十军一三三师于明日拂晓开始总攻，务将长寿街至钟献间之敌分别包围歼灭。这是保卫长沙最后一次大规模战斗，只准胜不准败。各师奉命后，根据自己的任务乘夜靠近日军阵地，做好战前准备。次日拂晓总攻开始，我军各部官兵以迅雷不及掩耳之速、排山倒海之势，一举将日军包围，激战到八时许，敌机向被围日军多次空投弹药、粮食实施救援，同时向我军疯狂扫射。我军迅速集中高射机枪对空扫射，迫使敌机不敢低空飞行，故敌机投弹虽多，命中者极少。空投粮弹，偏差也大，许多空投粮弹落在我军阵地附近。为了争夺空投粮弹，战争更为猛烈，敌我双方伤亡均极惨重。战斗过午，日军粮尽弹绝，战斗处于明显劣势，开始分股突围。我七十九军追击向南江桥逃窜之敌，二十军一三三师分兵三路紧追不舍。以陈亲民团长率领的三九七团和师参谋长周希濂率领的师直属队和三九九团抄捷径直插江西桃树港，抢占日军必经之南楼岭，截断日军通道。

师参谋长周希濂率师直属队和三九九团向桃树港进军途中获悉，敌大部逃到朱溪厂后，一部沿修（水）平（江）公路逃向修水，一部逃向全丰。周希濂立即分别电报总部和军部。杨森命令继续向桃树港进军。次日正午在桃树港以南发现敌军千余人，正向桃树港前进。师部急令景嘉谟团长指挥该团第一、三营围歼该敌。同时命该团二营营长苟肇肇率全营附师精干谍报员二十人，抢占南楼岭战略要地。一面防御由通城增援之敌，一面阻击北窜日军。景团第一、三营截住逃向桃树港之敌，经一小时激战，残敌转向苦竹岭方向逃窜，第二营完全占领南楼岭。此时周希濂参谋长指挥的三九七团和三九八团多次击溃敌军的掩护部队，直逼白沙岭，与敌激战。由于战线长、纵深宽，一三三师力不从心，没有全歼日军。军长杨汉域急令一三四师协同一三三师围歼残敌的电报，因一三四师电台缺乏电池，由一三三师抄转，再由谍报员分送。因此，贻误战机，致使一三四师未能先敌一步抢占苦竹岭，只击败由全丰向乌石洞逃窜的部分日军，含尾追至苦竹岭以南地区。未能彻底围歼敌三十三师团主力于苦竹岭以南地区，实属可惜。次日早晨日军才在通城援军和飞机掩护下，逃回老巢通城。一三三师跟踪追至娄市以西地区，以三九七团向通城警戒，师部驻桃树港温塘。三九八、三九九两团，分驻桃树港以东地区休整。一三四师驻修水唐城坳地区休整。七十九军以一四〇师为前卫，跟踪追击向通城九岭溃窜之敌后,回到九岭阵地,仍担任通城以南地区守备,与通城日军对峙。经过约四十天的激烈战斗,由于我集团军广大官兵和湘、鄂、赣边区人民的共同奋斗,不怕牺牲,终于打败日本侵略军,取得第一次长沙会战的伟大胜利。

在第一次长沙会战中,王陵基、杨森两集团军战绩卓著。战后,杨森被晋升为第九战区副司令长官兼二十七集团军总司令,王陵基晋升为第九战区副司令长官,其余各级军官均视其功绩大小受到国民政府军事委员会颁发的勋章或奖章。

本文选编自《乐山市中区文史资料选辑》第十一辑,1997年

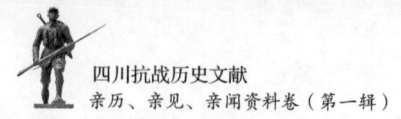

我参加第三次长沙会战

刘 朗

抗日战争时期，湘北新墙河防线由第二十七集团军总司令杨森将军指挥二十、三十七、五十八军守备，总司令部驻平江甲山。

1940年12月，我毕业于中央陆军军官学校第十六期，分派到二十七集团军总司令部参谋处任少尉参谋。长沙第三次会战时，我任总部骑兵排中尉排长，全排有马五十余匹，中有日本战马三十余匹（杨森将军平生爱马），为各军师送来的俘马，此马比蒙马高一个头。

长沙第三次会战始于1941年12月下旬，至1942年1月下旬结束。

战幕揭开，敌人纠集四个师团兵力，十余万之众，挟飞机大炮坦克，兵分两路，一路由岳阳沿粤汉路南下，一路沿公路线渡新墙河下平江，妄以钳形攻势一举攻占长沙。在敌人多次强渡新墙河激战中，我二十军一三三师王超奎营长和全营官兵壮烈殉国。

敌人进至捞刀河，遭到我第十军、七十九军和李觉等军迎头痛击和我二十军、五十八军、三十七军的侧后截击，一蹶不振，终于溃退。在堵击败敌中，我二十军骑兵连长杨汉烈（军校十六期毕业）率领全连协同友军于影珠山军指挥所前侧坟墓高坡地带，与千余名日军激战一日，尽歼逃敌，毙敌酉山崎、池田大佐两人。

12月8日新墙河被突破后，总司令部设前敌指挥部，有关人员和特务营于12日随总司令离开平江，各处科室班队留守人员和家属、一名翻译官共百余人及一部电台为后方总部，由副官处统率，转移至平浏交界山区思村待命，骑兵排担任防卫警戒。

13日家属全部去思村，我率全排于三阳街隔河（汨罗）向平江城警戒。平江几乎空城一座，老百姓大部避入山区。14日全体留守人员和一些物资转移完毕，午间城内传来密集机关枪声，敌机两架在上空盘旋，我奉命撤除警戒转思村，乃率全排于午后四时出发，入夜宿营离平江四十余里的陈家大院。

15日晨续向思村行进，午一时许，离思村三十余里的田间道上，忽从山凹低空飞来敌机两架，低得舱内飞行员头部都可清楚看见。路侧坡地皆茶林，但时间不容许人马隐蔽了，无奈只得硬着头皮令各班不准纷乱，并马用轻快步前进，佯装敌军。说也奇怪，敌机低旋两次后，即向前方茶林扫射一排机枪弹后升空飞去。我捏了一把汗，紧绷的心弦豁然轻松了。原来是我排马队与敌军同向南前进，其中多数是日本战马，使其错认为是自家人马。

到思村不久，一天由前方指挥部押来俘虏三名，身着浅草色军装，污痕斑斑，面目憔悴有饥容。廖思贞翻译官立时审讯，我在旁听审。其中两人问之便答，另一人则矢口不语，交代对俘政策后，再三问之仍然。这时翻译厉声："叭嘎呀奴，带走。"只见前两人做求情状，并睥睨同伴"么哟嘎嘎"地说些什么，遂止复询，始慢声吞吞地说"嗨唉，嗨唉……"

后来翻译官说，这三名俘虏是鹿儿岛人，初中文化，家有父母弟妹，今年鹿儿岛已三次召征，他们来华入四十一联队重迫炮连军曹，不到半年就由信阳调来攻打长沙，在急行军中失联，系迷路被俘。

本文选编自《内江文史资料选辑》第十二辑，1995年

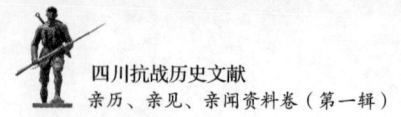

我参加第四次长沙会战

罗士瞿

太平洋战争爆发后，日寇为了掠夺更多的战略资源及封锁我滇越、滇缅两条国际通路，便挟其海空优势，大肆举兵南进，一时魔爪伸进了南洋及东南亚一带。在这广袤而漫长的战线上，日敌对运输补给深感捉襟见肘，力不从心，梦想以我国大陆作跳板，妄图打通粤汉线由广州进出南洋，打通湘桂线经越南直达新加坡，建立一条最便捷的交通联络线，以解脱其困境。为此，日敌于1944年夏，悍然发动第四次夺取长沙的大战。这时我在九战区第二十七集团军总部特务营任副营长，驻湘北平江甲山，曾两次派去长沙岳麓山九战区战干团受美军陆空联络作战训练。会战伊始，总部即派杨汉烈营长和我偕同美军克洛上尉及两个美军中士共五人组成陆空联络组，以杨汉烈为组长，驰赴前线，指挥飞机协同作战。一天我们来到粤汉路上的耒阳县时，为了迅速赶到湘东前线，协同遏止由醴陵、攸县沿公路南下之敌，我们被空运到江西遂川，然后回程翻越井冈山，来到茶陵县第四军欧震部的防线。次日部队提出请求，要飞机前来摧毁敌前沿工事、炮兵阵地、敌后公路临时便桥等。我们当即同第一线指挥员爬上一个高地，观察敌方情况及我军要轰炸的一些目标，然后将我们的要求和具体任务告知美军第十四航空队桂林基地。第二天天一亮，我们就忙于架设通讯联络使用的无线电报话机和摆放布板标志，以明确敌我阵地的方位和界限。8点过，六架飞机从西边向我阵地飞来，我们立即与机上人员取得联络。飞机在我方上空盘旋两圈后，即飞向敌方，按我们指示的方位、距离去侦察、搜索轰炸目标，随后各自反复俯冲投弹、扫射。只见敌军阵地内，黑烟滚滚，炸弹雷鸣，敌军个个蜷缩于掩体内，噤若寒蝉，我军战壕里的兵士，无不手舞足蹈，欣喜若狂。一个多小时后，机上所带炸弹倾泻罄尽，飞机便整队返航，临别时，还在我阵地上空将机翼左右摇摆数下，以示"再见"之意。这天我对空联络点选设在一个长着稀疏灌木林的圆形山顶上，这里能俯瞰敌方，视界广阔，但天线未能隐蔽好，被敌人发现了，我机甫离去，敌人就向我开炮，发射炮弹数十发，除来不及撤收的报话机被弹片击出个窟窿外，我们均利用地形卧倒幸无损伤。第二天上午桂林基地又派来一架飞机给我们空投了一架崭新的报话机和一些罐头食品，其中有几箱巧克力（当时我国市场还少见）飘落在我前沿阵地上，兵士们拾得不敢吃，误认为是美国肥皂。

7月中旬，我们离开茶陵，来到安仁四十四军王泽浚部，当天我们到前沿指挥所了解情况。这个指挥所设在一个荆棘丛生、蒺藜满地的山腰里，像临时在草丛中开辟出来的一席之地。我们进入后，一阵阵难闻的尸体臭味飘来，又见四周点燃着几根香水蚊香，相询之后，才知两天前，安仁城内之敌为争夺这个山梁曾数次向我猖狂进攻，我军居高临下，奋勇反击，最后敌遗尸于山前斜坡一带草丛中而退走，因为是大热天，尸体已腐烂发臭了。山梁下是一片开阔地。指挥员向我们介绍，开阔地南边隐约可见的那些家屋是敌人马厩，后面一带，有敌人辎重部队进出，并有弹药堆集所等设施，要求飞机前去轰炸。是夜，我们与桂林基地联系妥当，次晨我们又将报话机设在山梁棱线后面一点，使瞭望天线与斜坡平行，以避敌眼。9点刚过，飞机来了，各自按照我们指示的目标去搜寻。但见我机俯冲下来，时而投弹轰炸，时而开枪扫射，如燕子穿梭、蜻蜓点水一般，来来往往，威武无比。我们从望远镜里看见敌阵地无数的马匹在田野里狂奔乱窜，另有几处则浓烟升起，火光冲天，我方战壕里有几个军人频频跷起大拇指向着这几位美军朋友连声叫"OK，OK"。正在这时，我方一架飞机在俯冲时不幸被敌弹击中，拖着一条黑黑的浓烟向我后方滑下去了，我们心情十分沉重。不久得知，飞机摔在离第一线三十多里的稻田里，驾驶员跳伞无恙，真值得庆幸。8月初我们转移到郴州，即奉命回归建制，之后就跟随总部在敌人翼侧向广西兼程进发，8月底到达柳州，立刻进入桂柳会战的战斗序列。

本文选编自《内江文史资料选辑》第十二辑，1995年

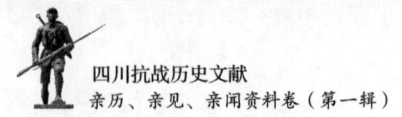
四川抗战历史文献
亲历、亲见、亲闻资料卷（第一辑）

追忆长沙保卫战

李茂实（供稿）　　滕昭辉（整理）*

抗日战争中，长沙保卫战共有四次，每次都有杨森的二十七集团军参战，该集团军的主力是战功卓著、屡受嘉奖的第二十军，军中有不少南充人。我是1941年初到的前线，第一次保卫战已经过去。第二次保卫战我在二十军军部骑兵连，我们负责行军的前卫、驻军的警戒，从未与敌接触。第三次保卫战骑兵连的任务是阻击敌人的援军。第四次会战时，我已调至集团军总部，战役开始后兼任通讯队队长，还与日军打了遭遇战。

1940年12月25日，我在成都从黄埔军校十六期一总队结业。我们事先取得校方同意，并约好同去湖南抗日前线的二十四名同学，由杨汉烈（曾任四川省政协副主席，1987年病逝）带队，从成都出发，去重庆乘车（当时宜昌失守，长江航运中断），经贵阳到柳州，改乘火车经桂林、衡阳、株洲到达长沙，然后徒步至平江二十七集团军司令部所在地。一路上，由于有军民合作社的帮助，还算比较顺利。到达目的地后，司令部正举办军民运动会，学骑兵的同学还参加了赛马，而且是第一次骑缴获的日军战马，特别高兴。三天后，除留四名同学在集团军司令部工作外，其余二十人全部分配给了第二十军。第二天，这二十名同学即出发去江西桃树港温塘第二十军军部报到，经杨汉域军长接见后，有的留军部，有的分到步兵团。杨汉烈分到一三三师搜索连任排长，我和甘际光分在军部骑兵连。当时，骑兵连还在敌后打游击，我俩便背着行李，在向导带领下前往箐箕窝连部。在那里，我看到官兵们既沉着冷静，又士气高昂，并不像想象的那样紧张。两天后，甘际光留任二排长，我任连副并调长寿街干部训练班训练全军抽调来的军士班长（以作后备干部之用）。培训班三个月为一期，共培训了两期。这些班长大都是参加过淞沪会战的老兵，我们教他们军事技术，他们则向我们传授实战经验，教学相长，双方受益。

1941年9月初，干训班结束，我们各自返回原分配的连队。当时的情况是，自第一次长沙保卫战后，日军控制了岳阳、临湘、蒲圻一线。我第四军、第二十军和三十集团军，除了一部分兵力沿洞庭湖、新墙河、南江桥、白沙岭、渣津一线据守外，大部队都在集结整训。9月18日，日军集结岳阳、临湘铁路沿线的兵力进行秋收扫荡，企图打通粤汉线。敌强渡新墙河，突破第四军防线（秋收后水田干板，战车可长驱直入），进犯长沙。战区除第十军坚守长沙外，其余各军皆分随其后进行侧击尾歼。敌自感孤军深入，首尾难顾，故尚未抵达长沙即行撤退，各部队即跟踪追击。

---

* 李茂实抗战时期曾在第二十七集团军第二十军任排长、连长、代理总部通讯队队长等职，为原阆中市政协常委；滕昭辉为南充市政协文化文史和学习委员会副主任。

第二次长沙保卫战结束后，长沙正面新墙河一线防务由第二十军接替。第二十军军部进驻关王桥，骑兵连担任军部外围警戒。杨汉烈由一三三师搜索连调任军部骑兵连连长，邓祯铭任一排排长，罗体用任二排排长，唐志任三排排长，我任四排排长，配备可以高射的麦德森机枪两挺。

1941年12月8日，日本偷袭美国珍珠港，同时进犯香港，为了防止我增援香港，日军拟打通粤汉线与华南连成一气，遂发动第三次长沙会战，甚至狂言打到长沙过年。敌首先向守备洞庭湖与新墙河的第二十军阵地发起进攻，为了让长沙守军有充分的时间准备，第二十军受命奋勇抵抗，苦战三日。24日，敌强渡新墙河，为完成阻敌任务，一三三师三九八团第一营长王超奎率部坚守黄沙铺阵地至全营五百余人全部阵亡。当时，军部骑兵连在关王桥进入阵地，掩护军部和一三三师转移；同时，湘北前线各军遵照长官部指示："第二线兵团可稍向后退做好准备，占领有利地形，主动把握战机，容敌先攻长沙，我们乘敌进攻受挫之机，采取从各方面打击敌人的'天炉战法'后退战略方案。"在防线被敌突破后，第二十军即尾随其后，左右周旋，最后在福临铺、影珠山一带山地占领阵地，待机歼敌。敌人以少数兵力掩护主力进攻长沙，企图一举攻克，但在第十军的全力抵抗下，几度强攻均未得逞，终因伤亡惨重，而后援部队又遭我外围部队重重阻击，难于靠近，不得不下令后撤。途中又连遭王陵基、杨森、罗卓英诸兵团痛击。影珠山下，连日来也枪声不断，战斗激烈。

1942年1月4日晚，日军为了掩护其主力撤退，派出原驻山西精锐九旅团窜入我第二十军与第五十八军结合部，且其先头尖兵已达山顶，企图以此山头为立足点，打乱我军部署，为其后续部队开路。当时，我连正在影珠山寒婆坳担负警戒任务。凌晨三时许，接军部电话，令我连协同一三四师四〇〇团李怀英营和军特务连各一部，乘敌立足未稳之际，向山顶发动攻击。途中遇五十八军孙度军长，详告敌情并会同我连攻击影珠山东端之敌。双方炮火激烈，在数次强行攻击中，一排排长邓祯铭壮烈牺牲。后经激烈战斗，迫敌撤至山腰丛林坟园中，但敌仍负隅顽抗。此时，山下一三三师已成功将敌后续部队截断合围。我连遂以坟园矮墙为屏障，集中全连手榴弹、掷榴弹，向敌连续投掷，并以轻、重机枪不断扫射。战斗从凌晨持续到晚上，日军一次又一次的疯狂反扑，均在我顽强的阻击下以失败而告终。当时，日军占有空中优势，日机也曾数次俯冲低飞扫射，但终因敌我相距咫尺，发挥不了作用。及至薄暮，撤退之敌三百余人全部被击毙，我军缴获轻重机枪十余挺、步枪一百余支、战刀十一把，其他装备无数，并击毙敌山崎人队长、池出中队长等军官十数名。这次战斗，由于我连人员素质、武器装备与敌不相上下，全连官兵士气旺盛，又有敢打必胜的信心，过去一贯担任警戒任务，很难遇上这样的战斗。因此，战斗中全连官兵英勇顽强，敢打敢拼，为战斗的最终胜利立下了头功。

第三次长沙保卫战结束，敌退回岳阳、临湘一线。第二十军仍扼守新墙河，军部骑兵连扩编为军搜索营。伍昭任营长，杨汉烈任一连连长，我任二连连长，罗体用任三连连长。随后，我受领任务返川接兵，经长沙乘船至洞庭湖、南县，转澧水到达津市（今澧县），步行九天抵三斗坪（今三峡工程坝址）。接收兵员后，仍按原路返回，并负责训练新兵。一年后，我又奉命调二十七集团军司令部参谋处任上尉参谋兼骑兵排长（战马为俘获的清一色日军战马)。

1944年初夏，日军为进出南洋、印度支那半岛方便，再次出兵粤汉线，发起第四次长沙会战。此次进攻长沙，日军采取集中兵力、稳扎稳打的战略战术。第九战区司令长官薛岳由于私心作祟，同时又犯了"战胜不复"的低级错误，再加上守卫长沙的第四军临战渡江，造成混乱，致使长沙轻易沦入敌手。军长张德伦（张发奎的侄儿）被蒋介石枪毙。日军借机连克湘潭、株洲进逼衡阳。此时，各军均已疲惫不堪，以致衡阳被围四十余日，也无精锐部队增援解围。

战事一开，因集团军司令部通讯队长在长官部受训未归，令我代理。此时，通讯队下辖通讯一连、无线电台四班。部队天天都在移动，晚上架设四部电台，同时也给司令部担任警戒。我每晚都要收集电报，第二天照常行军，如此经历五月余。部队转移到广西平乐、荔浦，方稍事休息。记得当时国防部长白崇禧曾回荔浦老家，激励官兵与乡土共存亡；四战区司令长官张发奎还坐水陆两用吉普车来柳州会见杨森。他们都是光杆司令，没有队伍，结果敌人连下桂林、柳州。

我军撤离柳州后，日军兼程前进，直叩贵州河池、南丹，企图拿下贵阳，威胁重庆。鉴于情况紧急，我军奉命急行军，解金城江之危。二十七集团军司令部及第二十军日夜兼程，经三岔、宜山至天河县龙元村宿营。当晚，二十七集团军司令部宿营前村，日军在后村露营。由于天黑，双方均未察觉，静静地过了一夜。第二天拂晓，司令部正待集合出发，就听到后面山坡传来枪声。时任特务营营长的杨汉烈和骑兵连长的我，见敌正展开战斗队形向我方移动，急令部队就地隐蔽。同时，令一连散开进入阵地，正面阻击敌人，令机枪连占领后侧高地，以火力掩护二连向敌侧翼迂回。一连见当面之敌被重机枪压得抬不起头来，乘机交互前进，待二连迂回至敌侧后时，便与三连及骑兵排齐向敌冲杀，追敌后撤。战斗从早晨一直持续到下午，因司令部只有一个营的兵力，又顾虑日军主力赶到，因此抓住战斗间隙，转移各处（室）非战斗人员。适二十军增援部队赶到，终以强大火力击溃当面之敌。这次战斗，保卫了总部的安全，我军顺利地如期赶到指定地点，解了金城江之危，为后来的反击战奠定了基础。

湘桂战地行军记

罗士瞿

1944年秋，第四次长沙会战结束后，日寇沿湘桂铁路向广西窜犯，其目的在于占领桂州、柳州两战略要地后，向南打通至越南交通线，向北进窥贵州，威胁重庆。

10月，我所在的二十七集团军在湖南郴州奉令率第二十军开赴广西，行军路线在湘桂铁路以南，与敌军平行并进，经过桂阳、新田、宁远、道州直入广西灌阳。当行至宁远时，道州已陷敌手，便折向兰山，取道江华，不料走到离江华三十里时，江华县城又被道州南下之敌占领，于是决定再向南走，直插白芒营。但江华南面几公里处有个小墟（场镇），是南下必经之地，那里有敌军哨所阻道。经研究决定，先派两个营，在黄昏后把哨所包围起来（敌军一般晚上不出来），掩护我军夜间行动，使我部在第二天拂晓前全都顺利通过。接着翻越五岭之一的萌渚岭，经湖南最南端的隘口——河路口，进入广西平乐县。

我军在平乐、荔浦一带休整两周后，调到柳州，积极做战斗准备。11月下旬，敌军迫近柳州，上级派我（当时任总部特务营副营长）率一小分队，护送两个车皮的后勤物资、文件档案及二十名伤病员，经由铁路去独山，然后到贵州荔波归队。

黔桂铁路由于战事关系，行车极不正常，不是缺煤就是缺水，沿途车站混乱，调度不灵，列车在行进途中，常常停下来加水或搬路边枕木作燃料，每到一站，只能站外停车，要等站内股道疏通，才能进去。一天走走停停，比老牛拉破车还慢。列车爬行了两天两夜，计程百多公里，到达金城江车站。在这里一停就是半天，尚不见动静，到站探询，说是粤汉（广州至武汉）、湘桂两路的车厢，全都撤到金城江以北地区去了，道路严重堵塞，要等疏通再说。因此，车轮何时才能启动，看来谁也没底，不由得心中忐忑，彻夜难眠。翌晨，再去车站，只见室内一片狼藉，员工们正匆忙地打点东西。交谈后，得悉情况紧急，他们准备撤离了。开车已绝望，物资不能遗敌，回到车厢做了紧急处理：几个重伤病员找汽车搭走；轻伤病员即刻徒步出发；被服装具、医药、文件等全部搬站外集中焚毁；武器是军人第二生命，不忍轻易毁掉，一律拆下枪机分开埋藏于庄稼地里，希望将来收复失地后，还能为我军所用。处理完毕，天色已晚，稍事休息，即整装出发。此时金城江一片漆黑，鸦雀无声，白天拥挤的人群，全都走光了。

第二天下午，到达河池，全城关门闭户，只有邮局和隔壁一家银行门窗洞开，空无一人。邮局内纸屑满地，未烧尽的文本还在冒烟。由于疲惫不堪，我们决定在那家银行住宿一晚。跨进大门，看见墙脚边放着四个大油桶，两桶是汽油，两桶是装满的镍币，办公桌上除纷乱的文具外，还有一部电话机，厨房内遍地散落着大米，可见这帮人走得何等仓促惊惶！凌晨一点过，睡梦方酣，猛然被外面的嘈杂声、脚步声惊醒，翻身起来，看见一个三岁上下的小女孩正在我床前怡然自得地玩耍。我来不及问话，疾步跑出大门，看见满街的人，只是奔跑，说是敌人快进城了。

在这情况不明的时候，迅速离去为好。正在清点人数准备出发时，刚才那个小女孩又出现在我们面前，见我们一走，就惊哭起来，问她的话，只咿咿哑哑听不懂，但从衣着、外貌、语音来看，很可能是难民中走失的孩子。于是我叫个战士背起她一路走，她就不哭了。出河池北门，公路上人头攒动，如潮水般向前涌去。走不多远，见公路左边一个仓库起火燃烧，继而火光冲天，把公路照得通明。走着走着，突然轰的一声巨响，一股强大的气流向人群袭来，公路上的人全被冲倒在地。我被冲倒后，还翻了一个滚才爬起来。人们摸摸身上，抖净尘土，又肩并肩、脚挨脚地向前疾进。约莫走了一个小时，突然前面的人流回头，转向后面涌来，口称前面有敌人，过不去了。顿时，人们向公路两侧逃避。我观察了两旁地形，发现左边是一片开阔地，右边不远处模模糊糊是座山，我决定往山上去。离开公路，经过一片田坝，来到山脚，却被一条小河挡住去路，经探测可以徒涉，于是大伙儿很快过了河。随即爬山，此山乱石嶙峋，没有树木，满山藤蔓刺草丛生，月黑风高，难识路径，只能在刺草丛中摸爬而上。到了山顶，个个皮开肉绽，衣裤上满是大小窟窿。在清点人数时，唯独不见小女孩，查问那个战士，他说："在过河前，把小孩放在河边，以便下河测水深浅，后来回到原地，小孩不见了，当时河边难民多，田坝宽，天又黑，在周围找了几遍都找不到，由于时间紧迫，不可能久留，只得离开上山了。"听后在遗憾之余，唯有叹息一阵而已。为了消除疲劳，恢复体力，大家在原地静坐休息，不久，东方发白，黎明到来，正在观察下山路径，突闻山的南端传来枪声——"喀嘭"数响。掉头注视，发现七八百米处，有群人影向山上移动，分析判断，枪声是日本三八式步枪声音，很可能是在我后方穿插、袭扰的敌人。为避免接触，我们快速下山，越过铁路，拣条山间小径向北急行。下午到了车河，此地我汤恩伯兵团正在构筑工事，阻击敌军。经联系后，得以进入我方警戒线。至此，才长长地舒了一口气，精神顿释重负，豁然轻松。继续北行六十里，于午夜抵南丹县城。

南丹全城百姓已经逃避一空，街边、店内住满了过境难民，我们找了家旅馆同难民挤在一起。由于一天一夜紧急行军，颗粒未进，既困乏，又饥饿，一住下来，就立刻埋锅做饭和铺床休息。原拟在这里休息一天，调养调养精神，不料次日中午得到消息，车河守军要向南丹转移，于是急忙收拾行装，准备离开。这时一个中年妇女抱着一个小孩急得团团转，哀求我们带她一路走，并说她是福建人，同丈夫逃难去贵阳，前几天在金城江上汽车，人多拥挤，丈夫还未挤上车，车子就开了，至今没有消息，身边除孩子外还有两只箱子，如何走得动呢？只得求助我们！我想了一下说："我们可以答应你的请求，不过我们不到贵阳，只能带你到麻尾，还有要轻装行进，你的东西太多，必须精简一些。"她同意并忍痛扔掉一只箱子。下午四点，我们沿着公路缓缓西行，但见公路两旁，十室十空，门窗桌凳全被难民烧光，慌乱的人流挤满了十多米宽的公路，齐头并进，老弱病者，或坐或卧于路旁，有的呻吟，有的哭泣，有的叹气，一片凄凉悲怆景象。不由感慨万千：作为军人的我辈，手执干戈而不能拒敌人于国门之外，致使人民大众颠沛流离，庐舍为墟，能不愧疚汗颜么？

行程两天，到了麻尾。麻尾是黔桂边境上的一个小镇，街上熙熙攘攘，店家照常营业,平谧如常。同行的中年妇女在此与我们告别,随同其他难民向独山去后,我们转向东行,爬高山,涉溪流,在羊肠小道上折腾了两天,到达荔波。战友相见,惊喜不已,纷纷告知:某日他们行军至宜山东北的天河龙源村,天已黑尽,与敌军同宿于这个平坝上的两个村庄(相距三四百米),当晚都未觉察,相安无事。次日凌晨,我部在村前集合出发时,突见对面村边人影闪动,忙令号兵吹号问话,正静待回应时,一梭子弹打了过来。我特务营在杨汉烈营长指挥下,一部分就地散开还击,另一部分跑步前去占领附近制高点,掩护司令部人员离开。由于地形对我有利,打退了敌人两次冲锋。这种不期的遭遇战,敌我彼此都摸不清虚实,处于相持状态,时近中午,掩护任务圆满完成,便逐步撤走,脱离接触。由此引发出战士们的联想,要是我们一行人在铁路、公路上,与敌人遭遇,该有多危险!现在我们平安无恙地回来了,无不满怀喜悦地说,老天保佑,幸甚!幸甚!

本文选编自《内江文史资料选辑》第十二辑,1995年

老兵张文治的抗战回忆

张文治（口述）　张秀模（整理）*

一、从悲壮的淞沪抗战说到抗战胜利后退役

1937年8月13日，我们在上海与日寇进行了气壮山河的淞沪大会战。开战前，我在川军二十军军部特务连任少尉排长。我们全军于9月1日从贵州出发，徒步长途跋涉。官兵们的双脚打起了水泡，宿营时，用针把水泡挑破出水，后用消炎粉、布条裹好，第二天继续赶路。赶到常德坐上船，在湖南长沙坐上火车，终于10月13日到达上海南翔车站。这时战火已逼近市郊蕴藻浜和大场一线。我们当即留下非战斗装备进入战场。全军分为一线、二线、预备队，进入临战

张文治

状态。军委会给我们下达的命令是"不惜一切代价，保住阵地不失，轻伤不下火线，违令者军法从事"。也就是说生命可以不要，阵地不能丢。

我们二十军共两个师，一三四师守桥亭宅、顿悟寺。仗打得相当艰苦，不要说这是我们从来没有经历过的阵仗，就是听也没有听说过。天上有飞机轰炸，地面有大炮，还有坦克怪叫着冲过来。战斗中师长杨汉忠负伤，旅长罗润德负伤（左膀骨折），团长林相侯阵亡。林团长是好团长哇，牺牲的消息传来，全军上下悲痛不已。

一三三师三九八团团长向文彬奉命夺取友军丢失的顿悟寺阵地。向文彬指挥部队利用夜晚大雨时冲锋，发挥了我们川军夜战"摸夜螺蛳"的本事，一个晚上反复冲锋，拿下顿悟寺。早上传来消息，军委会升向文彬为上校。天亮后，日军开始反冲锋，用炮火覆盖我军后路。我军增援上不去，水、饭上不去，向团孤军打了一天，守住了阵地。夜间增援上去，向团换下阵地时官兵只有二百多人。晚上又传来军委会命令，擢升向文彬为少将团长。一天之内升了两级，这是上海战场绝无仅有的，可见当时战场的险恶。

李介立七九四团守陈家行、禹王庙一线。由于战线较宽，在日军飞机、大炮、坦克的猛攻下，陈家行一度被鬼子突破，两翼守军受到威胁，李团长组织敢死队和鬼子展开生死拉锯战，把鬼子打了出去。鬼子的坦克冲上来时，我军把八二迫击炮前脚架卸掉，炮弹出膛本来是呈抛物线，现在用来平射打坦克，还管用。只要把冲上前来的坦克履带打烂了，就能堵住鬼子的坦克群上来，战事反反复复，成"三进三出"。阵地守住了，可这是李团用了几千人的生命换来的。

---

* 整理者为张文治之子。

李团差不多打光了，最后只剩下二营长景嘉谟还守在陈家行。最后景嘉谟的二营还剩三个排长、二十几个兵。

团、营、连编制的队伍都打光了，最后时刻，杨森就只有命令我们军部特务连上了。当时我代理连长（后在战壕中火线任命为连长）。我特务连火力猛、战斗力强，是军长杨森的贴身卫队，共四个排，一个排三个班，每班十八个人，每班配两挺轻机枪，全连有二十四挺机枪、一百支伯克门冲锋枪，共二百余人。另外，还有原来吴佩孚送给杨森的两名武林镖客作国术教官。我见过他们表演，上房上墙真是身轻如燕，嗖嗖就上去了，这一招是不教人的。他们平时专门教士兵学武术、耍大刀。上战场前还专门到上海观战考察，研究出对付日本人刺刀的滚刀法。我这个连身体素质、枪械都比其他连队要强得多。

我带队冒着炮火增援陈家行阵地时，景嘉谟已经快要顶不住了。看见来了救兵，他拉住我的手，连忙说："老弟你来得好，你救了我！"为了打击日军的嚣张气焰，我把二十四挺轻机枪和三挺重机枪摆在前沿阵地，日军攻来时，被我猛烈的火力打得溃不成军。鬼子没想到我们有这样强的火力，猜不透我部何以敢这样排兵布阵，又来硬对硬拼命。战斗异常激烈，我旁边一名机枪射手头部中弹，没吭一声就倒了。我顺手抓过机枪对准敌军扫射，鬼子步兵退下去，坦克又上来了。我说："这个家伙太讨厌，哪个去把它收拾了？"旁边一个兵，胖墩墩的，二话没说，就两个字："我去！"抓起手榴弹就滚出去，三两下爬上坦克，从顶上塞进手榴弹。多好的战士啊，二话没说就上去了，想起来我都常常流泪。这一次他没死，受了伤，在后来的作战中牺牲了。

我们的工事被炮火打烂了，没有材料修复。没办法，只好忍痛把未掩埋的战友的遗体用来堵缺口、做掩体，机枪架在尸体上打鬼子。坦克冲上来，我们的战士就用七八个集束手榴弹，在机枪的掩护下，从侧面爬上坦克，揭开盖子，与鬼子和坦克同归于尽……气壮山河啊。国歌里面唱的"把我们的血肉筑成新的长城"，就是历史的真实写照，我们中华民族卫国的军人做到了，人生无悔！

战斗几天几夜，后方的饭一时送不上来，大家又累又渴，在战斗的空隙，我们一起唱起了岳飞的《满江红》，我现在都还常唱起这首歌。后来在土里东找西找，只找出一瓶汽水。这是全国人民送的慰问品，大家给伤员轮流喝一口。半夜后，后方的饭用面粉口袋装上，冒着生命危险送了上来。口袋里面的饭浸满了鲜血，原来送饭上来的已是第三个人了，前两人都牺牲了，大家看着饭久久吃不下，双眼流泪泣不成声。

全军一万余人的队伍，用七千多人的生命换来阵地不失。最后我特务连幸存者包括伤员在内只有八十来人。七天七夜的战斗下来，营团长牺牲二十多人，排连长牺牲二百多人。

我们在上海抗战的日子里，得到上海人民的热烈欢迎和全国人民的支援，收到了大量生活物资，如红烧罐头、水果罐头、汽水、毛巾等，特别是何香凝女士劳军服务队到师部为大家送上帆布挎包，并用红绒线绣上"杀敌光荣，何香凝赠"八个大字，上下两排。可惜，我的挎包在后来的战事中遗失了。

当年10月20日，部队几乎打光了，撤退下来的幸存者，包括伤员，个个身上都显现出战争残酷的特写，比"叫花子"都不如。个个身上都散发"三味"：火药味、汗臭味、血腥味。衣服、裤子、军帽子被火烧烂，被铁丝网挂烂。部队到安徽安庆驻守、整训。后来相继参加淮南战役，安庆保卫战，武汉外围战，江西武修、罗盘山、棺材山阻击战。

棺材山阻击战之后，我被任命为三九七团（团长陈亲民）二营营长，保送到中央陆军军官学校高等教育班第七期深造学习。1940年毕业以后，留在二十四军靖边司令部任中校教育主任兼教员，直到抗战胜利。以后，我于1947年到武汉报到，进入"'高教班'二十八军官总队"学习，然后办退役手续。同行的有：原四十五军一二七师参谋、曾任管理全川防空器材的四川省防空司令部中校副官李子宜，曾在中江兵役处征兵的少校营长黄大迟，上校团长叶德明（罗泽洲的女婿）和骆少芳、陈季酿等多人。学习结束，都同时办理了退役手续。

二、从我的一枚私章回忆起当年的战友

1943年，我在二十四军靖边司令部任教育处长，随时要到西昌办事。刘元忠旅部秘书长曹梦先，原来是一个金石雕刻家。他曾托人在盐边找了一块石头，此人便把石头带回西昌，等来人带回成都，曹梦先便请旅部参谋长张梦涛找人带回。张梦涛和我是黄埔高教班七期同僚，便托我将石头从西昌带回成都。我在西昌坐滑竿时，轿夫嫌石头重，劝我把它丢了。我说不能丢哦，这是我给人家特别带回的宝贝。最后曹梦先自己开石，最终雕刻成章四枚，送我一枚，并微雕陶渊明桃花源诗一首，此石据说是汉白玉石。现在一看到这枚私章，就想到战争年代的这些战友们，想到当年为国家而奋不顾身的战斗生活。

三、铁的纪律——我曾执行杨森的一次特别任务

1938年，我们二十军已经在安庆安营扎寨，训练新兵，强化治安，保护老百姓的财产。城里的老百姓纷纷回来开门做生意，乡下的回来种菜，安徽的黄梅戏也在戏园台上演出，呈现一派繁荣的新气象。就在这时，桐城的银行被歹徒抢劫，银行的经理报案，好在头一天已将钱送走了。抢匪用枪把经理逼住，一一打开保险柜，发现确实没有钱了，便用脚踢经理怀孕的老婆，经理没办法，为了保一家人的命，只好把自己的一包黄金及金银手镯交给歹徒。抢匪得手后，逃往武汉。杨森总司令得到消息后，下令军部特务连带人去抓抢匪。特别指令由我带队，挑选一班人，坐吉普车从安庆到桐城。安庆到桐城有六十华里（三十公里），抢匪早逃走了。从银行经理口中了解到抢匪穿军服有手枪。后来我秘密在各军部调查人数，发现手枪团有几个吃客饭的哥们不见了。原来手枪团内的个别广安籍连、排长有私人朋友，每天在他连上吃客饭，不下操，用社会上的哥们义气为掩护在部队做生意，打假牌赢钱。没钱用了，最后发展成抢银行的歹徒。事发后，手枪团有三个连长跑了，有一个姓潭的排长，人虽然没有参加抢劫，但他借了枪给歹徒，知情不报，罪不能免。我带两人到手枪团把姓潭的绑了。杨森密令，此人不带回军部，在路途中解决。潭排长一路叫冤："我没有参加，我没有抢劫。"我们押着潭在后面田埂上走，我示意士兵行动，士兵在掏枪时发出响声，潭自感不妙，一趟开跑，我果断下令开枪，士兵将他打死，把他拖上大路，在尸体旁贴布告："散兵殃民，奉命枪

决。二十七集团军总司令部。"

四、纪念抗日战争胜利七十周年的感言

张文治曾经给儿女们说：我一生有几个没想到，没想到能活九十多岁；没想到得到那么多爱心组织、志愿者、黄埔军校和川军后人的爱戴敬重；没想到说我是抗战英雄，政府给我颁发纪念章……其实我啥都不是，最多就是在国家民族到了生死存亡的时候，我当过兵，做了一个抗日军人应该做的事情，打过鬼子强盗，没有当汉奸，曾经为国家出过一点力。真正的英雄是七十多年前在抗日卫国战争中牺牲了的先烈们。大多数牺牲者的姓名都没有留下，尸骨也未回故乡。我只是幸运的沧海一滴水，一个幸存者而已！

本文 2015 年 10 月写于成都

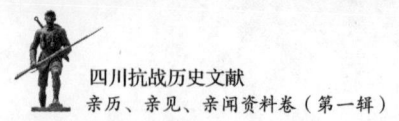

父亲景嘉谟在抗战中几次战斗

景光复

值抗战胜利七十周年，忆及血火交融之往昔历史，感慨良多。低首冥思，全民族殊死浴血抗战的伟大的爱国精神将永远激励着我，催我前行。

回想起我父亲，十九岁投笔从戎，七七事变后一月，随杨森所部第二十军奉命开赴淞沪战场。这群热血沸腾、斗志昂扬的草鞋兵，仅用双腿，二十多天就完成了原本计划五十天的行程。

从这时起，我的父亲参加了八年全面抗战，经历了无数次出生入死的恶战。其中，最令人惊心动魄的是淞沪战场、南昌作战和长沙作战。

景嘉谟

一、淞沪战场

1937年8月13日，中国军队主动发起了淞沪会战。8月22日，敌人的增援部队两个师团在上海市区以北的长江沿岸登陆。从9月22日起，我军在上海战场进入被动防御阶段。

10月上旬，登陆日军已达二十万人。装备大炮三百门、飞机二百余架、坦克二百余辆、军舰七十余艘。如算上舰炮，日军可用于对我实施轰击的大炮多达一千二百门，射程覆盖了上海全战场。

10月10日，二十军编入第十九集团军序列，受薛岳指挥，部队尚未聚集完毕，便指定在陈家行和大场镇左前方蕴藻浜进入阵地，为陆军三十二师的预备队。

18日薛岳又再电令杨森反攻，恢复三十二师王修身部在陈家行丢失的阵地。此前杨森也执行过收复该师失守的顿悟寺的命令，向文彬八〇四团经过激烈拼杀完成任务，向也一天内被擢升两级成为少将团长。

此次景嘉谟所在的七九四团领令收复陈家行。团长李介立即命令士兵散开队形，弯着腰利用棉秆掩护接近目标，阻击猛追王部的敌人。日寇被这一支"奇兵"打得晕头转向，纷纷栽倒在地。李团乘势全线发起冲锋，经过一番激烈的白刃拼杀，陈家行阵地被李团占领。

二十军的阵地上天天硝烟弥漫，一片尸山血海。轻伤者和文书、伙夫都在阵上死拼。到了第七天，我军完全占据了东起顿悟寺、西至陈家行宽约二公里的全线正面阵地，不断遭到敌人的疯狂反扑。

景嘉谟是此时陈家行阵地军官里剩下的唯一营长，指挥着最后几名士兵坚守在几间破房子内，至死不退。

19日上午，旅部又遭到敌机猛烈轰炸，旅部里只有正副旅长幸免于难。急需增援的陈家行阵地岌岌可危，逼得杨森亲点贴身护卫——特务连上。代理连长张文治即率部冒着弹雨冲了上去。

景嘉谟在万分危急的苦守中等来了救兵，他抓住张文治的手连声说："老弟来得好！老弟你救了我！"一名舍身的特务连士兵用集束手榴弹炸毁敌坦克后，官兵们端起二十挺机枪，挥起大刀发起反冲锋，终于保住了阵地。

中校营长景嘉谟坚守阵地有功，晋升为上校。国民党元老、四川巴县（今重庆市巴南区）诗人杨庶堪先生当时有诗赞之："邑子能兵半国殇，老夫进泪欲沾裳。里桑恭敬吾尤挚，亭柏精忠汝未忘。将士椎心痛夷垒，男儿报国爱沙场……"张文治也正式升任连长。

10月20日下午，经过七天的激战，二十军付出极大伤亡，终于收复陈家行，并坚守到第四天，才由广西部队接防。

当时在阵地上，营长里只剩下景嘉谟一人，仍可指挥的士兵仅剩数名。三九七旅士兵仅剩四十余人，其中找不到一个排长。

此役阵亡两千多人，总计伤亡七千余人。其中中将师长杨汉忠重伤，另外中校参谋主任薛开桐，上校团长赵嘉谣、李介立、李麟昭、唐武城，少校营长鲁伯林、罗光荣、何学植、陈亮、陈德高、罗星福、刘伯昌负伤。阵亡的有上校团长林相侯，少校营长先纠华、王肇春、戈厚培、蒋廷宣等，共计伤亡团营长二十多人，连、排长二百多人。

日军上海派遣军一〇一师团上等兵荻岛静夫的战地日记记有关于蕰藻浜战场的内容，笔者摘录几句，足见战况之惨烈："因为本部只剩下四五个人了而心里感到凄凉。""真是有幸，我成了一名火葬场的焚尸人。""准确地说吴淞河是三条河，到现在为止，这次渡河战斗中已经死伤了好几百名战士，步兵第一师团迄今已有二千数百人的死伤……"

二、南昌会战

1939年3月下旬，南昌会战开始时，三十集团军七十二军和七十八军在集团军总司令王陵基的带领下来到赣西北修水河北岸的武宁，与箬溪的日军第六师团对峙。敌人以重炮不断轰击，敌机就近起飞几乎没有间歇地轮番轰炸，战斗一直进行了三天三夜。

战斗的重点地区主要在罗盘山、棺材山。第三天，即3月29日，日军用150毫米榴弹炮轰击陈良基部，掩护步兵冲锋，我军伤亡累累。下午，棺材山的友军李玉堂部第三师难以支持，不断向王陵基打电话告急。

恰在此时，驻湖南醴陵的川军杨森部精锐一三三师奉命急速长途奔袭赶到。王立命增援李部，并受其指挥。李玉堂即刻死命杨汉域：无论如何要守住棺材山阵地，阻止日军前进！

一三三师赶到前沿时，棺材山和罗盘山已经被日军占领，只剩西北的望人墩还在我军手中。师长命令三九七旅周翰熙攻击，三九九旅蔡慎猷为预备队。周翰熙令徐昭鉴团攻击棺材山，周炳文团攻击罗盘山。第二天拂晓发起总攻。

周炳文团攻击罗盘山，与敌成拉锯战。周团长等多名指挥官负伤、阵亡。终于在官兵们付出极大伤亡后占领了阵地。

攻击棺材山的战斗也惨烈异常：团长徐昭鉴受伤，团副黄建宁、三营长卢光荣阵亡，一营、二营营长负伤。全团的营长只剩景嘉谟一人，棺材山得而复失。

我攻击团反复冲锋后伤亡惨重，旅长周翰熙在弹雨中死守不退，亲自持枪作战。中午，杨汉域命令预备队出击，一个团接替徐团攻击棺材山正面，另派预备队的陈亲民团绕道友军第三师阵地，乘正面佯攻之际，迂回向日军右背突然发起攻击。陈团一阵猛攻占领山头，日军受到重创，棺材山被夺回。

下午，日军又集中兵力，在飞机大炮的轰击掩护下向陈团反扑。正在指挥作战的副团长滕君辅、炮营营长陈克勤光荣牺牲。杨急令通讯连长陈德邵率领冲锋枪排赶往一线；又同望人垴李玉堂部第三师联络上。第三师当即从侧面向敌人发起攻击，配合陈团两下夹攻，激战约一小时，敌人终于狼狈溃退。到了晚上，日军完全败回原阵地。

经过这一天的战斗，周翰熙旅伤亡过大，防务由三九九旅刘席涵接替，坚守在罗盘山、棺材山麓与敌对峙。我军重创敌军，一三三师圆满完成增援任务，坚守数日之后，将阵地移交王陵基集团军的预备队。

这次杨森二十军一三三师增援武宁之役，是一场极为惨烈的战斗。官兵前仆后继、视死如归，其伤亡之大仅次于1937年10月的上海之战。是役中，阵亡官兵至少在三千人以上。（以上仅据回忆，统计不完全）

景嘉谟因战功显著，被提升为三九九团团长。

三、长沙会战

1939年春，景嘉谟到重庆中央训练团受训，接受蒋介石召见，被亲授少将。9月中旬，日酋冈村宁次向屏障中国大后方的战略要点长沙进犯。二十军在第九战区统筹部署下，以一三三师三九九团阵地为前沿，对日军采取侧击、夜袭战术。二十军沿途伏击、夹击，毙伤日军众多。并于10月8日协同友军光复渣津。10日，再克麦市。日军被迫退至新墙河以北，阵地恢复战前态势。一三三师担任新墙河及通城以南防务。至此，日军发动的第一次长沙会战，以失败而告终。

1941年9月，日以十二万之众再犯长沙。27日晚，日军攻入长沙城区。然而敌人后方交通被切断，为免被围歼，30日，敌军依仗飞机的掩护，分数路疯狂向北窜逃。一三三师景嘉谟三九九团担任前锋，锐进追击日军到新墙河东南地区，得到村民的可靠情报。入夜，景嘉谟派两个营的兵力，直扑日军，与之展开了肉搏战，激战一直持续到次日凌晨，打得日军混乱不堪，死伤累累。敌军残部在飞机和新墙河北岸据点炮兵的掩护下，遗尸三百多具及无数辎重，涉水渡过新墙河仓皇奔逃。此时，饥羸的一三三师官兵枪毙了大批东洋军马，就连附近的不少村民也因此开了一次"洋荤"。战士们一面饱餐马肉，一面畅谈："用东洋马肉来祝捷，也算是一次别具风味的'笑谈渴饮匈奴血'。"

10月5日，我军追击部队越过汨罗江，8日，越过新墙河。其后二十军受到第九战区司令长官通电表扬，并继续守卫新墙河。

第二次长沙会战历时一月，我方伤亡一万七千余人，日军伤亡四万八千余人。

1941年12月下旬，日军第三次进犯长沙。二十军奉命将主力转移、迂回以掩护长沙方面布防。一三三师景嘉谟三九九团担任鹿角至龙凤桥一带防务，徐昭鉴三九八团担任龙凤桥至新桥、下南桥一线警戒任务。敌军突破新墙河防线，我军与之激战两天一夜，敌使用燃烧弹烧伤我战士甚众。营长王超奎下令突围，并首先跳出战壕与敌肉搏，掩护士兵撤出阵地，不幸中弹殉国。

三九九团随师部向山区转移。后师部派三九七团袭击临浦之敌，派三九九团袭击驻场外村庄之敌。深夜，我军悄然杀入敌营，奇兵天降致敌惊慌失措，疲于奔命。战斗中，有一刺杀能手刺死敌兵六名，夺得山炮一门。战后，这名战士被召到师部时，虽已遍体鳞伤，但胸前还横挎着敌人的三挺轻机枪。是夜，我军又击毙溃散敌兵数十人。日军第九独立旅团万人在影珠山被阻，改道东向新墙河以北逃窜。我五路大军乘胜追击，将敌军围得铁桶一般，整整打了四天四夜。敌军狼奔豕突，收容残部，拼力渡过汨罗江。不久，二十军飞渡汨罗江，超越到敌军前面，迎头拦击敌军。敌人一直到1月15日，才全部退到新墙河以北。我军收复原阵地后，一三三师仍担任新墙河南岸的防守任务。

第三次长沙大捷后，一三三师官兵大都获得荣升和奖励。据统计：我方伤亡二万八千余人，敌伤亡近七万人。这次大捷极大地鼓舞了全世界人民反法西斯战争的勇气，同时进一步坚定了中国人民争取抗战胜利的信心。

战后，二十七集团军举行了隆重的追悼大会。会场楹柱上的挽联是："一马当先，新墙河上功赫赫，雄风尚在；三军披白，汨罗江畔血丹丹，虽死犹生。"

1944年5月，日军由武汉大举南下，发动第四次长沙会战。敌军分两路进攻，突破我各防线攻入长沙。一三三师被包围在南江桥山区达半月之久。其后，景嘉谟率领三九九团为前锋，经梅山突围，与全军集中茶陵布防，阻击向衡阳进犯之敌，以截断其平汉铁路南段交通。8月中旬，一三三师在安仁截击日军，激战八昼夜，多次击溃日军。蒋介石迭电嘉奖。我衡阳守军方先觉部顶住了日军几个师团的进攻，将日军整整阻挡了四十八天，使日军付出了惨重的代价。

这次会战为抗战最后胜利做出了巨大贡献。

后来景嘉谟参加柳州反攻战役时，已是一三三师少将师长。

1941年长沙会战时，景嘉谟在其母七十大寿时特寄"不遑将母儿心碎，非敢忘家国难深"的家书，以此表达无暇侍奉母亲、尽人孝道的痛楚、歉疚，和为国忘家、勇赴国难的壮志豪情。杨森得知景嘉谟的壮举后，特亲笔为景嘉谟母亲题写"阃仪具瞻"四字以示褒奖。

我父景嘉谟1901年出生于四川三台县新德乡，名懋猷，黄埔军校第十期高教班毕业。抗战后曾任二十军代军长。1949年率部起义，后两袖清风返乡躬耕，1961年病故。去世前为三台县政协委员。

2001年，蒙中共三台县委和县人民政府关怀，在凤凰山森林公园重建墓园，2015年又增修"忠勇亭"，由四川鼎晟世纪置业有限公司全资捐建。同时于亭前两侧，将《三台县志》辑录的三台全县963名抗日阵亡将士的英名集中刊碑陈列，永供后人凭吊和缅怀。

在此还感谢韩邦彦先生等知名人士的题书、题词和赠诗、赠联。

殷忧启圣,多难兴邦。在中国人民抗日战争胜利纪念日到来之际,让我们铭记历史、缅怀先烈、珍爱和平、开创未来。扛着历史前行的民族,迈步会更有分量,走得会更有底气。

本文 2015 年 8 月写于湖南

我的父亲邓梧生，我的母亲裴汉卿

邓佑黔

父亲邓梧生，是杨森二十军第三野战医院院长，在1944年6月长衡会战中牺牲。

父亲是四川成都人，生于1912年，十岁随父母回乡，在富顺读完高中。1930年进入四川医学专门学校。六年后毕业时，恰逢杨森整顿卫生队伍，招考军医，为出川作战做准备。父亲投笔从戎，在成都应考获准，随军出征。

父亲医术精湛，工作认真负责又廉洁奉公，不久即升为一三四师军医处长，后又继任二十军第三野战医院上校院长。长衡会战前，盟军顾问团莅临二十军视察，父亲又兼任翻译，以熟练的英语水平受到盟军顾问团的赞扬。

邓梧生

长衡会战开始，日军将二十军作为重点打击对象。第九战区司令长官薛岳命令二十军向湘南转移作战。

当日军突破湘北新墙河防线之时，乘一三三师阻敌之机，二十军军部向南转移。走出不过几十公里，到达一个叫岑川的地方时，突然一阵猛烈的枪声在前面响起，先头部队已和一支从平江赶过来的日军遭遇。敌军是有备而来，专门阻截二十军军部，我军则是生死突围，双方都拼命死战。

正在这时，天空中十多架敌机呼啸而来，对准我军猛烈地轰炸扫射。炸弹连续不断地爆炸，敌机疯狂俯冲扫射，我军阵地被笼罩在一片腥风血雨中，伤亡惨重。直到机炮营赶来，冒着弹雨架起重机枪对空射击，同时又以迫击炮弹装上枪榴弹引信对空中发射，才使敌机收敛一些。

空袭过后，军部紧急处置，令随军眷属等随军部留守处后撤，其余所部撤退到平江的梅仙、谭家坊，构筑工事准备再战。

我父亲是二十军军医院上校院长，他在战斗紧张时得到命令：火速到谭家坊一带设立收容站急救伤病员。他立即带上两名传令兵先行，吩咐有关人员迅速跟上来。殊不知他走后不久，军后勤打来电话，说谭家坊已失守，在该地设立急救站的任务停止执行，可是父亲已走远无法追赶了。

当他们一行三人走到一处叫王思桥的地方时，被日军一支穿插部队发现，几挺机枪同时瞄准了这三个赶路的人。

枪声响了！父亲高度近视，看不清对方在哪里，还以为是自己人，还喊不要误会，是自己人！可是话音还未落，第二次射击又起，一名传令兵看清楚了，是日本人！父亲忙举起手中的"红十字"野战医院标志旗来回舞动,而且三人所携带的药品物件箱上都有明显的红十字标志,但毫无人性的鬼子继续射击。三名人员一死两伤。父亲被击中倒下,眼镜跌落,他双手不停在地下摸索寻找眼镜,并大骂日军肆意践踏国际公法,残杀毫无武器装备的医务人员。稍后,日军兽兵搜索到跟前,父亲宁死不屈,几个日本兵抵近射击,父亲身中数弹,当即牺牲。这位多次抢救过日军伤兵的中国医生,就这样牺牲在日军的枪弹下。同时牺牲的还有一位传令兵,另一位传令兵易万千双颊被子弹洞穿,满面是血,装死躺下躲过一劫。

鬼子搜索一阵后走了,易万千爬起来,把父亲的遗体拖到一个低处掩藏起来,做上记号。后来,他在老百姓的帮助下,回到二十军第三野战医院。

母亲裴汉卿也是军医院的医生,此时她已怀有六月身孕。医院将父亲牺牲的消息一直对她保密。直到二十军军部奉命向南转移,才把这个消息告诉她。这个噩耗让母亲悲痛欲绝,她申请找回丈夫的遗体。不久,易万千带人返回岑川,找到了父亲遗体的埋藏地。来人将尸骸收殓带回交给母亲。母亲忍住悲痛,亲手将父亲遗骸放入一口大锅内架上柴火猛煮,当软组织完全剥离后捞出骨骼消毒,然后放置在一个特制的医药箱内。

我们理解母亲,她对父亲有着无比强烈的爱,对敌人有着无比强烈的恨。母亲此举何其悲壮!此后,装殓着父亲遗骨的医药木箱由母亲贴身携带,随着二十军留守处转战。

裴汉卿

这次大会战到了后期,二十军受命连续向南转进,家属基地和师医院都成了敌后,而且部队越走越远,两边分离越远。杨森命令师参谋长郭大树组织家属向南转移。

郭大树带了一连人,连长为杨福安,深入原驻地和基地,根据军官提供的地址,逐一收容。总计收容到军官妻子儿女等千余人,组成一支浩浩荡荡的队伍,在杨福安一连人的保护下,开始了数省的辗转流浪。

郭大树把一连人分成几队,有的担任警卫,有的专门化作小股力量在大队伍的周围活动,侦察敌情,做维持会的工作。

在越过湘粤铁路和湘桂铁路的时候,郭大树让妇女通通剪了头发,穿上军装戴上军帽扮成男兵,有时昼伏夜行,有时隐蔽,有时虚张声势。郭大树还凭关系从他的陆大同学税古师那里借来一团装备良好的部队沿途掩护。让一些小据点的敌人龟缩在内,不敢轻举妄动。

队伍戴的帽子缝有一条白布,白天塞在帽内,夜晚拉出来披在背上,为后面的人指示方向。不戴帽子的人,背上缝一条白布,夜间依样办理。

过封锁线的时候,队伍里的母亲们得到告诫,不得让孩子啼哭。若有孩子啼哭,要狠心捂住。为了全体安全,哪怕是捂死,也不能松手。

母亲裴汉卿也在这支队伍里。她除了怀有身孕还带着一个五岁的我。队伍出发前,母亲把父亲的遗骨用布包裹好,装在那只特制的木箱内,由士兵民夫或背或挑,随同行军。1944年中秋，队伍到了一个平坝，休息了几天，恰好母亲在这里临盆，生了我的三弟。这里还属平江地区，于是取名佑平（后再名仇倭），也寓意保佑平安。队伍又开拔了，母亲与三弟坐上滑竿，五岁的我只能跟着跑，或者有时母亲下来走路，我与三弟坐滑竿。冬天太冷，一次母亲正走路取暖，却不料听见裹好的三弟哭声异样，她赶快叫滑竿停下察看，原来是三弟被竹片夹伤了，至今他脸上还留有模糊的伤痕。这支队伍在郭大树、杨福安等人同心协力、悉心照料下，辗转湖南、湖北、江西、福建、广东、广西，经过一年的转移，最后进入贵州。1945年初夏到达贵州东南的锦屏县，军官奉命前来认领妻儿。

1948年秋，母亲携子将四年来随身携带的父亲遗骨送回老家富顺县城关，葬于富顺城东石塘坎何家大院右侧我婆婆的墓旁。安葬时，富顺县教育界、医务界及亲朋好友举办盛大安葬仪式，送葬者达一千多人。

后来，国民政府向我家发放抚恤金。爷爷邓劭重先生忧虑国难深重，一直未予领取。盖有南京国民政府"联合勤务总部"大印的领取抚恤金的文书（含爷爷亲笔签名及印鉴）一直保存在遗孤邓仇夷（佑华）手中，直到"文化大革命"时期才遗失。

1990年，七十八岁的母亲去世，我们兄弟依嘱将父母同穴合葬。

本文2015年写于重庆

父亲的八年抗战

杨明罡

我父亲是地地道道的苗族人，参加了八年惨烈的抗日战争。

2013年7月，我在《宜宾日报》上看到一篇《老兵暮年，老有所依》的文章，并配有33位抗战老兵的相片，于是突然想起如果父亲还健在，他也应当属于这其中的一员。于是仔细阅读了《川军出川抗战纪实》和《川军抗战亲历记》这两本书，才开始较为深入地了解几十年前发生在父亲那一代人身上的、被他们称为"打国仗"的那场战争。

1937年7月，抗日战争全面爆发。同年12月，父亲作为兴文县的甲级壮丁，被征集入册，在晏阳镇集中，每人配发两双草鞋、一顶斗笠，徒步经江安县的红桥、底蓬到二龙

杨成安

口上船，到达泸县小市，被编入壮丁编练大队，再乘船沿长江出川。父亲讲，当船老板吆喝"开船了，将有去无回了"的时候，有的壮丁就忍不住哭了。船行到合川时，又在那里装载了部分壮丁，由一名大家称"杨司令"的人率领。编练壮丁到达安庆后，父亲被编入杨森的二十军一三三师三九九旅七九七团一营重机枪连担任副射手。就这样，父亲成了一名川军士兵。

部队编册结束后，就集中在安庆郊区进行为期三个月的新兵集训。据父亲讲，主要内容为步兵操典训练。这项内容既严格，又残酷，无论天晴或下雨都要集训。特别是夜间紧急集合，新兵多数要挨打受骂，要求起床穿衣，接着穿裤、折叠被盖。每餐要求"五分钟两头集合"（意即集合占一分钟，吃饭三分钟，再集合占一分钟）。就如二十军特务连长张文治所说，饭没来得及嚼，直接吞下，先吃饱再说。新兵练习构筑防空掩体，教官要检查，要求理解、体会实弹射击要求。还有军纪教育训练，保卫疆土、守卫家园的教育等。

随着战事的发展，日军从水路、陆路逼近安庆。父亲所在部队接到命令，于大关镇修筑阵地，阻击敌人。这是父亲从军后参加的第一场战斗，但可惜没有听到父亲讲述当时的战况。

1938年7月底，父亲随部队从安庆南撤退到汉口，随即从武汉乘火车抵达长沙，又急行军驻防醴陵，整训待命。

1939年2月，父亲所在的部队接到命令，要求他们开赴江西省的罗盘山阻击日军。父亲在这次战斗中第一次负伤，从此，他的脸部留下了一指宽的伤迹。

1939年9月，父亲参加了后来被他称为"民国二十八年大战长沙"的第一次长沙会战和1941年9月的第二次长沙会战。父亲讲述在第二次长沙会战中，他们渡过汨罗江，攻占麻峰山阵地后，继续追击日军到一块干田时，集中三挺机枪，堵住山口，很多日军被打死在这块大田中。

1941年12月的第三次长沙会战，父亲所在的部队固守大荆街。因是重机枪阵地，故遭到日军炮火的猛烈轰击。就是在这次战斗中，父亲受伤最重，左大腿被炮弹的弹片铲去约三指宽、一指深的一块肌肉。当时战况激烈，只好将绑腿布解下做止血包扎继续战斗。战后，父亲修养了半月之久，方才伤愈。从此，留下了一道特别显眼的伤疤。

后来，听到他讲述这次战斗的惨烈状况时说："当时，阵地的沟中，敌我双方流出的血已凝固，犹如豆腐，约四指厚，一二十里以外还能嗅到空气中飘来的血腥味。"

对于这次会战，父亲特别提到影珠山歼敌和汨罗江边追击敌人的两次具体战斗。当时，日军已经开始后撤，父亲所在的部队正在奋力阻击敌人，突然接到上级命令，要求急行军赶到影珠山构筑阵地，阻断敌人的逃路。工事还未修完整，日军已蜂拥而来，随即双方展开惨烈的战斗。当天深夜，上级传下命令，日军已溃逃，要求父亲他们团奋力跟踪追击，不得有误。当全团奋力追到汨罗江边时，天已大亮，正见日军士兵架设浮桥，供北逃日军渡河。这时的战况是一方要追歼，一方要逃命，于是双方发生激烈战斗。由于日军有飞机掩护，大部日军还是逃过了汨罗江。战斗结束后，父亲虽然负伤较重，但得以亲见堆集掩埋日军尸体于三大个土坑中，其上用三合土砌糊，并取名"万人坑"，父亲生前曾嘱我今后可去看看。

1944年5月，由于长沙失守，父亲所在的部队奉命退防茶陵地区的黄沙铺一线。据父亲讲，当时他们使用的重机枪（马克沁重机枪）是要加注水的。这时，机枪的枪管已经打红了，而阵地上根本没有水可供加注，无奈之下，三人合力屙尿加注枪筒，继续猛烈射击。此时，日军尸体已堆满阵地前沿，用父亲的话说："日军冲锋时如同赶鸭子群，前面的被打倒，后面又来一批。"但即便如此，由于兵力单薄，我军终被日军包围，经过十多天的苦战，终于奋力冲出包围圈。随即接上级命令，退保桂林，途中又与追击的日军于安仁激战八天八夜，最后撤到广西修仁城外的三江布防整训。

1944年10月，部队由广西龙江退往贵州，据父亲说，从湖南到广西时，日军的追击速度特别快。但进入广西后，日军的追击速度明显慢了下来。因川军穿草鞋，利于爬山走小路；而日军穿皮鞋，不利于走山路。当时逃难百姓成千上万，沿途有实在走不动的难民，不停地呼喊要求："大兵，给我补一枪。"（意即把他们用枪打死）说日本人来了日子难过，但军情紧急，谁还顾得了这些。

12月，父亲参加了收复独山的战役。据父亲讲，当时战况激烈，天气寒冷，又下大雪，他们就将战死的战友已冻僵的尸体堆砌起来，把马克沁重机枪架在尸体上，阻击日军的反扑。三天后，日军开始撤走，他们才撤下阵地休整。

1945年清明节前后，父亲所在的部队开驻贵州。农历八月，部队受命攻打日军据守的全县县城。这时，父亲觉得战况已经没有原来那么紧张、激烈了。接着，部队接到上级传来的命令，往东追击日军。最后在衡阳至耒阳铁路线上一个叫塘镇的小镇驻扎、布防、整训。

这时，父亲想到了家乡，想到了抚养他长大的养父母。但此时的父亲根本没想到，也不可能想到战争结束后部队的命运，于是，他离开了部队，离开了出生入死、并肩作战的战友。经过近三个月的长途跋涉，于1945年农历腊月回到阔别了八年的家中。

从惨烈的战场上走下来，从众多的死人堆中爬出来的父亲，可以说是九死一生，但父亲从来没有主动在子女面前讲过抗日战场上的血与火。而我们所知道的，都是在他最要好的朋友来我家做客时，从他们摆谈中获得的。只在偶然的一次言谈中，父亲嘱我去看"万人坑"坟。我近年在参加关爱抗战老兵活动中接触到的老兵后人，都有相同的体会。我想，这其中的情怀恐怕非一般人所能理解。

十四年抗战，是中华民族反抗外来侵略、救亡图存的一场伟大战争。父亲当年作为一名苗族热血青年，有幸参与其中，经历了九死一生的、惨烈的大小战斗，幸存下来，活着回到了家中，较之稍后于他出川、至今音信全无的两位叔父，他算是幸运的了。

回家后的父亲，赓即变卖家中的田产，结婚成家，养老送终。1949年12月，兴文县获得了解放。于是他积极参加章胤任组长的两隆乡工作组，参加1950年8月开展的"减租退押""清匪反霸"运动以及1951年6月的土地改革工作，同时担任两隆乡武装队长，直到1958年"大鸣大放"时坚辞回家务农。1985年九月初四病逝于家中，终年67岁。

父亲出生于贫苦农家，幼年丧母，寄养于邻居杨姓人家长大。终其一生，苦难坎坷，唯其辗转数省、抗战八年、枪林弹雨、九死一生的那段经历，是他一生中最丰富、最有价值的生命历程。寄养的生活环境培养了他吃苦耐劳、坚强刚毅的性格和勤俭节约、自力更生的精神；战场的历练，又促使他养成了处事果断、雷厉风行的做事习惯。父亲身上的这些特点，对我们兄弟姐妹的成长产生了很大的影响，这也算是我家的"非物质文化遗产"吧！

谨以此文纪念父亲，纪念像父亲一样在抗日战场上为了国家民族的存亡流血、捐躯的先辈们。

附：父亲简介

杨成安，又名杨友安，苗族，1918年农历七月初十生于兴文县让畔乡，小地名棉布岩。本姓李，因幼年丧母，寄养于邻居杨福亭家长大，遂姓杨。

1937年12月，为兴文县甲级壮丁征集入册，徒步经江安县红桥、底蓬，从二龙口乘船到泸县小市壮丁练练大队整训。随后转送安庆，编入川军杨森二十军一三三师三九九旅七九七团一营重机枪连担任副射手。

1938年6月参加安庆保卫战；1939年9月参加第一次长沙会战；1941年9月参加第二次长沙会战；1941年12月参加第三次长沙会战，亲历影珠山歼灭山崎大队战斗，亲见掩埋日军尸体的"万人坑"；1944年5月参加第四次长沙会战，亲历安仁八昼夜激战；1944年12月参加收复独山战役；1945年9月部队驻防衡阳时离开部队，同年农历腊月回到家中。

1950年参加两隆乡"减租退押""清匪反霸"运动，1951年6月参加土地改革工作，同时担任两隆乡武装队长，1957年5月坚辞一切工作，回家务农。

1985年农历九月初四病逝于家中，终年67岁。

本文2014年10月写于宜宾市兴文县

陈家乾少壮出川，暮年赴京受勋

杨明罡

2016年7月25日，笔者专程远赴邛崃市高何镇，拜访抗战老兵陈家乾，倾听他讲述在血与火的疆场上杀敌卫国的故事。

1937年七七事变的枪炮声震醒了沉睡中的邛崃山区，战争的硝烟已经飘到了高兴乡这个偏僻的小山乡，陈家乾老人就是在这样的情形下投笔从戎、奔赴抗日战场的。

陈家乾

陈家乾又名陈家铨，男，汉族，1925年10月25日生，四川省邛崃县（今邛崃市）高兴乡（今高何镇）第一保（小地名滥木溪）人，国民革命军陆军第二十军一三三师三九九团二营四连中尉排长、湖南师管区中尉连队副、共产党湖南"兰、宁、嘉游击纵队"一大队三中队排长。

1937年日本发动七七事变时，陈家乾只有十一岁，尚在老家读私学。由于父亲早逝，与母亲相依为命，但他人小志气大，从当时大人们的谈论中多少了解到一些时事。因此，小小的他在心中萌发了"卫国从军"的念头，平时常与母亲谈及很想离家从军抗日的想法。但是，无论他如何陈述心愿，母亲就是不同意，理由是他的个头虽大，但年龄太小，体力不佳，外出不放心。但实则是担心打仗太危险，有生命之虞。

1939年，十四岁的陈家乾私学已读到一定程度了，相当于今天的小学毕业生。经过三年不断向母亲述说，他终于说服了母亲，征得了母亲的同意。与此同时，高兴乡的乡长也在强令壮丁入伍。于是陈家乾主动报名来到设置在邛崃县的第九补训处，参加壮丁集训。11天后，集训的壮丁队伍开往璧山县，集中于重庆南岸，他记得连长叫刘华舟，陈家乾当时向连长请假，说是没到过重庆，想去看看，获得同意后，得以逛游重庆。他在街上看到张贴的二十军军事教导队的招生告示，主要条件是多少有点文化，身体强健。好奇的他前去观看，被招生军官看见，就问他："小伙子，想当兵吗？"他说："想是想，就怕你们不要我啊！"当军官得知他的情况后，很干脆地说："要！要！快来，我批准你。"

就这样，陈家乾顺利进入二十军教导团，被编入连队进行集训，整个集训队伍有三千多人，分乘四层船楼的三艘船，经万县到达巫山。这时，前方战事吃紧，部队减员严重，急需补充兵源和部队的基层干部。此时，宜昌已经被日本人占领，补充部队要开赴前线，只好从巫山步行，经洞庭湖、桃源县、常德到达设置于江西武宁县的军校，开展为期半年的正规化军事训练。毕业后，陈家乾被编入陆军二十军一三三师三九九团二营四连，这时已经是 1940 年的冬季了。

随后，部队调往岳阳关王桥、新墙河一带布防。不久，陈家乾被提升为中士班长，指挥 16 个士兵，配备美式装备，每一个班配有一挺机枪，武器装备算是较好的了。陈家乾第一次上战场作战，就是在新墙河，由于年代久远，他已记不清当时的具体作战情况了。但那"不是你死，就是我亡"的战场规则，却深深地印在他的脑海中了。

1943 年，陈家乾所在的部队调守湖南长沙（疑为临湘——编者注），在岳麓山（疑为新墙河——编者注）的山地布防，按预定计划在此部署数道防线，阻击日军。日军进攻时，第一道防线守军伤亡最为惨重，陈家乾带领战士们坚守在第二道防线上，日军的炮火异常猛烈，防守部队构筑的工事被敌人的炮弹摧毁殆尽。在激烈的战斗中，为了坚守阵地，保存实力，他们只好将已经牺牲了的战友的遗体堆叠起来做防御工事，躲在后面继续作战。

在如此激烈的战场上，令陈老感慨最深的是敌我双方的武器装备差异太过于悬殊了，简直是天壤之别。日本军队当时协助陆军作战的飞机俗称"燕儿飞机"，这种小型战斗机俯冲扫射和投弹后的掠升机动性好、速度快，所以在我方阵地上空投弹和机枪扫射的威力巨大。

陈老介绍说，那时，他们只能用机枪打钢心弹对付。但如果敌人发现目标，我方基本上只有挨打的份儿。虽然偶尔也有用重机枪与之对射的，但非常少。同时，相比之下，日军的"钻地弹"要先进得多。尽管如此，中国军队还是想尽各种办法死守在阵地上，决不后退半步。当敌人进攻时，守军首先在阵地前沿利用树枝等设置伪装障碍，以此滞缓日军的前进速度。接着，是在前进阵地挖设壕沟，这种沟要挖一丈多宽，一是使日军的坦克不能轻易通过；二是使敌人的步兵没有办法一步跳过去。接着架设铁丝网，使敌人受阻于此，以利我方配置的火力痛击日军。陈家乾所在的部队奉命在此苦战坚守多日，因敌人攻势猛烈，我方守军伤亡惨重，最后部队接到命令，不得不撤出阵地，向别的地区转移，部队后撤一千多里后，到了下一个布防阵地——湖南衡阳（疑为茶陵——编者注），参加衡阳保卫战。

衡阳是湖南的军事重镇、铁路交通枢纽，战略地位十分重要，衡阳战役开始后，我军即被日军两个师团的军队包围达 47 天，以致城镇中的补给物资主要靠空投，而当时中国空军力量本就有限，因此仅靠空投补给难以持久。我军曾试图打通补给线通道，但没有成功。陷入绝境的守军只好组织敢死队，决定突围。

据陈老讲，当时守军长官难以下定决心，因为组织敢死队突围牺牲必然巨大，突围冲锋是命令，无异于让他们去送死，他于心不忍。最后采取自愿报名的方式，条件是三十岁以下，身体强健。陈家乾踊跃报名加入敢死队，他当时的想法是，反正横竖是个死，干脆冲一下，能冲出去就冲出去，死了也死得光荣。敢死队的兵力是一个加强营，分成四个连队，每个连 186 人，每人一支冲锋枪、十个弹夹，身背十颗手榴弹，做好必死的准备。由于敢死队员并非来自同一个连队，再加上战斗激烈，难以分清谁是谁。突围地点选在一段废弃的铁路上，此处日军力量相对较弱。同时，事先用无线电联系包围圈外的我军部队协助接应和掩护，尽管如此，突围战还是十分艰难。

突围开始后，由于日军火力异常猛烈，第一波冲击和第二波冲击的战士全部牺牲，

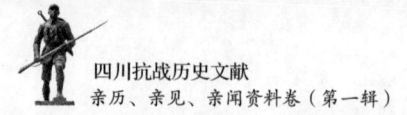

队长看到这种情况,将心一横,向突围的战士吼道:"全部上,拼命了!"一刹那,不知射出多少子弹,投出多少手榴弹,在付出惨重牺牲后,终于杀出了一条血路。据陈老讲,突围冲锋时,身边战友中弹倒下,他连看一眼的机会都没有,只管紧紧扣动扳机,狠心地往前冲。陈老在讲述时,还感慨不已,那些倒下的战友,可能有的还没死啊……

突围成功后,他们上了火车,一退又是数百里,到了广西的全州,构筑阵地布防,阻击日军。至于敢死队的伤亡情况,则是到了贵州的独山,有了喘息的机会之后,进行统计,才知道牺牲了两百多人。陈家乾突围后看到师长半天只说了句:"师长,我还活着。"

1945年8月,贵州独山——抗日的最后战场,仍然是枪林弹雨,当时陈家乾虽然只有二十岁,却已经在生死战场上摸爬滚打了多年。他所在的二十军一三三师三九九团,此时正驻防贵州镇远、黄坪一线,构筑阵地阻击日军。那时日军经常派飞机轰炸我军阵地,而我方几乎没有空军,遇到日军飞机前来骚扰、轰炸,只能躲避。

陈老对我说,大约是8月19日或20日的中午,具体日期他已记不太清,瞭望哨发现空中有三十多架飞机向我军阵地飞来。我方阵地的哨兵赶快吹响哨声,士兵迅速进入防空掩体躲避。但是这次来的飞机没有倾泻炮弹或用机枪扫射,而是在敌我双方的阵地上撒下许多红红绿绿的传单。一个战士捡到一张,赶忙跑来报告:"陈排长,好消息,日本无条件投降了。"当时他心想:别又是日军施展的什么花招吧。于是对着那个捡传单的战士吼道:"瞎说!无条件投降,昨天他们还打得那么凶呢,咋投降嘛。快去守好阵地,让日军打进来,丢了阵地,老子杀了你的头。"

陈老讲,他当时之所以不相信日本这么快就投降,是因为尽管日本在贵州独山已成强弩之末,但我国大半领土却还在日寇的占领之下。但是,当飞机撒下传单之后,日军就停火了。我军再打,他们也不敢还击。到这时,他才开始相信日本投降的消息。

随后,中国军队自上而下通过电报传达日寇投降的消息。最后,部队集合排长以上的军官开会,正式宣布:日本无条件投降了。这时大家全部都相信了。接着部队召开庆祝大会,陈家乾被推荐为代表去参加,在宴会上因饮酒过量醉倒而被用担架抬回团部,虽然未受处分,但为此写了检查。从此,他就远离了酒。

抗战胜利后,陈家乾率部队承担了押运日军战俘到上海的任务。当时不押送不行,因为战争刚刚结束,老百姓看到日军就要打。陈老说,四川是抗战后方,老百姓没有直接遭受战火的残害,没有那种痛苦的体会,而作战区的老百姓对日军则恨之入骨。

陈老说,我们执行押送任务,主要是确保不虐待俘虏,不能让他们被打。虽然日军的"三光政策"的确让中国人民遭受了惨痛的残害。

1946年,基于战争已经结束,国民政府开始裁减抗战人员。陈家乾被编到第四军官总队,在武汉接受训练,结束后调湖南长沙师管区担任中尉连队队副。

1948年冬,因为已到地方,陈家乾结识了湖南洞庭湖共产党的地下党组织成员铁侠(程铁侠,中华人民共和国成立后任湖南长沙市外交处处长),经他介绍,秘密加入湖南人民地下武装"兰、宁、嘉边区游击队"一大队三中队担任排长。三个月后,湖南全境解放,陈家乾所在的游击纵队被改编为解放军第四野战军一三四师,第三中队缩编为工兵营,接受整训三个月。

这时的陈家乾已离开老家十年了，十分想念昔日相依为命的母亲，经再三请求，终于获得上级批准回家探望母亲。

1949年初，历经千辛万苦的陈家乾回到了老家，休假五天后，准备返回部队，但母亲死活不准他离开。无奈之下，他只得超假留下，劝说母亲，经过十多天的劝说，并向母亲保证每年回乡来看望她老人家。陈母终于同意他返回部队，可是一打听，因刚解放，土匪叛乱，道路阻塞，便没有去成。

1949年4月，土匪叛乱平息后，陈家乾先向部队去信联系，准备返回部队，但几经周折均未与部队联系上，最终未能再回到部队。

陈老由于有参加国民党军队的经历，又是下级军官，肃反运动开始后，他拿出当初第四野战军所开具的证明材料，不但没得到认可，还反说他是冒充而将证明材料撕掉。但因没有罪恶表现，被判处回家管制劳动，直到十一届三中全会后落实政策，才摘掉管制的帽子。

2005年经民政部门调查核准，按以1954年11月以前入伍人员标准，解决每月生活补贴74元。2015年，在民间关爱抗战老兵组织"川军团"等爱心组织的努力下，经审核，陈老被作为四川五名抗战老兵之一赴天安门参加纪念抗战胜利暨世界反法西斯战争胜利七十周年阅兵仪式。对此殊荣，陈老感慨而又平静地对我说："抗日战场上血与火的历练，十八年管制劳动的屈辱，今天终于得到国家的认可。我只是一个代表，这些荣誉要归那些为国家民族倒在战场上的川军弟兄们，他们才是英雄，他们才应该有资格拥有这份荣誉。"

陈老现在和他的老伴尚住在其母留下的、修建于清道光年间的老屋里，每当有来访者，他总是谦逊、平淡地说："我只是千千万万川军抗战中的一员，做了自己那个年代应当做的事。"经过战火洗涤的人，其思想境界就是不一般。

当我快要离开的时候，陈老反复对我说："既然我和你的父亲那时在一起同生共死过，那你就多来走走！"面对这位老人，我还能说什么呢，只能口头对他说："您老一定保重身体！千万注意！"而在心中暗暗祝福老人健康、长寿！

本文写于2016年7月

四 第二十八集团军抗战亲历记

二十八集团军抗战记略

卢惠修

二十八集团军是潘文华在前方抗战一段时间回到四川后重新建立的。

潘文华原是二十三军军长,该军属二十三集团军战斗序列(潘曾任二十三集团军副总司令)。二十三军所属的一四四师郭勋祺部,先到达河南新乡,立足未定,因上海失守,南京危急,即奉命乘津浦路火车到江苏宜兴。二十三军所属一四七师师长杨启文和独立旅旅长周绍轩率部乘船东下到芜湖上岸,经宣城、丁家坡到广德、泗安、节渡普。该军任务是协同二十一军抵抗日军西犯,保卫南京。潘文华当时驻南京外围汤山,指挥该军各部协同二十一军先后参加太湖、泗安、广德诸战役。泗安、广德失守后,由于内外各种矛盾,潘文华被诬受到撤职留任处分。

1938年1月20日,刘湘在汉口逝世,潘于同月抵返川。蒋介石为了安定川局,在刘湘死后不出半月即下手令,开复潘文华撤职留任处分,并于3月8日发表潘为二十八集团军总司令,要潘重新率领两个军出川抗日。但4月14日又发表潘文华为川康绥靖公署副主任,这样又把潘留在四川。潘留四川,二十八集团军就无组织两个军的必要,所以只辖在川的五十六军一个军,军长由郭昌明担任,下辖两个师和一个独立旅,即一六三师(师长陈兰亭)、一六四师(师长彭焕章、副师长严啸虎)、独立旅(旅长梁国华)。

集团军总部的组成是参谋长戴高翔,特邀总参议钟体乾、乔毅夫,参谋处长傅秉勋,副官处长夏奇峰,军需处长赵丕休,电务处长宋子丰。

1939年春,蒋介石又发表潘文华为川陕鄂边区绥靖公署主任(绥署设阆中,仍兼二十八集团军总司令),并令其在大巴山设防。

为了防止日军继续西进,确保四川和西南大后方,潘奉命后积极筹划大巴山的防务。大巴山崇山峻岭,到处都是悬崖绝壁,地形极其复杂,只有川陕公路可通汽车,其他地方都是羊肠小道,行走极为困难。兼之这一带连年匪患,人口稀少,十里八村都难见到一户人家,大军行动和补给十分不便。因而判断日军主攻部队只能从川陕公路前进。为了弄清大巴山详细情况,潘派参谋处的张诚文、张一为、陈南平、赵德树等人从甘肃的阳平关到四川与湖北交界的鸡心岭,进行实地勘察,然后决定设立北、中、东三个主要防御阵地。

北阵地:自甘肃阳平关至陕西宁强为第一线前沿阵地;从四川朝天关至广元、旺苍之线为第二线阵地。

中间阵地:从南江至通江一线。

东阵地:从陕西镇巴至四川万源、城口到湖北鸡心岭。

因判断北阵地为日军主攻方向，拟派重兵防守，故设了两道防线，构筑了两个军的防御工事。其中有炮兵掩体、机枪掩体、指挥所掩体、步兵预备队休息室掩体。还掘有散兵壕、交通壕等。中间阵地山多路险，不易行军，只构筑了一个师的防御工事。东阵地战线长、纵深大，构筑了两个师的防御工事。将近一年的时间，大巴山的防御工事才全线构筑完毕，验收合格。

1942年秋，潘文华亲率参谋人员到各部驻地校阅部队，根据校阅时了解的情况，在成都玉皇观举办下级军官训练班，分期训练连排长，每期三个月。除以典范令为教材、着重训练各种战斗动作和实弹射击及夜间战斗等科目外，每周朝会还邀请张澜、张志和来班向学员作精神讲话，提高学员的爱国抗日思想觉悟。潘文华想通过这些训练使该部成为一支劲旅，作为抗日的后盾。1945年抗日战争胜利后，二十八集团军同其他集团军一齐奉命撤销。

本文选编自四川省政协文史资料研究委员会、四川省人民政府参事室《川军抗战亲历记》

五

第二十九集团军抗战亲历、亲见、亲闻

二十九集团军出川抗战概述

李 秋

我在二十九集团军中任过团长、副师长和代理师长，对它从成立到抗日战争结束的历次重大事件，曾亲历、亲闻，现据记忆概述于后。

1938年春，第七战区司令长官、四川省政府主席刘湘病逝汉口，不久第七战区撤销，蒋介石任命张群为四川省主席，川康将领通电反对。于是改任王缵绪为四川省主席，并令王将刘湘留川部队编成二十九集团军出川抗日，由王任总司令。这年3月，王缵绪在成都成立二十九集团军总司令部，报请任命许绍宗为副总司令，下辖四十四和六十七军两个军。随即各部奉命分别在重庆、万县、云阳等地集中，于同年五月轮运至湖北兰溪登陆，受第五战区司令长官部指挥。王缵绪以身兼四川省主席未出川，报经蒋介石批准，由许绍宗代理总司令。长官部令该集团军司令部位置于浠水县之张家塝，所属四十四军守安徽的宿松、太湖地区，六十七军守湖北的黄梅、广济地区。

一、参加武汉外围保卫战

1938年7月，日军第六师团沿合肥至田家镇公路南犯，我四十四军在太湖、宿松一带阻击日军。六十七军在黄梅、广济一带阻击日军。7月底至8月初，太湖、宿松、黄梅、广济先后陷落。四十四军和六十七军均退到合（肥）田（家镇）公路以西山地守备。其间，四十四军曾两度攻占宿松城。

9月中旬，长官部决定在黄梅、广济地区与日军第六师团决战，以保卫田家镇要塞。当时叫"黄广战役"。长官部命二十九集团军攻黄梅，广西廖磊部队攻广济。许绍宗受命后，以四十四军攻黄梅，六十七军攻黄梅、广济间之金中铺。两军与敌激战五日，均未攻下，与敌成对峙状态。9月底，日军在陆海空军联合猛攻下，陷我田家镇要塞。随后敌海军沿长江西犯，一部在蕲州西之黄柏城登陆，一部向浠水以南之兰溪进犯。在黄柏城登陆之敌，被四十四军四四七旅在九狼山击溃。从兰溪登陆之敌，分别向浠水、黄冈等地进犯。这时，长官部又命二十九集团军在浠水和上巴河地区掩护五战区转移。许绍宗刚接到命令，浠水已被敌占领，并向我集团军总部所在地张家塝进犯。许绍宗率总部和直属队由英山、罗田小道向西转移，四十四军和六十七军两军与总部失掉联系。

与此同时，黄梅、广济方面之敌，在飞机大炮掩护下，向我四十四、六十七两军进攻。两军退到上巴河西岸后，因闻浠水已陷敌手，与总部又失掉联系，四十四军军长廖震召集四个师长开会，决定以一四九师、一六二师在上巴河掩护其余部队向孝感、应城转移。会议未完，敌人已攻破上巴河，并以飞机大炮猛烈轰击我西岸各师，各师秩序大乱，向孝感、黄陂、沙市、宜昌溃退。师长王泽浚、张竭诚等，这时亦离鄂回川。接着，武汉亦告沦陷！

11月上旬二十九集团军在浠水、上巴河溃散之各军、师先后到了当阳，奉令在当阳收容整顿。这次溃退，二十九集团军人员、武器损失过半，经过半年多才恢复元气。

二、防守襄河和参加大洪山诸战役

1938年11月底，奉战区长官部令，二十九集团军总司令部位置于河溶镇，所属两军右接江防司令郭忏部、左接三十三集团军张自忠部，沿襄河东西两岸守备。许绍宗令四十四军守备江陵的后港地区，六十七军为总预备队，位置于河溶、荆门地区。四十四军军长廖震令一四九师守备沙洋地区和襄河南岸之杨家溽；一五〇师守备马良地区和襄河东岸之旧口。

1939年1月底，杨家溽守军曾与沿汉宜公路西犯之敌激战三天。沙洋守军曾击落日军指挥机一架，机上之空军大佐渡边广太郎等六人被击毙。2月，京山、钟祥、旧口相继陷落，四十四军与日军隔襄河对峙。

5月初，长官部命令二十九集团军向襄河东岸之敌突击，一五〇师杨勤安部曾袭击黑牛渡之日军据点获胜。

10月，蒋介石令全国各战区开展"冬季攻势"，12月冬季攻势开始。我集团军根据长官部令到达大洪山地区，与三十三集团军张自忠部协同攻钟祥。三十三集团军先攻钟祥以北洋梓，二十九集团军先攻钟祥东北的汪家河和王家岭。经七天的苦战，二十九集团军攻占了王家岭，与敌对峙；三十三集团军屡攻洋梓不下，也与敌对峙。

1940年1月，日军增加一一六旅团向我反攻，三十三集团军败退于长寿店、丰乐河。二十九集团军败退于客店坡、三阳店。冬季攻势即告终结。

在冬季攻势开展的同时，四川的一些将领发动了反对王缵绪任省主席的"七师长反王"事件，蒋介石自兼四川省主席，王缵绪愤而请缨出川杀敌。在冬季攻势快结束时，王缵绪到了大洪山。行前，王将刘湘编到四川保安队的七个团、三个独立大队编成四个旅（李承魁、冯浩如、陈杰才、李鸣九分别任一、二、三、四旅旅长），由四十四军副军长王泽浚率领出川，随即担任宜城地区之襄河西岸守备。

1940年5月，日军兵分两路，一路沿襄河东岸北犯张家集、襄阳、双沟，一路西犯随县、枣阳。沿襄河北犯之敌，先向三十三集团军张自忠部猛攻，继向二十九集团军驻地张家集猛攻，三十三集团军向襄阳转移，二十九集团军退守大洪山西北要隘。

5月16日三十三集团军总司令张自忠在宜城东岸南瓜店英勇殉国。李宗仁令王缵绪集中主力前往增援，王缵绪即令四十四军军长廖震率全军和六十七军一六一师执行。

6月初，日军两路兵力在双沟会师，迅即组成几个梯团南下。四十四军首当其冲，受到猛烈攻击，败退到大洪山。王缵绪令全集团军固守大洪山各要隘。日军第四十师团长天谷直次郎指挥所部四面围攻大洪山，并派飞机狂轰滥炸。我凭借山险和预筑工事与敌激战十余日，各隘口虽被敌占领，但我予敌以重大杀伤，敌师团长天谷直次郎亦被我击伤。此后，我利用山地隐蔽与敌旋磨打转，又激战十余日，敌伤亡甚重（我毙伤其将校军官达十人），疲惫不堪，不得不撤出大洪山。

与此同时，敌后继梯团，在宜城、钟祥、沙洋等处，强渡襄河，宜城守军王泽浚所部四个旅被击溃。日军直犯宜昌、沙市。蒋介石忙命陈诚为第六战区司令长官，要他抵挡日军。但陈诚部署未竣，宜昌、沙市已陷落敌手。长官部仍令王缵绪率所部守备大洪山。是役，该集团军守大洪山之部伤亡达三分之一。

在二十九集团军守备大洪山的一年又四个月（1940年9月至1941年底）中，日军对这个地区的"扫荡"和我军反扫荡的战斗曾多次进行，每次作战的规模虽不很大，但争夺还是比较激烈的。到1941年12月奉命开赴河南内乡整训，移交防务给二十二集团军时，仍保有大洪山之第一线阵地。

三、转战鄂、湘

1942年3月，二十九集团军奉命自河南调六战区，受司令长官陈诚指挥，同时升王缵绪为第六战区副司令长官。8月，陈诚令该集团军总司令部和直属部队位置于桃源草街子，所属两军担任洞庭湖西岸的南县、华容、监利和石首、公安、沙市、松滋、枝江、宜都的长江南岸守备。

1943年2月，日军从岳阳、沙市、宜昌等地向二十九集团军所守地区进犯，滨湖战役开始。2月15日拂晓，日军在枝江高山庙等地的炮兵集中轰击六战区前线指挥部松滋要塞，要塞被敌击毁。同时敌步兵在飞机大炮掩护下，向六十七军一六一师四八三团所守百里洲进攻，激战两昼夜，百里洲陷落。该团退守松滋河南岸，2月底该团反击获胜，收复了百里洲阵地。3月上旬，日军全面向南县、华容、石首、监利、公安和沙市南岸太平口等地进犯，我集团军与日军激战到3月下旬，南县、华容、石首、监利、公安失而复得。敌退守洞庭湖西岸、沙市南岸的四处据点与我对峙。4月上旬，奉陈诚令，停止攻击，滨湖战役遂告结束。这时，王缵绪根据战役情况，进行了人事上的升迁奖惩。笔者即于此时由团长升任六十七军一六一师副师长。

1943年10月，日军纠集约九个师团的兵力和大批伪军，进犯常德、桃源，新任第六战区司令长官孙连仲令七十四军师长余程万率该部死守常德，令二十九集团军在南县、华容、石首、公安地区节节抵抗，以待六、九战区部队到来。此为"常桃会战"。

会战开始时，四十四军遵照命令，在南县、华容、安乡和石首、公安、津市地区，与日军鏖战二十余日，并有所缴获。但另一路日军在飞机、大炮掩护下进犯很快，先后陷澧县、石门、慈利、临澧，并围攻常德，四十四军被隔断。敌迅即迫近二十九集团军总部所在地桃源。王缵绪忙将总司令部退到沅水以南郑家驿，令四十四军的一五○师、一六二师在常德东北的太浮山和太阳山地区截击敌人。一五○师与日军激战于常德附近的陬市镇外，师长许国璋在作战中身负重伤后自戕殉国。

12月3日，常德陷落后，六、九两战区的增援部队陆续赶到太浮山地区，分头向敌猛攻，击败敌人。我四十四军其时也击退桃源之敌，孙连仲又令我军追击，日军退至注磁口、石首、公安、太平口、藕池口等地据守。本集团军攻藕池口月余未下，与敌对峙。随后我军奉命集结澧县待命。

在1944年2月的南岳军事会议上，王缵绪提出撤销二十九集团军总部和六十七军，将人员装备补充四十四军的意见，当即被蒋介石批准。四十四军由王泽浚任军长，于当年4月完成改编（辖一五〇师、一六一师、一六二师，一四九师亦列入四十四军建制）后，调属第九战区指挥。王缵绪调任第九战区副司令长官（王报到后即回四川，后任重庆卫戍总司令）。

1944年5月中旬，日军大举进犯长沙、衡阳，开始了"长衡会战"。九战区司令长官薛岳令四十四军军长王泽浚守备浏阳。王泽浚以一六一师为第一线，守备浏阳以北黄金台、沙市街、蕉溪岭、道吾山地区；以一五〇师为第二线，守备浏阳城；一六二师守备三姐桥地区（一四九师奉命在沅陵整补）。

6月6日，日军六十八和一一六等师团分西、中、东三路进犯浏阳，四十四军在浏阳四面受敌。一六一师在黄金台、沙市街、蕉溪岭、道吾山一线，与日军激战十一昼夜，以上地区全部陷落。军长王泽浚令退守狮子山，一五〇师和直属部队在浏阳城鏖战两昼夜，浏阳失守，也退到狮子山地区。

6月18日，长沙陷落，战区长官部退至湘赣边境的桂东。日军东路军连陷醴陵、茶陵、攸县、安仁。7月下旬，长官部令四十四军向茶陵、攸县之敌攻击。我军三攻茶陵、两攻攸县，均未成功。第三次选派一五〇师四五〇团营长李芳率全营从茶陵东南门之间攀城而上，一部冲入城内，激战通宵，全部壮烈牺牲。此战结束后，四十四军奉命在茶陵、安仁地区担任守备，直至日本投降。

本文选编自四川省政协文史资料研究委员会、四川省人民政府参事室《川军抗战亲历记》

出川战斗在大洪山

李 辉[*]

1935年川政统一，成都开办"四川省保干队干部训练班"。我离开了小学教师工作，考上了学生队。六个月训练毕业后，我被分配到保安队相继任见习少尉、中尉排长；1939年我升任保安二旅四团二营的上尉营副。七七卢沟桥事变后，四川省政府主席王缵绪请缨杀敌。1940年，保安一、二、三、四旅，由总司令王缵绪（注：应为军长王泽浚）率领出川抗战。部队集中成都附近，补充装备，整装待命。

1940年正月初三，我部由新繁出发，向重庆方向开拔，我是二旅四团二营的副营长。出川抗战正实现了年轻人的志愿，所以在行军途中我们就写了一些反映这种心情的诗，写在沿途墓碑或墙壁上，借以消除士兵跋涉之苦，鼓励其爱国杀敌的勇气。这里摘录几首："乡人群立高山坡，遥望大军路上过。传语归田勤耕种，增产粮食保山河。""日本野心狼，做事太猖狂，掠夺中国土，杀人烧房廊。炎黄好儿女，人人上战场，撵走侵略者，卫国保家乡。"

部队到了合川，重庆各界人士举办欢送出川将士抗战杀敌的慰劳大会，每团选十余名代表参加，我当选为四团二营的代表。会场设在白市驿。当天白市驿街上张灯结彩，悬挂国旗，熙熙攘攘如同节日一样热闹。开会时，一群青年学生把代表们簇拥到会场前面，女同学给我们佩戴荣誉章，声声祝愿"出征将士身体健康，旗开得胜，把日本鬼子驱出国境"。这声音是全国人民的声音，出征的将士抛头颅、洒热血，也要完成崇高的使命。回部队后我又奉到指示，调赴湖北大洪山二十九集团军战地干部训练团受训。

我后方四旅去参加受训的人，共有150人。在重庆搭轮船到宜昌，再由宜昌起早到襄阳，沿途地区人心惶惶，日本侵略者的战火快要烧到了。路过荆门，这座古城竟无一间完整的房屋，残砖瓦砾满目皆是。那种荒凉景象，使人感到难受。日寇的飞机、炸弹，毁坏了多少人的美好家园，炸死了许多无辜老幼，民族的血海深仇，永世不忘。

二十九集团军战十团设在集团军总部附近、大洪山的深处张家集。它是个小集镇，属钟祥县管辖，有三四百户人家。因为总部在这里，街市还比较热闹。穿、吃和日用商品虽然粗糙，但交易频繁。战干团是调二十九集团军尉级军官来受训，以排长、连长、副营长居多，共有四五百人，编成三个中队，上校级任中队长，中少校级任分队长，副营长、连长任班长。全是课堂形式学习。总司令、军长们上精神讲话课，大致是阐述抗日救国的重要意义，吹捧蒋总裁如何英明伟大、德高望重。总司令常说："总裁就是圣贤，总裁超过圣贤。"我虽不敢反对，但听起来真是肉麻刺耳。其他就是教官们讲对日

---

[*] 李辉，抗战时任四川保安二旅四团二营副营长。

作战的战略战术问题,分析敌我双方的优缺点,还要学简单的日语,主要是向被包围的日军喊话"缴枪、投降、不杀"等等。我们后方四旅的受训军官编成一个中队,我担任班长。这次受训我学到一些战斗经验,有些经验教训是用血换来的,多么珍贵啊!我是一个土包子军官,从未上过火线,这次同打过仗的军官们谈心交朋友,我是很虚心的,受益不小。

大洪山在湖北武汉西北,绵亘不断,纵横数百里,下通武汉三镇,上连襄阳、樊城。既有长江天堑之险,又有洪山虎踞之雄,所以武昌是历史上的军事重地,为兵家争夺之地。川军的二十二集团军和二十九集团军负有守卫大洪山之重任,归第五战区司令长官李宗仁指挥。两个集团军拥兵十万之众,驻在日寇占领区武汉的大洪山,控制着敌人进攻,故日寇想方设法妄图消灭我军,随时发动"扫荡"。我军为了保卫国土,必须粉碎敌人的猖狂进攻。

1940年5月,敌人"扫荡"大洪山的战斗打响了。二十九集团的两个军,一是四十四军,一是六十七军,共有四个师,后方的四个暂编旅还在开赴战场的行进途中。前方的战斗时而激烈,时而缓和,我军处于被动挨打状态。装备劣势的我军,要还击优势的强敌,这就要看指挥官临机应变和官兵们沉着应战了。这次敌人用大兵包围进攻,形势逼人,正规军的四个师疲于奔命,情况非常紧急。一天,总部高参兼教育长王元虎马上要学员们荷枪实弹,组成三个战斗连,奔赴"罐头尖"阵地迎击来犯之敌。我是第三连一班班长,班上配有捷克式轻机枪一挺、步枪六支、冲锋枪两支、手榴弹数枚。总部距"罐头尖"约二十华里,该地地形两面是山,"罐头尖"是右向左拐弯处的高地,形似罐筒;两山中间有百余米宽的狭长地带,一条小道可出山口。王高参命令一、二连由左右山上搜索前进,三连由小道以急行军抢夺高地,准备痛击来犯之敌。三连一排任尖兵排,行进在最前面,走了一个多小时,眼看"罐头尖"高地就在右侧前面了,此时突然听见两面山上有枪声,发现"罐头尖"高地已被敌人占领,敌正向我军射击。我排马上卧倒在田埂侧,借田埂做掩护。此时已进入战斗了。我在下面把山上之敌看得清楚,敌一面白色小太阳旗摇来摇去。一、二班伏卧在第一线,三班在第二线。我轻机枪从低地向高处射击命中甚微,敌人向我们射击子弹被田埂阻挡了。此时应以沉着应战为主,若稍有动摇,则会影响整个战斗。但未经过战斗的人,心中七上八下,神魂不定,此时我严正警告一位姓蔡的排长(学员):如果敢后退,我的冲锋枪认不得你。假若敌人来犯,我决心与阵地共存亡。军心稳定了。此时我连后面的两个排,已占领阵地,正用火力与敌人激战,而我一排在下面则无用武之地,只好严密监视敌人,应付变化。大约战了一个小时,我军一六二师四八二团赶到了,他们采取包围之势,向"罐头尖"之敌猛烈攻击,几方面的火力压倒了敌人,不久敌人撤退了。此役名"罐头尖"之役。我学员共伤亡三十余人,战斗结束后,四八二团表扬我们沉着应战,保卫了总司令部,赢得了胜利。总司令却对王元虎说:"你把金子当毛钱用。"批评他不该使用学员去战斗。

1940年7月大洪山保卫战结束了。日本鬼子过了汉水,因兵力不敷分配,进攻又攻不下来,只好全部撤走。后方的我四个暂编旅呢?他们搭轮船到了宜昌,上岸后就投入战斗了。平原区鬼子火力占绝对优势,大炮、坦克把没有上过火线的队伍压垮了,没办法只好退进山区慢慢收容。是年8月开进大洪山时,八个团的兵力只剩下五个团了。

部队经过整编，四个旅完全撤销了，有的编成营、连，填补到师里去。我们二旅呢？当时的少将旅长李承魁，打仗较为出色，损失较小，二旅缩编为总部独立团，白宗涛任团长，我调任机枪第一连连长。李承魁任总部高级参谋兼直属部队指挥。其他的旅长、团长完全编掉，愿干的调为副职，不愿干的回川另谋职业。这样的安排让许多军官感到寒心。独立团武器很好，为全军之冠，机枪连配有马克沁重机枪四挺，为抗战时步兵用的最好武器，它有高射装置可打飞机，步兵连配新汉阳步枪72支、轻机枪9挺，炮兵连配新制八二迫击炮。独立团专门保卫总部，未到万分必要时，不加入战斗。

大洪山生活艰苦，吃的碛米要靠后方运来。如果发生战斗，粮食异常紧张，只有依靠本地供给。肉食蔬菜更为困难，每月能吃上一两次猪肉就算满意了。士兵穿着规定一年一套单衣，两年一套棉衣。因运输困难，往往供应不上，冬天有些士兵还穿着单衣，所以病兵多，医药也很缺乏。疫疾和夜盲为常见之病，医生说营养不良，寒热感染很深，治疗困难。我的连上就有八九人患夜盲症，一到夜行军就集中起来，前面由一个班长率领，沿途报路而走，真是焦急万分，无法追赶。一天我在老乡家里的旧药书上翻看到一个治夜盲的验方：用公鸡肝拌锅烟墨蒸服。我如法炮制实验有效，但哪有许多公鸡肝呢？我改用猪肝拌锅烟墨蒸服之，仍然有效。然后想尽办法买一只猪加餐，让士兵吃好睡好，好好休息几天，夜盲症基本上解决。疟疾呢，只有奎宁有效，设法到襄阳去买。我感到打仗的军队连长最难当了，既要指挥作战，又要管士兵生活。三年的连长生活，使我懂得了如何当好家，如何带好士兵，也学得了一些打仗的本事。

1941年5月，日寇的扫荡进攻又开始了。这次敌人使用的兵力更多，准备赶走我军。双方激战二十多天，我军阵地越缩越小，直径只有30华里了，枪声、炮声四方都可听见，粮食弹药补给线被敌人截断，情况万分紧急。我军的"老王"真的推磨了。总部的直属部队几次进入阵地痛击来犯之敌，保卫了总部的安全。一天总司令召集团、营、连长讲话，喊我们把老乡的手续弄清楚，部队集中听命令，准备夜间突围。如果失败的话，人和枪由部队队长自己处理。最好投靠友军，或到大洪山打游击，绝对不让敌人把我们吃掉，要保持我中华民族的尊严。我们听了每个人都伤心流泪。大家答复他，听从总司令命令。殊不知那天夜里，远处的枪声分外紧密，经辨别确系我军的枪声，敌人后方火光冲天，判断是敌人火葬尸体。拂晓枪炮声顿息，大地静得和平时一样。顷刻接到通报，敌人溃退了。原因是友军昨夜向敌人发起猛烈攻击，敌人处于内外夹击之中，力竭而溃。真是幸运啊！人说："老王有福。"

我集团军在大洪山与敌人周旋将近三年。每次敌人所发起的扫荡，不管来势如何凶猛，其结果还是损兵折将，徒劳无功。为啥装备劣势的草鞋队伍——川军，敢与强大的敌人作战而处于不败之地呢？我可以说出三点理由：第一，官兵同仇敌忾，认为为了保卫祖国领土而战是正义斗争，始终不屈服于敌人，都愿意牺牲自己和敌人拼到底；第二，大洪山的人民都拥护我军对日作战，始终站在我们一边，愿和我们同呼吸共命运；第三，山高地形复杂易守难攻，这是我们能战胜敌人的关键，还有友军互相配合呼应，所以我集团军的数万健儿终于把大洪山守住了。初次上阵的人是有些恐惧的，参加战斗多了，就成了家常便饭，毫不觉得畏惧。日本鬼子的战斗是教条的，完全用的正规战方式。日军要攻击我军阵地一定是上午早饭后开始，先用数门平射程大炮猖狂地轰我阵地。炮弹落在我阵地前面爆炸。我军战士沿战壕转到山的背面，就可以避免。其次，敌人用飞机两架、三架来轰炸阵地，我们就隐蔽疏散，有高射装置的马克沁重机关枪就可以射击它，使它高飞远飏。山地战敌人无法用坦克，就只能使用骑兵搜索，紧接着后面就是敌人步兵了。这时我军迅速进入阵地，用重机枪、轻机枪、步枪射杀他，战斗局面就成两军对峙了。我军不撤退，敌人不敢前进。有时我军要放弃阵地实施战略转移，必须先把群众完全撤走，使敌人无法生根。日本鬼子不主动打夜仗，宿营要设帐篷，帐篷前面要挖壕安铁丝网，并用火力封锁交通线，梦想达到安全休息。我军呢，往往在大树下露营，只有块油布遮住头不受露水侵袭就行。我军还要对敌人发起夜袭，不攻击也要扰乱他，不让他好生睡觉，要他起来陪我们打仗。总的说来，白天敌人是主动，我军是被动；夜晚我军是主动，敌人就处于被动了。

我军守卫大洪山寸土未失，其功绩是不可磨灭的。数以千百计的卫国战士牺牲了，尸骨就埋葬在那里，他们是烈士，血没有白流。大洪山人民永远不会忘记他们的。1941年我集团军奉命开赴豫西休整补充，以迎接新的战斗任务。

豫西指河南南阳地区八个县，可说是国民政府的特区，真是别有天地，根本不给中央政府纳粮上税。地方政府的官员尽是本地人士担任。日本鬼子的战祸到处蔓延，这块地好像很平静，所谓拉丁、派款、催粮、上税，这里人未听见说过。内乡县有一个人名叫别廷芳，少年在少林寺学武术，后占山为王，统治了这八个县。自己成立了一个司令部设在南阳，有八个团的兵力，自己能制造步兵使用的枪炮。各县的民兵组织训练都很好，日本鬼子进攻这里，被消灭了一个旅团；中央军汤恩伯、孙连仲集团官兵不守纪律，被驱逐出境。这个"独立王国"治理得好，人民有穿、有吃、有田耕，好像看不出有什么残酷的剥削，历史上的"夜不闭户、路不拾遗"，这块地方好像做到了几分——在当时是颇为奇特的。

我军总部驻内乡县，我的连驻附城徐坡。县长由一个营长兼任，礼堂上悬挂的是别廷芳司令的像。徐坡是一个集团家屋，有百余户人家，袁姓是大姓。宗团主任姓袁，是一个老者，他就是地方上的首脑。还有一个民兵连，一个青年任连长，他也姓袁。这里家家有田耕，最多的有二十多亩，最少的也有三四亩。风气很闭塞，主张男不入内、女不向外的古规，还能看见缠脚妇女。生活很简朴，吃的是小麦、玉米、红苕，穿的是土布衣服，吸的是旱烟，喝的是甜酒。无盗贼土匪，无烟赌娼妓，无流氓地痞。人们只知有别司令，不知有蒋介石。民众的组织纪律好，无男青壮不是兵。公路、乡村道修得平坦整齐，做到了雪后有人扫，雨后有人平。我们军队驻那里首先注重纪律，不能无故到老百姓家里，听说他们处死过不守纪律的士兵。我们军队吃的粮食小麦，烧的木柴，都由地方上供给，老乡们一车一车地运到驻地来，只要取一张正式收条，粮账统一结算，完全用中央币制。只要军队纪律好，他们还是欢迎的。1942年春节，我是在徐坡过的，主人家请我们过年，我也请他们过年，欢聚一席，划拳饮酒，颇有太平景象。

我们到内乡时，别廷芳已经死了。他的侄儿继任司令，蒋介石骗他到重庆开会，把他软禁起来。司令职务由第五团团长刘某代理，他的团部就驻在赤眉寨，那是汉朝赤眉军起义的古迹所在地。李宗仁长官来这里视察，集合部队和当地民兵连讲话。我们只有总部直属部队独立团和特务营参加。内乡来听训话的一个民兵营，服装整齐，操作熟练，不亚于我们的军队，难怪日本鬼子不敢轻视他们。这能够说明一个问题，只要自己振作，内部团结，没有人敢侵犯我们。

1942年4月，我集团军又奉命开赴湖南常德桃源一带待命。这是一次千余里的长途行军，又完全走山区小道，机枪连应该配驮马的，因川军无马可配，完全由人搬运。武器、弹药平均每个士兵要肩负五六十斤，还有病兵，这是一件多么困难的事啊。我私人买了一匹乘马，又买了三匹驴子，驴子用来驮弹药，减少士兵搬运之苦。我的乘马呢？不驮行李，就驮病兵，马夫有意见，还要说服他。行军五六天，要休息一天或者两天，等病号，洗衣服，准备给养。我爱护士兵如同弟兄一样，故连上很少有逃兵。

部队到达湖南后，已经是热天了。总部驻桃源县城，独立团驻白杨河。桃源靠近洞庭湖，是一个平原，稻谷一年两熟，人民生活还比较富裕。这里还没有打过仗，但也有作战的准备：到处掘成宽、深三米的壕沟，每户自制木桥，过后必须抽板，部队同样制木桥，过后抽板。大致用来防备敌人坦克。那里易遭水淹，家家户户备有木船，如果一连几天绵雨，洞庭湖水位一涨，这里就是汪洋了。国民政府无能，根本治不了这个水患。这里属第六战区，陈诚任司令长官，王缵绪升任副长官兼二十九集团军总司令。

1942年冬季我接到家里的信，母亲逝世了。我悲痛万分，向总部请准丧假三月，就离开部队了。带了一名通讯员，牵了我的乘马，由桃源起身，经桑植、咸丰回到四川黔江，顺乌江而下到了涪陵。卖掉马搭轮船回重庆，再徒步回到家里。回家时刚好赶上春节。1943年常桃会战，我军吃了大败仗，一五〇师许国璋师长阵亡，后来我接到白宗涛团长一封信，劝我不要回前方，好好在四川工作。二十九集团军缩编为一个军：四十四军，"老王"的儿子"少王"王泽浚任军长。王缵绪任重庆卫戍总司令。编余的军官回到四川，没有中央军校学籍，没有国防部命令，拼了命还是土包子，无法登记上军官总队名册，不少人失业。

八年的戎马生涯，三年的出川抗战，愧无功绩可言。没有同部队共生死，我内心非常遗憾。

本文选编自《德阳市文史资料选辑》第三辑，1985年，原题作"出川抗战亲历记"

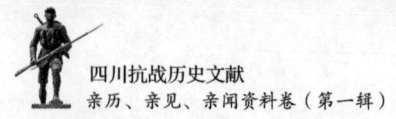

战斗在大洪山

邱正民

约在1939年8月中旬，六十七军将襄河防务交与三十三集团军吉星文师后，二十九集团军总部及六十七军移驻大洪山，四十四军仍守备钟祥对岸一带襄河河防。集团军总部驻张家集。

一、冬季攻势

11月底，五战区的冬季攻势开始。在襄河和大洪山地区，战区长官部电令三十三集团军张自忠为主攻部队，先攻克洋梓、黄家集之敌，然后直捣钟祥；二十九集团军为助攻部队，先攻克王家岭、汪家河两要点，保障三十三集团军侧背的安全，然后直插京钟路，攻取东桥、孙家桥，阻击敌增援钟祥，并另派一个师，攻击三阳店之敌，以阻击敌自安陆、花园增援之部队，掩护主攻部队侧翼安全。

二十九集团军总部根据战区指示，部署如下：

（1）四十四军军长廖震指挥一四九师、一五〇师，在攻占王家岭、汪家河敌之据点后，以主力直插京钟路之孙家桥与东桥截断敌之补给与增援部队，并与攻击黄家集友军取得联系。

（2）六十七军之一六二师向三阳店之敌攻击，并随时准备阻击由安陆、花园增援之敌，掩护四十四军侧翼的安全。一六一师之四八一旅为总预备队，四八三旅以九六五团守备跑马寨、牯牛岭之线阵地，六九六团为机动部队。

冬季攻势开始，部队士气极为旺盛。一四九师一举攻占了王家岭，迫使敌退至汪家河据点。我军不惜牺牲，几经冲击，又进占了汪家河。为应援友军，该师又派出部队，迭次阻击由钟祥增援之敌，而我主攻部队在洋梓、黄家集敌之坚固工事下，虽予敌以杀伤，因无攻坚火器，难于进展，形成对峙状态。

我一五〇师为了配合友军对黄家集之敌进攻，与敌激战于孙家桥、东桥，敌凭坚固工事据守。我虽迭次击退京山之敌的增援，但因伤亡甚大，进攻部队又过于突进，几被应城增援之敌自我侧翼包围，幸为我一四九师击退。

一六二师进攻三阳店，敌凭坚固工事死守，我采取昼夜轮番攻击，既使敌疲劳不堪，又消耗其弹药，经十几个日日夜夜的战斗，已逼近敌之主要堡垒，胜利在望。不料敌人突然使用火焰喷射器，我进攻官兵棉服、枪托着火，难以扑灭，许多官兵被火烧伤，进攻顿挫，被迫撤下来休整。四八四团初到三阳店附近时，该团团长何葆恒曾派员与驻平坝附近之新四军游击队联络，此时游击队送来情报说，由安陆增援之敌有千余人，并附有炮兵部队，游击队准备在丘陵地带埋伏阻击，以迟滞敌之行动，何团长急向余师长（一六二师师长佘念慈）请示，佘师长乃另派四八六团阻击增援之敌，增强了防御工事固守，我与敌形成对峙状态。

此后，我全线与敌相持至1940年1月，日军增兵向我反扑，三十三集团军退至丰乐河、长寿店地区，二十九集团军退至客店坡、三里岗之线整顿。冬季攻势结束后，二十九集团军经过整编，仍守备大洪山，部署如下：

（1）四十四军军部驻袁家台。一五〇师（师长杨勤安）驻丰乐河、长寿店等据点，向洋梓之敌警戒，保持流水沟通襄河西岸进出之渡河要点；师部驻杨家集。一四九师（师长孙黼）守备跑马寨、牯牛岭、清风寨、猴儿寨、王家岭各据点，向黄家集、田家尖子之敌警戒，并搜索京钟公路敌之动态；师部驻客店坡。

（2）六十七军军部驻张家集附近之竹林港。一六一师（师长官焱森）集结于三里岗地区，向三阳店之敌警戒；师部驻三里岗。一六二师（师长佘念慈）集结于张家集附近为预备队，积极整训。

二、随枣会战

4月中旬以来，日军在应（城）京（山）钟（祥）公路加紧调集兵力，敌第八师团、第九师团及独立旅团，均在钟祥、洋梓等处集结，剑拔弩张，势在必发。副总司令许绍宗向王缵绪总司令建议，将总部与军部的非作战人员以及不必要的行李移向大洪山深处，组织指挥所，以应战时需要，但未能引起注意，以致战斗开始，敌炮击总部，王又仓皇失措。

5月1日拂晓，集结于钟祥、洋梓之敌分三路向我进攻，其一路突破我一五〇师长寿店、马家集阵地后，直趋板桥。敌主力部队由洋梓经沙家店直奔张家集，炮击二十九集团军总部，企图歼灭我军。我一五〇师、一六二师避开敌主力，占领侧面阵地，予敌以有力侧击。在山地作战，敌主力难于展开，炮兵运动不便。敌见捕捉不到我主力，遂长驱直指双满（沟），拟与自应山、花园北路指向枣阳之敌会师，对五战区主力进行大包围的歼灭战。许军长（许绍宗兼六十七军军长）以一六二师向洋梓之敌后攻击，一五〇师向马家集、长寿店攻击，截断北上敌之补给线，因此在这一带与敌形成了拉锯战。后因敌进攻枣阳甚烈，战区长官部令二十九集团军派队北上增援一七三师之作战，向敌侧背攻击。集团军当即令四十四军军长廖震率领一六一师及一四九师（除留一个营监视黄家集并搜索东桥之敌情况外）全部北上，当四十四军到达资山、平林之线时，东西两路敌军已经会合冲入枣阳，我一七三师因寡不敌众，已向北撤退。吴店之敌则向我平林四十四军侧背攻击，敌之主力又向我清潭后方迂回。官庄之敌则经板桥、新集向我包围。在这种不利的态势下，我官兵奋力迎击，乃突出包围圈，全军逐步向茅茨畈转移，我军伤亡较大。

二十九集团军退到大洪山后，固守各要隘，日军视我为刺向心脏的利刃，必欲拔除，乃由第四十师团长指挥两个梯团，每个梯团又分四个支队，分路向大洪山围攻，并派飞机狂轰滥炸，来势凶猛，大有一口吞吃大洪山的模样。我为避其锐气，将非战斗人员隐于洪山寺一带，再以小部队隐蔽于要隘两侧，且战且退。各团主力则利用深沟密林向敌侧翼运动，待到敌饥疲之际，突然分股向敌后袭击。我因地形熟悉，行动轻便，利用复杂的山形、崎岖的道路与敌周旋，敌之重武器无所施其技，如此经过十余天，我各隘口虽大部分为敌占据，但我主力利用敌之弱点，见缝插针，予敌以杀伤，迫使敌不得不分股退回老巢。

三、大洪山区的反扫荡战

宜昌会战（亦称"宜沙会战"——编者注）后，二十九集团军保卫大洪山的部署如下：

（1）四十四军守备西麓之丰乐河、长寿店、沙家店之线阵地，向钟祥、洋梓之敌警戒。军部驻板凳岗。

（2）六十七军守备南麓之跑马寨、牯牛岭、猴儿寨、王家岭之线阵地，向黄家集、田家尖子之敌警戒，并以一六二师于乌龙寨、客店坡向东延至三里岗、长岗店地区，选择要点，构筑第二线阵地，在洪山寺地区构筑核心阵地。军部位置于袁家台。

（3）集团军总部及直属部队位置于双河。

日军始终把大洪山守军视为其心腹之患，必欲去之。在第三次随枣会战之后，稍事休整，即迭次向我进行了多次扫荡战。兹将在1940年9月至1941年底的一年多内，被我击败的日军千人以上的进攻，略述如下。

1940年11月，敌十三师团之一部，配属骑兵大队及轻型坦克十余辆，在飞机大炮掩护下，东路由京山、孙家桥、黄家集向我王家岭、猴儿寨之线进犯，西路则由钟祥、洋梓向丰乐河、长寿店进犯。我六十七军一六一师坚守猴儿寨之线阵地，我一六二师以一部监视敌由花园、安陆而来之增援部队，以主力向敌翼侧运动进行反包围（驻平坝附近之新四军游击队亦配合我部向敌后袭击）。西路之敌占我丰乐河、流水沟后，向我西北包围。在敌分进之时，我隐伏于扁担山附近部队，突然发起攻势，进行反包围，将敌各个击破，敌迫不得已，退回洋梓据点。

1941年5月初，一六一师师长何葆恒接到新四军第二支队的情报通知，敌有袭击大洪山、窜犯老河口的企图，当即将是项情报转报总部。总部指示，死守猴儿寨、青峰山。何师长为了加强四八二团对青峰山的守备，调两个迫击炮连归其指挥。是时，四八二团团长王奠宇因急病住院由副团长萧仲勋代理团长。不几日，何师长又接到新四军第二支队情报通知，敌在京山孙家桥一带集结四千余人的兵力，还附有炮兵部队，有窜犯大洪山企图。同时接战区通知，随县、应山之敌沿襄花公路进犯，已与二十二集团军各部进行战斗中。

5日拂晓，东路之敌四千余人在大炮飞机掩护下，由京山孙家桥、黄家集分向我大洪山东麓大举进攻，企图夺取青峰山后，直插大洪山的核心洪山寺。萧代团长将青峰山顶两个营撤到预备阵地前一条干河沟隐蔽，另选派一步兵连附重机枪两挺，做广正面散开，向敌做广正面射击，使敌过早展开，向我进攻。战斗约一小时后，该连分组迅速撤至预备阵地，敌见我退却，拥向青峰山头，我炮兵以硫磺弹向其射击，引燃遍山齐腰深的茅草，日军遭到这场烈火的突然袭击，惊惶失措，狼奔豕突，下山逃命。敌人后继部队来援，被我预先埋伏的两个营以密集的火力阻击，无法前进，于是使用炮兵向青峰山制高点射击，炸得山石乱飞，但我早已将部队撤离，空耗敌之炮弹。战斗到第三天，又接到新四军第二支队情报：敌虽运走死伤人数在三百以上，而粮弹的补给，仍不断运上战场；并通知我部，该队已派有力部队向敌之运输线袭击，与我协同保卫大洪山。我一六二师乃以有力一部由客店坡东南向敌之侧翼迂回包抄。大约16日晨，敌又向我猛烈进攻，炮弹、枪声特别浓密，敌机不断向我盘旋轰炸，萧代团长根据近日前线战斗情况判断，这是敌佯攻以掩护退却，正在这时，何师长又接到新四军第二支队情报：敌主力已向后撤退，我支队正派队截击。萧代团长亲率一个营，并令蒲仲翔营长率该营分两路向敌侧后追击，我一六二师之迂回部队亦与掩护退却之敌战斗。敌分向黄家集、京山方向退却。大洪山东麓战斗结束后，总司令王缵绪认为萧仲勋作战有功，升为该团团长。

在这次作战中，新四军第二支队几次向我提供了非常及时而准确的情报，并及时协同我军进攻敌人，对共同保卫大洪山、粉碎敌人的进攻，起了有力的作用。

1941年12月，二十九集团军奉令转移防务，开赴河南内乡整训，告别了大洪山。

本文选编自四川省政协文史资料研究委员会、四川省人民政府参事室《川军抗战亲历记》

襄河保卫战

许维新

武汉失守后，日军置重兵于武汉周围地区，随时集中优势兵力向各方实行进犯。1939年2月初，日军集中强大兵力，主力沿襄花公路，十三师团沿汉宜公路向我五战区进犯。战区司令长官李宗仁令二十九集团军暂归三十三集团军张自忠统一指挥，担任襄河西岸的守备，并以有力部队进出于襄河东岸阻击敌人。当时三十三集团军总部在荆门，其主力部队控置于大洪山区以南长寿店，一部守备襄河东西两岸的钟祥、石牌，并派有力部队于京山附近阻击敌人。二十九集团军奉令后，许代总司令（许绍宗）为了确保襄河西岸，使敌人不能越雷池一步，与四十四军军长廖震研究，召集师长以上首脑开会，做了如下部署：令一四九师担任与三十三集团军联系和守备沙洋至马良一线的防务；令一六二师守备多宝湾至沙洋方面的防务，并与江防司令沙市部队联系；令一六一师派有力一旅进出襄河东岸，于杨家峰与五里店间采取纵深配置，阻击敌人；其余控制于李家市附近，支援一四九师的防务；令一五○师为预备队位置于后港；令一六一师游击队在多宝湾附近秘密集中船只，以接应襄河的阻击部队。总司令指挥部进至十里铺附近。

3月上旬，敌机三架轰炸沙洋，继以低飞扫射，日军十三师团附炮十余门及骑兵部队进犯至皂市附近，即分两路，一部向京山，一部沿汉宜公路西犯，先后与我一六一师在五里店的四八三旅一部和在京山的三十三集团军阻击部队发生战斗。我守备五里店部队尽力阻击敌人，战斗了一天，撤至一家峰继续阻击，又战斗一天，最后在杨家峰发生剧烈战斗。我防守部队在炮火的轰击和敌骑的冲击下，沉着应战，以轻重机枪及手榴弹向敌猛击，击退一批又一批敌人。襄河西岸已闻炮声，敌机在襄河盘旋。我一六一师四八三旅与敌激战一整天，同时我京山的三十三集团军阻击部队，被敌强大兵力压迫退守客店坡以南山地继续战斗。许代总司令取得张自忠同意后，即令四八三旅逐步向南转移，由多宝湾撤回襄河西岸。这次阻击战，我伤亡数十人，敌死伤二百余人。9日晨，敌进至襄河东岸，被我一四九师隔河阻击，发生隔河对战后，转北向旧口、钟祥攻击，两地先后陷落敌手。守钟祥的三十三集团军退守洋梓，不久，洋梓被敌占领。

这时张自忠在荆门打来电话说，吉星文旅长在撤出钟祥时遭敌夹击，随带数人困在旧口东山地，通知许代总司令派队设法营救，并护运过襄河西岸。许即令一六一师游击队幸春霆前往，在聊曲山一小庙内找到吉星文，吉来到六十七军部向许代总司令致谢后，即赶赴荆门。

4月上旬，襄花公路西犯之敌，在我五战区友军反攻之下被击退，与我胶着于随枣地区。汉宜公路之敌，被张自忠集团军阻击于京钟之间，与我形成对峙，李宗仁司令长官令二十九集团军以有力部队向襄河东岸之敌袭击,许代总司令令一五〇师杨勤安派一加强营,并令一六一师游击队幸春霆协同,选定以黑牛渡敌据点(据邱正民提供资料为"黑流渡"——编者注)为目标,事先进入敌后设下埋伏。一五〇师加强营攻击,把敌包围,毙敌数十人,夺获许多战利品。江防司令郭忏在此次襄河保卫战中曾派人送来慰问品和大批弹药。

本文选编自四川省政协文史资料研究委员会、四川省人民政府参事室《川军抗战亲历记》

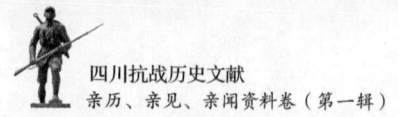
四川抗战历史文献
亲历、亲见、亲闻资料卷（第一辑）

回忆李宗仁先生"捉放曹"

萧德宣

一、引言

台儿庄决战胜利五十三周年之际，山东省在台儿庄建立抗日烈士纪念馆，并为李宗仁先生塑了像。我得知此事，忆及一九四一年，李宗仁先生在湖北老河口曾唱了一出"捉放曹"的好戏。此虽事隔五十年，但仍历历在目，特简述其要以飨读者，并为国民党派系斗争，特别是蒋介石 Autocracy（独裁政府）的研究者提供参考资料。

二、汤恩伯怒颁通缉令

一九三九年五月十日，我在张体学同志领导下，组织三十一集团军（汤恩伯部）一九三师五六二旅一二二一团三千多人武装，在河南内乡起义。后院起火，蒋汤慌了手脚，一面派八十五军封锁桐柏、邓县、老河口之线，截断我与新四军的联络；一面派驻邓县吴绍周的一一〇师穷追猛打。土顽别廷芳部也助纣为虐，沿山寨隘口阻击（当时我是该部第三营营长）。我第七连连长（中共党员，四川梁山人，姓名记不太清了）阵亡；第八连连长邓诚（中共党员，四川大竹人）及鄂豫纵队联络员吴良臣、肖楷均被俘；第九连连长万志源（四川古蔺人）重伤，被农民藏起来了；其余大部分军官均被押解南阳，由汤恩伯亲自监斩，暴尸示众！我身负两处轻伤，率通讯员李荣生（中共党员，江西新喻人）、交通员王明肃（湖北郧阳人）坠岩脱逃。沿途见通缉我的布告，只好从丹江口花重金搭乘一只满载黄纸和草纸的船到老河口，后转船去樊城。该处仍贴有通缉令，乃在一家洗澡堂里停下来，入夜才渡河到襄阳美国医院请求入院治病（时三人均患痢疾），借图庇护。我冒充基督教徒求见院长。我先朗诵两段 Bible（圣经），并唱了一首赞美诗——"We shall stare before the king"，然后声称我们在当阳被土匪抢劫，身患重病，难以行动，请求入院治疗，立即得到院长同意。国民党军不敢搜查美国医院，我们就在这"保险箱"里得到安全休养和治疗。第五天，我派通讯员李荣生去大洪山八字门找组织联络，报告情况，并请示行动。李在茅茨畈遇上新四军鄂豫边区纵队联络员谭柔刚（又名谭行健，四川梁山县人）。谭这时名义上是汤恩伯三十一集团军补训处驻南阳的少校参谋。他先告诉李荣生："张体学首长现在不在八字门，已去鄂东陂安根据地了，正派人去豫西找你们。桐柏军分区和南阳地下党组织已报告了你们组织起义经过和失败情况。区党委决定你们迅速撤离鄂豫边区，赶赴四川成都。因四川省主席王缵绪编组二十个保安团为正规军，开来大洪山增补支援二十九集团军，要你们乘机楔入该军，继续进行策反任务。"谭托李带给我两只金戒指和三十个"袁大头"做旅费。我们三人商量后，决定去四川再入川军工作。

三、东山再起，打入川军

我们三人穿上谭柔刚同志送给的军装，带着三十一集团军补训处处长李宗鉴签署的护照，小心翼翼，从襄阳插马良坪—兴山—秭归小路，搭上轮船去万县，再走小路去宣汉乘坐木船去达县我老家。黄昏后到家，邻居均猛吃一惊，纷纷急切地对我说："这几天衙门头的人提着链子到处找你，这些年你在外面做了什么事？"我知道通缉令已到县里了，任何迟疑都将招致危险。于是我应付几句后，即匆匆带上李、王二人和家小从南门外渡河，连夜到草街子表兄家去了。翌日，为了减小目标，将李、王二人移住到距城六十里路的木子场我佃农家，我则只身潜往重庆。果然，王缵绪正从四川省保安团抽调了八个团整编为四个旅，由他的儿子、四十四军副军长王泽浚率领在成都、资阳一带集训，准备开赴大洪山增防。这些保安团从未打过仗，一闻出川抗日，便谈虎色变，大量逃亡，上、中层官佐众多称病呈请留川疗养，因此缺额很多。当时沦陷区各省市后方医院也猬集四川，伤病官兵很多，社会秩序很难维持。当局欢迎出征部队招聘官佐，招募士兵。于是我伴称是贵州省八十二师罗启疆部的营长，参加淞沪战役后，因病住院。出院后，武汉失守，与原部队中断了联系，特申请重上抗日前线。事有凑巧，当我去重庆金汤街第二十九集团军驻渝办事处报到时，该处秘书科长杨淑渊（王泽浚副军长的西充小老乡）正是我四川大学同学，并在绥定联合中学同事半年（他教历史，我教英语）。老友相见，分外高兴，他当即亲自引谒王泽浚。王问了问淞沪作战情况后，对我表示欢迎，当即委任我为该部新编第七旅第八团副团长。我立即去资阳走马上任，并缄召李荣生、王明肃二人来部。我将李安置在团部任传令班长，考虑到我身边需要帮手，把王留在身边当传令兵。

四、烧日寇，立战功，暴露身份

一九四〇年，暮春三月，王部新编的四个旅开赴大洪山。五月，我调离新编旅，至该集团军六十七军一六一师四八二团任副团长。七月初，我团奉令接替青峰山、猴儿寨防地守备任务。当时新四军鄂豫边区纵队正在大洪山外围的京山、应城及平汉路东西两侧穿插游击。至此，我终于又和组织取得了联系。十一月初，张体学派联络员赵东明通知我："鬼子在京山孙家桥一带集结兵力，其主力为第十师团和骑兵第九旅团各一部，企图扫荡大洪山，希速转报王缵绪总司令。"联络员同时转达张体学同志指示："现在国共合作较稳定，千万不能轻举妄动，以免影响大局。"并转告我："好好打胜这一仗，树立威信，在四十四军站稳脚跟。在鬼子发动攻势时，我部将全力支援，向敌后各据点猛烈攻击。"约在十一月六日，日军五千余人分由黄家集、孙桥向我青峰山、猴儿寨猛攻。我守备部队按预定计划迅速撤退，俟日军上山在多处插上太阳旗，欢呼喧嚣之际，我两天前标定射击的军辖山炮营的八二、六〇迫击炮燋夷弹，硫黄弹八百发，突然落在齐腰深的茅草山上。顿时火舌飞舞，怒风狂啸。鬼子猝遭烈火猛袭，豕突狼奔。我抓住战机，指挥蒲仲翔、叶春霖两营敢死队从两翼冲杀，敌全线溃逃，我生俘敌烧伤、枪伤军曹以下七人，击毙敌二十余人；获战马二十匹，机、步枪三十余支，掷弹筒五具。我伤亡副连长以下官兵十六人。在战区司令官李宗仁传令给我记大功一次，并通报全战区所属各部时,我的身份暴露了。

十一月中旬,王泽浚升为四十四军军长。一天,他打电话要我立即去总司令部,说是总司令要召见我。当时总部驻双河,距前线六十里。我翌日十一时赶到总部后,值日副官带我到总部机要室休息。我有点诧异,为什么带我到机要室?一会儿,一个年约四十的小胖子出现在我的眼前,他笑容满面地靠近我,并自我介绍说:"我是总部军法处处长,这里有份通电,请你过目。"我接过来一看,译文是:"据汤副长官呈称,奸匪萧仲勋策动部队逃叛附匪后,刻又潜入廿九集团军活动。请饬王总司令火速缉拿,径送南阳我部归案究办,勿使漏网。等情据此,仰助送本部查明处理为要。李宗仁。"我看过两遍后,问道:"是否今天就送我走?"那位处长说:"总司令马上就来,他要亲自问问你这位刚刚立功受奖的人。"正说话间,一个身穿藏青毛呢中山装的小老头踏进房间来。处长忙向我介绍:"这位是总司令。"我向他敬了个军礼。他注目凝视我一阵子,走上前用手拍拍我的肩、胸,说道:"这么个年轻娃娃,还学会了诸葛亮那一手哩,烧得好!烧得好!不然,我这个总司令又要爬山磨圈子了!"他说完话,两手向外一摊说:"坐下,坐下!"我这时情绪开始稳定。接着,他问我家庭情况。我知这位总司令是满清秀才出身,说话喜欢文绉绉的,于是答道:"父母早亡,既无伯叔,终鲜兄弟,赖祖母抚养,尝攻读外公家。"王复问:"外公何如人也?"答:"清末举人。"王再问:"汝曾受高等教育否?"答:"四川大学文学士。"王放低声音,拉长语调问:"汤恩伯说你是共产党,何如?"我字句铿锵地答曰:"君子群而不党,古训昭然。我世代书香,读圣贤书,所学何事?汤副长官血口喷人,指鹿为马,其目的乃欲在杂牌军中节外生枝,寻找借口,以容纳共党分子之名,行其野心兼并杂牌军之实!然而汤恩伯毕竟是中央军嫡系,我等四川杂牌明知其不可,而只能唯命是听。总座不必为我这个小人物开罪于他,请立即解我去南阳……"王勃然色变,用手指着说:"他汤恩伯是副长官,难道我就不是副长官吗?他汤恩伯虽是中央嫡系,但他有何德何能?我王缵绪把天府之国偌大一个四川交给了委员长,还不能抵个汤恩伯吗?水、旱、蝗、汤,鄂豫军民谁不深恶痛绝?他是有名的屠夫。汝要去南阳,汝独不惧死乎!"我说:"汤有武器,我有正气。"王低头不语,沉思良久后对我说:"汤恩伯通过李长官来要人,但李德公并没有叫我把你径送南阳,而是送去长官部查明处理,这里面看出文章。我意,长官部'高级作战人员训练班'正要开学,我们集团军就保送你去受训。青猴之战,你刚立功受奖,叫李德公亲自看看你的人品、才识,鉴别是不是个坏人,到底是否与那次事变有关,是不是汤恩伯想抓住你为突破口打杂牌军的坏主意,以遂其亲者痛而仇者快的阴谋诡计……"王说完话,两眼直盯着我,看我的表情。我说:"太好了,太好了,真金不怕火烧!"王说:"你马上准备去老河口受训,路过总部时给我带封信面呈李长官。"

五、老河口报到被拘禁

我赶回前线准备行装,并和李荣生就面临这一紧急情况做了仔细分析:一是张体学同志又去鄂东陂安根据地了,由于单线领导,未便请示他人,只能独立思考应变;二是如果不去老河口,弃官而走,回到新四军去,似显怯懦,不敢迎战危险;三是李宗仁这个人,从他对王缵绪的电令看,对汤恩伯不是那么言听计从的,且从台儿庄会战起,他们之间也是矛盾重重。蒋介石与李宗仁之间更是同床异梦；四是谭行健两月前从南阳来部时，曾谈到钱俊瑞同志是公开以共产党员身份在李宗仁手下帮助工作。我两人分析了这些情况后，决心去老河口报到，刀丛斗智，冒险闯过李宗仁这一关！我当晚写了报告嘱李荣生速送南阳谭行健同志，并立转张体学同志，请其密切注视李宗仁方面的情况。

十一月底，我带传令兵王明肃到了二十九集团军驻老河口办事处。途中，路过双河总部时带上了王缵绪给李宗仁的亲笔信，王嘱我见李德公时，要充分显示这次青猴作战打退日寇、获得战果的才华等。翌日九时，我到老河口南郊七八里路的杨林铺第五战区高级作战人员训练班报到。我刚把手续办完，回头走了十几步，迎面过来一位少校军官向我敬礼，报告说："司令长官部机要室李主任请萧仲勋副团长去一下，有要事相商。"我问："你怎么认识是我？"少校说："我刚去贵集团军办事处请你，一位军官说你已来训练班报到，这里卫兵说一位中校进去报到，我看报到处只有你一个中校……"我说："走吧！"出大门后，我告诉王明肃："长官部机要室李主任找我，可能回来，也可能回不来，注意我的情况。"坐上少校开来的吉普车，在市区一个挂着"鄂光旅社"牌子的门前停了下来。我和少校刚下车，里面即走出一位身着呢中山装、年约四十、中等身材、操湖北口音的人，上前同我握手，并自我介绍："兄弟姓蒋，受李主任委托前来欢迎！"少校插话："这位是蒋主任。"我们一同步上二楼，在最东头一间约十五平方米的房间坐下。那位蒋主任向我两手一拱道："这里一切安排都很简陋，有事呼李老幺，他人小心灵，照顾客官十分周到。外面秩序不好，老弟请千万别下楼或去别的房间串门。纳闷时，要李老幺叫几个姑娘来弹唱散心。李主任有空就来陪老兄玩，兄弟我还有点小事在身，失陪了！"说毕，又是一拱，下楼走了。一连过了两天，除送饭的李老幺外，没有其他人来。李老幺也没有一句话，我沉不住气了。第三天李老幺送晚饭，我问："你们的蒋主任在哪里？"小鬼说："他每天都是上午和晚上来一次办公。他每天都问你吃饭好不好，很关心你哩，只是没上楼来。"我向小鬼说："你带个信给你们主任，我有事请他来一下。"可是又三天没有动静。

六、是惊是喜巧逢辛少亭

我被禁锢的第六天清早，整个一层楼还是静静的。我睡不好，只穿了件毛线衣在房间练打太极拳，突闻有人呼："老萧！老萧！"我回头一望，一闪眼就认出他是辛少亭。我慌忙急步奔往房间枕头下取我的"勃朗宁"。辛看在眼里，忙叱道："好小子，莫乱来！给你吧！"他边说边把皮腰带上的加拿大手枪投掷过来。这个猝然的举动，使我意识到他毫无恶意，我立即把我的手枪也丢在地板上，同时，举手向他敬个军礼。他不禁大笑起来，我也大笑起来。因为我举手敬礼时才发觉我光着头没戴军帽。当我上前同他握手时，他笑着说："看你这个慌忙样，怎么不被汤老总打得丢盔弃甲！"我两人又会心地大笑起来。原来我一九三九年五月十日在鄂北组织起义的部队，正是辛少亭的部队（辛原系河南地方武装张轸军的旅长。张轸被汤恩伯兼并后，辛调任一九三师副师长。解放战争时，张轸摆脱了汤恩伯集团，又在河南重建一个军，投靠了白崇禧，张任副总司令，辛任军长。渡江战役白崇禧从武汉逃跑后，张、辛于我四野萧劲光司令员进军至信阳时，在金口起义，策应我大军渡江。中华人民共和国成立后，辛任湖北省参议长）。

我当时与他相见，认为狭路相逢，他岂能放我过去？故急步抓枪，哪知他看出险情，忙先放下武器紧紧握住我的手亲切地说："三十一集团军就我一个人来的。"进房间后他又对我说："你在这儿住了几天不耐烦了吧？"我问："司令长官是不是把我交给汤老总？"辛说："司令长官就那么轻率吗？"他在房间一把大椅上坐下来继续说道："我去训练班报到的当天，德公就找我去问了五月十号那次事变的情况。我说：'那次事变有两个情况：一是汤老总对杂牌军歧视，逼得人家铤而走险，投靠共产党；二是萧仲勋是青年学生出身，对新思想较敏感，可能同情共产党某些宣传，但此人家是大地主，十分富有，不会去亲共。他对德公非常敬佩，抗日志向坚决，这次青猴之战就是证明。'司令长官问过我两次，估计他在这天把内要亲自见你查问，你好好准备一下。"他说完话就走，走到楼口又回到房间来对我说："见德公时有两点要注意：一是充分揭露汤老总对李德公骄横跋扈、阳奉阴违的事实；二是要说出事变与你无关的证明，还要充分显露自己的才华和对李德公的一片忠诚。"他走了几步又回头耳语我："这里人来人往复杂，你不要下楼，到时候我会来。"这时候我突然想起，把王总司令给李司令长官的信交给他。辛走后，我思想较为安定，日夜转入对李的对话思考之中。

七、李宗仁面审查案情

度日如年，又过了三天。晚饭后，辛带着我的传令兵一块儿来了。他一见面便说："司令长官今晚召见你，你把小手枪交给传令兵带回你们办事处去。"辛随即向王说："在办事处不准随便说话，有人问你们副团长，你就说在训练班上课。"约五时半，夜幕就降临了。辛带着我下楼坐上他自己开的吉普车，出了市区。我问他去哪里，辛说："北郊胡家营德公公馆。"行车中他没有和我谈话。车行到一个村边时，遥见一盏红色灯笼，辛停车对我说："那是接待处，见到司令长官时，要把我那天告诉你的意见表达出来。"我们的吉普前进约八十米后停了下来，旁边停有三辆小轿车和一辆十轮装甲车。一名上尉军官礼貌地查问了我们，登记后，再由接待处副官打电话给卫士室，由一位穿着中山装的人引路进入后院小客厅。约五分钟后，李来到了，他首先与辛副师长握手，辛向他介绍了我："这就是萧仲勋。"李从上装右下口袋取出一封信，坐在一把垫着虎皮褥子的大藤椅上反复看了几遍，然后说："坐下！"他两眼凝神，仔细端详我一阵子，随即说道："你这场火攻用得好嘛！"辛插话说："你把这次战斗经过向司令长官简单报告一下。"我立起来就把战前敌我形势、战斗经过、我军战果及新四军支援情况等，作了清晰、简洁的报告。李又问："新四军在大洪山方面活动情况如何？"我说："我们少部分把守大洪山边缘，主力守备核心阵地，新四军在大洪山外围的京钟—京应公路南北及平汉铁路东西两侧，围绕武汉外围进行游击活动，既是我们的耳目，又做我们的前哨。我们攻守配合，互助互利，打击日寇，比较协调。"李复问："你看新四军是真联合我们抗日，还是假联合我们抗日？"我说："他们抗日是真，至于联合嘛——人家可能要看看是跟谁联合。如果是跟司令长官您这样的人联合、跟您领导下的绝对服从您的部队搞联合、跟您视友军如手足的人大联合，不管他是什么党，总是心悦诚服的，这是抗日历次战争事实所证实的。""不！不！这是委员长指挥有方，宗仁才疏学浅，不孚众望。"李宗仁微笑着说。室内静了两分钟，李继续问道："听说你是个大学生，家庭很富有，你为什么要投笔从戎？目的何在？你能简短地写段文章给我看看吗？"我立即答："可以。"辛忙从座侧小书桌上取了几张"第五战区司令长官部便笺"放在我面前。李又说："把你的真实思想表达出来就行。"说毕，他起身带着辛副师长一道走出了小客厅。我想，他是要观察分析我的入伍动机与事变的联系。我精心思索了一下，提笔写道："时势愈非，谁阻贾生之痛苦？！国仇未报，难消勾践之耻羞。当东北沦亡，淞沪不守。长城万里，已插日寇之旌旗；弱水三千，早渡蛮兵之觕舻。悲国脉之危亡，似千钧而系发；痛俘囚之受辱，似万箭以穿心！安邦治国，智者当仁不让；投笔从戎，勇者岂敢后人?！……"我正聚精会神地写着，不知不觉间李、辛二人已走近我身旁。李在背后摇头晃脑地念起我的文章来了。他念完后说道："别写了，你学万人敌的思想我领教了，乃文乃武，你真还有两下子哩！"他说完，仍然坐在那把垫着虎皮的大藤椅上继续问道："你曾经做过汤总司令的部下？"我答："是的。"他再问："你什么时候做汤老总的部下，随他参加过什么战役？什么时候又离开了汤老总？为什么又到二十九集团军？"我答道："我原系川军独立三十五旅少校作战参谋，淞沪、南京撤退后，与东北军一〇五师刘多荃部协力守备长江半壁山、田家镇要塞。日寇突破封锁线后，我们且战且走，退至通城、临湘。长沙大火后，奉令到江西新喻整训，与湖北地方军张刚部合编为一九三师，并入汤老总集团，原两部营以上军官大多撤换。因千里撤退期间敌机昼夜轮番轰炸扫射，我殿后收容各部溃散官兵千余人，整编时编为营长。一九三九年一月一日从江西出发徒步行军，途经长沙—沙市—钟祥，到随县集结，参加第一次随枣会战。这次战役是德公您亲自指挥的，如果汤总能以国家民族利益为重，从新野、湖阳镇、桐柏之线猛烈侧击，腰斩被我诱入包围圈之日寇一一〇、一一五师团和骑兵第四旅团，虽不能聚而全歼之，即使斩获其一部，我们战区的形势也比现在要好得多一点。"辛副师长插话说："不只是好得多一点，而是大大的好！"李喟然长叹曰："是呀！是呀！"然后他喝了一口茶并继续问曰："当时你们一九三师的任务是怎样安排的？"我说："当日寇南下时，集团军主力王仲廉、张雪中两个军接触敌人一天半就向南阳淅川迅速脱离战场，会编并不久的一九三师向敌全线猛攻掩护主力撤退。但口述命令却说：'已派有力一部向敌左右夹击敌军，掩护你部中央突破敌军，以达我全军安全转进之目的。'当晚我们涉水突破刘家河敌阵后，向左右两翼去联络，均被敌人打了回来，且两翼并无枪炮声，我们始知又是汤老总为了保存实力，拿杂牌军去以毒攻毒之计。在台儿庄战役中，不是德公您下达了死命令'要按韩复榘罪例查办'，汤总才出击敌侧背而取胜的吗？"这时，李立起扬声道："我的命令下达后，该部仍在袖手旁观，回电话给我说'正在积极捕捉战机'。最后委员长亲自发电催促，他才开始行动的！"我继续说："这种唯我独尊、抗上欺下、影响战局的例证，屡见不鲜。"李这时坐下又喝了一口茶，徐徐问曰："一九三师前年五月在内乡、淅川拉出一支部队叛逃附共，你是不是组织领导者？如果不是，你事前有无所闻？"我说："根本不是，事前毫无所闻。出事后我被叛逃者管押随军行走。在追击部队紧紧围攻，双方激战时，我乘夜逃跑了。"李问："你既逃出来了，何以又不去见汤老总面陈真实情况？"我答道："我本是去南阳见汤老总的，而且我已到达南阳。当时南阳补训处的当年老同事一见我，立即把我隐藏起来，他们说：'从西川俘虏回来的军官，刚刚均被汤老总亲自监斩处死，根本就没有查讯实情，并盛传你是领导者。这个屠夫正在盛怒之下，你天大冤枉，也百口难辩，请暂避其锋，容后有机会再申诉。你年轻有为，留得青山在，哪怕没柴烧。'我想也有道理（三十一集团军补训处的军官大都是原川军独立三十五旅在江西编并时留用的军官），于是就同意他们把我送走了。"李复问："汤总司令要你去南阳，你说是去，还是不去？"我答："去不好，不去也不好。"李急问曰："这是怎么回事？"我答曰："我去了，他不会亲自面见我，就会叫他手下人先杀掉我；他若要面审我，在铁的事实面前，他诬陷好人的阴谋难以得逞，他要瓦解这支杂牌军也无所措辞，他必然恼羞成怒，也要杀人灭口。假如德公送我去南阳，那只能是壮士一去兮不复返罢了！但是，不去更不好，因为我去了，只死我一个微不足道的小人物；不去，汤总必然迁怒于德公，您会因小失大！"这时，辛副师长立起身来，用食指连连敲打桌子，并气呼呼地说："我就不相信谁能一手遮尽天下耳目？谁能把德公怎么样？"我乘势补充说："少康兴夏，师仅一旅；卫公存卫，车卫三十。唯仁义布于天下者，方能得天下也。"李这时突然睁大眼睛急问辛副师长："这个星期六好像有他的'精神讲话'吧？"辛答："是的。"李向我说道："你可以回去，不要上训练班了。我这里给王司令发电报。"这时辛和我立起告辞，李遂也立起同辛握手，然后第一次和我握手，并嘱咐说："思想上要消除顾虑，回去后要团结友军再打胜仗。"辛仍自己开车送我回鄂光旅社。他向我说："你明天中午前一定要离开老河口。今后好好工作，不要给我写信。回去见到你们总司令，一切就会明白。"下车后我向他致敬并请他转达我对李长官的敬意。

八、"捉放曹"李代桃僵

当我回到二十九集团军并带着王明肃回大洪山时，王告诉我说："南阳补训处谭参谋来了两次问你的情况。"我没有对他说什么，心里十分感激组织上对我的关怀。

回到双河总部，王总司令对我说："你不要回六十七军一六一师四八二团。你因战功由李司令长官保荐，经军政部何部长批准升调为四十四军四四五团团长了。你快去你们军长那里报到，他有许多话跟你说。"我回头走了几步，王总大声喊我："回来。"他问我："你叫什么名字？"我非常奇怪，没有答复，心想这老头子昏了吧，他更大声地问我一句，我答萧仲勋。他叱道："你不是萧仲勋，你叫萧德宣！"这真使我丈二和尚摸不到头脑！他又问道："你是哪里人？"我更搞糊涂了，答："四川达县人。"他气愤地叱道："你不是四川人，你是河北省安国县人！"他说完话即转身走了。我站着发了好一阵子呆，直到前次见过面的那位军法处长走到面前说一声："团长！道喜！道喜！请你看一份电报！"我才惊觉过来。那份电报的内容是："南阳汤总司令，艳电敬悉，查我集团军无四川达县萧仲勋其人，只有四四五团团长河北安国萧德宣。此人已在本部任职多年，一贯忠于党国。所称各节，未便遵办。除报李长官外谨复。"这时我才由军法处傅处长告知：河北安国的四四五团团长最近病逝，还未向上报告。此事发生后，李宗仁和王缵绪商量对策，把我的名字、籍贯改换了。我从那时起，就一直用死人的名字至今。当然汤恩伯也不是那么老实，他由此怀恨在心。后来他诬告二十九集团军私通新四军，通过陈诚把二十九集团军全部调离大洪山，开到江北归属第六战区建制了。

本文选编自《老河口文史资料》第二十四辑，1992年

忆以身殉职的许国璋师长

邱正民

许国璋字宪廷，成都人，出身贫家，自幼对国家民族怀有深厚的热爱之情。

许国璋任刘湘的独立旅团长驻重庆时，适蒋介石所派之参谋团抵渝，随同入川之中央宪兵团及康泽之别动队恃势骄横。许国璋见后，常对部队说，日本铁骑纵横黄河南北，日本军队和浪人在淞沪一带横行霸道，他们却缩到四川来欺负老百姓和军队，真是可耻！我们要练好军事技术，将来一有机会，与日本强盗见个高下，那时，他们才懂得我们今天对他们退让的意义。

1938年3月，许国璋升任二十九集团军第六十七军一六一师四八三旅旅长（当时笔者在该旅任副团长），出川抗战。行前向妻儿说："我出川抗战，身已许国。你们在后方，妻要勤俭过生活，儿要努力读书。我每月除以应得薪金寄助外，要你们自己努力。至于我，望你们不要惦念。"

9月初，该旅向据黄梅县城之敌攻击，许国璋亲临前线，侦察城附近地形，与两个团长商量进攻部署。该旅与敌激战两日，由于缺乏攻城炮兵支援，伤亡较大；后又改为夜间奇袭，以劣势武器对装备优势之敌，虽未攻克，但仍予敌以重创，迫使其不得不增加兵力来固守。10月中旬，在鄂东上巴河战斗中，许旅长见敌以主力猛攻，我前线阵地有被突破之势，于是预先占领侧面阵地。敌飞机12架，搜寻我预备队及指挥所轮番轰炸。许旅长严令部队沉着、隐蔽，不准乱动。迨至午后二时，我前线阵地被突破，敌骑兵配以步兵，乘势猛追。许旅长命令我部队以轻重火器瞄准敌之追击部队的步骑兵，进行猛烈射击。出敌不意，骑兵纷纷落马，步兵亦伤亡甚众，制止了敌军的猛追，使四八一旅部队有喘息收容之机。

1939年5月，一六二师攻击日军所占之旧口据点。敌机6架每天轮番轰炸我进攻部队。许旅长观察敌机航线没有多大的变化，即将轻重火器集中，占领隐蔽的分散阵地，发现敌机飞到一定的位置，即令集中火力向敌机射击，敌机一架当即被击中，坠毁于旧口之引河附近。1942年7月，许国璋因历年作战有功，以副师长升任一五〇师师长。1943年2月，日军发动长江沿岸的争夺战。敌一股三千余人，在长江舰队协助下，向我藕池口一五〇师四四九团进犯。敌飞机6架与敌长江舰队集中火力，一面轰击我藕池口据点，一面以燃烧弹射向市内民房，民房多系芦苇及竹木结构，最易引燃，一时烟雾弥天。敌乘烟雾与尘土飞扬之际登陆，敌飞机6架又向我增援部队及撤退的居民低飞扫射。此时，一五〇师师长许国璋亲临前线，置敌机轰炸扫射于不顾，沉着、镇静地督饬部队占领预备队阵地，阻击敌之前进；同时一面严令部队掩护居民撤退，并令卫生队的担架先抢救负伤居民，做到比较有秩序地撤退。

1943年10月上旬,"常(德)桃(源)会战"开始。日军不断以小汽艇组成的分队,利用河流湖汊向我进扰。许国璋师长则在敌小汽艇经常出没的地方选定要点设伏,再诱敌至我有效射程之内,以炽盛的火力,突然袭击,使日军一时措手不及,惊惶万状,被我击溃。我缴获小汽艇3只(艇上敌遗尸11具),其中指挥艇上有五十万分之一的作战计划地图一份,是具有重要价值的情报。

日军渡过澧水、直奔常德时,二十九集团军总司令王缵绪令四十四军军长王泽浚率一六一师到漆家河、羊毛滩协同七十四军向敌侧击。许国璋师长立即撤到太浮山占领阵地,与太阳山一六二师遥相呼应,袭击敌之侧后。当许师各部刚撤过澧水,津市、安乡一带之敌亦正面渡过澧水。许师长乃令四四九团团长谢伯鸢率部迅急驰赴太浮山先敌占领要点;四四八团、四五〇团分别取捷径向太浮山前进,并向各团长明确交代,必须先敌占领,他即率师直属部队跟进。但因敌行动迅速,截断了许师长到太浮山的道路,同时敌又紧跟不离,许师长且战且走,被迫退到陬市。其时,许师长没有掌握大部队,处境困难,认为陬市是常德门户,构筑有工事,可以御敌,遂将有限兵力就近占领外围各据点。时近黄昏,许师长曾向参谋人员说:"与敌战斗至入夜时,乘机钻隙到太浮山。"追我之敌,不知陬市守兵虚实,初做试探性攻击。许师长乘机鼓励官兵说:"我们为国家尽力的时候到了,多打死一个日本兵,就给守备常德的部队减轻一分压力,尽到我们军人的天职。我们已经三面被包围,背后又是深不可测的沅水,既无渡船,天气又冷,与其当俘虏被日寇侮辱杀害或落水淹死,不如在前线光荣战死。我们前进是生路。我决不离开阵地一步,战死在这里,这就是我的坟墓!"此时日侦知我守兵薄弱,攻击愈急。许师长平日身体瘦弱多病,与敌战斗已达两周,劳顿疲困,又身负重伤,遂休克。许师长平素待人宽厚温和,与士卒同甘共苦,深得官兵爱戴。官兵见此情形,误认为许师长已经阵亡,将其抬至街市草房。适有渔民二人,正欲驾船离开,听说师长战死,激于义愤,愿尽全力将许师长遗体送至南岸。大家饥饿疲劳,挤在一小屋内休息。翌日凌晨四时许,许师长逐渐清醒过来,问及战况,始知陬市已为敌所占,自己已被抬到南岸。他感到责任未尽,贻军人羞,着急地大声说:"我是军人,应该死在战场上!你们把我运过河,这是害了我!"说完后,又昏过去。许师长再次醒来后,用手摸到睡在他身边的卫士的手枪,便开枪自戕,壮烈殉职。此时,我任二十九集团军总部作战课长,曾派参谋二人询问许师长的随员,综合他们的口述,整理出长达三十余页的有关许师长殉职前后的情况记录。

许师长愤而殉职后,其遗体由一五〇师一姓王的副官主任运至成都。但因家无余财,无钱安埋忠骨。时成都的一些爱国人士,仗义执言,向川康绥署副主任潘文华提出请求,潘文华悯念许国璋系昔日同僚,始出资安葬。

本文选编自四川省政协文史资料研究委员会、四川省人民政府参事室《川军抗战亲历记》

协同美军爆破组歼敌辎重队纪实

萧德宣

在"长衡会战"的决战阶段,薛岳为了争取重庆方面的粮、弹、医药等方面的补给,命令四十四军在浣溪墟(湖南鄮县南偏西)抢修了飞机场。1945年4月中旬,这个新建的飞机场第一次迎来了五位不速之客——美军特种部队爆破组。爆破组的负责人是洛克上尉(Captain John Locke)。4月25日,陈诚也飞来此地与薛岳商量军机。

1945年4月,我任四十四军一五〇师四四九团团长。一天(大概是18日)下午三时许,我正在我团指挥所旁边小河里摸鱼,通讯连连长斯尧坤气呼呼地跑来报告说:"军长找你亲自接电话,到处找不到你。他大骂我一顿,限半小时要通话,否则就要枪毙我……"我上衣未穿,跑步到了指挥所,王泽浚在电话上说:"有个好消息告诉你,盟军来了一个爆破组,是美国人,你听清楚没有?是美国人!他们没有翻译,所以只有派你到那里去。我已经直接告诉李参谋长,叫他亲自护送你到那里,到达后,立即打个电话来。"王泽浚叹了一口气接着说:"这是个好事,又是个坏事。薛长官有给我一个亲笔手令,主要是保证美国人绝对安全,否则唯我是问。"王低声说道:"没有百分之百的把握,就不要出击!安全第一。万一出击,不得有伤亡。"说到这里时又突然大声说道:"如果万一美国人有了伤亡,要不惜一切牺牲把他们抢下来,否则你要受军法审判!"王最后又再三嘱咐,并要我向他复诵说:"如果美军尸体被鬼子抢去了,一定要受军法审判!"电话刚完,我正在换衣服,师部参谋长李鼎已把美军爆破组带来指挥所了。他们是乘从湖口到马伏江东岸一只小木船来的。他们见到我很高兴,因为彼此说话不须用手势来表达了。

这个组来到后第一件事是要我亲自学会掌握好他们的武器。比如用装置有瞄准镜的长射程步枪(有效射击距离3200米)向指定目标射击,投掷手榴弹,导火线点火,视发雷安装与发火机使用等操作。

又过两三天,从茶陵县的日伪"维持会"内传来情报,敌人输送军用物资的辎重队又将由衡阳来茶陵了;同时敌军向我前线阵地频繁袭扰,日军阵地上的几个制高点的瞭望哨也由长期一人加为三人。因此,我认为伪维持会的情报有很大可靠性,当即找了营长吕东来、搜索连长郑多裕和洛克上尉来研究、分析情况。根据敌军行动的规律,当天入暮后,我亲率美军爆破组、营长吕东来和搜索连一个排,从我警戒阵地第三号高地左侧直插安仁公路。在勘察地形、地物时,发现一座长约五米的桥梁(木结构)。吕营长说:"好,好,就在这座桥的板下装置地雷。"洛克上尉不同意,他向我说:"敌军通过任何桥梁都是十分仔细的,先要由工兵检查。指挥官从不轻易发出直接通过的信号。"我环顾四周,见这段公路上猝然集中火力歼灭敌人的条件不够理想,因距安仁敌西北外围十七号高地据点太近,且公路旁边地形起伏,敌易占领掩护阵地抵抗我军,实际形势不十分有利。于是我们回过头来向茶陵方面利用浅山遮蔽,沿着公路靠边行进,约四十分钟,我和洛克上尉一致同意在茶陵县城西南约二十公里的公路东侧一带小丘陵的两个突出部设置视发雷点火站。在两突出部间,在交叉火网控制中的四百米马路上,没有敌可资利用的掩护地物。于是我们分别在这个地段做了暗号。因为天快拂晓,我们赶紧返回驻地。当天入暮前,我们完成了作战准备。从吕东来营选一个步兵加强连,配捷克式轻机枪九挺、马克沁重机枪两挺、六○迫击炮四门;从卫生连挑选精壮担架兵三十人、担架五副(美国兵个大体重,万一有伤亡可以抢运脱离战场)。地雷壳由担架兵抬去,导火索、导电线、发火机等均由爆破组自行携带。我还亲率搜索连一个排专作直接警卫、掩护之用。入暮后,我们从警戒阵地第三号高地右侧插入公路,就已标志地段埋设地雷。配备地雷阵的情况是这样的:沿公路每间十米配二十公斤视发雷(强装药——TNT)一个;通向公路西南向和东北向的山腰各置掷石雷两个,以打击由茶陵、安仁方面前来增援之日军;在我发火阵地后面的346高地两侧各置一重机枪火力点,以利掩护撤退。布置完毕后,我和爆破组及搜索连之一排进入发火阵地;步兵加强连也撤收了警戒进入掩护阵地,各阵地均全面进行伪装,准备吃饭。正在这时,346高地的观察所报告,安仁方向有集束强光和隆隆声。我在电话上指示该哨所严密监视,同时下令各就战斗岗位!这时正是拂晓前二时五十分,整个战场寂静无声。大家都屏息怒目以待。我这时却是平静的,从洛克上尉夜光表的喳喳声测知我的心脏跳动次数每分钟仍是72次。

突然一束光亮一闪,一条长长的"火龙"伴随着轻微的隆隆声进入了我地雷阵和浓密的火力控制地段。我正准备发"齐放"的红色信号弹,洛克上尉一把抓住我的手腕,紧张地说:"不!还要等待。进来的不是整个的。远看!"我注意一看,敌后尾的三辆军车还未进入我地雷阵和火力圈。我咬紧牙根竭力控制着我那开始急剧跳动的心脏。看着第一辆辎重车已逸出了地雷阵,我独断地发射了红色信号弹。这颗红星还未完全升到顶点,十五枚地雷同时爆炸,千万条火蛇直趋目标,敌车着火燃烧了。我见后面的三辆军车立刻熄了灯,但无一人还击。凭借熊熊燃烧的烈火光亮,我同洛克上尉凝神注视,三辆车上的敌人一个也没有了。为什么敌人不还击?为什么一个人也没有了?是逃跑吗?为什么不开着汽车逃跑(距我们的射击阵地还有千多米远,汽车完全可掉头开走)?多年来的交锋经验告诉我,日本军队不是那么容易制服的。我正紧张思考时,洛克上尉及其小组成员从壕内一跃而起,准备向马路上冲去。我立刻下令:"Stop! We'll be back as soon as we can."(站着!我们要尽快撤退。)洛克上尉有点不满意地说:"It shall be as you will!"(随你的指示好了!)我没有时间跟他解释,带着搜索连这个排迅速向后山转移,同时下令吕营那个加强连跑步下后山,在346高地山麓南丘陵地带占领掩护阵地,掩护重机连两个火力点撤退。我下达命令后,刚通过346高地棱线时,突然西南侧山腰我预置的掷石雷轰隆一声,重机枪火力点也连续射击起来。洛克上尉等这时才如梦初醒地喊道:"Brilliant idea! Your brilliant idea! Regiment commander Hsiao!"(萧团长!高见!高见!)因为他们此时才看清了在敌人辎重车中雷焚毁的瞬间,其掩护部队不动声色地迅速从我左侧高地攻我侧后、欲断我退路的阴谋。我一面叫吕营长陪同洛克上尉等下山占领掩护阵地,一面带着搜索连这个排跑步到左侧重机枪火力点查看敌情。

此时天已大亮，由左侧登山之敌约一个步兵中队，由于突然中雷又受我重机枪火力猛击，惊惶失措，溃滚下山，遗尸五具也未敢拖走。我乘势下令向后山丘陵地带掩护阵地转移。我们撤退至山麓时，东南山腰的掷石雷也爆炸了。我判断茶陵守城之敌可能会来围攻我们。我们加速步伐，跑到我掩护阵地时，敌始由山顶上不断发射掷弹筒进行追击射击，但是早已错过战机，鞭长莫及了。

上午六时许，我和美军爆破组洛克上尉等，在炸翻焚毁敌辎重车（六轮卡车）十一辆、吉普车两辆后，无一伤亡地全胜而归。唯一的损失是丢掉了三千五百多米的导电线！

本文选编自四川省政协文史资料研究委员会、四川省人民政府参事室《川军抗战亲历记》

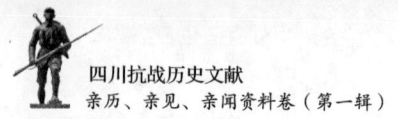

忆八年抗日战争中的二三事

李 秾

在纪念抗日战争胜利五十周年之际，回忆我在抗日战争中亲身经历的二三事，至今记忆犹新，爰记之以作纪念。

一、麻尾手榴弹显威风，击败日寇波田支队

1938年秋，在武汉会战中，10月，当田家镇要塞陷落后，日军波田支队在一支海军部队配合下沿长江西犯，主力在长江北岸湖北蕲春县以西的黄柏城登陆，一部向浠水县以南的兰溪进犯，企图截断我第五战区和第二十九集团军的退路。这时第五战区司令长官李宗仁，一面令第五战区司令长官部和两广部队以及第三十三集团军张自忠部向平汉路（今京广路）以西转移；一面令第二十九集团军为掩护部队，掩护上述部队撤退；并令派有力一部，连夜兼程，击退从黄柏城登陆的日军波田支队主力。第二十九集团军代总司令许绍宗当令第四十四军一四九师派队执行。一四九师师长王泽浚令四四七旅旅长孙黼率全旅前往，我这时任该旅八九三团第二营营长，八九三团是先头团，我营是先头营，连夜向黄柏城前进。约在10月8日的黄昏，我营在黄柏城附近的九狼山与日军登陆的一个大队遭遇。我官兵遂与日寇展开了一场互争九狼山的战斗，激战至半夜，我营和我团夺占了九狼山的制高点，日军蜷缩在九狼山山腰。拂晓时，我全旅向日军发起冲锋，日军也扔下皮背包向我旅反冲锋。我旅的冲锋部队，个个提着川军刘湘管辖的武器修理所制造的麻尾手榴弹（此弹形似四川的大头菜），与日军展开了一场猛烈的手榴弹战，炸得日军人仰枪飞，抱头乱窜。我营的大刀队冲锋在前，劈死了日军指挥登陆的大队长少佐渡边信雄，生擒日军曹长（班长）荒木重知助。残敌惊恐万状，有的在长江边军舰的炮火掩护下纷纷向军舰逃跑，有的逃跑不及，跪地缴枪，求我饶命。当时我营第四连有个小兵叫孙能（西充大全乡人），人称"小精灵"，高兴地唱了一首顺口溜："大头菜（指麻尾手榴弹），真是好，日本鬼子吃不了，不是肚皮来胀破，就是双膝忙跪倒。"

这一仗，共打死打伤日军三百余人，俘虏数人，缴获日军武器装备、皮背包、呢大衣、太阳旗以及那个大队长的手枪、望远镜等五百多件。日军弃尸三十具逃窜。我军大获全胜，此役时称"黄柏城战役"。胜利之夜，我喜填了一首《水调歌头》：

马首悬星月，将士气若虹。一场手榴弹战，日寇成狗熊。大刀队员冲杀，胜似虎乘长风。刀劈其元凶，残寇跪地缴枪，哀求我宽容。

胜利欢，歌声震，笑语浓。什么"武运长久"，须臾便寿终。那"武士道精神"，更是欺人自哄，一撮吹牛虫。伟哉我中华，定必胜东戎！

二、击落日机"天皇号",日军大佐顽抗毙命

1938年秋,武汉会战后,我升任第二十九集团军四十四军一四九师四四七旅八九三团团长,奉命率全团和四四五旅的一个营,守备汉(口)宜(昌)公路上的战略要地——沙洋。我除筑好河防阵地外,还集中四个营的重机枪连在沙洋四周筑好对空阵地,构成炽盛火网,打击敢于前来轰炸的日军空军。1939年春,在襄(阳)樊(城)会战前夕,日军第十三师团一部沿汉宜公路西犯。1月31日上午,日机九架,狂炸沙洋,我即令四个营的重机枪连进入既设阵地,一齐向日军飞机猛烈射击。顷刻之间,击中了日机一架,其余日机仓皇向汉口逃去。击中的这架日机,坠落于沙洋以北约二十华里的襄河东岸河滩上。经查明,是日军的大型指挥飞机"天皇号"(后运到重庆中山公园展出)。机上乘员有日军空军大佐渡边广太郎、空军中佐藤田雄藏等七人。这七人在跳伞着陆后,夺得木船一只,自行驾驶,企图从襄河逃往汉口。逃至沙洋以下的新城附近时,为我团河防部发觉,鸣枪强令靠岸。该敌不从,并向我开枪射击。我当令守备新城地区的第一营营长阳怀本,转令我预组的船队予以追击,我并亲到堤上指挥。这时西北风很大,敌船顺风顺水跑得很快,但船上的敌人颇为恐慌,不断向襄河东西两岸盲目射击。我当即命令在新城下游预组的船队,从下游向上进行拦截。我上下船队靠近敌船时,令敌缴枪投降。敌一面开枪拒绝,一面把随身所带的文件、物品抛入河中,其中一人已跳入河内,企图泅水逃跑。我遂下令围击。船队一齐开枪,将敌悉数击毙。并在河中捞出文件、物品,将渡边广太郎等七具尸体拖上岸来,陈于新城东边的堤上。沙洋、新城一带的人民见到渡边广太郎等七人的尸体非常痛恨,有的用石头砸,有的用拳头揍,有一位老太婆还用锥子锥。我当令团部上尉副官青步云和第一营营长阳怀本,将七具尸体各用白布一丈五尺包裹,写上姓名和被我击毙的部队番号及时间、地点,集中拍下照片后,令团属卫生队备棺掩埋。事隔几天,有新闻记者四五人来四十四军军部采访战事,消息公布后,东京方面始而否认,终而承认,并为渡边广太郎下半旗一天。

此外,还缴获了日军的文件、地图、日记、军刀、手枪等物七十余件。在渡边广太郎的日记中,记有他指挥的日机轰炸我陪都重庆两次的情况,述之甚详。渡边广太郎的军刀上,刻有"日本天皇所赐"等字,手枪的枪套上刻有"渡边"等字。他的军刀,为第四十四军副军长兼一四九师师长王泽浚留作抗战纪念。他的手枪为我留作抗战纪念,我于1942年春回四川时,送给二十九集团军驻渝办事处处长何海波作纪念。余均悉数上缴了。

还值得一提的是,1941年秋末,我团守备大洪山南麓时,团部驻沙河寨。这时,朝鲜义勇队一行九人来我团访问。这九人中,有二人是日本女青年。据这个队的负责人说:"两个女青年是被俘后参加反日同盟的。"我把所拍的渡边广太郎等七人的照片送给了该队两张。第二天,我们在团部附近召开军民联欢会,热烈欢迎朝鲜义勇队的莅临时,那两个日本女青年中较年轻的一个,拿着那两张照片,在大会上慷慨陈词,痛斥日本军国主义对中国的野蛮轰炸,最后她举起双手,用夹生的中国话高呼:"打死的好!""大大的中国胜利!"这说明日本人民对日本军国主义者的侵略行为也是非常痛恨的。而埋葬于新城堤上的渡边广太郎的坟冢,据沙洋、新城的人谈:"过往的人也无不交口责

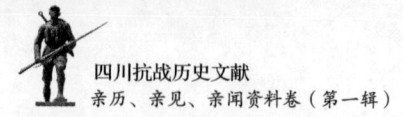

骂。"为此,我曾于当时写下七律一首,诗云:

飞贼渡边率机群,滥炸神州恶贯盈。
血债必须血来偿,命账终要命还清。
自恃"天皇"任肆虐,孰料地网难逃生。
靖国神社添怨鬼,野冢荒烟伴骂名!

三、摆下"伏炮猎狼阵",炮击日军十三师团

1945年2月,日军十三师团主力配合南昌方面日军,由湖南茶陵出发,沿湘赣公路推进,企图陷我江西遂川县和遂川飞机场。我这时代理四十四军一六一师师长,奉令在湘赣公路上的茶陵县至莲花县之间的腰陂地区予以阻击。此时,四十四军属第九战区司令长官薛岳节制,薛岳在电话上向我说:"你要在原阵地与敌周旋两周,尽量杀伤敌人后,退至永新地区,与敌决战。"我问:"决战地区有无既设工事和决战部队参加?"薛岳说:"一概没有,全由你师负责。"我说:"既然如此,我就在这里决战。"薛岳说:"你有把握吗?"我说:"在这里决战我有百分之六十的把握,退到永新决战我一点也没有把握。"薛岳说:"命令我已下了,你看着办嘛。"说完,他就把电话放下走了。这当然是不同意我的意见,而且摆出了不满的架势。我又在电话上向四十四军军长王泽浚说:"要在这里与敌周旋两周,人员伤亡了,械弹损耗了,后退一百余里,士气也不旺了,那里又无工事和新的决战部队参加,那样决战,简直是纸上谈兵!"王泽浚说:"薛岳的命令,我已与你照转来了,但我同意你的意见。军事以胜利为主,只要能打胜,那就好说。军里只有一个萧德宣团的总预备队,你是知道的。"我说:"这我知道。"在取得军长王泽浚的口头同意后,我就积极准备在腰陂地区与敌决战,并策定了一个"伏炮猎狼阵"的计划。这个计划的主要安排是诱敌于洮水圩宿营,在洮水圩的东南西三面,埋伏中、小迫击炮四群共130门,每炮准备发射炮弹100发,共13000发,预计除偏差的3000发外,命中10000发,以两弹伤亡敌人一名计,共伤亡敌人5000名,敌就无力进攻了。并决定四个炮群的编组和指挥官的人选以及埋伏地点、目标预测、炮弹准备、电话线的埋设,均由师部搜索连的四个搜索军官在我直接指导下负责进行,并决定射击时,在我的统一口令下进行,不得有丝毫贻误。

3月2日,日军的飞机大炮已向我疯狂轰炸。敌人的主力似已全部投入。我看决战时期已到,遂以四八一团团长胡峦率兵两营退到腰陂以东的花山地区,虚张声势,摆作严阵以待的样子,并与敌营若即若离,以牵制敌的部分兵力;另以一部边打边退,一面掩护主力转移到预筑的主阵地,一面诱敌向洮水圩前进。我主力分为四路向南撤至洮水南岸预筑的主阵地守备,并故意暴露部分目标,诱敌主力前来,使日军被我牵着鼻子走。

在此同时,王泽浚亦令萧德宣团前来受我指挥。但他未通知我,我猜其原因,是王泽浚怕我抓着萧团不放。因此,当萧德宣前来向我请求任务时,我说:"你的部队,原地休息。军里只有你这个团,你还要保'老王'呀!"大家一阵笑后,我又说:"你把中、小迫击炮准备好,每炮配弹100发,听候命令!"

是日下午三时许,据报,敌除小部队活动外,其大部似准备在洮水圩北街一带和洮水圩东北端的烟灯冲家屋宿营。我即到前沿阵地用望远镜观测,均属实情。我当即命令各部,按照预先策定的"伏炮猎狼阵"的计划,迅速秘密行动,秘密就位。当晚十二时整,当敌正酣睡之际,我各炮群在电话上向我报告了"一炮群好!二炮群好!三炮群好!四炮群好"后,我即在电话上发出口令:"各炮装弹 100 发,预备——放!"口令一下,霎时间打得夜空通红,天崩地裂,打得日军人仰马翻,枪飞炮跳,伤兵哀叫,伤马悲鸣,日寇晕头转向,乱作一团。我预先准备好的四支出击部队,在重机枪的超越射击下,亦涉过洮水,向敌冲杀,杀声震天。残敌吓破了胆,尽弃伤死,抱头向茶陵城溃逃。我军追至茶陵城下,敌龟缩城内,紧闭四门,不敢出城。

是役,计毙、伤敌五千余人和战马一百余匹,俘敌炮兵曹长(班长)以下十余人,缴获武器装备一千余件。敌弃尸八百余具溃逃。敌妄图占领我遂川县城和遂川飞机场的丑恶目的,完全破灭。在欢庆胜利中,我即兴填了一首《一丛花》:

　　日酋荻州率贼兵,图陷遂川城。湘赣路上我阻击,稳稳打,为旷兼旬。决战来到,众志成城,摆好"猎狼阵"。

　　诱敌于洮水宿营,伏炮百卅门。子夜万弹倾泻去,霎时间,地裂天崩。敌半伤死,半抱头遁,黄粱梦再沉!

本文选编自《南充市文史资料》第三辑,1995 年

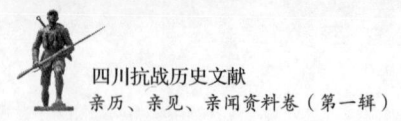

大洪山反扫荡军长廖震受伤歼敌记

廖泳贤

我的父亲廖震,是二十九集团军四十四军军长。武汉会战后,随集团军驻守大洪山根据地。大洪山位于湖北省西部,自西北向东南绵延三百余里。这里的战斗异常艰苦,一场意外的遭遇战差点让大洪山成了我父亲的"麦城"。

日军攻陷宜昌后,大洪山除了西北一方外,其他三方已处于敌人的围困之中。集团军总司令王缵绪将军表现出了高昂和坚定的战斗意志,他把两个军四个师化整为零分散部署到大洪山几个方向各要隘,坚持战斗,保卫大洪山。

残酷的战斗就从日军攻占大洪山各隘口开始。

日军反复对大洪山二十九集团军展开围剿。在飞机狂轰滥炸的掩护下,经过二十余天的拉锯式战斗,各隘口全部为日军所攻占。至1941年底,日军多次攻入大洪山腹地。大洪山根据地进入了艰难困苦的时期。廖震根据王缵绪的指示,把全军以团为单位,分散部署在大洪山各要隘和要地,把司令部非战斗人员减员后集中在大洪山腹地洪山寺一带。自己则经常奔走在各团间,同师、团指挥部一起应对当时的复杂局面。

1940年5月1日,日军在应城、京山和钟祥公路一带集结重兵,乃由敌四十师团分路向大洪山围攻,并派飞机狂轰滥炸,来势凶猛。

此时,廖震带上军部的警卫连辗转穿插在深沟密林之中,指挥分散开的各个团进行战斗。密林深处,野猪、狗熊出没。草丛中还潜伏着毒蛇、蝎子和蚂蟥。廖震同士兵们一样,穿草鞋、破军衣。根据地被封锁,部队供应完全断绝,不仅缺医少药,还常常断顿。由于缺少营养,不少士兵患上了夜盲症。夜晚行军得把这些士兵集中起来,由班长在前面带路,每人手握一根树枝,排成一串,后面的人抓住前面的树枝走路。就这样,从夏到秋,从秋到冬,他们不停地坚持战斗着,与敌人互相追逐,包围反包围,转着圈子同敌人打游击。这场游击战被官兵诙谐地称为"老王推磨"。

为了对付这种游击战,日军收编了一股土匪队伍作为侦缉队。这股土匪队伍的头目原本是洪山寺的和尚,后被寺庙除名,沦为土匪。日军有了这支汉奸侦缉队做耳目,又从山下增调来两个善于山地作战的联队共同作战。

已到寒冬腊月,山区气候潮湿阴冷。一天,廖震接到报告,在一处山沟里有一支日军钻进了我两个团预设的埋伏圈。为了迅速赶到该地亲自指挥战斗,廖震决定只带一个警卫排于第二天一早出发。可是这次行动被汉奸探到了。日军得知这一情报后,立即派出一个中队的鬼子兵,由侦缉队带路,连夜赶到廖震必经的鹰隼崖埋伏。

廖震同警卫排经过一天一夜的急行军,于黎明时分走上一处山坳。这时士兵们已相当疲乏,廖震下令稍事休息。

他们刚坐下来不到五分钟,太阳出来了。警卫排长朱焕清忽然惊起,喊了一声:"不好,有情况!"廖震立即顺势用望远镜观察,前面山坡上,有一大群敌人在运动,他们已经堵住了往北前进的道路。转过身来,坡下的树林边也出现敌人,往南回去的道路也被切断了。往西的坡下是一大片光秃秃的开阔地,无遮无挡。往东则是一片青冈林,后面是一座几十丈高的壁立山崖。

敌人开火了,有人中弹倒下。大家猫着腰,迅速往东钻进那片大约一人高的青冈林。敌人追上来,用机枪进行猛烈扫射。廖震指挥士兵一面撤退一面抵抗。他手持一把英国马枪,依托树干向敌射击。两名冲得快的鬼子兵被他撂倒,正向第三个敌人瞄准时,一颗子弹射进了他的胸膛。他一头栽倒在地,鲜血涌出。十几个鬼子端着刺刀直奔过来。正在这危急时刻,朱焕清拼命向敌人扫射,又扔去一颗手榴弹。趁鬼子稍往后退,警卫兵张龙彪扶起受伤的军长,此时廖震还清醒,上气不接下气地对着张龙彪说:"快去通知李秾团,敌人抄到他们的后背了!"紧接着又补了一句:"违令者死!"

张龙彪站起来刚迈出一步,廖震突然从腰间拔出勃朗宁手枪,对准自己的太阳穴。张龙彪回过头来看见,一个箭步冲上去夺下手枪:"军长,你不能死,不能死啊!"旁边的朱焕清一边射击一边喝令张龙彪:"快,你背上军长走,我掩护!"

他们往上跑了五十多米,来到山崖脚下。这时,余下的官兵也跟了上来。这片山崖好似一堵高墙,绝壁千尺,光滑、灰白色的岩石在太阳的照耀下熠熠闪光。几只鹰在半空中盘旋,鬼子紧跟在后面利用地形对他们实施包围。似乎已到绝境,无路可去了。忽然一名士兵跑到前面说:"我是本地人,知道有一条路,大家跟我来!"

他们沿着山崖七弯八拐急走了一段后停下。眼前有一个竖立的石缝,有一人高、二尺多宽,刚够一个人钻进去。那名士兵和朱焕清首先进入洞中,打开手电筒。大家小心翼翼地在滑溜溜的洞中走了一阵,眼前出现了一片亮光,终于到达了洞口。洞外是山坡,阳光灿烂,真是柳暗花明,绝处逢生。

朱焕清清点了一下队伍,包括受伤的军长和两名士兵,总共还有18个人。那位带路的士兵说:"对面林子里有一家打猎的,老头姓曹,还会治伤。"一伙人进入森林不到十分钟,便来到猎户的家。老猎户一看是川军,还有自己认识的熟人,立刻把他们请进屋。

曹猎户仔细地检查了廖震的伤口后说:"幸好子弹是打在右边胸膛上,若是再偏左一点,他就没命了。现在先把子弹取出来。你们按住他的手脚。"

说罢,老人拿出一只皮夹、一个小小的瓷瓶和一壶烧酒。他先用烧酒将伤口清洗干净,又往一只小碟里倒了一些烧酒,用火点燃。然后从皮夹里取出一把小刀和镊子,将它们在蓝色的火焰上晃了几下。与此同时,张龙彪拿出一张毛巾来,塞进了廖震的嘴里。廖震这时已处于半昏迷状态,任凭他们摆布。

老人用小刀切开了伤口,用镊子往里面探查了一会儿说:"子弹打得太深,镊子碰不到。不过,看来命保住了。现在只要不化脓,过十几天结了痂就没事了。"说着,老人又把刚熬好的、滚烫的熊油朝伤口倒进去,又往伤口撒上一些灰黑色的粉末,再贴上一张膏药,手术就此结束。昏迷中的廖震被万箭钻心的疼痛惊醒,他紧紧地咬住毛巾,额头上浸出汗珠,没有哼出一声。

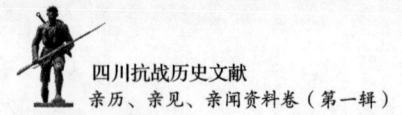

快到黄昏时分，廖震又醒了过来。他把朱焕清叫到跟前说："你趁黑夜速到李秾团去，要他们暂缓对敌发起攻击，他们的背后鹰隼崖这边有一百多个敌人。要先打黄雀后捕蝉。"

这一天是腊月二十。当天午夜，团长李秾亲自带了两个营会同朱焕清带来的弟兄，直奔鹰隼崖。他们黎明时到达，战斗很快打响，日军有110人被击毙，其中包括汉奸侦缉队队员12人。另有8名鬼子兵和5名侦缉队队员——包括其队长在内，当了俘虏。

消灭这股日军后，李秾又回过头参加攻击被包围在峡谷中的日军。

川军战士们怀着对日寇的深仇大恨，端着上了刺刀的步枪冲向敌群。日军这时已组织不起有效的抵抗，完全被占优势的中国军队压倒。一部分日军朝山沟口逃窜，十几名日本兵缴械投降，三百二十多名日兵被击毙，我军大获全胜。汉奸头目被押送到洪山寺，由军部主持召开了一次公审大会，会后被枪决。

廖震不待伤口痊愈，又继续带领他的部队在大洪山同日军转圈子，伺机歼灭敌人。

日寇在大洪山"扫荡"一年多，损兵折将，伤亡官兵一千多人，其中有将、佐级军官十人以上，师团长天谷直次郎受重伤，无果而返。1941年12月，二十九集团军奉命转移防务，开赴河南内乡整训，告别了大洪山。

本文写于2014年

许国璋后人揭尘封心底的秘密

余 行 杨 力[*]

许国璋,四川成都人,1917 年投入川军,1938 年 4 月被擢升为六十七军一六一师四八三旅少将旅长,随二十九集团军出川抗日。1943 年 11 月参加常德会战负伤,为避免被俘受辱举枪自尽,以身殉国,其遗体被送回故乡成都,成都各界人士为其举行了隆重的公祭仪式。政府为表彰他的抗日战功,追授他为陆军中将。2014 年 9 月,许国璋被民政部列入第一批国家级著名抗日英烈名录。

2014 年是抗战胜利 69 周年,9 月初民政部公布了第一批国家级抗战纪念设施、遗址和著名抗日英烈名录。令人遗憾的是,几十年来历经众多志愿者、抗战史研究者寻找,许国璋将军的后人一直难以找到。11 月 30 日,长期低调的许国璋后人,首次走进公众视野。现居山东济南的许国璋长孙许建接受了本报独家专访。

他透露许国璋牺牲时,其父许应康年仅 12 岁,奶奶去世后,父亲是在川军将领潘文华的副参谋长黎剑侯的帮助下长大的。

一、首次发声,揭尘封心底的秘密

民政部公布的名单让我知道爷爷的抗战故事。

51 岁的许建,是山东济南某大型国有企业的一名职员。他的父亲今年(2014 年) 83 岁,名叫许应康。

长期以来,许家一直过着低调平淡的生活。许建只是零星地记得,父亲提过自己祖籍在四川成都。

而他的爷爷曾经参加抗日战争,并牺牲在抗日战场上。"我的父亲从来没有提过我的爷爷是许国璋,也没有提及爷爷抗战的详细经历。"

许建说,2014 年 9 月民政部公布了第一批国家级抗战纪念设施、遗址和著名抗日英烈名录,其中就包含了许国璋。而不少媒体的跟踪报道中,还提到许国璋殉国时,有一个 12 岁的儿子名叫许应康。

父亲的姓名和报道中提到的许将军儿子的名字相符,加之父亲的年龄,以及曾经多次提及爷爷曾当过川军将领,并战死在常德战场上。这些信息让许建愈发感觉到,父亲可能向子女隐瞒着一个大秘密。

"我和妹妹多次问父亲,到底我们是不是许国璋的后人,父亲终于点头,说出自己确实是许国璋的儿子。"

---

[*] 作者为成都《华西都市报》记者。

二、父亲牺牲，母亲早逝，12岁遵父遗嘱发奋学习，找成都的恩人

当年得父亲友人照顾，如今想寻后人当面感谢。

当埋藏在心中的秘密被揭开后，老人一口气讲了很多关于许国璋将军的往事。

许应康回忆当年其父许国璋牺牲时，自己年仅12岁。而母亲因悲伤过度，也过早离世。父母早亡后，许应康根据其父遗嘱，发奋学习，并于1950年考取了四川成华大学（1952年院系调整后，改为四川财经大学）。大学毕业后，许应康分入吉林长春第一汽车制造厂工作，随后又调入山东济南中国重型汽车集团有限公司，一直干到退休。这么多年来，许应康原本计划将自己的家世埋藏在心底，永不告诉他人。

"父亲牺牲时我年龄小，是靠当年父亲的好友，川军将领潘文华的副参谋长黎剑侯帮助长大的。"许应康说。

许应康还说，父亲殉国前在津市临泉五泉铺作战时，曾利用军旅间隙修家书一封。这也是他后来才知道的。

应康吾儿：

> 年来家事艰难，余固知之。但军旅事忙，实无暇顾及也。余连年毫无积蓄，汝之学费，概由家中负担。近来倭寇又来大呈蛮威，向我阵地猛扑，我师正待命反攻中。余曾告之各级官兵，大家吃国家一分钱粮，非拼命杀敌、争取胜利不可。话毕见各官兵非常兴奋，余甚欢喜。且余叠蒙治易总座之拔擢，常聆润泉军长之奋勉，复在贤明领袖领导之下，纵赴汤蹈火，更不容辞。如此上阵，万一不幸，汝勿以余为念也。汝遵母训，努力读书，继续余志，至要至要。

父宪廷谕
十一月八日于五泉铺

许应康原有一个妹妹应贤。可是应贤早逝，在前线作战的许国璋还不知道。父亲的朋友黎剑侯副参谋长和许国璋家人商议，为了不使许国璋在外悲痛，找到一个女童顶替应贤见面。这件事许国璋至死都不知道。

许建说："父亲后来到济南后，就和黎家断了联系。但老人一直没有忘记他们当年的帮助。我们这次找到老家媒体，就是想找到黎剑侯的后人，想当面答谢。"同时许应康的心底还有一个埋藏多年的愿望：回到成都，找到父亲许国璋的墓地，进行一次家祭。

三、长孙许建：为爷爷感到激动和自豪

2015年1月中旬，一封由民政部正式颁发的烈士证书，终于发放到许建手里。此时，距离其爷爷牺牲，已经过去了七十多年。证书这样写着："许国璋同志在抗日战争中牺牲，被评定为烈士。特发此证，以资褒扬。"

"爷爷能作为首批抗日英烈，得到国家的肯定，我们全家都感到激动和自豪。"许建说，那个年代里，将士们上前线抗战杀敌，甚至为国捐躯。如今，能得到国家的正式认可，"是对他们的一种肯定和赞扬"。

83岁的许国璋之子许应康，现居山东济南，但是对四川老家仍有两个未了的心愿。"老爷子一直想找到当年对他十分照顾的恩人黎剑侯的家人。"许建说，爷爷当年的墓地也没有了，"国家已经承认了他，希望在老家能有一个纪念他的地方"。回家能有个地方祭奠，成了许家一家的心愿。

四、穿越大半个中国寻英烈的踪迹：当年居住的大院已经变身居民小区

虽然时过七十余年，但时间却隔不开同学、战友情谊。许应康的出现，让86岁的川军远征军老兵钟华激动不已。"他肯定是许国璋的儿子，我可以作证！"钟华说他和许国璋的儿子许应康是中学同学，曾经一同在甫澄中学读书。

"许应康给我打电话，直接叫出了我以前的名字（钟世华），还一口气报出了好多同班同学的名字。"钟华说多少年过去了，居然还重新得到了老同学的音讯，让他十分感动。"我们相约在成都见面，让他重回成都寻宗。"

连日来，钟华、川军抗战将士后人和志愿者们一直奔走在成都的大街小巷，试图寻找一些许国璋留下的痕迹。但遗憾的是，当年许国璋居住过的成都大西街158号大院，如今已经变成了居民小区。而许国璋以前位于摸底河附近的陵墓，如今也不见踪影。"我们还将继续寻找，找到更多关于许国璋将军的旧址。"钟华说。

五、许国璋豪情壮语：我是军人应该战死沙场

1943年11月，日军进攻常德，国民革命军集中了第六战区和第九战区的16个军迎战。1943年11月2日深夜，日军自华容、弥陀寺间开始攻击前进。许国璋率一五〇师奉令占领太浮山阵地，与太阳山一六二师相互策应，袭击日军侧背。但日军行动迅猛，事先已截断通往太浮山之路。许国璋且战且走，率部队退至陬市。

日军探知许国璋师直属队兵力薄弱，便发起猛烈进攻。许国璋与在太浮山的师参谋长最后一次联络后，命令销毁电台和密码，全体师部人员提枪上阵。在战斗中，许国璋不幸身中两弹，昏迷过去。众将士误认为他已阵亡，准备派人把他运回沅江南岸。11月12日凌晨四时，许国璋清醒，得知日军已占陬市，大吼道："我是军人，应该战死在沙场！"说完又昏厥过去，等他再次醒来时，见自己已经被抬过沅江，悲愤之下，他夺过身边卫士的佩枪饮弹自尽，以死殉国。

附：烈士档案

许国璋（1897年—1943年11月12日），字宪廷，四川成都人。

1917年加入川军，参加护法战争，隶属川军第二师。

1929年，许投靠刘湘，1935年晋升为川军第二十一军第三师第九旅第二十五团团长。

1938年3月，王缵绪组建国民革命军第二十九集团军，许任第六十七军第一六一师第四八三旅少将旅长，4月28日随二十九集团军出川抗日。

1941年秋，许国璋因战功晋升为第一五〇师副师长，1942年7月，升任师长。

1943年11月参加常德会战负伤，为避免被俘受辱，于湖南陬市举枪自尽，以身殉

国,其遗体被送回故乡成都,成都各界人士为其举行了隆重的公祭仪式。国民政府为表彰他的抗日战功,追授他为陆军中将。

2014年9月,许国璋被民政部列入第一批国家级著名抗日英烈名录。

2015年1月中旬,许国璋后人领到由民政部颁发的许国璋烈士证书。

六 第三十集团军抗战亲历、亲闻

我率三十集团军出川抗战的经过

王陵基

一、集团军的组建情况和首战瑞昌

1938年春,刘湘在汉口病死,蒋介石电召我和王缵绪去汉口商谈川事,同时任命我为三十集团军总司令兼七十二军军长。三十集团军辖七十二、七十八两个军和一个补充团。这支部队是这样组成的:我在从汉口返回成都的途中先到万县与刘若弼商定,以他的旅为基础,另调四个保安团补充成为新十三师,刘任师长。又以驻西昌的陈良基旅为基础,另调四个保安团补充成为新十四师,陈任师长。再以范南轩旅另加四个保安团编为新十五师,范任师长。以邓国璋旅另加四个保安团编为新十六师,师长由吴守权暂代(原编者注:据刘识非回忆,每师补充的是两个保安团)。省政府原有警卫团调为第一补充团随集团军总部先出发。为了早日出川抗战,我没有向蒋介石请领开拨费,是以保警处积余项下的四十多万元开支。因为三十集团军是临时由各保安团和军队组成,彼此缺乏了解。我令各师分头出发,先到沙市短时期集中训练,使各师官兵彼此认识,上下互相了解再行使用。部队尚未集中即奉令移防岳州。正当我集团军大部尚在由川去沙市途中,只有一师到达岳州时,蒋介石电约我到汉口,当面向我说,现在日军除沿长江而上外,又有直趋江西之势,由浙赣路夺取南昌。该方面现无一兵,要我部由岳州分成两路,一路由平江经通山到武宁,一路由岳州经长沙到修水至武宁,以解浙赣路之危。我即命令第一补充团急行军赶到修水,我亲自率一个师到长沙经修水直趋武宁,后方各师全部采取轻装先到武宁集结。我部到达前线后即奉命接瑞昌县的防务。原防守瑞昌县的是李仙洲部的二十一师。我奉命后即派新十三师刘若弼部接替。瑞昌阵地是沙砾土质地带,原来没有构筑工事,我即令昼夜赶做。三天后,刘师报告已与日军接触。因九江以下友军把正面让开退后若干里,日军得以长驱直上,当时我判断日军兵力必多,单是刘师决不能支,即派新十五师由该师参谋长指挥应援(师长范南轩尚在四川未来)。开始,新十三师作战相当努力,哪知应援的新十五师组合不久,无作战经验,以致全军溃退,瑞昌失守。

二、马回岭之战

瑞昌失守后,我接到薛岳长官的电令和陈诚命令,要本集团军派一个师参加马回岭的会战,我遂就地令新十三师刘若弼参加,受广东军李汉魂指挥参加战斗。日军兵力有两个师团左右,在黄龙门、马回岭、德安、永修、涂家埠沿南昌九江铁路展开对我军的强大攻势,战斗持续近一月之久,新十三师最后在守一个据点时(原编者注:系指麒麟峰争夺战），集合轻重武器实行白刃战，反复争夺数次，终被日军击败，一部横走东面又参加沙河车站的战斗，一部从西撤至柘林、白槎一带，经派人收容后，部队损失一半以上。

三、武宁之战

马回岭之战后，新十五师损失一部，新十三师损失一半左右，加之我军各部从长沙市出发步行至江西，时遇气候特别炎热，一入秋季，疾病大发，病员增多，我决心把新十五师和新十四师一个旅择其精壮官兵归并与新十三和新十六师，由七十八军代军长夏首勋统率归十九集团军罗卓英指挥。我奉蒋介石命令将其余官兵一千多人带去进贤休整补充。此时南昌已沦陷，去进贤已不可能，转而去沅陵。在沅陵设战地军官训练团，派参谋长张致和主持教育，同时对伤病员进行治疗。然后重新编组三个补充团成立新十五师，三个月后我就亲率新十四、新十五师重返前线。

1939年3月，日寇正拟攻击武宁。陈诚命令湘鄂赣边区游击总指挥樊崧甫、第八军李玉堂和柳善一个军归我指挥（原编者注：据查，长官部拨第八军李玉堂部和第七十三军彭位仁部归王指挥。柳善系彭部的一个师长）。初日寇以一个旅团进攻，即遭李玉堂部顽强抵抗，日军又加一个旅团，又遇柳善部阻止，攻打一日一夜之久毫无进展，在箬溪又受到新十六师的威胁。第二日中午日军用大批飞机轮流轰炸，集中巨型炸弹、烧夷弹把武宁城毁去一半。各军之间的电话线打断了又接，接了又断，相互无法联络，午后六时左右，日军一部利用河边接近县城，与新十四师陈良基部终夜激战。第三日日军用十五榴炮援助步兵前进，一天即发射炮弹二百零四发。入夜我接到陈良基师长电话报告，各方日军冲击厉害，我军各部有退却之势。我即冒大风雨亲自带队守住马路，同时电各部要坚持，至午夜我军伤亡颇众，武宁终陷敌手。武宁失守后，我又令陈良基、刘若弼、吴守权等师于甫田桥布防，总部设澧溪。事后，我到武宁检查，只横断山脉一处（系指武宁城北约六十里的棺材山——刘识非注），就有将近三千尸骨，战斗之激烈，可想而知。我遂将这些遗骸安葬在武宁公园内，修成一个塔以作纪念。

四、修水之战

日军侵占武宁后，重兵渐次转移方向，长官部电令三十集团军对东面敌军只留一个军防御，重点放在北面，即湖北之阳新、大冶、通山、通城。集团军遂指定七十八军驻澧溪，新十三师在前，新十六师在后，注意武宁方向之敌。七十二军驻三都，新十四师在后，新十五师在前，注意九宫山方面之敌。樊崧甫边区部队注意通山方面之敌，集团军总部驻南姑桥附近。各部部署完后，即加紧整训。有一天早晨，突接老百姓递次传报，日军已翻山，正向修水前进。我立打电话问樊崧甫，他家人接电话说他酒醉未醒。我即亲自跑到樊部驻地问樊情况，樊一概不知，连正面的防御部队都在酒后糊里糊涂地调往他处。我一听大惊，急用樊的电话令就近的七十二军工兵营长率领该营立赴马坳坚守待援。我返总部后又令手枪警卫营去马坳。随后警卫营长报称，工兵营在马坳山上与敌人发生激烈战斗，但警卫营在渡河时被敌炮兵火力控制，无法活动。同时日军迫击炮已经封锁前往征村大道口，总部被迫退入山内，修水遂失守。在仓促中我和各部失去联系，立派得力侦探四处搜查，才知七十八军夏首勋军长（武宁战后夏升军长）率刘、吴两师已到征村和对岸山区。后我又令新十三师刘若弼部在三都地区与日军激战一日，迫使日军直奔九宫山向鄂南逃窜。

五、九宫山之战

第一次长沙会战之后，我三十集团军七十八军军部驻澧溪，新十三师驻武宁河东，新十六师在其后，七十二军驻三都，新十四师驻三都北面，新十五师驻防九宫山构筑工事，总部驻修水南姑桥。

1940年7月，日军以一部向九宫山新十五师进攻，我新十五师英勇还击，经三日激战，阵地屹立如故。后令十五师加派一部出击，敌乃溃退。

六、上高之战

1941年春，南昌方面之敌，突然对十九集团军防守的上高方向发起攻击。十九集团军以三十七军罗奇部和七十四军王耀武部为主力，当时该集团军总司令罗卓英已离开上高，罗奇部另有任务调别处，王耀武的三个师在敌猛攻面前有不支之势，长官部临时命我派一个师前往增援。我遂派新十四师陈良基部前往受王耀武指挥。陈师去后向我报告，日军出动大量飞机，我张雅韵团（系新十五师，临时增派的）团部被炸，张团长、余副团长同时阵亡，后因二十六师刘雨卿部及时增援，日军方始溃退。

七、第三次长沙之战

1941年底，日寇从长沙正面新墙河发起攻势，兵力主要用在两翼。东有攻掠平江、浏阳之势，西沿铁路线直攻长沙。长官部命令三十集团军除留一部守修武外，主力出平江、浏阳之间向敌攻击前进，确保战区右侧之安全，并将三十七军陈沛部拨归我指挥。我遂决定七十八军夏首勋军长率新十三师和新十四师的一部留守修武，新十四师的另一部和新十五师、新十六师全部由七十二军军长（此时我已未兼）韩全朴指挥先行出发，确保平、浏至长沙大道的交通，注意古港、永安市地区，侦察今井、高桥方向之敌情。总部指挥所暂驻浏阳之北乡。当总部将到永安时，得三十七军陈沛报告，日主力在福临铺与我军战斗激烈，我即令陈军加入战斗，并令新十六师吴守权向长沙挺进。福临铺敌人被我各军围攻，据险拼命顽抗。我新十六、新十五两师在长沙东南地区与敌展开激烈战斗，第二日得知长沙城已被围，乃令陈沛务随敌军进退抓住不放。不料长沙警备司令张德能在长沙被围的第二天下午，知敌军大部已绕过长沙城，占领岳麓山，后方危险，于是一人渡河离开部队，军心瓦解，长沙失陷。不久日军又退出长沙返回原地（原编者注：据查，张德能弃守长沙，是在1944年的长衡会战中，当时张德能为第四军军长兼长沙警备司令，后被蒋介石枪毙）。

八、常德之战

1943年夏，日军侵华陆军逐渐撤往其他战场，在我集团军当面武宁之敌于秋季开始撤走，而沙市日军派出一部利用原来的马路线（沙市直通常德）攻击常德，当时傅仲芳守备湘阴县，常德无兵。长官部临时从各方抽调兵力前往常德。三十集团军派新十五师师长江涛驰援。由修水到常德有将近十日的路程，新十五师到时，各友军正与日军激战。江涛知日军无增兵之可能，所以一到即放胆攻击，出敌意料之外，激战二日，敌兵不支开始撤退，我军遂收复常德。新十五师这次行动敏捷快速，长官部相当满意。战斗结束后，新十五师仍回修水九宫山防地。

九、衡阳会战

1944年5月，日军主力分为两路，同时向长沙、衡阳方面发起进攻，来势极为猛烈，三十集团军奉长官部命令，务在浏阳、萍乡地区将敌击破而歼灭之，确实掩护战区侧背。我限令七十二军代军长傅翼（韩全朴被换掉，由傅翼充任）率新十五师江涛和军直属部队，以上栗市为目标挺进，新十三师唐郇伯在后跟进，三十四师作为总预备队（当时因夏首勋回川未来，我向中央自请裁去七十八军，十三师并与七十二军，十六师受总部直辖）。决定将集团军总部经铜鼓移到宜春地区，原修水总部只留一营守卫。待我到铜鼓，知长官部移往朱亭，二十军杨森部已由浏阳前进。我到了宜春，知长官部由朱亭移到衡阳，我电台经一昼夜的呼叫仍无法与长官部取得联系。据傅翼报告上栗无敌踪。我令他在萍乡占领阵地，迅速侦察敌在何处。我从杨森处得知薛岳已退回广东，长官部的电台呼号仍叫不应。随即发现醴陵有敌、株洲有敌，估计会向我萍乡攻击。我电令傅翼加强准备，并将三十四师拨归他指挥。果然敌来攻击萍乡，激战两日两夜之后，日军自动退回醴陵。我与杨森部取得联络，派新十三师唐郇伯采用游击方式攻击株洲车站附近之敌，派新十五师攻击醴陵附近之敌，使敌军处于被动地位。杨森部亦复采取这种方式袭击敌人，使敌人疲于奔命，因为这样打击敌人，使衡阳守兵能守一月之久。直到衡阳失守，我终未与长官部联络上。

十、赣南之战

1945年春，日军空军的主力当时集中在汉口，而美军空军基地是芷江、邵阳、衡阳、遂川。其中又以芷江为主，遂川为辅，邵阳次之。衡阳在前线等于来往之中间站，非常重要，美空军有计划地按日出动轰炸汉口，予日军以重大打击。最初日机尚能由汉口起飞经过衡山轰炸衡阳，继而不能来衡，只有在汉口抵抗，最后汉口抵抗力逐渐削弱，日军又抽调一部兵力发起赣南之战，以破坏遂川飞机场为目标。本来赣南不属九战区战斗地境，长官部令三十集团军派部队应援。我遂令三十四师师长祝顺锟（三十四师是新十四师更名，原师长陈良基被撤换，由参谋处长祝顺锟任师长）先以泰和、遂川为目标，速取捷径前往增援。祝师赶到泰和附近，得知遂川机场已失。赣州兵力也少，上官云相早已离开，随即赣州失守。祝师请示行动，我令他们确保泰和，但他们与江西省政府未能取得联系，就在赣江河边择要扼守，日军苦于兵力不够，本无长久占据之企图，随即退回原防，祝师亦奉令返修水。

本文选编自四川省政协文史资料研究委员会、四川省人民政府参事室《川军抗战亲历记》

三十集团军抗战记略

刘识非

抗日战争开始后,我被派到三十集团军担任作战课长。因时隔多年,对一些战役和战斗的确切日期已记不清楚,又无精力和时间去查阅资料,现仅作如下追忆,疏误之处,敬请鉴谅。

一、麒麟峰争夺战

1938年8月15日,在长沙附近的总部接到蒋介石电令:第三十集团军(缺新十六师,由师长率领由西昌向长沙行进中)全部参加南浔路会战,防守瑞昌、武宁公路一线,受武汉警备总司令兼第九战区司令长官陈诚指挥。继又接到陈诚电令:着集团军推进到永修、德安地区防守。

8月下旬,日军猛扑瑞昌,防守该处的友军战斗不利,向武宁方向退却。防守岷山(位于瑞昌南约三十公里)地区之新十四师郑清泉旅、新十五师韩任民旅虽曾顽强抵抗,但因武器较差,伤亡巨大,不能坚持,遂退下。总部令七十二军之新十三师(师长刘若弼)和新十四师之郑清泉旅占领麒麟峰、倒岩隘、大洼山一线(在瑞昌西南沿瑞武路西南侧)阻止敌向瑞武公路进窜。倒岩隘、大洼山的东北面,都是百米以上的断岩,敌军攻击较为困难。麒麟峰北面坡度较缓,地面亦较宽阔,判断是敌人攻击的主要目标。新十三师师长刘若弼令郑旅防守后面两个阵地;麒麟峰阵地,则由该师负责防守。

开始,敌人以一个联队的兵力在飞机大炮掩护下,先后向麒麟峰发起五次进攻。敌人每次进攻,先以飞机轰炸,继以大炮射击,然后发起冲锋,冲至我阵地前两三百米处,敌炮兵就延伸射击。我官兵沉着应战,俟敌进至距我五六十米处,才投手榴弹,敌被击伤毙多人。当敌人进到距我二三十米处时,我阵地官兵跳出工事,使用枪刺马刀同敌人奋勇肉搏。有一次,我部营长杨毅,首先跳出工事,大喊:"冲锋!杀!"一时杀声震天。正在这时,有三个敌人首先冲至杨营长面前,杨将最先接近的一个敌人的枪刺压在一边,向该敌胁部猛刺一枪,该敌立即倒地毙命。杨又乘势刺杀另一敌人,该敌也扑地不起。剩下的那个敌人返身逃跑。我官兵在杨营长当先冲杀之下,勇气倍增,争相冲杀。残敌始而畏缩不前,继则狂奔溃退。

该师在整个麒麟峰争夺战中,昼间水饭均无供给,只在夜间才能吃上一餐饭。在这样困难的情况下,坚持与敌激战了三昼夜,伤亡颇大。最后,敌人又增调兵力反扑,并从侧面包围。该师奉命乘夜和郑旅向有利地区撤退。

二、棺材山上的战斗

新十三师和新十四师的郑旅,乘夜由麒麟峰、倒岩隘、大洼山撤退后,总部令新十三师指挥新十六师之吴守权部固守棺材山(武宁城东北约七十华里)。棺材山顶有一长千余米、深约百米的凹地,两面石埂相距两三百米,很像一个巨大的棺材,因而得名。新十三师和吴旅在山头和南面石埂构筑阵地,在风化的沙砾地面上施工,确是相当困难。约在8月底,敌千余人向新十三师阵地猛攻,同时对左右高地亦进行攻击。经过一昼夜激战,敌占领棺材山北埂,敌我隔凹地对抗。迄次日中午,敌施放烟幕,起初我部认为敌在放毒气,但我官兵并无多大异感,遂将此情况向军指挥所汇报。七十二军代参谋长杨续云在电话上向刘若弼说:估计敌因攻击无效,不敢恋战,有可能正在撤退。刘同意杨的估计,对敌进行猛烈火力追击,使敌在逃跑中遭到巨大伤亡。

三、万家岭大捷

南浔路会战在相持之中时,武汉重镇已告失守。

当武汉危急之际,蒋介石为挽回颓势,电令守备在赣北方面之李汉魂、吴奇伟、卢汉、王陵基等部约二十万人发动攻势,令李汉魂为前敌总指挥,吴奇伟副之,并指挥卢、王集团军向南浔、瑞武两路挺进,以牵制长江北岸之敌,阻止其向武汉进逼。

9月25日,吴奇伟部和王陵基部之新十三师以攻击前进态势,到达万家岭(德安西南)附近,与敌苦战旬日,各部虽伤亡巨大,但士气仍极旺盛。陈诚命令各部退守修河南岸,倚山布防,同时整顿部队。各部有计划撤退,敌将本间师团长轻视我军,率部冒进,行至德安河岸,遭我军猛烈袭击,中弹毙命(注:本间之死为误传)。同时新十三师乘势反击,将正面敌军击退,并有较大虏获。陈诚大力夸奖各部,指出万家岭大捷,给敌人以沉重打击。蒋介石亦传令嘉奖。

四、武宁战役

1939年2月底,各部到达修水后,即悉日军有进犯武宁企图。长官部将第八军拨归王陵基指挥。

3月初旬以来,日军稻叶师团和青木旅团由九江方面向武宁进犯,在棺材山与第八军激战,该军伤亡颇大,总部即令新十五师应援,新十四师固守武宁城北高地,以七十八军控制武宁城北修河南岸阵地。

新十五师赶到棺材山附近时,第八军因伤亡甚大,不支后退。该师即就近占领阵地,掩护撤退。敌以飞机大炮向我轰击,并以骑兵向甫田桥总部抄袭。总部转移到修河南岸,掌握七十八军,准备挽回颓势。但敌军已侵占武宁城,王遂令七十二军退守烟港(武宁城西四十华里)附近既设阵地;第八军转用于赣鄂交界之石崀山、九宫山地带。总部移驻修水城东三十里之梁口附近。

日军占领武宁后,以一个加强联队向七十二军攻击,以有力之一部共千余人向七十八军的柳山、荷山阵地进攻。七十八军曾多次反击,修河南北两岸之敌均遭到挫败,退回武宁。此时南昌失守,战斗转入对峙状态,我军借机整补。

五、参加第一次长沙会战

8月初旬以来，日军华中派遣军即将南昌方面的主力部队逐渐转移到粤汉路北段，军事重心已由赣北转移到湘北。日军在湘北、鄂南地区集结十余万人，据报，敌将冈村宁次有由武汉到湘北指挥之说。

根据敌军动态，第九战区长官部立即调动部队，准备应战。王陵基受令固守修水、武宁间阵地，并抽出有力部队策应各方面作战。王陵基乃以七十八军担任烟港附近修河南北岸既设阵地的守备，同时对侵占武宁之敌采取攻势。第八军防守石艮山—九宫山之线，准备同阳（新）通（山）公路各据点之敌作战。七十二军为集团军总预备队驻修水。

9月初，日军开始向长沙进犯，同时南昌之敌以主力向上高方面进犯。我十九集团军罗卓英部告急。

长官部以上高空虚危急，电令七十二军驰援。该军遵令行动。进犯长沙之敌十余万人，由于所有道路桥梁早被破坏，重炮、辎重等运输困难，敌军沿途遭到我军堵击、夹击、尾击，屡受挫折，伤亡颇大。敌军乃将其主力向长武公路东西地区回窜，以一个旅团向修水方面突进，在渣津（修水城西八十里）附近同杨森之二十军激战。总部支援杨森军并确实掩护修水城，即令七十八军之新十六师驰援。该师在渣津以东即同敌接触，右侧受到敌主力包围攻击，不支后退，修水城失守。

在七十二军驰援上高途中，总部得悉上高方面已不紧急，急电该军速返，向修水以东之三都前进，协同第八军克复修水城。此时武宁之敌，亦向七十八军阵地进攻。该军之新十三师奋勇应战，将敌击溃，敌窜回武宁，龟缩不出。

敌军侵占修水后，其主力已沿长武公路地区向武汉撤退。当七十二军反攻修水时，盘踞该城的敌军顽固抵抗，经该军同第八军之第三师奋战猛攻一昼夜，敌伤亡颇大，被迫向北撤退；第八军再予侧击，敌狼狈逃窜，修水城亦告克复。

修水城克复后，总部一面向各方告捷，同时调整部署，并查询奖惩。新十三师师长刘若弼指挥有方，沉着应战，卓有战功，升为第七十八军副军长兼师长。新十六师增援杨军时行动迟缓，与敌人战斗时又未做应有的努力，致修水城失陷，师长吴守权应予撤职。后经军长夏首勋申述，并负责保证，王陵基方允许吴守权戴罪立功。

湘北战役胜利后，王陵基因长沙会战有功，升为第九战区副司令长官，仍兼第三十集团军总司令。王陵基以下不少人都受到了勋奖。

六、七十二军粉碎敌军的扫荡战

1940年6月初旬，通山之敌乘第八军调走、我军力薄弱之际，派出千余人向七十二军阵地前进。总部参谋处同该军军部研究提出诱敌深入予以歼灭计划。该军同师、团做细致研究后，立即部署迎战。

窜犯之敌到达七十二军警戒阵地前，即分两股，一股向陈山窜犯，一股向船埠方面窜犯。我各部均只进行微弱抵抗，佯做溃退之状，诱敌跟踪。窜犯陈山之敌三四百人，于次日拂晓登上陈山，占我山腹阵地，坦然休息。守备该处之新十五师四十三团在团长陈渔浦指挥下，全体官兵机智勇敢，由正、侧面反击，敌狼狈滚岩溃逃。生俘敌四名（内有中尉女报务员一人），夺获武器装备多种，敌遗尸三十余具。

向船埠方面窜犯之敌，到达船埠已近午间。敌一面抢劫，一面造饭休息。新十四师四十二团乘敌散乱之际，先以密集机炮火力射击，同时隐藏在附近丛林中的部队也向敌猛冲。敌嚎叫而逃，遗尸百余具，抢劫物资（牛、猪和其他财物）悉数放弃，我并夺获武器装备多种。事后查悉，这次战斗，敌军伤亡过半，这就彻底粉碎了敌军的扫荡战。

七、新十五师参加上高会战

1941年2月中旬以来，南昌方面侵华日军据报有三四万人，向十九集团军罗卓英部防地窜犯；第一线部队不支，节节后退，敌人直向总部所在地上高窜犯。罗急电长官部求援。长官部急电王陵基派出有力部队驰往增援，并受罗指挥。王即令七十二军之新十五师，星夜兼程前往增援。该师猝然从敌侧背猛烈突击，给敌以沉重打击。是役第四十四团团长张雅韵阵亡。进犯敌军遭受巨大损失，狼狈撤退。罗卓英通电上高会战大胜利，特别对新十五师大加表扬，令师长傅翼将有功人员专案造册，报请勋奖；并专电军政部对新十五师优先补充。该师旋即归还建制。

王陵基为了鼓励士气，对阵亡之团长张雅韵的丧仪很重视，亲自为张选择墓地，参加葬礼，并令各军、师、团、营、连都要派出代表送葬。他还要全集团军官兵捐出三天薪饷，修建忠烈祠，把阵亡和因公死亡官兵的名字立牌供在祠内，并把当地农民田地圈了约二十亩作为公墓墓地，电令各部以后英勇牺牲的官兵，都可以名存忠烈祠，遗体葬在公墓内。

八、第二次长沙会战

1941年9月初，长官部通知：侵华日军正在武昌附近集结四五万人，有再度发动以长沙为中心的攻势的可能。旋奉长官部指示：七十二军即向阳通公路各据点及通山城附近之敌佯攻，牵制该敌转用于长沙方面。

总部奉到命令后，立即转令各部队，并做扼要指示，饬其立即积极行动。

七十二军奉到佯攻命令后，以三十四师之一部向阳通公路各据点之敌攻击，新十五师向通山城附近之敌攻击。为了确实达到牵制目的，在战斗中，我官兵勇敢冲杀，敌虽凭坚险工事顽固死守，但我攻击仍有进展，克复一些小据点，并有一部进展到通山城郊，随即战斗形成胶着状态。

七十二军同通山之敌正相峙间，忽接长官部命令，要该军停止向通山之敌攻击，立即转用于平江附近，并指示愈快愈好。在这之前，王陵基奉蒋介石电令到重庆述职去了，由参谋长宋相成代行其职务。宋根据长官部电令，即令七十二军以有力之部掩护该军右侧背，主力直趋渣津，沿朱溪、长寿街兼程向平江前进；该军辎重部队可沿修水、平江大道前进。但是七十二军军长韩全朴认为是总部参谋人员整他，因而行动缓慢，迟误了两天。旋被长官部严令斥责，并指出：如能按时赶到平江，保持战略要地，则是此次会战首功；如迟误使平江失守，则是罪魁！韩全朴在途中接到这个电令后，大为震恐，立即挑选精壮官兵千余人，由自己率领，星夜赶向平江。事后听说有敌千余，距平江只有二十余华里,闻七十二军全军到达,乃改向西南窜走。该军到达平江后,并未参加战斗。不久,这次会战即告结束。

九、第三次长沙会战

1941年12月初,奉长官部电令:日军十万余人正沿粤汉路向长沙地区进犯。其海军部队,已进入洞庭湖活动。

三十集团军李默庵部,仍执行原任务。该集团军除以有力部队留置于武宁、修水地区担任守备外,总部率主力参加长沙方面会战。总部进驻平江附近。

总部奉到命令后,即令韩全朴指挥三十四师担任武宁、修水地区守备。新十五师和七十八军随总部参加长沙方面会战。

长沙方面战斗:总部指挥所到达平江附近后,长官部令直属之三十七军受总部指挥(该军当时正在福临铺地区同敌作战)。同时命令各部队立即将当面敌军击破,向逼近长沙之敌进行球心作战,聚歼敌军主力。薛岳还发出遗嘱电报,大意是岳一定与长沙共存亡,如岳战死,即由副司令长官罗卓英代行。哪知敌军窜过汨罗江时,长官部已迁到湘江西岸,长沙早已成为一座空城。

总部当时对于窜犯敌军实际有多少、如何进犯、主力在哪方面、在什么地区同哪些部队作战,情况不明。但基于长官部指示向长沙围攻,即令三十七军、七十八军分两翼队(七十八军在左)沿平江长沙公路向长沙进行球心攻击,聚歼敌军主力。

两翼队向长沙进攻,除右翼当面有较大战斗外,左翼则只同少数敌军接触,敌军并未做激烈抵抗,即向西北方向撤退。两翼队先头部队进至距长沙三四十里时,得知友军(番号不明)在长沙附近同千余敌军战斗。敌军主力何时由何地撤至何处,不得而知。总部参谋处即提出如下意见具申:

> 窜犯长沙之敌,鉴于我军以雷霆万钧之势向长沙进行球心攻击,敌军不敢再事突击和顽抗,刻下似只残置少数部队于长沙附近,诱致我军,而迅速秘密将其主力转移于长沙东北山区,隐蔽集结,退出内线作战苦境,俟我军进至长沙附近,再从我右侧背压下,企图予我以歼灭性打击。如敌军战斗不利,已真正撤退,我军主力进至长沙,既无战果,反而迟滞尔后追击任务。因此,可将右翼队(三十七军)即作梯次配置,重点保持右翼,逐渐转向北侧。左翼队(七十八军)应即转为战备行军态势,准备向北面之敌追击。

王陵基采纳了这个意见,即令各部照办。旋得悉长沙附近之少数敌军亦已沿粤汉路向北撤退,集团军当面已无明显敌情。总部即决心以七十八军向平江以北行超越追击;三十七军速将散匿于福临铺地区之敌肃清后,即集结待命。以上处置,并报长官部核备。

七十八军向平江以北行超越追击,通过平江后,尚未发现敌踪,而原在平江东北至粤汉路间截击敌军之二十七集团军,闻已集结待命。总部即令七十八军在平江东北端集结待命。

两日后,奉长官部电令:此次会战,各军机动勇敢,予敌以重大打击,敌已向武汉撤退，会战胜利结束，各部队即回原防整训。时为1942年初。

十、新十五师参加常德战役

1943年夏秋之间，侵占宜昌地区之敌，配属一部分海军陆战队，分由洞庭湖及其西岸地区，向常德、汉寿地区窜犯。该敌似企图截断六、九两战区联系及川湘交通。由于该方面我军力量较弱，敌突然袭击，形势即告紧张。长官部电令三十集团军派出有力的一个师，兼程前往增援。王陵基即令新十五师赶往常德地区参加战斗。该师星夜赶到战场，不顾疲劳，官兵用命，立即协同友军奋勇作战，由敌侧背拦腰冲击，给窜犯之敌以巨大打击，敌狼狈回窜，将大部分抢劫物资放弃，并遗弃尸体多具。该师还缴获大量武器弹药。该师实际参加战斗不过三日，但获得长官部和友军赞赏。王陵基极为满意，该师师长江涛、副师长陈渔浦以下不少官兵都获得勋奖。

十一、长衡会战

5月中旬，根据长官部电令：武汉方面敌军有五六万人，由临湘、岳阳分向平江、湘阴向长沙进犯，另敌万余人经上塔街直趋长寿街（属平江）。

第三十集团军倾全力出长寿街侧击南下敌军，阻止其深入。总部令新十五师会同新十三师主力向窜扰长寿街之敌阻击。第三十四师之一〇一团以一个营守备九宫山、石艮山要点，师部率主力到修水集结。三十四师部队（只有五个步兵营）集结后，立即向长寿街附近前进，会同军主力侧击南窜敌军。

窜扰长寿街之敌，一面同新十三、新十五两师战斗，另以有力部队向张家坊（浏阳东北约八十里）窜扰；同七十二军战斗之敌，旋亦向张家坊南窜。七十二军主力追至张家坊时，敌已窜大瑶铺（浏阳东南五十里）。该军继续追击，不断同敌后卫部队战斗。大瑶铺之敌继续向醴陵、萍乡地区进犯，总部令七十二军向萍乡附近之敌攻击。此时总部由修水进驻渣津，随着战况转移，由渣津、铜鼓、万载到宜春。

总部在转移途中，长官部将五十八军拨归三十集团军指挥。该军已由湘北逐步转移到湘东镇（萍乡西三十里）附近。南窜之敌直趋湘东向五十八军攻击。

七十二军到萍乡后，总部令其协同五十八军阻击敌军；军部令三十四师向湘东前进，联系五十八军作战。殊不知五十八军因战斗不利，已向东撤退。敌继续向萍乡进犯，同三十四师发生遭遇战，战斗十分激烈，敌我伤亡均大，该师一〇一团被敌隔断，四日后始绕到师部附近。

同时上栗市附近，有敌五六千人沿七十二军后尾向萍乡窜犯。七十二军腹背受敌，不支，向上南坑方向撤退。此时，敌我态势犬牙交错。总部转长官部电令：各部应索敌攻击。该军转战于萍乡、攸县、醴陵等县境，为时两月，时当盛暑，部队全无休息时间，伤亡大，病号多，官兵因损失惨重而未获得战果，都恨不能与敌决一死战！

不久，敌亦因伤亡巨大，撤离萍乡和攸县地区，而集结在醴陵城附近。战斗暂告结束。

萍乡战役结束后，七十二、五十八两军都分别移于萍乡西南地区同敌人对峙，同时加紧整补。

迄 8 月上旬，总部奉长官部电令：七十二军和五十八军协力攻击占据醴陵城之敌。

七十二军以三十四师为左纵队沿渌水南岸，新十三师为右纵队沿渌水北岸向醴陵进攻。五十八军由醴陵南面攻击，右翼同七十二军联系。

左纵队三十四师在醴陵城东南之八里坳，同敌人发生激烈战斗，先头之一〇一团机动勇敢，不断冲杀，师后续部队侧翼包围，同敌发生肉搏战，将该处敌军千余人击溃。敌我伤亡均大，敌遗尸达四五十具，我生俘敌军八人，内有小队长二人，夺获枪弹器械颇多，雨衣、背包各近千件。敌军遭受严重打击，退守醴陵城郊高地，龟缩不出。

右纵队新十三师攻击当面之敌，敌凭坚固工事顽固抵抗，攻击无显著效果。

七十二军调整攻势，以新十三、新十五两师攻击渌水南岸仙岳山高地，战斗甚为激烈。三十四师攻击城东北渌水北岸之 280.3 高地。闻敌人将城内撤离不及的青少年妇女奸死多人，师部即将敌军暴行宣传揭露，我官兵义愤填膺，誓为同胞报仇。同敌激战两日，守敌多次增加，不断进行出击，双方伤亡甚大，特别是一〇一团步兵伤亡三分之二以上，该师两个团（欠一营）伤亡人数达千余人。最令人感动的是当地人民，不分男女，冒着枪林弹雨送水送饭，抬运伤亡官兵，伤亡官兵得以全部运送后方治疗或安葬，我广大官兵无不感动万分。攻击仙岳山的两个师，战斗亦甚激烈，双方冲杀多次，敌凭坚险工事固守，进展十分困难。此时，七十二军代军长傅翼认为连日攻击，各师伤亡巨大，特别是三十四师，在取得总部同意后，将部队撤下，令三十四师、新十三师各以一部沿渌水防守，军部率新十五师集结于湘东镇附近，各部加紧整补。

十二、第三十四师参加湘粤赣边区会战

1945 年 1 月下旬，三十四师奉到总部电令：该师率现有部队，立即增援莲花方面友军战斗，受总部直接指挥。

该师立即行动，尚未到达莲花，又奉令赶往永新增援友军。该师赶到距永新约二十里，侦知永新友军（番号不明）已于两日前经敌一度攻击，即行撤走，去向不明。永新城被敌占领，在城西北五里高地，有敌警戒部队。该师根据当时情况，决定向敌攻击，克复永新城。正行动间，又奉总部转第三战区长官顾祝同电令：三十四师立即驰援遂川，如遂川被敌侵占，即向该敌攻击，努力克服遂川城（该地有个飞机场）。师侦知永新到遂川公路（未破坏）经常有敌部队通过，马骡辎重和征用民夫不绝于途。师即以战斗态势由公路东侧十几里之小路向遂川急进，并令右侧卫相机袭击敌辎重部队，以眩惑敌人，迟滞其行动。在袭击战中，夺获敌山炮三门（因无法运走，只将其重要零件取下后掀下悬崖）、炮弹百余发、骡马五十余匹，俘敌兵二人。师先头部队距遂川城二三十里即与敌接触，我一鼓作气，向敌攻击，敌向遂川城败走，我乘胜追击，在追击中，忽从遂永公路方面窜来敌骑兵一个连，将师通讯部队和后勤部队隔开，师与总部失去联系。敌骑兵在我战斗部队攻击下，又循原路窜走。师一面寻找被冲离的部队，一面仍积极向遂川城攻击前进。

听说遂川城附近之飞机场常驻有美军驾驶的飞机七八架，中央军曾有个师在此担任警备。敌军窜至，发生一场激烈战斗。中央军不支，即行撤退。飞机虽已驶离，但飞机场遗弃不少物资，如通讯器材、被服装具、食品等。敌军占领后，尚立脚未稳，我军即

347

以迅雷之势将敌击溃,克复机场,夺回不少物资,官兵皆大欢喜,得到一次极大补充。

窜据遂川之敌凭借我军原有工事,顽固抵抗。同时我侦知江西省政府所在地泰和已陷敌手,该敌正沿泰(和)遂(川)公路南下,遂永公路亦有大部敌军向我侧背紧逼,正与我一〇一团战斗中。师指挥官认为在此狭小之三角地区,纵深横广不过二十里,回旋不便,易被敌包围,决心乘雨夜将部队向北转移,脱离敌军即将形成的包围圈。第一步撤退至后方约二十里之干田附近,尔后看情况再决定适当的行动。次晨,部队到达干田,原认为在干田附近可能同南下之敌遭遇,但出乎意外,尚无敌情,师即以遭遇战态势继续向北急进,十一时左右,全部到达潞田(遂川北约六十里)。此时,在两日前被敌骑兵冲离的师、团后勤部队,均已全部找回,同时得知敌二千余人正沿泰遂公路南下,其先头便衣队已到达高陂,将我运到高陂的伤员二三十人全部砍杀。师立即同总部联系,概要说明师现在到达地点和今后将绕向敌侧背攻击,变内线为外线作战。请示获得批准,遂立即行动。午后三时许我先头部队将敌便衣队击溃,在高陂北与敌主力遭遇,展开激烈战斗。在击溃敌便衣队时,从敌尸体中搜得敌情通报:"前面敌三十四师,各部要谨慎!"查悉该敌系同我在醴陵附近激战之敌——第三十四师团,该师团在醴陵战役中,受到很大损失,对我戒惧之心甚大,故行动迟缓,给我以有利时间。师部立即将当面敌之番号及其通报转知各部,我士气更加旺盛,一致认为该敌是"炻糖",好吃!尽管敌以密集炮火企图阻止我前进,但我仍接连夺得几个有利山头,严重打击了敌之气焰,入暮后,即令战斗部队撤下,在师部后尾跟进。师主力由左侧山林小道向北前进,于次日晨绕至马家洲(高陂北约三十华里)附近,该处尚有敌数十人,似为敌后卫部队,我即将其驱逐,占领马家洲。同时侦知泰和(马家洲北约三十里)仍为敌军侵占。师即以一个团向泰和急袭,该处只有少数敌军,在我军猛烈攻击下,即分头跑向预先准备的船只,逃过赣江去了,我遂克复泰和城。退避在附近山林中的江西保安队,赶到城区迎接,师将泰和城交其驻守。我军仍撤到马家洲,旋奉总部电令:三十四师暂时在马家洲集结待命。

不久,日本宣布投降。第三十集团军出川抗战,到此结束。

本文选编自四川省政协文史资料研究委员会、四川省人民政府参事室《川军抗战亲历记》

在江西武宁前线抗日亲历记

叶汉维

王陵基是刘湘逝世前夕才被国民政府军事委员会任命为第三十集团军总司令的。三十集团军兵力组成和开赴江西前线抗日的前后情况如下。

一、第三十集团军的兵力组成情况

以川康绥靖公署直辖独立旅的四个旅和四川省的八个保安团合编成七十二军和七十八军。七十二军军长由王陵基兼任,七十八军军长为夏首勋。每个军辖属两个师,每个师辖属两个旅,每个旅辖属两个团,共计有16个战斗团的兵力,除新十六师第一旅的两个团驻防西昌外,王陵基率领其余的全部官兵出川反击日本军国主义的侵略。武汉会战时,直达江西前线,于麒麟峰地区接受战斗任务。这次战役全军失败,尤其是七十二军被日军击溃,散逃的新十四师和新十五师官兵设点收容。

二、第三十集团军被日军击败后的整编情况

缩小编制,废除旅的番号,每个师辖属三个团,以七十八军的新十六师编成两个师。原新十六师师长陈良基带第一旅两个团和另一个由后方医院收容伤愈官兵组成的荣誉团调往充实七十二军新十四师。新十五师师长以原新十六师副师长傅翼升任,兵力是从原在麒麟峰溃散的官兵收容编成。七十八军的新十六师师长是由这个师的第二旅旅长吴守权升任。新十三师的编制未调整。七十八军的军长仍是夏首勋,七十二军军长则由韩全朴担任。整编就绪后,于1939年3月重返战场抗击日军的侵略。

三、重上前线的战况

1939年3月21日,第三十集团军又返回江西省武宁县的抗日前线。当时,日军的空袭连续不断,我军行动深感困难,只能利用晚间行军。我军只好于第二天晚上沿着公路出城,去二十多华里外的黄土岗地带接收抗日阵地。第三十集团军总司令部原驻在修水县的猴子岩。王陵基也离开猴子岩直抵武宁城内指挥作战。第三天黎明时,美国军事顾问团来抗日前线视察阵地,带来战车防御炮四门,在新十四师预备队的位置,连续对日军发射炮弹万余发,当即招来日军重型炮的轰击。接着日军二十多架和三十多架重型轰炸机交换来袭,大肆轰炸森林。这天上午,我们正好掩护在森林内。幸好这次的日军空袭,只有第二连伤亡四十余人。我军装备不好,又无对空防御设施,只有在空袭的间歇时候,很快转移到田边、土角或沟边隐蔽。日军陆、空军联合作战,配合适当,以炮兵射击指挥空军轰炸、空军轰炸指示炮兵射击。这天的弹药消耗很难估计,但我们的官

兵伤亡还是只有那四十余人。

经过一天的战斗，取得了经验。只要尽可能利用地形地物，就可以避免伤亡，以后每天我们都把疏散距离加大。白天睡觉休息，夜间则破坏公路，挖土凼，垒土坎，挖防空洞，设置障碍物，以防止日军坦克掩护其步兵冲锋前进。

第四天我们这个连受到日机空袭，一个防空洞就伤亡二十几人，这是血的教训。以后就不准再到防空洞防空。对敌人是要狠，对同胞就应爱。后遇空袭我军官兵各自找掩蔽地方隐蔽自己，凡是容易暴露的目标，就加上伪装避免牺牲。

关于日常吃饭，听特务长说是个问题。厨房内有炊事员9人、内勤1人，加上特务长（事务长）一起都只有11人。武宁地区无煤炭作燃料以煮饭，又无老百姓卖柴，只能去山中砍湿柴烧。煮饭的位置距离前线几十里，白天又不能送饭，晚间一送饭就吃一天，炊事人员的辛苦胜过前线人员的辛苦。

第五天（3月25日）上午十点钟后，日军气球升上空中指示，日军战局基本稳定，我军有撤退的迹象。是日下午两点，我营奉命增援前线占领阵地后，艾一心团长来交代任务说："这次战斗我们没有失败。只因为新十五师被炸，伤亡大了，增援上不来，奉总司令命令，我们师打算有计划地撤退，从七十八军防线撤出，到武宁后面的甫田桥布置二道防线。你们这个营在此地掩护前线撤下来的部队渡河，大约要到天黑时才能渡完。你们这个营一定要等天黑才能离开阵地。"至下午六七点钟时，我连有一个排长、两个班长和六个列兵受伤。连长胥克良来向我说："营长指定我连为最后掩护部队，你排受伤人数少，你排为了担任最后掩护任务，到天黑才能离开阵地。"并说："我带第三排在你之左侧后高地掩护你排通过封锁线。"刚入暮，我就带领全排士兵到连长所在的高地。不料日军设置有两挺轻机枪封锁了我们的前进路线。我即与士兵说："这里不能通过，我们仍回原阵地背后去翻山撤走。"当时已入夜，日军也不敢穷追，但是我排转来转去耽误了时间，就没有跟上队伍。当天晚上照地图指示行走，可是直到第二天早上，才走到河边，见满河都是木板和树木。我看河宽水深不能在那里渡河，若往上游走，又怕走到日军的口袋里去。如若往下游走，又不知哪些地方会有日军。地形敌情都不熟，幸好河边的芦茅秆多，大家就坐下来隐蔽着身子进行商议，究竟怎样走？在哪里渡河？当天的空袭虽是解除了，但侦察机还是不断地飞来侦察。后来大家同意大多数人就地休息，只派两个人沿河去下游找船过河。第一班机枪手张荣华自告奋勇说："我是新津河划船的人，我会水，我愿去找船渡河。"当即派三班下士班长屈致华同他一路去找船。不到半个钟头，屈致华转来说："找到了船。"待我去看时，张荣华已把船撑过河来了。我们四十多人一船就可载完过河，只要过了河，就算是脱离了危险。这天夜晚，不识方向，这些地方有老百姓，过了河我叫宿营，翌日再打听部队消息。殊不知我们就是住在七十八军新十六师的警戒线外，警戒部队派人来侦察，我向他们说明了缘由。他们即告诉我说："你们师在官田收容部队，从我们警戒线进去只有二十多里的路程。"第二天早晨，我们就赴官田。可是那一收容站又转移到澧溪去了，我排就在官田吃早饭，当天下午就归了队。这次战斗我军官兵伤亡三分之一强。

四、主动放弃武宁后的战斗准备

武宁阻击战的后撤,是为了保存抗日力量的有计划战斗转移。新十四师师长陈良基率其师的全部人员从焦土阵地跳出来,迅速渡过修河北岸澧溪,沿公路直抵前线阵地。抵达阵地后一面整编部队,一面准备继续战斗。这时我们才知在武宁前面之黄土岗阵地上,在前几天的抗日战斗中我军伤亡惨重。新十四师四十团两营的营长、副营长均负伤,其他下级军官伤亡也不少。全团官兵只能编成两个不满员的营,每个班都只有十一二个士兵。第三营是农历八九月份奉总部令去湖南衡阳七十九军后方医院收容伤愈荣誉官兵以补充的。

新十五师傅翼师长率部到前线增援新十四师,途中遭受空袭和敌之长射程炮的阻击,伤亡人员很多,亟须整顿,而奉命在武宁后二十多华里之甫田桥地带构筑工事,布置二线阵地。新十四师四十团的任务是充当新十五师的预备队,更须熟悉阵地配备和地形、地物,艾一心团长率两个营的军官前去侦察地形,看到新十五师在挖交通壕、垒土坎、设鹿寨障碍和挖水沟等方面都做得很好。

五、反攻武宁未能如愿

1939年农历四月尾,总司令来新十四师视察部队,又检查新十五师阵地配备和工事构筑情况后,命令新十四师从澧溪推进到离甫田桥阵地五华里远之岩山下,准备反攻武宁。陈良基师长接受任务后,即下达任务,命令四十二团王刚毅团长率部主攻武宁,四十团作正面预备队。四十一团张耀宗团长率该部从公路左翼顺廖家山脚迂回攻击武宁之敌。日军占领武宁的一月内,抢修了地堡,建筑了工事,每个地堡之间都挖通了交通壕,设有铁丝网一层,铁丝网上悬有罐筒盒,破坏铁丝网时就会发出响声,敌人就可发现目标。敌人炮兵阵地所设的铁丝网障碍是三层,还设有鹿寨障碍,每个工事都建筑得很牢固。由于我们部队破坏工具很少(每连只有一把铁丝剪),我们的炮是八二迫击炮,杀伤力弱,加以敌情变化,这次反攻未能如愿。

六、挺进湖北通山

端午节后,新十四师又接受新的任务,转移到武陵地区以北之新溪源,指挥所驻谢家坪,四十二团随师部行动,维持新溪源至通山百余华里的交通秩序以保证补给,并保护换药所、茶水站和担架队的安全。四十团、四十一团经八门、九门挺进到湖北通山。部队编制名称也做了改变,即将团改为纵队,团长改为纵队司令;营改为支队,营长改为支队长;连改为大队,连长改为大队长;排长改为中队长,班长改为分队长。履行任务时,多数以中队为单位进行活动,紧密依靠民众,联络民众,工作开展得很好。如窥测敌之行动、巡逻、夜袭、火力侦察、埋伏等都搞得很好,主要目的是截断敌人补给线以钳制盘踞武宁之日军。随后,我被调往战地军官教育团受训,对那里的战况就不了解了。

七、创办三十集团军战地军官教育团,是为了消除分歧、团结抗日

三十集团军的组成,本是东拼西凑拉拢来的。八个保安团官兵,曾过惯了涣散生

活,训练、打仗都过不得硬,彼此不团结,互相歧视,抗御敌人各管各事。在麒麟峰的战斗,七十二军全军被日军击溃就是例证。那时,大家彼此相骂是"饭桶"。武宁阻击战也打得不是很好。王陵基见此情况,便在两个军、四个师及所属单位和总部所属各团共抽调360名下级军官进行训练,让大家能在战斗中以同学这个关系,统一意志,集中力量,融洽一致地全力对敌。中级军官在受训中都担任区、分队长,与我们下级军官相亲相敬,如同手足,凡事以理服人,同学的关系很好,互相关心,互相爱护。为了避免日军空袭的侵扰,每个分队都是单独在野外上课。日军虽然空袭不断但始终没有侦察到目标。受训不到两周时,第一次湘北会战(长沙会战)展开,我们战地军官教育团不分日夜武装前进,趋向湖南浏阳方向占领白虎山脉,以阻止日军由岳阳经平江地区打通浏阳而截断我们的补给线。湘北会战后,战地军官教育团又奉命去湖南浏阳东门市上课。一天晚间自习时,教育长何志安来讲堂传达说:"同学们,这次战役打得很好。我们战地军官教育团团长(王陵基)升任第九战区上将副长官兼三十集团军总司令。"当时修水已收复了。课程进度完成后,便由湖南浏阳步行至江西修水之山口峰举行毕业典礼。当时已64岁的王陵基站立讲了4个多小时的话,没有休息,没有喝水。我们都感到很不耐烦了,他还无倦意。他讲的是关于敌我的战争问题。他说,我们想打敌人的小后方,敌人就想打我们大后方。如新十四师挺进湖北唐山地区,攻打湖北瑞昌,破坏瑞武公路,炸毁敌后补给,便是打敌人的小后方。而日军进攻长沙,把我们集团军、杨森集团军、罗卓英集团军包围起来,便是长驱直入攻打我国的大后方。他又说,在薛岳长官的指挥下,第九战区各总、军、师的抗日将士奋勇杀敌,打得日军狼狈逃窜,粉碎了敌人阴谋。敌人这次被打败了,看来是不会甘心的。大家今后回到部队去,还要严防警惕、锻炼战斗意志,还有更多的战役等待我们。接着,他又说到收复修水的问题。他说,修水、武宁、铜鼓和湖北之阳新、通山等县,是我集团军有责任保卫之土地,不容许日军夺去。上年放弃武宁空城,不等于是失守,还是在我们掌握之中,等到人力物力的补充到来,我们还要反攻。要夺回防区,就靠我们官兵的爱国精神。进犯长沙的敌人,受到我们战区抗日将士严重打击,被打得七零八落,从长沙战场逃窜。此次我军击溃了敌人两千多人。敌人经平江窜来修水,企图盘踞修水后,与武宁据点之敌会合成一股。我调集整个团的兵力来把敌人赶走了。根据这次战役来看,我军战斗力增强了,士气更旺盛了。总部驻四川万县的新兵训练处,已有两个团官兵编成野战补充一、二团,这两个团就要在你们这期学员中抽调90人到补充团,至少每个连安插一人。因为你们在抗日战争中有些经验,对敌情况有些熟悉,这样做才不致有误。我们还要办第二期教育团,还要抽调一批人来受训。你们这批调来受训,他们都能在部队中担当起部队责任,我相信你们会干得更好。从今以后,我们的军官队不分一期、二期同学和没有受过训的人员,大家都要携起手来,为抗日战争做出贡献。会后他和全体同学共进了午餐。我之后便又回部队去了。

本文选编自《威远文史资料选辑》第六辑,1988年

参加长衡会战的回忆

骆湘浦

一、萍乡之战

1944年5月中旬，日军由武汉大举南犯。5月下旬，驻修水之第三十集团军总司令王陵基奉命以第七十二军军长傅翼率第三十四师、新十三师、新十五师三个师，经渣津、长寿街向平江前进，协同第二十七集团军阻击南犯之敌。6月上旬，第七十二军先头部队到达长寿街时，获悉日军已陷浏阳，正南向醴陵、萍乡间地区挺进，威胁长沙我军侧背。七十二军奉命改道，向萍乡前进，协同我五十八军阻击南犯之敌。第三十四师（缺一〇〇团及一四一团第一营）奉命先行，军率新十三师、新十五师继进。一〇一团（我当时任团长）为师前卫。6月10日上午九时许，尖兵连（二营六连）到达萍乡县城，获悉五十八军已在萍乡县城以西三十多里处与敌接触。团奉命折向西行，沿渌水经十二里桥、湘东道搜索前进，联系五十八军部队阻击南犯之敌。十一时许，我团尖兵连行抵十二里桥附近时，突与敌人遭遇，一时枪声大作。我急登道侧高地观察，决定将我团部队集中于五里坳（距萍乡县城五里）以西大道两侧高地，急令第二营督促尖兵连就地占领阵地，阻滞敌人前进，以掩护团主力布防；并令迫击炮在五里坳大道右前方选定阵地，集中火力配合二、三营沿大道两侧进攻敌人。团指挥所设在五里坳右侧高地。第九连、团特务排、团突击队（临时抽调士兵四十多人组成，着便衣，配备大刀、手枪、冲锋枪、轻机枪、步枪）为团预备队，位于团指挥所东侧附近。副团长率团部及直属连队位于五里坳东侧大道上的村落中，负责通讯联络、伤员转运及其他后勤工作。当天正午稍过，我团刚部署完毕，敌之山炮即从十二里桥方向向我射击，担任尖兵连的二营六连亦从十二里桥附近撤回。这时我才知该连连长盛道生在遭遇战刚开始时右臂即负伤，后来为掩护团主力部署，又率一个排扼守大道上一个要点，击退了敌人多次进攻，最后被敌人密集的机关枪火力击中，英勇殉国。

午后一时半，敌山炮延伸射程，炮弹纷纷落在我团指挥所所在的山头，团部中尉副官王郦生中弹阵亡。这时我判断敌人即将全线进攻，即以电话询问第三营战况。营长王治中在电话上说："敌人正猛烈攻击我营右侧接近大道的第七连的几个小高地阵地，该连二排排长刘××（已忘其名）负伤，所部士兵伤亡较重，七连连长谢洁已亲率预备队（第三排）前往增援。"又说："我营左侧第八连左临渌水，不是敌人攻击重点，即将从该连抽出一个排拨归谢连长指挥。"我告诉他："我立刻令团预备队的第九连归还你营建制。"我要他将第九连掌握在手里，看准时机才使用。接着，我又问右翼第二营战况。代营长廖昌新说："敌人攻击重点在我营左侧接近大道的第五连正西，该连连长阮明荣已击退敌人两次进攻，虽阵亡排长一员，伤亡士兵约二十人，但敌之伤亡更大。至于最右侧的第四连，只有少数敌人进攻，伤亡不大。任尖兵连的第六连中尉排长林××（忘其名）及其所率的一个排尚未归队，已派人去寻找。"我要他转令该营："四连进击当面之敌，以策应五连的战斗。"激战到下午三时半，我已毙伤敌军近百人。我团伤亡官兵亦有一百五十多人。除连长盛道生阵亡外，七连连长谢洁负重伤，死于转送途中。

当时获知师部已派第一〇二团第二营占领我右侧高地，解除了我对右侧背空虚的顾虑。敌军仅沿大道正面进攻，估计其兵力必然不多，加之当时阵前只有稀疏枪声，判断敌已再衰三竭矣！这是主动发起进攻的有利时机，乃于午后四时许打电话给留守团部的副团长邱扬武交换发动进攻的意见。邱叫我不要忙，原因是刚才通讯排秦排长报告说，师通讯连正在拆电话线，不知何故，已派人跑步进城探听。他要我守在电话机旁等待情况。不久，邱的电话来了，说是敌军大部队突然由北向南压迫，我军主力猝不及防，已下令全部撤退，南涉渌水，向南坑方向去了。我团还未接到师部指示。必须当机立断，再没有犹豫的时间了！我当即对邱副团长说："立即把团部及直属连队带到五里坳团指挥所附近。伤员尽可能转运一部随团卫生队行动。"（事后得悉，战场附近居民曾主动前来帮助运送伤员，因而所有伤员均全部运走，官兵颇为感奋）在面临前后受敌的情况下，我选择了向右前突进，在敌军侧后寻空隙或薄弱部分突围之计。我急令刚乘马驰到的副团长邱扬武率团特务排、团突击队占领团指挥所右前方距萍乡县城西北十余里的高地，以掩护我团向该地区结集，准备突围。又令第二、三营各留置一小部兵力于第一线迷惑当面之敌（俟机撤走归队），并速率全营到团特务排、团突击队已占领的高地结集，准备突围。同时，派人通知迫击炮连撤出阵地，循团特务排和突击队所走道路跟进，向副团长报到。我将所得情况及我团处置通知我第一〇二团第二营，第一〇二团第二营也撤到我团附近地区，与我取得联系。

我攀登附近最高山头用望远镜观察敌情，见十二里桥、五里坳间敌军仍在原地，萍乡方向敌军已派出一个小队三四十人向城北山地搜索前进。渌水以南没有激烈枪炮声，可能军主力已向南坑安全撤退。我急下山通知团突击队长、二营代理营长、三营营长，立即派人侦察北边山麓小道及湘东通向萍乡县城大道上的敌情。随即下达突围撤退命令：一、突围后撤退目标是上栗市以东约十里地区，需要传达到各班。二、本团现有部队分为两批，第二营及团直属队为一批，由团长直接指挥先行；第三营为一批，归王治中营长指挥继进，寻小径向北下山，到达山麓，要短暂停止，俟后续部队跟上；并派兵搜索东通萍乡县城大道敌情，准备一举通过；如果情况变化或失去联络，后一批在王营长指挥下可另选道路，越过湘东通萍乡大道，径赴上栗市以东十里地区。同时将我团突围撤退的部署概况告知第一〇二团第二营派来的联络员。当天午后八时许，由团直接指挥的第一批先头二营尖兵已到达山麓，暂停待命。我在山麓稍高地方观察，看见湘东通萍乡大道上有火光，并闻马嘶声，都是由西向东，判断系敌辎重由湘东去萍乡县城。遂派员到二营先头，命令从敌辎重部队空隙中一举通过，对两侧特别是西侧要加强警戒，做好战斗准备。午后十时许，团部、团直属连队及第二营已全部突围，到达湘东通萍乡县城大道以北约十里地区，但王治中营长所属的第三营却没有跟上。两小时后，未闻激烈枪声，判断三营必已另取道越过湘东通萍乡大道，到达北面的安全地区，遂率队继续向北撤退。6月12日午后，我所率的第一批部队安全到达上栗市以东十里许预期的撤退地区。入暮时，王治中营长所率的另一批部队及一〇二团第二营亦先后安全到达。当晚，利用地方原架设电话线向宜春集团军总部参谋处报告了萍乡十二里桥遭遇战及突围经过。总司令王陵基指示我们就地休整，两日后开赴宜春、萍乡间之泸溪，以电话与现驻萍乡以南之上下南坑之第三十四师师部联系，归还建制。

这一战，我团军官伤亡九员，其中阵亡五员。士兵伤亡一百五十余人，其中阵亡约五十人。突围时散失士兵三十多人（后有十余人归队）。武器损失：步枪约二十支，迫击炮四门。

6月15日，我团由上栗市以东出发，17日午后到泸溪，并与师部取得了联系。18日到达萍乡之下南坑，归还了本师建制。19日夜间，全军由萍乡上、下南坑出发，向攸县皇图岭前进，有截断醴陵、攸县间敌之交通，相机攻袭醴陵、攸县之敌的任务。我团为右纵队第三十四师的后卫。20日上午九时许刚到达南坑西南之梨树坳时，获悉萍乡之敌发现我军转进，派出部队追击，我团奉命占领梨树坳并击退来追之敌。坳口两侧荆棘丛生，不便通行，敌我双方均难发挥火力。我遂令第三营在梨树坳占领防御阵地，重机枪连以主火力指向坳口正面，另在坳口两侧荆棘丛中选择适当地点，潜伏密集的步兵群，以防阻敌兵穿越荆棘丛。命第二营为预备队，位于坳口直后约一里之处。团部及团直属连队位于紧接二营部队后之小村落内。上午十时许，来追之敌向我梨树坳阵地发起进攻，敌集中火力、兵力猛攻我坳口正面，持续半小时，被我击退。与此同时，有敌兵一股悄悄出现在我潜置的密集步兵群前面的荆棘丛边沿，我九连连长曹发勋立即令密集的步兵群冲入荆棘丛与敌肉搏。敌兵爬在先头的只有十多人，而且被荆棘丛隔离分散，被我群起围攻，杀得七零八落，仓皇逃命。我乘胜追击，前进到七八十米处，发现敌人背包三十多个（敌惯例，发起冲锋前卸下背包），被我全部夺获。来追之敌见我有备，于入夜后全部撤走。这次梨树坳战斗，我负伤士兵六人，敌伤亡士兵十余人，遗尸两具及步枪两支。21日晨，我团随师主力向攸县皇图岭地区前进。

二、醴陵破敌

6月下旬，我团到达攸县皇图岭以东地区，一面做好战备，一面整顿部队。这中间还有一个插曲：我团在皇图岭以东地区，发现一个爱国的汉剧团。武汉沦陷后，这个剧团的人员不愿当亡国奴，撤到湖南各地继续为军民演出。这次敌军突陷醴陵，该团由醴陵逃出，尚有三十多人，生旦净末丑俱全，皆仓皇无计，面临散伙危机。我闻讯后，立即派人邀请该剧团负责人吴艳秋等晤谈、计议。最后商定暂由我团供应剧团伙食、演出开支及演员最低限度的一点零花钱，并雇民夫为剧团搬运戏装道具。剧团随团后勤部队行动，有机会就为我团官兵及当地居民演出，以丰富部队的文娱生活。大约三个月后，商得师部同意，将该汉剧团交由师部救助。就这样，直到翌年（1945年）9月日本投降后，我军进驻湖北石灰窑、黄石港，该汉剧团才与我师、我团依依惜别去汉口。

7月2日，我团奉命随军、师主力向萍乡以西地区转进，协同五十八军围攻醴陵之敌。6日上午我团（缺第一营又两个连）奉命向醴陵城东之八里坳急进，接替第五十八军阵地，掩护军主力围歼醴陵守敌。下午七时许，我团先头部队到达八里坳，发现五十八军已撤走，没有留人移交阵地。我闻讯驰赴八里坳，率二、三营两位营长侦察地形，见八里坳无险可恃，但其右侧向北延伸二里许有一山头名叫佛子岭，左侧向南、向西是连绵起伏的小山。遂命走在先头的第二营扼守八里坳口及其两侧高地，并派兵一班沿大道前进两里向醴陵方向警戒；步兵部署着重分班分组扼守阵前要地，不可平均分散在第一线；重机关枪部署在坳口附近，以密集火力歼击沿大道进犯之敌。又命第三营左侧联系第二营扼守佛子岭高地，以小部队占领制高点，在佛子岭西麓（通向醴陵城方向）布置警戒线并加派小组巡逻，尽可能多掌握预备队以应变。又命团突击队在八里坳口前联系第一线二营部队，做好纵深防御配备，阻击寻隙潜入之敌。团部及其余直属连队即位于距八里坳口后面一里多的小村落内。各部队方开赴指定地区之际，即闻八里坳大道前方出现枪声。我与副团长邱扬武交换意见，一致认为八里坳距醴陵城太近，我五十八军黄昏前早已撤出阵地，我团薄暮才到达接防地点，必为敌所侦知，趁我立足未稳，夜袭我团的可能性很大，需严阵以待。当即电话告知二、三营营长，今晚敌人夜袭的可能性很大，各连、排、班要坚守据点，各自为战，不许擅动，违者军法从事！当晚下半夜，敌人果然发动夜袭，我二营守兵各自为战，将进攻之敌击退。时当7月，天亮较早。凌晨，我登第二营机关枪阵地观望，据所见情况判断敌人尚未撤退，有发动拂晓攻击的可能。因地形于我有利（高地均在我手中，敌处在无屏障之平地向我仰射），又据敌夜袭时，袭击正面不宽，无力分兵攻袭我右翼佛子岭或抄袭我之左侧背，估计其兵力不多。无论敌人是否发动拂晓攻击，均是我发起反击、歼敌之良机。我遂毅然下达攻击命令：第三营派出一个加强连立即出动，从佛子岭下山攻击敌之左侧背；第二营（缺第六连、附团突击队）为攻击主力，拂晓前机关枪连推进到坳口右侧现五连阵地上，拂晓时全线一举冲入敌所盘踞之村落，全歼敌人；团特务排以一个班沿我阵地左前方小高地搜索前进，扰袭敌之右侧背，其余两班由排长率领进驻原五连阵地，团指挥所设在坳口右侧高地。刚下达完命令，霎时，机、步枪声，手榴弹爆炸声，军号声，打破黎明前的沉寂，震撼着大地。我出击主力第二营以第五连猛扑敌之正面；以团突击队从坳口冲出，联合五连猛扑敌之右侧面；以第四连猛扑敌之右侧背；令机关枪连随五连战斗进展，推进阵地，射歼敌人。第三营以第八连附重机枪两挺，从佛子岭下山，攻击敌之左侧背，截断敌人后撤归路。经过约一小时的激烈战斗，敌受我三面围攻，死伤近半，向醴陵城溃逃。清扫战场时，发现敌遗尸二十具，又从遗尸中查出敌"支那驻屯军"第三联队第一大队第三中队中队长佐藤、第一中队小队长德田。另俘虏敌兵十一名，内二名伤重死亡。共缴获敌人三八式步枪三十余支，轻机枪两挺，机、步枪弹两千余发。我方伤亡三十余人，内排长一员负伤。

本文选编自四川省政协文史资料研究委员会、四川省人民政府参事室《川军抗战亲历记》

抗日军人——明继光

明 科[*]

清光绪二十三年（1897）四月九日，四川彭县城东街里的乡绅明老先生喜得一子。明老先生捻着下颚胡须，喜滋滋地看着长得浓眉大眼、天圆地阔的儿子。见他在襁褓中时而闭目静睡，时而拳举脚蹬躁动不安，于是对着家眷大呼一声："有了！就取名永忠吧。"

明继光

给儿子取名永忠，是因为明老先生看见儿子举手投足都有一股尚武的气势，遂心生一念，给孩子取名"永忠"，意为永远护家忠国。在清王朝摇摇欲坠、动荡不安的日子里，明永忠六七岁时，便拖着清朝时男人最具特色的小马辫在县城一家私塾读书。明永忠生性聪颖，悟性极高，少言寡语，成绩斐然，深得私塾先生的垂爱。只有明老先生时常看到他青灯伴读、孜孜不倦的样子，反而有些摇头不满，经常自叹道："别长大了跟我一样，百无一用是书生。"

1911年，是旧历辛亥年。就在这年5月，四川发生了波澜壮阔的保路运动。四川保路运动又称"四川保路风潮"，是清末四川人民维护路权的斗争运动。四川人民自办铁路，清政府迫于帝国主义的压力要将路权收归，四川人民奋起反抗。清廷于是派湖北新军前去镇压，造成武昌空虚，为辛亥革命首役武昌起义奠定了基础。因此也可以说，四川人民的保路运动直接成了武昌起义、辛亥革命的导火索。

而此时的明永忠正在彭县中学就读，国家社会深层次的震撼变革，给循规蹈矩的他带来的，不是瞠目结舌的惊恐，而是一种新思想、新观念、新思维，是救国救民的探索与追求。明永忠喜欢这种新的共和制度，它让国民扬眉吐气。

然而袁世凯称帝使中国历史发生了暂时的倒退。这对于思想正在逐步成熟、善于思索的明永忠来说，不啻是一个严峻考验。何去何从？颇受辛亥革命影响又具有独立决断能力的明永忠，决定践行孙中山先生1906年在《革命方略》中的宣言："敢有帝制自为者，天下共击之！"于是血气方刚，一腔热血，且有忧国忧民之心的明永忠在刚满十七岁的青春年华，决定从戎报国，投入四川陆军三师六旅十一团三营十二连充二等兵。1915年12月袁世凯称帝，护国战争爆发。明永忠参加了护国讨袁战争和其后的护法战争。因作战英勇，1918年于陕西参加二十二师军官传习所集训三个月，后调任该师工

---

[*] 作者为明继光之孙。

兵二十二营一连少尉排长，1919年又调任该师教育团中尉排长。

1931年调任国民革命军三师八旅二十二团第二营营长。是年，九一八事变爆发，山河破碎，明永忠遂改名继光，誓承抗倭名将戚继光之志，驱逐日寇，还我中华。

1937年7月7日，中日战争全面爆发。1938年，明继光所部扩编为国民革命军三十集团军七十二军新编陆军十三师（系川军王陵基部），明继光任第一旅少将旅长，率部出川抗日。9月参加著名的万家岭战役麒麟峰阻击战。时值武汉会战的关键时刻，日军第一〇六师团孤军冒进赣北德安地区，被薛岳将军用十多个师紧紧围困在万家岭，日军主帅冈村宁次急遣第二十七师团增援，被新十三师等四个师阻击在麒麟峰下。麒麟峰是赣北瑞昌到武宁的一个隘口，也是日军解围的主要通道。日寇从东西两边疯狂夹击，企图攻下麒麟峰。不间断的轰炸、冲锋，使整个阵地弹雨横飞，炮声震耳欲聋，阵地笼罩在一片火海之中。惨烈的血战持续了七天七夜，由于天气炎热，阵地上阵亡者的尸体长满蛆虫，尸水、血水和雨水混在一起，川军官兵在硝烟弥漫的战地上，只有用这样混浊的水来解渴；粮弹无法输送上阵，只能用随身携带的发霉的干馒头充饥。此时，任副师长兼旅长的明继光率部坚守前沿，所部伤亡惨重，但仍冒着日寇的飞机、大炮和毒气苦战。

9月29日总司令指挥三十集团军在艰苦的条件下发起反攻。随着冲锋号响起，明继光率全旅残兵冲出战壕。鬼子兵措手不及，完全没有料到已经疲惫不堪的"草鞋兵"会不顾一切地呐喊着猛扑过来，被打得狼狈溃退，川军大获全胜。是役明继光将缴获的一份日军武宁地形军事地图作为纪念收藏，并在该地图上挥毫题字："民国二十七年九月三十日与日人战于江西德安之麒麟峰，激战旬日，击溃其近卫师团所获此图。"

1939年秋第一次长沙会战爆发，中国第九战区军队在湖南、湖北、江西三省接壤地区与日寇展开大规模防御战。敌一〇一师团拟由江西向湖南增援，第三十集团军奉命阻敌于赣北修水、三都一线（此时新十三师已辖于七十八军）。战斗中，明继光率所部将士于11月14日向日军发起反攻，他身先士卒，高喊"杀贼"，与敌激战三昼夜，将敌打退。是役明继光所部击毙日军一千余人，缴获无数，当时重庆各报均报道了这一胜利，特别是中共主办的《新华日报》将英勇善战的明继光将军褒称为"抗日虎将"。在击毙的日军中有一个少将军衔的敌酋名叫本间，从他身上搜出一把纸扇，该扇是侵华日军甲级战犯、日本陆军大臣板垣征四郎题词并赠送的。明继光缴获纸扇后，即兴挥毫在前扇面题写："民国二十八年十一月十四日，余率师反攻，与日寇战于江西属之修水、三都，激战三昼夜，毙寇千人左右，遗尸数百具，获战利品甚多，余仅取此一扇以为纪念，而志不忘是役也！即所谓湘北胜利之一局部战斗也。"又在后扇面记下："益军识于江西武宁澧溪军次，时廿八年十一月十七日。"

作为一个中国军人，明继光有强烈的爱国思想，"男儿欲报国恩重，死在沙场是善终"是当年川军抗战将士的座右铭。明继光将军自1938年出川后，抱着"川人决不负国"的信念，始终在前线坚持战斗。1940年因胃病突发回重庆治疗，后解甲归隐重庆走马乡，开茶馆，耕农田，自食其力，服务乡间，只求独善其身。1949年以后，明继光被选任走马乡征粮委员。后历任走马乡治安委员会调解主席，巴县第一、第二届人民代表大会特邀代表，乡胜利公债筹备委员会委员，成渝铁路枕木委员会委员等。

明继光1926年与廖恭默女士结婚后就定居重庆走马乡，育有七子一女。"文化大革命"期间曾被抄家，受到批斗冲击。但他生性豁达，乐观安命，在遗嘱中写道："当前是社会民主发展的时候，有共有共享共同生产的任务，更有为人类幸福而改造社会的历史任务。因此你们兄弟等应该不落后在时代的后面，要与时代共同前进。至于个人的毁誉得失、权利名位，只要真理所在，更不要去计较。"他嘱子孙们"或农或工，自耕而食，自学求知，有用于时代，报效于国家"。1968年2月9日明继光在贫病交加中于走马乡逝世，享年71岁。

故事还在继续。明继光将军抗战胜利后，辞官去职，布衣还乡，并把两件战利品从烽火硝烟的抗日战场带回到了重庆的走马乡。

这两件战利品就是前面说到的有日本陆军大臣题字的折扇和麒麟峰之战缴获的日军武宁地形军事地图。就是这两件看似毫无经济价值的"战利品"，在短短的六十年间却经历了冰火两重天的待遇。

1966年，在中国的大地上，一场史无前例的无产阶级"文化大革命"正在轰轰烈烈地进行着。此时的明继光早已是一个地道的老农民了，却也难逃被红卫兵、造反派抄家的厄运，自然更不能幸免这场破四旧、触及人们思想灵魂的"革命"了。

就在明继光面临抄家的危险遭遇时，他的四儿媳妇何绍碧站了出来，为了不让公公的"珍藏"落入他人手中，她将公公的两件"战利品"连夜藏到了她的娘家，未曾想却是为国家民族做了一件大好事。这两件战利品就这样被保存了下来，这是对历史证据的保存，比保存真金白银还要有价值。

时间又往前走了三十多年，中国步入了改革开放的年代。重庆走马乡被文化部定为"全国民间故事之乡"。1999年的一个秋天，联合国教科文组织专家、日本女学者加藤千代来到走马乡调查民间故事，何绍碧的丈夫明勋和儿子明科接待了她。交谈中，明家父子说起了板垣征四郎题词的纸扇，并展示给千代看。千代仔细审看后，突然霍地一下站起身来，神情庄重地看着纸扇，恭恭敬敬地对着这把扇子行了一个礼。众人大吃一惊，瞠目结舌，不知何故。千代解释说，板垣个人虽是战犯，但板垣家族是明治维新的功臣，在日本家喻户晓，受人尊重。她还说："没想到能在中国内陆的偏远山乡见到板垣家遗物，真是感慨万端！"接着她委婉地提出："能不能将它转让给我，多少钱你们尽管提。"

日本民族对历史的尊重固然令人惊叹，但是对历史的尊重、对先贤英烈们的敬重更是我中华民族的优良传统。"不管多少钱，我们都不卖！"明家父子明确回答千代，"这是我们的传家宝，它记载了川军老一辈为民族流血牺牲的历史。我们当子孙的，岂敢拿前辈的白骨去换钱？"明家后人的浩然正气，同样受到了千代的敬重。

如今这两件战利品还收藏在明家，其复制品，展示在当地政府为明继光将军修建的陈列馆里，供后人观看，让后人了解那段中华民族在抗日战争中不屈不挠、浴血奋战、可歌可泣的不朽历史。

板垣题字折扇（正面）　　　板垣题字折扇（背面）

本文 2015 年 12 月写于重庆走马乡

川军抗战的罗忠信兄弟

罗 江

在众多川军将领中,有对同胞兄弟主动请缨出川杀敌,屡立战功。他们就是我爷爷罗德才和我大爷罗忠信。

罗忠信

罗德才

一、抗日寇兄弟争锋

1937年7月7日卢沟桥事变发生后,身处大后方天府之国的川军将领,在刘湘的带动下,踊跃请缨出川抗战。

当时,我大爷罗忠信任川军省府宪兵警卫团上校团长,驻成都红牌楼。宪兵警卫部队因肩负纠察和守卫省会重任,配备相对精良。罗忠信十六岁当兵,早年在四川陆军军官传习所及峨眉军训团受训。该团的营连级军官多是省内外军校科班出身,班排长及士兵是从部队层层选拔而来,官兵综合素质高。武器装备多为捷克和德国造,且自动轻武器满员配备,堪称川军一流。

我爷爷罗德才,时任川军二十一军军官教育团第三大队队长兼工兵学校少校教官,早年入泸州川南师范学堂,后受其胞兄罗忠信引导考入云南讲武堂。

其时,全川上下抗战呼声高涨。我爷爷和大爷两兄弟同驻省城,经常见面,常常大谈作为军人安居大后方是莫大的耻辱。所以,两兄弟都渴望自己能领兵出川,同时又都希望对方能留川。半年中,兄弟间三番五次争论互劝,甚至大动肝火地摔凳拍桌。无奈何之下,两人都不约而同地给我姑婆写信,指望当家人姑婆支持自己。

1938年春节,罗家同胞三兄妹及所有家眷亲人团聚,围绕兄弟俩谁出征前线展开议论。最后我姑婆提出了大义悲壮的解决方案：解散现在的大家庭，兄弟俩的女眷都带各自的幼子回娘家投亲寄居。兄弟俩同时向上峰要求，约定结伴同上前线出川抗战。如有战死牺牲者，其女眷带幼子今后自谋生活出路。我姑婆言毕，兄弟俩含泪哑然，女眷们目滞面惊，抽泣无语。

同年4月，王陵基领受国民政府军委会命令，负责组建第三十集团军，兄弟俩再次请缨获准。罗忠信升任少将旅长，其部编入新十四师。罗德才调入该旅升任中校参谋主任。兄弟俩同旅搭档后，用不到两个月的时间完成了繁杂的扩编任务，6月第一批到达指定整训地重庆广阳坝，8月遵令启程出川，东下宜昌。船过三峡夔门之时，官兵们出舱齐朝家乡四川，由旅长罗忠信率领读了由罗德才撰写的抗战誓词：

> 余旅东征，志为灭倭。胜者殊荣，战死忠烈。今过峡江，别我桑梓。我等誓言：疆场浴血，保我国家；沙场建功，捷报传音；奋勇杀敌，报我乡亲。

一路东出峡江，全军未及宜昌下船休整，接令改赴湖南岳阳登岸。在高温酷暑下，全旅官兵随第三十集团军先头部队昼夜不停地强行军八百多里山路，十万火急地赶赴江西武宁抗战前线，投入第九战区武汉会战的江南战场。

二、战日寇舍生忘死

兄弟俩打的第一场大硬仗当属保卫麒麟峰阻击战。这是川军抗战敢于亮剑的一场典型之仗。

麒麟峰，一个曾被血洗过的地方，位于江西省德安县白水乡境内，是一个相对高度四十多米的小山岭。

1938年9月，日军在攻占江西九江后，长江南岸战场的中日两军都集结重兵，在南浔路北段对阵。23日，日本方面军司令官冈村宁次突然放弃正面的猛烈攻势，以一〇六师团转向西南方向迂回包围德安，围击我在南浔路北段两侧的十余万抗日大军。同一时间，冈村宁次又令西北方面的日军二十七师团沿瑞武公路向东南方向猛攻，企图占领战略要地麒麟峰，以接应一〇六师团。

守住麒麟峰隘口，就如同在日军两个精锐师团之间筑起了一道隔离墙，让两个凶猛的师团不能相互策应。第九战区司令长官薛岳急调六个师的兵力，布防麒麟峰一线及纵深地带。其中第三十集团军的四个师奉令迅即进入各自阵地。

9月25日，川军与阵地当面日军的攻防大战全面打响，新十三师一旅明继光部防守麒麟峰东边方向的一段阵地。顽强阻击一天多后，因牺牲消耗过大，战力锐减。在与新十五师防线接合部，有一重要高地名叫覆血山，由川军的一个加强营防守，敌一〇六师团和二十七师团为打通一条策应互援通道，合力向此重要高地猛烈攻击。该营伤亡惨重，阵地失守。

在这关键时刻，罗忠信带领机动部队火速出击。王陵基接着又下令将新十四师罗忠信部临时划入新十三师序列，接受师长刘若弼战时指挥。

激战至25日夜，罗忠信率领全旅将士夺回失守阵地。才刚刚稳固阵线的当口，敌二十七师团利用夜色掩护又突袭我川军另一段阵地，占领了麒麟峰东北方向的一处高地，临战补充进新十三师的罗旅与友军吴奇伟部协同作战，两面逆袭，打得鬼子再次狼狈溃退。日军广部大佐在二十多个鬼子的团团护卫下还没跑出三百米，就被罗旅逆袭冲锋而至的密集火力击毙。鬼子被突如其来的劲旅打怕了，竟不敢回来收尸，让广部大佐一直暴尸两军阵前，至日军败走后才由川军掩埋。

双方战至26日拂晓，敌竟向罗旅施放毒气进行报复。在前线阵地指挥所内，正在观察敌情的罗德才发现由敌军方向突然飘来的团团白雾后，当即判断出是日军的进攻毒气，并立即向同在指挥所内的罗忠信旅长报告。两兄弟一合计，罗忠信马上摇起电话向师部报告，罗德才立即向十多个参谋和传令兵下达命令：用最快最可靠的办法通知所有团营连级长官，告诉士兵们用水浸湿布捂紧口鼻，争取多闭会儿眼再睁一下眼观察，必须等白烟散尽后才能拿下湿布。但川军官兵大多数没有受过防毒训练，又无防化面具，付出了极其惨重的牺牲，顷刻间一线阵地伤亡过千。本来还处于地面战力优势的罗旅，转眼间形势变得万分危急。此时，罗忠信旅长仍然坚定地又打电话向三十集团军司令部和新十三师刘若弼师长表示："该地为全军锁钥，不能有失，我决心率部死拼。"在紧接着的惨烈激战中，尽管日军五度进攻，飞机大炮狂轰滥炸，罗旅余部仍与阵地共存亡，每个活着的官兵都坚持做到了死战不退。

多少年后的和平年代，爷爷兄弟俩每每念及抗战牺牲，就会想到麒麟峰战斗中日军使用毒气攻击，让自己从家乡带出川的兄弟一次死伤上千、尸横遍野的悲壮惨烈场景。大爷在生前多次讲过："一将功成万骨枯。"爷爷则多次说过："我学过我知道毒气，为什么我不能在（操典规定）外悄悄抗命再多做点事？"如今猜想，爷爷兄弟俩内心各自埋藏着一份深深的伤痛。

拼力战至26日黄昏时分，罗旅参战的三千多名官兵大部牺牲，仅余六百余人。

在川军官兵们收集回来的日军武器中，有把指挥刀刻有"广部"家族姓氏。此刀作为爷爷兄弟俩收藏的战利品在我家保存多年，后因变故由自家老辈将这把军刀连同其他战利品，统统扔进了泸州小市镇的沱江河中。

26日深夜，第三十集团军参谋长张志和调来一团援兵，罗旅阵地得以稳固。战至30日早晨，敌一〇六师团一个联队退败，敌二十七师团残部见攻占麒麟峰无望，而自顾往北退走。

以川军部队为抗战主力的麒麟峰之役成功阻击两面之敌，又回过头来参加对包围中之敌一〇六师团的围歼，让其付出了伤亡七千余人的代价而从此一蹶不振。这就是万家岭战役的最终大捷。

战后不久，时任敌二十七师团师团长、武汉大会战敌方最高指挥官之一，二战结束后在菲律宾被判处死刑的战争罪犯本间雅晴有感于江西德安麒麟峰战斗的残酷血腥和爱将广部大佐的战死，曾作诗一首道：

> 秋雨萧条麒麟峰，寡军夺顶专力斗。
> 忽起铳声破闹寰，逆袭敌势似怒涛。

细细品味此诗，我们能从诗句的字里行间窥见当年麒麟峰战斗的激烈非同寻常。穿越时空，我们还能看到抗战中，曾有一支装备精良、头戴钢盔、脚蹬战靴、手持冲锋

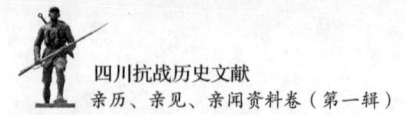

枪、英俊威猛、军容雄壮、善打能战、与我们习惯认知不同的川军劲旅,在麒麟峰书写过永载史册的光辉篇章。

三、猛追日寇一马当先

麒麟峰阻击保卫战之后,川军能战的名声大振。罗忠信晋升为新十六师副师长,后又晋升为川湘鄂绥署副主任兼参谋长。罗德才晋升为第七十八军参谋处长,后调任新十六师四十八团副团长。在湘鄂赣三省转战三年后,第七十八军参加了著名的第三次长沙会战,取得了抗战以来最辉煌的一次大胜利,罗德才所在的四十八团在此次战役中功勋卓著。

1942年1月11日,第七十八军于13日从浯口渡过汨罗江,向长乐街以北实施超越追击。15日,一面寻歼汨罗江以南之敌,一面向新墙河以北日军阵地实施跨江袭击……

这就是1941年12月24日至1942年1月16日发生的第三次长沙会战。会战后半期反击追歼战中,追敌最远的唯有第七十八军,那么七十八军中又是哪个师、哪个团越入日军防线最深?是哪位军官率部追在最前面?

互联网的便利,助我追寻川军先辈抗战足迹。2015年,我终于在重庆涪陵政协网站里,发现了一篇在纪念抗战胜利六十周年时,由当年的第三次长沙会战亲历者、第七十八军新十六师四十八团战地军医郑性忠老兵撰写的《我所知道的川军出川抗日》文史资料,在文中,我得到了具有珍贵历史价值的答案:那个在第三次长沙会战中追敌最远的前锋部队,就是我爷爷罗德才率领的四十八团英雄官兵们。

那还是第二次长沙会战刚结束两个多月,第三十集团军七十八军新十六师四十八团罗德才副团长,正与吕资民团长驻防江西修水,练兵整补。1941年12月中旬,第九战区长官部根据谍报,提前研判分析:日军将集中第三、第六、第四十精锐师团及配属大队和空军,计八万多人,从湘北正面闪电突袭进犯长沙。因此,七十八军新十六师辖四十六、四十七、四十八三个加强团,奉命从江西修水、渣津一带移防,进入湖南长寿街周边集结备战。

1941年12月24日夜,日军越过新墙河,第三次长沙会战正式打响,新十六师三个团星夜赶至金井、高桥一带侧击日军。天刚亮,四十八团前卫第三营黄丕营长向罗德才报告:"发现敌情,偏西北方向,相距五里半。"我还未构筑完简易阵地,日军就发起了进攻。四十八团阵地当面的鬼子在炮火和多挺重机枪掩护下,刚爬至半山腰,就进入川军有效射程。身处前卫一线阵地指挥的罗德才向营长们下达开火命令,接着就听见黄丕营长高声喊:"打!快打!"声音未落,川军阵地的各种枪炮齐声怒吼,打得日军朝山下翻滚,战至中午,敌死伤百数以上。

傍晚时分,日军增援了一个上千人的大队,又开始向新十六师四十七团、四十八团阵地发起第二次进攻。四十八团阵地第三营居中,一营二营分别在左右两侧,打得日军进退两难,陈尸无数。打打停停,战至天亮,进攻受挫的日军呼来飞机数架,轮番对川军阵地扫射轰炸。

日军在空中优势的助阵下,组织起多次进攻,双方反复拉锯,枪炮声不分昼夜,时紧时息。自会战开打一周来，局部战斗中新十六师伤亡官兵千余人，四十八团穆副营长及第八连连长闫兴维等五名军官相继阵亡，但我军仍坚守阵地。

第三次长沙会战，在长沙地区的中日双方战至两周后的1月7日左右，日军处处陷于交战僵持或被动挨打局面，不得不向北反转撤退。第九战区长官部迅速下达了全线追歼日军的命令。至此，第三次长沙会战的中国军队由防守转入追歼反攻阶段。

第三十集团军参战的七十八军和七十二军新十五师一部，在汨罗江以南的广大地域经过五天多的追歼、侧击、围歼，基本肃清了战区内的大部日军。13日上午，四十八团追至汨罗江南岸浯口渡一带江边，消灭了上百敌人后，军部命令将四十八团兵力一分为二，留一部于南岸筑阵掩护接应并继续搜歼残敌，另一部组成第七十八军前锋加强营，继续跨江追歼，为全军后续部队过江追敌探路开道。

为了不给退守的日军更多的喘息机会，罗德才率前锋部队夜渡偷袭，越过汨罗江。

1942年1月初的汨罗江岸，白雪皑皑，天寒地冻。前锋部队由团里韩参谋带尖兵一排部队偷渡过江，干掉岸防巡逻兵，然后迅速在河床上设置引导标杆，系起连接两岸的扶手绳。在刺骨的冰河里，官兵迅速登岸后踩冰踏雪往北追击。追到长乐街与梅山之间，打了宿营之敌一个措手不及，敌一个中队除少数逃脱外，百多人在睡梦中见了阎王。

14日上午，继续追敌至长乐街以北，发现几十名鬼子正在放火烧村庄，罗德才当即命令二连长朱华带一个排救火，其余部队分成东西两路，将日军往北驱赶出村。一个小时的工夫不到，这群泯灭人性的鬼子就被川军干净利落地收拾完毕，川军伤亡排长以下十余人。前锋加强营除留人照顾伤兵外，继续往北猛追穷寇。

下午，发现一大户人家的院坝里有鬼子才杀的新鲜猪肉，但鬼子却了无踪影。罗德才命令除留两人打理这难得一见的猪肉外，全体继续往大荆街方向追赶。猛追至大荆街场，发现小队鬼子在警戒一座当作营房的大院子，追兵三面合围并留设有陷阱的通道。结果逃跑的鬼子都死在"通道陷阱"的黄泉路上。真是大败之军骨头软，这回川军还生俘鬼子两人。

14日午夜过后至15日一天一夜中，川军前锋加强营部队在新墙河，对北岸三处日军纵深孤立据点和兵站进行了突袭。游击转战中深入新墙河北岸腹地五十华里以上。

至16日下午，川军前锋加强营部队在新墙河以北纵深地带接到电台呼叫回撤命令，才折返回头往南，结束在新墙河以北的战斗。此战除消灭了近二百名日军外，还毁损了敌一处兵站的物资。

从1月8日反转追歼日军开始，九天来的战斗大有痛打落水狗的亢奋快感。重涉新墙河登上南岸后，官兵们心里都知道经历这场九死一生的大仗，算是又活下来了，心情就更加放松。想到晚上回到宿营地还有缴获的猪肉可餐，队伍中有人就编出了诙谐的四川言子："跟着罗团长战，回营有回锅肉干；跟着罗团长跑，立功奖赏少不了。"

1942年1月16日以后，中日两军恢复到会战前的态势。新十六师四十八团等前锋超越追歼部队，对新墙河以北纵深实施的出色袭击，迫使日军十一军司令部从自身安全计放弃岳阳，撤回武汉。

次月，罗德才因在这次会战中荣立战功，正式晋升为新十六师四十七团上校团长，两年后晋任新十六师参谋长。

我爷爷在抗日前线曾多次负伤，屡立战功又多次晋升，我婆婆在后方家中整日担忧，积劳成疾。我舅公刘觉民（时任国民政府财政部次长）得知后，十分担心我婆婆的景况，曾多次写信要把爷爷调到后方，都被爷爷谢绝。作为军人，他始终恪尽本分，坚守在抗战前线七年多，直至抗战胜利结束后才荣誉退役。

作为抗日川军的后代，我们为川军男儿从来都不缺阳刚的血性而自豪！八年抗战，三千时日，当年成千上万个抗战川军家庭与我家一样，用无私的奉献和悲壮的牺牲，写就了对多难祖国母亲的无限忠诚。

七十余载光阴荏苒，抗战英烈彪炳千秋。勿忘国耻，牢记历史，继承先烈遗志，强我中华，是我们所有川军后代的共同心声，更是我华夏子孙共同的神圣职责。

特别致敬原第七十八军新十六师四十八团军医官郑性忠抗战老兵，在耄耋之年著述文史资料。

本文 2015 年 6 月写于重庆

孙海澄在七十二军的抗日纪实

孙启平

家父孙海澄出生于 1906 年，重庆永川区王坪乡人。幼时家贫，未读书。九岁时被土匪抓走，在 1917 年至 1918 年 2 月之间，随陈兰亭绿林队伍接受熊克武招安，为陈兰亭部士兵，后升任至营长。川军出川抗日，初在第三十集团军七十二军新十三师二旅任第一营营长，后在第七十二军新十五师四十五团任团长。参加了武汉、南昌、上高会战，长沙第一、二、三次会战等著名战役及多次小战役。

1938 年 8 月 15 日，第三十集团军奉命开赴江西瑞昌，参加武汉会战。17 日，第七十二军奉命在岷山脚下一带构筑预备阵地。9 月 24 日，新十三师第二旅到达岷山时，与日军正面相遇展开遭遇战，敌以步骑及机械化部队向孙海澄部坚守的鲤鱼山阵地猛攻。

三十集团军是新组建的队伍，多数士兵都来自未打过仗的保安队。此时见日军地上有战车轰隆隆而来，天上有飞机狂轰滥炸，加上长途行军，体力消耗大，战斗开始后，有不少人竟不知所措，慌乱中自行向后退却。此时，我三叔孙海泉也向后退却，碰巧与我父亲孙海澄营部相遇。营部传令官厉声喝令："不许后退，再后退就开枪了！"我三叔也高声喊道："不要开枪，我是孙海泉。"孙海澄听得一清二楚，他当时极度气愤地命令："用机枪对着他扫！"身旁的副官急忙叮嘱机枪手："枪尖抬高些打。"一梭机枪子弹向孙海泉头部上空呼啸飞过，他吓得赶紧转身向前方阵地奔跑而去。终于，经过激战，基本阻住了敌人的进攻。

家父孙海澄营长，在阵地上指挥战斗，以机步枪及迫击炮构成交叉火网，多次打退敌人进攻。敌借优势之火力，攻击尤烈，战至午后，鲤鱼山阵地失而复得数次。28 日午后，敌机数架并野炮猛烈轰击我军左翼阵地，家父孙海澄奉命迁回东坑口截击敌军。孙海澄在围攻日军的战斗中，右手无名指被弹片打折，简单包扎后又继续指挥作战。在向顽抗的敌军发起猛攻的战斗中，一颗子弹洞穿孙海澄胸部，他当即倒地，血流如注。在半昏迷状态中，以极其微弱的声音对身边的警卫说："我不行了，你不要管我。"这个警卫说："营长，你家中上有老下有小，你要挺住，我背你下去。"说罢，他立即撕下自己的衣服，解下绑腿带，为孙海澄裹伤止血，将他背下了战场。

1940 年 6 月，我军侦知日军即将向七十二军进犯，制定了诱敌深入、佯败隐蔽、以绝对优势兵力突然袭击歼灭日军的战术。是时，孙海澄在新十五师四十三团（团长陈国滨）十一营任营长。

进犯江西湖口城山的日军三四百人，于 6 月上旬的一天拂晓，冲上城山黄家尖高地后，以胜利者自居，目空一切，竟坦然坐在地上休息。此时，第四十三团团长陈国滨一声令下，原佯装溃败，实则隐蔽在附近的四十三团官兵，突然从正面和侧面向日军发起猛攻，孙海澄营冲在最前面，近距离攻敌。日军遭我优势兵力突袭，来不及抵抗，狼狈溃退，不少日兵滚岩逃命。此役速战速决，击毙了三十多名日军，家父孙海澄营还生俘敌军四名（内有女报务员一名）。此役，孙海澄营长荣获国民政府军委会颁发的"华胄荣誉奖章"，奖状上有"在城山黄家尖战役，最为勇敢，卓著战绩"等文字。

1941年3月，新十五师奉命参加上高会战，孙海澄在该师四十五团三营任营长。第四十五团在团长张雅韵率领下，于3月20日出发，到达上高后，立即在敌侧背猛烈袭击，给敌以沉重打击。新十五师在水口圩同日军激战三天三夜。

3月24日，新十五师协同友军，将敌第三十四师团压缩在南北约十华里、东西约三十华里的椭圆形包围圈内，日军师团长大贺茂的指挥部所在地毕家处于我军猛攻之下，此时，日军已全线动摇。

25日，我四十五团在方头垴附近与日军遭遇，该团一番激战，将日军击退。下午一时，第四十五团由方头垴、东狗垴一线，协同陈国宾四十三团夹击突入南坑罗附近的日军。黄昏时，第四十五团推进到水背岭、南坑罗西端高地一线与日军相持。

26日，新十五师攻占棠浦后，协同友军将日军再次包围于南北直径不满十华里的圆圈内。

27日，敌驱其步骑残军千余人向友军一〇七师三二〇团与新十五师何治安第四十四团阵地猛攻，从子时至寅时，双方日夜激战。日机38架向我军阵地轮番轰炸，我军沉着应对，敌突围未逞。拂晓时，第四十四团因伤亡过大，撤退至茯坑罗。这时，日机十多架又对新十五师阵地疯狂轰炸，掩护其步兵向我军突围攻击。第四十五团团长张雅韵率部奋勇冲杀，乘胜追击日军达十余里。第四十五团在水口村一带，多次打退了日军进攻。不料敌机一枚炸投弹命中第四十五团指挥所，团长张雅韵和团副宋文华同时牺牲。新十五师师长傅翼当即报升孙海澄为团长，令其继续指挥作战。此时，有四五百日军骑兵从江家洲附近向西源里新十五师指挥所直冲。孙海澄指挥第四十五团迅猛打击敌骑，敌不支向东败逃。

28日下午二时，日军开始全线撤退，敌第三十四师团抬运伤员的担架队伍长达七八公里。

29日，敌军三路各一千余人，向村前街、龙团圩、杨公圩三个方向退却，途中又遭川军新十五师、第二十六师截击，狼狈东逃。

张雅韵团长牺牲后，4月7日的《重庆扫荡报》报道如下："（中央社修水六日电）日前上高东北之役，我某部团长张雅韵、副团长宋文华，率部痛击敌大贺师团侧背，在水口圩（村）附近地区血战三昼夜，卒使该敌大部就歼，达成我反攻包围战之任务……薛长官对张、宋殉职极为哀悼，已呈请中央优恤，一面并令所率部队继续发扬此种勇敢善战精神效忠国家。"

上高会战，新十五师阵亡官长19名、士兵798名，负伤官长15名、士兵336名。

会战结束后，孙海澄由少校营长晋升为第四十五团中校团长。

1941年，第四十五团在一次对日作战中（具体时间、地点忘记了）被日军包围，三天三夜与师、军、总部失去联系。孙海澄团长临危不惧、沉着冷静，召集三个营长开会，下达了深夜突围和不许单独逃生的死命令。待到天色漆黑时，他指挥全团向日军发起奋不顾身的突围攻击。初步突出包围圈的部队，又立即反身以密集的火力掩护后续突围部队。日军一时间听到腹背两方枪声大作，误判是我方主力援军到了，乃迅速收缩其部队。第四十五团全团成功突围，基本无伤亡，成建制到达了集结地。原判断此团已全军覆灭的上级指挥机关，此时均感到十分意外和惊讶，将此喻为奇迹。孙海澄受到第三十集团军总部嘉奖。

1941年12月11日，新十五师由修水进驻平江，参加第三次长沙会战。孙海澄在新十五师第四十五团任团长，全程参加了新十五师对日作战。

在日军进攻长沙外围的同时，新十五师在三角塘、更鼓台、湖迹渡猛烈围攻日军。

1942年1月9日，败残日军逃至福临铺、麻峰嘴地区，第七十八军（附新十五师）协同友军，将日军包围分割成三个梯团，予敌以重创。日军步兵第十三联队，被我七十八军（附新十五师）、第四军、第二十六军共九个师包围在中间，历五昼夜，该敌被全歼。

13日，新十五师从浯口渡过汨罗江，向长乐街以北超越追击日军，敌慌乱渡河，自相践踏，落水淹死者甚众。

自敌由长沙外围溃逃至1月16日我军追至新墙河，新十五师连续追击作战12昼夜，日军4次被围歼，仅余一万三千余人逃回岳阳，实为敌人空前之惨败。

会战结束后，新十五师四十三团团长陈国宾、四十四团团长吴纯嘏、四十五团团长孙海澄三人，均身穿军大衣，胸前挂望远镜，在原战场地平行站立，合影留念。这张珍贵的抗日前线军人照片，可惜未能保存下来。1943年夏，孙海澄在四川达县第一六三师陈兰亭部任上校缉私大队长。

1946年底返回永川王坪乡，不幸卒于1951年1月，终年四十四岁。

本文2014年11月写于成都

父亲邓遂良作战湘鄂赣

邓伯川

父亲邓遂良,又名邓述云,1910年10月8日出生于四川省内江市东兴区(原内江县)高粱镇半边街一个贫民家庭。1919年在高粱小学读书八个月,因祖父逝世,就无力再读下去了。七七事变后,于1937年9月18日随三十集团军出川抗日。抗战八年间,父亲转战湘、鄂、赣三省,历尽苦难,九死一生。历任上士文书、司务长、少尉排长、上尉情报组长、特别行动队少校中队长、中校大队长等职务。八年间立大功五次、特等功一次,抗战胜利后获海、陆、空三军一等奖。

在中国人民抗日战争暨世界人民反法西斯战争胜利七十周年之际,我将父亲口述八年全面抗战的部分亲身经历整理于后。

邓遂良

一、九宫山阻击战

1939年秋,日军分三路进攻长沙,正面由武汉、岳阳、汨罗直插长沙,左侧翼由公安、临醴、常德迂攻长沙,右侧翼以攻克九宫山、武宁、铜鼓、浏阳夺长沙。

九宫山位于湖北、江西两省交界处。由第三十集团军七十二军镇守。这年8月的一天拂晓,日军凭借其空中优势出动了上百架次飞机对九宫山实行轮番轰炸,上千枚炮弹深耕式的炮击,令我军伤亡惨重。我所在的排是七十二军新十五师三十八团一营四连一排,排长罗跃元被炸阵亡,我由司务长火线提升排长。

次日拂晓,敌一次次地对我方阵地进行轮番轰炸和炮击。八时许,鬼子向我前沿阵地冲来,我命在前沿阵地的我排战士"节约弹药,敌人距我不到200米以内不得开枪"。鬼子连冲带跑,离我阵地1000米、800米、600米、400米、200米,见我方阵地毫无动静,越走胆子越大,由猫着腰端着枪改为挺着胸板直着腰向前直冲。我见鬼子已进入规定射击范围以内后,一声令下:"打!"我方居高临下,机关枪、冲锋枪雨点般地射向敌群。敌人措手不及伤亡很大。中弹的像被砍倒的芝麻秆一排排地倒在地上,霎时间敌营像被捅了的马蜂窝乱成一团,敌人抱头鼠窜,逃回了巢穴。

鬼子第一次进攻失败,午饭后卷土重来。先是出动飞机狂轰滥炸,后是大炮齐发疯狂炮击。由于我排前沿阵地离敌阵地近,加之目标小,敌无法找准目标。轰炸和炮击后,敌人于下午四点又开始了第二次进攻。这次我命令"节约弹药,敌人不到100米内不得射击"。鬼子这次进攻不同于第一次进攻的速度了，个个像挨过打的狐狸，走一步东张西望看三步。敌人临近我阵地 200 米却安然无恙，满以为我阵地守军已被摧垮，向前加快了速度。当进入离我前沿阵地 100 米时，我扣动扳机，大吼一声："打！狠狠地打！"顷刻间，枪声、喊声、手榴弹爆炸声、敌人惊呼声响成一片，鬼子被打蒙了，死伤一大片。

在日寇轰炸九宫山时为减少伤亡，我师在第一天抵抗后就奉命撤到第二线木皁。可令二线官兵不解的是：第一线仍有部队阻击敌人的两次进攻，固守阵地一天多。一查才知是十五师三十八团一营四连一排新任排长邓述云所率的一个排在前沿阵地未撤下来。

战斗结束后，师长祝顺锟指名点姓要召见我这个未服从撤退命令又创奇迹的小排长。我被命去师部，祝师长严厉地责问："军人以服从命令为天职，你为什么不服从撤退命令？"我说："谁向我下达了命令？"师长把四连连长苏义民叫来询问，才知是新任的连长误认为前沿阵地的排长牺牲了，全排人也阵亡了（苏是刚从军校上前线任连长的，第一次带兵打仗）。祝师长转怒为笑对我鼓励一番。集团军总司令王陵基和九战区司令长官薛岳知道后也颇感奇怪：一个小小的排长竟有如此能耐？两人分别在修水县黄田总司令部和第九战区长官部召见了我。我荣立大功一个，获奖金一千大洋。事后，我被调至第九战区长官部工作。在长沙编练处（地址在原长沙育群中学）受训五个月后被任命为上尉情报组长。我们直属九战区司令部为第一情报组，被派往鄂南敌后工作。临行时薛长官亲自为我饯行，并赠言："临危不苟，危不乱计。"

二、宁死不做汉奸团长

情报组的主要任务是组织情报网，专门收集日寇军事情报，破坏日寇的通讯和交通，炸毁敌仓库，观察敌人行动，消灭小股敌人等。我组实际人员 187 人，有联络电台一部，装备有快、慢机手枪 180 支。我命每人发展三个在当地有家、有文化、有志气的爱国青年为外围情报员，枪支轮流使用。我们声称有 1000 多人，人人都有快、慢机手枪。我们经常神出鬼没地炸敌仓库，切敌通讯，断敌铁路和桥梁，惩治汉奸和恶霸。日寇经常挨我袭击，在鄂南轰动很大；日伪视我组为眼中钉肉中刺。

1940 年 5 月 24 日，我由鄂城铁路东，西去咸宁县视察小组的活动情况，天黑夜宿咸宁县张公乡东家坡油榨铺杨应寿（堡垒户）家，疲劳一天的我倒床即进入了梦乡。酣睡中突然传来急促的叩门声。惊醒后我看表是晚上十点钟，听到来人直呼："邓大哥！"我警觉地侧耳细听，声音很熟，以为是自己人。殊不知开门一看，几个荷枪实弹的陌生人正用枪和手电对着我，一名大个子用枪托朝我头部打来。不由我分说几个人将我五花大绑，当夜送往横沟桥日军小田大尉部队驻地，把我丢进一间伸手不见五指的屋里。次日早餐后，小田大尉装出一副很和善的面孔，用半通不通的中国话亲审："你是大大的中国军，大大的有名的，好好的说，我们皇军大大的有赏。你的人在哪里？枪在哪里？炸药在哪里？"再三逼问，都只得到我无声的抗议。后来小田大尉恼羞成怒，法西斯侵略者的狰狞面目终于露出来了。他下令将我手反绑着吊上了梁（谓鸭儿浮水），又饥又渴、又痛又麻的我被折磨得不省人事昏了过去。被放下来时，我光着的身子已经是遍体鳞伤，血肉模糊。一个鬼子用枪托朝我左眼打来，我当即眼睛直冒金星，后来就再也看不见了（从此我左眼再也看不到东西了，后来的五年抗战全靠右眼指挥打仗）。我昏迷到午后才醒，鬼子穷凶极恶地审我，我依然不吐一字。我强忍着鬼子的折磨，眼前只浮现惨死在日机下的 7000 多名万县同胞以及鄂南死于鬼子屠刀下的成千上万的无辜百姓，牢记薛长官临别赠言"临危不苟，危不乱计"。鬼子见审不出名堂，第二次用了专门对付中国抗日志士的"三合一液"，即煤油、水、辣椒粉混合物，用胶管强行灌入我口中，直到肚子胀得像鼓，我仍不招供。鬼子用脚在我肚子上踩，踩得肚中的"三合一液"从口鼻倒流出来完为止。这样连续两次到天黑方才停止。夜里鬼子怕我死去，又拿来了药和饭，为了活着打鬼子，我强忍疼痛咽下了药和饭。疼痛让我通宵不眠。

第三天早餐后，鬼子一改过去的审问方式，首先是一个鬼子不问青红皂白就给我上打耳光、下用脚踢，尔后又"呀呀"嚎叫："你的快说，不然，死拉死拉的有！"我深知，只要说出一个字来就意味着我出卖同志，背叛国家。我做了宁死不降的思想准备，未说出一个字来。

午后，法西斯侵略者的凶残再次暴露，对我第三次审讯未果后将我按在电椅上，用电烤我直到裤子烧糊。我不知昏迷了多久，待醒来时，只见一只高大的狼狗在我身边不远。鬼子又叫："再不说就喂狼狗！死拉死拉的！"正在这时，伪军第二师师长易尚海前来向鬼子小田大尉说："此人留下对皇军大大的有用，让我领去好好地劝他为皇军效力。"小田鬼子见审不出什么，也只好作罢。易尚海连夜同四名警卫将我带去尧嘴伪军师部。

次日早上，易尚海以酒席款待我，将我奉为座上宾，我不知他葫芦里装的什么药。饭后，易规劝我，要我把 1000 多人、1000 多条枪（易误认数）交过来归顺于他，并向我许诺在他师属特务团做团长。易要我下手谕通知我组的人带枪和电台一并交伪军师部。我心里暗想，这是刚出虎口又入狼窝，我对易说："我是战区司令部派往敌后的情报人员，工作关系到鄂南抗战大局，我不能失职，师长'好心'实难从命。"我坚持立场，誓死不当这样的汉奸团长。易见软的不行勃然大怒："敬酒不吃吃罚酒！"汉奸的丑恶嘴脸终于暴露无遗。师参谋索性拿来纸笔，要我立即下令情报组全体人员带装备归顺伪军师长。我深知汪伪不是抗日武装，是汉奸，只要我一声令下，战区第一情报组连人带枪就成了汉奸武装力量。于是，我破口大骂易尚海："你不是中国人，你不抗日还拉别人下水不抗日，真是岂有此理！"易见软的不行又来硬的。对我拷打后，夜里将我双手反捆着丢进又湿又臭的黑屋喂蚊子，每餐送一点粗茶淡饭来维持生命。易又是派说客规劝，又是派刽子手拷打，软硬兼施均不见效，见我是吃了秤砣铁了心，决定第二天即 5 月 29 日早上执行枪毙。当晚为我赏了"酒饭"，说是最后两餐饭了（我的岳母及妻子闻讯哭得死去活来，为我供了灵位，烧了"落气纸"，以为我已不在人世）。当晚即 5 月 28 日晚，突然雷雨交加，看守我的人已经熟睡，我将反绑着双手的绳子在石头棱上磨断了，逃出了监牢。殊不知外面尚有三道铁丝网围着，我趁着闪电，找到了一根杉树条，采用撑竿跳，跳出了两道铁丝网。由于风大雨大，衣服裤子全湿透了，加上几天的折磨，跳过第二道铁丝网后，我已精疲力竭了，第三道铁丝网是再也无法跳过了。最后，我只好用杉树条将铁丝网底部捅了一个洞小心地爬了出去，再顺稻田和小沟爬到了大云林寺才脱险境。真可谓死里逃生。

三、山坡、土地堂站炸专列

1941年秋，我任九战区长官司令部直属第一情报组上尉情报组长，率组侦察到日寇十余万人于秋后第二次进攻长沙。情报上报后，司令部命我组配合新四军挺进支队（队长雷同，曾任湖北省咸宁地委书记）在鄂南一带破坏敌通讯和交通，必要时断敌后援。

我组180人，以5人为一小组，共分36个小组分散活动。我所在小组的任务是破坏山坡与贺胜桥一带的电线、电杆，监视这一带敌人的动向，歼灭小股敌人。我小组成员有陈龙（成都人）、黎志成（成都人）、张八字（灌县人）、刘默青（长沙人）。

9月的一天，我小组侦察到当天日军有一专列从武汉出发经山坡、土地堂去增援长沙日军，车上载有一个联队的鬼子兵，随车载有各种武器弹药，可电台故障无法将情报发给总部。时间紧，情况急，如果让敌通过将对长沙保卫战极为不利。而我组要与其硬打犹如鸡蛋碰石头，牺牲事小影响全局事大。在这万分紧急的情况下，黎志成提出可否用炸药炸专列？我突然眼睛一亮："好！用炸药炸专列。"方案定下后，我们立即到现场，选择了山坡、土地堂间，既可隐蔽藏身并可在火车到来前几分钟内跳出安好炸药，又能迅速跳回隐蔽处的最佳位置。除一人警戒外，其余4人很快地安装了足以炸翻两列火车的80块颗型炸药（为保险起见增加了一倍的用量）。安装完毕，我们像5支离弦之箭一样跑向隐蔽处。刚过两分钟，一列载有鬼子和弹药的列车由远至近，汽笛声和"哐啷哐啷"的碰击声越来越响。列车经山坡站是直通，不到三分钟，震耳欲聋的一声巨响伴着大地震般的震动，列车炸得像一堆一堆的废铁，其余的弹药随着炸药的爆炸和受热及巨震的影响也似鞭炮一样爆个不停，鬼子血肉横飞，死无全尸，一个也没有漏网。

这次特殊战斗我组仅5个人，未动一枪一炮，无一人伤亡，仅用了80块炸药歼敌一个联队，炸毁敌大量武器弹药，破坏了敌交通，断绝了敌后援，打击了侵略者的嚣张气焰，有力地支援了长沙反击战，为保卫长沙做出了特大贡献。由此，我荣立特等功，我组也立了集体功。

四、黄土岭伏击战

1944年5月某日，我奉命带中队去湖南省醴陵县黄土岭伏击日军运输营。

日寇占领长沙后，向衡阳发起进攻。为此，敌不断由北向南输送武器弹药物资和兵员。为避免铁路运输受到袭击，而改为马匹和人力输送。日寇这个运输营就是由浏阳出发经醴陵的黄土岭到衡山、衡阳补充武器弹药的，准备在黄土岭吃中饭。

别动队是中央军事委员会根据盟军（美军）顾问依照德国的经验编制的，主要穿插在日寇占领区打击敌人。我中队是中央军事委员会别动二纵队一支队二大队五中队。我任少校中队长。在当天上午十点钟前我队就赶到了黄土岭，未喘过气来就迅速观察地形：黄土岭距醴陵县金盆山仅两华里，一边依山，一边傍水（小平原稻田），岭上路边两旁有稀疏的几户农家。黄土岭大路是浏阳至衡山、衡阳的必经之路。

这次伏击战敌我力量悬殊，敌一个营600多人，而我一个中队仅100多人。为了安全，我选择了靠金盆山一侧的高地作我方阵地。居高临下，易守难攻，进可攻，退可守,打不赢就往金盆山树林中躲藏,可以保存力量。其次拉长阵地,我方所摆阵地长2100米,队员每3人一小组,每隔30米设一小组,其中分7个小组21人作为左、右翼策应。左右翼策应任务是配合主力切断敌人逃跑路线、牵制敌人,能打则打,打不了容易分散撤退,同时能麻痹敌人,敌人不知我方有多少兵力摆如此长的阵地。中间900米为主阵地,摆上了近100人,主要火力集中于此,是歼敌的主力军。布阵完毕命队员吃饱饭喝足水,潜伏于阵地休息,以逸待劳。

60分钟过去了,这时离中午尚有半个小时,鬼子队伍已经慢悠悠地向前移动。长途跋涉和骄阳把鬼子拖得精疲力竭,一个个汗流浃背,又饥又渴又累。鬼子进入了黄土岭满以为可以整休造膳,根本没有想到100多支愤怒的枪口已经对着他们。敌人进入我主阵地后,我一声令下:"打!"我军集中火力猛烈射击。顿时,机枪、冲锋枪、卡宾枪雨点般射向敌群,手榴弹在鬼子群中不断开花。措手不及的鬼子见火力如此猛烈,不知有多少重兵把守,企图从左、右翼侧夺路逃窜又被我左、右翼守兵痛打。鬼子被打得晕头转向,来不及还击就丢盔弃甲狼狈逃窜。

战斗结束,我中队所获战利品有:72支步枪、歪把子机枪1挺、弹药60余箱、战马20匹,打死鬼子100多人。我方人员仅在敌人逃得远远吊炮时受轻伤一人。

第二天,老百姓纷纷前来祝贺我中队大捷,赞扬我队队员机智勇敢、多谋善战,100多人战胜600多鬼子。我也在此战斗中荣立一等功。

五、保卫牛星寨

牛星寨位于湖南省醴陵县施家陇侧,是通往大围山的要道,是蔗糖坪、施家陇、戚家坳一带出入醴陵县城的咽喉之地。

1944年秋收后,为防日寇下乡抢粮食牲畜、糟蹋妇女,蔗糖坪、施家陇、戚家坳一带的老乡和往年秋收后一样,将所有的粮食、牲畜、年轻妇女藏于临近的三条小山沟。顿时,陈家沟、刘家沟、罗家沟一下就变成了屯集百万斤粮食的大粮仓和饲养几千头牲畜的养殖场。原不到200户的三条沟住了近千户人家,连柴房、堂屋,以及原不住人、堆放破烂农具的屋子也住上了人,每户老乡家住上好几户人,大家和睦相处,共渡国难。

这年8月,我奉命带五中队去镇守牛星寨。据悉,驻醴陵县城和芦口的日军抽了一个大队的兵力下乡抢粮食和牲畜。当地老乡称日寇下乡抢粮食和牲畜为"打搂"。这次鬼子下乡"打搂"做了充分准备,派出的是城里选的精干士兵,装备精良。我深知任务艰巨,日寇一个大队有600多人,且武装到了牙齿,而我仅100多人,要保住牛星寨非决一死战不可。否则,牛星寨失守,三条沟藏的粮食、牲畜以及妇女要落入敌人手中,老乡也要遭殃。依据牛星寨的地形,我开始部署,第一个命令是全队人员破釜沉舟,誓与牛星寨共存亡;第二个命令是构筑防御工事,做好长期战斗准备,平时多流汗,战时少流血;第三个命令是节省弹药,采取近距离射击,不见鬼子不开枪,命中率要高,我队是在寨内孤军战斗,没有弹药补充。队员进入阵地后,老乡自发背着饭甑、提着菜篮给队员送吃送喝,来了一批又一批,只要队员一放碗,又有老乡递上吃喝。老乡对子弟兵的关爱极大地鼓舞了队员的战斗士气。队员个个做好了以一当十、当百的精神准备,严阵以待。

第二天上午十点钟,一个大队的日寇终于出现了,骡嘶马叫,不等安营扎寨就迫不及待地向牛星寨实行阵阵炮击,随后是步兵强攻。我方居高临下,事先构筑有坚固的防御工事,敌人不到200米内,我方不发一枪一弹,待敌人进入规定射击范围,我方集中火力猛烈反击。敌在低处,我在高处;敌在明处,我在暗处;敌刚到不久体力耗尽,而我以逸待劳坐等来犯之敌。因此,开战后敌伤亡很重,退了回去。

下午两点,鬼子一阵又一阵地炮击我阵地,半小时后鬼子步兵又开始了第二次冲锋。我命令"鬼子不到150米内不打"。敌人刚进入规定范围,遭到我密集火力打击被压了回去。就这样三天三夜打退了鬼子5次进攻。但鬼子似有不攻下牛星寨决不空手回城的势头,长拖下去于我不利,敌众我寡,敌人弹药充足,我弹药有限。

在万分危急之际,我以围魏救赵之计派了12名精干队员绕道回城去捣敌人老巢醴陵。队员们神出鬼没,声东击西,弄得敌人大本营乱了套。牛星寨之敌听闻老巢被捣,仓皇撤离牛星寨,回城救援。我抓住战机乘胜追击,日大队长被我击毙。在三天三夜战斗中,敌人累计死伤300余人,抢粮不成损兵过半。

牛星寨保住了,三条沟免遭劫难。当地老乡杀猪宰牛为我队庆功,送来"爱民如子"金匾,军民共庆胜利。此次战斗,我队硬拼巧打,以少胜多。我也由此荣立大功,受到嘉奖。

父亲抗日八年亲身经历的战斗事迹太多,未能全部记录,仅在1995年中国人民抗日战争胜利五十周年之际,父亲口述亲历八年抗日的部分经历,经本人记录整理后刊登在《内江文史资料选辑》第十二辑《纪念抗日战争胜利五十周年专辑》上。内江人民才第一次知道有我父亲这样一位抗日大英雄。父亲的荣誉是家族的荣耀,也是内江人的骄傲。

2014年四川电视台将家父的部分英雄事迹选编入大型纪实电视剧《国仗——川军抗战实录》,在四川电视台播放。我远在江苏、从未谋面的妹妹,竟在夜间因电视台播放《国仗》传出父亲名字时惊醒,又通过四川电视台同我取得联系,我们失散六十多年的兄妹得以相认团聚。2015年清明,兄妹相约回到祖籍内江市东兴区高梁镇,祭拜了英雄父亲和祖坟,了却了兄妹几十年的心愿。同时,我们兄妹也决心带领后嗣子孙,以父亲的爱国精神和英雄事迹为动力,为国家的兴旺强大贡献自己的一切。

本文写于2015年12月

七 第三十六集团军抗战亲历、亲见、亲闻

保卫长治的李其相将军

范长江

山西是华北的一个巨大的高原,太行山脉由黄河北岸起始,直北发展,与察境的燕山山脉相接,遂形成南自黄河岸、东至山海关的一个巨大的弧形山脉,以屏障华北。太行山的西面,又有吕梁山脉,黄河及汾河流过这一山脉的两侧,所以自古以来就被称为"表里山河"的胜地。

中国几千年历史中所记录下来的历代争夺战,都是以山西这个高原的得失决定最后的命运。因此,山西是我们保障华北,甚至保障全国的一个最后堡垒。只要我们能保持山西,我们便随时可以向敌人的侧背出击,以收复华北及东北的失地。要保持山西,目前必须加紧巩固晋南,因为晋南是目前山西唯一的据点。西战场和北战场将来的发展,完全是寄托在这一区域的命运上。

在山西的东南角上,有两个要地。这就是晋城和长治,晋城因为地势较低且偏南境,没有长治重要。太行山从河南入山西,经晋城、长治、辽县、平安,东达井陉、获鹿。北转而为恒山、壶关、长汉、潞城各县之东境,实据太行山之脊背。因此长治居高临下,四面策应,造成它对周围各地指挥控制的地位。

因此长治成了一个晋南的军事重镇。

长治这个地方,既不是工商业的重心,又不是交通要道,只是在太行山脊上的一个普通县治。但它在历史上却非常有名的。因为它是历代的军事重镇,为兵家所必争之地。

长治在古代称为上党,后改为潞安州,历代的争夺战都以此为决定的要点。宋时金人入寇,由太原进窥汴梁,就先攻潞安州,汴梁终于因潞安州失陷而被围困。

长治县城不愧为历代的军事重镇,它有极坚固宏大的城垣、宽阔的街道。但却是个地瘠民贫的区域,没有繁荣的市面。

人民生活程度艰苦非常,一般农民,大都以盐水拌了小米饭吃食,整年吃不到菜蔬,更不必提到鱼肉了。

长治的教育非常落后,人民的民族意识是薄弱异常,这正期待当局努力去辅助它发展。

现在驻防在以长治为中心的七八县邑区域中的是川军李其相将军的部队。

李将军原是邓锡侯部下,是四川军人中一个身经百战的虎将,也是一个民族意识十分浓厚的进步军人。他治军严肃,纪律井然。平日和当地民众的感情十分融洽,所以那里的老百姓都很爱戴川军。

李将军在子洪口方面配备了雄厚的兵力,同时在长治的北面和顺、辽县,榆社等地隐伏了若干良好的游击队，因为那里是一个天然的游击区域。

同时，在长治的南面晋城、高平一带，是翼察游击队司令孙××的后方训练处。他的游击队大部在东阳关外的武安、涉县一带活跃，牵掣敌军，掩护东阳关地带。

在晋城以南，道清铁路的西段，李将军又配置了若干精锐部队，以防敌人沿铁路西侧南下。

李将军在长治所做的保卫工作，十分紧张而严密，如果敌人图犯晋南，他就准备不客气地给他一个迎头痛击："粉碎倭寇的侵略迷梦！"

本文选自杨昌溪《川军滕县血战前后——邓孙部抗战实录》

二等兵李发生之忠勇

中条山直接屏障西北，可以左右全面抗战，在敌人眼光中认为他是一条发炎的盲肠，在我们战史上是一座钢铁的堡垒，经过敌人几次的围攻，"扫荡"没有损及他的丝毫，敌人反受了重大损失。

实际说来，中条山没有国防的设置，也不是南□剑阁的天险，这坚固的堡垒是我们中国男儿的肉、抗战将士的血造成的，李同志发生血战黄家嘴的伟绩，可以作一个证。

李同志发生，他是四川梓潼县人，今年三十三岁，过去是个织工，七七事变卢沟桥的炮，惊觉了他的民族意识，抛弃了他的父母爱妻，投入了奉命北调××军行列，因他粗笨的外表，从没有受过军事训练的身手，仅仅补任××师五三二旅一〇六四团充当一个伙夫。

去年十月该团奉命渡河到晋，十二月才升充二等兵。今年六月二十六日正是敌人第九次"扫荡"中条山的一天，猛攻侯家岭的一股敌人步骑炮兵三四百，已将我们第一线的余家凹冲破，第二线的部队奉命反攻。余家凹的要点名叫黄家嘴，当时由反攻部队两排中选了三名勇士先攻这一点。我们的李同志自告奋勇，揣带九颗手榴弹，参加这荣誉的工作，冒着敌人剧烈的炮火，首先匍匐前进，抛去一颗手榴弹，敌人死一个，带伤五个，继续部队乘势猛攻，夺回了黄家嘴。李同志又首先追击，在这崎岖草□的山径中，一个敌人潜伏着，乘李同志走到他的身旁，不意中突起猛刺，刺中我们李同志的左胸。李同志抓着他的刺刀互相争夺，将李同志的左手划了条长口，终因李同志力大，夺得了敌人的刺刀。狡猾的敌人急向李同志开枪，李同志用右手抓住敌人的枪尖，让开他这一弹，以负伤的左手用刺刀猛力刺去，敌人一偏，仅仅刺伤了他的鼻梁，刺刀也被他抓着，彼此争夺……那一瞬间，在我们李同志想，刺刀非刺中要害，很难杀了敌人，兼之他的左手疼痛，于是决心舍去了刺刀。双手夺过枪，一腿将敌人打倒，夺过了他的枪，将枪口抵住了敌人的胸膛，正欲发射，才知枪膛空的。正在装弹的刹那间，敌人又用起刺刀乱刺，刺伤了我们李同志的左臂左腮左颈，李同志忍痛发射，击中了这个凶恶敌人。

敌人尽量用他的飞机炮火，我们部队牺牲很大，奉命退第二线，只剩了三个手榴弹，已负数伤的李同志又自愿断后。敌人追来，半途中敌人炮弹破片不幸击伤了李同志的背心。李同志见敌人越追越近，忍痛潜伏在要道侧，等待他走近，一手榴弹打死两个，另一个开枪射中李的右臂，又一手榴弹完结了这一个的生命。退到第二线时，仍拼死命与敌人相持。激战到入暮，战局稳定，李同志经了官长数次的婉劝，才答应退到后方。我们李同志看见负伤的官兵太多，谢绝担架，自愿步行。当他走到旅部时，仅仅回答了两句我是三连二等兵李发生，因流血过多，饥疲过甚，便晕倒在地了。

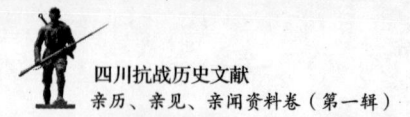

今年日苏冲突，首先把苏俄国旗竖立在张鼓峰的某中尉，他的相片、姓名马上由报纸上传遍了全国，苏俄人民一致尊他为民族英雄，苏俄和中国的敌人同是万恶法西斯的日本的军阀爪牙。我们的武器当然不及苏俄，我们李同志没有枪，仅有几个手榴弹，杀死敌人五个，一天中负枪伤一、破片伤一、刺刀伤五，其牺牲的精神，勇敢杀敌，恐怕也可以与苏联某中尉"东西辉映"了，称我们的李同志为"中国的民族英雄"，可以当之无愧。

我们的李同志经蒋委员长特颁华胄荣誉奖章一座，西北行营程主任，第×战区长官，直属的李军长、李师长均给有重奖，幸已无生命危险。

末了，虔诚祷祝我们李同志早日恢复健康，重上前线；万分的希望我们抗战将士应以李同志为模范；后方的同胞不要忘了前方许多浴血苦战的抗战将士，少数的仍然醉生梦死，忽忽了抗战建国后方责任上应做的工作。我们不仅用血肉把中条山造成钢铁般的堡垒，并要造成敌人的坟墓。

本文乃《川康社》1941年报道

编者按：在绵阳市档案馆中保存有一份档案，是李发生所在部队四十七军一七八师司令部签发，并由师长李宗昉亲盖私章。该份档案是该师为汇兑李发生所得奖金回家乡梓潼县，通告县政府协助办理的函。该函从一个侧面印证了李发生的英雄事迹，也说明了该部长官对抗战士兵的关爱。李发生后因伤重不宜随部队作战而返回原籍马鸣乡，县政府为他修了房，并送英雄匾。李发生无嗣，抱养一女。档案原文如下。

陆军第四十七军第一七八师司令部公函

需字第一五六四号　二十八年八月二十九日　自山西平陆核桃坳发

事由：为函请烦查收代转本师第一〇六四团三连二等兵李发生奖金并盼赐覆由。

查本师第一〇六四团三连二等兵李发生，于本年七月晋南中条山黄家嘴役奋不顾身，仅携手榴弹五枚与敌肉搏，击毙敌兵五名，身负刺刀伤五、枪伤一、炮弹破片伤一。经奉委员长蒋呈准，国民政府奖以第三一三号华胄奖章一座。又奉西北行营主任程、第二战区司令长官卫、本军军长李奖法币一百元。

兹由该兵兑回家法币捌拾元整，因其住家地区不通邮政，而该兵及家属均无能识字者，仅据该兵口头报称家在四川梓潼县第一区马鸣寺五十四小保，父为李廷才，母李白氏，妻李吴氏，其舅父白炳友，住距马鸣寺里许之油房梁等语，故特检同该兵捌拾元兑票一张，随函兑交贵县府，请烦查收，代为转交，并取得伊父李廷才收据赐覆山西一六二军邮局转一七八师部为荷。此致四川梓潼县政府。

附兑票一张，计法币捌拾元正。

陆军第四十七军第一七八师师长李宗昉

三十六集团军出川抗战概述

张光汉

三十六集团军是以四十七军李家钰部为基础扩编而成的。四十七军原列入二十二集团军战斗序列。1937年9月从西昌出发，沿川陕公路北上经宝鸡、西安等地，12月到达山西长治，归卫立煌指挥，在晋东南对日作战。1939年冬奉调防守太行山南麓之嘉禾、焦作、博爱以北地区。不久四十七军同十四军、十七军组成三十六集团军。

四十七军及三十六集团军对日作战经过大略如下。

一、首战东阳关，再战长治城

四十七军到达长治后，第二战区副司令长官兼前敌总指挥卫立煌，令该军守备长治、长子、潞城、平顺、黎城等县，重点是长治和东阳关。李家钰奉命后，即令一七八师守备黎城、东阳关；令一〇四师（缺一旅）守备新店镇；军部和一〇四师的一个旅驻长治城。四十七军的右翼为十八集团军一二九师刘伯承部。

1938年春节前夕，从晋东南下的敌人分两路迂回，向我军扑来。其第一路，从河南安阳，经林县直犯平顺，向长治进攻；其二路从河北邯郸，经武安、涉县向东阳关进攻。春节后三天，敌人先以飞机对东阳关狂轰滥炸，继用大炮火力集中猛轰，敌步兵在其强大火力掩护下，攻击前进。我守关官兵，激于民族大义，士气高昂，以步枪、手榴弹打退敌人几度冲锋，予敌以重创。终因敌强我弱，众寡悬殊，未能固守。

东阳关于2月17日沦陷后，敌人由黎城、平顺向长治作钳形进攻，并以一部兵力指向晋城地区，企图切断我后方。2月22日，敌人以飞机大炮轮番对长治城进行轰炸。守城司令李克源旅长，命令所属堵塞四门，昼夜坚守。后北门一隅，因被敌连续集中轰击，炸开了缺口，敌人乘势蜂拥入城。我军奋勇抵抗，旅长李克源身先士卒展开巷战，杀敌极多。是役旅长李克源负伤，营长杨岳岷，连长夏抚涛、杨显谭，临死不屈，战斗到底，有的壮烈牺牲，有的负伤后自戕，敌我双方损失俱重，横尸街巷，途为之塞。

二、收复平陆、芮城、安邑，两过同蒲路

长治、长子失陷后，李部退到城外山区壶关、潞城一带，原想组织力量收复失地，苦战十余日，终以实力不足而未果。此时敌人业已席卷晋西南，占据主要城市和战略要地。四十七军全部陷入敌人包围，与上级和友军都失去了联系。3月18日抵达荣河，与临汾的卫立煌总部取得了联系。不久，接军事委员会来电，命令四十七军转到同蒲路以东，沿太行山西部中条山东部地区，分布兵力打击敌人。四十七军又再度突破敌人的封锁线，越过同蒲路，沿太行山脉分布于翼城、沁水一带，以破坏敌军交通，截获敌军

辎重，与敌周旋。

1938年4月上旬，军部对敌情做了分析研究，认为敌川岸司令官与西田、方谷、东村等部主力三千多人，附山野炮四十余门，分驻运城、安邑、夏县、永济、虞乡等处，把守同蒲路沿线，似此兵力分散、实力单薄，正是我军开展活动的好机会。据此做出了以下部署：

命一○四师，派出游击队与友军配合，对敌占之铁路桥梁进行破坏；

令李青廷师长亲率主力部队，相机向闻喜、夏县、运城之敌发动进攻；

命一七八师，对绛县、垣曲、万泉之敌，进行压迫，伺机夺取城池。

在十八集团军及其他友军共同配合下，对深入之敌实行各个包围歼灭。此后又令一七八师进袭安邑、平陆、芮城；令一○四师重点攻击运城，一部佯攻夏县、闻喜。

李家钰本人，由绛县太阴山指挥所前进到闻喜东河底镇附近指挥。到四月中旬，收复平陆、芮城。五月上旬，又派孙介卿团和张光汉团夹攻安邑，由孙介卿团担负守城任务。不久，运城和夏县之敌又卷土重来，争夺安邑。敌人运兵千余，轻重武器齐全，四面包围安邑，猛力强攻。孙团奋力还击，因敌我力量悬殊，孙团伤亡惨重，致使安邑得而复失。

三、中条山与太行山之反扫荡战

1938年秋，敌人对中条山区连续发动猛攻，妄图使我军无法立足。8月，敌人向平陆、安邑、夏县、闻喜、运城一带的我军展开"扫荡"。敌以运城为中心，兵力三千多，配有飞机，分布于解县、绛县、闻喜、夏县、安邑等地区。我军一○四师设防于运城、夏县、闻喜一带山区；一七八师设防于安邑、张店镇、平陆一带山区，主要任务是阻击敌人，保卫茅津渡、太阳渡的安全。进而使风陵渡之敌，不敢轻举妄动，轻易渡河。

9月，驻张店镇、运城、安邑之敌，大肆增加兵力，目的是向南进犯，我军获悉这一情况后，即令一七八师依靠有利地形，据险阻敌前进；令一○四师主力袭击运城南下之敌，一部向夏县猛攻。战斗开始后，我军照计划进行，迫使敌首尾受击。是役，敌方损失甚重，不得不龟缩回城，放弃其攻占茅津渡之企图。我军粉碎了敌人的第一次扫荡。

1939年2月、3月与敌交战数次，互有损失。6月初，敌牛岛师团派兵两千余，外加伪军两个支队，向我军进攻，重点指向一○四师和一七八师接合部。李家钰亲临前线指挥，将敌人阻击在郑家圪塔、下洞之线。翌日敌猛攻一○四师西沟村阵地，李家钰令一七八师向敌之侧背袭击，同时李青廷派两个营向敌后迂回，使敌惶恐不安，纷纷撤退，打破了敌之第二次扫荡。是役毙伤伪军一千余人、日军六七百人，我军恢复了阵地。

1939年冬，三十六集团军成立后，十七军高桂滋部名义上隶属三十六集团军，实际仍驻陕西，担任地方防务。

1940年4月，敌三千余人向我晋城、博爱攻击，我军在晋城郊区对敌实行反包围，予敌以迎头痛击，敌溃逃山中。敌一部向陵川西南逃窜，被友军围歼。我一○四师乘机协同友军攻入陵川城。由于敌人向晋城以南增兵，拟打通晋白公路。一○四师即南移，对进犯天井关之敌予以重创。一七八师和游击队则袭敌侧翼及后方，敌被迫撤走。此役共毙伤敌一千余人。

四、固守黄河与敌对峙

1940年夏，李家钰率总部及四十七军从白浪渡过河，担任渑池、陕县、灵宝、阌乡一线河防。

1941年冬，三十六集团军防务转移，担任孟津、新安、渑池线河防。总部驻新安古村。总部移驻新安后，军委会任命陈铁为三十六集团军副总司令，兼十四军军长。部队驻洛阳，由战区长官部直接指挥。在担任河防期间，除采取了一些加强防御的措施外，还积极进行部队的训练，并不时派出队伍对敌人进行游击，先后炸毁过敌人的一些碉堡，打死打伤过小股敌人，夺获过一些武器辎重。

五、洛阳撤退，李家钰在秦家坡阵亡

1944年4月18日夜，敌在中牟渡河成功后，即以大量兵力一举攻占了郑州。敌人占领郑州后，以大部兵力攻击我登封和虎牢关。又以一部迂回到龙门南之水寨，水寨与洛阳相距仅百余华里。第一战区司令长官蒋鼎文即将谢辅三的暂四军、张际鹏的十四军（缺九十四师）、新八军的新六师合编为一个兵团，命刘戡指挥，利用伊水、龙门之险，阻止敌人。5月10日敌人又分数路向龙门以北地区渗透，直接威胁洛阳及其西南退路。犯虎牢关、密县之敌，俟其迂回部队进到龙门后，即向西陆续挺进。为保洛阳，蒋鼎文即命第四集团军孙蔚如部放弃巩县，退守洛阳东面之偃师、马屯，阻敌西进。此时晋南垣曲之敌一个师团，分二路于白浪渡强渡黄河，我空军和重炮轰击竟日，未能阻止。蒋鼎文乃由新安向卢氏撤退。当时在优势敌人面前，真正受李家钰指挥的只有四十七军的四个步兵团（有两个团回四川接收新兵）。虽敌众我寡，李家钰仍沉着应战，令一〇四师吴长林团尽先集结，开赴石寺镇、云梦山之线占领阵地，阻止敌人东进，总部由新安越过陇海路，南迁到东华沟。12日情况紧急，远闻延秋、磁涧间的炮声。渑池方面敌人，已东进到云梦山、金斗岩，而陇海线上的英豪镇亦发现敌迹。东西对进之敌，相距不过七十华里。李集团军虽已越过情势岌岌可危的新安，而孙集团军主力则正由马屯向新安行进，四十七军大部亦以任务关系，还留在陇海以北地区。李家钰当时以英豪镇新发现的情况较为严重，遂抽调一七八师彭仕复团开赴铁门东南牛心寨附近地区占领阵地，掩护孙部安全通过新安。

13日，李家钰总部与四十七军的电话突然中断，情况不明，于是开始向西南方向转进。在赵峪，李家钰与孙蔚如、裴昌会相会，研究了敌情和对策。当晚敌已占领新安车站。彭仕复团于完成掩护任务后，转到河上沟占领阵地，一〇四师亦于是日晚寂静无声地越过敌占领下的新安车站，向军部靠拢。15日李家钰与刘戡、张际鹏于尹村会晤，曾打算在此暂驻，三军联合，占领五树、耿沟、会卦、张村、杨村一线构筑阵地以阻止由洛阳、渑池追来之敌。因刘戡兵团奉蒋鼎文之命，阻止宜阳向卢氏西进之敌，原计划联合作战之策即作罢。李家钰即命一七八师掩护刘戡兵团转进。

李家钰率集团军总部及四十七军继续西进，原预定经史村、河底村以达岳庄。行到

距河底村约三里，忽闻西北方有浓密的枪声，据报，我新八军正在河底村与敌人战斗中。河底村在渑池与韩城之间，很显然敌人是为了切断我退路尾追新八军而到此。李部即改道程村，向岳庄前进。过程村时，李家钰与新八军胡伯翰相遇，胡请求派兵掩护其退却。李当即派一〇四师占领阵地，掩护胡军退却。是夜宿营于渑池南边一个小集——翟涯。先后到此的有李家钰、刘戡、谢辅三、张际鹏、胡伯翰、李宗昉等将领，在暂四军军部开了一个临时会，商议如何统一行动，统一指挥，避免拥挤、混乱的问题。李承担了最后掩护各部向西转移的任务。

21日，获悉追高树勋之敌距东姚院只十华里，李家钰决定提前出发。当时决定行军序列是一七八师（前卫）总部、四十七军军部、一〇四师。行军不到半里，即遇敌人由张村射来炮弹阻我进路。李家钰即将前进方向由南转西。这一方向改变，由总部开始，未通知前卫。行到秦家坡，正上坡时，中敌埋伏，一时枪林弹雨猝不及防，又无掩蔽，李因身着黄呢军服目标显著，为敌击中，当场阵亡，为国捐躯。同时牺牲的还有总部少将副官处长周鼎铭、少将步兵指挥官陈绍堂。总部随行官兵二百余人亦全部阵亡。

本文选编自四川省政协文史资料研究委员会、四川省人民政府参事室《川军抗战亲历记》

记洛阳会战与李家钰殉国经过

张仲雷

1944年4月,日本侵略军发动豫中会战。当时我任三十六集团军总部参谋长。在这次战役中,李家钰阵亡,我被俘。我设计逃脱转回成都后,曾写过《豫西十日记》《李家钰抗战史迹》《被俘脱归记》等文章作为纪念。现在这篇就是根据上述几篇材料整理而成的。

一

1944年春,第一战区已侦知敌人有发动攻势、袭击我河南战区的企图。3月中旬,蒋鼎文在洛阳召开所属军长以上将领参加的紧急军事会议。李家钰参加会议回到新安古村即召集总部和四十七军上校以上军官,传达洛阳会议情况,并研究本集团军应准备的事项。李家钰说:"战事在不久的将来即将发生,要做好对付敌人进攻的准备。在洛阳会议期间,四十军军长马法五得到有关方面的密电'敌人已计划于4月发动攻势',当时还把这个密电拿给大家看过。但是在这个会议上,没有决定如何准备对付敌人,只谈了将各军军官眷属及笨重行李、重要文件迅速向后方转移的话。"李家钰接着说:"这次战事发动后,洛阳岌岌可危,泛区方面更危险。我们的兵力虽然不少,但在配备上没有重点,而且一切都要上级决定后才敢行动。这样遥控部署,部队就失去了灵活性。我曾建议:与其待敌来攻,不如先发制人,但建议未蒙采纳。"从李家钰的谈话中可以很清楚地看出,洛阳的紧急军事会议并未对敌人即将发动的攻势做出相应的有效对策,尽管洛阳地形险要,兵力也还充足,但当局玩忽职守,未精心筹划对策,以致敌人发动攻势后,不到一月,洛阳就沦陷了。

二

1944年4月18日夜12点过,我在古村总部突然接到洛阳长官部参谋长董英斌电话:"今晚,敌人已在中牟渡河,现在只有百余人,正同我军战斗中,望你部注意上游河防,严密警戒。若中牟渡河之敌还未完全驱逐,上游又发生敌情,两头都要对付,就不好办了。"接着我就在电话上将这个情况报告李家钰,并通知了李宗昉。

5月15日从夺获的敌人文件上得悉,敌人称这次作战为"中原会战",使用兵力共三个师团和一个"虎师团"(新由东京调来坦克第三师团的改称)。敌在豫中方面,使用的兵力为两个师团和另一个"虎师团";在豫西方面,是由黄河北岸运城来的一个师团。

其会战主力在黄泛区方面，而作战目标是指向潼关和卢氏。

三

敌人在中牟渡河后，大批兵力集结于泛区两岸地区，同时敌人原在北邙山的桥头堡阵地亦随之扩大。两股力量会合，一举攻占了郑州。

敌人占领郑州后，展开大部兵力，向我登封及虎牢关两处既设阵地进攻。守备在登封一带的为汤恩伯部，守备在虎牢关的为孙蔚如部。经过十天战斗，敌人攻势顿挫，遂将北翼改攻为守，主力南伸，一部迂回到龙门南之水寨，水寨与洛阳相距仅百余里。在此紧急情况下，蒋鼎文乃将谢辅三率领的暂四军、张际鹏率领的十四军及新八军的新六师合编为一个兵团，命十四集团军副总司令刘戡统一指挥，名"刘戡兵团"，以阻止由水寨北进之敌。刘戡奉命后，即率所部向水寨出发（在5月1日或2日）。到达龙门后，即利用伊水、龙门之险阻止敌人。

龙门方面之敌，虽被阻止，但据空军侦察所获情报，敌两个装甲纵队，分向洛阳、巩县前进。蒋鼎文怕被敌人包围，于5月7日将长官部撤到新安。洛阳守城任务，交十五军武庭麟部及九十四师张世光部共同担负，由武庭麟指挥。与此同时，对如何固守洛阳，也做了新的计划和部署：

以汤恩伯部及其所辖王仲廉集团军组成汤恩伯兵团，集结于伊川、宜阳间地区，担任南翼的进攻任务；

以孙蔚如部及第九军（军长韩锡侯）组成孙蔚如兵团，集结于马屯附近地区，担任北翼的进攻任务；

刘戡兵团由龙门正面转移为中间，担任延秋至磁涧之间的防御；

三十六集团军之四十七军，则联系刘戡兵团左翼，而延至黄河正面；

同时驻在西安的第八战区副长官胡宗南，应蒋鼎文要求，派两个军来豫，以增强第一战区兵力。

从这些计划和部署看，是准备在这里同敌人打一仗的，也是有力量的。

5月9日傍晚，与黄河北岸民军接连的四十七军左翼河防部队，遥闻垣曲方面有机炮向我岸洋湖村青风洼间发射。继后，又谍悉：晚九时许，敌人已有一部从白浪渡过河，并占领了洋湖村。10日，原在该村的河北民军退到了黛眉山，敌正向中关锐进。

驻在新安的蒋鼎文，闻此消息即命新六师归还新八军，并派空军轰炸白浪渡口，打了一个整天，并未将渡河之敌打退。这时，在新安的机关部队，有遭敌东西夹击之虞，人心异常动摇。蒋鼎文及长官部人员，乃于10日午夜由新安经石陵而达宜阳，再转洛宁。此时，准备在洛阳会战的诸兵团（计汤恩伯、王仲廉、孙蔚如、刘茂恩、李家钰、刘戡、高树勋等集团军及韩锡侯、谢辅三、马法五等军）均随之溃退西撤。这一会战，就这样结束了。

四

洛阳失守后，5月11日晨，李家钰接到蒋介石由重庆打来的电话，大意说：新安以东，部队还多，铭三（蒋鼎文字）去后，可将总部移到新安铁路以南地区，就近照料，并利用电报线，随时通话。与此同时，又接到蒋鼎文由新安县府派专人转来的密码命令。命令我总部以一部兵力暂留河防，抽调主力打击从渑池袭来之敌。李家钰一面研究应敌对策，一面指挥总部移动。此时的三十六集团军，实际只有四十七军的四个步兵团（有两个团回四川接收新兵）。除分布在河防上的一时不能抽调外，当即令四十七军一○四师之吴长林团，尽先集结，开赴石寺镇至云梦山（亦名云雾山）一线占领阵地，阻止敌人东进。总部于是日薄暮到新安，赓即越过陇海铁路南移至东华沟。

12日，情况更为紧张，延秋、磁涧方面的炮声越来越近、越来越强烈了；渑池方面之敌，已东进到云梦山、金斗岩；陇海线上的英豪镇，亦发现敌踪。东西对进之敌，已相距不过七十里。虽然我集团军总部已越过新安，而友军孙蔚如集团军主力，则正由马屯向新安行进中。我四十七军大部，还留在陇海路以北地区。李家钰当时考虑，以英豪镇新发现的情况较为严重，遂抽调一七八师之彭仕复团，开赴铁门东南牛心寨附近地区，占领阵地，掩护孙蔚如集团军安全通过新安，然后继续转进。

我们原定由东华沟出发，经赵峪、江屯向河上沟前进，因河上沟有我先遣的辎重、行李，非战斗人员也驻在那里。当我们到达江屯时，获彭仕复报告说，他已率部队由铁门转到河上沟。跟着又听到河上沟方面有浓密的枪声。李家钰考虑，已不能再向河上沟前进，必须改道，遂立派随行的四十七军辎重团团长史耀龙指挥总、军直属部队，占领阵地，掩护我总部向石陵前进。在行进途中，遇到自河上沟发来的敌炮弹数发，幸炮弹飞行途径与我行进路线直交，虽然炮弹从我们头顶上空飞过，但无一伤亡。是夜我们宿于石陵，后悉彭仕复团长当日在河上沟战斗中阵亡。

五

5月14日，李家钰守候吴长林、彭仕复、史耀龙等三团消息，到正午时，等着第十四军某团到达，才知在延秋、磁涧间防御的刘戡兵团，已于昨夜南撤。李家钰遂令总部及随行部队（一个连）避开公路，向西移动。是夜宿于南郭庄（属宜阳）。

15日晨，继续西行。过尹村时，适逢刘戡、张际鹏亦在尹村。刘、张、李商议三军在此暂驻，联合作战，占领五树、耿沟、竹园、冯沟、西经会卦、塞沟、张村至杨村之对东、对北等阵地，以阻止由洛阳（东面）、渑池（北面）方向而来之敌。当日我们刚出尹村，即遇四十七军残部到达于村，遂与该部会合，总部是夜宿在于村。李家钰令四十七军部队移驻于村以北，警戒渑池方向之敌。

16日，刘戡因奉蒋鼎文之命，负责阻止由宜阳沿洛（阳）卢（氏）公路西进之敌，因此，昨天商议的三军联合作战之策，只得作罢。李家钰命一七八师掩护刘戡兵团转进。三十六集团军总部及四十七军于午后移驻四土堆。

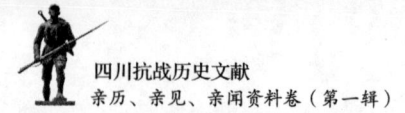

17日,我总部及四十七军继续西行,预定路线经史村、河底村以达岳庄。孰料军队行至距河底村三里许,忽闻西北方有浓密的枪声,继闻一谍兵报告,敌人正与我新八军之新六师激战于河底村附近地区。因此,我们又改道由程村向岳庄前进。过程村时与新八军军长胡伯翰相遇,他要求我军以一部联系其左翼占领阵地,以保障他侧翼安全。李家钰遂命一〇四师担任之。这时,四十九军及孙蔚如兵团(原定转移宜阳)、刘戡兵团(原定转移韩城)由于不能前进,相继折返集结于此。于是,部队、驮马、车辆均拥挤在一凹道中,这个人、马、车混成的密集纵队,正是敌人炮击的良好目标。敌人发现后,曾连续发来十余发炮弹,幸效力不大,仅伤一病兵。李家钰又决定,总部南移。在途中,因闻河底村之敌已迂回到我左后方,阻我到岳庄的道路,我们又改宿翟涯,而不到岳庄了。

六

5月17日夜,我们宿营翟涯。翟涯为山中一小集镇,属渑池县管辖,在程村之南,而不及程村之大,居民约三百户。是夜到此地的有谢辅三、李家钰、刘戡、张际鹏、胡伯翰、李宗昉等将领暨我和石彦懋、谭本良、王有度、张持华等参谋长,加上随军幕僚,大家聚集在暂四军军部,开了一个临时会议,主要是商讨今后的行动。这个会议是洛阳会战后在豫西转进中的一件大事。首先发言的为胡伯翰,他说:"这么大的队伍,都挤在一路,争先恐后地行走,以致发生混乱,若一旦遇敌,就无法指挥,进退无方,大家都受影响。我提议请李总司令(李家钰)统一指挥,如明日继续行动,也请先行规划。"接着,刘戡说:"我们部队确实不少,如果不加整理,彼此观望,长此西行,又跑哪里去呢?光跑不是办法!大家商量一下,看究竟如何行动才相宜。"跟着李家钰说:"我们应该商讨一下今后的行动,倘若部队混乱,当然要产生很多障阻,行动必然迟缓,指挥必然困难,如果明天继续西进,我愿殿后。"接着又商议各部西行的路线。刘戡说:"我决心率领部队到卢氏去找蒋长官,我愿选在靠南一点的道路行进,并准备明夜宿头峪。"接着胡伯翰说:"我要到宫前去找我们的总司令(高树勋),因为他已经有电话要我回去,如果不回去的话,他会怀疑我拖他的队伍。"这样,他就选了一条傍北点的到宫前的路。留下来的是介于两路之间的一条路,李家钰选了这条路,并拟于明夜在前河宿营。

七

5月18日晨,诸军从翟涯出发,分道扬镳,齐向西行。当我们出发时,翟涯街面已看不到其他军队了。西行约八里到达阳县。闻孙蔚如昨夜由岳庄抵此还未出发。李家钰遂偕李宗昉和我一同到孙住处拜访,会晤时,除孙蔚如外,还有他的副司令裴昌会、参谋长陈式玉在场。李家钰将昨夜在翟涯开会的情况转告孙之后,我们继续西行。向前河前进,但未到达前河,改宿营于西马蹄沟。

19日晨,李家钰在西马蹄沟忽接刘戡一函,其中大意说在头峪与高树勋通电话,据说敌人一部已在陕县渡河,灵宝也有敌踪。

20日黎明，我们从燕翎关出发，继续西行至距菜园十里处，即折入南山，经张洼到达沟南午餐。午餐后，继续向赵家坡头前进，但因道路崎岖，行军困难，翻越两座山后，即近黄昏。是日即宿营于东姚院。

5月21日，李家钰新获情报，敌人因追击高树勋只距东姚院十余里了。李家钰遂令部队在早餐后，急忙收拾行李，准备于午前十时出发。后因杨显名、李家英两位师长在电话上要求改变已决定的路线，以至将出发时间拖延至午前十一时半。当总部刚由东姚院出发，行未半里，即遇敌人由张村射来的炮弹数发。于是，李又把原由南而西的路线改为由西而南，还要李宗昉派人通知李家英（前卫）不要等他；之后，总部就以改定的由赵家坡头—西坡（秦家坡）经双庙到南寺院这条路线行进。

当我总部越过赵家坡头时，有一谍兵向我报告："刚才陕县县府职员是由张家河上坡向南的。"我遂向李家钰说："总司令，怎么不走陕县县府职员走的那条路？"他回答："没得路嘛。"我又向南望，发现山头上有一密集的着草黄色军装的队伍，于是又向李说："怎么这山上有密集队伍呢？"他又回答："是蕴长（李家英字）的队伍。"我接着又说："蕴长在行军，队伍为什么会密集？恐怕不妥呀！"当时我瞥见一卫士唐某，背有望远镜，遂叫唐将望远镜取来，递与李说："总司令！请看看再走。"李气冲冲地说："不要看！不要看！凭命！"这时忽听得后面东姚院方向不断有步枪声，估计是由东面蹑我而来之敌。行不数步，又闻对面山头有浓密机枪声。此时，李家钰向我说："仲雷！刚才后面有枪声。怎么现在对面又打起来了？"我说："是啊！你身边还没有队伍呢！"他说："喊一班步枪兵来！叫他们不要打枪，免敌人发觉是高级司令部，会打得更厉害。"

不久到了张家河。休息时，请来一老者做向导，大家一齐上西坡。正在上坡时，北面山上有当地人叫我们："你们是哪军的？来不得呀！上面有敌人啦！"同时又望见从南山下来的不少逃难的老百姓，目睹此情景，遂派高级参谋萧孝泽下坡去询问。还没得到萧的回话，李家钰就继续上坡了。登上山坡后，就地整顿部队（仅有特务营的一个连），又询问往南寺院的道路。据向导老者说，山上山下都有路，山下不能走牲口，他要求把我们送到汽道（公路）后，让他回去。看来李家钰对这一带地形很熟悉，他向老者问："这条路是不是从张汴到后山联保的？"老者答："是。"李就说："既是通后山联保的路，就是本地人运柴的路，不是什么汽道。"李派了一排步兵任尖兵，总部在尖兵后行进。继续南行。当时总部上校参谋陈兆鹏手持地图，自告奋勇愿担任行军的尖兵长。他向着一排士兵说："跟我来！"我们继续在山坪上向南行。不久，望见前面山头上有人在移动，又听着有步枪声，"尖兵"已越过去。我派谍报兵崔英去探听。不久，崔英回报说："山上尽是一些戴钢盔的人，伪装很好，个个头上插有麦子，不会说中国话，口中哇哇乱叫。请总司令、参谋长快走！"李家钰和我急忙回头走，李走得快，我走得慢，在我身边的卫士李俊明催我快走。我边走边说："戴钢盔的都看见了，还跑得脱吗？你们快走，不要等我！"我们没有走多久，山头上的敌人就一冲而下，总部特务连和一些官兵都在麦地散开，向敌人还击。我当时急不择路，往侧面崖壁一跳，跳下崖后，右手跌伤，鼻子跌破，流了不少血。正俯看血渍时，就见两个日本兵，跑到我面前，一个端着枪、把刺刀对着我，另一个用绳子将我捆着，拉我坐在一个土坎上，他俩叽里咕噜地指着我的自来水笔和手表，我都一一"奉送"——这时我才惊觉过来，我被敌人俘虏了！

我被俘后，在7月2日夜，从会兴镇山西会馆中逃出。7月9日在社兴关见到了高树勋，才知道李家钰在我被俘的同时牺牲了。

本文选编自四川省政协文史资料研究委员会、四川省人民政府参事室《川军抗战亲历记》

随李家钰将军出川抗日回忆

龙 晖

一、请缨出川抗日寇，冒雪奔赴晋东南

1937年七七事变，日本在卢沟桥发动了侵华战争，驻守西昌的李家钰将军，当即电告国民党中央请缨出川抗日，得电许并令将原部队整编为四十七军，辖编一〇四师、一七八师和一个补充团，李家钰任军长。李将军于当年11月即率部由西昌出发，经成都、绵阳出剑门关至西安北上。战士们脚穿草鞋、肩负背包和川造步枪，怀着同赴国难的高昂士气向北挺进。沿途受到群众热烈欢迎，当时各大报纸以《李家钰将军率十万大军出剑门抗日》为标题刊登了我们出川抗日的消息。经过四十余天的步行，行程四千多里，于当年12月到达了晋东南抗日前线。

二、浴血奋战安潞城，人民立碑赞川军

我们四十七军编入第二战区，长官阎锡山、副长官朱德的作战序列，在太行山之黎城、潞城、东阳关一带布防。驻防长治时与八路军一二九师刘伯承部联防，李军长与刘伯承将军关系甚好，常邀请刘伯承将军来长治向营级以上军官讲授游击战术。并常与晋东专署专员薄一波往来，关系亦甚融洽。八路军的抗战思想对我们很有影响，使我们对抗日工作有了新的认识。在最初对日的几次作战中，我们用守城的打法与敌人硬拼，不善于改变战术与敌周旋、在运动中消灭敌人。长治保卫战一〇四师六二四团用麻条石堵住四道城门，御敌入城，誓与城共存亡。当时我任该团第三营副营长，全团与敌鏖战两夜三天，我军仅靠出川时装备的川造步枪和少数机枪，难以胜敌飞机、大炮，战斗持续到第二天，城东、西、北三方均被敌包围，并被敌人飞机大炮狂轰滥炸。第三日晨敌将北门城门轰开进入巷战，到拂晓时连长夏抚涛、杨显谟、苟华丰等我营军官阵亡，兄弟连、营官兵伤亡也很大。斯时新任旅长李克源来到城南叫我设法突围，当时部队没有梯子和绳索，我们搜集了些马拉车绳，套于城垛上，吊下四百余人。此次战役共伤亡官兵一千余人，迟滞了日军的前进速度，为友军部署和人民群众转移争取了时间，当地群众对川军非常敬佩，赞扬说："川军不怕死，死守长治真可敬。"为了纪念川军抗战死难烈士，群众还立了川军庙纪念碑一座。第二次安邑之役仍是执行誓与城池共存亡的守城战术，不知改守城为城外运动战寻机打击敌人，结果安邑全团守城部队牺牲，后被日军搜出官兵三百余人，都被日军拉往城外干河沟集合为四路纵队被敌用机枪扫射毙命。

三、抗日胜敌寻新路，赴奔沁源学战术

在长治、安邑守城战役中牺牲官兵两团之众，这是阵地战血的教训。李军长总结经验教训后，深感有改变战术之必要。1938年李家钰军长派卫士副官孟体富、营长樊德厚、副营长龙得云（龙晖）、陈于德等十人前往沁源八路军总部政干校学习。我们十人由山西横水出发，经过敌占区，不敢进入村庄找饭吃，好在鸡蛋便宜，一元钱纸币可买100个鸡蛋，我们就买些鸡蛋，找无人住的小村庄把鸡蛋煮熟作干粮用。晚间，在离路稍远的沙坑里互相背靠背地取暖休息。由于路道不熟走了很多弯路，走了七天才与八路军派来的同志联系上，又走了一天才到了八路军的防区。八路军警戒哨是在路旁边铺点干草，握着枪卧在地上警戒，路边有儿童团小同志游转报信。我们见后，顿受启发，这样既隐蔽了自己又很好地达到了警戒的目的，深感八路军战术的灵活。

在山西沁源县刑村八路军总部举行开学典礼，八路军总司令朱德同志身着灰布军服，脚穿布鞋和一双烂有洞的袜子来到我们中间与大家一一见面，并在开学典礼上讲了话，大意是你们为了抗日，不辞辛苦远道而来，我们表示欢迎。并要求大家努力学习、为救国杀敌共添才干。八路军政治部副主任傅钟给我们讲了日寇侵华经过；康克清同志领呼了打倒日本帝国主义的口号；聂荣臻同志讲了游击战在抗日战争中的重要性。开学后黄镇任大队长，担任民运工作课程。朱总司令每日有两节课程，并在黑板上解答学员提出的国内外的问题；聂荣臻将军负责游击战术课，讲运动战术，对包围、夹击、钳制、迂回、诱敌深入、敌进我退、敌驻我扰、敌疲我打、敌退我追等战术做了详细讲解，其总的原则就是要根据敌我两方情况灵活多变地采取不同的战术争取主动，选择敌方薄弱环节，集中我优势兵力各个击破，打击消灭日军。他讲八路军官兵一致，实行政治、军事、经济三大民主，充分调动全体官兵的积极性，发挥他们的才智。如军事民主，作战前，凡时间允许，均要将敌我双方的情况和我军的任务交官兵民主讨论各献其策，供制定作战方案时参考，战后不论胜败，都总结经验教训，并编印成册作战地教材。

八路军特别注重军民关系，连队设有民运工作组和纪律检查组，民运工作组在部队出发前一天出发，了解部队行军路线沿途的敌、友、我军情况，宣传八路军的纪律等。军队离开驻地后由纪律检查组检查部队是否有违纪行为，并负责处理赔偿和病员收容工作。我们学习没有固定教材，主要以八路军实际战例为教材，记得有彭德怀同志在前线对日作战的经验材料，平型关大捷的作战经验材料等作教材。平型关大捷缴获的枪炮等军用品均存列在学校供我们学习实习用。学校还有对从平型关等战役中俘虏来的一百多名日军官兵开设的俘虏学习班，我们亲眼看到八路军优待俘虏的政策，想起安邑之战300兄弟被日军集队杀害，深感侵略者残忍之毒也，共产党领导的八路军仁德之圣举又何不胜矣！学校还开设了简单的日语课，主要教战时和生活中常用语，如"缴枪不杀""优待俘虏"等口号，学校中的歌咏课除一些抗战歌曲外，有些是将八路军的胜利战役编成歌曲，由特科团主任康克清同志教唱。娱乐组演出的节目多数是反映日军侵华的暴行，军民看了对日军恨之入骨。队员们也参加生产劳动，体现了军民一家亲。官兵在生活上同甘苦，连朱总司令也参加义务劳动，和大家一起同吃小米饭。经过半年多的学

习，除收获军事知识外，对八路军官兵一致、军民一家的官兵关系、军民关系感受颇深。

毕业后学员归返原部队，无部队的同学参加延安抗大，我们离校时朱总司令与我们一起用餐并讲了话。他说：抗战，地不分南北，人不分老幼，要防止亲日派挑拨离间国共合作。有人说抗战不到一年，八路军就发展到80团人，我说凡抗战的部队都该大力发展，只有抗日的军队强大了才能把日军赶回去嘛。离校时他还亲送我们20华里之远才和我们挥手告别。朱总司令还写信给李军长，主要内容是办干训班、改进战术才能坚持持久战的最后胜利。我归队回到山西平陆地区五原村部队驻地，李军长主持开办了多期训练班，抽调排以上军官组成干训班，班下设中队，中队下设若干小组，李军长亲任干训班班主任。士兵的学习培训则以团为单位集中，由我们分别讲课，内容以运动战为主，士兵以战术课为主，官兵训练中都有国际时事、军民关系等内容，经过训练提高了部队的军、政素质，在实战中能灵活地运用运动战的战术。

四、灵活运用运动战，疆土未失巧周旋

1938年我军奉命转移到中条山夏县蔚葛镇布防，当时我任六〇二团第二营代理营长，与敌周旋数年，未失寸土。敌人攻山二十多次均未得手。我军的警戒哨离敌人只一里之地，常闻炮声，夜间我军常派小部队袭击、骚扰敌人。敌人盘踞夏县搞"三光"政策，烧杀奸淫无恶不作，强拉妇女"劳军"，其罪行真是罄竹难书。一次老乡献计：夏季王家河有洪水暴涨，我们便先挖沟，待洪水涨时放水淹夏县之敌，果然取得了一度收复夏县的胜利。此役曾水擒日军一个，他胸前贴有黄纸一张，说什么武士道精神，刀枪不能近身，真是欺人的鬼话。由于我军多次粉碎了敌人的扫荡，1939年冬李军长晋升为第三十六集团军总司令，所属有第十七军高桂滋部、第十四军陈铁部和第四十七军李宗昉部。集团军奉命南渡黄河布防，驻河南新安县，距洛阳20里。我军常派兵渡黄河袭击敌人，毁敌碉堡，不断游击日寇，缴获日军机枪、步枪、子弹和军用品甚多。集团军在新安坚持抗击日寇四年多未失寸土。

五、秦家坡将军殉职，奔光明彭县起义

1944年5月，日寇大举进攻，洛阳失守，蒋鼎文长官退出洛阳，向陕西卢氏山里退去，置豫西我军安危于不顾。蒋介石用电话委托李将军完成掩护豫西部队撤退的重任，此时，李将军只能掌握四十七军一个军的四个团（有两个团回川接新兵未归），力量单薄，且兼负黄河以北的抗敌任务。尽管如此，李将军仍忠实地执行了掩护任务，顽强地坚守新安县，直到完成掩护任务。这时，敌人又从陕县渡河向东攻击前进，我军必须占领陕县以南的高地，掩护部队进军潼关，几天后李将军完成掩护任务后撤回河防。部队在新安左右受敌，待夜间李将军才派出部队向左右警戒，抢过铁路上山，一路都是马车道，大小汽车均无法行驶，只好留马车运行李。李将军拟在潼关一带布防，阻止西进潼关之敌。我军第二天行至河上沟，与敌军发生了遭遇战，又失掉了总部两辆行李车，连军需费用也失掉了。第三天行军序列为一七八师任前卫，中间为总部及随行人员，后卫一〇四师未至秦家坡前，一七八师师长不久走脱了节，与总部失去联系。因此

李总司令仅带特务营唐克俊的一个连，行至山腰，与埋伏的敌人发生遭遇战。李将军脚部被机枪弹穿伤，他坐在地上摸出纸条，准备写"快速增援"几字，"速"字还未写成，又被敌机枪扫射，身中数弹，经卫士副官和一位电务员扶起，将军已壮烈牺牲了！唐克俊连只剩排长1人、士兵15人，其余均为国捐躯了。这时，一〇四师营长苟载华赶上增援，与敌对峙，才将李总司令的遗体救下来，用灰军毡包上背下来后，用滑竿抬到预备队驻处保护起来。当天与敌对抗至下午五时许，才撤退至陈村为李总司令开追悼会。当时，八路军派了一位团长参加追悼会。我军又派特务营中校营长李克金护送灵柩回川公葬，当时，遂宁军政机关也在船山公园召开了爱国将军李家钰追悼会。此次战役，还牺牲了少将高参陈绍堂、副官处长周鼎铭，其他官兵伤亡甚多。总参谋长张仲雷被俘（后逃脱）。

当时，我因带军直属骑兵连兼带特务营队伍，在河上沟遭遇战中身负轻伤，随同李将军灵柩分道至华阴县医院，再转陕西富坪二八后方医院，经短期治疗痊愈后，我将本军住院伤员百余人收容，由西峡口回到湖北邓县第四十七军军部，因人事关系我未复职，被派往邓县任执法大队副。在日寇无条件投降后，我离开第四十七军回川，参加了邓锡侯的第四十五军，于1949年8月随军在彭县起义，后参加中国人民解放军，并入川西军政大学学习，毕业后分拨至成都军区特科团，转业回遂宁县市管会（建市后改为工商局）直到退休。

本文选编自《遂宁文史资料》第八辑，1994年

回忆李家钰将军在抗战中二三事

刘 玺*

一、友军情谊，治军严肃

抗日战争时期，李部四十七军在山西晋城地区和中条山一带驻防，与朱总司令的十八集团军一二九师刘伯承部边界相邻，因而建立了革命感情，关系密切，目标一致，共同抗日。李家钰曾派连排级干部龙德荣等多人到刘伯承部轮流受训，学习游击战术，刘部教官耐心指导，毫无怨言。为了感谢友军情谊，李得知八路军的枪支弹药缺乏，便将领得的枪支弹药暗中给予支助。军统特工人员察觉，认为李总有通共嫌疑，蒋介石便将四十七军调过黄河，令其担任沿河一带守黄河之任务。当接到调动命令时，李总便请朱总司令会餐，共商对策。李部调过黄河，因夜间行军，有少数病号官兵掉队，朱总便派政工人员将他们护送到黄河边回原部队。在担任灵宝与陕县沿黄河一带守备任务时，灵宝以西恰与胡宗南部队接防。后蒋又调李总部队移防渑池、新安、孟县一带地区，仍担任守黄河任务。并调中央军第十四军军长陈铁任三十六集团军副总司令职务，当时陈部驻洛阳附近。李总为了团结友军，便到十四军看望军、师部队，同时请排级以上军佐人员分别会餐，并赠送团级以上军佐人员黄呢子军装各一套，营级以下军佐人员赠送草绿色卡其军装各一套，以统一指挥，互相配合，早日完成打败日本鬼子的胜利目标。

李总军纪严肃，不分亲友。在山西运城县，孙介卿团长系李总老表弟兄，其部受命守运城县，无命令不能放弃撤走，因日寇重兵包围该城，孙命将四门用条石堵塞，敌人无法攻城，便用重炮多门向城内猛烈射击，致使房屋烧毁倒塌，官兵伤亡惨重，又无部队增援，幸存者只有用绳子在黑夜从城墙上吊下来逃走，副团长□□□向李总谎述，说是孙团长不采纳他的意见造成全军覆灭，故应由孙本人负责。李总正在气愤之时，忽报孙团长负伤，由担架正护送到途中，李总亲笔下令，以不听命令、致使全团覆灭为由，命特务连派排长一名，率士兵几人，途中遇到孙团长就地执行枪决，尸体安埋（上报阵亡）。

补充团团长高扬率各营送新兵，到河南陕县五原村军部，分抵各团到达时，李总召集全团新兵讲话，目睹新兵枯瘦如柴，面容憔悴，便问新兵："连长克扣你们钱粮没有？伙食吃饱没有？"新兵纷纷举手向李总当场面诉，连长贪污严重，吃空名很多，经询问事情属实，立即叫随身卫士在行列中抓出两个典型突出而新兵恨之入骨的连长就地执行枪决。

---

* 作者原系第三十六集团军总部无线电排中尉报务员，现住遂宁市永盛乡。

另有一上校军官（姓名记不清楚）在驻地强奸民妇，被当地老乡密告，李总马上叫特务连派人将此人抓来查问，情况属实，也立即执行枪决。李总确实是军纪严肃，如此可制止他人再犯。

李总每次召集军佐人员讲话，最爱说："我其貌不扬，其身不长，然而我性坚情长，如认为鱼大塘小，我这里不能养活，如另有他心，可自寻生路，决不追究；到别部工作，或另谋职业，均不如愿而失望，愿回原部工作者，仍然录用决不歧视。"李总一生为人处世，实使人难忘。

二、秦家坡遭遇战前后

1944年4月，日寇集中四个师团的重兵准备进犯洛阳，面对这一严重敌情，第一战区长官蒋鼎文迟迟不采取对策，既无御敌措施，又未加强军事部署。蒋即率领部队先弃守洛阳撤走，致原拟在洛阳决战的李家钰、高树勋、孙蔚如等几个集团军，及其他部队的兵力无人指挥，同时驻守茅津渡的几个败类卖渡投敌，以致影响整个战局。敌人从茅津渡过黄河，使守卫黄河其他地段的部队受到威胁，形成被包围之势，泗水以东汤恩伯部队向登封转移到洛阳以东汜水地区，孙蔚如第四集团军部队向豫西韩城山区转移，李总在新安附近的部队已四面受敌。总、军两部人员夜间在敌之空隙地区行军，越过铁路向南，与敌且战且走，与驻洛阳附近三十六集团军副总司令兼十四军军长陈铁会合，他们对敌情做了详细研究后，陈副总要求与李总一道转移，可是李总司令十分严肃而沉重地说：茅津渡固守黄河之军卖渡投敌，敌人猖狂抢渡，企图阻截沿铁路守军，形成包围之势。敬希各军迅速转移，脱离敌包围圈免受损失。请你按命令行动，我与你断后吧！这次转移，我部损失惨重，两个团伤亡惨重，李总不顾个人安危主动承担殿后任务，掩护全战区友军撤退。收容部队随后转移，部队继续行军两三天到达洛宁地区，天雨泥泞，部队行动迟缓。在这困难关头，为了激励士气，李总司令曾召集跟随部队官兵讲话，在谈话中，总司令痛哭流涕地说："我李家钰一生身经百战，未有丢盔弃甲之惨状，今后将有何面目见蜀中父老乡亲与全国人民。值此存亡关头，凡有爱国爱家之志，誓死消灭日寇者，随我前进。"在场官兵深为总司令精神感召，纷纷表示愿同生死共患难。部队继续前进，虽长途跋涉，人困马乏，却无一落后者。大约在长水与陕县地区交界处，同友军高树勋部队取得联络，交换了敌情。次日行军仍决定七点半出发，一七八师部队走先头，总军两部人员走中间，一〇四师断后。当天早晨因总部人员晚了30分钟时间出村，被敌人发觉，用大炮轰击村子，一七八师原宿营地已被敌人占领。总军两部人员和一〇四师只得另行改道前进，敌我双方都未弄清情况，各在相对山头向同一方向相并前进。当我们到达秦家坡山脚下时，总部上校参谋陈兆鹏向总司令建议必须摸清敌情再上山，总司令没有表态，一人直往山上走。随行官兵只得跟随前进。此时我部断后的一〇四师被日军跟踪追击，沿途均以打蛇退壳的方式撤退，一路打得很惨烈。军长李宗昉知道总司令身边只有一个特务营，战斗力弱，即派军特务营屈洽州连跑步跟上，以保护总司令安全。屈连在秦家坡半山腰追上总司令，向他报告，奉军长命令前来随同总司令前进。总司令询问后续部队情况后，命屈连稍待休息，俟总部电台机器到达，保护前进。此时并行日军早已摸清底细，迅速占领两侧有利地形埋伏等候我们的到来。总司令年高体弱，行动艰难，便坐滑竿上山，因滑竿稍高，以便用目四面搜索。由于他有多年作战经验，机智察觉情况有异，立即跳下滑竿，口传命令，叫屈连占领阵地。传令中敌人机枪打响了，射击猛烈，屈连亦进入阵地，以机枪还击，双方激战。日军集中机枪、迫击炮、掷弹筒向总司令被困之小道猛轰，子弹炮火如雨点落来，总司令由卫士人员扶着沿原路后退，却被敌人机枪交叉封锁了退路。这时李总负伤了，他坐在地上，拿着钢笔在日记本上写命令，继续组织战斗。日寇的枪炮愈加猛烈，在日军有效途程射击下，首先率军出川抗日将领李家钰总司令又被敌数弹击中，当场阵亡，胸部被敌掷弹筒破片炸得最惨，就是脚下穿的布鞋，也被敌人机枪子弹打穿数洞，顺原路退却人员百分之九十都阵亡了。此次牺牲的高级官员有少将高参陈绍堂和萧孝泽及中校参谋上官政，其他人员亦不胜枚举，真是尸横遍野，惨不忍睹，他们为抗击日寇都抱着临死不屈之精神而阵亡。

当时我部所处地形，左边是悬崖，系敌人控制范围，无路退却，右边地形稍好，我官兵也无法走原路退走，便向右侧地退走。官兵不顾生死，逢崖跳崖，逢坎跳坎，乱跑乱跳绕道后退，途中恰遇几个无人居住的窑洞，所有官兵都跑到洞里躲着，得以活命。我是幸存者之一，当时认为我后面部队增援猛攻到这里就可脱险，不料敌人居高临下，用机枪组成火力交叉点封锁此路，就是大部向山顶猛攻，用人海战术，也达不到抢占高地、解救我们的目的。后在敌人搜索战场时，包括中将参谋长张仲雷以下官兵全部被俘，我亦在内。张参谋长面部因跳崖跌伤，总部少将副官处长周鼎铭负重伤当晚死亡。在总司令殉国的当天，有一通讯兵伪装死亡，用战友尸体掩盖身上，战场炮声隆隆，硝烟弥漫，他寻机逃出，向军长李宗昉报告总司令遭遇敌军埋伏，当场殉国之经过，现场官兵无不痛哭流涕，群情愤怒。军长立即做出决定，派一〇四师王牌营长苟载华率领所部，不惜任何牺牲务将总司令尸首抢下来，完不成任务就地执行枪决，完成任务晋升为团长。全营官兵在枪炮火力掩护下向敌人猛烈冲击，选出精强力壮的士兵编为突击排敢死队分班匍匐前进，终于将总司令尸首抢回。此次遭遇战日期是1944年5月21（农历四月二十九日），最使人难忘的是，总司令殉国之日，正是李总寿诞之期后26天。总司令殉国的英雄事迹，激励了全国的抗战情绪，敬爱的抗战英雄陆军上将李家钰这个英名，将永远留在人民心中。

我们被俘后，被关押在河南陕县所属地区会兴镇山西会馆内，各部被俘人员均集中此地。这时正逢暑天，痢疾流行却无药医，我部中级军官上校参谋陈兆鹏、总座卜校秘书罗寄蜀和他弟弟上尉书记罗宥蜀，均患痢疾，因无药医治而死。死后两人抬手，两人抬脚，将他们丢到战坑里软埋了事，或用少数泥土掩盖尸体，被当地老乡之狗拖手咬脚，遍山臭气熏天。在狱死者均得如此下场，据我亲眼所见，日寇对我抗日军民非常残酷，惨无人道。当时我被关押在内，枯瘦如柴，面容憔悴，常派出去搬运军用物资，实无力支持，被日军拳打脚踢，实难忍受。我下定决心，不愿当亡国奴，宁死不屈，伺机逃走。同年10月3日中午，美国飞机在敌区侦察，日本人命躲警报，我趁敌不防之际，便窜入无人居住的街上，把军服脱了，内穿便衣，胸部敞起假良民证，找小路逃走。由于对地形不熟，神魂不定，徘徊慢行，被当地老百姓看出真相，便低声地告诉我路线，足见军民情感之深。由敌区逃出来后，我被四十军扣押在军特务连十几天，作为嫌疑犯审讯,见我答对属实,才告诉我部驻河南邓县,但不给路证和钱,要我自己想法回原部队。我全靠乞讨度日,有一天途中见一位老乡,手提藤篮内装食物,我向他说明我的情况,他表示同情,就从篮内取出食物送给我吃,这算基本上解决了一顿午餐。走到天快黑了,由于我身穿破衣,头发很长,骨瘦如柴,形同乞丐,进村子找住宿,到哪家都不同意,最后走到一个孤老太婆家,她很同情我,叫我在她家住宿。因她儿子被捉去当兵,音信杳无,现不知死活。她说:我看到你心中非常难过,你是当官的都得到如此下场,我的儿子下落不知怎样啊!最后一天午后,我到达卢氏县第四集团军总部电台,并相会同学孙修台长,说明实况,他介绍我在他部工作一段时间。原部来电速返,经协商同意,走时送我两月薪水和棉军衣作别,他们对我这个从日寇俘虏营逃出来的抗日战士是何等真诚!这些不是为了别的,只为一点"抗日"。

本文选编自《蒲江文史资料选辑》第五辑,1991年

回忆我追随李家钰总司令在抗战中的短暂时刻

黄开仁

我原是第三十六集团军总司令李家钰总部机要室译电课的上尉译电员，负责翻译来往的密码。其中有军委会蒋介石的，有第一战区司令长官（战区司令长官先是卫立煌，后是蒋鼎文）的，还有各友军和下属各军、师的电报。

一、李家钰与朱德总司令的关系

在抗日战争中，李总司令因公外出，或战时行军我都随侍在侧。特郑重说明的是，我那时手内曾掌握有第十八集团军朱德总司令与李总司令约定的密电码一本。原因是1940年春，朱总司令到洛阳长官部开会，路经山西省晋城县郝匠村我总部驻地，事前李总司令得到消息，曾派总部特务营的一个连到晋城所辖白洋泉河边某镇迎接朱总司令，并挽留他在我总部住宿一夜。当晚朱、李二人就联合抗日事宜欢谈至深夜。第二天，李总司令派一个连护送朱总司令通过日寇封锁线，直护送到黄河渡口。这次朱、李两总的会晤，使我毕生最为难忘的是朱总与李总约定的密电码一事。我尚记得密码本扉页上书有"李总司令其相兄惠存，弟朱德敬约"的字样。内里并附有密码使用法，以及电台的波长、频率、呼号等联络信号。就是这个缘故，我记得1942年春天，蒋介石召李总司令到重庆去述职（因皖南事件蒋更疑李有通共之嫌）。李到重庆后，蒋有扣李之意，李曾打通侍从室主任钱大钧的关节，经钱大钧在蒋介石面前说项，蒋对李变打击为拉拢，仍命李总司令返回原防，并送李总司令一辆美造吉普车和20支美造可耳提手枪。

二、由山西调防河南黄河南岸

1940年冬天，第三十六集团军奉命由山西晋城调到河南黄河南岸，担负灵宝至陕县段黄河防卫。1942年冬天，又奉命调换到渑池至新安段防卫黄河。这段时间李总司令曾不断派干部（曾在一二九师刘伯承部受过游击战术训练的人员），带小部队到黄河北岸向盘踞在中条山各据点的日寇袭击，屡有小获。

1944年4月17日夜，日寇在河南中牟县偷渡得逞后，以大部兵力一举攻占郑州，归李总司令指挥的十四军在洛阳以东的虎牢关、龙门一带节节阻击，战果辉煌。据战报，十四军曾击毁日寇坦克三辆，打死打伤日寇二百余人。十四军系蒋介石嫡系，装备精良，战斗力强，辖三个师。前军长是陈铁，他又是第三十六集团军的副总司令。继任军长是张际鹏，二人均系黄埔军校一期生。据说蒋介石曾得密报：李家钰有与八路军亲近的嫌疑，曾来电报申斥李家钰部带有"共"味了。故派十四军加入第三十六集团军的战斗序列，实际上是起监督作用。另外，受第三十六集团军节制的尚有十七军，军长高

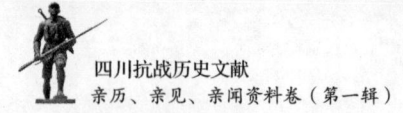

桂滋系西北军旧部，他也是第三十六集团军副总司令。该军在洛阳战役爆发前，奉蒋介石命令调到陕西防共去了。

三、洛阳会战概况

渑池至新安段的黄河防务全由第三十六集团军直属四十七军（军长李宗昉四川彭县人）担负。当时防卫黄河的友军：右翼是驻巩县的第四集团军孙蔚如部的三十八军（军长先是赵寿山，赵、孙均是杨虎城的旧部，继任军长是张耀明，是黄埔军校一期生），以及九十六军（军长刘戡，系黄埔军校一期生）；左翼是驻陕县的第三十九集团军高树勋的新八军（军长胡伯翰），以及驻渑池观音堂的河北民军乔明礼的游击支队。

日寇攻占郑州后，兵分数路进逼洛阳，防守洛阳的是第十四集团军刘茂恩部的十五军武庭麟全军及十四军的九十四师。我四十七军河防当面之敌由白浪渡过河攻占渑池，我军有受东西夹击之虞。5月12日情况严重，李总司令即令一七八师彭仕复团于陇海线上的铁门附近占领阵地，掩护孙蔚如集团军通过新安。再令一〇四师的李克敦、吴长林两个团于石寺镇、狂口镇一带占领阵地阻止敌人前进。13日蒋鼎文由洛阳西撤新安，与李总司令会晤，密谈片刻即率幕僚等到洛宁去了。当天中午蒋介石来电话找蒋鼎文，他不在新安，蒋即与李总司令通电话，指示李率部队殿后，收拾残局。下午二时许，我总部由驻地古村出发到新安，越过陇海路，黄昏时到达铁路南面的石陵镇，该地系三十八军孔从州师防守，当晚住宿石陵镇。14日晨枪炮声大作，据报系日寇向我四十七军追击，离我总部约四华里。当即由孔从州师掩护我总部转进。行军到下午四时许，右侧翼枪炮射击猛烈，李总司令当即派人前去侦察，回报系日寇追击我一七八师彭仕复团，在河上沟激战。李总司令为了我部队不被敌人截断去路，当即命令总部属迫击炮营及重机枪连由团长史耀龙指挥向敌射击，一方面支援彭仕复团，一方面掩护我总部撤走。15日中午，我部到达渑池辖地燕翎关，部队正吃午饭当中，彭团长的马夫秦海峰牵着彭的战马同一批伤残士兵来到燕翎关，见到李总司令就大哭起来，报告他们的团长已阵亡了。部队伤亡惨重，连排长都阵亡十余员，剩余残部由三个营长率领随同史耀龙团长指挥的迫击炮营和重机枪连一道不知撤往何方去了。这些部队直到李总司令殉国后才归队。

四、秦家坡遇敌的过程

5月15日部队到达尹村与刘戡、张际鹏会晤，三军商议制定联合战斗计划。16日刘戡奉令阻止沿洛阳至卢氏西犯之敌，向韩城方面去了。三军联合作战之议即作罢。17日部队继续西撤。接近河底村时，距离河底村约四华里西北方有浓密的枪炮声，据谍报得知，新八军胡伯翰部在河底村附近与敌战斗中。日寇企图切断三十六集团军及所有部队的退路。李总司令当即率部队改道向程村、岳庄转进。过程村与新八军军长胡伯翰相遇，李应胡要求派一〇四师占领阵地，掩护胡部退却。当时李总司令下达命令：总部军佐人员及警卫部队全由参谋长张仲雷率领先行，李总司令随带警卫四人留在身旁亲自部署掩护部队，甚至细微处如占领何方阵地，机、炮如何架设，指战员的掩体如何挖掘等。由此可见李总司令每事躬亲，临危不乱，沉着善战。张参谋长率领总部人员行至地名叫菜园的地方，前面一山挡路，山上人声枪声鼎沸，只听山上有很多人呼喊道：同志们到这边来干事吧，如不愿意的可把枪放下，放你们过去。这群匪徒据说是伪军张天明在这一带活动，招纳人马，收缴枪支，扩充势力。张参谋长率总部人员待在一山壕沟内，形势岌岌可危，幸总部人员中尚有胆识之士，不经张参谋长同意，即令警卫部队跳出沟外高地警戒，等待李总司令前来会合后定夺。一时许李总司令坐滑竿赶到，问明情况后，他面带微笑说道，这点小问题有什么不好解决，当即命令特务连枪上刺刀，发挥所有火力搜索上山，那帮乌合之众乱放一阵枪即作鸟兽散。我总部全体人员安全无损地通过险境。是夜宿翟涯，先后到达翟涯的有三十八军张耀明军长、暂四军谢辅三军长、九十六军刘戡军长、十四军张际鹏军长、新八军胡伯翰军长、四十七军李宗昉军长、炮十五团姚盛斋团长（该团配有德国造勃伏式山炮12门，已残缺不全）。各军聚会商议第二日行军计划，避免拥挤、造成混乱等问题。5月18日天雨淋漓，路滑难走，敌人在后尾追不舍，各部官兵绊跤的实属不少，人和枪炮满身泥糊，艰苦之状，实难言表。是夜宿西马蹄沟。5月19日在西马蹄沟未出发时接刘戡一信转告从高树勋电话得来消息：敌人已在陕县渡河，继窜灵宝。是夜宿一村庄（村庄名已记不清楚了）。5月20日晨，我部队出发，我总部将到达东姚院时，派赴高树勋处联络的少校参谋宋鸿勋（该员同我一道被敌人俘虏，在集中营死去）返回部队，送交高树勋的回信，信中的大意与刘戡来信说的一样。是夜宿东姚院。5月21晨据谍报，敌人追击高树勋部距离东姚院约十华里，部队急忙吃完早餐继续出发，山村口敌人向我方射来炮弹无数，呼啸之声不绝于耳。日寇企图截断我总部南去路线，于是李总司令改定由南而西的路线为由西而南，因此与李家英的一七八师前卫部队衔接不上。我总部即改道由赵家坡头至西坡、双庙到南寺院这条路线行进，四十七军军部续进，一○四师殿后。总部行进到西坡山头，循路下山过一河沟，爬上秦家坡山坡，上山后走过一个土坪，然后走上一条不到两市尺宽的石板路，全长一千一二百米，左边是一层一层无草木的秃岩，右边是种有麦子的梯地。（我记得那个时候是民国三十三年，岁次甲申，闰四月，地里的麦子尚未成熟）总部人员在秦家坡山上行进都是鱼贯而行。总部参谋处上校作战课长陈兆鹏（峨眉人）带一排手枪兵作为尖兵走在前头，总部随尖兵跟进，军部在山坡下，一○四师在山坡下河沟对岸。当时我挎一皮包，内装密码本，跟在李总司令的滑竿后面，我身后跟进的有上尉侍从副官龚子仪、参谋处少将参谋处长萧孝泽、少将高参陈绍堂。队伍在行进间我尖兵发现右边一百多米的麦地里匍匐有敌人，尖兵当即射击。我突听到枪声不由得向右边探看，只见日寇头戴钢盔身背背包，头上、背上均以麦子做伪装，乘势起立，居高临下，端起机枪向我方扫射，浓密的枪声响彻山谷。走在李总司令前面的是警卫连长唐克俊（蒲江县南门外人），首先被敌打死。李总司令当即跳下滑竿，由卫士李平山、潘福廷等掩护向来路撤退，我在李总司令身后佝偻而行。李总司令一面走一面指挥，叫大家沉着，找有利地形抵抗。总部徒手人员四面八方乱窜，向山坡下撤退的被日寇封锁山口的机枪打死，跑下山的终属少数，我当时眼看萧孝泽、陈绍堂两人相继被打死，龚子仪和总部少校参谋李光荣（蒲江县东门外住家）两人一道跑在前面，龚在山坡上被打死，李飞身冲下山去，得以生还。最后我见李总司令的卫士潘福廷被打死，李平山急忙上前将李总司令扶着走，走了一段路后，我突然听到李总司令"哎呀"一声当即仆在地上，抽出钢笔和日记本不知写些什么。在万分紧张的时候，我见很多人朝崖下跳，我也跟着跳下去，继后因崖高不能往下跳了，大家集中在一个山洼内，结果都被日寇搜山俘获。在集中营里听日寇叫嚣："你们大大的司令，被皇军的机枪死了死了的，尸体已被皇军掩埋了。"（过后才知道李总司令的尸体被一〇四师抢下山去了）我在日寇集中营里受尽折磨，每日要去做苦工才能得到饭吃，有病无药医治，真是人间地狱有过之无不及。我在无可奈何中冒险逃出魔窟，在沦陷区里九死一生，辗转返回故乡。

河南陕县旗杆岭李家钰将军阵亡地点

编者注：李家钰将军阵亡地点实为秦家坡上的南寺院旗杆岭，如照片中所示。

本文选编自《蒲江文史资料选辑》第五辑，1991年

魔窟历险前后

黄开仁

编者按：作者系原第三十六集团军总司令部机要室译电课上尉译电员。抗日战争中于洛阳战役被日军所俘。现将在日军集中营里的亲身经历公之于众，以揭露日军的残暴罪行。

1944年4月，日本侵略者为加速进军东南亚，企图打通由北至南的交通线。日军以洛阳为攻击重点，从河南中牟县偷渡得逞后，以大部兵力攻陷郑州、洛阳。随即过黄河攻占渑池、铁门、观音堂一带。

当时我三十六集团军所辖四十七军正设防新安、渑池一带，因受到日军东西夹击之威胁，奉命转移，掩护友军撤退。当我军途经陕县秦家坡时，总司令李家钰在指挥战斗中中弹以身殉国。时为1944年5月21日下午2时。

总司令部的特务营和其他战斗人员所占高地，被日军火力封锁着。曾经突围下山，被日军击中身亡的有总司令部少将参谋处长萧孝泽、少将高参陈绍堂、中校课长上官政等官兵二百余人。不多时，日军逐渐形成包围圈。在此紧急情况下，我们跳崖撤走，当跳下第一层崖时，发现总司令部少将副官处长周鼎铭腹部中弹倒在血泊中呼叫。我去扶他一起逃走，因他伤势严重无力站起，只好安慰他，我下去找担架来抬他。接着跳下第二层崖，见有个洞，里面已挤满了人。我只有站在洞口内侧，总司令部的黄伯纯站在洞口监视日军，却被追至的日军击中倒地。日军用机枪朝洞中猛力射击，藏于洞中的兄弟们除我等四五人外，全部牺牲。为避开日军，我们要越过第三四层崖，过了河滩不多远就是我一〇四师阵地了。可是到第四层崖边，见崖深不可测，先跳下去的跌得再也爬不起来了。

在寻思无计的紧要关头，日军已包抄过来。在此紧急之时，各自将重要文件和贵重物品销毁，抛下崖去。我忍痛将朝夕不离身边的一件第十八集团军朱德总司令与三十六集团军李家钰总司令相约在无线电台联系的密码本藏埋起来。

当日军逼近我们时，大家早已弹尽粮绝，气衰力薄，毫无战斗力了。在无可奈何的情况下束手就擒。日军把我们押解到一个山头上，见周鼎铭和陈兆鹏已被抬到那里，不一会儿工夫周鼎铭就气绝身亡。此时各自都在盘算着如何应付敌人。在登记姓名查身份时，司令部中将参谋长张仲雷隐瞒身份，自称是司令部上尉文书，并改了姓名。

当天晚上忍饥挨饿到天明，第二天被日军押解到山下很远一个村子里清点人数，有五百余人，半数以上是伤残人员。日军挑来几大筐粗玉米馍碎成小块，像喂鸡鸭似的撒向人群，这就是一顿早餐。为寻机逃跑不得已只好忍辱捡馍充饥。饭后，日军强令我们到窑洞搬运手枪弹箱，每箱30公斤。规定身体健壮的负两箱，体弱的负一箱，要运到

40华里外的火车站,途中负不动的即遭日军枪托撞击或皮带抽打。日军根本没把我们当人对待,其暴行令人发指。

集中营里,有军官眷属四人、小孩三个,他们被日军押出,说是去给日军烧水、煮饭、洗衣等,其实是遭兽军们轮流奸宿。兽军们对我女同胞的蹂躏暴行,全是她们带去的三个小孩回返集中营向他们的爸爸哭述的。

在集中营的第三天,一个日军军官带上翻译点名叫总司令部机要室上校主任罗寄蜀、上校作战参谋陈兆鹏、中校参谋孙伯涵、少校参谋陈梯宗和上尉译电员黄开仁等九人站出,上了卡车,经一天行程,来到一个村落。次晨饭后,一个日本军官对我们叽里咕噜一阵,翻译说:"太君说的是,大日本帝国发动这次圣战的目的是建立东亚共荣圈,帮助中国成为一个王道乐土。你们要与大日本携手合作,效忠天皇,一致反对蒋介石政权,特别是要消灭共产党八路军才是大大的出路。如有人反对皇军,皇军叫你们死了死了的。"日军还要我们交代此次作战计划,但我们九个同志,都守口如瓶,按我们登记的军阶说"我们是最下级小官,不了解情况"而搪塞过去。经过一个星期,没有一个人向敌人吐露一点实情,日军毫无所获,仍把我们送返原集中营里。

日军集中营里建有三层楼高的瞭望楼,大门架设有机枪岗哨,四周架有铁丝网。初日军防范尚松懈的一个雨夜,总司令部的中将参谋长(已隐瞒身份)张仲雷,由炮兵连长尹祥志和几名士兵护送逃出了集中营。待日军发现他们逃跑后,在营中增加岗哨,铁丝网一到夜晚全部通电,外加小分队巡逻,监视更严了。

我们在集中营里,每天为日军做苦工,有时昼夜不停地为其修碉堡,构筑工事,或到列车站装卸军用物资。每餐只给一个粗玉米窝窝头吃。规定早晚要点名,有人逃跑要及时报告。

一天,四川队中一个同志乘机逃跑了,谁也没有向日军报告。日军发觉后,将我们列队由一个军曹和几个士兵用拳头挨次打我们的嘴巴,骂着为什么不报告?他们用皮鞋猛踢脚头,把我们踢倒在地才罢休。我被打嘴巴,打得脸肿牙松,有好几天吃食都很困难。

又一天的黑夜,日军捉住两个逃跑未遂的同胞。第二天,日军将全体难友押出,在两个空坝子围成圈,中间各竖一根木桩,把被捉回的人分别捆绑在木桩上,用毛巾蒙上他们的眼睛。先是日本军官讲话,翻译说:"皇军召集你们来看一看,这就是逃跑的下场。"随即日军端上了上了刺刀的枪,呀呀狂叫直向绑在木桩上的同胞猛刺,只见血流如注,肠肚冒出,并放军犬去衔住肠肚拉扯,只见两难友绝望地挣扎,发出痛苦的惨叫声。此惊心动魄的场景,真是惨不忍睹。同志们个个泣不成声,面对灭绝人性的日军,人人闭目昂首,把怒火埋藏在心头。

在集中营里吃水困难极了,日军规定每人一天一瓷盅水。四川队中的营长陶启良患病发高烧,口渴得发慌,所发的水早已喝光,兄弟们爱莫能助。他乘大家不注意时,跳下水井自杀了。饮水都困难,更谈不上洗脸、洗澡了。到夏天,气候炎热,人们浑身生满虱子,头发上繁殖得更多。接着传染病、痢疾流行。医疗无药,求救无门,人间地狱不过如此。仅我们四川队就有罗寄蜀等数十人相继患病死去。日军在重病号停止呼吸前,叫尚能行动的难友将他们抬去停放在一个空房子里,等到死去的人多了,才一并抬出葬在山坡上。

用"人间地狱"比喻日军集中营并非夸张。那个阴暗的世界，血腥的沼泽，四处可见粪便臭气熏天。停尸房里的蛆虫遍地蠕动。患传染病的人不断增多，活着的人一天天减少。活人与死人睡在一起，并不觉得是可怕的一件事。

日军对我们同胞的暴行有增无减。他们将营里较有力气的人一批批押运到东北去，为日本帝国挖煤，下苦力当奴隶。我们难友对日军暴行无不切齿痛恨，都三三两两地议谋着："与其折磨而死，不如早日逃跑归队，再来与鬼子拼死。"我曾和四川金堂的康联峰密商，约定白天乘日军睡午觉时行动。我事先将伪造的良民证带在身上，这一天终于到了，我如同往日一样，到难友群中闲聊，当日军巡逻经我们面前转过拐后，我大胆朝预定矮墙方向走去。一外省同胞明了我的意图，他让我踏在他背上翻过墙去。跳下围墙，等到了康联峰，爬过玉米地，换了衣服，可是前面是铁丝网，经我二人分工，康去撬铁丝网，我监视敌人。幸运的是康联峰撬铁丝网成功得手。我们穿过铁丝网，算是舒了一口气。两人磋商，一前一后，健步如飞，经过断崖，天色已晚。我们进入村子，虽没有日军，但老百姓窑门紧闭。好不容易遇上一位太婆，由她引我们去见甲长。在甲长家住一宿，他给我们指了行进方向。次晨我们就上路了。在途中，时而昼伏夜行，时而露宿坟地。好不容易走到曾经的驻防地陕县北关，可关前遇上日军检查行人，我回头向康联峰使个眼色，硬着头皮向日军走去。我幸运地通过了检查，走了一段路仍不见康的人影，从此，我与他失散了，实在为他担心。之后，我孤身一人走进北关，打听南关开旅店的李二老板的情况。到南关，我进入旅店，李二老板见我，问明情况，深表同情（三十六集团军驻防陕县时，与李二老板较熟悉）。他安慰我："不要急，先在我家住下，等待时机，设法送你归队。"一天，老板给我介绍两个中年汉子。他们是兄弟俩，去西安做生意。我们三人结伴同行，离开了陕县。在途中遇二十余个难民，我们入其行列。赶了一程路，碰上一队日军拦截检查。盘查到两个中年汉子时，日军从他俩身上嗅到什么味似的，嚎叫"八路的大大的有"，当场将兄弟俩捆绑带走。老板介绍的同伴被日军押解走了，我心中实在不是滋味。归心似箭，度日如年。此后，我又经过五昼夜的苦难和困乏，辗转到了日军与我军对峙的第一线。只见日军坑道纵横，地堡星罗棋布。循着一条小道鼓起勇气朝日军的岗哨走去。日军对难民逐一检查，当查到我时，见我除一顶草帽外什么都没有。一个日军狰狞地看着我，问我："什么的干活？"这时我的脑子已完全失去思维，嘴里不由自主地答："读书的干活。"一个日军犯疑地过来将我仿造的良民证拿去看了又看，没有断定真伪。他们叫我开路，我离开这个日军不远，只听大叫："开路的不行。"不得已回转过去，日军叫我脱下鞋，看了看我的脚板，站起后，日军抓住我的胸领，要我解开衣服，因我数月没洗澡，解开衣服，见我遍体污垢，气味难闻，急得倒退几步，连叫"开路的有""开路的有"。这时我如离弦的箭、脱缰的马，风驰电掣般走过开阔地，经过一段地带，进入我军防地。当回到军营，如回到了久别亲人的怀抱。

本文选编自《蒲江文史资料选辑》第九辑，1995年

有关长治血战的电文和报道

张光汉（口述） 曹善群（提供资料） 何宏钧（整理）

　　1938年2月14日至16日，四十七军在山西东阳关重创日军后，于17日撤离东阳关。接着敌人由黎城、平顺向长治作钳形攻击，并以一部兵力指向晋城和运城，妄图切断我与后方之联系。敌机、敌炮对长治城垣轮番轰炸，我守城将士巍然屹立，誓与城共存亡。李克源旅长命令堵塞四门，昼夜坚守。但北门一隅由于敌连日集中轰击，中弹千余发，被炸开一缺口，敌兵如潮涌进，我军奋勇冲杀。自2月20日巷战开始，至21日晚，弹尽援绝失守。在最后关头，李旅长命将兵器毁坏，勿资敌用，官兵们仍以断械、拳脚与敌肉搏，许多官兵壮烈牺牲。现将当时的有关电文及报道分录如下，以供参考。

一、李军长分电川康绥靖主任邓锡侯

　　原注：长治、长子失陷后，第四十七军深陷敌后，与上级失掉联系。李家钰率部转战到荣河，始与领导取得联系。同时获悉旧长官邓锡侯已回川任新职，乃分电将长治战况分报。

　　长治一役，职部官兵誓不俱生，坚守长治四门，苦战累日，敌以飞机大炮联合轰击北门一隅，中弹千余。廿日午被敌击破。我军一面身冒弹丸，奋勇抗阻，卒以火力过猛，敌得冲入。我守城司令李克源旅长等督促士兵肉搏巷战，杀敌极多。副司令李光渊负伤，营长杨岳岷，连长夏抚涛、杨显谟等血战不屈，负伤自戕。此外负伤长官十余人，士兵伤亡甚多。

二、据国民党中央通讯社电称

　　原注：录自1938年11月6日《新蜀报》。

　　李家钰部前在东阳关、长治一带抗战，其可歌可泣之事甚多。该军器械不如敌军之优越，然官兵牺牲之精神，莫不令人敬仰。在长治城中，全团殉国死节；子弹完后，继以枪头拳脚与敌巷战肉搏，毙敌达两千左右。官兵宁愿饿死，不愿掠夺，深为民众所景仰。现潞城至黎城途中，民众自愿为该军修建庙宇及纪念碑甚多，大小庙宇皆立该军阵亡将士神位，堪为我军之表率。

三、黎城县县长何公轸公函

　　原注：录自1938年7月27日《新华日报》。

　　（前在东阳关之伤兵李平、周玉清等经黎城县府收容，治愈回部，携回此函。）

　　东阳关之役，贵军官兵英勇抗战，经一周血战，日寇伤亡千余，我忠勇官兵作战壮烈牺牲者亦在二千人以上。黎城民众对此可歌可泣之事迹极为崇佩敬仰，久而难忘，除阵亡官兵由地方民众清查埋葬举行追悼及负伤官兵已由地方政府收容治疗外,并在东阳关建立"川军抗日死难纪念碑"一座,在黄帝陵建川军庙一所,每年二月十七日演戏一日,以志不忘。

  本文选编自四川省政协文史资料研究委员会、四川省人民政府参事室《川军抗战亲历记》

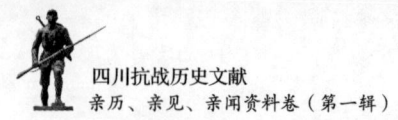

寻访东阳关缅怀抗战英烈

邓 鲁

2008年中秋节，这是一个阖家团聚的日子。我独自一人来到山西黎城东阳关小镇。秋高气爽，远远近近的山坡上、沟壑里布满了灌木和杂草。这里安静极了，听不到远处村庄的喧闹，只听到秋风掠过草丛灌木的沙沙声。寻觅了好久，终于看到了几处浅浅的沟壕。虽然经历了岁月的冲刷和洗涤，但仍能看出这是战争年代修筑的堑壕。我穿过荆棘丛生的小径，惊飞了几只叫不出名的鸟。找到了，找到了。我默默地伫立在这依稀可辨的沟壕旁，望着山下穿沟而过的长邯公路，想到了七十多年前在此地发生的一场鲜为人知的战斗——川军东阳关阻击战。

七十多年前，中华大地上，日寇的铁蹄肆意践踏，黎民百姓背井离乡，流离失所，屠刀过后，尸横遍野，万户萧瑟。1937年7月7日，卢沟桥的枪炮声，把中华大地和四万万中国人推向了战争灾难。"地无分南北，人无分老幼，无论何人，皆有守土抗战之责，皆应抱定牺牲一切之决心。"大地沸腾了，"誓死不当亡国奴"的呐喊席卷了整个中国大地。远在"天府之国"的四川大地上，也发出了愤怒的吼声，数十万川军将士消弭隔阂、义无反顾地投入这场誓死抵抗的抗日战争洪流之中。

1937年腊月，在风雪弥漫的太行山脉行进着一支队伍。虽然已经是北风萧索的寒冬腊月，但是这些人大多依然穿着单衣单裤。人人打着绑腿、穿着草鞋，肩背简陋的枪支，从统一的灰布军装及佩戴白底蓝字"昉"字的臂章上，可以看出，这是一支不太正规的军队。从斗笠下露出的那一张张稚气的脸上，可以看出这是一群刚入伍的新兵。他们在风雪之夜悄悄来到太行山脉，来到山西的门户——黎城东阳关。这支部队来自大后方天府之国四川盆地，长途跋涉几个月，从仲秋到寒冬，辗转数千里，风雪兼程，来到了晋东南这个残酷的抗日战争第一线。这支部队就是被称为"川军"的一支——国民革命军第四十七军的官兵们。我的父亲就是这个部队里的一员：国民革命军第四十七军第一七八师第五三三团第一营书记邓志宣。

父亲邓志宣，原名邓同裕，别名邓执中。1914年1月出生于四川乐山牛华镇一个书香门第，我的祖父是前清廪生。父亲从小在家读私塾，后在乐山县国立中学上初中一年级。由于父母双亡，只有十六岁的父亲便投身刘文辉二十四军，其后任第四十七军一七八师五三三团一营书记、军需官。

1937年，华北告急。到12月，河北沦陷。由李家钰率领的国民革命军第四十七军近两万名川军将士，风雪兼程，奉命开赴山西太行山抗日前线，划属第二战区司令长官阎锡山，副司令长官卫立煌、朱德的指挥。划晋东长治、长子、潞城、平顺、黎城、襄垣、壶关七县为防区。其中，由李宗昉率领的一七八师就守备黎城，驻扎在东阳关、上湾、下湾、龙王庙一带。

黎城县地处晋冀豫三省交界，南锁太行，北扼冀原，地理位置重要，为历代兵家必争之地。县城东十公里，即雄扼晋冀要冲的东阳关。东阳关，即壶口故关，古称吾儿峪，为上党通往河北之要道。我国的内长城，北起河北紫荆关，依太行山脊经平型关、娘子关、黄榆关南至黎城的东阳关。长城墙体建于山脊之上，依山南北而行，成为东临河北平原的重要军事屏障。

1938年2月，日军占领河北省涉县后，敌第一〇八师团一〇四旅团苦米地四楼少将一部与伪军王英部共计两万余人，在飞机大炮的掩护下，向西进犯山西省黎城县，企图打通邯长大道，盘踞战略要地上党，奔袭晋南。

此时，一七八师在师长李宗昉的指挥下，沿长城一线修筑工事，以逸待劳，准备据险伏敌。具体的部署：以一个加强团（一个团附一个营）担任东阳关阵地之防守，以东阳关镇北面通涉县大道，右起香炉崾山经天主垴，左至老东阳堠一线为主阵地带，各派一营兵力驻守，并配一个营为预备队，大量构筑工事，加强戒备。同时，派一个团驻潞城北之微子镇，派一个连进驻黎城。另外，还以一个排进驻北山沟龙王庙村，防止敌人偷袭后路。

1938年2月25日凌晨，日军开始向东阳关阵地炮击，史称"晋东南抗日第一仗"的东阳关阻击战打响了。趁着雾色，日军仗着装备精良的优势，向川军小口、香炉崾等多个阵地发起多次进攻，但均被只有劣质装备凭险阻击的川军将士击退。恼羞成怒的日军面对顽强的川军，动用了飞机大炮。日军在损失近千人的代价下，两天时间只前进了三公里，依次攻陷了下湾、上湾、小口、香炉崾等阵地。而这些阵地，也是一七八师为了更有效地保存实力打击敌人而主动放弃的。但日军在川军主阵地皇后岭下，又被迫停下了前进的脚步。至此，日军已付出了一千多人伤亡的代价。敌一〇八师团第一〇四旅团，自1937年8月26日在日本以第八师团预备役人员组建并编入华北方面军第二军，11月参加冀南作战，一路势如破竹，如入无人之地，狂妄骄横，却在东阳关下损失惨重，止步不前。

在我一七八师延绵数十里的防区里，山峦起伏，沟壑谷峪纵横交错，无法做到处处设防。狡猾的日军派出驻涉县索堡镇一千余名鬼子，在黎城大汉奸高承祖带领下，于正月十七日下午经索堡过漳河、塔庄、峪里，迂回偷袭川军的后背。黄昏时分，日军到达楸树垣，这里没有川军部队驻防，日军顺利插到龙王庙村。在这里只有川军一个排三十几人的兵力，他们在龙王庙大庙里，居高临下，顽强地阻击从楸树垣方向来的日军。敌人武器精良，攻势猛烈，激战两小时后龙王庙失守，川军牺牲二十多人，余部撤向苏家峧方向。日军快速向马家峪、榔坡、高石河、北顶扑进。正月十八日清晨，日军已大迂回绕到川军的后方，在北顶、山皇垴等地集结完毕，切断了东阳关到黎城的通道，并开始向东阳关方向、邯长大道、玉石桥开炮。集结在小口一带的日军也向皇后岭川军阵地发起了猛烈的进攻。川军受到东西夹击，腹背受敌，终于寡不敌众，奉命撤退，东阳关失守。

由于日军切断了通往黎城的通道，沿邯长大道撤退的川军将士大都牺牲在日军猛烈的炮火和轻重机枪的火力下，尸横遍野，血流成河。只有沿小路撤退的战士得以死里逃生,其中有很多是从黎城、长治来增援的部队。

东阳关血战,毙伤日寇一千余人,川军官兵壮烈牺牲两千余人。由于当时天寒地冻,川军将士又是南方人,部队连御寒的冬装都没有来得及补给,穿着夏装就上了战场。在风雪弥漫、寒风刺骨的冬夜设伏,很多战士爬下去就再也没有起来,被冻死在异乡。

第二天,逃难的老百姓返回村庄,自发前去收殓和掩埋川军将士的遗体。天寒地冻,地如坚石,挖土不便,再加上没有棺木,川军烈士的遗体大多埋得很浅。在那个年代,山里野狗和狼很多,没几天,很多川军烈士的遗体被狼拖狗拽。被村民发现时,川军烈士遗体只剩下一些遗骨,残缺不全,零落失散,惨不忍睹,村民便重新收拾遗骨埋葬。

川军一七八师的将士,在自身武器装备处于劣势的条件下不畏强敌,用生命和鲜血铸就了抗战长城,打出了川军的浩气和声威,博得了晋东南各方抗日军民的尊敬和拥戴,鼓舞了全民抗战的士气。据当时国民政府中央通讯社电称:当地人民纷纷自发组织起来为四十七军"修建庙宇及纪念碑甚多,大小庙宇皆立该军阵亡将士神位,堪为我军之表率"。

1938年4月,黎城县抗日政府在东阳关村召开了万人公祭川军阵亡将士大会,并建立"川军抗日死难纪念碑"一座,在黄帝陵建川军庙一所,每年二月十七日演戏一日,以志不忘。黎城开明士绅刘逢源撰写挽联:

在十三年前,外国人恃强凌弱,竟酿成五卅惨案;
到千万载后,吾尔峪拼命杀敌,孰能忘四川同袍。

1938年7月,《新华日报》曾刊登黎城抗日政府县长何公轸的一封公函:"东阳关之役,贵军官兵英勇抗战,经一周血战,日寇伤之千余,我忠勇官兵作战壮烈牺牲者,亦在二千人以上。黎城民众对此可歌可泣之事迹极为崇佩敬仰,久而难忘。"

我慢慢地走下山来,走到村里,走到老乡家里。村里到处弥漫着中秋佳节的热闹氛围,我嘴里嚼着村民自己做的月饼,含泪聆听他们饱含激情地讲述那一久远的故事,唱着流传至今的黎城人民编的民歌:"正月十六那一晚,日寇进攻东阳关,英勇川军来阻击,誓死保卫东阳关。"

本文写于2014年11月

略说四十七军抗战中的三通碑

李圻昌

七七抗战全面爆发后,李家钰将军即率四十七军北上辗转到达晋东南,归卫立煌指挥,时家父李伦为该军一〇四师参谋长,后为副军长。1938年2月四十七军进行了"东阳关保卫战"和"长治保卫战"。其后又参加了"六六战役"、晋南游击战、"豫中会战"等。1938年元旦"长治县军政法学农工商各界公建"的纪念碑将四十七军英勇事迹铭刻于上,立在当时长治公园内,建有碑亭。此碑高约二米,宽近一米,有一千五百余字,撰文事理昭然,爱憎分明,壮怀豪逸。碑今已不存,现仅据文字翻印件,虽经努力辨识仍难免错谬,有待更多考证,此权作引玉,分段略述于后。

一、国民革命军第四十七军一〇四师三一二旅六二四团守城阵亡将士纪念碑——国民革命军第四十七军阵亡将士殉难记

慨自九一八以来,日本帝国主义者武力侵略我国,明目张胆积极策划,希图达其大陆政策之迷梦。乃我中华素爱和平,对兹亦遂含耻忍让再四退步。岂料彼无厌之欲壑倾世难填,霸占四省犹为未足,故复于去岁七七之夕,在我卢沟桥借端挑衅,开调重兵袭平津、占冀察,极狂逞凶,肆意威胁,欲我退让华北,拱送全国。然我政府仍本维护和平初旨,委曲求全,冀彼凶恶的日本有所醒悟,谁知冥顽不灵的日本军阀得寸进尺,愈逼愈紧,急欲一举而亡我中国。我政府于无可如何之中只好实行民族自卫的抗战,溯自战端开始,我全国军民在委员长蒋公领导之下,无不一致努力坚决斗奋。

唯我四十七军全体将士忠义仁勇英烈□□国,其牺牲奋斗之精神与夫军风纪之严焉,尤为吾人所最堪钦崇者。该军将士多蜀籍,军长李公家钰,川军名将也,所部师长李青廷、李宗昉,分统一〇四及一七八两师。卢沟桥事变后,中央节调该军一师出川抗战,李公家钰乃自动请缨,愿率全军健儿为民族争生存,为国家求独立,中央嘉其勇,遂允焉。于去岁九月持节出川,经滇〔川〕陕豫三省,行程六千里,计时三个月,始抵潞郡。其时日寇凶焰已达晋中,平汉道上烽烟亦起。李公察度敌情,相机部署,遂将全军分布长、潞、襄、黎各要隘。军行所至,秋毫无犯,对民众器物借必还,损必偿,民众有急难者辄与解济之,以是民众惊为奇军,俱相称道。尤以退城之时,能于混乱中维守军纪,不侵民财,不扰民室,是诚难能而可贵者矣。

本年二月中,暴敌以卜元熊弥一师团之众进犯涉县,孙军告急,公乃调驻东阳

关之部，星夜驰援。旋涉县失守，敌又进扑关口，于是该军大部急趋应战。以我武器不整、为数不及一万之兵，抵敌机械化精锐部队三四万之众，尚能血搏五昼夜，毙敌逾两千，设非将士之肝忠胆烈兼富民族意识者不克为也。寻以敌众我寡，不利于守，遂转进赵店河防地。是役也，营长谭培、周策勋，营附张泽、谭勋、邓普全，连长黄高翼、杨廷春、黄德涵、廖占武、孙桢，排长程福兴、陈荣光、范世如、李少卿、刘玉积、孔饶臣、彭志荣、何云卿、张云鹏、刘耀廷、雷镇、陈兴才、李荣、黄士昌、李青云、彭正兴、刘泽之，附员王绍林、陈昌奇、刘丕承、唐润生、龚海青、吴占云、王闻九及士兵夫三千余人捐生成仁焉，团长孙介卿负重伤。

十九日赵店又吃紧，因无险可守，遂以一部转进潞城及以西地带，以一部由旅长李君克源率领转守长治，即一〇四师三一二旅六二四团之三个营并机炮各一连，二十日晨四时许进驻长治城，仓卒布置，慰勉所属。方冀构筑工事，从容应战，而敌炮已隆隆然来。未几，敌临城下，展开血战，支持竟日，毙敌逾千，越日敌又增援，并以猛烈炮火轰破北门，城终以陷。当是时也，天地为之愤怒，鬼神为之震惊，旅长一呼，健儿用命，肉搏四小时，毙敌五六百。敌既丧胆，我气愈壮，正拟歼彼群寇，还我长城，岂料弹尽而援绝，可叹也！夫时旅长李君克源已负重伤，长□余众曰："男儿报国正其时矣！且余等奉命死守长治，今既失陷，唯当死耳。"部众慰之曰："国仇未报，死胡为也？"遂遭负伤之高级参谋李光渊、团长熊岗陵簇拥至城，逾墙而下。部众除营长杨岳岷，连长夏抚涛、杨显谟、苟华丰，排长林伯尧、苏伦、商起予、易敬敷、陈国柱、陈平、陈少卿，附员颜方谷、刘绍卿、黄光禄、林衍奇及士兵夫等千余人已经殉城外，余均相将追随，逾墙出城。

吾人追念其牺牲之壮烈，军纪之严整，与爱护民商之恳切，虽远至危至急之时，仍不稍苟，非惟令人扬风怀想，依依起敬，实亦革命军人之模楷者也。爰思有以记之，借作表扬，既慰忠魂，且励来兹。惟于殉难官员事迹，苦无能道其详者，适军邮视察员周君希光赞助采访，因得其梗概略记如斯云。

长治县县长聂士庆撰文
永安郭瑢书丹

此聂氏是长治战役后继任县长。

首段：点明我全民抗战是救亡图存正义之举。面对"无厌之欲壑倾世难填"，"冥顽不灵的日本军阀"，同仇敌忾，毫不退让，长治为历代军事重镇，敌之要点即我之要点，保卫长治迫在眉睫。

次段：赞颂了四十七军战风军纪，范长江对其早有报道："李将军……治军严肃，纪律井然……所以那里的老百姓都很爱戴川军。"更让人钦崇的是李家钰将军"抗战不留家底"，忠于军人职守，坚定爱国之心。请缨电中说："职份属军人尤切振奋，谨当誓死拥护（中央）待命前驰，窃惟国难至此，已达最后关头。"获军委会复电："卅电悉，请缨抗战殊堪嘉许，希从速整编，期成劲军，是所厚望。"所以说是"持节出川"。

川军别父母、抛妻儿、背井离乡，一路备尝艰辛，但士气高昂。1937年12月四十七军抵晋后即奉命守备长治、长子、黎城等七县。李家钰派一〇四师李青廷部的一个旅驻长治城，派一七八师到东阳关占领阵地，向东警戒。同时派一〇四师之两团在长治的北面和顺、辽县、榆社等地隐伏打游击。

第三段：从2月13日起说东阳关（外围）东翼要地涉县战斗。孙殿英部遇日寇进攻，孙告急。李派一七八师李宗昉部一营驰援，孙部却急向左右退却，致该营被包抄恶战一夜，伤亡一百余人。

2月14日，日寇以榴弹炮猛烈轰击，继而进攻东阳关外二十里之响堂铺，半夜时我军以"摸夜螺蛳"，杀死仍在梦中的敌寇二十多人。

15日清晨敌猛烈炮击我东阳关各阵地。一〇六二团第二营谢子奇部防守香炉峧山，第三营汪伯楷部为预备队，我利用陡峭山崖与工事顽强阻击，敌死伤甚多。

敌又向中央天主垴发起猛攻，一〇六三团中校团附王杰才指挥第一营杨孟侯部，一〇六二团第一营营长罗功亮部为预备队。经激战后敌未得逞，敌午后继续增兵。

16日晨敌机八架次反复投弹轰炸，更有敌炮二十余门炮轰不断，阵地为之翻腾，敌兵欲借势前冲，王杰才来回跑步以手语传命指挥打击。香炉峧上鬼子尸体一地狼藉。

三百多鬼子惧战到悬崖下躲避时，手榴弹成捆如雨下，炸敌如炸瓮中之鳖。

左翼老东阳堉由孙介卿团长指挥一〇六三团第二营周策勋部防守，第三营赵前裕部为预备队。战斗极为惨烈，孙团长负伤，周营长率部与敌反复肉搏击退顽敌，后不幸头部、腹部中弹，为国捐躯。

是日敌军未能前进，下午时分鬼祟派出五百余人，在汉奸高承祖带领下偷袭东阳关柳树口得逞。李家钰派一〇四师熊岗陵部前往阻击，交战激烈。李军长虑一七八师腹背受敌，故电令其以进为退袭敌致果后，转移到长子一带集结，策应一〇四师保卫长治。一七八师17日晚撤出东阳关。

时蒲江籍黄高翼连长慨然请缨断后，率全连与敌巧妙周旋，缠绕阻击，杀敌无数，最后弹尽肉搏，遭敌机步齐发，黄连长中数十弹壮烈牺牲。

东阳关血战，毙伤日寇一千余人，我官兵伤亡二千余人，阵亡营长周策勋、谭培，连长黄高翼等十二人，排长黄士昌等二十余人。壮烈牺牲的黄高翼连长受到林森主席题词"志酬裹革"，蒋介石题词"忠勇可风"，四十七军军长李家钰题词"为国捐躯"的表彰。

第四段：此段行文时间疑误，也非仓促布置。

18日军长李家钰为阻击滞迟日军西犯，令一〇四师三一二旅旅长李克源率六二四团固守长治，师长李青廷率一个团（另两团在外游击），位置于长治城东北高地策应城内作战。李家钰当夜到长治城部署后，即率军部及直属部队向长子转进。

旅长李克源下令用砖石将四城门封堵，命六二四团第一营傅瞩瞻部守东北两门，第三营宋钰光部守备西南两门，李克源率其余部队，位置于城中心的十字街口附近指挥作战。四门城外各派一个排部队监视敌人活动。

2月19日下午，敌骑兵三四百人由东阳关窜抵长治城郊东北，敌之大部亦相继到达。入夜，我城外部队对敌扰袭。

20日拂晓，三架敌机及群炮轰击北门，致一隅垮塌，敌随即猛冲而上。一营连长杨显谟、夏抚涛率部两次将敌打退。21日三百余敌军又在火力掩护下蜂拥上城。杨显谟高呼："弟兄们，跟我来，消灭鬼子，杀！"遂与连长夏抚涛分左右冲入敌群惨烈肉搏。敌兵力不断增加，连长杨显谟越战越勇，终胸部被刺伤五处，连长夏抚涛头部中弹，均英勇牺牲。

占据北门之敌在敌机两架助战下，分向东西两门扩张。第二营营长杨岳岷率一个连与敌人逐屋展开血腥争夺战斗，不幸腹部中弹，壮烈牺牲。

东西两门也相继失守，熊岗陵亲率二营余部反击。旅长李克源组编旅、团部参谋、副官等人员作总预备队，派参谋李浩东率部百余人，阻击东门之敌，巷战益烈。城外东北高地我军亦被敌人阻扰，无法支援。

战斗进行到下午，旅长李克源身负重伤喊道："报国时候到了！我们奉命死守长治，今天城破了，只有一死！"部众说："国仇没有报，死做啥子！"时守军弹药消耗殆尽，城外绝援，已成孤城，于是报请军、师，即下令南撤，退出城外，并亲率预备队逐街逐屋战斗，轮番掩护且战且退，战斗至夜，始由南门突围。

从南城墙缒城而出官兵有四百余人。旅长李克源、副旅长李光渊、副团长杜长松、参谋李浩东等均负重伤。未能撤出的官兵全部拼杀至死，一些重伤官兵在城中自爆自戕壮烈之极，至今也常为晋人说起。排长商起予重伤不能行动，把军校证章交给身边士兵，托付带回，随后杀身成仁。

据统计，此役我阵亡官兵千余人，敌也有千余人伤亡。中央通讯社电称："李家钰部前在东阳关、长治一带抗战，其可歌可泣之事甚多。该军器械不如敌军之优越，然官兵牺牲之精神，莫不令人敬仰。在长治城中，全团殉国死节，子弹完后，继以枪头拳脚与敌巷战肉搏，毙敌达两千左右，官兵宁愿饿死，不愿掠夺，深为民众所景仰。"

《新华日报》说："坚守长治四门，苦战累日……我守城司令李克源等督率士兵，肉搏巷战，杀敌极多。""营长杨岳岷、连长夏抚涛等血战不屈，为国捐躯。"

战后军长李家钰亲笔致信显谟连长父亲："……以身殉国，其壮烈牺牲，洵昭青史。"

末段：长治民众对四十七军的忠勇事迹、严整军纪"扬风怀想，依依起敬"。民众还在长治、潞城、东阳关等地建立纪念碑、修建庙宇设阵亡将士牌位，每年祭祀并在二月演戏一日，以志不忘。

众多题词中，当年任山西督察专员公署秘书主任后为中共中央党校校长的杨献珍题词颇具代表性："生而为英，死而为灵；民族英雄，天地并存。"

二、柏塔寺补修记碑

长治、长子失陷后，李部退到城外山区壶关、潞城一带，欲收复失地，对敌苦战十余日，终以实力不足而未果。此时敌人业已席卷晋西南，占据主要城市和战略要地。四十七军与敌缠斗，同上级和友军都失去了联系。3月18日抵达荣河后，终于同卫立煌总部取得联络。不久奉军委电，我军又再度突破敌人封锁线越过同蒲路，沿太行山脉分布于翼城、沁水一带，以破坏敌军交通，截获敌军辎重，分布兵力打击敌人。

1938年5月初，一○四师攻克平陆县城，移军夏县。

四十七军在山西对日英勇作战无数次，但山西省及夏县等地方志中未有载述，幸有夏县司马光文管所收藏的断成三截仍可辨识的一通碑：

> 柏塔寺在夏县南约二十里，建自隋初，为晋中名胜。有小学一所在焉。戊寅春，倭寇略夏县杨村，罔惜民命，恣意炮轰。寺邻村数里，被弹特甚。夏初，本师克平陆移军来此，就与父老问询，为述寇军奸淫焚杀诸状，且导观寺迹，垣颓木坏，文物荡然。睹兹环境，深用棘心。乃谢父老，告寺首，分俸葺治。寺首属志其颠末，是焉可？虽然，记以明耻志仇，俾后之览者，将益奋兴铁血，以维护国家民族之永久独立生存，乌可无言？是用记之。
>
> 安岳李青廷题，江安李伦撰文，江津蒋香岩书。中华民国二十七年岁次戊寅夏七月七日立，卢沟桥事变第一周年纪念。石工毛天才刻。

柏塔寺补修记碑

李青廷时任四十七军一〇四师师长，李伦时为师参谋长，蒋香岩为高级参谋。

此碑记载了"夏初（5月），本师克平陆"的史实。围绕这一战况的历史是：在4月上旬四十七军军部对敌情做了分析研究，认为敌川岸司令官与西田、方谷、东村等部主力三千多人，附有山野炮四十余门，分驻运城、安邑、夏县、永济、虞乡等处，把守同蒲铁路沿线，兵力分散，于我军有机可乘。

1938年5月初，四十七军奉第一战区司令长官卫立煌命令，由太阴山区南调中条山。以一〇四师占领夏县以东山地刘黄岭、通峪、侯家岭之线，师部位置于夏县西沟。派有力部队进攻运城，并分向新绛、虞乡、解县、夏县等地进击。当时，敌人牛岛师团部队分驻同蒲铁路南段，我与敌寇在临汾、闻喜、夏县、运城、风陵渡之线进行了激烈战斗。

此碑记载了日本侵略军在山西夏县"罔惜民命，恣意炮轰……奸淫焚杀"犯下的罪行，以及个人捐款补修、爱护文物古迹的事迹和对战争创伤的痛惜。

此碑是李家钰将军率部在夏县等地抗日实证，"记以明耻志仇，俾后之览者，将益奋兴铁血，以维护国家民族之永久独立生存"，表现出抗战川军为国家独立、民族解放而奋勇杀敌以死报国的坚定决心。

此后四十七军在中条山与太行山一带进行了十数次艰苦激烈的反扫荡作战，比如1939年6月6日"六六战役"等。1937年到1940年，四十七军在山西作战两年多，官兵伤亡一万五千余人，毙伤敌万余人。

1939年冬李家钰积功升任三十六集团军总司令，仍兼四十七军军长。

三、古村修路纪念碑

1940年夏，李家钰率三十六集团军总部及四十七军从白浪渡过河，担任渑池、陕县、灵宝、阌乡一线河防。次年冬又转移担任孟津、新安、渑池一线河防。一〇四师驻北冶，一七八师驻官水磨，总司令部驻新安古村。

各部不时派出部队渡河对敌进行游击战：炸碉堡，抓俘虏，毁敌炮，毙伤小股敌人，夺获武器辎重。为抓紧训练，李老总令在古村西高地上建八十余亩大操场，检阅台上书悬大匾"明耻教战"。大操场农闲时节为村民放电影之地，劳军团也在此做宣传抗日演出。

为备战和便民，驻军对古村内外道路分别取平取直、加固加宽。村民因此感怀恩德，特立石碑纪念。此碑现存于古村第三十六集团军司令部遗址大门外。碑高约一米半，宽半米多。上刻八个大字：流芳百代，协同施路。

令村民难忘的除此外还有捐资建学校，搭戏台，施药治病，农忙帮忙，涉民违纪案都严苛处置。1942年前后旱蝗灾害深重，百姓如处水火。李老总令各部节省粮食支援灾民，还收养灾儿。有两士兵因饥饿到山上偷吃老百姓的青涩柿子，被杖军棍，经树主代为求饶才赦免其不死。还有总部一中校副官骗奸一对母女，被公开明正军法。这些军民鱼水情都在当地传为佳话。

以上三通碑只是四十七军在晋豫期间的英雄事迹、功绩及功德的缩影，由此折射出川军将士在抗击日本侵略者时的大无畏大忠勇，对祖国河山的惜爱，对人民的赤诚。

李家钰将军更在1944年5月"豫中会战"中，主动请缨殿后掩护友军，把危险留给自己；出征时不留家底，战场上不留退路，于河南陕县南寺院旗杆岭殉国成仁。践行了他"男儿欲报国恩重，死到沙场是善终""与敌决死，以完素志"的忠于国家、忠于民族、忠于职守的理想追求和高尚情操。

抗日烈士永垂不朽！

缅怀你们，谢谢你们。

感谢蒲江县文史研究员龙腾先生对"柏塔寺补修记碑"的寻索和考证。

本文写于2016年

团长孙介卿

王剑峰

孙介卿系蒲江东门外孙坝人，生于1893年，卒于1938年6月。少时就读于蒲江县城北大街程敬元先生私塾。因聪明好学，很得程敬元先生喜爱，曾将其留下当助手。后来说孙介卿从军前教过私塾，缘由即此。

后孙弃文从武，进入杨森在重庆浮图关开办的军校学习。毕业后投奔表哥李家钰，被委任为排长，因表现出色于1925年升任连长。时李家钰驻防遂宁，下辖遂、安、潼等八县，孙奉命驻防安岳，与我爷爷结识。孙入伍前在蒲江奉父母之命完婚并育有两子一女。妻病故，孙忙于军务没有续弦。

孙介卿军务之余手不释卷，大有儒将风范，我爷爷王锡之很是钦佩，遂与其结金兰之好。并把吴姓之女介绍给孙结为夫妻。出川抗日前，孙和吴又育有两子一女，1936年10月李家钰奉命撤遂宁远成西昌。1936年2月川军再次整军，李家钰为四十七军军长，孙任四十七军一七八师一〇六三团上校团长。

我父王振庸于1935年在四川大学文学院毕业，在重庆江北教书。1937年抗战全面爆发，我父毅然投笔从戎。学校、亲友再三劝阻说："你在后方为国家教书育人也是为抗日做贡献，不一定要上前线才算是抗日嘛！"他说："后方可以少一个教师，但前方不能少一个士兵！"于是只身步行前往西昌礼州投奔孙，要求入伍抗日。孙见故人之子有如此志向，深为嘉许，遂委任我父为团部中尉文书（1938年10月升上尉文书）。

孙、王两家是几十年的世交。从爷爷与孙结金兰之好，再到父亲供职于孙部，到我与孙的儿子定国的交往，多闻孙团长的传奇故事，择二三记叙如下。

一、出川抗战

1937年8月18日，李家钰军长在成都的军事会议上请缨出川抗日。9月19日（农历八月十五）李家钰率部在西昌誓师后向成都出发，在成都北新都集结完毕，10月初，李家钰在新都举行抗日动员誓师大会。

10月3日起，第四十七军一〇四、一七八两个师，每天出发一个团，步行北上出川抗日，新都百姓夹道欢送。

过了绵阳，一天晚上，我父亲的堂兄团部上尉书记王成光，趁夜找到我父亲，劝说我父亲和他一起回安岳老家。父亲拒绝他说："出发前团部一名文书告假，如我俩一走，团部就没文书可用了。你要走，我不阻止也不去检举，你回去向我父禀明，国难当头，忠孝不能两全，为国尽忠是男儿的本分，请二老多保重！"当夜，王成光弃职而去。次日从广元县城出发，步行六十余里到达朝天驿。再往前走，就要离开四川，离开生养自己的家乡了！官兵们心潮起伏，壮士一去不复还的悲壮情怀汹涌澎湃。此时，刚过了朝天驿老鹰坪的孙介卿早已泪流满面，和士兵一起向家乡敬礼辞别亲人。

二、激战东阳关

1937年11月，四十七军到达陕西宝鸡休整换装。11月8日太原陷落。军情紧急，四十七军奉命驻防晋东南的长治等七县，防止日军南突西进。次日，全军不待换装，乘闷罐火车经西安、郑州、新乡至博爱县，再徒步行军经山西的晋城、高平，于12月上旬到达晋东南重镇长治。军部率李青廷部一〇四师驻防长治及周边战略要地。李宗昉一七八师向东进驻长治以北约五十公里的黎城、潞城到东阳关一线，向东警戒，并与黎城南十公里东阳关守军鲍刚独立旅换防，接管东阳关。

1938年2月，山西的敌军计划沿同蒲铁路向南进犯，直趋临汾，进占风陵渡，威胁我潼关。河北敌军一路沿平汉铁路趋新乡进窥郑州；一路由平汉线之邯郸经涉县进攻东阳关，再到长治，进而控制长治地区，策应同蒲铁路与平汉铁路之敌军南犯，从而实现控制陇海铁路，切断我运输大动脉，挥兵西向，掠汉中窥四川，东向占洛阳取郑州，控制中原战局的战略目的。于是长治就成了敌军西进南犯的进攻重点。

长治古称上党，是著名的古战场。秦国大将白起与赵国名将赵奢之子赵括在此大战，赵括战死，四十余万赵国降兵除二百四十名年幼体弱者被释放归赵外，余皆被活埋。史称

孙介卿之子孙定国

长平之战。东阳关为壶口故关，古称吾儿峪，元至正十八年察罕特穆尔兵屯上党，塞吾儿峪。近代，刘、邓大军亦在此发起上党战役，其指挥部现辟为纪念馆，在黎城文庙五十米处。可见上党为历代兵家必争之地。

东阳关是长治东北的战略屏障，要取长治必先夺东阳关。由河北进入山西的唯一能通汽车的大路穿关而过。东阳关沿长涉公路东行十公里即河北省涉县的响堂铺，再二十余公里即涉县县城。沿途大路两旁山势陡峭，沟深林密。公路右侧是壁立千仞的皇后岭最高峰香炉峧。公路左侧是一开阔的洼地。一条大沟由老东阳垴和天主垴之间穿切而下，直达公路边的洼地。天主垴有一条长约二百米的余脉，叫作一字岭，它犹如一把尖刀顶着五百米外的东阳关。天主垴虽不如皇后岭香炉峧那样悬崖峭壁、险峻异常，但也是沟深林密，山高坡陡，仅有一条羊肠小道从一字岭下蜿蜒而上直达天主垴。老东阳垴是一无险可守的平缓山冈。在军部制定东阳关阻击战作战计划时，被部下称为孙菩萨的孙介卿团长力排众议，坚决要到最危险、最艰巨的老东阳垴指挥战斗。

孙介卿的一〇六三团奉命担任中央阵地天主垴和左翼阵地老东阳垴的防守任务。孙介卿立即率部进入阵地，再次对阵地进行加固和改造，严阵以待，静等日军来犯！

1938年2月13日，日军久留米旅团和伪军万余人在飞机、大炮、坦克和骑兵配合下，向第一战区孙殿英部防守的涉县发起猛烈攻击。孙殿英向李家钰求救，李即命李宗昉令孙介卿团救援。孙令罗功亮营往涉县救援，还未与日军接火，孙殿英得知援军已

到，未派人联络，部队即与日军脱离接触，罗营陷入日军重围。经罗营浴血搏杀，在付出近百名兄弟牺牲的重大代价后，在子夜时分罗功亮营长终于带领剩余兄弟杀出一条血路，突围回到了东阳关。

14日早八时许，日军大队人马从涉县直奔东阳关而来。当其行进到响堂铺时，即遭到作为东阳关前哨部队的一〇六三团前哨营的突然打击。因受地形限制，日军大部队、重武器无法展开和发挥，而我军充分利用地理优势与日军缠斗。至晚，日军见仍无法前进，留下百余名日军驻守响堂铺，大队日军撤回涉县。我守军在子夜时分派出敢死队去敌营"摸夜螺蛳"，一阵猛打，击毙日军二十二人（是留下的监视哨回来报告的），我军无一人伤亡，给了日军一个下马威。

15日，大队日军到达响堂铺，焚烧了二十二具尸体，转运伤兵后才向东阳关进发。因担心再次遇袭，稍有疑惑之处，便停下来进行火力侦察，所以午后才到达东阳关。日军妄图一举拿下香炉峧后再居高临下夺取天主坳和老东阳垴，但在付出重大伤亡后仍不能得逞，于是调转炮口对我孙介卿团中央阵地天主坳及左翼老东阳垴狂轰滥炸，在坦克和重机枪掩护下，日军发起了一波又一波的冲锋，但均无果而终。

16日晨九点过，日军再次对我各阵地猛攻，并调来两批八架次飞机配合排炮对东阳关守军各阵地进行饱和式轰炸，随后几十挺重机枪一齐扫射，掩护日军向守军各阵地发起猛烈攻击。由于地形优势，均被我军击退。攻击右翼香炉峧阵地的日军被居高临下的交叉火力打得狼狈不堪。有一股三百余名日军发现有一突出的悬崖下有藏身之处，于是蜂拥而至，躲藏崖下，正惊魂未定之时，崖上突然扔下成捆成束的手榴弹，炸得崖下日军死伤狼藉，没死的赶快外逃，又被各火力点杀，无一漏网！一字岭距大路不足五百米，进攻中央阵地天主坳的日军认为经饱和式轰炸，岭上守军绝无存活的希望。所以大摇大摆从一字岭下羊肠小道向天主坳阵地攻击。待这二百余人都过了一字岭到达天主坳阵地山脚下时，突然从一字岭射来密集的枪弹，追着这股鬼子的屁股打。天主坳主阵地上杨孟侯营长先前见日军过一字岭没受到阻击，以为自己一个排四十多名兄弟全部阵亡了，此时他知道一排还有人活着，于是下令阵地上官兵立即开火，结果这股日军被我军前后夹击也无一人生还。而左翼孙介卿亲自指挥的老东阳垴阵地就没这么幸运了。工事几乎全部被摧毁，鬼子甚至连续三次攻入阵地。孙介卿沉着指挥，率二营周策勋部拼死搏杀，终于把最后一波攻入阵地的鬼子打了下去。成都军校毕业的连长吴湖受重伤，孙介卿两个营也伤亡惨重。

17日，日军在发起攻击前，一如惯例派两批八架次飞机和排炮轰炸，扫射我军各阵地，孙介卿和周策勋、赵前裕率两个营不足四百人仍坚守在阵地上，敌我双方激战竟日，日军如蝗虫般向老东阳垴发起反复冲锋，战况极为惨烈！阵地上敌我双方展开了肉搏战，大刀砍，刺刀捅，甚至用石头砸，更甚者抱着鬼子撕咬！二营营长周策勋在午后战斗中腹部、头部连中三枪为国捐躯。当最后一次把鬼子赶下阵地时已是日近黄昏，孙介卿的两个营也伤亡殆尽！

在天主坳阵地防守的孙介卿团杨孟侯营打到最后也所剩无几了！在最危险的时候，鬼子已冲入我军战壕，射杀失去抵抗力的伤兵了！幸好李宗昉师长在东阳关城楼看到天主坳危在旦夕，即令警卫连魏连长亲率习敬之的第二排火速增援，在危急关头赶到天主坳，用机枪、冲锋枪对着沿阵地缺口蜂拥而上的日军一阵狂扫，日军被突如其来的强大火力打得死伤累累败了下去。2014年10月11日，当我有幸见到当年增援天主坳的习敬之排第二班副班长九十八岁高龄的陈海才老兵时，他说增援天主坳战斗结束时，他班上十五人就剩四个人了！

从15日到17日，日军凭借强大的现代化武器对我守军狂轰滥炸，但三天过去了，我军阵地仍岿然不动，日军在雄关之下寸步难行！正在日军一筹莫展、进退维谷之际，黎城汉奸高承祖竟带领五百日军轻装疾进，沿当地猎户、药农行走的崎岖小道绕至东阳关侧后，而另一股日军也乘林县空虚直扑长治而来，妄图形成合围之势，将我东阳关守军一七八师一举歼灭。李家钰军长趁两股日军尚未合围，于17日傍晚下令一七八师留下小股部队掩护，全军趁夜撤出阵地至长子县集结。

东阳关阻击战于1938年2月18日正式结束。此役我军阵亡营长两名、副营长三名、副员七名、连长五名、排长十七名，共计阵亡两千余人。击毙击伤日军共一千余人！

三、悲壮安邑

6月初，四十七军奉令配合友军夺取安邑，进而将日军挤出风陵渡一线，解除敌人炮击黄河南岸，对陇海铁路造成的威胁。安邑位于运城北五公里，安邑城北三公里为夏县。日军第二十师团已占领同蒲路南段，有日军三千余人、山炮四十余门，分驻临汾、运城、闻喜、夏县、安邑、永济、芮城及黄河要津风陵渡，可随时通过铁路对部队进行调动。所以我军要攻占安邑犹如虎口拔牙！而要把日军挤出风陵渡一线更比登天还难！军委会这个命令注定了一○六三团惨败的结局和孙介卿团长悲剧性的结局。

李家钰决定佯攻夏县，奇袭安邑，并把夺取安邑的重任交给了孙介卿的一○六三团，并再拨一个营以及军部手枪连配属孙介卿团，组成了近两千人的加强团。李家钰还特地把孙介卿招到军部，再次仔细研究了作战计划后，李家钰拉着孙介卿的手说："介卿兄，我就静候佳音了，记住日军怕夜战，我军怕恋战，夺取安邑后一定严防死守，切记，切记！"

黄昏时佯攻夏县的战斗打响了。安邑日军望见夏县一片火光，枪声密如炒豆，忙去电话查询，但电话已打不通了。而孙介卿部此时已到安邑城下，趁城墙上日军乱成一团之际，指挥所部突然向安邑发起猛攻。安邑日军正为夏县战事惊魂未定，又遭我军突如其来的猛烈打击，顿时措手不及，稍做抵抗即弃城而逃。孙介卿率部穷追猛打，一直追到运城北的高家园，才率部回守安邑。随即下令在城墙和城下抢修工事，并用条石将四门封死，准备死守安邑。工事尚未完成，从运城沿线纠集而来的两千余名日军，配备大炮、坦克和骑兵蜂拥而来，把安邑围得铁桶一般。

此时李家钰发现友军并没有出动配合，孙介卿孤军守城也毫无意义，随即令孙介卿率部突围。可在敌重兵围困之下，传令兵几次传令均无果而终。

6月13日，日军对安邑展开猛烈炮击，全城一片火海。工事几乎全部被摧毁，坚固的城墙被轰塌一个缺口，日军如蝗虫般沿着缺口蜂拥而上，孙介卿马上率队扑了过来，想堵住缺口，与敌在城墙上展开了激烈搏杀。最后缺口仍失守了！双方又在城内展开了激烈争夺战，战斗比东阳关更为惨烈。第一营副营长贾国华在城内十字街口与日军搏杀壮烈牺牲，团部副官张才文在肉搏中拉响日军手榴弹与敌同归于尽，三营长赵前裕在东门战斗中为国捐躯，在东阳关身负重伤的连长吴湖此时已升为营长，亦在安邑阵亡，上尉连长陈绍虞、中尉副官黎伢冬均在巷战中壮烈牺牲，军部手枪连也伤亡殆尽！孤军奋战的孙介卿完全不知道有率部突围撤退的命令，仍督促部属牢记军长严防死守的嘱托。孙先后身中三枪，当日军逼近时他不愿被俘受辱，拼尽全力跳下城墙，数名日军又一阵乱枪射击，孙介卿再中一弹昏迷过去。后来突围出来的士兵发现团长一气尚存，七手八脚把他抬了回来。

李家钰对安邑惨败异常震怒，因为四个月前的东阳关和长治之战全军伤亡近五千，这次安邑之战又伤亡近两千，全军精锐伤亡近一半。再者，此时竟有人以为孙介卿已阵亡，遂诿过于孙介卿，向李家钰报告说："孙介卿抗命拒不撤退以致全军覆没。"李家钰怒不可遏，得知孙介卿回来了，即令李宗昉带孙来问话。李宗昉赶到团部见孙介卿浑身是血，郑秉钧、颜厚泉、周成平、王振庸等文职人员正围在担架旁。李宗昉即令担架兵抬孙至军部。李家钰严厉喝问："为何不率部突围？不执行撤退命令？为何违犯军人连坐法不顾部属先行逃回？"此时孙介卿已是气息奄奄，用微弱的声音对军长说："我无话可说，任凭军长处置。"李家钰怒气未消，只挥了挥手。担架兵又将孙介卿抬了回去。李宗昉是孙介卿的主官，他不能也一走了之。他请示如何处置孙介卿，军长厉声说："就地正法，以明军纪！"李宗昉委婉地说："还请军长念及他跟随你多年，忠心无二，且作战奋勇屡立战功，是一个难得的将才。现正用人之际，还请军长念及他是你亲表弟，留他一命让他戴罪立功吧！"李军长指着李宗昉说："既穿了这身衣服，在这里就没什么私情可言！"李宗昉素知军长治军严厉。1935年2月，李家钰任师长时，龚彬团作战失利全军覆没，龚彬跳入河中只身得免，逃回师部时，李家钰不容他多说，亲自将其毙于师部。所以李宗昉只好带执法队下去执行。刚出军部，军长将其叫回说："执行后由一七八师为孙介卿写一阵亡报告，以不负其家人！"

此时团部少校军需主任郑秉钧、上尉周成平、中尉书记官王振庸、中尉刘副官正帮军医少校主任颜厚泉为孙介卿处理伤口。李宗昉表情严肃地对大家说："军长还要孙团长去军部问话。"随即叫担架兵把孙介卿抬出去了。不一会儿外面突然传来两声枪响，大家惊得一下站了起来，不约而同向外跑去，跑到跟前一看，孙介卿满身是血躺在地上，执法队枪管还在冒烟。李宗昉对一脸惊愕的众人说："你们团长今天在安邑阵亡了，你们把遗体抬回去听候命令。今天的事谁敢乱说，必按军法从事。"大家把遗体抬回来擦洗后找了套干净衣服穿上。

次日上午师长来宣布，由团部安排两人护送孙团长遗体回原籍安葬。护送人员回川后不愿再回部队，现在就可以写辞职报告，军部照准。团部少校军需主任郑秉钧、上尉军需周成平当即表示要辞职护送团长遗体回川。随即在当地买了一副上等棺木，将孙团长遗体殓了。后来陆续有一〇六三团官兵归来求见军长，报告了孙团长安邑之战的情况，全团上下没有一人知道下了突围撤退的命令。综合多人报告后，军长对李宗昉失声流泪说："我负介卿了！"

四、魂归故里

郑秉钧、周成平二人拿着四十七军公文，依靠各地兵站帮助，终于将孙介卿灵柩顺利送回蒲江。灵柩抵达当天，蒲江县政府率各机关单位、社会团体、学校及各界群众举行了隆重的路祭和迎灵仪式。孙介卿遗孀吴启玲抱着不足周岁的幼子，率子女披麻戴孝并孙氏族人、孙介卿生前好友迎灵。县政府将写有孙介卿团长英名的牌位迎进了乡贤祠，待蒲江英烈祠竣工即入祠供奉，供百姓瞻仰祭奠。尊重遗属请求，灵柩暂厝东门外第四号老宅，听凭家人择日安葬。并按国民政府和军委会军政部令：颁给遗属委任状一张，追认孙介卿为国民革命军陆军少将。给遗属恤金一千五百元、抚金五百元，并给烈属优抚证一本，凭证每月向当地政府领取抚金二十元大洋。

1941年，孙夫人携子女与族人卜地择日将孙介卿团长灵柩葬于蒲江县孙坝。是日，孙氏族人及孙介卿生前好友、各界代表和群众均至灵前祭奠，备极哀荣。

抗日英雄彭仕复

彭杰洲[*]

抗日战争中牺牲的烈士上校团长彭仕复，1901年出生于四川省蒲江县南门外金花坪永丰乡（现光明村金花乡）一个农民家庭，年轻时（18岁左右）去成都做线子生意把本赔光了，走投无路，只好去当兵吃粮。当时人们都说："好男不当兵，好铁不打钉。"可见当兵是万不得已的事。但他在军队里很能吃苦，打仗勇敢，冲锋在前，从士兵升到班长、排长、连长、营长，一直做到上校团长。

彭仕复

1934年，33岁的他担任四川边防军第五混成旅第十二团团长。当时新津县五津镇要办一所民办模范小学，经费困难，恐学生失学，他慷慨解囊捐了大洋50元。

为保一方平安，他经常率部清乡剿匪。双流县匪首黄俊德拉了富人黄聘山的肥猪（指绑架），其子黄栋曾交了1000块银元，只赎回一具断头折臂的尸体。彭团长闻讯大怒，率军围剿，使大悍授首、小丑绝迹。他率部捕获黄俊德，经其同伙周匪海峰质证指实，于8月8日绑赴刑场枪决，大快人心。后来在四川安岳县、乐至县一带布防，受到百姓好评，得了不少黄绸彩旗。

他曾入庐山军官训练团受训。家中挂着蒋介石亲笔签名的戎装照片和中正剑。1937年抗日战争全面爆发，他随川军李家钰将军的部队出川抗日，在山西、河南一带与日军交战。他在战场上是远近闻名的一员虎将，打起仗来只要把彭团抽上去，必然获胜，因此很得军座的赏识。1942年奉命回川任补充团团长，负责招募壮丁，进行训练，不断向前线输送兵源。他每天从早到晚操练士兵，十分辛苦。他要求战士要不怕牺牲、奋勇杀敌，直到把日本鬼子赶出全中国。

1943年底，他把训练好的最后一批人马带到了前线。当时部队装备有步枪、手榴弹、轻机枪、重机枪和迫击炮等，但与日军的飞机、大炮、坦克、装甲车比起来就差远了。战士们英勇作战，用血肉之躯和钢铁相拼，取得的每一个胜利都伤亡惨重。1944年5月的一次战役中，整个集团军被日军包围，连总司令李家钰将军都阵亡了（5月21日）。上校团长彭仕复也于此役在李家钰将军阵亡前几天（5月14日下午），壮烈牺牲了。

---

[*] 作者为彭仕复之子。

那是 5 月 13 日，李家钰将军派一七八师五三二团团长彭仕复率部开赴铁门附近，掩护第四集团军孙蔚如部的三十八和九十六两个军撤退。5 月 14 日，部队转战新安县河上沟村，彭仕复团长派第一营营长杨克昌（蒲江人）率部扼守两郁山，抗击从新安西进之敌；派第三营营长梁俊范率部扼守金斗岩牛心寨，抗击从渑池东进的日寇。日寇三架飞机、八门山炮轰炸金斗岩，掩护步兵进攻。金斗岩战斗十分激烈，彭仕复又派第二营代理营长谢国柱率部增援。三个营全部派出，河上沟团部只剩两个步兵班二十余人。

下午，渑池日寇二百余人迂回至河上沟，袭击五三二团团部，团长彭仕复大声疾呼："弟兄们，这是打国战，我们报国的时候到了，我们要恪尽军人的天职，奋勇杀敌！"亲率士兵向日寇冲杀，不幸中弹，壮烈殉国，年仅 43 岁。

作为一个旧时代的军人，他一生走过的路是曲折的，但在抗击日本帝国主义侵略的神圣民族战争中，他最终选择了与八路军协同抗日、血染沙场、为国捐躯的光辉道路。他是一位英勇无畏的爱国者，他的爱国精神永远值得弘扬光大。

为了表彰他的爱国精神，人民政府于 1988 年颁发了证书，追认彭仕复为在抗日战争中牺牲的革命烈士。

赞彭仕复团长

早年吃粮去当兵，百战不殆成将军。
勤读诗书习礼仪，儒将风度名气扬。
光宗耀祖人称颂，衣锦还乡心愿偿。
承欢爹娘称孝子，抚妻爱子有柔肠。
忽闻日寇来侵略，义愤填膺正气扬。
募集壮丁勤操练，亲率健儿上战场。
身先士卒冒矢上，百折不挠真刚强。
不灭倭寇誓不还，男儿报国在沙场！

本文 2010 年 9 月写于成都

亲闻父亲在抗战中的几件事

李乃安

1937年7月7日抗战全面爆发，其时正值川军第二次整军，官兵闻讯后无不义愤填膺，纷纷请缨杀敌。8月18日，第四十七军李家钰军长在刘湘召集的军事会议上决然表示：不留家底，率全军一〇四、一七八两师出川御敌。

父亲回忆说，中秋时节部队从西昌出发时，很多彝族青壮年自愿参军，在他们报名的时候，书记官说："你们的名字不好叫，改个汉名吧。"青年们商量了下说："就跟军长姓李吧。"时间紧迫，书记官匆忙记录下一个个名字：李一、李二、李三、李四……青年们很高兴。他们常年翻山越岭，特别吃苦耐劳，甚至连草鞋都舍不得穿，挂在背包上，赤脚行军。这些青年先是做背夫，后因他们都会使用枪支，又主

李伦

动强烈要求，终于分到一线作战部队。可惜我们没能查找到他们的下落，很有可能都已阵亡在前线了。

部队在成都集中整训后陆续步行北进，越往北走越冷，但战士们却衣着单薄。当部队到达广元朝天川陕交界处七盘关的时候，大风夹杂着秋雨飞扑而来，薄雾在山间飘荡，秋雨的阵阵凉意让大家瑟瑟发抖。大家都知道这次出川抗战将要遭遇强敌，战斗会相当残酷，生还的机会很小。有人突然喊："停一下哦！再走嚯就出川啰——"家父李伦时任一〇四师参谋长，他与战友在七盘关回望四川，远眺甘陕，只见崇山峻岭，迷迷茫茫的一片，顿觉汹潮澎湃，壮志滔天，于是下令部队立正后转敬礼，向家乡告别。传令兵哽咽道："给家乡——告——别——了——"执旗官将高高举起的军旗"唰"的一声打横！所有人随着这一声响，跪倒在地，号啕大哭："妈啊！爹啊！儿今打日本去了啊！……"简直撕心裂肺，一声盖过一声，震得草木和嘉陵江水都在颤抖……

四十七军于1937年底到达晋东，编入第二战区划归卫立煌指挥，布防长治七县，揭开了出川抗战、精忠报国的铁血大幕。四十七军首战东阳关，再战长治城，而后收复安邑、平陆、芮城，血战中条山，继而转战豫中，参加的大小各次战斗无不体现着他们的家国情怀和英雄气概。

父亲曾向我们讲过步兵打飞机的事。"六六战役"时，一七八师一〇六四团双宗海团长带领补充团和一些新兵从四川赶赴前线，在到达潼关时遭到敌机轰炸，部队很快分散隐蔽开来。敌机非常猖狂，飞得很低，双团长组织火力，集中几十挺机枪对空猛烈射击，一架敌机竟然中弹，摇摇晃晃栽到黄河北岸的平陆县去了。这个战绩对官兵是一个

很大的鼓舞，受到军部的嘉奖。

在我的记忆中，我家曾有一根大约两尺长、一指宽的扁圆形不锈钢长条。父亲说，那是飞机上的零件，他还有一张拿着这根"指挥棍"在前线拍的照片。另外，家里还有一个帆布面料的坐垫，他说也是飞机上的。

在我们家七月家祭的牌位中，总有一座张姓战士的牌位。父亲说："这是张哥哥，是我的救命恩人。有次攻打一座山头，日本人光重机枪就有五六挺，还有其他枪炮火力，居高临下'嗒嗒嗒嗒'疯狂扫射，打得我们不敢抬头。我看久攻不下，就东拐西跳、连爬带滚冲了上去。阵地上很惨！不少战士已经伤亡了。我赶紧找了个很小的土堆趴下，旁边一个小战士——就是这位张哥哥——就喊：'参谋长，危险得很，你赶快过来！'他趴的地方刚好有雨水冲刷出的一小槽，但容不下两个人，我说：'别动别动！我就在这。'哪知道他那么大的猛劲，翻滚过来一把将我抓到凹槽里，自己却翻身出去！这时一颗重机枪子弹正中他脑门，他当时就阵亡了。后来我们从侧面才攻了上去，打死好多日本人。"

父亲说："他阵亡时才二十一岁，受到全军通报嘉奖。我把他父亲接来山西玩了几天，借了些钱做了一件狐皮袍子，另外又送他三百大洋，对这老哥子谢了又谢简直千恩万谢。"

父亲说："士兵真的很好，有次部队在战斗中一边打一边冲，一颗炮弹打来，我就啥都不晓得了。后来感觉身体抖一抖的，又听到'参谋长遭了'的叫声，渐渐苏醒过来，才发现是士兵背着我往后面撤，我人没受伤，只是被震昏了，就从士兵的背上滑下来又去指挥。后来听人讲，当时有几个士兵围着我，怕我再次受伤，看我没流血就摇我又喊我，一看没反应，就背起我往后面撤。士兵真的太可爱了。"

他有次又说："在山西，为了打日军一个大伏击，因估计这次日本人可能会来很多，所以我们准备得相当周密，带了几天的干粮，潜伏了好多天。但日军一等不来二等不来，干粮越吃越少，简直饿惨了；水倒是不缺，战壕里积起很深的水，大家一双双脚泡得稀烂，泡脚是这个水，喝也是这个水。"他笑了笑，又说："为了等待战机啥都顾不得了，最后日军和伪军中了埋伏，我们打了个大胜仗，打死他龟儿子上千人。"

父亲讲那时打肉搏战是常事，有一次他特别难以忘记。他说："也是在山西，有次日寇向我们进攻，倚仗着炮空优势还心虚得很，是被我们打怕了。他们把男男女女老老少少一大群老乡，押在前面为他们开路。我们就用迫击炮打他的后面。同时让一些人迂回到侧方，等日寇逼近时，我们就打他的腰和尾巴。殊不知枪声一响，老百姓就乱跑起来，我们只能冲上去打肉搏战，战斗相当激烈，最后我们把鬼子杀退了，双方死伤都很大。没办法，这仗很难打，只有这样打了。"

日本军人奉武士道精神为圭臬，号以忠君轻死勇武重名誉，但单就在山西与四十七军对阵中就有多人被俘，却未见有人举枪自尽和剖腹自杀。以老百姓为"肉盾"更暴露出其凶恶残忍又贪生怕死的猥琐的精神分裂症，违反人道、违反国际法的强盗本性。

父亲还讲了一些抗战的事，但让我有点困惑，暗想你个师参谋长就总这样冲在前方吗？困惑终于在前些年见到的蒲江县龙腾先生摘引的一则电文后顿解，1939年6月23日，蒋介石来电问询战况，李（家钰）即回电："鱼日（6）至删日（15）战斗，李青廷、李宗昉两师官兵，均异常出力，其中尤以一〇四师参谋长代理旅长李伦，五三二团团长彭仕复，营长王炯明、韩贷云，六二四团团长李克敦，营长曾汉光，连长古肇鑫、许晖、徐国栋、吴江，排长李智、彭泽方、李国俊，迫击炮连连长谢方成，排长谭林武，一七八师五三三团营长龚盛卿、连长廖泽高，□□□团连长陈品山等十八人，尤为出力，恳请从优奖恤，以昭激劝。"

此前1939年4月三一〇旅旅长陈绍堂因伤请假返川，由家父代理其职，六六战役时他打得好。我原见过家里有几个奖章，从形制上看至少有两枚是勋章，其中一枚"忠勤勋章"当是六六战役领受的。

在晋东南作战时，十数次的"扫荡"和反扫荡，战况尤为酷烈。父亲说："在最困难的时期，粮食、枪弹根本无法接济补充，条件异常艰苦。部队里有不少人是又饿又累最后病死的。我们时常在行军途中，老远看不见人，百姓都疏散逃走了。还好山西枣子多，窑洞前道路旁都是。枣子养分高，有些山西穷苦百姓用枣泥来喂幼儿。此时大家又饥又渴，听见一声'打！'这帮青年士兵有的爬上树去摘，有的找家伙打，干得喜笑颜开的……收工时候，我就说：'按规矩，各家是各家，论多少，把银圆用红布红纸包了，埋好、藏好。记住！不准放川版哦（当时川版成色不足，晋地不用），要放"袁大头"。'一时间好多家的门联都被裁掉地角去包裹'袁大头'了。"

还有一件事，我姐李华瑛说："1943年和母亲去河南新安，就碰上差点枪毙人的事，把我吓得哭。一〇四师（时家父任师长，后为副军长）师部设在北治镇一座王姓乡绅的院子里。周边民居最侧近的一家住着两婆媳，媳妇三十来岁，好像叫作'三姑'，男人和孩子都不在家。当时河南大灾荒，李老总要大家参与灭蝗，又拿钱粮资助灾民。士兵们有空闲就去帮她们干点杂活，大家相处融洽。

"有次猪圈旁的小屋里有个士兵招呼我：'去问问你爹得不得把我枪毙了哦？'又听其他人讲：昨天他从外面揣了两个白馒头（当时非常珍贵）回来，搞不好嘣球（枪毙）了。

"晚上，父亲对我说：'他犯了纪律，这事要上报，交司令部李伯伯处理。'我又说：'你们说是出来打日本的，咋个要枪毙他呢？'父亲一下子就火了：'你懂什么！家有家规，军队有军法……去睡了。'

"第二天我去告诉了那兵，他一屁股坐在木板床上不说话了，但没想到还真的有个人可能帮到他。

"下午，一个穿花衣服绿裤子头上插朵花，画了眉毛，满脸擦着白面粉的女人叉着腰站在司令部门前。都以为来了一个戏子——不晓得要唱哪一出戏。'把你们的师长叫出来，我有话说！'大家才看清是送了两个要命白馒头的'三姑'。'吃了两个馒头就要枪毙人，是哪家的王法！白面不吃，用来擦粉是不是？我还要给他吃……'好闹腾了一阵子。

"回头，一个士兵承认因拗不过那兵死死哀求：'快去喊三姑帮我说几句话，不然要枪毙了！'才惹出闹剧。副官训斥说：'这是军民关系，你懂不懂！'

"第三天一早，关禁闭的士兵被押走了。后来父亲主动给我说：'那士兵调走了，有些事你还不懂。'

"过了两个月李老总和李仲曦军长等人巡视河防来到师部,吃饭时父亲谈起这件事。李老总说:'我们出来打日本,就是要保护老百姓,就是要严明军纪……'"

李家钰将军率部出川,1939年冬积功升任三十六集团军总司令,在晋、豫英勇作战,给敌人以重大打击。李将军在1944年5月主动请缨殿后掩护友军的战斗中,于河南陕县南寺院旗杆岭殉国成仁。一次我同李将军的遗属谈起抗战的惨烈和艰辛,将军的三儿媳止不住唔叹:"哎——我们的人不在了。"大家一时凝噎。在此,谨以此文深切缅怀抗战中英勇献身的先烈们,无论将军或士兵!

本文写于2016年

父亲李宗昉战时收集北朝隋唐碑拓

李子元

李宗昉

我的父亲李宗昉,号仲曦,生于1891年,四川彭县（今彭州市）蒙阳东塔村人,陆军中将,川军将领。我家祖上早年曾经兴旺过,出过举人,但到父亲出生时家道已经没落了。当时家境虽不富裕,但家族非常重视教育,父亲自幼在私塾接受传统文化的教育,学习《论语》《孟子》《大学》等经典著作。1909年,他考入四川陆军小学堂第四期,与刘伯承是同学亦是好友（山西抗战期间,父亲曾经派人给刘伯承部送银圆,刘伯承又教他们打游击战。朱德要过黄河到洛阳开会,父亲又派人护送）。辛亥革命后,陆小第四、五两期的学生转为四川陆军军官学堂第一期。毕业后,父亲在川军中历任排长、连长、营长、旅长、师长、军长、集团军副总司令。他尊师重道,喜欢传统文化,写得一手漂亮的毛笔字,是一位骁勇善战的儒将。

1937年出川抗日,任四十七军一七八师师长,1944年任四十七军军长,1945年9月升任二十二集团军副总司令。

抗战八年,父亲先后率领所属防守或转战于山西、河南、湖北、陕西等地。1946年1月,从河南郑州请病假回成都治病。中华人民共和国成立后任彭县及川西区人代会代表,四川省人民政府文史馆研究员,1954年病逝。

父亲对传统文化的喜爱,深深影响着我们。小时候,因为父亲忙于军务,没有陪伴我们兄弟姐妹长大,但他也非常爱我们,每次出远门回来,总不忘给我们带礼物。父亲在闲暇时光总是手不释卷,阅读各种书籍。他推崇儒家的"仁义礼智信、温良恭俭让",要求我们做一个善良的人,要有一颗爱国心。

父亲是一位十分清廉又骁勇善战的儒将,他爱好文史,崇敬古圣先贤,任人唯贤,虽然最后官至副总司令,但李家其余抗日族人中,最高级别的仅有营长一位,其余的多为排、连级,而战死殉国的则大有人在。

1937年卢沟桥事变后,抗日战争全面爆发,父亲写下出川抗日书,"苟利国家生死以,岂因祸福避趋之",做了回不来的打算,叫我们听李先生（彭县第一任地下党特支书记李启华,是父亲花重金从国民党监狱赎出来的,为掩护她做地下党工作而聘她为我们的家庭教师）的话,刻苦学习,自力更生,并把家里的事情都做了最后安排,然后毅然出川,成为川军四十七军一七八师师长,是军长李家钰的部属。

1938年2月,日军由河北涉县逼近东阳关。东阳关位于晋东南,是日军从河北进入山西的门户。一七八师奉命守卫东阳关,父亲指挥所部在上湾、下湾两侧山头和长宁、东阳关、洪岭河一线奋勇阻击日军,激战山西东阳关,双方争夺异常惨烈。日军以飞机大炮为先导猛攻,川军武器窳劣,拼死抵抗。战斗激烈时,日军攻入关前主阵地,预备队早已用完,在关楼上指挥作战的父亲的警卫排也被派上硝烟弥漫的战场。据生还的百岁老人陈海才回忆,当时他任警卫排的班长,一个班十五名兄弟。当他夺回主阵地时,他那个班连他在内还有四人,可见当时战斗之惨烈。后来日军在山西汉奸带领下绕道小路迂回至东阳关后路,最后我军不得不放弃东阳关。这一仗全师阵亡两千多人,东阳关所在的黎城县为川军修庙祭祀。

此后,父亲率领一七八师随军转战晋西南、晋南和河南,参加了中条山作战、晋南游击战、黄河河防守卫、1942年河南大灾荒赈灾抢救和豫中会战。由于战功显著,升任第四十七军军长。

1944年5月,四十七军随第三十六集团军转战豫西,集团军总司令李家钰在陕县南寺院旗杆岭殉国。父亲赶到山下秦家坡督战,给敢死队下达死命令:"如果不把总司令找回来,我们将与阵地共存亡!"终于不惜一切代价把总司令的遗体从阵地上抢回来,完成总司令马革裹尸的"得意收场"(李家钰将军夫人安淑苑挽联语)。其后,父亲又不畏政治压力和艰难险阻,最终将四十七军带到鄂西,回归川军第二十二集团军序列并升任集团军副总司令。

父亲带兵亲民爱民,深受战地老百姓欢迎。跟随父亲多年的副官徐治安告诉我,父亲军纪严明,所到之处深受百姓爱戴,是名儒将。他总是强调,要爱国、爱百姓,不怕死、不贪财,不要给老百姓添麻烦,哪怕是流散的士兵,也时刻谨记他的话。2015年我受山西黎城县政府之邀参加东阳关战役纪念会,当地百姓一谈到父亲的部队,个个都跷大拇指,令我感慨万千。

1946年1月,父亲从河南郑州请病假回家治病。中华人民共和国成立后,父亲任四川省人民政府文史馆研究员。抗日战争期间父亲仅回家探望过一次,爷爷去世,母亲病逝,他都未能赶回来。1952年7月我从川大毕业分配到康定,临走之前去告别,多年的战争使他积劳成疾,重病缠身,时而清醒,时而高烧说胡话,说的全都是打仗的事。即便是这样,清醒时父亲仍然说:"你去好好工作吧,不要担心我,有你四妹在(当时她年仅十四岁)。"谁知这一去便是永别,次年(1953年)11月父亲在成都永远离我们而去。

八年全面抗战期间,父亲率领所属部队转战山西、河南、湖北等地,这些地方多是历史底蕴厚重的地区,先贤先哲留下了许多珍贵的历史文化古迹文物。受传统文化熏陶的父亲看到这些古迹文物面

百岁老兵陈海才和老兵郑维邦在新都重聚(2014年)

临战争破坏和日本人的掠夺,深感忧虑。于是,他做出重要决定,宁可自己受苦受难,也要保护文物,传承文化。他一边作战,一边四处搜求西晋以来的碑刻,并用自己的俸禄请最好的拓工拓下一套碑拓,共383件。这些碑拓的价值极高,曾得到著名书法家于

右任的肯定。1938年，或许感到战火可能将碑拓损毁，父亲提笔写信给当时的彭县图书馆，希望将碑拓交回故乡妥善保管，让家乡的人们能够一窥珍宝，为此专门派了他最信任的副官席贤杰将他视为珍宝的碑拓送到家乡彭县，并要接收人亲笔回信确保碑拓安全送到，将其珍藏在彭县图书馆。

彭县图书馆收到这批碑拓后，将其妥善保管。然而这些碑拓并没有从此安稳下来。"文化大革命"期间，许多文物、古迹遭到严重破坏。为了将这批来之不易的碑拓保存下来，当时的人们顶住压力，将碑拓偷偷藏了起来，才让它们幸免于难。

然而，因为种种因素，碑拓一直被放置在历史的角落，默默无闻。随后，碑拓几经辗转，最后被彭州博物馆放置在库房保管。

2008年发生"5·12"大地震，彭州面临重灾，博物馆出现险情。工作人员冒着险情把碑拓抢救出来，置于安全的地方保护。

时隔70多年，经历了重重磨难、岁月侵蚀，有些碑拓已经变得残缺不全……一次偶然的机会，成都文物考古研究所主任刘雨茂以及多位专家来彭州博物馆考察，在清点文物时发现了这批珍贵的碑拓并找到了李宗昉的信件，碑拓才重见天日，展示出它独一无二的价值。四川大学历史文化学院教授何崝说："这些墓志对于考订史实、人事、典章，纠正文献的谬误都有很大的作用。"当我手里拿着这本父亲收集的北朝隋唐碑拓的书，感慨万千，父亲的夙愿终于实现了，这些碑拓也见证了川军爱国将领在战时对文物的重视与保护，对中华文化、历史的倾心传承与敬畏，对捍卫文化、历史的责任与担当。这一切，又见证了历史的本来面目和变迁。

彭州博物馆藏碑拓精装封面

李家钰将军殉国灵柩归来纪略

李克林

李家钰

1937年抗日战争全面爆发，父亲李家钰请缨抗战，率部出川，从驻地西昌出发开赴前线。笔者时年六岁，少不更事，对当年父子离别的情景早已没有什么印象了。从1937年出川抗日至1944年壮烈殉国，七年中，父亲曾返川述职，由于军务繁忙，仅在家作短暂停留，旋即匆匆返回前线。当时我正读小学，对父亲的印象也很淡漠。1944年5月，父亲牺牲的噩耗传来，全家上下悲痛欲绝。作为儿子，当年我曾亲历了成服、迎榇、守灵、公祭、出殡、答谢等祭奠活动。当时祭奠活动的盛况至今还依稀记得。但最令我刻骨铭心、终生难忘的是父亲的灵柩运回成都时。在长长的迎榇队伍中，有两样物品让我十分震惊，一是遗笔亭，展示的是父亲对四川劳军团赴前线慰问时的题词："男儿欲报国恩重，死到沙场是善终"；一是血衣亭，展示的是父亲阵亡时身着的军帽、军装、布鞋，衣、帽、鞋都浸透了血迹，弹痕累累……七十一年了，至今我还清楚地记得！

2015年是抗日战争胜利七十周年，全国上下举行了各种纪念活动。笔者在查找有关的抗日战争史料时，从当年的一些报纸上，发现很多以前未曾接触到的历史资料和细节，谨将父亲牺牲后至灵柩归来的一些史料收集节录成文于后。

1944年春，侵华日军在河南集结重兵，实施"打通大陆交通线作战"。时第一战区长官指挥部对敌情判断失误，又未对即将发生的战事做出有效部署。战端一开，中国军队虽节节抵抗，终未能抵挡住日军的步步紧逼，多个城市失守，洛阳面临陷落危境。战区长官蒋鼎文匆忙将长官指挥部移至豫西山中，一时与诸军失去联系。顿时，战区会战诸军群龙无首，军心涣散，纷纷西撤。危急时刻军委会委员长蒋介石电话授命我父亲李家钰照顾各军，支撑危局，并叮嘱"其相兄，重托了"。父亲时任第三十六集团军总司令，驻守在河南新安县，临危受命。当时，因军务需要抽调队伍，身为集团军总司令的李家钰此时能指挥的实际上只有四个团的弱势兵力，但他仍主动承担了掩护众友军转进的殿后重任。几经血战，损兵折将，沿途阻滞日军。继而，5月17日在翟涯小镇与撤退的友军相遇，众多人马骤然集中在一狭小镇上，指挥无人，各自为政，必生乱局，一旦遇敌，后果不堪设想。众将领公推李家钰主持会议，商议对策。李家钰决定各部自选道路有序归建，自己殿后掩护，遂使各部摆脱险境安全转进。5月21日，李家钰率第三十六集团军总部文职人员（仅有少数作战人员随行）行进在陕县南寺院旗杆岭时，突遭日军伏击，激战中李家钰及200名官兵壮烈牺牲。

李家钰将军阵亡后，国民政府于1944年7月发布褒扬令："陆军上将、第三十六集团军总司令李家钰，器识英毅，优娴韬略，早隶戎行，治军严整。由师旅长洊领军符、绥靖地方，具著勋绩。抗战军兴，奉命出川，转战晋豫，戍守要区，挫敌筹策，忠勤弥励。此次中原会战，督师急赴前锋，喋血兼旬，竟以身殉。为国成仁，深堪轸悼，应予明令褒扬，交军事委员会从优议恤，并入祀忠烈祠。生平事迹，存备宣付国史馆，用旌壮烈，而示来兹。此令。"见《华西日报》1944年7月9日、《新新新闻》1944年7月9日等报道及《民国四川人物传记》。另见《华西日报》1944年6月14日《追赠李家钰为陆军上将》，国民政府明令：故陆军中将李家钰追晋为陆军上将。亦见《新新新闻》1944年6月14日报道。

时全国各大报刊均报道了李家钰将军殉国消息。《新华日报》于1944年6月连日刊载中央社讯《李家钰将军忠勇殉国》《李总司令传略》等文，并在1944年6月11日发表评论文章《悼李家钰将军》："中原大战，颇多进出……然我战士英勇，李家钰将军在此役中杀敌殉国，是应受全国尊敬的……我们哀悼李家钰将军抗战殉国，更希望前线将士都抱为国牺牲的决心，打出胜利的局面来。"

1944年6月7日，李氏家属遵循传统礼仪在李宅成服受吊进行祭奠。川康各界人士纷纷前往悼念，民众携鲜花、香烛、香果吊唁。时驻蓉盟军高级官员代表也前往哀悼。悼念活动隆重、盛大、肃穆，备极哀荣。李宅门外陈列挽联、花圈数以千计，见《新新新闻》1944年6月8日《李将军家属昨日成服，蓉垣各界今往致祭，刘文辉潘文华等专电吊唁》，6月25日《蓉市团体百余个昨往公祭李故上将》，7月1日报道蒲江各界团体、民众、学生参加公祭的情况；《华西日报》1944年6月8日《李总司令哀荣，蓉市各界昨日致祭，市民万人自动前往吊奠》，6月23日《崇敬忠烈，吊祭盈路，各机关昨祭李将军，邓锡侯刘文辉亲往致奠，今由省垣各学校公祭》，6月24日《生荣死哀耀千古，蓉各校昨祭李将军》，6月29日《渝各界筹备追悼李将军》；《新民报》1944年6月21日、6月23日报道了蓉城市民、大中小学公祭情况。

1944年5月27日，父亲的灵柩从河南灵宝大南村启运，第三十六集团军官兵沉痛哭送将军。5月29日，灵柩路过西安，各界人士举行公祭，民众沿街设祭台送灵，沉痛哀悼。后灵柩沿川陕路入川，所到之处均有民众路祭。6月14日，灵柩入川，途经剑门关、广元、绵阳、新都等地，都受到各界人士隆重祭奠。6月17日，父亲灵柩抵达成都，特在北门昭觉寺停留数日，能海法师、清定法师率众僧为将军守灵、超度。见《华西日报》1944年6月1日《恭迎李将军忠骸，各界迎榇大会定明日在绥署开首次筹备会》，6月5日《李将军魂兮归来，忠骸昨由陕启运，追悼国殇各县军民沿途设祭》，6月14日《李将军忠榇即抵蓉，已由宝鸡专车启运，各界积极准备迎榇大会》《贺国光等致电吊唁李总司令，祝绍周电告运迎榇情形》，6月15日《李将军忠榇即抵省，蓉各界筹备盛大恭迎》，6月16日《素车白马魂兮归来，李将军忠榇明抵省，迎榇大会将隆重举行，灵柩暂先停放昭觉寺》，6月18日《战死沙场魂归蜀土，李将军忠榇昨抵省，自陕入川沿途官民热烈祭悼》。《新新新闻》《新民报》等也做了详细报道。

6月21日李家钰将军殉国一周月，川康各界举行盛大迎榇大会。《华西日报》6月

21日、6月22日长篇详细报道了迎榇大会的空前盛况:《素车白马迎忠榇,万民同悼李将军,蓉迎榇大会今隆重举行,全市半旗志哀普设路祭》《碧血染征衣,万民弹泪,英雄从此别,永致哀思——李上将忠榇昨入城,川康各界盛大迎榇》。《新新新闻》也专题报道了《李总司令精神存在》《各首长祭李将军》及悼念李将军、恭迎将军忠榇的专题评论文章。

"忠榇归来,川康各界特盛大公祭……市民齐以悲壮感奋热烈之情绪,共悼国殇,夹道设祭,迎接忠榇。全市下半旗志哀,沿途扎柏枝孝坊。'李将军精神不死''踏着李总司令血迹前进,争取抗战早日胜利'等标语触目皆是"。(见《华西日报》1944年6月22日报道)6月21日上午八时半,起灵仪式在昭觉寺举行。省府李秘书长代表张群主席主祭,诵读起灵文,声音嘹亮凄厉,动人哀思。

上午十一时父亲灵柩抵达北门车站,开始举行迎榇仪式,由川康绥靖公署主任邓锡侯主持,川康政府要员和中央派出的代表参加了迎榇典礼。邓锡侯、刘文辉、潘文华等川康政府要员全体参加执绋。省市政府官员,各界代表,李氏亲友、同学、部旧、同乡参加了迎榇大会。(见《华西日报》1944年6月22日《恭迎忠榇》《万人执绋》《迎榇领袖》等文)仪式毕,迎榇活动开始。灵柩行列长达数里,依次为军乐队、僧侣行列、李家钰灵柩、遗笔亭(父亲生前书赠四川赴前线劳军团题词"男儿欲报国恩重,死到沙场是善终")、遗像亭(上置父亲身着戎装的遗像)、血衣亭(上置父亲牺牲时穿戴的军帽、军装、衬衣、袜子、布鞋。斑斑血迹浸透,弹痕犹在,见者莫不悲痛),后为勋章亭、旌旗队列,再后为省市机关团体代表、学校师生队伍,等等。迎榇队伍由北门入城,经北大街、鼓楼街、总府街、春熙路、东大街、盐市口、东御街、三桥南街、红照壁、南大街,至下午三时到达文庙前街李宅安置。迎榇队伍经过之处,均有机关团体、商店、民众设置路祭。万人空巷,民众摩肩接踵,人头攒动,道为之塞。人行道几步间即设有祭台,白花、挽幛随处可见,哀乐声、鞭炮声不绝于耳,悲壮凄怆。2016年11月某日,在祠堂街人民公园抗日阵亡将士纪念碑前,笔者巧遇一位唐老先生,据唐老回忆,当年我父亲灵柩回蓉时,其父唐伯渊——成都市的著名中医,为了表达对抗日英烈的敬意,早早赶到街头,等候竟日,跪迎英烈灵榇回归故里。七十多年过去了,唐老谈及往事仍饱含深情!实让笔者感动不已!

下午三时,向传义议长在李宅主持安灵礼仪式。万耀煌、黄季陆等川康各界官员、高级将领参加了安灵典礼。从6月22日起,政府机关、部队、军事院校、大中小学、各社会团体、工商界、民众依次前往李宅举行公祭致哀。(以上见《华西日报》《新新新闻》6月22日、23日报道)

父亲殉国后,各界人士纷纷发来挽联、题词、诗歌、祭文,沉痛哀悼。

蒋介石挽联曰:

爱国绾军符,共济时艰资右臂;
死后明战志,痛当河曲失干城。

张群挽联曰:

> 孔曰成仁，孟曰取义，一死遏横流，万里忠魂归故土；
> 上为日星，下为河岳，千秋传壮烈，九天灵爽佐中兴。

四川各县旅省同乡会联合办事处挽联曰：

> 为民族争光荣，与国家争存亡，前敌声威资坐镇；
> 比汾阳之勋业，继武侯之遗志，全川父老望旌旗。

诗人柳亚子先生赋诗《挽李其相上将》：

> 万里中原转战来，前师急报将星颓。
> 归元先轸如生面，化碧苌弘动地哀。
> 军令未闻诛马谡，恩纶空遣重曹丕。
> 灵旗风雨无穷恨，丞相祠堂锦水隈。

曾为川人赴豫劳军团代表的刘砻潮先生发悼文，追忆将军，文曰："……犹忆三十年春，余代表全蜀同胞，风雨跋涉，专往北战场慰劳，将军布衣草履，雄姿英发，亲率群才，迎于灵宝村中。对前线之谦述，对后方之谢勉，语重心长，实可令懦立顽廉……临行留念奋笔亲题'男儿欲报国恩重，死到沙场是善终！'谒甘至诚，昭告慰劳人士。其视死如归之决心，磅礴浩然之正气，今日举国追思，直可与文山所遗衣带铭，后先辉映，共垂不朽！"（见《新民报》1944年6月8日报道）

时四川省主席张群发表题为《李总司令精神存在》一文，文曰：其相司令于抗战初起之时，率部出川，转战中条运城太行南阳各地，忠勇奋发，身经百战。前年奉命调驻陕县，任新安、孟津一带河防。此次敌方发动中原攻势，其相总司令率部阻西进之敌，陕州敌军以强大兵力向城东南进犯，所属姚店被包围，其相总司令血战强寇，身撄重伤，遂以殉职，噩耗传来，举国哀悼。兹当其忠骸返蜀之期，川康各界既为宗国惜此将才，尤为乡邦惜此人杰，盖不胜其敬仰哀思之感……其相总司令平生以模范军人自许……而此次之见危授命，尤见其积学之厚，持志之坚，生死荣哀，出入忠孝，实无遗憾也。回溯七年以来，川籍军人，遍于疆场，舍生成仁，可歌可泣之事迹，不绝于闻见。其师长以上之领袖有王铭章上将、饶国华师长、许国璋师长诸公。而集团军总司令殉职者，则张自忠上将之后，吾川其相总司令真有"贤人君子，肝脑涂中原，膏液润于野草而不辞"之概，四川所以能称抗战之中心、复兴之根据地，不独以其民众之殷庶、物产之丰饶，即论精神，亦足以当往昔仁寿虞允文先生拒金人南犯之师，采石矶一战，遂定宋代中兴之局。刘锜曰："国家养兵三十年，不谓大功乃出儒者。"虞允文先生与其相总司令同为川人，虽时代相距八百年，一为成功，一为成仁，辉映后先。国父有言："亲见革命成功者谓之成功，不及亲见革命成功而先就牺牲者谓之成仁。"现在中国之战，已临决定之期，我前方将士继续奋起，以成仁之决心，抱成功之信念，亦即以其相总司令之精神，成虞允文先生之勋业。斯则虽其相总司令虽裹尸归来，形貌长往，其志事实随时代以俱进，不仅为历史上之光辉而已。（见《新新新闻》1944年6月21日报道）

时正在中国访问的美国副总统华莱士"以李上将殉职中原战场，壮烈牺牲，意义重大",特于李将军遗像上签名致悼。在成都华西坝的西方文化教育界人士丁克生、胡祖遗、杨春普、苏继贤等人也前往公祭,并敬献挽联:报国输忠早著勋光中乘□,见危受命长留壮烈照瀛寰。(见《华西日报》1944年6月23日、7月2日报道)

1944年6月上旬,远在豫西抗日战场的四十七军一七八师我军官兵,以中国人特有的方式,祭奠他们的主帅——第三十六集团军总司令李家钰将军,全体官兵头缠白布孝帕,手臂佩戴丧徽,高呼"为总司令复仇,消灭日寇"的口号上战场,斗志高昂,誓为牺牲的李总司令和战友复仇杀敌,终将日军赶至陕县南三角一线。率日军参加此役的敌第一军参谋长堀毛少将,在其战地笔记中,为李部"以复仇的决心誓死反攻"激发出的"战斗力"深感"惊叹"!(见《团结报》2014年5月8日《被冷落的灵宝战役》;马宣伟等著《李家钰将军传》)

1944年建李家钰烈士骑马铜像

1945年12月29日,四川省及成都市各界联合举行李家钰将军公祭和隆重追悼会,忠骸安葬于成都市南郊红牌楼广福桥"李其相上将墓园"。《华西日报》1945年12月28日、29日以《李故上将忠骸今日启灵出殡》《李其相忠骸权厝——鲜花香草果沿途祭,白马素车万人悲》为题做了详细报道。另《新民报》1945年12月27日、28日以《蓉各界人士公祭李将军》和《文武百官来执绋,李将军今晨出殡》为题做了专题报道。(又见马宣伟等著《李家钰将军传》)

在查找抗日战争历史资料档案的过程中,笔者发现不少关于当年川人为国家民族英勇奋斗的历史记录。但由于年代久远,大多模糊不清,且残缺不齐了。虽有的已采取了数字化抢救措施,但随着时间的推移,特别是纸质档案资料经多次翻阅,损害严重,抗战资料的收集、发掘、整理、保护和研究等工作刻不容缓!四川人民用血泪、血汗、血肉铸成的保卫国家、抗击侵略者的民族大义和精神值得发扬光大,代代相传!

本文写于2015年6月

八 第八十八军新二十一师抗战亲历、亲闻

第八十八军出川抗战的回忆

李文密　陈章文

七七事变以后，日本帝国主义又于8月13日进攻我上海，遭到我军坚决抵抗。当战争激烈进行时，范绍增应第三战区司令长官顾祝同之邀，与罗君彤一道去上海战场观战。范在我前线战士浴血奋战的激励下，向顾表示愿意返川组建新军参加抗战。经顾祝同签呈举荐，国民政府军事委员会于1938年春任命范绍增为八十八军军长，罗君彤为副军长。范在组建军队过程中，曾将其在重庆的房产（包括上清寺花园）抵押出去，用该款在香港购置了一批精良武器。

1939年春，顾祝同电令该军从速出川，到江西上饶附近集结待命。4月上旬全军到南川整训了两周，旋即开赴前线。名为一个军，实则只辖新二十一师一个师。其编组情况如下：

军　　长	范绍增
副军长	罗君彤
参谋长	刘展绪
参谋处长	高震寰
新二十一师师长	马昆山
副师长	吴韶金
六十一团团长	高　鹏
六十二团团长	李文密
六十三团团长	黄君殊
军直属补充团团长	徐有成
新兵大队大队长	陈章文

自南川出发前，军长范绍增、副军长罗君彤曾集合全体官兵训话指出："过去我们在四川多年都是打内战，这回是为了反抗日本侵略我国。抗日的军队，要有个好样子，要人人当英雄，不准出狗熊。"要求官兵互相爱护，严守纪律，提出了约法三章：一不怕苦，不怕累；二不准掉队，逃跑者重办；三爱护老百姓，不准拿人家东西和毁坏庄稼。全军官兵百分之九十五以上虽从未出过川，对远离家乡有依依之情，但见沿途贴满了"抗战必胜""日寇必败""欢送八十八军上前线"等大幅标语，军政治部又提出"日寇未灭，何以家为"口号鼓舞官兵，并沿途大唱抗日歌曲，士气为之大振，都想早日到达前线，报效国家。全军徒步四千余里，穿越湖南，到达江西弋阳，被列为第三战区总预备队。这时，在人事上又做了一些调整：新二十一师六十一团团长高鹏调任军部副官

（处）长，遗缺由补充团长徐有成充任。军参谋长刘展绪、参谋处长高震寰因故去职，陈章文被任命为军参谋处长。

作为第三战区总预备队的八十八军，曾先后接受过二十三、三十二集团军的指挥，在赣东、苏南、浙江省境内担负防务，对日作战。我们二人自八十八军组建时起到抗日战争结束，均在该军任职。现就记忆所及，对该军（实则是新二十一师）在抗日战争中所经历的主要战役、战斗记述于后。

一、苏南防卫

1940年11月，奉长官部电令：八十八军即由广德开赴苏南张渚，接防五十二师所担任的太湖沿线防务，并指挥原在该地的江苏保安旅张少华、江西独立旅黄振球两部。

军部以主力新二十一师六十三团黄君殊部负责鼎山、蜀山之一线，六十二团李文密负责归径桥、徐舍之线为正面的前沿阵地，由六十二团之一部负责包括龙池山、善卷洞、离墨山在内的主阵地，另一部固守徐舍、归径桥两坚固据点，其间利用水网联结之。对东洒、西洒水上的封锁，主要是对宜兴水面的控制。六十二团的指挥所在归径桥。主阵地带上配备了两个营的军力。后方阵地在戴埠、张渚以北。张、黄两旅担任游击、巡逻及侦察、谍报的任务。新二十一师师长马昆山请假免职，遗缺以副军长罗君彤兼任。军指挥所在张渚附近。

1941年1月中旬，日军利用"皖南事变"之机，掀起所谓"冬季扫荡"。敌二十二师团长土桥一次指挥所部及古贺龙一师团之一个联队，从水上（东洒、西洒）以汽艇几十艘，配合炮兵、空军轰炸，与地面日军协同进犯。战争一开始即异常激烈。经过两日两夜的鏖战，我军伤亡甚大。鼎山（宜兴窑都）附近之黄龙山、徐舍等处战斗更为激烈。第三天正面被突破，敌汽艇进入张渚市区，两个中队的敌骑向纵深突击。军部令总预备队据龙池山固守，掩护各部逐次撤退至流动桥、门口塘占领阵地拒止敌人。

三十二集团军总司令上官云相命令我们立即反攻。范军长立即召集军官会议，根据确实情报，敌人占领张渚后，似已无力深入，正掩护民工构筑工事，有久踞模样，其不断向我突袭是假象，如果我们不迅速反攻，一旦失掉太湖天然屏障就会不断被敌军蚕食，对战局将十分不利。军部决定的反攻计划是采用游击、运动战术，敌南进，我北进，用两翼包围迫使撤退。以新二十一师六十一、六十二两团为主攻，重点向右川埠、汤家山之线攻击前进；保安旅张少华部向湖汊丁蜀镇方面佯攻，敌进我退，牵住敌人，切实掩护军之右侧臂，其余部队为总预备队。攻击开始，军长、副军长亲临第一线，部队士气高昂，英勇进攻，前仆后继，重创敌军。我军在进攻的第二天到达汤家山地区，日军机群低飞助战，步炮协同疯狂反扑，战况紧张到极点，我军团、营长亲冒炮火不断进攻，连续发起冲锋，与敌肉搏拼刺刀。经过三天两夜的苦战，虽然六十一、六十二两团伤亡较大，终将日军击溃，于农历除夕前，完全恢复了原来阵地。事后拣得的日军退却命令记载，敌师团长土桥一次曾到汤家山要隘亲自督战。在这次作战过程中，六十二团第三营营长丁蜀川（南充人）因负伤住在军医院，日军飞机被迫下降在附近时，他督率伤病官兵，奋不顾身冲上去将敌击毙，破坏了飞机，这一英雄事迹传遍了苏南地区。春节期间，当地人民穿着节日盛装，扶老携幼，带上过年的腌酱鸡鸭鱼肉、糖果、米花,抬着多坛绍兴花雕,沿着一百多里的防线慰劳部队。每个战壕的官兵,都吃上了老百姓送来的年货。老百姓的慰劳对官兵鼓舞很大,战士们一再向老乡们表示,一定要狠狠打击日本侵略者,来报答父老兄弟姐妹的盛情。战斗结束后,战士们曾得到军事委员会和三战区长官司令部的明令嘉奖。高级参谋偕同苏联顾问到还战地视察我军,总结战斗经验。

二、挺进杭州附近,一度克复余杭县城

1941年7月,我军奉命挺进杭州附近地区,布防于青云、南涧之线,并以一部进出于横畈一带地区。根据战区长官部指示,派出一部深入敌后进行袭扰活动,组成两个步兵加强连,由六十二团两位营级军官(第二营营长杨明、第三营营长黄长龄)各率一队,在共产党地下组织抗日后援队的武装配合和广大人民的掩护下,在仓前、良渚、留下、三墩、梅家坞一带开展游击活动,经常进入里西湖袭扰敌人,并曾一度占领昭庆寺,突入敌军疗养所击溃日军一个中队,缴获一批武器弹药。

1941年10月,三战区长官部发动"双十"总反攻,全面出击。我军在富阳、余杭一线,以六十二团为主攻,该团在抗日后援队的无私配合下,开始以一部佯攻富阳,转移敌人注意力,夜间由坎堤湾开进,与事先潜入余杭城内的突击队里应外合,骤然发动突击。黄长龄身先士卒,攻下了敌碉堡群,夺取了两座炮兵阵地,一举迫近城墙根,于10月8日夜间收复了余杭县城。此次战役消灭了盘踞在城东的敌人一个大队。此后敌人几次反扑均未得逞,乃用飞机多架次昼夜轰炸,城内外尽成废墟。六十二团伤亡千人左右,三营营长黄长龄身负重伤,10月13日奉命撤出。这次"双十"总反攻,全战区独我军收复余杭,士气振奋,战果辉煌,影响颇大,各处慰问、贺电如雪片飞来。军事委员会转颁我军二级云麾勋章三枚,陆、海、空军一级奖章六枚,二、三级干城奖章二十四枚。

此后不久,战区司令长官顾祝同告诉范军长,已签呈蒋委员长扩编第八十八军,很快就会获批。范回部不久,长官部就发表第六十三师赵锡田部拨归第八十八军节制指挥。

1942年1月,八十八军移防浙江东北地区,以新二十一师六十一团担任枫桥地境(绍兴方面)的防务;六十三团担任茨坞地境(萧山、富阳方面)防务;六十二团在牌头、安华占领阵地构筑工事。这时长官部又命六十二师谭道平部拨归八十八军建制,于是八十八军便成了辖三个师的甲种军。不久范升为第I集团军副总司令,范之军长遗缺,则由何应钦之侄何绍周接替。范绍增有苦说不出,只得回到重庆,遥领副总司令虚衔混日子。

三、参加浙赣战役

1942年初夏,敌人为了进攻我东南广大地区和夺占我衢州飞机场,编成东、西两个兵团,每个兵团各三四万人,各附一个空军联队,东路由绍兴、萧山、诸暨沿浙赣铁路之义乌、金华攻击前进,另一股分由富春江水路攻掠桐庐、兰溪等地指向金华;西路则由江西抚河、临川、崇仁、弋阳、贵溪、横峰沿浙赣铁路东犯,敌有力之一股窜扰河

443

口，妄图直扑上饶摧毁第三战区长官部，然后与东路兵团会师衢州。当时第三战区的防线，由福建沿海经浙江、江苏、皖南、江西与湖北接壤，全长数千里，兵力很不足，乃决定与敌人展开运动战和游击战。八十八军的情况是，新任军长何绍周尚未到职；拨归的六十二师、六十三师只见命令空文，不见一兵到来。副军长兼师长罗君彤命令新二十一师部署如下：六十一团徐有成部位于枫桥占领阵地，监视章镇、绍兴之敌；六十三团黄君殊部位于茨坞占领阵地，监视萧山、富阳之敌；六十二团陈章文部集结于安华附近，同诸暨各区民工，右起梅花坞亘安华、布谷岭、狮姑坪、滴水岩、同山冈、边村、九曲岭诸点构成坚固的纵深防御阵地（绍兴、萧山地区有浙江保安军萧冀勉的游击部队活动）。

5月中旬绍兴、萧山、富阳之敌开始攻击。第一天枫桥、茨坞各团就地抵抗，阻止敌人前进。夜间六十一团转进璜山、梅花坞之线，六十三团转进布谷岭、狮姑坪。次日午前九时许，敌强行猛攻，与我各团展开激战。六十一团璜山据点在被敌攻占后，曾一度夺回，旋得旋失。继因梅花坞地形不利，即沿铁路线右翼之大陈、苏溪方面占领阵地。六十三团放弃安华，凭布谷岭既设阵地坚决抵抗。六十二团派去的远距离搜索队（一个加强连）与由诸暨西乡经五都、三都前进的日军先头部队周旋，使敌人大部队入暮时始到达同山冈。次晨敌炮开始轰击，敌机多架次轮番低飞扫射和轰炸，到下午五时，日军多次强攻和反复冲锋，有的工事为敌炮或敌机投弹命中，有的机枪掩体被击毁，官兵被埋于其中。但我官兵浴血鏖战，仍保持了主要阵地。当夜各团调整阵地，六十三团占领狮姑坪及白马庙纵深地带，六十二团占领滴水岩、九曲岭地带，此地射界良好、工事坚固、依山傍村，得到当地民众组织的抗日后援队的配合（出面领队的是老乡长沈发藻，实际是共产党地下组织金萧支队的一部），与日军反复冲杀，血战竟日，我阵地仍岿然不动。又派出一部夜袭敌人，使其终夜惊慌、晕头转向。第二天夜间，新到任的军长何绍周以沿铁路线及富春江两路之敌已到金华地区，命我师迅速脱离敌踪，隐蔽于北山、鲤鱼山、浦江、中余、马剑镇等广大地区，东不过浙赣线，西不渡富春江，实行游击作战，拖住敌人。各团乃与敌脱离接触。

6月中旬，六十二团在游击区马剑镇（属浦江，距安华站百里）接到何军长命令，立即进入敌占区，截断安华地段铁路交通，彻底破坏水下张铁路桥，限三日内完成任务，否则军法从事。全团当夜赶到唐仁，侦察结果显示，安华火车站驻有日军一连警备；水下张铁路桥头筑有碉堡一座，驻兵力一排，火力除轻、重机枪外，有四支掷弹筒，射界良好，不易接近，且铁路上不时有铁甲车巡逻。团部决定次日入暮后派兵一连附重机枪一挺阻击安华之敌；由第一营营长刘光远率该营围攻碉堡，阻绝出路；第三营附工兵一排，由营长丁蜀川指挥强行破坏铁路桥的作业。次日十四时天气倏变，狂风大作，阴云四合，雷鸣闪电，暴雨倾盆，平地水深丈许，我军立即征集木船几只和农民的拌桶若干，利用村房隐蔽，接近敌碉堡，投入集束手榴弹，并用六〇炮平射，把碉堡炸毁，全歼守敌。又征得部队和老百姓中水性好的几十人，下水撬挖桥基。因为铁路桥在我军撤退前曾被破坏过，现在日军修的是简易桥，加之山洪暴发，水中漂下木头，横七竖八冲撞桥基，半夜时轰然一声震天巨响，不仅桥面垮塌被冲走，桥基亦随之彻底崩溃，敌人铁路运输被完全截断。

铁路桥破坏后，我们就隐蔽于诸暨西乡一带进行敌后游击，活动于富阳、诸暨、浦江、金华地区，主要任务是在东面袭击敌人的铁路公路交通，在西面则沿富春江岸要点阻击水上航运，袭扰敌人交通运输。由于当地人民的真诚合作，常常送来可靠的情报，我们的袭击收到很好的效果。我们在旗鼓山燕子坪袭击敌人两连武装押运的汽车队，敌遗弃打坏的汽车九辆，狼狈逃窜。其中一辆小轿车内，有两个着花俏和服的日本女人，被炸得血肉模糊。在掳获的物资内，有弹药、被服、医药、食品，还有一大盒日本大管钢笔，镌刻有"天皇御赐第十师团攻克宜昌纪念"，证明其为东路进犯之敌主力日军第十师团。由于我们截断了铁路线，又阻击了公路运输部队，使敌受到很大损失，敌乃抽调两个大队，配合飞机几架，由诸暨县城和安华两头出动，向我夹击。我军在子母石与之遭遇。这一带地形我们特别熟悉，便派一连人从右后方深谷绕袭，正在煮饭准备午餐的敌人遗尸两具，其余丢下菜饭抱头鼠窜。从此，敌机每天多架次轮番侦察，敌别动队日夜袭扰。全师乃出其不意深入富春江边之龙门山地境。这是一个地层断裂的洼谷，有里陈、外陈、里钱、外钱几个村子。这儿山明水秀，人民诚朴富裕。我们进入这一地区，对部队的纪律约束很严，与当地老百姓相处很好。我们在此休整了一星期左右。有天半夜房东起来煮早饭告诉我们说，近来观音菩萨降乩，说这个村子一带，今天起将发生灾难，外逃可免。于是，他们饭后就往外跑。我们同师部研究，觉得很蹊跷，决定部队拂晓立即疏散。到了次日九时过，突然数十架日本飞机临空投弹，附近几个村子，包括我们住的村房全被轰炸成一片焦土。后来始悉是一个在城内的人得到消息，借口神灵显圣透露的。

夏末秋初，日军已把浙赣路全线打通，占领衢州机场。我们在富春江三角地带受敌人夹攻，活动地区不大。军部命令新二十一师相机突过铁路线，向松阳地区转进。铁路线上金华至安华段，敌军铁甲车巡逻频繁，我部在地方抗日后援队的协助下，邀请二十多名铁路工人，分成两组，在东西两头，利用铁甲车开过的间隙，迅速把铁轨扒掉。下午六时狂风骤起，大雨如注，部队立即接近铁路线，入夜即开始在长十数里的荷叶塘铁路线上越过铁道。两头敌人的铁甲车吼声不断，探照灯乱晃，但因铁路被我破坏无法前进，又受到我阻击部队的有力袭击，敌人只能躲在乌龟壳内盲目射击。当我们全师安然突过铁路到达东阳念三里时，街房已被水围困，附近几十里一片汪洋，我们走不出去，敌人也没法来攻。后来，我们又经武义、松阳，到达仙霞岭山脉的石仓原、大阴村一带休整。

9月初，奉二战区司令长官部命令，对浙赣路之敌全线反攻。八十八军新二十一师自松阳地区出发，向盘踞在缙云、武义、永康之敌攻击前进。六十一团在武义城郊与日军展开了两天一夜的攻守战，经过多次冲锋和肉搏，始将武义县城收复，推进到雅畈一线。六十三团经缙云攻击前进到达黄碧村时受到日军的有力抵抗，经两日的反复冲击，敌人乃撤守永康之仓前、溪坦一线。六十三团组成了一个以加强连为基干的三个攻击波部队，不顾牺牲、轮番冲锋，终将守敌击溃，并追踪到石柱街。敌人凭借已设阵地和河川障碍阻止我军前进，六十三团乃派部队由右翼舟山村方面绕袭。敌人发觉我迂回部队，便撤到永康城郊。六十三团又经过两日的强攻，将永康县城占领，追敌到上下菱道之线。日军沿铁路线层层设防，碉堡林立，火力交叉，铁丝网多层密布并通了电流，安放了地雷,至此即成对峙状态。浙赣战役,自5月中旬展开,至9月告一段落。

四、金佛山、雅畈之役

1943年春,八十八军新二十一师的防线自浙江义乌亘永康、武义至汤溪地境,右为六十二团守备,左为六十一团守备。由于日军随时率同伪军搞所谓"扫荡",四处掳掠骚扰,老百姓深受其害。军部命令第一线各团对当面之敌,择要打击,相机占领要隘,阻止敌人侵扰。六十二团当面的金佛山在上下菱道的右前方,是金华、武义、永康的交通要道,为一孤立的土石山,有一个大庙子金佛寺,此山高仅一百多米,但耸立于平原上,视野良好,射界广阔,不易接近。日军一个排,伪军一个连,火力很强,筑有碉堡和坚固工事。敌伪经常出来抢掠并遍搜所谓"花姑娘",老百姓对其恨之入骨。有一次我军得到群众报告,即乘敌伪到村掳掠时,派出一个连潜伏村内,将敌包围。另以第二营营长石青云指挥全营附重机枪一连、迫击炮二门围攻金佛山,两处同时打响,使之彼此不能救援。进入村内之敌约三十人,被伤毙十多人。金佛山之敌虽曾顽抗,但因伤亡颇大,入暮时也只得遗尸十一具向金华溃逃。我军令附近群众彻底挖毁敌设阵地。据俘虏的伪军(七人)供称,日军队长吉村中尉粗暴蛮横,士兵畏之如虎,当我军进攻时,他多次强令用密集队伍冲出反扑,以致伤亡较大。我迫击炮命中二发,立毙日军五人,伤多人。吉村威逼伪军抬走日军尸体,所以遗尸中无日本人。敌人失去金佛山决不会甘心。我在本道上设阻击线两道,逐次抵抗,迟滞日军前进,摆出要固守的样子。次日午前九时,敌机三架飞来侦察,发现所设假目标,投弹轰炸,金佛寺大庙多次中弹。十时许,敌伪六七百人利用飞机、炮兵的掩护向我扑来,经我两道阻击防线的逐次抵抗,付出了很大的伤亡代价,黄昏时才到达金佛山。敌人发现阵地已被彻底破坏,不堪设防,便于当夜撤走,又被我袭击追杀,狼狈地逃回敌巢。这次战斗,我伤排长两名、士兵十五名,阵亡士兵五名,俘虏伪军七人,缴获三八式步枪十三支、子弹两千发、轻机枪两挺(一挺已打坏)。浙江《东南日报》刊载是役消息的标题是"国军血战金佛山,大量歼灭敌伪军"。

在武义方面,六十一团以有力之一部夜袭雅畈据点,很顺利地将该地占领。敌人迅速纠集龙游、汤溪方面的部队分两路猛烈反攻,经一天一夜的艰苦战斗,我方撤回原阵地防守。

五、克复丽水,攻占温州

1944年入夏以后,日军为了扩大浙南占领区,进窥闽北,在金华、义乌等铁路沿线城镇集结了大批日军和作战物资,温州海面敌舰游弋频繁,有大举向我进攻之势。

这时八十八军已扩大编制,新二十一师已扩成甲种师,军长何绍周已调走,继任者是刘嘉树(原第五军副军长)。新二十一师在松阳整训后,于5月到永康接防。李文密由陆大特别班毕业后回到新二十一师任副师长。六十二团担任从义乌亘永康至武义青溪口长一百余里的防务。永康石柱街、武义青溪口为通往金华公路的要隘,我军在此构筑坚固阵地扼守,其余以游击部队配合民众武装巡逻警戒。由于熟悉地形,军民感情融洽,情报灵通,弥补了兵力不足的弱点。师部率六十一团在缙云括苍山地带设防。六十三团集结丽水整训。

8月，三十二集团军参谋长曹耀祖在浙江云和召开第一次作战会议，对新二十一师下达的作战任务是：第一阶段在永康、武义、缙云地区拒敌，以消耗、迟滞日军，掩护我主力部队集结；第二阶段坚守丽水，巩固瓯江防务与敌决战。新二十一师命令六十三团立即加强丽水城防工事，六十二团仍担任第一线原有防务，师率六十一团在缙云、丽水地区策应各方。

1944年8月22日晨，日军两个联队分向永康、武义全线进攻。刘嘉树军长电话命令，第一线部队（新二十一师六十二团）必须阻敌三天，掩护后方部队推进。因日军来势甚猛，第一天傍晚即将我前哨阵地大部夺取，逼近石柱街、青溪口主阵地。为了推迟敌人第二天的进攻，六十二团命令石柱街守备部队第二营、青溪口第一营各组一支袭击队，配合地方抗日群众武装，携带手提式机枪、轻机枪、手榴弹、大刀等，利用日军骄横、警戒疏忽，入夜以后摸近敌人，骤然突袭敌后，从相反的方向绕回。民兵则在先头部队向敌突袭时潜入，稍后再猛烈袭击，打得敌军晕头转向，前后几个村子之敌互相自打，彻夜惊惶。第二天十时许，敌人才整理好部队向我进攻。石柱街方面之敌在优势炮火和三架飞机俯冲轰炸扫射掩护下，步兵冲到河边与我对峙。在青溪口方面之敌虽有坦克数辆掩护步兵冲击，但因山陡、林箐茂密（纵横百多里皆白夹竹林），公路隘口又挖有很深的陷坑，坦克无法前进。第三天敌人用火焰喷射器纵火，满山起火燃烧，我第一连阵亡排长一员，伤亡士兵二十多人。军部直接命令六十二团必须逐次抵抗，迟滞敌人五天，以待后方部队到来，如违令军法从事。军长刘嘉树又在电话上对该团团长说："事关大局，你要勉为其难。丽水城防正在采取一切手段加强工事构筑，各部队没有命令不准过河。我在瓯江岸上督战。"该团在与右翼括苍山的六十一团联系后，即集中力量、纵深配备，扼守双溪（此地为缙云、武义大道要冲），凭险拒敌五天，打退敌人以飞机配合的多次进攻。该团虽伤亡二百多人，但不仅阵地未为敌所动，且据抓回的伪军二人供称：连日来敌伪伤亡亦很大，还有一个日军少佐被打死。第五天午夜，因丽水附近已发现敌踪，该团乃奉军部电令，渡过瓯江在南岸布防，策应丽水作战。

丽水位于瓯江中游，是浙南的交通枢纽，东去温州出海，西去龙泉以通闽赣，为第三战区军事、经济要区，其地形为：括苍山横亘西北，有居高临下瞰制城区之势；东近好溪，南靠瓯江大河，西面是武义、松阳，此处毫无屏障和依托，为敌人进攻重点。罗君彤师长虽提出过孤城难守，但总司令部仍指定新二十一师六十三团坚守，师主力集结于瓯江南岸，并说这是有计划设下的所谓"出奇的背水阵"。六十三团依城墙旧址构筑了坚固城堡，在城根挖成深壕设防，阻敌进攻，又在城内打通家屋墙壁，择要构筑据点，准备巷战。敌人集中了约一个师团兵力由壶镇、缙云、武义南下，对丽水县城势在必得。头一天，敌逼近城墙被我击退，夜间敌一小股曾突入城内，经过巷战被我赶走。第二天凌晨，敌人利用优势炮火轰击。十时左右，敌机多架次飞临轰炸扫射，敌步兵又以云梯强爬城墙，并用喷火器掩护开路。城内工事多处被毁，我军伤亡甚重，而敌人不断增援，愈战愈多。傍晚时日军已攻进城内，敌我各据半城激烈巷战。六十三团团长彭孝儒（前团长黄君殊春天于松阳病故）新任不久，对官兵了解不深，深夜得到军部命令可以相机突围时，所掌握的部队已不多。天明退到江边，又因所谓"背水为战，置之死地而后生",浮桥已事先被拆去,彭团长只得率部分官兵泅水渡瓯江,师主力无法出击增援,只有与敌隔江对射以做掩护,但渡江官兵仍大多牺牲在江中。

敌人占领丽水后,三十二集团军总司令部在云和召开第二次作战会议,第三战区副长官、浙江省主席黄绍竑,参谋长张少杰及各军长、师长、副师长,突击第一、二总队长等参加了会议,批判了丽水防御战的"出奇的背水阵",曹耀祖承认了错误,做了检讨。集团军总司令李默庵命新二十一师副师长李文密率六十一团乘黑夜在海口渡过瓯江,到敌后游击,相机收复丽水,截断敌向温州的进击;六十二团在瓯江南岸,对丽水之敌严密监视,与六十一团密切配合,相机收复丽水。副长官黄绍竑认为应派第一、第二突击队迅速沿瓯江截击敌人,第一步占领青田,最后夺取温州。新二十一师则作为集团军总预备队收容整顿,不宜过江打游击。但李总司令仍按原案报往第三战区,顾长官未批准,要副总司令陈铁指挥第一、第二十四突击总队,沿丽温公路截击沿江之敌,向温州进击;第八十八军新二十一师主力(两个团)由青田南之山地,向油竹夺取温州。当时第一线的实际部署,基本上实施的是李总司令方案。

新二十一师副师长李文密率六十一团,在海口以西之石帆(著名风景区,瓯江至此形成大弯回水,石岩壁立千仞)腰击敌人,击沉敌运输船十二只,缴获装有弹药、器材、食品的辎重船五只,截断了敌人的交通,使丽水之敌完全被孤立。瓯江河面宽,北岸城墙壁立丈余,水枯时河心有一沙洲,城墙西脚杂草丛生。据一警察说,此处有个水洞可容一人进出,原为旧书院排水洞,房子倒塌荒废了,难民曾由此逃出。六十二团侦得丽水城内之敌出好溪一带抢粮,便乘机攻城。此警察愿效力带路。第一营入夜即渡河,分向东、南门城楼猛攻,夺取城关。第三营借夜幕掩护,从沙洲抢攻西门城楼,营长黄长龄甚机警,带着向导从水洞内偷袭进城。团指挥所推进到江边,集中重机枪、迫击炮制压敌人。当我军渡过瓯江攻近城根时,敌人烧火亮城,为我在死角上的偷袭提供了便利,我军既爬城墙又钻水洞,与敌人在城楼反复拼杀。凌晨三时,南门城楼为我第一营攻占,敌人据市中心天主堂的碉堡顽抗,正巷战间,水洞口冒出一队"土行孙",枪击、刀砍、手榴弹炸,敌人惊慌失措,夺路出东门向壶镇方面逃跑,丽水县城为我克复。是役夺获日军步枪十多支,掷弹筒两具(一具可用),俘虏伪军三十多人;日军遗弃尸体数具,有的裹了白布,有的裸体。第三战区来电嘉奖,并为黄长龄记了大功。

丽水收复后,军部命令六十二团在丽水构筑工事,休整待命。新二十一师之另一部仍按以前计划,在突击总队之后跟进,由青田南面之山地经油竹夺取温州。前方部队仍由副师长李文密指挥,部队在青田附近经两天一夜,始登上没有人烟的双尖山最高峰,然后在南田附近翻山越岭。当我师部队到达油竹、山口时,暴雨竟日,入夜山洪始退。休息一日,即向温州方面搜索前进。在前面运动之突击总队忽然失去联系,电台、侦察人员都联系不上。我部已抵达温州郊外之莲花心,此地是温州城的屏障,敌人在此筑有坚固的工事和炮台,山高坡险,峻峭难攻。我部将配属的山炮一个营(四门)协同步兵仰攻,五次攻击,两次得而复失,与日军肉搏三次,官长士兵虽伤亡一千余人,但士气不衰,仍继续苦攻。中秋之夜,一度冲入温州城内,并掩护和带出五百多名老百姓。由于莲花心尚在敌手,我军不得不退出温州城。此后即进入对峙炮战中。这是我第一阶段进攻温州的情况。

11月下旬在丽水县城的六十二团接到三十二集团军总司令李默庵命令：该团（新二十一师六十二团陈章文部）驰赴温州仍受罗师长指挥，务将该城（温州）攻占，把日寇驱逐下海。部队行进五日经青田在温溪过瓯江，越山口到达瞿溪师部受领任务。我方得知温州之敌是以梨冈少将的一个联队为基干附诸兵种的混合支队，海面有兵舰三艘，带飞机数架。温州城防，右从永强绕城南经梧埏、鲤鱼山，核心阵地为温州西面之莲花心、报国寺，山高约六百米，长十余里，岩壁陡峭，雄峙温州西关外，除山石裂缝处长有些杂草荆棘可供攀登外，别处就无法攀登了。我右翼瑞安方面，有浙江保安军，突击一、二总队。我师六十一团、六十三团（收容整理成两个营）攻击莲花心，已得而复失两次，伤亡一千数百人。总司令部拨来山炮一营、重迫击炮一营（四门15厘米）、要塞重炮两门（一门可用）。于是师部决定，以六十二团担任莲花心主攻（附六十一团一个营），夺取纵深阵地报国寺，攻击得手后即攻占温州城。六十一团、六十三团进入鲤鱼山之线担任右翼伴攻，切实掩护六十二团右侧臂之安全。六十二团攻击部队分两路，第一营在右，第三营在左，各向直前目标攻击前进，第二营为预备队（六十一团拨归指挥的一个营亦为预备队）。通讯连派出通讯组随各营前进，架设电话到第一线。团指挥所设在胡公庙山上与莲花心遥对，中为谷地，观察阵地甚为明晰。

次日拂晓攻击一开始，敌我炮战激烈，对我军来说这次拥有的火炮空前之多，官兵精神振奋，勇猛向前。中午第一线攻到莲花心山腹时，发现敌人最近又加强了防御设施，当我正前进时，敌炮猛烈还击，兵舰上长射程炮向我前后方猛轰，大地为之震颤，耳内一片轰轰嗡嗡分不出炮声枪声。激战到日暮，我已伤亡官兵近一百人，但第一线仍被阻于山腰。在本日战斗过程中，曾发现莲花心左后报国寺洼地内冒出敌增援部队，询问土人，始悉左翼棱线后面有一山边小径，可由出海口增援上来。是夜乃命令第三营十一连胆大心细、年轻勇敢的连长瞿良，率该连精锐，由向导带到山洞潜伏，待我攻上敌阵地前沿，即从左后方突进报国寺纵深地带，夹击日军。

次晨细雨蒙蒙，山间云雾缭绕，敌人阵地笼罩在雨雾之中，给我翻越障碍、排除地雷接近敌阵的很好机会。九时左右天朗日出，我军当即发起总攻，炮兵经过不断观测和修正，命中率大为增加，大大增强了官兵进攻的勇气，冲锋号尖脆震天，大红旗指向敌阵，冲锋组、敢死队登上棱线，在敌人工事掩盖上、阵地内猛投手榴弹，与躲在战壕内之顽敌拼刺，敌在长二百米的重叠侧防地带上进行顽抗。六十二团指挥所推进至棱线时，敌人纵深阵地报国寺一带，枪炮轰鸣，杀声震天，绕袭敌后的我十一连连长瞿良率部冲入敌阵，左右冲杀，与正面进攻的我军前后夹攻，敌人一片混乱。就在这时，敌人自城内冲出多列纵队，枪上刺刀，把退下去的日军赶回来，不顾一切地疯狂向我反扑。因我已占领报国寺庙门高地，敌系仰攻，我军火力发挥了最有效的射击，我各营官兵在报国寺和城关之间，与敌激战至傍晚，敌乃向城内溃逃。乘战胜之机，六十二团第二营蹑敌之后讯即占领温州西门城楼，于当晚七时发出占领温州，敌人已落海上船的告捷电。集团军总司令李默庵亦于当夜电令：温州攻击任务已完成，六十二团着即停止前进。新二十一师开赴碧湖整补待命。我六十二团在攻击莲花心、占领温州城的战斗中，阵亡排级军官十一员、士兵七百多人，又伤军官二十多员、士兵五百多人。其中，三营十连连长邓子惠阵亡于报国寺外；十一连连长瞿良率队冲进报国寺阵亡于庙门口，身体下还压着一具敌人军官的尸体，背上中了一刀两枪，胸前也被刀伤。还有第一营三连连长龙曙海，在莲花心棱线上与敌肉搏时，腹部被战刀刺伤，肠子流出，于夜间牺牲于医院。他们为反侵略战争光荣牺牲，真堪称中华民族的好儿子。

这次战役自8月22日永康、武义、缙云阻击战起，至攻占温州止，八十八军新二十一师全师阵亡团长以下军官六十多员、士兵二千余人，负伤官兵二千余名。

当时重庆报纸通栏大标题刊载《八十八军迭克名城：克复丽水、攻占温州》。浙江《东南日报》称之为"中国东战场'斯大林格勒'之战"。

1945年1月，第三十二集团军总司令部召开丽温作战总结会议，新二十一师六十二团团长陈章文做了战斗详报。军事委员会、第三战区长官部电令表扬，奖励法币三万元。温州各界邀请六十二团派出代表，去温州参加报国寺抗战烈士陵园落成典礼，并赠送锦旗多面、慰劳金法币二万元。

1945年5月，第八十八军新二十一师在碧湖补充整训后（全师补充三千多名新兵，六十二团补充一千五百人），再次接管永康、缙云、武义一带的防务，直至日本宣布投降。

本文选编自四川省政协文史资料研究委员会、四川省人民政府参事室《川军抗战亲历记》

1944 年夏秋新二十一师的丽温战役

李怀宸*

你可知道浙蜀人民的联系，曾有着惊人的历史渊源？七十多年前，有一支川军子弟兵——国民革命军第八十八军新二十一师在八年全面抗战中曾战斗在浙温地区，用鲜血和生命浇筑了抗日长城，逾四千官兵长眠瓯温大地。

一、丽水之战

1944 年 6 月美军在太平洋中部取得胜利，又攻占了塞班岛。日军为了扭转被动局面，于 1944 年 7 月发动了中国大陆浙东地区作战攻势。当时家父李文密将军任新二十一师副师长（军长范绍增已升任集团军副总司令回川，新二十一师师长为罗君彤），负责训练和作战。新二十一师辖六十一团、六十二团、六十三团、新补团，驻守在浙江丽水、武义一线。敌以七十师团（师团长内田孝行）攻击丽水，其中编入战斗序列的敌六十二旅团（旅团长原田久勇少将）攻击新二十一师六十一团，敌梨冈旅团（旅团长梨冈少将）攻击新二十一师六十二团，日军主力攻击新二十一师六十三团。

我六十三团驻守丽水县城顽强抵抗，碉堡中的战士备三天干粮反锁于其中据守，与阵地同存亡。战斗到最后，六十三团几乎全军覆没，官兵伤亡殆尽，团长彭孝儒阵亡。日军占领丽水后，新二十一师撤向山区。

随后，日军用民船运输物资到温州。新二十一师将各团主力布置在公路以南之高地待命，每团各以一连沿江防御。各团迫击炮连进入阵地，一发现敌船东下，就集中火力与师炮兵协同截击日军控制之腊口到海口段江面船只，俘获敌船，作我渡江船只。新二十一师部署缜密，抓住战机，为痛失丽水损失一团兄弟雪耻，作战愈发威猛，直逼日军东撤。敌船六艘被击沉，十艘打出白旗靠岸，我军俘获日军辎重、枪弹等甚多，于是报捷。此后日军不敢贸然水航，只在晚上顺江下放少量敌征民船，我军遂派一个连到芝溪，再派一个排哨到船寮监视敌情，联络信号是两红。

二、翻越野人山

日军欲退出浙东战役。总司令部命令新二十一师主力为先遣部队，过青田后越过双尖山到油竹，直插温州（此时六十三团经收容补充，成两个营参加作战）；三十二集团军主力突击队第一、第二总队由陈铁副总司令指挥，负责沿青田至温州公路截击逃敌，占领温州。新二十一师到温州后，归陈铁指挥序列。家父率部在追击任务中并未遇敌，

---

* 作者为李文密之子。

只见到瓯江上有许多民船东下。部队到青田后，联络地方武装（这里是陈诚的家乡，县长是陈的表兄），要县里派来三名向导，可是这三人没一个去过双尖山。后来找到一个六十五岁的青田人，二十年前去过双尖山采药。他说，翻过山就能看见温州，这些年已没人走了，那山上尽是大森林，部队不好走，马不能上，不能用火，否则引起森林大火，人就出不来了。在青田出发时，家父约法三章：第一，每人带够三天干粮；第二，不准吸烟，不准用火柴；第三，所有骡马、车辆寄放青田待命，电台减少，重物由人工抬行。违者重办不贷。

范绍增　　　　　罗君彤　　　　　李文密　　　　　陈章文

初入山，还有小路，后来就无路了，向导说只能沿流水沟前进。第一天晨七时出发，进入原始森林，落叶积层不知多厚，如在海绵上行走。有时遇到一点水，就沿水行走，有时半天不见天日。在森林中宿营时，派出多组双人哨，以防兽类来袭。向导言，明日可以出森林，出去以后就要爬山了。暑夏的天气要早点出发，走出森林就是希望！

没想到走出森林后也并不轻松。天已拂晓，部队走了两小时才走出森林，得见天日，但仍无路。第二天尽是爬山，上完一重又一重，荒野已极，草比人高，手脸都被划破了。下午三时下了一座小山，前面还有一座高山，作战地图上标明是双尖山侧峰。向导说，翻过那座山就有人家了，大家高兴极了。走到七时半，没有太阳了，只能就地宿营。第三天晨八时又过一重山，见到似乎有路，但是树上果子自生自落。向导说这里有一人家，找来找去，发现大森林内有鸟雀飞出，向导说可能有野人，爬上坡向林里看，有野人在树上架屋，有三架树上屋。家父命令：可能是避难的难民，不要惊动他们，继续上山。远方山山相连，行进中忽然发现南方有平地，用望远镜看到东方一片蓝茫茫的水，那就是海啊！午餐后，命各连检查干粮，报告已快尽，有的士兵剩有少量缴获的日本饼干。这次行军作战从原始森林到荒山野岭，三天两夜如此艰辛，是对川军将士抗战意志的另一种考验！已上山顶之六十一团二连报告，发现山下有人上来。向导说是日本鬼子。家父即命六十一团团长徐有成带第一营上山，通讯连牵接电话，其余原地待命。徐有成上山后看到草丛中有人，还有人向山上走，只是草深看不清楚。家父遂命徐团长捉两个活口回来！家父疑惑，日本鬼子怎么会跑上山呢？他们是不是知道我们才来的？人未捉到，但捡到两支英式手提冲锋枪。经判断这是突击队的枪，那这些人应是突击队士兵。又派便衣下去探明。谍报队回来报告，他们是突击一总队、二总队被打散了的士兵。家父于是命令部队今晚到达油竹，谍报队先行进入油竹村探听敌情，并联系突击总队。探明敌情前，仍按照作战计划实施。

全师进入油竹，家父命政工处收容被打散的突击总队官兵，并要求这些官兵不得擅自走动，听命回归。后电报总司令部，询问主力在何方，收容士兵如何处置。全师决定在油竹休息一日。谍报队向温州搜索敌情，家父命人去青田带回骡马、车辆，准备向温州攻击。新二十一师加紧备战，士气高昂。这时找到了突击队官长，才知道他们部队在双溪突然遭到日本鬼子袭击，后撤向山麓，两天后遇到新二十一师。这时共收容了92名突击总队官兵。家父电告胡学玕（突击第一总队司令，是家父黄埔军校同期同学），要他领回收容的官兵。

三、猛攻莲花心

家父在油竹给徐、陈两团下达作战命令：先由徐六十一团攻占莲花心，控制这一制高点后，改修工事，而后协同陈六十二团作战；六十二团负责攻占温州，必须在六十一团攻克莲花心以后，一举攻占温州；两团继续将敌人压迫于海岸而歼灭之。师指挥所设于大庙内。此时与总司令部联络，知其仍在青田。

莲花心山地孤峙在温州西南三里许，攻下莲花心，控制制高点，攻占温州就容易多了。攻占莲花心战斗开始，日军已有准备，其炮兵已占据阵地，六十一团数攻未果。敌用两个大队守城，认为莲花心阵地易守难攻，只要坚守住莲花心，则温州可保，相比之下反而内城防务较松懈。见徐六十一团攻击莲花心受阻，家父遂命陈六十二团由山南绕道温州城下攻进温州，再与徐团一起围攻莲花心高地。陈团曾三次突进城内，并带回温州的街道门号牌数枚。中秋之夜，陈团突破西关，进入市区，敌在城中被我军封锁，温州人民逃出千余人。是夜，徐团已攻克莲花心，敌炮火撤退。但次日拂晓，敌以一个大队之兵力反攻，又夺回莲花心。徐团第一营反复冲击五次，失掉又夺回，在拉锯战中伤亡甚众！

四、英雄六十二团

11月下旬，驻防丽水的六十二团团长陈章文接到集团军总部命令，即刻赶赴温州归建，受罗君彤师长指挥，再次参加对温州的攻击，务必将敌人驱逐下海。

日本鬼子在温州的外围防线从城西南开始，绕经梧埏、鲤鱼山，东西长十余公里，其核心阵地就是莲花心和报国寺。主阵地前有一陡坎，岩壁陡峭如刀砍斧削，除了在山壁裂缝处长有一些杂草荆棘可供攀爬外，别处就无法攀登了。要攻入主阵地，必须先登上这道陡坎，陡坎下面还设有鹿寨和地雷。

陈章文把攻击路线分为左右两路，一营在右，三营在左，二营和六十一团的一个营为预备队。通讯连派出通讯组随各营前进，要保证将电话线架设到第一线。

次日拂晓，我军开始攻击。刹那间，百炮轰鸣，我官兵精神振奋，一声令下，即勇猛向前。到中午时分，我一线部队已攻到莲花心山腹。

我军攻击部队进展顺利，频频得手。这时，陈章文在望远镜中看见从莲花心左后的报国寺山洼中突然冒出一股日军，在浓密的树丛掩护下顺着一条小路向莲花心增援。

日军从报国寺洼地沿小路增援，说明这里有一条十分隐蔽的通道，此前一直没有发现，难怪我军攻击总是受挫。

陈章文马上找来三营十一连连长瞿良,要他率领全连精锐乘夜到左侧山涧埋伏,一则狠狠打击日军从海上来的增援,二则当我正面攻上敌人阵地前沿时从左侧突进报国寺纵深地带,夹击日军。为了增强一线的攻击力量,罗君彤把师部搜索连也派到前沿参加战斗。

第二天九时左右,我军发起总攻,排炮向敌猛轰,冲锋号震天响,大红旗冲锋在前,直指敌阵。我炮火始终打在红旗的前头,一路向纵深发展,为冲锋士兵扫清道路。一阵迅猛攻击,冲锋组、敢死队翻上陡坎棱线,踏上敌人工事顶盖,朝射击孔中塞手榴弹。

战壕中的鬼子向我反击,我后续官兵不断翻上陡坎,双方在敌主阵地和长达二百余米的重叠侧防阵地上展开肉搏,手榴弹不断爆炸,大刀、刺刀锵锵作响。这时,瞿良率领迂回部队从敌侧后杀出,官兵争先冲入敌阵,左冲右杀,与我正面强攻部队两面夹击,夺占了报国寺和寺外一带。鬼子遭到我意外打击,纷纷向山下逃窜。

温州西城门突然大开,从城内冲出敌人多列纵队,挺着明晃晃的刺刀又把逃跑的鬼子赶回来,两支部队合在一起,不顾一切地向我展开疯狂反扑。陈章文团各营官兵在报国寺和城关间与敌战至傍晚,敌人终于力不能支,转身向城内溃逃。

新二十一师乘势抢占了西门城楼。各攻城部队也趁势攻入城中。当晚七时,陈章文和罗君彤发出温州之敌落海上船的告捷电,温州为我所克。

在这场攻占莲花心和温州城的战斗中,新二十一师阵亡排级以上军官十一员,受伤军官二十多员。其中,三营十连连长邓子惠阵亡于报国寺外;十一连连长瞿良率部冲入报国寺时阵亡于庙门口,阵亡后身体下面还压着一具日本军官的尸体,背上中了一刀两枪,胸前也有刀伤,是带伤冲锋时阵亡的。另外,一营三连连长龙曙海,在莲花心敌前沿阵地与敌肉搏时,腹部被划开一个大口子,肠子流出,送至战地医院后抢救无效,于当夜牺牲。

这次丽温战役,新二十一师从8月起先后参加了永康、武义战役、丽水战役,直到11月温州战役,共歼灭日寇一千二百多人,缴获大量轻重武器、弹药、辎重,击沉船只六艘,缴获辎重船只十艘。但最令人痛心的是,丽水战役中新二十一师牺牲了整整一个六十三团,温州攻坚战役中六十一、六十二两团伤亡过半。

八年全面抗战中,新二十一师逾四千出川子弟把鲜血和生命洒留在瓯温大地的事迹还鲜为人知。让我们透过历史的尘埃,了解川温儿女的唇齿之依,了解四川军民曾经的奉献。历史悠悠,故情堪言。为了纪念抗日战争胜利七十周年,我将家父转述的史实和资料做此综合叙录。

本文 2014 年 11 月写于阆中

新二十一师温州"莲花心攻占战"考证

柯永波*

1944年9月至11月,以第八十八军新二十一师为主力发起的"温州莲花心攻占战",其规模之大,伤亡人数之多,为温州近代最为惨烈的战斗。

鉴于特殊的历史原因,此次"攻占战"的文献资料,除散见于民国时期的《东南日报》《中央日报》与《大公报》等少许短讯外,直至中华人民共和国成立四十年之后,才见到参加此战役的将士与"观战"记者发表的反映"攻占战"的少数几篇回忆文章。当时,史学界对"莲花心攻占战"并无质疑。

然而,在2005年纪念抗日战争胜利六十周年之际,温州地方史学界有人著文质疑似成定论的莲花心攻占战。自此,温州史学界与社会上对"攻占战"的认识产生了严重的分歧,以至这次战斗是否真实存在都成了问题。其后果是,温州为纪念抗战胜利65周年出版的国家社科基金特别委托项目、中国抗战损失课题调研成果丛书之《温州市抗战时期人口伤亡和财产损失调研资料汇编》(以下简称《资料汇编》,中共党史出版社2010年版)等书籍,摒弃了以往的说法,甚至将温州市展览馆布展的温州抗战历史中引用的、战斗亲历者陈章文先生叙述的有关内容也予以删除。

真相究竟如何?以新二十一师为主体的军队在莲花心到底经历了什么?笔者研究已有文献,结合实地调查,认为"莲花心攻占战",其战况之激烈,伤亡之惨重,在战斗级别相似的作战中也属少见。将这次战斗从历史记忆里"删除",是对抗战将士的不公,是对历史的不负责任。为此,笔者将逐一进行梳理,以飨读者。

一、曾经的定论:"莲花心攻占战"的三篇回忆文章

这三篇回忆文章均发表在20世纪90年代之前,作者都是攻占战的亲历者。他们的回忆具有很高的可信度。

第一,抗战时期曾担任《温州日报》记者的谷擎一先生的《莲花心观战追记》(以下简称谷文。谷系温州人,文章686字,见1985年《温州文史资料》第二辑)。

第二,时任新二十一师六十一团三营七连三排排长的金学兰先生(原籍温州瓯海区)口述,林正华先生记录的《军旅生活忆旧》(以下简称金文。一千字左右,见1989年《瓯海文史资料》第三辑)。

第三,时任新二十一师六十二团团长的陈章文先生(四川自贡籍)的《攻占温州莲花心纪实》(以下简称陈文。4123字,见1993年《鹿城文史资料》第九辑)等。

---

* 作者为温州市委党校党史办主任。

温州史学界与宣传教育部门开始重视对此战的宣传与研究。由于陈章文先生撰文时任四川成都市人民政府参事室参事,而他本人又是"攻占战"的直接参加者与前线指挥官。因此,二三十年来,陈文一度为温州史学界普遍肯定"攻占战"始末的重要依据,包括温州地方志、温州展览馆展出的涉及温州的抗战历史,都采信陈文有关内容。

陈文介绍:"11月下旬,我在丽水县城接到三十二集团军总司令李默庵命令……我当即率部经青田,从温溪渡瓯江,越过山口到达瞿溪,赶往师部受领任务……这次我团攻占莲花心,先后血战了两天三夜,阵亡三位连长:一营三连连长龙曙海、三营十连连长邓子惠、十一连连长瞿良(四川省武胜县沿口镇人)。其中瞿连长在护国寺与敌军官格斗时牺牲于庙门口,他身下压着一敌军官的尸体,背上中了一刀两枪,胸前也有刀伤;龙连长在与敌肉搏时,腹部被敌军刀刺伤,肠子流出,于夜间牺牲于医院。他们真不愧是中华民族出色的英雄!这场战斗还阵亡了排级军官十一名,士兵七百余名,负伤官兵五百余名。这些抗日勇士,大多是四川籍子弟。"

根据陈文介绍,在由新二十一师先后于9月中下旬与11月下旬发起的两次具有一定规模的"攻占战"中,伤亡将士达两千多人,其中阵亡将士一千多人,可见战斗之惨烈,令人感到震撼!

二、质疑声起:洪水平先生的《莲花心之战》

2005年温州洪水平先生在《轶史随录》(社会科学文献出版社2005年版)发表《莲花心之战》,其观点与结论是颠覆性的。洪先生写道:

> 这场伤亡数千人的惨烈之役,在温州甚至浙江地区竟然找不到一点历史的记载,唯一提到温州莲花心攻坚战的,就是本章中引叙的谷擎一先生的《莲花心观战追记》一文,也是最早提到这场战事的文章。谷擎一先生当年作为现场观战的记者,虽然亲临战地,但此文也是四十年后于1985年的回忆,而且由于文中所陈战事的时间有误,因此引发了温州不少史学者对此战的质疑。质疑点一是作战时间,谷先生所陈作战时间是1945年5月,此时温州无一定规模的战事,当地人都清楚这一点。质疑点二是,谷先生提到,"部队人员悲壮地相告:'不用酒,无需肉,请用棺木二十具,送亡灵安息!'"于是质疑者认为,即使有这场战斗,战场的牺牲不过二十亡灵,自然不应是一场大规模的激战。质疑点三是,战斗中伤亡上千的将士,遗体怎么处置了,葬在何处?为什么不见纪念碑、纪念物?

洪先生的文章产生了巨大影响,可谓一石激起千层浪。于是才有了本文开头说的,"莲花心攻占战"在官方历史记载中消失的咄咄怪事。

综合各种说法,对于"攻占战"的主要分歧集中在:具有一定规模的战斗发生的次数、战斗的具体时间及伤亡人数等三个基本问题。虽然陈文有一定的权威性,但是如果没有足够的其他史料佐证,就难以排除陈文为孤证的说法,其内容也就难以获得肯定。

三、青山处处埋忠骨:笔者的走访调查

为探寻历史真相,在纪念中国人民抗日战争胜利六十五周年之际,笔者亲到发生

"攻占战"的景山周边街道（村庄）进行社会调查。

（一）在瓯海区郭溪镇任桥村的走访调查

根据谷文以及采访谷先生得知，他曾在渚浦、任桥一带观察莲花心战斗。顺着这一线索，笔者于2010年9月2日至10月5日先后三次到离"攻占战"发生地十多公里的瓯海区郭溪镇任桥村老人协会走访调查。

年已七十八岁的村民龚岩生说，1944年农历七八月间，日寇占领莲花心制高点——营盘顶后，即建筑工事控制温州市区。当时新二十一师一位师长住在该村任宅大屋里，另有通讯兵多人住在他邻居的屋里。有两次，新二十一师向莲花心日军发起进攻，仗打得很激烈，夜里炮弹从空中飞过，将天空都照亮了。由于日军武器好，工事险要，新二十一师士兵伤亡很多，自己当时还是个放牛娃，亲眼见到有三四十名战士的遗体从前线运过来埋葬在本村公地老虎山西垟坦（也称算盘岭脚）。也看到过几批运送伤员去雄溪万年寺部队医院医治的担架队经过村边路亭，其中有位伤员据说是连长，连肚肠挂在外面都能看到，十分凄惨。

另外，该村同队村民郑登贤（已故），曾多次说他当时被派往莲花心给新二十一师伤员抬担架，亲眼看到过战场上伤亡的士兵很多很惨。年已八十三岁的村民龚阿桃老人在介绍了类似龚岩生说的上述内容外，还介绍说，中华人民共和国成立后本村西垟坦被村民们辟为番薯园地，他家也占一小块，在耕种时也曾挖出许多新二十一师战士的遗骨。听说新二十一师攻打莲花心时，在阳岙白泉村有整连士兵被打死的。后来龚岩生老人还特地带笔者到算盘岭脚，指出已开辟建为厂房的西垟坦位置。

（二）在瓯海区景山街道将军老人公寓、净水村与新桥街道山前村（包括东岙村、西岙村）走访调查

在山前村，据村民李邦栋、李木弟、吴加恩、金胡林、金胡弟、郭森球与黄碎兴等老人介绍，他们当时在离莲花心战场稍远的亲友家中避难，略知战斗情况。特别是战后在莲花心战略要地及战斗激烈的地方，包括原番薯园、山坡、战壕里都曾发现许多成堆或散落各处的遗骨，他们十分肯定地说这些地方埋葬的是攻打莲花心时牺牲的新二十一师将士。金胡弟还将笔者带到曾发现过许多尸骨的地点察看。

净水村八十六岁老人黄碎兴回忆说，当年11月份（农历十月初）的一天，新二十一师依次从君子峰、方宅庵、老鹰岩三路向莲花心日军发起进攻。新二十一师在老鹰岩、十八坟顶把日军由底营盘打退到外营盘，由于战斗激烈，新二十一师伤亡严重，加之守备部队为三十三师，用炮火配合攻打日军时，炮弹落在集中向日军进攻的新二十一师阵地，造成许多不应有的严重损失。战斗从上午五点一直打到下午五点多钟，据说新二十一师伤亡近一个营。战后，他父亲眼见这些牺牲将士的尸骨暴露在山野的惨状，便叫他二哥黄永唐同村民黄田楷两人（均已故），上山收拾尸骨埋葬，其中光在老鹰岩就收拾了二十九具，埋葬在十八坟顶。另外，原西山堂的和尚宗明（已故）叫他大哥黄永清（已故）将战死在护国寺周边的部队战士的遗骨收集起来，装了三十个金钵，埋葬在老柏山顶日本人挖的壕沟里，其他零星埋葬的不计其数。

净水村九十四岁的老人李邦栋回忆说，当时新二十一师部队聚集在该村老鹰岩周边，发起向营盘顶日军的进攻，不仅遭日军正面还击，而且，驻在垟中地方配合作战的三十三师往营盘顶开炮，结果许多炮弹却误落在老鹰岩周边，炸死了许多新二十一师的将士。

（三）在瓯海区郭溪镇渚浦东、西村走访调查

在渚浦西村，八十五岁的林永强老人回忆说，在后坑底（能人寺后）新二十一师就有数十人被打死，血流遍地，后来由村民挖土坑将尸体埋掉；另外，山上许多尸骨无人处理，任其腐烂，一度许多白骨暴露山野。

七十三岁的林永腊老人说，在附近山头垅、白岩底也曾发现许多人体遗骨，据父辈们说是新二十一师将士的遗骨。他还介绍说，一些伤员来不及撤走，留在村民房子里得不到医治，痛苦难忍，有上吊自杀的。

（四）在鹿城区广化街道瓯浦垟村与上桥村的走访调查

在瓯浦垟村，年已九十六岁的杨文弟回忆说，1944年9月日军侵略温州，占领莲花心，新二十一师的某团三营驻在君主峰（也称渚浦山），二营驻在洪殿。三营进攻莲花心日军时，他在家中就可以看到双方交战情况，一整天打下来，新二十一师伤亡不计其数，听说一个营的将士没几个回来的；还看到不少被打伤躺在山上的士兵，被后面赶上来的日军用刺刀刺死——日军残忍至极，令人愤慨；士兵的尸体没人掩埋，腐烂在山野上，不仅腐臭难闻，而且引来许多狼狗野狗觅食。

广化街道上桥村八十五岁的郑旺弟老人说，当时表弟给新二十一师当挑夫，在攻打营盘顶时，新二十一师士兵伤亡惨重，前沿阵地人手少，表弟自己虽未动过枪，也被迫一起装机枪子弹。他还介绍说，仗打完后，从山顶龙泉凹流下来的溪水都是血水。

（五）在鹿城区双屿镇下寅村的走访调查

八十六岁的老人孙益金回忆说，新二十一师比本地驻军三十三师要好，打仗勇敢，都说他们是追着日本兵打的；他还讲了新二十一师同日军发生在钱众山、雁门及翠微山的战斗，双方都有伤亡，但是新二十一师伤亡更多；他还听说由于三十三师炮弹误炸了新二十一师的将士，对方要求赔偿，结果三十三师就让新二十一师选走了一批将士。

以上老人们介绍的内容，虽然不能具体说明"攻占战"的伤亡人数，但是也能反映出这次爱国御敌战斗之惨烈，"莲花心攻占战"的真实性不应该存有疑义。

四、他们的历史：老兵没有消逝

笔者有幸采访了三位仍健在的参加过"莲花心攻占战"的抗战老兵。

手臂刺字的新二十一师老兵施金友

新二十一师老兵陶悟青

施金友，浙江省永康市健在的新二十一师战士。我获得温州电视台《瓯江先锋》栏

目组的支持，于9月30日一起前去采访。当时老人八十九岁，身体健康，精神矍铄。1942年三四月间，他背着家里大人，投奔驻扎在邻近地方同日本侵略军相抗衡的中国军队。虽然只有十七岁，可他个子长得较高，首长见他年轻而且身体健壮，便留他在搜索连一排当战士，改名施文钦。该部队即八十八军新二十一师。他清楚地报出部队首长与领导的名字。他还向我们展示了其左手腕至肘部中间皮肤上的蓝色刺青，"21"与"搜"字分别代表新二十一师与搜索连上等兵。后来在温州同日本兵打完仗之后，他参加过师部军事大队举办的为期六个月的两期训练班，所以在"21"左上方又刺上阿拉伯数字"2"。据介绍，他们师部搜索连与特务连是在天气转凉时随师部自丽水乘船去温州，对日军占领的莲花心展开大反攻的。他们两个连队主要任务是保护师部，前线部队激战了两天两夜，白天攻上去，晚上又被日军占领。如此反复，部队伤亡相当严重。师部直属山炮连、迫击炮连也都被调上去支援地面部队进攻。第三天，他们连队接到上级命令，午饭后即赶赴莲花心某地山脚作为预备队待命。此地离师部所在地大约十里路。当时担任主攻的是全师战斗力最强的六十二团，团长陈章文对他们连训话时说："都说你们（搜索）连是全师战斗力最好的连队，那今天就把你们拉上去试一下，看战斗力是否那么强……"后来战斗开始了，他们在山脚可以看到山上红旗不断上上下下，由于日军工事修得相当坚固，在山上挖了不少山洞，因此完全靠地面部队强攻根本无法靠近，于是调来山炮攻打，扫除障碍。当时他们可以看到红旗在前方阵地指引，山炮始终打在红旗的前面，压住日军火力，协助正面部队进攻。临近晚上，就在他们搜索连等待强攻命令时，师部却来电要求他们连迅速返回师部。军令如山，他们一直不知道其中的原因。这次新二十一师伤亡有一两千人。

近些年来，全国关怀抗战老兵的志愿者组织日益发展。根据温州这些组织提供的线索，我与温州电视台《瓯江先锋》栏目组有关人员分别于2014年9月19日与9月27日采访了两位参加过温州莲花心战斗、年已九十一岁的温州籍抗战老兵，即新二十一师六十三团五连二排战士戴盛凯与第八独立大队轻机枪手黄德金。

戴盛凯系温州市永嘉县岩坦镇溪二村村民，1944年十八岁那年，至温州管理水运税收的税务部门当"传令兵"，后来被收编进来自四川的八十八军新二十一师六十三团，归入五连二排，全连有160人。他也将自己左手臂有黑色痕迹的皮肤指给大家看，介绍说新编二十一师士兵的左手臂上都刺有阿拉伯数字"21"，至今尚留痕迹。他介绍自己奉命随部队在丽水乘船到温州参加莲花心战斗的经历。他说：那里地势险要，是凹进去的。他们从凹里冲上去，被日本人在莲花心山顶用机枪扫射下来，伤亡很大。由于战斗激烈，食物也送不上来，饥渴难当，后来在坑道里找到原先参战部队留下的少量罐头，大家便用来充饥。战斗开始后，第一排奉令冲锋，由于日军居高临下，火力猛烈，结果全部牺牲。接着，上司命令第二排发起进攻，他对排长说，机枪一停就冲上去。所以他乘敌人机枪停止扫射的短暂间歇，带头跃过前头阵亡战士的躯体，匍匐前进，后面的弟兄见此也都跟着冲上去，部队顺利地攻上高地。可是夜里十二点的时候，日军组织反攻，火力很猛烈，他们只得从山顶与半山腰退下来。天亮时经过清点，他们连只剩下包括司务长在内的52人。新二十一师战士抗击日军、为国牺牲的战斗精神至今还牢记在他的心中。

黄德金在1942年十八岁时，在温州的第八独立大队当兵。该大队共一百来人。黄德金担任轻机枪手，三个人一组。训练几个月后，队伍驻扎在温州西廓头桥头，主要任务是管理水上码头的运输船只。

黄老介绍说，1944年下半年农历七八月，新二十一师从丽水开到温州准备对占领莲花心的日军作战，第八独立大队奉命到莲花心配合新二十一师作战。快到黄昏时，该第八独立大队与新二十一师部分士兵从新桥推进到莲花心半山腰，两支队伍前后距离只隔二三十米，前面的新二十一师士兵准备用重机枪扫射山下视野内的日军，可能被占据松台山的日军发现，敌人的炮弹打过来，就落在前面的二十一军士兵中间，当场将六七个重机枪手炸得血肉横飞，惨不忍睹。

以上三位健在的浙江永康籍与温州籍的莲花心攻占战的参加者或见证者，充分证明了1944年9月至11月以八十八军新二十一师为主力发起的莲花心攻占战很有历史价值，值得纪念。

本文2014年10月写于温州

九

第四十三军二十六师抗战亲历、亲闻

二十六师抗战纪要

何聘儒

二十六师，原是川军郭汝栋四十三军的一个师，七七事变前夕，驻贵州都匀、独山一带。师长刘雨卿，副师长王镇东，参谋长林鹤翔。辖七十六、七十八两旅。七十六旅旅长朱载堂，辖一五一团（团长傅秉勋）、一五二团（团长解固基）。七十八旅旅长马福祥，辖一五三团（团长谢北亭）、一五六团（团长胡荡）。八一三淞沪抗战爆发后，该师奉命开赴上海抗日前线。在此后的八年全面抗战中，这支部队直属第三战区，为第三战区预备队。战区司令长官顾祝同对这个师特别信任，曾对一位高级幕僚说：二十六师在第一线担任守备，你放心睡觉好了。日军对这支部队也颇感头痛，称之为"国民党旁系有力部队"。

我于1937年从军校毕业后分到这个师，不久，即随队自贵州出发，开赴上海大场抗日，先后担任排长、连长、营长、副团长。现就记忆所及，对这个师在八年全面抗战中的战斗史实分述于后。

一、大场血战

全师开到上海大场时，正是10月中旬，白天日机轮番轰炸，房屋、树木均无幸免。我所在的一五二团，于10月17日刚到大场，还未接防，即遭敌机轰炸，受到较大损失。当日开上第一线一家宅后，敌陆上、海上的几百门大炮和一批批飞机又不断轰击，有时还派出十辆、八辆坦克向我阵地直冲。我阵地周围，战士尸体成堆，残肢断体在竹林、树梢上随处挂着，其牺牲之惨重，非笔墨所能形容。我当时任中尉副连长，一个久在战场的老连长对我说："我虽身经百战，遍体创伤，但从未见过如此凶猛的战斗。"当时我们连仅有士兵八九十人、一挺轻机枪和五六十支步枪。有的枪使用过久，来复线都没有了，还有少数步枪机柄用麻绳系着以防失落，武器之窳劣，可以想见。我官兵都有一颗热爱祖国和民族的心，谁也不愿当亡国奴，因此，在强敌的飞机、大炮、坦克的狂轰滥炸下，毫无惧色，坚守阵地。一个连长牺牲了，第二个人起来指挥；第二个连长牺牲了，第三个人又起来带领。一天换几个连长，升几个排长；从尸体下爬出来，又用尸体作掩体。我川中健儿，士气始终高昂。记得有个军士名叫刘芳，负伤不下火线，第二次重伤时还说："为抗日牺牲，死而无憾！"他一直坚持到停止呼吸。几小时后，我也负重伤，被抬下火线。此情此景，至今记忆犹新。

全师在大场苦战七昼夜，四个团长，一个阵亡（解固基）；十四个营长，伤亡十三个；连、排长共伤亡二百五十余名。每个连幸存下来的士兵仅三五人，最多不过八九人。换防以后，全师四千多人，仅剩下六百多人，牺牲之惨重，为我师前所未有。据后来在国民政府国防部任职的同学传出的消息：参加上海抗击日军的部队，共有七十多个师，其中陆军二十六师的战绩名列第五，为川军争得了光荣。

二、反攻南昌

在上海大场作战后，我师奉命开赴江西湖口、马当一线，一面整补，一面固守马当、湖口的江防。1938年奉命开赴石门街整补，编入陈安宝二十九军建制。当时师长仍为刘雨卿，参谋长为蔡雨时。原二十九军的独立第六旅，改为二十六师七十六旅，旅长周治群，下辖七十六团（团长周剑钊）、七十七团（团长杨杰臣），担任江西湖口、东流、至德一带防务。原二十六师所属部队改编为七十八旅，旅长王克俊，下辖野补团（团长李佛态）、七十八团（团长胡荡）。全师整训一段时间后，于1939年春农忙插秧季节接到军长陈安宝反攻南昌的命令，师长刘雨卿即率直属连队及主力七十八旅王克俊部开赴东乡、进贤，渡过抚河，配合七十九师段朗如部收复南昌（此时我任师工兵连连长）。我师按军部命令渡过抚河后，不顾沿途敌人的阻挠，径向南昌附近的万寿宫猛攻，直冲到敌人的飞机场，与守场敌人激战数小时后，将敌人击退，烧毁敌机三架。南昌敌军大为震动，其随军眷属及后勤人员纷纷向南昌以北的片行撤退。可惜，当时担任主攻的七十九师迟迟不进，致使二十六师孤军奋战，伤亡重大，师长刘雨卿负伤，军长陈安宝阵亡，南昌亦未能收复。战后，师长刘雨卿作战有功，升任二十九军军长。二十六师师长由刘广济继任。王克俊升任二十六师副师长，周志群升二十九军副军长，两个旅部被撤销。七十九师师长段朗如贻误战机，被押赴重庆法办。

三、上高之战

1941年春，刘广济调升一〇〇军军长，王克俊升任二十六师师长，负责江西抚河岸防务，属第三战区管辖。是年夏初，南昌的日军集中一万余人向第九战区七十四军防区上高、高安、奉新猛攻，激战数日，七十四军伤亡惨重，大有不支之势。第九战区副司令长官罗卓英急电蒋介石，请蒋命令第三战区顾祝同速派有力部队，渡抚河、赣江向敌人侧背进攻，以解七十四军之危。蒋即令第三战区顾祝同速派有力部队前往支援。顾祝同即命二十六师将抚河防务交五师师长曾戛初接替，令我师迅往增援，由罗卓英指挥。师长王克俊受命后，命七十六团李佛态部率先渡河，七十八团胡荡部和师部随后跟进，向上高以东灰埠之敌进攻；命七十七团杨杰臣部、野补团李岳部随后向上高以东灰埠方面挺进，尽量向师主力部队靠拢，掩护师的右侧背。当时我任师中校工兵营营长，负责全师渡过抚河、赣江、锦江的任务。同时，第九战区长官部与二十六师的电话设施和联系，亦均由我负责。长官部参谋长讲："情况紧急，瞬息万变，电报无用，每时每刻要注意电话联系。"因此营通讯排昼夜忙于架设长官部与师部的通讯联系设备，而我则日夜中转长官部命令与师部战况汇报。我师七十六团和七十八团渡过赣江后，向上高、安义、奉新方向挺进，对日军的侧背以猛烈打击，多次与日军遭遇，双方展开了白刃战，敌人伤亡巨大，遗下不少尸体。我军缴获战马多匹、大炮一门和一些枪支弹药。缴获的日军文件中有"我部与二十六师优势之敌遭遇，战斗激烈，伤亡较大，侧背安全受到威胁"等语。二十六师则乘胜追击，推进至上高东面的灰埠，再挺进至高安以东的石头岗，直逼至南昌附近的万寿宫，敌人缩回南昌市区固守。是役结束，二十六师荣获国民政府军事委员会的第二号武功状。

四、奇袭绍兴

上高战斗后，我师开回浙江诸暨一带整补，并担任与绍兴接壤的枫桥、汤浦一带防务。不到三个月，大约在1941年10月，又奉命出发反攻绍兴，事情经过如下。1941年初，春节期间，杭州的日军趁该地区驻军防务松弛，分兵数路，暗渡钱塘江，一方面先占领萧山作为桥头堡阵地，一方面分兵向绍兴进攻。当时绍兴专员兼保安司令邢震南在绍兴城内看戏，闻萧山失守，敌人逼近绍兴，独自携带眷属逃之夭夭。日军不费一枪一弹占领了绍兴，并继续占领绍兴以东杭甬铁路沿线各重要据点。

是年秋，第三战区长官顾祝同根据日军战线拉长、兵力分散、补给运输困难、统治力量尚未巩固等情况，命令四十九军军长刘多荃派部收复绍兴城，并相机收复萧山县。刘命二十六师王克俊部担任收复绍兴城的主攻部队，一〇五师王铁汉部为助攻部队，向绍兴西北方面严密警戒，阻击杭州萧山方面的增援敌人，必要时，配合二十六师收复萧山。二十六师奉命后，师部由诸暨溪北推进至绍兴南面的青坛，以七十八团胡荡部在左翼为主攻团，由平水镇以西的一〇五师防区，从香炉峰西侧向绍兴南面进攻，首先占领虎山，控制绍兴全境；再会同七十七团扫清敌人，相机收复萧山。以七十七团杨杰臣部为助攻团，利用平水镇以东丘陵地区，到禹陵庙下向绍兴城东面进攻；渡过城河后，配合七十八团占领虎山，继续扫清敌人、扩大战果。又派小部队向绍兴北门袭扰。工兵营担任平水镇头以北地区的警戒，并监视香炉峰敌人的活动；野战补充团李岳部为预备队，在汤浦以西地区集结待命；七十六团李佛态部仍守原防不动，集中部分兵力，作为机动部队，准备必要时使用。

左翼的七十八团主力团，因在敌人香炉峰制高点监视下，活动受到限制（香炉峰是绍兴南面一个制高点，可以俯瞰绍兴全境，上面驻有敌人一个加强排，工事坚固，易守难攻）。为了扫清障碍，掩护部队顺利前进，团部命令第一营营长刘升三拔除香炉峰敌据点。因山高路险、工事坚固，经两个昼夜强攻未能奏效。营长刘升三阵亡，官兵伤亡五六十人。这时军部又来电话通知，一〇五师先头部队已达绍兴南偏门，命二十六师迅速前进。因此我七十八团主力团不顾香炉峰敌人的监视和阻挠，命一营副营长原地监视，团部率直属部队二营（营长刘颖悟）、三营进迫绍兴城南面。三营营长杨松林（军校八期毕业生）抱定不成功便成仁的决心，利用黑夜，带领一个连率先渡过城河，攻入五云门；三营后续部队及第二营和团部直属部队，因敌人集中兵力火力封锁城河，被阻于五云门外。杨松林等被日军层层包围，弹尽援绝，全部牺牲。

右翼七十七团进至禹陵庙下时，虽遇日军从百官镇调来山炮数门猛烈轰击，伤亡官兵数十人，仍不顾一切向绍兴稽山门进逼，几次渡河未获成功。正搜集渡河材料准备再渡时，师长忽接军部命令：日军趁我部队攻击受挫滞留于绍兴城下之际，特派一个加强联队三四千人，从柯桥、漓渚方面南下，向我后方挺进，有截断我归路、消灭我全师的企图，部队需从速撤离绍兴。师长即令七十七团撤至师部左前方青坛西北约十里的村庄集结，对漓渚南下之敌注意警戒；工兵营撤至青坛附近，担任师部警戒。七十八团因伤亡较大，撤至平水埠以东；七十六团在防区内集结待命，野补团集结于汤浦以西地区，向师部靠拢。各部到达指定地点后不到半日，七十七团前沿阵地发现敌人，来势甚猛，多次向我冲锋。副团长何军章一面命部队坚守阵地与敌拼搏，一面带领炮队占领一高地，集中火力向日军猛烈轰击。敌人因散布在山陵峡谷中，活动面积较小，在我猛烈炮火之下伤亡较大，其联队队长也被我击毙，当晚即趁夜全部撤回绍兴城，战斗结束。我阵亡营长二人，伤亡连排长二十余人、士兵二百余人。绍兴虽未收复，但给敌人打击甚大。

本文选编自四川省政协文史资料研究委员会、四川省人民政府参事室《川军抗战亲历记》

川军抗日铁血二十六师

王修和　马民康[*]

陆军第四十三军二十六师是一支英勇的抗日部队,祖父王克俊在抗战期间曾经担任这个师的师长。1937年8月,淞沪会战打响,第二十六师奉命参加淞沪抗战,由黔南地区向榕江集结,经黄平、玉屏、芷江徒步到达常德,乘船兼程前往长沙,再由长沙乘火车经武昌、芜湖、南京向上海进发,最终经苏州、昆山,到达上海南翔车站。

当时,第二十六师师长为刘雨卿,副师长为王镇东,参谋长为林鹤翔,辖步兵两旅四团。

王克俊

一、首战淞沪

10月15日,第二十六师到达上海大场附近集结。此时,大场已成敌向上海市进攻的重点地段,敌机通宵投掷照明弹,黑夜亮如白昼,一旦发现部队运动,敌机即进行轰炸、扫射。为了应付紧急战况,第二十六师冒着敌人的炮火,强行冲入上海前线,沿浏河、蕴藻浜、马桥宅至大场一线占领阵地布防。以三个团部署在前沿一线阵地,以第七十八旅第一五五团固守大场镇,副团长强兆馥兼任大场镇守备司令并指挥地方保安部队协同作战,其余两个团作预备部队。各营官兵到达指定阵地,部署未绪,敌先头部队即与我接触。敌陆上、海上的百门大炮和一批批飞机不断进行轰炸,同时十几辆坦克掩护步兵向我阵地猛攻。我官兵经浴血奋战,打退敌人多次进攻,使优势敌军寸步难进,但敌我双方伤亡惨重。战前,第二十六师七十六旅第一五二团团长解固基修家书一封,其中写有"死后愿为沙场鬼,生前不作故乡人"之句,以示决心。22日,解固基率千余官兵英勇抗击日军,奋战六昼夜。28日亲率第一连向日军阵地出击,解固基插入敌军展开肉搏战,冲锋时,左臀被打掉半截,仍忍痛指挥战斗,后受敌炮击,壮烈牺牲。

第二十六师坚守阵地到第六天晚上,敌人增加重炮和飞机向我阵地猛烈轰击。掩体、战壕大部被敌摧毁。在此危急时刻,第二十六师担任正面防御的第七十六旅旅长朱载堂见我军阵地官兵伤亡突增,而官兵欲决一死战的士气激昂,果断做出决定,命令全旅迫击炮、重机枪等重兵器集中火力掩护,步兵全部出击,突然向敌阵发起冲锋。我军前仆后继,插入敌阵展开肉搏,瞬间战场硝烟弥漫,杀声、号声、爆炸声震天动地,经

---

[*] 王修和为二十六师师长王克俊之孙,马民康为一四六师副师长马国荣之孙。

过一场血肉横飞的白刃搏斗后,鬼子溃不成军,遗尸遍野。二十六师一举攻克了敌军李宅一线的两个前沿阵地。

在大场战役中,第二十六师浴血奋战七昼夜。第一五二团团长解固基阵亡,第一五三团团长胡荡,第一五五团代理团长强兆馥、副团长黄钺,政治指导员陵良等负伤;营长陈增弟、刘守身等阵亡,李瑞、刘亚东负伤;大多数连队拼杀到只余下几个受伤的士兵。第一五二团战后只余连长李伯涵与少量伤兵,解团长遗体在炮火中碎裂,只有借军衣上的胸章来辨识,遗物后被运回郫县空穴安葬。二十六师坚守阵地一周,奉命将大场阵地移交给湘军第十八师接守。残部撤至青浦整理,统编为一个团另一个营,又奉派至松江米市渡,阻击在杭州湾登陆的日军。激战中又损失两个营。战后第二十六师全师仅幸存六百余人,约一个营,后被调往江西马当要塞,在马当战役中伤亡殆尽。

在汉口召开的第一期军事检讨会上,军委会宣布第二十六师为参加淞沪战役中战绩最优的五个师之一。

二、再战湖口

1938年1月,第二十六师在江西湖口、彭泽地区进行整补重建。先后接收由驻川绥靖部队抽调的士兵3000名,其中有西充籍官兵800名,号称"西充八百壮士";皖赣师管区补充的士兵3000名,伤愈归队的士兵二千余名、军官数十员,军政部补充的军官数十员。第七十六旅副旅长王克俊升任第七十八旅旅长。

1938年7月武汉会战,第二十六师奉命守备湖口马当长江防线,以朱载堂第七十六旅主力担任左地区守备,以王克俊第七十八旅担任右地区守备。工事尚未就绪,日军一个师团就由太平关方向攻击而来,企图占领湖口,再占长江重镇九江。第二十六师以第七十六旅第一五四团和第七十八旅第一五五团、第一五六团三个团兵力,布防在城北龙潭山公路两侧的高地,用交叉火力封锁公路,并将公路破坏,设置障碍、地雷以抗拒敌军。当月2日,敌以编队机群对我阵地与后方进行投弹轰炸与俯冲扫射。同时,敌地面炮火施行猛烈射击,步兵部队在空炮协同与烟幕掩护下,蜂拥般向我左翼阵地冲击,势锐劲猛。我官兵坚守阵地,奋勇还击,弹雨硝烟弥漫全阵,我军往复冲击,与敌形成拉锯战,双方均死伤累累。下午,敌在我阵地上空升起观测气球,指挥敌炮向我龙潭山左右山头阵地猛烈轰击。3日拂晓,敌在长江之舰炮向我要塞猛击,空军机群轮流投弹,轰炸之声震撼山岳,在数架敌机掩护下,敌步兵向我七十六旅阵地猛扑,并惨无人道地施放毒气,敌冲锋十余次,均被我击溃。我军与敌激战一整天,阵地上轻、重机枪射手,因伤亡换人十余次。战斗紧张时,师指挥部命令右翼七十八旅向当面之敌攻击,以策应朱旅作战。

此时,敌人一个大队骑兵,从我左翼十里路外向我龙潭山阵地后方包抄过去。正面敌炮兵和空军为转移我军注意力,又猛烈向我轰击压制。战斗到了关键时刻,师指挥部毅然决定:前进求胜,抢先与敌决战。当晚命令第七十六旅第一五三团抽调两个营,隐蔽在龙潭山后山山麓一线,打击敌迂回骑兵;并派出两个连,从左右翼向敌佯攻;最后集中全师主力,正面突击。

次日拂晓,第一五六团一营排长郝宝山手提大刀,赤膊大喊一声跳出战壕,率领全排士兵向敌冲锋。各营官兵随即一跃而出,以迅雷不及掩耳之势杀入敌阵。正在等待迂回部队从后方攻击的正面敌军,根本没有料到眼前的疲惫之师竟然发起冲锋,完全措手不及,敌人飞机大炮无法发挥威力,全线崩溃。我军乘胜追击,击毙敌马、狼狗无数,缴获武士道军旗、战刀数十件。击溃当面之敌后,全师残部奉命转移,留下团长张荣发率五百余名敢死队断后。此役,第二十六师伤亡官兵三千多人。团长张荣发,营长陈樵、刘益,连长刘济时、孙远怀、高凯、邓伯楷等均在对日作战中阵亡;英雄排长郝宝山身负重伤;五百多人的敢死队生还者仅五十余人。长官部为恢复第二十六师战力,将独立第六旅周治群部归入第二十六师建制。

三、突袭南昌

1939年4月,第二十六师驻防江西进贤、东乡一线,隶属第三十二集团军第二十九军,参加南昌会战,反攻南昌。5月5日,军长陈安宝奉令亲率第二十六师和预备第五师奇袭南昌,拟占领后即向世界广播,以扬国威。陈军长以预五师担任右翼进攻,截断南浔铁路;第二十六师经三里店、狮子山地区前进,担任左翼及正面攻击,夺取南昌城。

师长刘雨卿当即率直属连队及七十八旅王克俊部渡过抚河,不顾敌人的阻挠,径向南昌附近的万寿宫猛攻,直冲到敌人的飞机场。第一五四团潜进南昌飞机场,发现飞机场上停有飞机数架,只有少数敌兵守卫。我突击班士兵十余人匍匐接近,爬上飞机,有的翻进机舱与敌搏斗,有的在机翼执行破坏任务。鬼子飞行员全天候在机舱中待命,一看情况不妙,即仓皇起飞。我英勇士兵纷纷由空中坠落下来,壮烈牺牲。此次战斗共烧毁敌机三架。

5月9日拂晓,第二十六师已推进到南昌城郊狮子口一线,以第一五六团第一营为中路,第二营在左,第三营在右,向城内挺进。先头部队在城垣银盘街一线与敌展开了激烈巷战。城内敌军大为震动,其随军眷属及后勤人员纷纷向南昌以北的片行撤退。战斗到当天下午,大队敌机向我后方部队轰炸,大炮密集向我轰击,掩护步兵和装甲车向我反击,双方往复肉搏达4小时以上。一五三团上校团长谢北亭不幸中弹殉国,时年三十六。

此时,二十六师深入南昌城区作战。但右翼预五师被敌堵击在龙门桥、万寿宫一线,未完成裁断南浔铁路的任务,以致九江之敌增援南昌。二十六师在敌我力量悬殊的情况下,无法达成攻占南昌的目的,只得向抚河西岸转移。此时,敌各据点守兵大量集结,向我后方包围上来,与我军在桐村庙一线反复冲杀,战斗十分激烈。师长刘雨卿负伤,军长陈安宝阵亡,我军突出重围,部队营、连长以下伤亡两千余人。战后刘雨卿继任军长,刘广济任二十六师师长。同年冬,该师在南昌地区参加了冬季攻势作战,以游击小部队潜入南昌市区袭扰日军。

四、上高会战

1940年5月6日,二十六师改隶第四十九军,刘雨卿调任第三十二集团军副总司令。11月,刘广济他调,王克俊(字杰夫)任第二十六师师长,他说,我们的部队要永远奔腾,二十六师遂号奔腾。

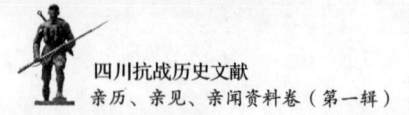

1941年2月，第二十六师隶属第十集团军。3月，奉命参加了上高会战。

1941年3月，战区司令部命令：鉴南昌之敌一旅团，配备空军，分两路向我进犯，着二十六师到赣江以西地带，迎头痛击敌军。并派第五十七师配合作战，从徐家渡向北夹击敌军。第二十六师奉命后，当即渡过赣江，分成三个梯队，经杨公圩向官桥上高方向挺进。

28日子时，第二十六师前卫部队在丰城西北与敌第三十四师团东退大队遭遇，二十六师后续部队迅速占领阵地，与敌展开激战。同时，左翼三团兵力，向敌猛击，将敌拦腰截断。敌军虽有优势火力，但我军官兵善于山地作战，勇于为国捐躯，向敌反复冲杀，打得敌人狼狈不堪，阵线动摇。血战到午后，第五十七师由上高方向向敌压迫过来，敌已无力挣扎，全线溃败。鏖战竟日，将敌遏阻于虾蟆碑、虎形岭一线，自高安来接应的敌独混第二十旅团一部被阻于龙图圩附近。

29日午，第二十六师为右追击军，沿湘赣公路经高安、大城追击敌荒木支队。是时敌独混第二十旅团二千余人正固守龙图圩、杨公圩一带袭击我军，日军飞机前来轰炸，以掩护第三十四师团溃逃。敌在我追击下伤亡惨重，遂放弃该两据点分股向东北溃逃，其一股六百余人逃至村前街附近，被我军迎头痛击，全部被歼。战后，部队中的官兵编了一句顺口溜"撼日军易，撼杰夫难"。这话虽然有点夸张，但借此也可看出王克俊在二十六师的地位，以及官兵对他的景仰。

4月3日，会战结束。第二十六师获国民政府军事委员会颁发的第二号武功状。蒋介石在重庆官邸召见第二十六师师长王克俊，同桌进餐，亲切慰勉。

此次会战，国民政府统帅部公布战果：毙伤日军少将步兵旅团长岩永、大佐联队长浜田以下一万余人，缴获军马二千八百余匹、各种火炮十门、步枪千余支，粉碎日军吹嘘的"攻必克"狂言，为抗日战史中的辉煌一页。

上高会战大捷后，第二十六师声威大震。在战场缴获的日军文件称："奔腾部队（第二十六师代号）是劲敌，以后要慎重对付，相机狠狠给予打击消灭之。"足见日军对第二十六师既畏怯又痛恨。

1941年10月，第二十六师奉命反攻绍兴，因山高路险、工事坚固、易守难攻，经过两昼夜的强攻，未能得手，七十八团一营营长刘升三阵亡。后七十八团三营营长杨松林利用黑夜，带领一个连率先渡过护城河，攻入五云门，击毙敌一联联队长。因后续部队被敌封锁，阻于五云门外，杨所率之连被日军层层包围，弹尽援绝，全部牺牲，杨松林阵亡于城内虎山。

五、喋血衢州

1942年，第二十六师隶属第二十五集团军，参加了第三次长沙会战和浙赣会战。

1943年12月，王克俊升任第四十九军副军长，曹天戈接任第二十六师师长。

1944年6月，日军第七十师团为策应湘、桂地区作战，向我浙江龙游衢州地区发起进攻。守军第二十六师奋起反击，与敌进行了艰苦卓绝的战斗。

6月11日中午，日军下斗米厚大尉经空中侦察，发现第二十六师在龙游及以南地区利用山地紧张构筑工事。敌第六十二旅团少将旅团长横山武彦（后追晋陆军中将）根据空中的报告,即率第一二一、第一二二、第一二三三个大队和师团调给的预备队第一〇五大队为右翼(北侧)强攻龙游以南、社阳港以西的狮子山第二十六师守军阵地。战斗相当激烈,敌人攻占了狮子山东侧高地前方的无名高地。此时,少将旅团长横山武彦正居高临下指挥战斗,被我军发现。曹天戈师长和李佛态副师长立即下令,由副营长宋启文组织数挺重机枪集中火力向其猛烈射击。横山武彦少将身中数弹当即毙命。

6月12日晨,日军攻占了龙游。溪口也相继失守。当日,率领部队修路的敌独立步兵第一二四大队被二十六师包围,大队长濑尾浩中佐重伤。至14日该大队仍在我包围攻击中,直至西垣正温率第一二二大队前来救援,才得以解围。

6月14日凌晨,敌步兵五千余人、炮七八门集结于全旺镇以东地区;龙游方面,也有敌步骑兵五百余人在平山桥集结。六时许,敌军开始全线进攻,敌机也轮番出动,敌人步兵在其炮、空协同轰击掩护下,疯狂猛扑。我二十六师全线官兵沉着反击,在我炽盛火力交织下,敌死伤累累,寸步难进。敌恼羞成怒,继续硬拼,一波才退,一波又上。我军官兵深入敌阵,与敌肉搏。这一整天,敌我双方反复较量,炮火、枪声之激烈,战况之紧张,达到了惊人的高峰。衢州

曹天戈

先贤徐映璞老前辈在《甲申衢州抗战记》中写道:"南路二十六师鏖战之烈,为浙东诸役所仅见,若人尽如此,扫净倭寇,收复失土,可也!"

于丕富

师长曹天戈巡视阵地,对副师长李佛态、团长于丕富等说:"为民族尊严,为第二十六师荣誉争口气,今天我们大家只能咬紧牙关,支撑下去了!"直到黄昏敌得其后续部队增援,第四十九军军部前进指挥所才命令我二十六师趁当晚夜暗分头向衢州东郊乌溪桥及其向南延伸的黄家之线后撤。

6月22日,二十六师七十八团上校团长于丕富奉命率部驻守衢州城,与敌决战五昼夜。26日凌晨,城垣被敌飞机大炮轰炸倒塌出一缺口,敌步兵即从缺口冲进衢州城,我与敌在城内进行巷战,继之由巷战转为逐屋争夺,寸土不让,拼死肉搏。终以三面受敌包围,弹尽粮绝,伤亡惨重。奉命突围时,全团除少数幸存者外,团长于丕富,营长张雄虎、陈檄文等官兵两千多人全部壮烈牺牲。

1945年抗战胜利,二十六师奉命进驻江苏武进,接受日军投降,完成抗战使命。壮烈牺牲的上校团长解固基、张荣发、谢北亭、于丕富等全部入祭忠烈祠,第二十六师的英雄功绩永垂史册。在整个抗日战争中,二十六师经历了许多重大战役,英勇顽强、不怕牺牲、视死如归。多数官兵与敌同归于尽,牺牲达数千人。每次重建都能保持和发扬拼命精神,不愧是一支用鲜血和生命铸就的铁血部队。

本文2014年11月写于成都

十 独立第三十五旅抗战亲历、亲闻

独立第三十五旅守备长江半壁山要塞及参加随枣会战的经过

萧德宣

独立第三十五旅，原系川军二十军杨森所部一个加强旅分化出来的。旅长向成杰，字时俊，1930年乘船在巴东附近触礁溺死，即由副旅长李宗鉴（字湘泉，四川大竹县人）继任。这个旅后直属军政部，建制为两个团、一个教导营、一个特务连、一个输送营、一个教导队，共约六千人。第一团团长王子愚（四川梁山县人），第二团团长杨昆元（贵州人），教导营营长李更生（四川达县人），特务连连长黄子香（四川大竹县人），输送营营长李××（四川大竹县人），教导队队长程光遥（四川南充人），士兵几乎都是四川人。

1938年7月初，该旅奉军政部长何应钦之命，从鄂北老河口、襄阳、樊城、郧阳地区赴鄂东协助东北军一〇五师刘多荃部守备长江富池口半壁山要塞，受右兵团司令官关麟徵指挥，与长江北岸田家镇要塞连成一线，封锁长江，拱卫大武汉，其时我任该旅少校作战参谋兼特务连长。

9月初，日本侵略军挟其陆海空优势，猛攻我富池口坚固阵地，我右翼友军一〇五师伤亡惨重。9日正午，主体地带左侧被突破。我旅第二团全团猛烈侧击入侵之敌，我伤亡第三营营长唐敬生，连长徐宏图、李鼎以下官兵二百八十名。友军师长刘多荃亲率预备队反击，战至薄暮，终将日军击退，阵地失而复得。敌遗尸七十余具，我缴获三八式轻重机枪六挺、步枪三十一支、掷弹筒三具；刘多荃师还生俘日军五名（均为负轻伤者）。

9月11日，敌舰三艘，在三架水上飞机配合下，用四艘登陆艇从我半壁山要塞突出部强行登陆，旅长李宗鉴从观察所观察镜内清楚地望见登陆之敌不到二百人，立即打电话联络王团长，下令说："你团要更加隐蔽好。你团正面登陆之敌不足二百人，其目的是占领松林坡突出部滩头阵地，掩护其主力登陆，然后扩张战果，从我右翼包围，压迫我们到长江去吃水！把你那一个排从警戒阵地上（沙滩上单人散兵坑）撤回来吧，这样，我们就可以把这小股敌人引上来爬松林坡。等他爬到半山腰（松林坡标高180米），我们的跳瓶式铁丝网从斜坡挺起，让敌人一步也不能进前，而我松林坡反斜面伪装之守备连，将迅猛登山用手榴弹袭击敌人。此时，你那个敢死队即可猝然从左侧横冲敌人右侧后。这样近距离突击，我看他的飞机舰炮白瞪眼！"王团长回答说："我完全同意这个打法。但敌人可能还有第二梯队继续登陆。"旅长接着说："我马上告诉炮兵联络参谋，请他们对敌人舰炮施行压制，对敌可能登陆的第二梯队进行拦阻击射。"紧接着，旅长又告诉王团长说："子愚兄！这一仗不单是关系到我们这个部队能否生存的问题，如果这道关口被敌突破，武汉、长沙就完蛋了！你我兄弟出川抗日是光荣的，我们四川军队是在血盆里抓饭吃啊！要是当了亡国奴就更惨了！"

敌舰炮、飞机对我狂轰滥炸后（因我军伪装隐蔽得好，只伤炊事员三人），登陆之敌，成疏开队形向松林坡攻击前进。当这伙敌人爬到山腰正加劲向上突进时，我守备部队突然出现在他们的头顶上，随着一声"打！"我军手榴弹雨点似的倾泻下去。同时我预置的铁丝网从斜坡跳起，形成一道难以逾越的障碍。眼见这伙敌人一枪未发就滚下山去，我敢死队在王团长亲自指挥下，从左侧小流水沟横冲过去。这时敌水上飞机三架立即起飞支援，但只能盘旋打圈，未敢投弹和射击。敌人狗急跳墙，一个分队向我敢死队反扑过来。说来可怜，我军全旅集中来的四十支冲锋枪和四十支快慢机手枪，半数打两夹子弹就哑了，另外四十支步枪还没有刺刀。我敢死队几乎全凭大刀、手榴弹与敌交战，殊死拼杀。敌三人一组，背靠背，死不投降。拼搏中，当场毙敌二十九名，追击中又毙敌九名，但我敢死队亦牺牲排长游建武、王金山等以下班长、上等兵十五人。这些抗日英雄的家庭住址情况虽已无法稽考，但烈士们为国捐躯的悲壮事迹，将永远激励后代，永远受人们崇敬。

翌晨，江面上有薄雾，敌舰上下穿梭游弋。我观察所正指挥炮兵调整射击密位，突闻上空有机枪声，紧接着听到飞机俯冲声、敌我空战声。我炮兵乘势向敌舰开炮，北岸田家镇要塞亦开炮支援。四艘敌舰开足马力，慌忙向下游逃逸，同时舰上高射炮、高射机枪向高空盲目齐放，可见敌人惊恐之极！我阵地官兵无不欢欣鼓舞，高呼打得好！

但下午三时许，早晨逃逸的四艘敌舰又重返我要塞江面来了，并向长江两岸我阵地连续射击。这时，观察所值班参谋正是我本人，当距我十五米的炮兵观察所观察员向我发紧急呼号时，我注目向北岸一看，简直不敢相信我的观察镜，但是炮兵观察员与我发现的情况是完全一致的，那就是敌军正从四艘军舰上用登陆艇源源不断地向田家镇要塞输送部队登陆，而该地无任何抵抗枪炮声传来。我立即向旅长报告这一情况，旅长和参谋主任王兆华从指挥所跑步来到观察所，亲见情况属实当即通过专线报告关麟徵司令官（原编者按：当时关部已调走，指挥这一战的是汤恩伯），始悉北岸日侵略军以"陆主江从"的大包围行动，已攻占黄梅、广济之线，附田家镇之背；田家镇要塞守军已被迫分散成小部队突围撤退（这应是9月26日以后之事——原编者）。接着关司令官对旅长说："我们左翼情况也很吃紧，你们正面和江防都打得好，可是也要做田家镇那样的准备，看看明天战况再说吧！"我们旅指挥官吃晚饭时，我问参谋主任王兆华是否将关司令官的旨意向下传达？旅长没等王主任回答就说："我们地形有利，士气旺盛，顶一下再说吧！"次日上午十时左右，日军又向富池口我旅第二团与东北军一〇五师（当时守富池口的乃汤恩伯部一九三师——原编者）接合部猛烈攻击。敌突破我主阵地带第一线两次，均被击退，激战至下午四时许，接关司令加急电，命令我旅立即脱离战场，取道通城、平江至长沙待命。

入暮后，大雨倾盆，我富池口附近的第二团得以迅速脱离战场。我旅指挥所、直属连队和第一团一路上行进很困难，山陡路滑，风急雨骤，又不准暴露一丝火光，好在四川人多有走山路的本能，硬是在拂晓前急行军赶到慈口集结（一夜赶了一百三十里路）。这时雨过天晴，后面炮声、机枪声又继续响了起来，敌机也跟踪追来，旅长叫号兵发继续行进的号令,不准隐蔽,因刘多荃师长派传骑通知我们,请加快转进速度,并望在大畈附近选择有利地形掩护收容整顿。队伍拉开不到十里路,一架敌机追了上来,飞机上面的人都看得清楚,一梭子弹正打中机炮连驮马(死两匹),该连四散逃避。旅长从滑竿上跳下来,大声骂道:"怕死鬼,跑什么?"话音刚落,那架敌机掉过头来又是一梭子弹,不偏不差正好打中旅长的滑竿,滑竿篷中弹三发,藤椅中弹两发,后面抬滑竿的人从后颈到背被子弹扫了一条深坑,当场死去。旅长把脚一蹬,咬牙切齿地吼道:"打!老子不走了!轻重机枪、步枪一律对空射击!"顿时十多里路长的弹幕封锁了天空。此刻这架敌机正第五次俯冲下来扫射,发觉情况有异,急欲由低空拉起上升,但为时已晚,机身后部已中弹起火,拖着长长的一条浓烟向东北方倾跌下去。后面追击的枪炮声也停止了。敌人过去都用火力追击,这次却跟踪我们达一百七十里路,实属罕见!我们停下来,正在吃午饭,刘多荃师长见到旅长,风趣地说:"四川兵,个子小,爬山打枪真灵巧,贼机一见从天倒!"大家一齐哈哈大笑起来,当晚我们都在通山县城西南地区宿营。八夜七天的激烈战斗把人搞得太疲劳了,我们思想上也太麻痹,以为脱离敌人很远了,仅在宿营地门口派了两个哨兵,警戒部队都未派出。到天亮早饭后集合出发时,据从敌军逃脱的向导讲,我们宿营时,敌人已进入通山县城,并开始向岳阳会师。敌成四路纵队,沿公路拉开约两千米长。我们于是改道向正南越九宫山经平江向长沙前进,敌我两队均能遥遥相望,但未互相射击。我们到长沙宿营之夜,正值长沙大火,奉令开江西新喻集结待命,改受三十一集团军总司令汤恩伯指挥。

我旅在半壁山富池口要塞守备战中伤亡五百余人,加上因病送后方医院及沿途掉队、失踪者,共减员七百余人。到达新喻后,汤恩伯指示将直属部队拨补两个步兵团,然后编入汤恩伯部一九三师。旅长李宗鉴调为补训处长。1939年初,部队调第五战区参加随枣会战。师长马励武命令我团(那时是一九三师的五六二旅一一二团)在桐柏山地区掩护汤恩伯的八十五军和十三军全线撤退,强调不完成任务,军法处置。经团研究,决定"舍车保帅",以我营(那时我是第三营营长)为突击营,乘夜攻击老湾日军指挥机关,打乱其进攻和追歼我主力企图。我营出敌不意,突破其第一线阵地。敌后方都是骑兵、炮兵部队,毫无夜战能力,我军发起攻击,手榴弹开花处,只闻马群满山遍野奔嚎,但不见日军还击。我心知有异,立即派传令班长去后方联络,原突破口已被"拒马"封锁,四周小山头一点火光未发现,但人声嘈杂,处处皆闻挖工事的铁锄、圆锹声。我看天已近拂晓,想撤回去是不成了,不如继续向敌军纵深后方钻。当即召集各连连长说,我们已经进了口袋,只有继续突破口袋底才有生机。他们说,敌人是攻我们,不是防御我们,其后方必然空虚,这一着走得!于是按突围队形编组,立即向西北突进。这时天色已经微明,我发现天空升起了敌人的观察气球,我想糟了!遇上敌人主力部队了!我催促部队快走。这时突然枪声响了,据报,前方敌大部队正沿公路蜂拥而来;同时我后殿兵抓来两个老百姓模样的人,说他二人都有手枪,准是敌人探子。这二人一见我就匆忙地说道:"你们是四川军队吧!我们是新四军的,鬼子大部队正分三路从铁路线经舞阳、泌阳、方城、唐河南下,汤恩伯主力兵团已向西撤了,目前你们只有分成两路走,以减小目标。我们二人各走一路给你们做向导,奔桐柏山。"当时我十分踌躇。二人中有个年纪稍大的大声说:"迟疑不决,为指挥官所深戒!"我更加奇怪,怎么此人还能背诵我们的《步兵操典》？前方枪声愈急，我只得采纳这个意见，于是令第九连连长李本晋（四川梁山人）率该连就地占领阵地掩护全营向桐柏山转移！我下达这个命令时，最后几个字都说不清楚了，因为这是与我的老部下生离死别的瞬间说出来的话啊！我至今回忆当时情景，仍不禁热泪盈眶！我们可敬的李本晋连长和他率领的四十七名勇士，为掩护我们，顶住数千日军的攻击达两小时之久，使我主力赢得余裕时间，分两路安全到达桐柏山，他们则献出了宝贵的生命！

本文选编自四川省政协文史资料研究委员会、四川省人民政府参事室《川军抗战亲历记》

追溯历史线索还原真实的李宗鉴

李如荣

我爷爷李宗鉴64年前（1951年10月）在起义将领高研班学习时，不幸被家乡大竹县农会民兵诱捕，后被大竹县人民法院以大地主、大军阀、反革命匪特罪错判错杀，终年五十八岁。1984年1月23日，大竹县人民法院对此案改判，撤销了对李宗鉴的原有判决，对李宗鉴按起义人员对待，中共大竹县委统战部发给了抚恤金。1985年1月4日由中国人民解放军成都军区颁发了"起义人员证书"。2005年和2015年在纪念中国人民抗日战争胜利六十周年和七十周年时给李宗鉴颁发纪念章及抚恤金，同时党和国家把参加过抗日战争、在战争中做出英勇斗争和贡献的人称为民族的英雄与国家脊梁。

李宗鉴

我爷爷李宗鉴到底是什么人？这几年我通过各种渠道去探寻爷爷的事迹，特别是爷爷在关乎中华民族生死存亡的抗日战争中同日寇殊死作战的英勇表现。

两年来我和老伴先后走访了大竹、重庆、成都、成都军区档案馆，又先后四次到爷爷老家走访家乡可能知道爷爷情况的人。由于年代久远，知道真相的人大多数已作古了，但我们还是通过努力找到了李公馆的佣人、长工、为爷爷开车的司机等人以及相关史料文献，据这些翔实的史料基本上可还原抗战中真实的李宗鉴。

一、李宗鉴从军简历

李宗鉴，字湘泉，男，四川省大竹县观音乡人，世居李家寨，出生于1896年。1915年5月从四川陆军第三师随营干部学校毕业；1916年4月2日至1919年5月7日在川军第二师六旅十一团二营五连任少尉排长；1919年5月8日至1920年1月1日在川军第二师六旅十一团二营五连任中尉排长；1920年1月2日至1923年2月在川军第六师二十三团二营九连任连长；1926年6月4日至7月9日任国民革命军二十军七师七团一营少校营长；1927年在四川万源杨森国民革命军二十军七师七团任上校团长；1930年任陆军新编第七旅少将旅长；1933年从庐山军官训练团第二期毕业；1935年1月2日在鄂西任直属中央陆军独立旅少将旅长，同年8月在湖北恩施由郁宗毅介绍加入国民党成为国民党党员；1938年在湖北任陆军独立第三十五旅中将旅长；1939年在湖北任陆军第一九三师中将师长；1939年在湖北任陆军第九十八军中将副军长；1940年调军政部任训练处中将处长。

李宗鉴在1916年至1936年二十年的从军过程中，先后参加了拥护孙中山对袁世凯的反袁护国战争、四川保路运动、各军阀为争夺势力的战争、国共两党之战等大大小小的战役几十个。由于作战英勇，从排长一直晋升到少将旅长，获得嘉奖、勋章无数。但他人生最光辉的阶段是参加抗日战争的时期。

二、抗战中的李宗鉴

1937年抗日战争全面爆发，在民族、国家生死存亡之际，国共两党组成了抗日民族统一战线，停止了内战。李宗鉴带领几千人的川军独立旅翻山越岭去抗击日寇。在1937年至1941年四年抗战中，李宗鉴参加过武汉会战、随枣会战等大小战斗，其中最为悲壮、对抗战贡献最大的是武汉会战中坚守湖北田家镇富池口半壁山长江要塞的战斗。曾经参加过此战斗、时任三十五旅少校作战参谋兼特务连连长的萧德宣（中共地下党员）讲述了此次战斗的经过。现摘取其中两个战斗经过记录如下。

1938年8月李宗鉴任国民政府军政部直属独立第三十五旅少将旅长。该旅的建制有两个团、一个教导营、一个特务连、一个输送营、一个教导队，共约六千人。第一团团长王子恩（四川梁山县人），第二团团长杨昆元（贵州人），教导营营长李更生（四川达县人），特务连连长黄子香（四川大竹县人），输送营营长李××（四川大竹县人），教导队队长程光遥（四川南充人），士兵几乎都是四川人。

独立旅奉何应钦之命驻守长江富池口半壁山要塞，封锁江面，阻止日军从长江下游逆江而上进攻武汉。敌我双方都集中优势兵力在武汉外围进行决战，誓死必争。9月初，日军攻占湖口后挟其海空优势猛攻我富池口坚固阵地。9日正午，主体地带左侧被突破时，我独立旅第二团对敌猛烈侧击。战斗异常激烈，我旅伤亡第三营营长唐敬生，连长徐宏图、李鼎以下280名官兵。战至薄暮终将日军击退，阵地失而复得。此役击毙日军70多名，俘虏5人，缴获轻重机枪6挺、步枪31支、掷弹筒3具。

9月11日敌舰艇三艘在三架水上飞机配合下，用四艘登陆艇从半壁山要塞突出部强行登陆。旅长李宗鉴在观察所观察镜内清楚地望见登陆敌人约200人，当机立断命令王团长隐蔽，撤回警戒哨，诱敌爬上山坡，当跳瓶式铁丝网弹起阻敌时，以伪装守备连用手榴弹袭击，再以团敢死队冲入敌后右侧近距离突击。

当登陆之敌爬到山腰正加劲向上突进时，我守备部队突然出现在他们的头顶上，一阵手榴弹雨点似的倾泻下去。同时我预置的铁丝网从斜坡跳起，形成一道难以逾越的障碍。眼见这伙敌人一枪未发就滚下山去，我敢死队在王团长亲自指挥下，从左侧小流水沟横冲过去，敌人虽有飞机三架支援，但双方近距离搏杀，敌机只能盘旋打圈，未敢投弹和射击。这场殊死拼杀，当场毙敌29名，追击中又毙敌9名，但我敢死队亦牺牲排长游建武、王金山等以下班长、上等兵15名。

9月12日独立旅在与日军反复拼杀四天后接到司令部急电，命令独立旅立即脱离战场取道通城、平江至长沙待命，就在部队转移的急行军过程中，发生了用步枪打下日机的奇事。当时，独立旅为了迅速到达指令地点，不顾山陡路滑、风急雨骤，日夜兼行，要躲天上的飞机，又要防追兵，夜晚不得暴露一丝火光，一夜赶了130里路。雨过天晴，身后响起了枪炮声，敌机跟踪而来。李宗鉴发出"继续行进"命令，一架敌机追上来，对准行军的队伍俯冲扫射，一梭子弹打死炮连驮马两匹，打得该连四散逃避。李宗鉴从滑竿上跳下大声骂道："怕死鬼，跑什么？"话音刚落那架飞机掉过头来又是一梭子弹，不偏不差正好打中李宗鉴的滑竿。滑竿篷中弹三发，藤椅中弹两发，后面抬滑竿的人，从后颈到背被子弹扫了一条深沟当场牺牲。李宗鉴把脚一蹬，咬牙切齿地吼道："打！老子不走了！轻重机枪、步枪一律对空射击！"顿时十多里路长的弹幕封锁了天空。敌机中弹，拖着一条长长的浓烟向东北方倾斜跌下去。后来到达目的地，刘多荃师长见到李宗鉴风趣地说："四川兵，个子小，爬山打枪真灵巧，贼机一见从天倒！"大家一齐哈哈笑。

李宗鉴在武汉会战中做出的突出贡献受到了蒋介石的嘉奖，后晋升为九十八军中将副军长。

三、兴学强军，振兴中华

作为军人，李宗鉴常常会思考，日本这样的弹丸小国，为什么在甲午战争中能打败北洋舰队？为什么它能长期侵略我国？中国军队同日军作战为什么死伤人数是十比一？李宗鉴深感我们缺的是文化和科技。和日军相比，我军不但武器装备差，更重要的是缺乏掌握武器、使用武器的人。眼见祖国疮痍满目，他决心兴办教育事业，以拯救国家民族的危亡。1942年李宗鉴和孟浩然、李孝庭、周执经、余开元、胡子明共同在大竹县观音乡创办了私立干城中学。李宗鉴是主要出资人，后被选为私立干城中学名誉董事长。干城中学以孙中山"三民主义"为教育方针，在公民、童训等课程中向学生传授"忠、孝、仁、爱、信、平、义、和"等思想。学校教育结合中华民族面临民族危机的实际情况，一反重文轻武的传统，加强了军训、童训等课程的教学，其目的在于培养抵御外侮、保国家民族独立的人才。

四、服务桑梓，兴建公路

观音乡到大竹县原没有公路，只有羊肠小路和山间小道，居于此地区的人们一直只能翻山越岭去县城。1947年为修建公路，爷爷出资，亲自与观音、七星两乡地方绅士商量筹集资金兴建观七支路。在修建过程中四川解放了，路虽未完工，但为后来修路奠定了基础。

1945年抗战胜利爷爷退役回乡，后内战爆发，他不想参加内战——打了一辈子的仗，不想再打了。他和孟浩然一起在《新民晚报》上登报申明，反对内战，退出国民党，后一直赋闲在家。蒋介石多次要爷爷出来参战，都遭到他的拒绝。后在1948年10月被范绍增任命为挺进军五中队少将司令，在中共地下党的影响下于1949年12月在渠县二汇镇与范绍增、庞佑余（原民革重庆市常委）、孟浩然等组织地方武装宣布起义。

起义后的部队编入中国人民解放军。部队异地整编后，李宗鉴调重庆歌乐山到中国人民解放军第二野战军军大高级研究班学习，1951年转业并获得中国人民解放军复员证书。

现回看爷爷的人生轨迹可以总结如下几点：

一是从 1916 年到 1948 年他是在各种战场上度过的，戎马一生，英勇善战，他天生是一员武将，从士兵到升任将军，所获功勋无数、嘉奖无数，蒋介石亲自为他颁发了三次勋章。他的这一善战特性在反外侮、反侵略的抗日战争中得到了充分的体现。军人以服从命令为天职，是他的信条。他忠于他的信仰——"三民主义"。

二是他热爱家乡、热爱人民、热爱自己的国家。这从他一生所做的四件事情上可得到证实：参加抗日战争；兴办教育，创办学校，提高民族的素质；为家乡人民修建公路；反对内战，举行起义，避免同胞杀戮，避免人民的生命财产再遭蹂躏。

一个人一生能做成一件对国家、对人民有益的事，都要受到肯定和赞扬，并因此感到自豪和骄傲。爷爷用一生做了四件对国家、对人民有益的事，我为他自豪而骄傲。

爷爷，您已在地下长眠了六十四载。我知道您的灵魂没有安宁。我，您的孙女，为寻找您的行迹四处奔波，坚定的努力已逐渐有了结果。我们坚信历史应做回答，真实的历史已做了回答！祖国终将不会忘记那些为她的独立、自由奋斗过的人们。

本文写于 2015 年 12 月

十一 滇印缅远征作战亲历、亲闻

我参加出国抗日的回忆（节选）

王大中

笔者当时是中国陆军第五十师一四八团上校团长，所写的经过完全是本人耳闻目睹的事实，是亲身经历过的。特别是所述一四八团的活动，自始至终是第二次缅甸战役的部分行动记录。其中"奇袭密支那"是五十师师长潘裕昆在一次师务会议上讲的。他是攻打密支那的第一线指挥官。盟军东南亚司令部在仰光举行祝捷大会的盛况，是一四八团派出的代表回来汇报的。所闻皆有根据。

一、奇袭密支那

当五十师一四九团、一五〇团全部空运到孟关地区集结并按编制装备完成时，孟拱以北的敌人已被全部肃清。但密支那地区仍有日军固守。为了尽早打通中印缅公路和接通雷多到昆明的两根输油管道，必须清除密支那的障碍。因此，指挥部决定派五十师一五〇团于1944年4月从孟关出发经过森林地带徒步行军袭击密支那并相机攻占之。一五〇团上校团长黄春城，黄埔军校第六期毕业，湖南人，在团长中是资历最老、年龄较长、经验比较丰富的老干部。二营营长谭云生行伍出身，也是一位久经战斗生活的军官。因此派一五〇团担任这一任务，大家都认为是适宜的。他们在森林中行军半个月左右，通讯（无线电和地空布板联系）、补给（空中投掷）一直很顺利。五月中旬部队接近密支那飞机场，也没有发现敌人据守。在占领飞机场的当天下午，第三营（营长郭文轩）通过飞机场以后，继续向东进入了密支那城。日没时团长黄春城考虑第三营距离团部过远，不容易互相照应，便命令郭营从密支那城撤回到飞机场与城之间布置宿营。

实际情况是驻在密支那的日军，已全力部署在伊洛瓦底江东岸，防止我腾冲方面的远征军。郭营开进密支那城很突然，出乎日军的意外。少数留守的日军发现郭营进城，便躲藏起来。加之事先我军谍报工作太差，没有侦察了解地方情况，盲目行动，郭营进城不久，又奉命向西撤离。日军得知此情况以后，便连夜把东岸的部队撤回密支那城，并占领原来已经弃筑的防御碉堡。

第二天早饭后，黄春城团长又指令郭文轩营再开进到密支那城去。郭营长满以为密支那城是没有敌人的，昨天曾经进去过，晚间又无情况。于是把部队集合起来，自己骑上马走在部队的先头，全营四路纵队向密支那城前进。当部队走近城区边缘，进入敌人暗堡火网射程以内，敌人的轻重武器突然齐放，弹如连珠，可叹整整一个步兵营几乎全部壮烈牺牲，只有几个受伤较轻的士兵幸免于难逃回团部。郭文轩本人连尸首也没有找到。由于他临阵麻痹，造成了无法挽救的极大损失，给我们留下非常惨痛的教训。

消息传来引起了很大的震动。潘裕昆师长立即乘飞机赶赴一五〇团亲自指挥。一四九团连日空运到第一线增援。总指挥官史迪威闻讯大怒,下令将黄春城团长撤职。一五〇团上校团长一职由该团副团长谭云生升任。一五〇团副团长缺,调一四八团副团长里健民充任。另调王耀荣来一四八团任副团长。攻打密支那的计划又重新做了部署。除五十师(欠一四八团)外,又配属了其他部队,由潘裕昆任第一线部队指挥。这时雨季已降临,陆上交通基本断绝。前方一切补给完全靠空中运输或空中投掷。由于我空军占绝对优势,敌人孤立无援,仅凭堡垒负隅顽抗。其势毕竟是强弩之末,坐以待毙而已。但是我军为了避免伤亡,通过甩坑道作业的办法,掘长壕接近暗堡,逐一将暗堡摧毁,拔除了障碍,将守军全部聚歼。1944年8月上旬宣告攻占密支那城,这对敌人是一个很大的打击。由于战斗旷日持久,中印公路和输油管道的敷设时间延长,一度使在华日军又疯狂地发动了一次攻势。8月上旬衡阳陷落,随即桂林、柳州相继失守,并造成了敌人窜犯我独山、都匀的危险局面。

二、正式编组新一军、新六军

攻占缅北要地密支那以后,整个缅甸战场的军事形势也为之大变。盟军士气高涨,日军士气进一步低落。为了加强缅甸战区的战斗力量,上级决定将中国驻印军重新组编为新一军和新六军两个军。原新一军军长郑洞国将军调升总指挥部副总指挥官;现任新一军军长由原新三十八师师长孙立人升充,现任新六军军长由原新二十二师师长廖耀湘升充。

新一军:军长孙立人,安徽人,曾经留美,美国弗吉尼亚军校陆军科毕业;副军长贾幼慧。所辖两个师是新三十师和新三十八师。新六军:军长廖耀湘,湖南人,黄埔军校第六期毕业,留法;副军长舒适存。所辖三个师是新二十二师、十四师、五十师。

1944年9月,新一军(缺五十师的第一四八团)沿密支那—八莫向腊戌以北地区前进。新六军在进出孟拱以后,渡过伊洛瓦底江,翻越汤彭山脉高地向波德汶矿区和腊戌以南前进。

在部队整编过程中,一四八团奉总指挥部的命令由新平洋驻地出发,经胡康河谷、孟关、拉瓦开到孟拱地区待命。8月10日,一四八团率领第二、三两营开始由新平洋向东移动,第一营直接由拉班向孟拱前进。这次调动既没有使用空中工具,也没有使用汽车运输。其原因有三:第一,情况不紧急;第二,孟拱地区正在修筑飞机场;第三,雨季以后,胡康河谷一段公路发生了变化。原来刚修好的公路,路面又宽又平,桥梁涵洞都是完整的,虽说不能万古千秋,一般设想应能管几十年、一百年没有问题。殊不知雨季一来,大片低洼地被积水淹没,水深达一米甚至三米,所经河流成了湖海,不仅木桥不存在了,就是钢骨大桥也完全被洪水冲垮了。桥础钢骨崩溃,桥架有的不知去向,有的折成钢卷,摆在附近的河滩上面。据护桥人员说,连日大雨以后,上游不断冲来很多大树,因为缅北的森林树木的根系都很浅,经过雨水浸泡,再加狂风不断动摇,整个树身便被连根拔起,顺流漂荡,堆积在钢骨桥梁上边,越堆越多,越多压力越大,再加上水势波浪的冲击,最后便将桥梁全部冲垮。所以这条公路的建设,动员的人力和花费的物资确实是浩大可观的。但是使用的时间太短了,即便再维修起来,下一个雨季来临仍然无法保证不受摧毁。这种自然的破坏力,在当时还是无法克服的。因此,修修补补,勉强维持必要的交通,使人员、车、马尽可能渡过河去就行,即使缓慢一些,也不去计较了。从新平洋到孟拱全程不过八百华里左右,我们行军历时二十天,由此可以想见当时的交通情况了。根据我们的了解,输油管道的敷设情况比较良好。管道接通以后,保持了正常输油,在抗日战争末期发挥了一定作用。

三、配合英军三十六师攻克平卫

1944年9月初,一四八团在孟拱地区集结完毕。总指挥部即命令我团开赴平卫地区,配合英军三十六师作战,具体任务是负责该师两翼侧面的警戒。当我团开到平卫时,我和联络官巴其洛尔少校、两位英语翻译官,一同去拜会英军三十六师师长菲士汀将军,说明了我们的来意和任务,菲士汀将军表示欢迎。菲士汀将军本人是一位标准的英国绅士,身材高高的,四十多岁年纪,嘴上留有两撇胡须,左手握一个雪茄烟烟斗,穿了一件皮夹克,谈话爽快流利,操一口英国本土语音。他把当前敌我情况简单介绍以后说:"平卫敌人估计有一个联队。在平卫对面山地一带,构筑有较坚固的防御工事,企图阻止我军南进,以掩护其曼德勒驻军的安全。我师的任务是迅速攻占平卫高地,压迫日军于伊洛瓦底江下游,相机进占曼德勒城。贵团来此是为我师的两侧警戒,保障我师在进攻中拥有充分的安全。"我们交换情况以后,明确了责任,同时也将我们的警戒计划告诉了菲士汀将军,并附上地图。菲士汀将军表示同意我们的部署。经我们查悉,英军三十六师的编制,大体上是师以下是旅,旅以下是营,营以下是连排班,均为三三制,没有团的编制。另外附山炮一营、重炮一营,以及其他师直属部队。作战区域完全是铁路两侧地带,整个正面不过四千至五千米。三个旅三线配置,即第一、第二两线各一个旅,第二线以后是两个炮兵营和师指挥所,师指挥所后面是一个旅预备队,再后就是后勤机关了。进攻的方式和手段是,每天拂晓以后,开始用空军轰炸机以小队为单位,对敌人占领高地轮流轰炸并用机枪进行扫射。第二步命令炮兵进行炮击,然后第一线部队在炮击以后派步兵向高地搜索。如果发现高地还有敌人回击,第二天便照第一天的办法进行。经过四五天的时间,平卫高地的森林树木均被炸光,连土色都能明显看得出来了。最后占领平卫高地,宣告胜利。为了庆祝攻占平卫高地的胜利,菲士汀将军举行了招待会。一四八团营长以上军官和两位美国军事联络官、翻译官应邀参加了招待会,英军三十六师营长以上军官也全体出席作陪。宴会简单而隆重。所谓隆重就是会场宽大雄壮,气氛肃穆,主要表现在英军军官人人都穿上礼服到会,态度十分严谨,如临大典。我们和美国军事联络官穿的军便服,潇洒自然,与英军军官形成了鲜明的对照。所谓简单就是席面菜肴不多,每人面前只有酒一盅、四碟小盘、两块面包、两杯咖啡,说起来就是如此,但是在当时当地的情况下,也可算来之不易了!宴会以后,为了表示对我团配合作战的谢意,菲士汀将军特别邀请我们去参观他们的师指挥部和他本人的办公室。师指挥部和他的办公室都在铁路列车上面,列车车厢外部罩满了迷彩和伪装网。当我们登上列车车厢时,先看到的是副官室、参谋室。参谋室占了三个车厢,其中一个车厢放置战场沙盘,车厢四周挂满了军用地图,这是供指挥研究作战用的。再过去就是副师长、参谋长的办公室,布置都比较简单。再往前走便是警卫班的住地和通讯班的工作室。通过这个车厢以后,紧接着便是师长的办公室,室内也有一套军用地图和文件柜、办公桌，陈设比较整齐。最后菲士汀将军还引我们去参观了他的寝室，寝室的一端是"展览室"，展览什么呢？展览了大大小小各式各样的烟斗，菲士汀将军介绍说共有一百多个，并详细说明了烟斗的名称和来历。我不会抽烟，更不会使用烟斗，只好点头表示赞赏。由此也足见英国将军在战场的闲情逸致！再有一个列车箱，全是服务工作人员。参观以后，我们向菲士汀将军表示感谢并告辞。结束了我们的任务，我团就离开了平卫。

四、攻打南杜

南杜是波德汶矿区的一个生活城市。波德汶银矿是英国在远东经营的最大的银矿企业，战前有矿工五万多人，矿区的行政管理和福利事业部门都集中在南杜城。城里有居民十万人，其中华侨约占三分之一，有华侨联合会组织。由于战争，矿区宣布停产，矿工早已离散，南杜城也就随之萧条没落，已经不似昔日繁荣了。城北有南杜河，河面宽50~80米。河北岸是山地，河南是高地。再南约四十里处便与腊戌至曼德勒铁路相连接。为了保障腊戌日军的安全，日军曾派重兵驻守，并构筑有半永久工事。

1944年冬至1945年春，我军主力已通过八莫，正向中缅交界的畹町地区挺进，并准备与国内的远征军会师，同时一四八团也迫近波德汶矿区和南杜城。在城北山地，日军前哨阵地仅派有小股敌人据守。经过我团前卫部队不到一天的战斗，敌人前哨阵地被我军占领，于是，敌军凭南杜河和河南高地构筑防御工事进行抵抗。我军如渡河仰攻，敌人居高临下，对我军极为不利。经过侦察研究，拟成作战方案：先从地形考虑，只能以一部在正面牵制，以主力在南杜河上游渡河迂回到敌人后侧，进入南杜城的东北高地再前后夹击敌人，同时要求空军协力进攻。这个计划上报总指挥部以后，总指挥部表示同意。并加派步兵一营（一五〇团步兵一营）、重炮一连、空军轰炸机一小队（4架），由团统一指挥，要求尽快攻克南杜城。于是按预定的计划和作战方案进行部署，开始发动进攻。第一天空军向正面敌人的防御工事地带轮番轰炸和扫射，日没以后再间以重炮射击。在炮击的同时，我正面部队表面佯攻，实以主力在南杜河上游乘夜隐蔽渡河。第二天拂晓以前，团的主力便渡河完毕（第一天黄昏前在此投下了橡皮船十艘），并迂回到南杜城的东北；拂晓后在丘陵地区经过激烈战斗和空军的支援，我团攻占了几座制高点，同时又以一部向城的东南高地推进。我军对南杜城形成了三面包围的态势，日军三面受压，在第三天拂晓以前便仓皇向南杜河下游溃败了。敌遗尸数十具，我军生擒敌十余人，并缴获一批军用物资，南杜城宣告收复。从开始攻城到完全占领，共耗时三日两夜。第四天我团由城北渡河和东北高地两路正式开进南杜城。当地各族群众出城夹道欢迎，男女老少无不欢欣鼓舞。特别是华侨同胞，他们有生以来第一次看到祖国的军队，许多老年人抑制不住自己由衷的激动心情，流下了十分喜悦的热泪。据华侨联合会介绍，由于日军控制了粮食、配给，当地群众濒于饥饿、奄奄一息，当前最迫切的问题是粮食供应。我们将情况上报总指挥部，很快就得到空投的一大批救济粮，由南杜城各界组织专门机构进行分配，各族群众无不感恩戴德。

我团在计划进攻南杜城时，美国军事联络官巴其洛尔少校和毛尔斯上尉，负责后勤供应和与总指挥部联络，他们做出了比较突出的成绩。特别是渡河器材的及时供应和空军的有力支持，使团在进攻战斗中非常顺利。占领南杜城后发现群众粮食缺乏，又及时解决了群众的吃饭问题，赢得了当地人心。因此经团上报总指挥部请予以奖励。总指挥部很快就批示下来，两人各晋一级，巴其洛尔晋升为中校，毛尔斯晋升为少校。我向他们两人表示祝贺，并赠送一部分战利品，他们非常高兴。

南杜城收复不久，城内商业、城外交通逐步恢复。广大市民为了表彰中国军队攻打南杜的战绩，倡议在市中心区广场建立纪念碑一座。碑是石质的，横宽一米五，高约八十厘米，连同碑座在两米以上。碑座用砖和水泥制作，做得比较精致，美观大方。碑文由当地居民选出知名人士与团政训室共同拟成，文意为：某年某月某日中国陆军五十师一四八团和一五〇团一部在一四八团上校团长王大中统一指挥下，打败了日本侵略者，攻克了南杜城，拯救了南杜全体市民，全体市民特建此碑，以资纪念云云。碑文由一四八团团长用毛笔亲自书写，然后由石工镌刻制成。纪念碑落成时还举行了剪彩仪式。在攻占南杜城的同时，驻印军与远征军在畹町举行了会师典礼，政府派宋子文代表前来参加大会剪彩。一四八团归还五十师建制。

五、缅甸战场最后一仗——昔卜之战

昔卜位于腊戌西南、梅苗以北，是缅北掸邦的重要城市之一，是公路、铁路交会的要冲。日军在此驻有重兵，企图负隅顽抗，以掩护其主力向泰国方向撤退。我师奉命迅速攻占昔卜。一四八团沿铁路以西，一四九团沿铁路以东，并列展开于现地向昔卜搜索前进。一五〇团为师的预备队，师司令部在第一线中后。我团从南杜城出发，顺南杜河下游山地展开，行军不远即与小股敌人接触。敌人且战且退，撤至离昔卜城二十余里处，凭河据守抵抗甚力。经过两天两夜的战斗，我正面前进感到困难，于是师部命一四九团沿河的下游向昔卜东南进攻，再转而向西占领了昔卜城的一部分建筑物。夜间敌人以坦克部队为前导，掩护其步兵向我一四九团反扑，双方在巷战中形成胶着状态。后来发现昔卜城西北有355高地，敌人在高地上集中火力，完全控制了城市中的各交通点，以致一四九团进一步活动非常困难。根据上述情况，师部决定将我团正面任务交由一五〇团一个营接替，负责牵制敌人；一四八团全部在河的上游乘夜渡河，迂回到昔卜城以西地区，重新部署向昔卜西北355高地进行陆空联合进攻。当我团部署完毕，师即命令先以空军向355高地轰炸扫射为掩护，步兵以突然袭击的方式向高地发起猛烈冲击。经过三小时的近战，终于攻占了这个制高点。由于敌人失去了355高地，我军又东西夹击敌人，敌人使弃城向南逃窜。我军乘胜追击，大获全胜。此役共歼敌数百人，生擒数十人，并缴获坦克二十余辆和其他军用物资大批。由于昔卜的攻克，曼德勒之敌也随之纷纷向泰国逃跑，英美联军同时收复曼德勒城和缅甸首都仰光。昔卜之战是第二次缅甸战役中的最后一仗，缅甸战场战争从此宣告结束，时为1945年3月。

六、仰光召开祝捷大会

腊戌、昔卜、曼德勒、仰光相继收复，原在缅甸内的日本侵略军全部向泰国境内撤退，作为盟军，我军在东南亚战区的第二次缅甸战役任务便胜利完成了。在缅甸的中国部队新一军奉命在腊戌迄昔卜一带整训待命。新一军司令部及新三十八师等驻腊戌及其

附近一带，五十师司令部驻昔卜城，一四九团、一五〇团驻昔卜城附近，一四八团驻昔卜城以南。在整训待命期间，军委政治部派来文艺宣传队到军、师、团驻地举行慰问演出。同时盟军东南亚司令部也在仰光召开了祝捷大会。新一军派出一个连作为代表参加。这个代表连的组成按每一个步兵团派出一个代表班，由师指定排长率领，军指定连长率领，到仰光去参加祝捷大会典礼。根据一四八团代表班回来向团所做的汇报，大会典礼开得很隆重，中国部队受到特别尊重。这里须要特别指出的是仰光华侨同胞对新一军代表连的热情招待。当他们一看到自己祖国的军队代表，其高兴热烈之情真是难以用言语形容。大会典礼刚一结束，华侨同胞们早已在大会会场门口等候，当中国军队代表连一出大门，立即就被蜂拥而来的华侨同胞们包围住了。顷刻之间，一百多人就被前呼后拥地拉到华侨同胞各自的家中做客去了，有的华侨同胞由于未如愿而感到歉憾。去华侨同胞家里做客的，有的一家一人，有的一家二三人不等，他们受到极为亲切的接待。尽管说话有些障碍，但大家的感情是完全一致的。因为中国军队出国作战，在历史上，特别在现代史上是很罕见的，国外华侨能够在侨居国里见到祖国的军人极为难能可贵。尤其在缅甸战场上，中国军队在缅北地区节节取得胜利的消息，在仰光华侨同胞中早已家喻户晓，他们都以中国军队在缅甸参加盟军作战而且打败了日本侵略者而感到十分骄傲和无比自豪。所以同胞们把他们家里现有最好吃的东西都端出来给代表吃，把家里收藏最珍贵的艺术品都拿出来给代表看；有的全家男女老少跳舞、唱歌表示欢迎和敬意；有的准备纪念册请代表签名留言作为宝贵纪念；有的馈赠食物和礼品，真是说不尽的愉快和高兴。直到深夜，华侨同胞们才陆陆续续将代表们送到驻地归队。

七、全军空运回国，满载而归

1945年6月新一军奉命回国，预定7月底在广西南宁集结完毕。6月初先头部队便在腊戍飞机场开始空运回国。这次部队回国与上次部队出国的情况不一样。首先官兵心情不一样，上次紧张严肃，这次轻松愉快。其次在装备上，上次轻装，这次是重装，是名副其实的满载而归，不仅有武器弹药而且连骡马都要乘飞机运走。汽车部队全部经滇缅公路到南宁。以一四八团来说，上次是最先头部队，我乘坐第一驾飞机起飞，这次我团是后尾，我被指定乘坐最末一架飞机飞走。一四八团7月初始从驻地向腊戍移动，7月中旬以后始由腊戍经云南陆良机场最后飞到南宁。

全军空运回国为时两个月，如期在南宁集结。前后两次大队空运成绩是显著的，没有发生重大事故和人畜物资的损失，这在军事空中运输史上是值得称赞的。

本文选编自《永川文史资料选辑》第一辑，1985年

远征印缅纪实

陈公屿

我的家在丹棱县城北街南华宫附近。1937年，中学毕业后，恰逢七七卢沟桥事变，乃于1939年秋报考了黄埔军校第十八期，1941年毕业后，分在四川省简阳县第二十五补训处政治部，任试用中尉连指导员，后该部队改编为新三十师，归新编第一军，为抗日战争的胜利，飞赴印、缅远征。

1942年秋，我们从云南昆明巫家坝机场乘运输机起飞，穿过喜马拉雅山半山驼峰，经三个小时飞行，到达印度雷多机场，下机后，在当地临时帐营休整两日。在乘火车到印度兰姆伽营房的途中，触景生情，想到祖国东北和沦陷区人民。

1942年，是抗日战争的对峙阶段和最为困难的时期，也是日寇进攻中国最嚣张的时候，我最高统帅部同美英两个盟国做出了一个共同反击日本帝国主义的决策，组织了一支西南太平洋联合部队，由中国蒋介石任西南太平洋总司令，英国海军中将蒙巴顿任副总司令，美国陆军上将史迪威任参谋长。美国派遣主力空军和一部陆军，英国派遣主力海军和陆军及一部印度军。我国则出兵十万，组成中国驻印度远征军，成立新编第一军，由郑洞国中将任军长（黄埔一期）。辖三个步兵师，即新编第二十二师，由廖耀湘中将（黄埔六期）任师长；第三十八师，由孙立人中将任师长；新编第三十师，由胡素（黄埔三期）任师长。直属一〇五、一一五、五十五、四十二四个团和一个炮兵团、两个工兵团，辎汽、驴马共三个团，通讯一个团，战车三个营，宪兵一个营以及军医院、兽医所，等等。根据租借法案，我国赴印军部队武器、弹药、通讯器材由美国供应，给养、服装、草料由英国供应。

1943年3月，在西南太平洋总指挥部所在地印度兰姆伽边训练边装备半年，我新三十师即奉命开赴前线反攻日寇，官兵无不欢欣雀跃，个个摩拳擦掌以待。在不足两个月时间里，我新二十二师和新二十八师前线捷报频传，正值我新三十师八十八团前进到缅甸南开河，即奉命从左侧迂回，千里奇袭密支那城（缅北重镇），在团长杨毅（黄埔五期）率领下，将辎重、车辆留在新平洋后方，全团从团长以下官兵，只带战斗行李，每人一枪一背包，徒步前进渡过南开河，开始爬山越岭，由美军派一搜索部队带领几名土著凭借千分之一军用地图显示的标注方向，沿着喜马拉雅山麓偷渡前进，逢山开路，遇水造桥或泅渡，行军七日，均为毫无人烟的不毛之地。有时，一整天行军爬不上一个山头，上坡时要攀藤附葛而上，下坡时往往一溜就是二三十米的陡坡，而最艰辛的要算辎重连的驭手兵了。上坡时，将马背上的驮鞍卸下来，背上山坡，然后把马拉上去，而下坡时则用双手紧握着马尾顺坡溜下。七天强行军，都从原始森林及热带橡胶树、阔叶林中通过，印缅边界的特点是潮湿多雨，气候炎热，一般气温都在30～35摄氏度，雨水一来，连解开雨布的时间都没有。当你披上雨布时，火辣辣的太阳又出现了；当你放好雨布时，大雨又来了，真是变幻莫测。我们要适应这种恶劣天气还不算，最讨厌的是无数疟疾蚊和森林山地旱蚂蟥（类似二眠桑蚕）！当行军和宿营时，蚂蟥从绑腿钻进去吸你的鲜血，一会儿吃得鼓圆一团，如果把它拔出，腿上就是一个窟窿，有时两条腿都有，好在有预防药和DDV油可吃、可涂，除此之外，当你爬上半山或山顶时，没有水喝，只好喝马蹄水。宿营时，将钢帽翻过来接雨水，早晨起来，上面清亮的用来喝，下层混浊的用来洗脸。

我们从徒步行军开始，每人的米袋子带三日口粮，每天需找林中空地宿营，借用缅刀砍伐树木或竹林，铺上陆对空布板准备接空投补给，飞机三日空投一次。有次运粮飞机中途失事，我们就饿了三天肚子，官兵只好忍饥挨饿，坚持前进，补救办法只有采摘山上黄色的无毒果子或者芭蕉根以及观音花嫩枝充饥。

这次任务中，虽然偷渡摩天岭、野人山比较艰辛，但我们全团官兵一直精神振奋，斗志昂扬，让高山低头、悬崖绝壁让路。当我们行到半山坡，看见一片片、一缕缕浮云从我们脚底下、山沟里游弋或飘荡时，我们身在云层上空，真有飘飘欲仙之感。

在我们艰辛跋涉千里、兴奋不倦的征途中，当行进到雷邦一村落时，与日寇一个警卫连遭遇了，前进开路先锋美军与敌人开火了，战斗不到两个小时，美军因有些伤亡撤退下来，由我团第一营接替与敌战斗，经我们激烈的战斗、跃进和冲锋，仍未能得手。从午至晚，我第一连已伤亡十五六人，其中有一排长负重伤，当即用美载三人小通讯飞机空运到后方治疗。

初次战斗，敌人虽不多，但他们凭借地形居高临下，扼据四周咽喉要道，尤其凭借山顶道旁一橡树（三人围），在树根和树杈上架两挺轻机枪，堵着上山唯一的必经之道，并配置严密侧防纵深火网，完全可以控制我部的前进和冲锋。而我们阵地周围都是茂密的原始森林，道路右侧是悬崖绝壁，迫击炮都发射不出去，即使偶尔发射一炮也被林木阻挡，在空中爆炸，不能命中目标。同时，重机枪也发挥不了效力，联络后方空袭也找不准敌军阵地目标，在森林战斗中，即使敌我相距不远，也不能采取轰炸手段。有时，我们用望远镜观察，将敌军机枪手击落下来。当发令进攻时，敌人又从树下补充第二名机枪射手，当击落第二名，又补充上第三名，如此循环恶战，一连两日，经无数次冲锋，也未拿下敌人这个据点，徒增伤亡。在地形对我方不利的情况下，时间拖延，就有完不成奇袭密支那这个重大任务的危险，怎么办？杨毅团长召集中校副团长胡英杰（高教班六期）、一营营长罗顺辅（战干团一期）、二营营长刘顺斋（战干团二期）、三营营长黄永南（战干团八期）及八一迫击炮连连长黎伟邦（广州五分校）到团部指挥所开会，决定砍伐树木，扫清射界；集中团里12门八一迫击炮和两个营的36门六〇炮及8挺重机枪，以全部火力压倒敌人；由一、三营组成两个突击排步兵，配合两个排的火箭筒炮，并多带手榴弹，分六路一齐拼力猛攻，务须在90分钟内攻下这个据点，否则以军法从事。

命令下达后，只听排炮爆炸声，轻重机枪扫射声，火箭筒炮、手榴弹轰炸声，枪榴弹准确的点放声，加上全团冲锋号声和英勇士兵的呼叫声，一时间响彻云霄。不到70分钟，一举攻下敌阵，将敌人全部消灭，拔掉了这颗硬钉子，缴获敌轻机枪5挺、步枪

70余支、掷弹筒5副，我团首战告捷，为奇袭密支那奠定了胜利的基础。

消灭敌人在雷邦的警戒后，我们团又立即强行军三日，于夜幕时抵达密支那近郊，经过短暂观察，乘敌不察采用夜间奇袭，吓得敌人认为我军从天而降，措手不及，抱头鼠窜。当天晚上，即占领了城西飞机场一大部，击毁敌机一架。随即我师八十九团从后方空运到来，迫使敌人从密支那前去援救，却被我军的二十二师围困在卡盟前后。三十八师在孟拱前线围困敌人，让其首尾不能相接，从而得以对其各个击破。

密支那城是缅甸北部的重镇，背临伊洛瓦底江，素有缅甸花园城市的美称，也是中国通缅甸的滇缅公路的要道，当地守军是敌寇原属近卫师团的第十八师团——四联队，是日寇的精锐部队。我方在占领飞机场的有利条件下，于1944年5月，即沿滇越铁路两侧开始攻城。此时我师八十八团沿铁道左侧方、八十九团沿着铁道右侧，同时发起攻击。我们团的攻击部署是以一、三营为战斗第一线，二营为预备队，在拂晓到达进攻前线时，距敌阵约1200米，敌我双方火炮接触后，经三小时的激烈战斗，我军阵线推进很快，待距敌阵地约200米时，即发起全面冲锋，被敌阵前交叉火网封锁。敌阵地前为一片开阔地，积水没膝，乱草缠腿裹身，难以行进，致使我战斗前线官兵全部受阻，伤亡过半。此次战斗，一营营长罗顺辅、三营营长黄永南、三营副营长丁子良以下官兵700多人均负轻重伤，而我第二连连长李金标、第七连连长姚顺久、重机枪三连连长肖镜光及排长以下官兵48人均英勇壮烈牺牲。当时还没有卫生队，担架排无法将尸体都运下来，直到最后战斗结束，才将尸骨遗骸捡下安放在密支那城边的中国烈士陵园墓中。

由于敌人阵地工事牢固，掩体上盖均以铁轨架成，我右翼八十九团也同样伤亡惨重，我们团在此时只有扼守前沿阵地，暂停进攻，与敌成对面相持之势。

1944年一天黎明过后，天下大雨，敌9人潜入我部指挥所附近侦察虚实，被我察觉，敌人即开枪射击，并乱扔手榴弹。是时，我任团部上尉副官，即率特务排、通讯排进入阵地进行猛烈还击，加上一营后卫重机枪连侧面扫射，不到十分钟将敌人全部击毙。捡尸时，才知这股敌人是由敌上尉军官平洋秀雄率领。从此敌人再也不敢越出阵地一步，只有龟缩在敌阵地内负隅顽抗。后来据俘获的日军口称："日本对中国军队只能是1比1的对敌，对美国军队则是1比3，对英国军队则是1比6，若对印度军队则是1比9了。"

我军在战斗初受阻伤亡惨重，在与敌相持的两个多月中，先后采用飞机不时地进行小群轰炸和俯冲扫射，并辅以重迫击炮，专门对敌坚固阵地实施浸透摧毁。我军以七五山炮、一一五山炮以及炮十二团的五五重炮（射程40公里）加上将高射炮放下脚架当平射炮用，不时地反击敌阵。敌于前沿阵地，凭借坚固的永久性工事，仍然负隅顽抗。团里便采用夜间挖壕前进战术，最后通过了敌阵铁丝网，不断接近敌阵地甚至到与其一墙相隔，连敌掩体内放留声机及说话咳嗽声均清晰可闻。待我前线准备完毕，接到上级命令，同我师八十九团及友军五十师的一五〇团于1944年7月末发起总攻。此时，我团攻击的正面，是敌军营房阵地，待我指挥部的各类炮火压倒敌阵后，我团沿着铁路左侧及前线边界，借交通壕前进之利，跃出阵地发起猛攻。此时，我军最担心的是敌人用轻重机枪侧射我方要害，为此我三营副营长王大光（黄埔军校十四期）亲率十名敢死队士兵将集束手榴弹投入敌阵内，将敌全歼，我敢死队三名队员也壮烈牺牲，副营长王大光身负重伤。我一、三营前线官兵顺利向敌阵地推进。记得还在与敌肉搏战中，有两名士兵，一人杀敌三人，一人杀敌五人（尔后两人空运回重庆受到国防部英雄式嘉奖），我全线官兵杀敌600余人，敌尸横遍野，臭气冲天。我们与八十九团、五十师一五〇团、师七五山炮营、军直四十二重迫击炮营、一一五山炮营、五五野战重炮连，加上美军步兵营与空军，一致团结战斗。经过83天日日夜夜与敌激战拼搏，终于打通了滇缅公路要冲，在密支那城消灭敌十八师团一一四联队加强团以及五十五师团一部三四千人。而我团伤亡也很惨重，全团2725人，有3位连长、7位排长及300多名官兵阵亡，有2位营长、1位副营长、12位排长及1050位官兵负伤，这是我师在远征抗日战争中付出的惨痛代价，但也令中国驻印远征军声威扬世界，赢得了盟国的称誉，英美盟军伸出大拇指连声叫喊："中国OK（好）！中国OK（好）！"

1944年9月，我们迂回奇袭密支那结束后，我军新二十二师和新三十八师已先后攻克了卡盟（也译作甘马因）和孟拱两个敌人重大据点。我们师全部投入渡江准备，把橡皮船结合起来搭成一座浮桥（可载重30吨），通过伊洛瓦底江后，就在沿江北岸的大橡树林内，伐木自建临时营房，补充和整训约两月。我新一军由国内空运和补充五十师及十四师来印缅后，当即扩编为新一军和新六军。此时郑洞国军长任副总指挥，原新三十八师师长孙立人任新一军军长，原新二十二师师长廖耀湘任新六军军长，新一军辖新三十师、新三十八师；新六军辖新二十二师、十四师及五十师。

我团于1944年12月，奉命于滇缅公路咽喉要道南坎1033高地向敌人的据点攻击。此前，我们团由森林战转为江岸城市战，现在又要转森林战、山地战。我们团与敌五十六师团一部激战三昼夜，一举摧毁了敌人炮兵阵地，双方均有伤亡。而我前线夺取了1033高地三个腹心地带及一排敌人纵深阵地，准备在两日后拿下这个1033高地。副团长胡英杰率领第二营迂回到公路右侧的1033高地西面，形成包围1033高地之势。此时，我九十团已形成对1013高地的围攻，在师长攻击命令下达后，与敌人奋勇激战一昼夜。我们两个团分别夺取了1033高地和1013高地，消灭了敌人两个加强大队，缴获敌轻重机枪15挺、步枪250余支，并烧杀了敌一辆装甲车，而我方亦有轻微伤亡，我九十团第三营中校营长王礼宏在战斗中不幸壮烈牺牲。①

此次南坎战役拿下这两个咽喉高地，为我打通滇缅公路夺得了先声。同时我军两个师和新六军业已攻入缅甸中部的八莫、腊戍以及新维诸城，配合英美盟军反攻各地，捷报频传。

瑞丽河是我国怒江支流，横贯滇缅公路要冲，敌人凭借河流湍急之险将所有船只集中在北岸据点，我军沿着南开公路前进至此受阻。1944年末，团长乘轻型侦察机经过空中侦察后，决定在第一营前沿阵地瑞丽河狭窄处强渡，向敌人进攻。此时，孙立人军长亦来到我团指挥所表示同意。我军利用阵地竹林，制成竹筏，挑选强壮会水士兵15人，组成泅渡先锋。此时正值冬天，这15名先锋壮士两手高举冲锋枪和衣服，冒着刺骨薄冰在黎明前泅水至对崖。我先锋壮士利用地形，向敌人发起猛攻，虽然敌人亦有炮

---

① 此备一说，有待考证。本书《参战官兵访问录》等文称王礼宏牺牲于守卫5338高地战役，详见后文。

弹飞来，但多落在水中。我一营官兵随即乘竹筏蜂拥而上，将敌人前沿阵地摧毁，攻下渡口，将集中在北岸的船只全部放回南岸，我全军主力随即渡过瑞丽河追赶敌人，灭敌300多人，并击毙一名敌少佐军官——松冈次郎，我军除负伤5人外，无一人阵亡。此役，也为我驻印远征军与滇西远征军在中缅边界的畹町会师打下了胜利基础。

1945年年初，国内国外两支远征军在中缅边界会师后，滇缅公路终于打通了，八莫城（据说三国时诸葛亮南征时深入的不毛之地，就是今天的八莫城，目前缅甸有不少孔明庙，老百姓对孔明很敬仰）、腊戍、新维诸城的日寇，也相继被消灭，我军取得了缅甸战役的绝对胜利，敌人则节节溃退，当我军推进到缅泰边界曼得拉附近时，英军亦攻占了仰光。这为我西南太平洋盟军计划在北部湾和广州湾围攻会师，打下了良好的基础。

与此同时，在总指挥部史迪威将军的倡导下，我军与盟军派出三个工兵团（中国工兵十团和十二团、美国工兵六团），日夜不停地赶修一条从印度雷多通往云南腾冲的沙石公路，并在公路两侧铺设三条60厘米粗的大油管，三个工兵团仅用三个月就完成了任务。这条公路被命名为史迪威公路，后改名中印公路。

这条公路通车后，我军立即将积压的武器、弹药、车辆、通讯器材、马匹、医药等，尤其是汽油，不断输入国内，仅昆明市区内外各类物资的储藏就堆积如山。

1945年6月，新一、新六两军及总指挥部全体官兵自带个人武装，由缅甸腊戍飞机场先后空运回国。飞机在云南昆明降落，我官兵集结整顿后即准备与英美友军在广州湾、北部湾会师，彻底歼灭日寇，从而取得西南太平洋战争的最后胜利。

我团在云南沾义周围整训月余，即沿滇黔公路前进，始坐汽车，后改为徒步行军，经贵州坝县、普安、兴仕、册享进入广西百色休整。第二夜，突然人声沸腾，鞭炮齐鸣，沿街报童叫卖："号外！号外！日本宣布无条件投降了！"满街满巷的老百姓也敲锣打鼓、载歌载舞地尽情欢笑，有的还化妆表演。盟军官兵为表达胜利的欢欣，向天鸣枪，并发射各色信号弹。我军官兵，无不以狂欢来表达我们内心的激动之情。各类彩色灯光摇曳，军民狂欢通宵达旦。

八年全面抗战，全国军民地无分东西南北，人无分男女老幼，在国家至上、民族至上的大旗下，在国共两党合作下，取得了抗日战争的最后胜利。抚今追昔，抗战胜利果实的得来离不开"团结"二字，在国内是国共两党第二次合作、团结全国军民，在国际上是中、美、英、苏四大盟国团结全世界人民，共同对日抗战。

本文选编自眉山政协《眉山黄埔》，2011年

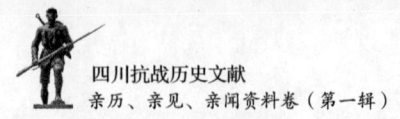

密支那丛林作战

卢少忱

1944年5月17日，中美联军越过野人山，奇袭缅甸密支那，抢占了机场，日寇退入市区坚守顽抗。当时我方急需增援兵力，也需要译员紧密配合。王忠诗、陈鑫和我分别在5月底和6月初自印度雷多乘运输机飞抵密支那。他们俩配属在新三十师八十八团，我配属在新三十师九十团二营。

密支那是缅北最大的城市和铁路终点，又是打通印、缅、中公路必争之地，南下可进攻八莫、南坎、腊戍，并切断日寇向滇西前线日军增援。因此，日寇死守密支那，战斗异常激烈，相持80天方解决战斗，共消灭日寇3000余人，俘虏官兵60多人，我方伤亡官兵6000余人，其中阵亡2000余人。

当时中国部队是主力，每个步兵团配有美国校尉级联络官五人（二人在团部，每营各一人），翻译官也按五人配备。翻译官主要的任务是在团、营长同美国联络官共同研究作战情况和请求美方补充弹药、给养或飞机支持等方面做翻译和联络工作。时值六七月雨季，大雨连绵，双方炮火不断，必须成天躲在积水的掩蔽部里，皮层泡得发白。最困难的时刻，喝的水是随身携带的消毒药片泡过的雨水或河水，吃的是密封纸盒包装的干粮，分早、中、晚（B、D、S）三种，大同小异，不外是几片饼干，一小罐罐头，几支香烟，一块巧克力或果脯干，经常干咽，不免倒胃。当地疟疾盛行，有一种恶性疟疾24小时可致命，每人每天必须吃黄色的阿的平药片，预防疟疾，常吃皮肤会变成黄色。潮湿的地面蚂蟥遍地，吸住皮肉不撒嘴，如果揪断，仍吸住不放，只能用烟头烧烫蚂蟥尾部或涂以防蚊油方能摆脱。

丛林战（Jungle Warfare）像是在丛林里捉迷藏，难攻易守。在茂密的丛林中，日寇经常埋伏着狙击手（Sniper），从上下左右放冷枪阻挡我部队前进。有一次，我身后一名士兵挨了一枪，但看不见敌人在哪里。总之，每前进一步都有危险，要付出代价。有时不得不用机枪扫清枝叶和丛草向前行进。

在战斗的相持阶段，日寇虽被包围，仍顽抗坚守，他们白天不敢暴露目标，每到夜晚尤其是雨夜，便组成三几个人的小组出击，企图突围。有一次，半夜里大雨倾盆，我们营部共六个人（营长、副官、勤务兵、电话员、联络官和我）在掩蔽部里忽然听见20多米外日寇"哈依、哈依"的招呼声，我们趁其不备，先下手为强，五支冲锋枪和一支卡宾枪同时猛扫，击溃敌人的偷袭，次日清晨才发现数十米处我们的一名哨兵靠在树干上已被日寇攮死。还有一次雨夜里，我们营部听见后面响起阵阵日本三八枪的"咔嘣"声，这时接到后面团部电话说，一股日寇窜到团部和营部之间，因团、营部相距不远，命令营部不要向后开枪，以免造成混乱。我们营部几个人只好持枪通宵警戒，直到团部将敌人击溃。

密支那战斗艰苦而激烈，我所在的第二营担任一线主攻，该营张营长因斗志消沉，行动不果断，被当场撤职，换上沉默寡言、指挥若定的刘营长。在久攻不下两军相持阶段，已经61岁头发灰白的史迪威将军曾亲历前线视察战况，他身着一般士兵的绿色军服，戴军便帽，瘦小的身材背着卡宾枪，不断跳上跳下壕沟了解情况，说话稳重却平易近人，没有总司令的派头。

战斗后期，我军逐渐缩小包围圈，日寇更加困兽犹斗，陈尸遍野，一次我军蹚过一条半身深的小河，水上漂着许多具敌军尸体，尸体上爬满白蛆，整条河水散发着死尸腐烂的臭味，我们过河后，身上沾上的这种臭味，久而不散，令人作呕。

8月3日，我军逼近市区发动总攻击那天，天气晴朗，从营部用肉眼可望见数百米外日寇占据的火车站附近的仓库。约在上午八时，一声令下，三个连奔向目标，我和联络官跟了上去，因敌人大多已伤亡，个别人渡江逃跑，战斗顺利结束。据说有一个日寇少尉军官在掩蔽部里不肯出来，直至我军要往里面扔手榴弹，他才举手投降。我曾见到一个负伤的日军俘虏，面黄肌瘦蹲在地上两手合捧着说"密西，密西"要吃的。那份"大日本皇军"的威风，不也烟消云散了吗！我还看见被抓获的一群军妓从远处缓缓走过，她们纯粹是日本军国主义的牺牲品。在后方，日本俘虏被关在用刺丝围起来的场地和茅屋中，口粮不缺，有时还在空场上打球锻炼身体。这与日寇惨无人道杀害中国人民和俘虏的罪行形成多么鲜明的对比！

在印缅战场上，中国军队因有消灭日寇、打回中国去的决心，斗志旺盛，勇敢顽强。有人问日本俘虏，中国军队的战斗力如何，他傲慢地回答："对印度，一个打十个；对美国，一个打三个；对中国，一个打一个。"听起来虽有些夸大其词，但是也能反映一定的客观事实。

1944年8月初占领密支那后，9月间我因故回到印度雷多，当时中美混合战车指挥组（下辖两个战车营）需要翻译官，军委外事局驻印办事处负责人（黎秘书）把48医院欧大澄同学和我转调到战车营的炮一连和炮二连（同学罗济欧也已在指挥组工作），驻地是在印度东北端铁路终点——萨地亚，在那里负责坦克、汽车驾驶，炮兵（75毫米榴弹炮、37毫米战防炮）射击训练等翻译工作。许多驾驶技术、机件、射击要领等专门名词术语与步兵术语大不相同，很感陌生，只好从干中学，学中干，几乎每天都有坦克驾驶训练，既颠簸又吃力，因天气炎热，训练完已是浑身臭汗、沾满泥土，这时跳入布拉马普特拉大江（雅鲁藏布江下游）洗个澡、游个泳便会感到莫大的乐趣。

11月初，战车营从萨地亚乘汽车、驾驶坦克出发，美国联络官和翻译官同驾驶一辆带有通讯设备的指挥车（Command Car），途经印度雷多，越过野人山，进入缅甸的新背洋、马科、夏都塞、甘马因、孟拱、密支那，开赴八莫会战。行军沿途穿过无数原始森林、峻岭、深谷、急流险滩。每到一处驻扎，大都用汽油烧掉丛草开辟宿营地。白天，树上蟒蛇和地面野象足迹到处可见；入夜，森林深处虎啸、狼嚎、猴啼等叫声不绝于耳，大家枕枪而眠，习以为常。

八莫在密支那以南240英里，位于伊洛瓦底江边，是缅北第二大城市，它对打通中、缅、印公路有重大战略意义。战车营在11月下旬抵达八莫市区外围整军待命。当时日寇西面背倚伊洛瓦底宽大江面，东、南、北三面已被我新一军包围，围困在市区内的3000余名敌军，仍坚持顽抗，战斗激烈。据统计，自10月中旬自密支那向八莫进军到12月中旬占领八莫的两个月期间，共击毙日寇2400多人，生俘20多人，我方伤亡1000余人。

12月15日，发动全面总攻击的头天晚上，坦克部队已做好作战准备，可是次日清晨，我所在的战车营炮兵连还没有上阵，八莫已被新一军所属步兵师占领。据说日寇生沉千余伤员于伊洛瓦底江，残余部队大部已被击毙，极少数溃逃出去。当天，我随部队进入八莫市区，房屋几乎全被飞机、大炮摧毁，仅存一片残垣瓦砾，血染的街道上横七竖八躺着被击毙的日寇尸体，有的头部和胸部被炸得稀巴烂，血肉横飞，显然是引爆手榴弹自杀死的。

占领八莫后战车营继续向南推进，1945年1月15日，新三十师和新三十八师攻占南坎后，中缅印公路打通，宣告通车，日寇向腊戍溃退。战车指挥组所属战车营不再随步兵南下，3月间东向回师缅中交界的木姐，建立战车训练班，直到日本投降。我在10月10日回到昆明。

本文选编自卢少忱《从北平到四川到印缅战场》

我在远征军的经历（节选）

刘启达（口述）　范裕珍（整理）

一、印度第一站

飞机降落在中印边境上的汀江机场，我们下了飞机上汽车，大约一小时后便到达转运站。下车后有军官来喊我们收拾好各自携带的需用小物件，然后排成一路纵队，脱掉衣裤鞋袜依次丢进一个土坑内烧掉，一丝不挂地全身消毒，淋浴后换发新装。一个士兵的装备为：浅黄色军服，浅绿色内衣内裤，毛毯各两套（件）；绿色卡机制服，长袖毛衣，帆布腰带，军绿色绑腿各一件（套）；翻皮短统皮鞋，光皮短统皮鞋，平底红、黄胶鞋各一双；水壶、饭盒、挎包、雨衣、蚊帐、头罩（防蚊）、胶床垫、棉被套各一件（只）；还有短纯羊毛袜4双。第一顿饭吃的是大米饭、罐头菜（粉蒸牛膘、羊膘、盐猪膘），没有新鲜菜。随后步行3个多小时到达目的地——雷多。此处有点像中国的小场镇，有几家商店，店主是中国人，在印度已有几代了，穿着清朝式样的大襟短衣，说话须加手势或书写方明其意，据说是郭子仪征战时留下的后裔。

二、雷多见闻

我们在雷多住帐篷，接受新兵入伍"强训练"。两个多月后，我们的黄皮肤变成了"黑皮肤"，也适应了印度的高温天气。五月初举行发枪仪式，要我们爱枪如命，要练好持枪站立、下跪、卧倒、跑动等各种射击姿势和动作。大家练得很认真，即使星期天休息，大多数人也只在上午搞搞自己的卫生或书写家信，下午仍自发地到河滩上继续练习。用罐头盒、啤酒瓶做靶标，尽情地射击，每人要打50发子弹才尽兴，有时还与不同国籍的军人比赛。这对我们以后制服顽敌起到了很好的作用，这是后话。

有次我独自去一个叫底不落加的地方买东西，搭乘美国军车，在这里不管哪国的过路车，远征军人只需记住要去的地名（有中、英文标识）就可免费上车。开车的驾驶员是名黑人，上车后我送他一只出国前在昌福馆买的银戒指，他高兴得很，直喊"OK"后还礼，把他随身携带的打火机、小刀件，甚至枪送给我（枪我没要）。分手时他写了一张英文便条给我，回到班上找金陵大学来的战友翻译，大意是："谢谢中国人！我叫卡尔·大卫，服役美军陆战部队运输队，驾驶兵。祝你平安！"

在这里我还结识了一位五十师的战士，四川安岳人陈洪福。他在缅甸与日寇打过仗，一次去与美军换防，美军说中国军队英勇，常打胜仗。交接时美国兵都欢呼跳跃，连战壕里的呢毯、睡袋都不要了，拿起枪就往后跑。美、英军还说遇到中国远征军去换防是"上帝的恩赐"。

三、新平洋的日日夜夜

我们这一批 300 多人的远征军文化水平比较高，有不少是从四川大学、华西协合大学、金陵大学、音乐专科学校等院校来参军的。1944 年 5 月结束入伍训练后，全部编入新组建的"中国驻印度宪兵独立第三营"。我们第三连调驻靠近野人山的新平洋，盟军第七十三军野战医院就坐落在这里。其中我所在的第一排第一班进驻医院内，主要任务是维护医院的安全，协调约束伤兵之间的纠纷，保障伤员安心养好伤。这里用竹笆搭建的长方形病房，散落山坡各处，约 30 间，每间 20 张床位，住满了从缅甸战场转来的中国伤兵，而医生、护士则全是美国人，女性较多。护士们喜欢同中国军人交朋友，服役期满去美国结婚的就有好几对（双方都是大学生）。

1945 年 8 月 15 日，我正巡逻在野战医院附近，天色已很晚了，忽然听见里面伤兵们在呼喊："日本鬼子投降了。""法西斯彻底完蛋了。""我们胜利了。"医护人员也同他们一起叫唱不停，欢呼声震天。后来，驻中印公路检查站的二、三班的远征军人，也来医院与他们共同庆祝胜利。几天后，连部事务人员搞来一头肥猪和一些白酒，再次欢庆胜利。随即我们连队便开去了缅甸。

四、密支那战场

8 月 20 日，我们集中乘车连夜赶往缅甸的密支那，住营地帐篷。密支那系缅北重镇，是敌我双方必争之地，1944 年 8 月 5 日被盟军收复。其中参战的中国远征军为新一军的五十师和新六军的新二十二师。我们此次经过的地方，没有一条街是完好的，没有一幢房是完整的，剩下的几株树干上也尽是弹孔，很难见着老百姓。城郊、市区已无多大区别，到处坑坑洼洼，战壕、地堡随处可见。一半埋在地下一半露出地面的地堡，上面是用圆木堆集而成的。地堡与地堡之间是连通的，里面储备有可供一两个月用的食品、饮水和弹药。奇怪的是我们到此除了见到残存的食物和满地抛洒的"春宫图"外，还有铁链，后据参加过战斗的人讲，日军顽抗死守，怕士兵临阵脱逃，把他们锁在坑内抵抗。据说还有所谓的"丛林战"（也叫森林战），就是在树林中相隔一定距离的丫枝上设置战垒，同地堡上下配合作战。起初盟军很不适应，牺牲较大。后来盟军使用了空军轰炸、扫射，陆军火焰喷射器喷射，才取得最后的胜利。

1945 年 8 月 26 日，我们全连从密支那回国，去上海协防"上海日侨管理处"管理日本战俘和日本侨民的工作。

五、管理战俘

战俘管理所在上海市郊区。战俘是日军士兵和班、排、连长一类的俘虏，思想比较顽固。我们对其管制亦较严：不准吸烟、吃酒，不准高声喧哗，不准粗暴对人，不准越所偷逃。有少数傲慢不服管者，经训斥仍不改正则施以体罚，直至其低头认罪为止。

有一次，我们去游泳池见着几个日俘在那儿抛浮动的木块玩。他们瞧不起我们，却装着客气"请"我射击。他们丢下水池一块，我端着枪射中一块，继续丢继续射，块块击中弹无虚发。这时他们才伸出大拇指叫好，佩服了。这都是我们在印度新平洋河滩上苦练出来的功夫。

监督遣返日本战俘的地点在上海江湾大坝子。战俘们排好队将各自携带的物品摊开摆在自己面前的布单上，经检查若有美金、贵重饰品、成批物件及不许带出的违禁品，都要交到指定地点，不准带走。也没有躲避不交，或低声下气乞求留下某某物品的现象。在检查中遇雨，只要工作人员不喊遮盖，或收捡，或避淋，他们不敢开腔。

我们接管了日本军官的战马、自行车和存放在仓库里的所有战争物资。

六、日侨区的治安管理

某天，有个日本侨民来到我们部队驻地——虹口区原"日本宪兵司令部"（我们进驻左半院，日侨管理处驻右半院，分工协作管理日俘、日侨）。他向我们接待室人员反映"有一个中年兵在侨民区内挨家挨户收走了几十只手表"。我们赓即前往察看，此人乃汤恩伯部队的兵，我们当场在他袖内两条臂膀上抹下了30多只手表。我们将手表当场交还失主，将此兵押交警备司令部了事。

我们部队在大门外设有岗哨，全日轮流值班，内有接待室，有关中日双方各种纠纷，由外勤人员调查呈报处理。日本人从此处经过，都会自觉地向哨兵躬身四十五度，双手下垂，以示敬服！

由于工作需要，我们经常去侨民家串门。日侨区房屋多为两层，楼下临街一面系绿化带，楼上住人。我们尊重他们的习俗，进门脱鞋。当我们上楼推开活门时，他们全家人匍匐在榻榻米上迎接。所谈内容多是家常，或教学日语，避谈政治。离开时他们亦弯腰四十五度送别。虽语言不通，但成年日本人大多能书写汉字，并以此交流。

七、怒砸辱华挂牌

我们初到上海时，进行过一次武装游行。10辆大军车，每辆载一个班，均配有3挺机枪，士兵荷枪实弹。一路上抗日歌声不断，汽车鸣笛声不断，老百姓欢呼声不断。但当队伍行进至法租界公园门口，突然发现那块侮辱了中国人几十年的"华人与狗不准进园"的牌子仍在那儿悬挂着时，远征军人和周围群众顿生同仇敌忾之感。我们班的一位战士端起冲锋枪，连发子弹把它击毁了。虽然这纯属个人行为，事先并无此安排，却大长了中国人的志气。当我们的队伍行进到最繁华的南京路时，欢迎者人潮如织，前面那件未经请示的行为，也就不了了之。

八、远征军中的共产党员

1946年4月底，我领到"复员证"，5月初由上海乘火车到南京候船，趁此机会我们黄埔中学的4人（除我外还有谢平、黎永才、罗家国）去宪兵司令部监狱看望叶丛高同学。他是被宪兵特高组抓捕的中共地下党员，同他关在一起的共产党员还有贾仕廉。1953年我偶然在成都街头遇见叶丛高，这时他已是解放军军官了，正同部队一道向南门方向开拔，喊他时，他感慨不已，后去了西藏。贾仕廉复员后去了"航校"工作，1948年该校整体迁往台湾，他未去，现已退休。谢平，后来参加志愿军，去了朝鲜。

九、一句公道话

中国青年远征军在缅、印境内征战 2400 余公里，历时 3 年有余，歼敌 5 万余人，收复城镇 50 余座，直接支持了缅、印当地人民。但是对于中国在反法西斯战争中的地位和作用，外国一些媒体和历史学者拘于偏见，一向采取漠视态度。他们片面强调美、英、苏在战争中的作用，很少提及中国所做的贡献。倒是当时美国总统罗斯福说了一句公道话。他在一次谈话中说："假如没有中国，假如中国被打垮了，你想一想，有多少个师团的日军可以调到其他地方去作战。他们可以马上打下澳洲，打下印度。他们可以毫不费力地把这些地方打下来，他们可以一直冲向中东……那将是什么样的结果！"正是中国军队的浴血奋战，沉重地打击了日本法西斯侵略军，从战略上配合了欧洲、亚洲及太平洋战场上盟军的行动，加速了世界法西斯势力的崩溃，促进了世界反法西斯战争的胜利。

本文选编自《少城文史资料》第二十辑，2007 年

印缅作战记

姚 辉

一、成都到汀江

我们教二团同学此次飞印，以排为单位上飞机，我排推选大学同学田振邦做领队，当天（6月17日）下午自成都乘汽车抵达新津国际机场。哇！好大的机坪，好多的美军军机，机场设备的壮观让我对这场战争的胜利满怀信心，心里暗自呼喊："祖国啊！你不会亡！"这里是美国十四航空队的基地，我们抵达机场时，看见好多架美军机空中堡垒，挂着红布彩带，写着"顶好"，据说那是昨晚轰炸东京归来的军机，机员尚在睡觉。

我们这个排三十六人共乘一架美军运输机，于当晚九点三十分起飞。我第一次坐飞机，第一次出国，又要去打仗，没有经验，心中七上八下。刚起飞时，天气很热，升空后慢慢地凉快起来，之后我们一个个沉睡起来。我在半睡半醒之中，暗忖此去不知何年何月才能回国，也不知会否葬身异

姚辉

域，那就听天由命。过了大约三个小时，飞机有些动荡，大家从睡梦中惊起，这时感到特别冷，便赶快把随身带的棉军服披上，有同学臆测这是在跨越驼峰。又过了两三个小时，飞机下降了，突然感到热起来，接着机身震动了一下，就停了下来。这时我们满身大汗，热得令人难受，原来已经抵达印度的汀江机场了，此时已是翌日（18日）凌晨三点半。

这时机场一片寂静，大家很有秩序地跟着下了飞机，登上停在那里的一辆道奇车（中型吉普车），驾驶兵是美军士兵，车辆疾驶上柏油公路。忽然汽笛长鸣，轰隆轰隆的一列小火车疾驶而过，我此前未见过火车，这回算是开了眼界。到了天明，抵达盟军汀江办事处，暂时住宿于此，等候向兰姆伽训练基地转运。

汀江办事处是一排排架设好的营帐，里面是竹子制成的通铺，并没有建筑物，连办公室也是营帐，可以说是一个转运站。

我们刚去的头一天深夜，一个同学起来如厕，突然发现一个不知是什么的怪物从厨房里跑出来，吓得他大声喊叫，大家惊醒起来，发现原来是猴子偷吃东西。

我们自汀江机场下机，抵达营房后，每人发给英国平底胶鞋一双，吃饭自己做，发给给养和炊具，燃木需自己劈，木块不太干，不好劈，弄一餐饭要花好多时间。我们抵

此后全团恢复建制,采取自治,早晚点名唱校歌(中央军校校歌),井然有序。

那时印度正是雨季,霎时大雨倾盆,顷刻雨止,忽而又来,一天不知凡几。雨后马路上出现好多蚯蚓、螺蛳,体形都特别大,为国内的所不及,蚊子、蜻蜓也特别大,为以往所未见,地面有一股羊骚味和汽油味,非常难闻。

二、兰姆伽的"逃亡"

我们在汀江驻了两个星期,乘火车出发前往兰姆伽。这是我第一次乘火车,此乃运兵专车,硬座。列车开出,由慢而快,两边好多印度人齐集,以好奇的眼光观望,有的鼓掌欢迎,有的比手势高声叫喊:"Chinese 顶好!"我当时顿觉热血沸腾,心想这就是所谓的"扬威异域"吧!

火车抵达恒河,我们先换乘轮船,后来又换乘火车,总计经过一个星期的舟车辗转,最后抵达兰姆伽。完成预防疟疾注射后,由我国士兵驾驶的接兵车载至河边营房,第一营分发战车营,第二营分发新三十师山炮第一营,第三营分发新三十师榴弹炮第二营。究竟根据什么分发的,我们并不清楚,我排三十余人分发至第一连,山炮营是骡马炮,我们一看到那又高又大的美国骡马就吓了一大跳。分发完毕后,大家乱猜,有的认为是新三十师抢人,把我们当作一般壮丁,而我们在教二团受训时填过志愿,现在没有按志愿分发,于是就有人主张大家一起去驻印军总指挥部请愿。就在翌日黎明之时,大家起床集合,整队出发,要去驻印军总指挥部请愿按照志愿分发。卫兵以为是队伍要出去有什么事,也未加阻止,我们第一连的同学排在最前头,由一名四川大学同学张光瀛领队,向一条据说是通往总指挥部的柏油公路前进,不一会儿,后面有吉普车追来,紧接着是十轮大卡车载着荷枪实弹的老兵,开至前方挡住去路。经从吉普车下来的那位军官跟前面那位张光瀛同学理论一番,队伍掉头回到营房。营长张昌琪中校将我们训斥一番,并令老班长把张光瀛同学捆绑带走,后来才知道这是他故意做给大家看的,不一会张光瀛又回到了连上。后来,连长进行个别谈话,询问每个人的志愿,再看各人的体格状况和连上的需要,留下少数人,其余的送去战车营。就这样,这一场远征军学生在印度"逃亡"的闹剧就落幕了。

三、兰姆伽的炮兵训练

兰姆伽是盟军训练基地,中国军队改称为"驻印军"。我被分发至驻印军新一军新三十师山炮一营一连第一排第二班任超级下士第四炮手,我营有四个连,即三个战炮连,一个补给连,每个战炮连编制一个观通排、两个战炮排、一个弹药队。战炮排有两个战炮班,每班有一门火炮(七五山炮),有班长、副班长各一名(又称炮长、瞄准手),炮手八名,驭手两名,我所占的第四炮手缺,按编制是上等兵,而实际上支下士薪,叫作超级下士,这是政府对从军学生的特别优待。

我们驻河边营房。当时是雨季,一天晴、雨好多次,出操时原本烈日当空,忽然乌云密布,大雨倾盆而至,大家赶快跑进营帐,此时水沟注满,倾注而下,瞬间雨停,地面干了,水沟水也没有了。值星官口笛一吹,大家又跑出来集合操作,此时艳阳高照,蝉声鸣起。一天之中,如此反复好几次。

训练项目分为炮操和驮载训练，前者用炮、收炮连续几次下来几乎使人瘫痪，不胜疲乏之至；后者不仅辛苦，有时一不小心，骡马失控、狂奔，训练者会被咬、被踢、被踏。

吃的主食也是米，红红的，近似糙米，不太好下咽，菜肴都是牛肉罐头和一种豆角共煮的，黏黏的，有点酸，很不好吃，士兵以四川人居多，大家都好想吃辣椒，偏偏没有。

每个来此地的人，都会水土不服，罹患疟疾一次，上吐下泻，落魄失魂似的，撑过这一关，以后就不再有事。我也曾亲身经历，那时夜间起来，全身无力，跟跟跄跄，一步一步地去到老远的粪坑大便，中途要停步好几次，走不动。听到对面火车鸣叫，灯光闪烁，顿时感到置身异域，家园不知何方。不过经过这一次之后，就不会再发生了。当时每个人罹患疟疾，都会被送去美军医院诊治，我也被送去过一次。

四、初上战场——参加南坎之役

我们自1944年7月初起，在兰姆伽接受炮兵训练三个月，同年10月初，密支那已经收复，雨季亦已停止，盟军第二期反攻缅甸在这时开始。

自兰姆伽出发，部队经由火车、汽车的交替运输，经新平洋抵达雷多之后，开始步行通过野人山，沿当年我远征军在缅甸战场失利，被敌军截断归路，逼向印度撤退的路线前进，这是以人工在万山丛中临时开辟而成的羊肠小道，沿途遗留有不少人马腐烂的尸骨分列在小径的两旁。据老弟兄们说，当年中国军队在撤退之中，由于饥饿和疟疾，当停下来暂时休息之后，一个个就不能复起而倒死在小径的两旁，难怪那些尸骨犹排列整齐，好像二路行军纵队似的，好不凄惨！

一次涉水渡河，在岸边发现一架我国军机残骸，机身尚属完整，国徽清晰可见。

在行军途中，每遇大雨滂沱之后，泥泞满地，当停下来暂时休息时，解开绑腿，就发现一条条细小如针的干蚂蟥叮在小腿上，猛地一拍，干蚂蟥立即掉下，被叮过之处不断渗血。这种干蚂蟥晴天也有，尤其进入森林时要特别小心。

作者于1988年与孙立人将军（原新一军军长）合影

除了干蚂蟥之外，还有野兽，有一次晚上，轮到我站十至十二时的岗，森林之中乍闻虎啸之声，吓得我急忙推开步枪保险，准备射击，幸好没有出事。

五、5338高地和南坎激战

密支那收复之后，驻印军扩充成两个军，即新一军和新六军，同时做人事调整。新一军军长由原新三十八师师长孙立人将军升任,辖两个师,即新三十八师和三十师,新三十八师师长由该师原一一四团团长李鸿升任,原新三十师师长胡素去职,由新三十八师副师长唐守治调升。新六军军长由新二十二师师长廖耀湘升任,下辖三个师,即新二十二师、十四师、五十师,新二十二师师长由原该师副师长李涛升任,十四师师长为龙天武,五十师师长为潘裕昆。

我们山炮一营到了密支那,稍事整训,开始战斗行军前进,此时友军新三十八师正在八莫与敌展开激战,我师即奉命迂回进攻南坎。经若干日翻山越岭,人困马乏,始抵达南坎近郊。某晚,我连在距离5338高地数千米的一条山溪旁边扎营,入夜之后,山坡上面的老滇缅公路上,一辆接一辆的中型吉普车满载步兵,彻夜响个不停。弟兄们预感将有紧急情况发生,心中有种莫名的感受。到了大约凌晨三点,值星官的紧急集合笛声吹起,限四十分钟内用餐并驮载完毕,在公路上集合。大家一跃而起,稀里哗啦地忙成一团,溪边跟公路的坡度极陡,班上三个炮手硬把火炮像"拉死猪"一样地推了上去,驮载完毕之后,沿公路缓缓前进。沿途步兵、工兵、通讯兵、辎重等挤得水泄不通。天亮之后,进入阵地,射击任务开始,我们第二炮属于基准炮,负责试射任务。每次射击都比其他三门炮先行发射,接着施行一连若干次的效力射。每门炮发射三千多发,炮管发红,便不能再使用了,立刻通知美空军空投更换。步兵是在第一线位置,当炮兵轰击到相当程度时,步兵发起冲锋,炮兵延伸射程,这叫作步炮协同。

由于我军抢先攻占南坎近郊之5338高地的制高点,在步炮协同与美空军的支持之下,以雷霆万钧之势攻下南坎,粉碎了敌军固守待援并增援八莫的企图。日军狼狈而逃,遗留大批尸首、武器、物资。而我炮兵也付出了相当代价,副营长兼我连连长受伤,观测员阵亡,观测士张光瀛受伤。炮二连阵地于夜间被敌军窜入,火炮被炸毁,连长朱良恭阵亡。

六、芒友会师与抗战胜利

八莫、南坎相继收复之后,敌军于缅北失据,落荒而逃,我军乘胜追击,一鼓作气,攻克贵冲、新维,进逼腊戍,都未经大规模作战,山炮也派不上用场。

翌年(1945年)1月28日,我驻印远征军与滇西远征军会师于芒友,至此,滇缅公路打通,战略物资源源输入,有利将来反攻。同年3月,我军收复腊戍,日军完全退出缅甸,我驻印军任务于焉达成,我营驻腊戍整训,更换装备。

我山炮营经驻腊戍整补之后,于1945年5月凯旋,各连分为战炮人员与骡马两部分,前者空运,由腊戍经密支那直飞昆明。所乘军机为美空军C-119运输机,我们所乘那一架,载着本班火炮、装备与我们五个炮手。起飞后一个多小时,我从机门口往下望,地面景况异乎缅甸,山脉、河流、村落、公路、城市清晰可见,我想下面应是云南,心中呼唤着:"祖国啊!我们这群游子回到你的怀抱了!"当飞机着地下机时,喜见先我们到达的弟兄们前来迎接,才知道这里是昆明。

七月,我师奉命自驻地出发,配合总反攻,我任瞄准手,攻打雷州半岛。我营先是以汽车运输,抵达贵州安龙之后开始步行。8月15日越过广西百色,途中传来日本无条件投降消息。

　　说也奇怪，日本投降了，抗战已经胜利，大家理应欢欣鼓舞、兴高采烈才是，可觉得日本投降得太快，我们已无缘继续在战场上描写那战斗的诗篇，不由感到失望，因此我们教导团的同学开小差的反而增加，这种情况，也许是一种英雄主义在作祟吧！

　　日本既已投降，我军改授广州区受降（接收）任务。我山炮营自南宁经粤江水运，于10月抵达广东省增城县新塘镇，接收日军马匹，并就地整训。在此期间，政府原拟派我们新一军去东京做占领军的，后以国际情势变化作罢。

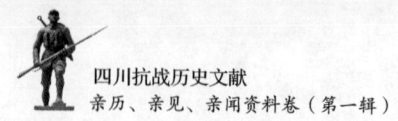

参战官兵访问录

邱中岳等

罗锡畴将军访问记录

一、受访人：罗锡畴
年龄：九十岁
退伍时之军阶：少将
二、滇印缅作战期间服役情形
服役部队：第五十师第一四九团
军阶级职：上校团长
三、受训之军事院校：中央军校第七期
四、目前居住地：台北市
五、访问地点：自宅
六、访问时间：一九九六年九月二十日
七、主访人：邱中岳
八、记录：李淑姿
九、整理：孙建中

索卡道作战

陆军第五十师于民国三十三年空运参加缅甸作战，一四九团原本配属新二十二师，但两天后又奉受美军布朗上校的指挥作战，不料在瓦拉渣西侧的山地，因布朗上校指挥不当，我军在森林中徒劳往返，爬了几天山又回到原地（瓦拉渣）附近。

我军休息了两三天，又奉新二十二师廖耀湘师长的命令，派遣本团第三营配属新二十二师六十五团去完成布朗上校没有达成的任务，其余在原地待命。不料第三天我就奉命去接替新二十二师六十四团和六十六团攻击敌阵地的任务，因为敌我相持多日，攻击位置早已成了防守阵地，以两营兵力接替两团，自然没有攻击的打算。

虽然我再三叮咛我的两位营长，要特别小心！我本以为有几天可以休息，没想到第三天日军即开始撤退，我军开始跟踪追击。因为我的性格比较积极，不顾日军的阻击，打算一旦碰上日军就立即绕出侧面给予袭击，不让他们有立足的机会，因此在没有掩护阵地的情况下，我团向前行进不到十日就到了索卡道附近。

大概是史迪威总指挥看到前线战情进展较快速，为明了状况，特派一（美军）上校参谋来前线视察。和他见面之后，略谈战况他就立即问我是不是曾在印度受过训（太平洋战事发生后，美军特地在印度的某地设置一教育班，专门训练盟军的中级干部使用新式武器及战术），我回答："没有。"他又问我："你的部队是否经过美军的训练？"我回答："也没有。"他立即叹了一声气！我猜他一定这么想：你既没有受过美军的训练，你的部队也不曾受过美军训练，这样能作战吗？

我立即叫翻译官对他说："在国内我军没有制空权，整天在日军空袭威胁之下，行动极感困难，重武器太少，常受日军炮火的威胁，交通不便，运补极感困难，在如此情势之下，自然不敌日军。现在的情势恰好相反，哪有不占上风之理！"那上校听了立即连连点头。

索卡道既无村舍，也没有田园，完全是一片丛林，林木既高大又甚浓密，其中的灌木更极稠密，所经道路也极狭窄，不过地势较平，日军即利用它做中继站，铲除部分灌木，搭建不少棚屋，作为伤病的临时医疗站。这地方并不像是战略要地，所以日军在这里并没有多少正式的攻防设备。

我军攻击时，只有采取搜索方式前进，仅遭到日军班排的轻微抵抗，并没有发生大规模的激烈战斗。在黄昏之前我军已全部控制了战局，我军搜索战场，仅发现十余具战死的日军尸体，另外竹棚里还有几具病故的死尸尚未掩埋，还有已遭破坏的中型运输车三辆。

卡盟作战

卡盟距离索卡道两三英里远，占领索卡道的第二天一早，我带着部队继续向卡盟攻击前进。卡盟位于山头的尖端，地势较高，我军一出丛林没走多远，卡盟的村舍就遥遥在望了。先头部队以战备状态搜索前进，直到经过卡盟村舍，犹不见日军踪影，我立即下令部队停止前进并实施警戒，这时新二十二师六十五团也由卡盟西侧山地到来，虽然彼此都很辛苦，但皆因为轻而易举就收复了两个据点，自然皆大欢喜。第二天新二十二师的部队亦相继到达。

当我军收复卡盟后，新三十八师也自胡康河谷东岸南下，收复了墨高。墨高在卡盟的南端，两地相距百公里以上，新三十八师孙立人师长立即电会新二十二师廖耀湘师长，请他派兵南下和新三十八师共同消灭两地间的日军，廖师长立即下令一四九团担任这一任务。我团在卡盟休息了两天又继续南下，但因日军数量不多，无法抗拒南北夹击的我军，仅令后卫予以掩护稍做抵抗，便逃窜进入山中。此役虽没有激烈的战斗，但第一营营长因看不懂地图，而误入敌阵负伤。五天之后，新二十二师和新三十八师南北两军在北缅会师，我团旋即同赴墨高待命。

密支那作战

我团在墨高停留两天后，又奉命到密支那归还建制，此时已是七月下旬，入缅作战已近半年。虽说是受人指挥，但实际都是单独行动，我团半年来并没有碰上太激烈的战斗，但也都能圆满完成任务，觉得还算幸运。

至于密支那的作战，本战役原是由一美国准将麦利尔负责，他率领少量的美军和我驻印军第十四师的四十二团、第五十师的一五〇团、新三十师的八十八团共三个团去袭击密支那，但遭遇日军顽强抵抗久攻不下，于是又立即增派新三十师的两个团参加作战。

我团到达密支那，城中的日军已被盟军包围了八十多天，第五十师的师长虽然也在那里，但他并未负担任何作战的任务，第五十师的一五〇团并不归他指挥，我一四九团虽说是归建第五十师，但到达密支那后，师长也不知道如何处置我们。

当我一四九团到达密支那向师长报到时，师长就说："麦利尔将军要你去接替四十二团的任务，要你去他的指挥部一趟。"我和麦利尔见面后，麦利尔就说："你们这一路打来，已非常辛苦！应该休息的！可是四十二团宁团长负了伤，希望你去接他的任务。"他说完后就派了一架小飞机载着我到密支那上空侦察了个把小时，临走时又对我说："希望你明天就去接防，只要你参加，这个战争很快就会结束的！"我无可奈何只好照办。

第二天我接完任务返回团指挥所时，在中途忽然遇上史迪威指挥和他的幕僚及麦利尔等前来视察，我和他们相距两三米时，就在路旁向他们举手敬礼，史迪威他们答礼后前进两步，伸出手和我握手并说："很对不起！上次让布朗上校带着你们冤枉爬了几天山。"当时我不知道该怎么回答只好说："我军没有受过山地作战训练，这次多少学到点教训，借此熟悉一下而已，并非无益的。"一个美国三星中将肯低头对一个中国上校道歉，在中国是找不到的。

我团接防后经过一天的探察，得知日军的阵地全部都设在老百姓的房屋下面，根本无法目视探得。因为缅甸北部雨季一到，每天都是倾盆大雨，十分潮湿，故一般房屋的地板离地都有三尺左右高，日军的工事全部设置在房屋地板下面，因此我军不易找到目标，攻击极感困难，同时日军又利用地形地物构筑阵地，利用一切可用的地形地物作为掩体，待在掩体中，等待中国攻击部队到达他的掩体枪口前面时，才开始用机枪对我军扫射。

四十二团有个步兵连，就在日军阵地前几乎全部阵亡。我军知道日军正做困兽之斗，日军也知道他们没有生还的机会，故誓死不屈。最后我军采用突击的办法，用自愿方式集合九十多名官兵组成突击队，规定成功以后，每人晋升一级，并加薪一个月，除带冲锋枪和步枪外，另外再带手榴弹八个。突击队冲进日军阵地后，只要发现有洞穴立即丢手榴弹，若有反应再丢，没有就继续前进。并要求在突击队攻进城中时，预备部队立即跟进，同时整个阵地上的部队也群起前进。就这样准备妥当后，大家各就位置，等待攻击命令。

八月二日这天是个晴朗的日子，那晚皓月当空，如同白昼，我军左等右等，但月亮总是高悬天空！直到八月三日凌晨三点，我军已无法再等，于是下总攻击令。不料密支那守城的日军，经过两个多月被我军层层包围的折磨，早已精疲力竭，战力已消耗殆尽，疏于防备，因此我军的突击队不声不响地便突击进入城中日军的阵地。

城中不时传来手榴弹的爆炸声，接着看见我突击队发射的信号弹，这时我军预备队立即攻击前进，日军惊慌失措地向伊洛瓦底江狂奔，根本无暇反抗。一些残余的日军在江边想过江逃往八莫，但均被我沿江一带的一五〇团全部歼灭。

另有一小队日军约两百人来不及向河边逃走,因而挤进密支那城北端的两个大炸坑内,在遭受我军迫击炮一阵轰炸后,没有一个日军生还。到了中午密支那作战已经结束,我团清理战场,没有找到一个生俘,也没有找到一件像样的战利品。我想并不是没有,实在是我们不愿自找麻烦。以上是民国三十三年八月三日我在密支那向日军做总攻击的战况。

细胞(西保)作战

密支那战事结束后,我一四九团得到一个礼拜的休假,我和几位军官去加尔各答游历,加尔各答有座盟军总部租下的大旅店,在那吃住都不花钱,但因为不习惯,我们自己花钱住在一家名叫中国旅馆的旅社里。一个星期很快就过去了,我回到雷多(印缅边境),停留了几天。这时部队已由国内运来新兵填充空缺。同时团也由密支那移防到墨高南部的旷野,在那进行整训。等到我回到团部时,训练已经开始,编制虽有更动,但武器仍未更换。

光阴如白驹过隙,一转眼已是民国三十四年的初春,我团的整训已告一段落,部队又开始向瑞丽河边移动。此时的日军,在缅甸已穷途末路,唯有在中国边境的腾冲日军,仍在拼命抵抗。这时我滇西远征军已在瑞丽河两岸的山头和日军激战十余日,日军无法支持,即向南溃退,我团则奉命立即向细胞方向搜索前进。

细胞为腊戍与曼德勒的中途站,在泰国清迈的北端。不过此时日军兵力已是到处吃紧的时候,因此其在细胞的兵力不会很多,顶多只有一个大队分开在两处防守。日军设防的重点主要是在细胞北端,以抵抗我军由瑞丽河南下的部队。其次是细胞东南端的高地,那里是缅甸通往泰国清迈的交通要道,日军只要守住那个独立的小高地,在腊戍的日军部队便可以随时安全撤退,因此日军有一支部队在此高地驻守,欲对我军展开顽强的抵抗。

第五十师由师长统率,并以一四八团为先头部队,沿公路向细胞前进。一四九团则由东侧山林向细胞东北方向移动。在距离细胞北方不过四五公里处,有条由东向西流的河流,河虽不宽大,但流速却很急,公路上的桥梁已被日军烧断破坏,我军第五十师的一四八团与日军隔河对峙。

这时已是三月初旬,天气不冷不热,一四九团由东侧森林前进到了河边,刚好碰上河道弯曲处,河面既不甚宽,河水亦不很深,在密林中取材又极方便,因此一四九团很快就架好了桥,并在黄昏前安全渡过了河。这时已是深夜,一四九团便在森林内扎营,并拟于拂晓时进攻细胞。

一四八团此时正隔河与日军展开炮击战,远方炮声隆隆。一五〇团此时为预备队,在后方休息。天亮的时候,一四九团开始攻击,我团如入无人之境,很快就将细胞占领,我将部队分开部署作战,首先以第一营向北支持与日军隔河对峙的一四八团,其次以第二营向南对曼德勒方向实施警戒,最后以第三营向东南方高地的日军实施警戒。

这时只有向北攻击前进的第一营不断传来枪声,并不时夹带着急促的机枪声。黄昏时,据报有三辆日军轻型战车自北向市区冲来,但没有后续部队跟进。一日军战车不久即在第二营阵地前被我军击毁。而在第一营阵前被我军打得溃不成军的日军则向森林方向逃窜。于是我军攻克细胞市区，只有在细胞东南方高地的日军依然死守不退，我立即下令第三营四面部署，防止残敌窜逃，并集合全团所有的迫击炮一齐猛轰东南方的高地，顷刻之间高地上硝烟弥漫，日军血肉横飞。事后我团清查高地时，发现高地上原先驻守的近百名日军全部丧生，于是整个细胞的作战便暂告结束。

伍天雄少校访问记录

一、受访人：伍天雄

年龄：七十六岁

退伍时之军阶：少校

二、滇印缅作战期间服役情形

服役部队：新三十师第九十团

军阶级职：中尉排长

三、受训之军事院校：中央军校第十八期

四、目前居住地：台南市

五、访问地点：自宅

六、访问时间：一九九六年十月

七、主访人：张锡浩

八、记录：张锡浩

九、整理：孙建中

入印成军

民国三十二年双十节，我自成都中央陆军军官学校第十八期第二总队步科毕业后，就被分配至重庆江北鸳鸯桥，在军政部教导第一团第十二连担任少尉排长，训练来自全国各校志愿从军的青年学生。我连投笔从戎的学生，包括来自北大、复旦大学及国立十五中、十六中的学生，他们都是沦陷区受日寇侵华之害，背井离乡，跋涉千山万水，来到大后方陪都重庆，志愿投笔从戎，以期消灭日寇、还我河山、拯救黎民的青年志士。

这批学生训练约半年，即奉命前往昆明待命。民国三十三年五月二十八日，我们抵达云南昆明后，连长李少校（其名忘了）及两位上尉排长（其姓名均忘），于该日晚餐时对我说：伍排长，你刚自军校毕业不久，年龄又小，体力又好，六月三日我们这一行人就要飞到印度去，你以中尉代连长身份将这连学生兵运到印度向新一军报到，我们年纪大了，体力又不好，又不耐飞行，所以由你带去等语。

当时我一口答应，六月三日上午八时许，由昆明机场起飞，在飞行途中我在椅上睡着了，后来突然醒来，自机窗望出去，只见翠绿的森林，景色很美！不久当我由机窗往外看时，却已看不见山顶，当时觉得好奇怪，怎么飞机不在山顶上飞，而在两山间飞行呢？如果稍一偏差，岂不撞得粉身碎骨。这是什么山？怎么这样高呢？正当我纳闷之际，忽然想起我们是去印度，想必这就是世界上最高的喜马拉雅山了！但为什么不是一片皑皑雪景，而是翠绿的美景呢？啊！原来这是六月天了！后来才听到翻译官讲，因为喜马拉雅山太高了，山顶上的空气稀薄，老美的一一九运输机飞不上去，只有依据他们测定的航线，在两山之间飞行，这才使我茅塞顿开。

当飞机于汀江机场降落后，一打开飞机门，老美的卡车已开到机门口，我们这一连人（一百二十余人），直接就下飞机到卡车上，根本未着陆地。当我抬头远望时，五六百米的地方，有五六人在那里弯着腰工作，打着赤膊全身乌黑发亮，当时我只觉得，飞机怎飞到煤矿来了。但我忽然想起是不是已经到印度了。

不久卡车开动，一直开到老美设置好的帐篷军营，美军命令我们脱掉全身的衣帽鞋袜等，一丝不挂到老美设置好的浴室洗澡，出来后立即穿上英军安排好的全套军服鞋袜等，就这样成了"中国驻印远征军"。我们原来的衣物及少许钱财通通被烧掉，我们只有既来之则受之。

在汀江住了约一个礼拜，就奉命开往兰姆伽编入新一军新三十师接受整训。我们由火车运输，这一列车上只有我一个军官，我一个人乘坐一个车厢，里面有卫生间、洗澡设备及卧室等，非常豪华。这是我出生以来第一次享受这种待遇，也说明印度阶级观念很重。该列车停在加尔各答市，当地民众都来欢迎，手舞足蹈，口中聒聒叫，虽然我们听不懂他们的语言，却能体会出他们是来欢迎我们的。火车停了约五分钟，继续往恒河码头开去，到达恒河河岸时，就改乘游轮横渡恒河，上岸后就到了目的地兰姆伽新一军新三十师师部。

到师部人事科报到后，科长将本连的学生全部编入师炮兵连，我个人即被派到战防炮连当中尉排长，当时我对科长说："我学的是步科，不懂战防炮。"该科长立即改派我属该师九十团机枪第一连任中尉排长，就这样我与曾朝夕相处、患难与共的这群从军学生分开了，直到缅甸战事结束，都未再见过面。

密支那作战

民国三十三年七月初，我新三十师一切准备就绪后，就立即开赴印度边界雷多，以便乘飞机空降密支那，切断日军后方的补给线，拦截日军的支援部队。那时我新三十师八十八团，在美军野马式飞机轰炸及低空扫射日军的掩护下，连飞机带人一起空降密支那机场。打开机门我军官兵蜂拥而出，遭受到机场四周日军各型轻重机枪扫射，伤亡惨重，死伤约两营之多。机场中的尸体堆积成了堡垒，继续降落的新三十师八十九团也伤亡过半，稍后我九十团官兵也随之降落，但因前两团已在机场站稳脚跟，并逐次扩大战果，所以我九十团的官兵仅伤亡十分之一而已，这是因为前两团掩护的关系，所以伤亡较轻。

这次空降密支那的战略运用，不但是空前的，也可能是绝后的！哪有不是空降部队，而连飞机带人一块空降的打法？这也是老美驻中印缅总指挥史迪威的特殊打法！反正死的是中国人不是美国人。这真是一将成名万骨枯的典型例子。

当我排分乘两架飞机前往密支那时，我排王排副所带的半排弟兄，已安全降落密支那机场。但我这架飞机到了密支那上空时，不知何故却不能降落，又飞回雷多，直到第二天才飞往密支那降落。当我率领半排弟兄（机枪第八班及火箭筒班）下飞机时，已看到美军的野马式飞机正在机场四周扫射日军；我新三十师在机场的部队则向日军发起猛烈攻击，并将机场全部占领，之后向密支那城进攻。

我带着半排士兵，向密支那城的日军阵地前进，在途中，看见担架兵抬着我军受伤的弟兄下来，当我详细看时，意外发现其中有昨日先遣空降密支那作战的我排王排副。当时我感到很悲痛，并告诉我所带的本排弟兄，要他们勇敢向前杀敌，替王排副报仇，消灭日军，为我们死难的千千万万的军民报仇，并安慰王排副好好在后方疗伤。

我排在两军的枪林弹雨中，与日军接上火，敌我打得难分难解，照明弹在空中飞来飞去，照红了天空，煞是好看，但一不小心就有伤亡之虑。每名官兵都步步为营，小心谨慎，因为我们与日军仅距离五十米，双方隔壕交战，一个冲锋即可达彼方阵地，真是丝毫不敢大意。

这时我军火力强大，加上又有美军的空军及我炮兵的支持，日军已成强弩之末，包围圈继续缩小。

我军在密支那作战，可以说是寸土必争，战况十分激烈，敌我双方从短兵相接进行到坑道战。我第一连刘连长（军校十四期毕业，但其名已忘记）于此役中阵亡，该连第一排中尉排长滕则波重伤，其他各连的官兵死伤约三分之一！我排仅王排副一人负伤。因我排是重机枪排，是以猛烈火力行超越射击，支持第一线步兵攻击冲锋，所以伤亡较轻。

密支那的日军在我军久攻之下已渐渐支持不住，在仓促中慌忙撤退。但前有伊洛瓦底江阻隔，后有我军紧追，日军原本要和密支那共存亡，所以并未准备渡河工具，谁知道到了紧要关头，日军竟然溃败想渡河，于是只能利用木板竹筏等工具。而此时我军已追至伊洛瓦底江畔，乘日军在渡河中途将日军全部歼灭，尤其我军的重机枪，发挥极大威力，扫射渡河中的日军，只见日军纷纷中弹落水，伊洛瓦底江成血染之河。在我军收复占领密支那城后，团长项殿元上校将我团重新部署，以便补充及整训，以备继续向缅甸中部进攻，这时已是九月底了。

攻克密支那的第二天，营长卢楠中校召集全营排长以上干部于一处坟场附近训话，以检讨此次战役的得失。这时忽然飞来一枚手榴弹，落在我们这群人面前约两米远的地方，我们立即卧倒，等了约五秒钟，该手榴弹却未爆炸，虚惊一场。于是营长决定清理战场，密支那城内一定还有未撤走的残余日军，我们便分头派兵搜索，凡日军所建之工事掩体及隐秘之处都不放过。后来在一处日军的掩体内发现几个日军，叫他们出来投降，他们却不理会，我们即开枪射击，但他们躲在转角处，射击不到他们，因此我第七机枪班长，投掷一枚手榴弹过去，却被日兵反投出来，幸好我们卧倒得快，否则我们必有伤亡。如此连续三次，我第八机枪班长火了，他将美式手榴弹的插销拔出，在手中停了三秒钟，再将手榴弹投入掩体内，此时日兵仍将手榴弹拿起来，预备投出，但来不及了，该手榴弹立即爆炸。我们等了几分钟，发觉该掩体内没有动静，始派兵进去搜索，发现掩体内的日军全部阵亡。掩体内共有三名士兵、三支步枪，各枪只有一颗子弹，大概准备最后自杀之用！此外尸体裤带上还挂有一个小红口袋，里面装有保护平安的千人符及少许黄豆。

第二天我们继续搜查，发现城郊有一竹子搭成的独立房屋（缅甸乡间的房屋，多半是竹子建成的，分上下两层，上层是人住的，下层是养牲畜的）。我与第一连王排长前去查看，王排长在前，进到该屋下层，空无一物，即上楼查看，却听到屋内有声音传出，因为是竹子建造的房子，只要有人一动，竹屋即发出声音，王排长此时拿着冲锋枪，往前一看，说时迟那时快，屋内投出一枚手榴弹，王排长头一低，手榴弹自他的头顶飞过落在地上爆炸。幸好该楼很高，破片飞不高，我们没被破片所伤。这时王排长拿着手中的冲锋枪，朝屋内扫射，二十发子弹全部射在敌人的胸腹部，好像蜂窝一样，日军不支倒地，气绝身亡。我们进去查看时，该日军手中还握有一枚手榴弹未投出，然后搜他身上，找到一张他的全家福照片，照片上有父母、妻子、儿女，该日军是日本早稻田大学毕业的少佐军官。

密支那被我军攻克后，经几次战场扫荡，已无残余日军，这时上级命令新三十师在密支那补充整训，以备下一目标的攻击。可惜密支那城在美军的野马式飞机轰炸及我炮兵的猛烈轰击下，已是断垣残壁片瓦无存，一片废墟，无法居住，我们只好搭盖帐篷栖身。

南坎作战

我军在密支那整训一个月后，即奉命进攻南坎日军。因为在密支那作战时，我新三十师八十八团及八十九团打前锋，伤亡惨重，而我九十团担任后援，伤亡较轻。所以这次攻击南坎，是以我九十团为前锋。我团以第一营为左翼营，攻击南坎外围的日军据点；第三营为右翼营，攻击南坎外围五三三八高地的日军据点。我军浩浩荡荡向南坎攻击前进，左右翼两营均与日军展开血战，可以说是三进三出，累攻不下。日军坚守不退，而且从八莫调来第十三混成支队支援，该支队长为山崎四郎。因此我新三十师反被增援的日军团团包围，危在旦夕！

我排当时配属步兵第三连，占据南坎左侧一带高地，被日军包围四天四夜没有饭吃，没有水喝，也不敢睡觉，困得眼睛睁不开时，也要勉强睁开，以监视日军。幸好该高地很高而且陡峭，日军多次冲锋，都被我军击退，尤其我重机枪发挥了极大威力，使日军受到重创，但我重机枪阵地已被日军发现，日军调来平射炮猛轰我重机枪阵地，我第七机枪阵地被日炮击中，伤亡惨重，仅剩该班班长及两名射手未负伤，其余弟兄均被破片击伤。那时在我们干粮袋里，都有急救药品及两个急救包，伤兵可自行包扎，我命令第八班抽调四名弹药兵以补充第七班，继续坚守阵地，以待援军或与阵地共存亡。第五天拂晓前，忽闻零星的枪声，远处也传来炮声与机枪声，我想一定是我们的援军到了，这时大家打起精神监视山下日军，直到天亮时，发现山下的日军全不见了。这时我们才被援军解围，奉命归建。在归建途中，见着路边的流水，大家都不约而同捧着猛喝，实在渴得要命，也饿得要命。

南坎被我大军攻克后，我才知道当我新三十师九十团被日军包围时，师长唐守治少将即率八十八团及八十九团增援，新一军军长孙立人将军也立即率新三十八师全师增援，美军则动用了所有卡车，才在第五天的早晨抵南坎击退日军，解了我九十团的围，并一举攻占南坎。想起来真是命大啊！

检讨此次南坎战役，实乃我高级将领轻敌之故，他们认为我军攻克密支那之后，日军主力已被击溃，不会再有多大的战力了！所以进攻南坎时，仅派我九十团及炮兵一连,深入敌阵地,这真是犯了孤军深入的兵家大忌。幸好增援得快,加上我军奋勇死守,有与阵地共存亡的决心,否则我军将战败,反攻缅甸的远征军士气必受打击,对之后战果的影响必定很大!

解围后,师长唐守治少将,在南坎战地对我们训话,他称赞我团官兵誓与阵地共存亡的决心,发扬了中国军人的武德,对我们甚为嘉奖,并命令我团整补后,继续向前进攻,以完全歼灭日军,收复缅甸。

南坎攻下后,此时出击云南腾冲的远征军亦到达缅甸,两军会师于南坎附近的姆色(Muse)。重庆国民政府派来于斌总主教率领的宣慰团,在该小镇的郊外向我们这些战士讲话,代表蒋中正主席及后方民众向我们致上慰问之意。同时滇缅公路也打通,这对国内的物资补给与运输有很大的帮助。

新维作战

南坎收复后,盟军随即南下,但在新维遇到日军强大的抵抗,日军凭借新维城外的两个高地为屏障,构筑坚固工事据守。两山前有一块四五千平方米的平地,虽然杂草丛生,但无法抵挡日军火力。军长孙立人将军只好动用战车,以步战联合作战,逐次向敌阵进攻,方将日军击溃。

在两山峰谷口的公路上,我三辆战车被日军地雷炸坏,动弹不得,但我步兵却占领了该险要地势,入夜后各部队派遣小部队抢攻新维城。我重机枪排本是奉营长之命支援步兵第三连作战,这时该连连长派我重机枪排随他连第一步兵排去夜袭抢攻新维。该连连长李上尉(其名已忘)自己却不去,因此指挥成了问题,因该连第一排长的官阶是准尉,而我是中尉排长,如何指挥呢?幸好该排张排长很尊重我,一切听我的指挥,依我的计划行事。

当时我决定弃公路而走山道,请当地的缅甸人带路,由该步兵排派两班兵前行,紧接着是我的重机枪排(含火箭筒一班),随行的还有六〇炮班及押后的步兵班。我军避开了敌人在公路上的主要火力及日军战车的攻击。又因我们脚上穿的是英国皮鞋,鞋底有铁钉,在公路上行走声音一定会很大,老远就会被敌人发觉,不但不能达成抢占新维的目的,说不定还会招致重大伤亡。所以我采取了以上行动。

果然我们在拂晓前到达了新维城郊,在走出山谷时,立即与日军的巡逻部队遭遇,这时我们只好硬攻,我两挺重机枪一字排开,向日军猛烈射击,张排长率领的三个步兵班向前攻击,六〇炮则由我指挥,向敌后增援的日军行阻止射击。这时敌我双方枪声大作,我军猛烈地向日军进攻。日军看情势不妙,连他们驻守的中小型战车也开始撤离。因为日军不知我们到底有多少兵力,加之此时日军在战场上节节战败,士气低落,一见我军夜袭(这是我军反攻缅甸首次夜袭),只稍微抵抗一下就撤退,不久我后方主力部队也随之到来,结果谁也没独占其功。第二连连长陈静一上尉负轻伤,第一连王排长负重伤,士兵受伤二十余人。因为他们是由公路去夜袭抢攻,不但被日军发现,而且遇上了日军的主力部队,所以第一、二两连伤亡惨重。我排及第三连之步兵排,因走的是山道小径,所以无一人负伤,反而使得日军心惊胆寒,认为我军从天而降,所以只好仓皇撤退。

八莫作战

日军自新维仓皇撤退后，我军则猛追逃窜之残敌。此时日军已成丧家之犬，直到贵街才稍有抵抗，随即遁入八莫。八莫是日军缅甸大本营的堡垒，如八莫失守，则腊戍及曼德勒将不保，八莫的战局关系着日本在缅甸整个战局的成败，因此日军要在此做困兽之斗，在八莫和我军一决死战。

此时日军在缅甸各地节节败退，于是坚守八莫，企图在这扭转战局，所以在八莫构筑最坚固工事，如建筑钢筋水泥的碉堡等，犹如法国的马其诺防线，易守难攻。当时八莫由新六军的新二十二师主攻，和日军作战月余仍久攻不下，中国远征军总指挥史迪威将军只好申请美国空军协助，实施陆空联合及步战协同作战，并动用工兵的推土机，才得以摧毁日军的防御阵地。八莫的日军十分英勇，富有日本的武士道精神，都与阵地共存亡，无一日军投降，由此可见在八莫敌我战斗之激烈。

我中国远征军攻占八莫后，又立即直取腊戍，此时日军已无战力，中国远征军在缅甸的反攻作战始告结束。我新一军于腊戍整训的有新三十八师、新三十师及五十师，还有两个独立的炮兵团及两个独立的战车营等，并成立干训班调各部队排、连长加强训练，我当时也是受训的学员之一。这时国内贵州独山、都匀，遭受日军进攻告急，国民政府立即调远征军回国，暂驻昆明、曲靖一带，以备攻击日军，解独山、都匀之危。不久日皇裕仁于民国三十四年八月十四日，宣布无条件投降，第二天第二次世界大战也终告结束了！

施与德上校访问记录

一、受访人：施与德
年龄：七十五岁
退伍时之军阶：上校
二、滇印缅作战期间服役情形
服役部队：新三十师
军阶级职：少校营长
三、受训之军事院校：中央军校第十八期、陆军参谋大学
四、目前居住地：台北市
五、访问地点：自宅
六、访问时间：一九九六年十月一日
七、主访人：邱中岳、谭中文
八、记录：刘祥锋
九、整理：孙建中

密支那作战

新三十师系由驻成都附近陆军第二十五补训处改编而成，于民国三十二年奉命调为

驻印军,归当时新一军军长郑洞国将军指挥,整编补充后由昆明空运印度,进入兰姆伽训练基地,整训仅八周,即告完成,全师官兵除极少数人具实战经验外,大部分均无实战经验。

民国三十三年四月我驻印军兵分两路反攻缅北,新二十二师与日军相持于卡盟和孟拱之间。新三十师则与美军编成突击队(约两营),翻悬崖攀峭壁,经过古木参天、人烟罕见的库芒山区,有时遭遇到深而急的河溪与深可没人的沼泽,披荆斩棘、逢山开路,饱受蚂蟥疟蚊的侵袭,随身带的炮灰、盐巴、防蚊油等都成了抵御大自然的武器。而最令人头痛的还是饮水问题,森林里的小溪很多,但是如何判定可以饮用是颇为麻烦的。

我们经过二十多天,靠着指北针指引校正方向,绕过日军百余里,终于抵达密支那机场,接着美军第十四航空队飞临密支那城上空,实施奇袭轰炸,出乎日军意外我军占领了密支那机场(时为五月十五日)。

在密支那作战中,新三十师八十九团在王公略团长率领下先行空运到达,向密支那城日军展开攻击,当时有一下级军官向他报告,附近有一制高点应先予占领,可惜的是王团长未采纳其意见而错失先机。那制高点次日即被日军占领,成为我军攻击密支那城耗时达八十三天之久、伤亡千余人的主因之一,殊为惋惜!战后检讨,王团长虽遭撤职之处分,师长胡素少将亦被调职,但已无法换回我军重大的伤亡和损失。

我新三十师全师于五月十六日起至二十日先后抵达密支那,配合友军向密支那城的日军第十八师团之一部三四千人发起攻击。(日军第十八师团长田中新一为一九三七年上海战役金山卫登陆及一九四一年打败英军占领新加坡之骁将,所部素称强悍,但在缅北却惨败于我军之手,其部队的关防亦成为我军之战利品)

密支那的日军凭借坚固工事与密支那城未及撤离的部分居民,存储有相当充足的粮食弹药,并强迫该城千百民工构筑工事。我军为了减少平民伤亡不用重武器进攻,一度还减少空军的空袭活动,而这些却都成为日军顽抗据守的优势,尤其机场平坦广阔,制高点又未能及时占领,以致要接近攻击日军十分困难,造成我军伤亡累累!

密支那城虽被我军包围,但日军的战斗意志却十分坚强,顽强抵抗,固守待援。日军训练精良,狡猾顽强,尤以其狙击手射击技术精湛,不妄动不虚发。配置在树上的狙击手往往将两腿捆绑在树干上,倘若已被我击中,也不会倒下来,照样立着或坐着托着枪,如果我们没发觉日军狙击手已死,仍会浪费一部分的火力和人力去对付树上已死的日军。

其次日军往往会在阵地前或公路上放置较贵重物品,如手表、钢笔等,并预置地雷引线,使我方官兵误触地雷,日军这类伎俩,在前线是不胜枚举的。

在密支那作战初期,我军虽然伤亡较大,但也获得不少实战经验,所以在六月的战斗中,我军每日仅有少数伤亡,到七月份我们已有不折损一兵而得日军数条性命的战果。密支那城被我军紧紧围困,阻绝了日军援兵的通路,使日军无法获得大量的增援,而且我军不时在外围掳获企图增援密支那的日军,使城中的日军对其增援绝望。

我军为了减少伤亡,采用挖掘坑道的方式逐步接近城内日军的阵地和据点,虽然进展缓慢,但每天都有所收获,使并肩作战的美军咋舌惊叹!我军往往为了消灭一个日军的阵地或据点，便组成敢死队，一身挂满手榴弹，冒着随时可能被日军狙击射杀的危险，向日军阵地爬行，我们都十分紧张地等着消息，尤其是美军朋友们的神情更为紧张，大家共同担心着向日军阵地爬行的战士们的安危。不久突然传来震耳的爆炸声，同时夹杂着急促的机枪声，我们更加紧张起来。后来看到敢死队达成任务平安归来，我们都十分高兴。美军朋友一看满身泥浆混着血迹的敢死队战士们完成任务归来，都会竖起大拇指，狂热地拥抱他们，有时反而让我们中国官兵不好意思。我军敢死队战士们会送美军一些战利品，如千人针、万人袋、太阳旗、军用票等，美军则会马上回送战士们美国香烟、军毯、皮鞋、啤酒等。

我军使用坑道战术，终于攻克了密支那城日军的据点，如大缅寺、火车站、水塔等地。七月十九日日军由莎拉克医院抽编伤愈士兵三百余人乘木筏沿伊洛瓦底江增援密支那，但在中途就被我军发现击沉，我军生俘数名日军，经审讯得知密支那日军将粮尽弹绝，正陷入绝望之中。

密支那作战进行至七月底时，我新三十师八十九团和九十团发起决定性的总攻击，并配合渗透敌阵的我师突击队，实施内外夹击，战斗至八月三日下午，我各攻城部队均已进入密支那城扫荡残敌，敌指挥官水上少将自杀，我军俘获山桥大尉等二十余名，歼灭数百人，在江边又射杀欲逃窜的日军数百人，残余的百余名日军在丸山大佐指挥下向八莫方向逃窜，密支那城在沦陷于日军之手两年后，终于被我军收复。

陈庆忠上校访问记录

一、受访人：陈庆忠

年龄：八十岁

退伍时之军阶：上校

二、滇印缅作战期间服役情形

服役部队：新三十师第九十团第三营第八连

军阶级职：上尉连长

三、受训之军事院校：中央军校第十六期、陆军参谋大学

四、目前居住地：高雄市

五、访问地点：自宅

六、访问时间：一九九六年九月二十七日

七、主访人：邱中岳、华中兴

八、记录：史桂连

九、整理：孙建中

兰姆伽整训

我出生于民国六年，军校第十六期毕业，民国三十二年搭乘美国的运输机从昆明空运到印度。这种美军运输机的功用是从印度运送重要物资到中国，回程则空运中国军队到印度整训，飞机上没有座位，大家均席地而坐。当时是抗战最艰苦的时期，中国的外

援完全靠由印度飞越喜马拉雅山空运，但空运的数量十分有限，所以必须打通滇缅公路。因此中国派遣部队到印度协助美军及英军作战，并在印度接受美军的装备及训练，准备反攻缅甸，打通滇缅公路。

我们这群青年便在政府的号召下前往印度，但团里营长以上的干部却没有参加远征，只是由营长以下的带队官带着部队出国到印度。当时有许多消极的人士叫我们不要出国，并说我们此去是肉包子打狗有去无回。

从昆明空运到印度，这一条路线出事率很高，因为喜马拉雅山很高，必须绕着山峰飞，因此飞机经常不是碰山，就是发生机件故障。

在空运到印度的途中，我乘坐的飞机就出了状况。飞机发生故障后，正驾驶便跳伞离机了，我们感到事态严重，于是阻止副驾驶跳伞，结果意外安然降落在印度汀江机场。这次要不是我们阻止副驾驶跳伞，我们一行数十人恐怕要葬身在千年不化的高山冰雪之中。当飞机降落在机场跑道旁时，救护车、消防车正在四周待命，当副驾驶下机后，机场人员欢呼一片，并把他抬了起来。

我们下飞机后，就到一处帐篷内领取一些生活必需品，并洗澡换衣，把从国内穿来的衣服烧掉。我们住在帐篷里，但卫生很好，伙食也很好，天天有牛肉可吃，全团到齐后，就坐火车到兰姆伽。

大概花了两天才到达兰姆伽，但还没下车就发现有一名士兵得了天花，美军认为这是件特别严重的事情，我们的部队不允许下车，全团被送到数十里外露营，美军把天花看成是非常严重的传染病，因此我们就在野外扎营住了一个月，直到未再发现有人感染天花，才准我们进驻兰姆伽。进驻之前，我们每一个人的衣服都要消毒。

兰姆伽是一处美军训练基地，这里有许多训练部门，有战术学校、兵器、战车及炮兵等训练单位，官兵分别在此接受训练，国内的高级军官也分批来这接受训练。在这里星期天放假，大家可以自由出去玩，可以去兰溪、加雅等地。但不许去加尔各答，因为距离太远，当天无法返回营区。加雅是释迦牟尼佛的地方，有座寺庙庙前有一棵菩提树，树旁有一脚迹，庙内有一位中国和尚，他告诉我们，菩提树下那个脚迹，就是释迦牟尼升天成佛的地方。

在兰姆伽出去玩时，中美英印官兵都在招待所吃饭，中美英官兵吃的东西，有些印度官兵是吃不到的，事后我们问印度军官，印度军官表示：印度是英国占领统治下的殖民地，印度官兵不能享受和中国军人一样的待遇！也难怪战场上的印度官兵并不认真作战。在缅甸战场上有一个日本兵的作战日记是这样写的：两个日本兵只可以打一个中国兵，一个日本兵可以打一个美国兵，一个日本兵可以打两个英国兵，但一个日本兵以可打一群印度兵。

我在兰姆伽受过战术学校的训练，有刺刀训练、工兵训练、轻机关枪及平射炮训练、指北针的使用及丛林作战训练、游泳训练等，各式各样的训练都有，受完训练也颁发毕业证书给我们。

美军对我军的训练很专精，他们要求我们把每一项的科目训练好后，再训练其他科目。令我印象最深的是，我们使用美国的枪榴弹训练，这种训练是十分危险的。美军教官训练我们一定要把榴弹装丢出去，结果他一射击，枪就炸膛了。因此美军教官要求我们操作枪榴弹时，不能使用真的子弹装填，要用枪榴弹专用子弹，而且必须要非常小心。

我当连长时，不仅自己对所有兵器要会要懂，还要训练每个士兵对各种武器样样都会。例如机关枪射手，过去我们在国内只训练他们如何瞄准，如何射击，如何补充弹药，其他手榴弹、枪榴弹及冲锋枪的训练则不教他们，所以他们的战力有限。我们在缅甸作战时，到处都是丛林，所以对方位的判定很重要，如果不会判定的话就会迷路，那就只有死路一条。对地图的判断也很重要，要能说出方位坐标。另外空中的判图也很重要，排长如果没有受过训也看不懂。我们在国内上的弹道学太深奥，士兵往往听不懂。但美军的训练不是这样，他们要求多人操作武器，一挺机关枪有三人负责，射手、副射手，三个人可以轮流操作，所以说美军的训练是针对战场的需要设计的。例如，最初我们在印度整训时，是使用美式装备，那时我们打日军的战车，是使用他们拨发给我们的战防枪，子弹是飞机上用的五○子弹，但每个连只有一具，十分笨重，没办法携带。我们反映了这个武器的缺点，并说明没办法把它带到战场上去。后来换成二点三六火箭筒，这是美国研究成功后马上应用到战场上的新武器，后来美军又发明了三点六的火箭筒，美军的这些武器完全是应战场上的需要而发明的。

密支那作战

打密支那时，新一军新三十师配合美军行动，当时新三十师的师长是胡素，他是黄埔军校一期毕业的，但他不久就被撤职了！和新三十师参加密支那作战的美军是五三○七支队。美军五三○七支队是类似团的组织，这个支队有三个营，每个营搭配我们一个步兵团，由于要爬大山过去，为了行军方便他们几乎把所有的重型武器都丢掉，只带着警戒武器前进。

快到密支那时，我方警戒哨兵与日军遭遇，美军一个电报拍回去，所有作战所需的武器就空投下来，盟军便马上可以和日军作战，可见这些战术都是根据美军战场需要所设计的。

在密支那作战时，我在新一军新三十师九十团第三营第八连担任上尉连长。关于密支那作战，起初是由印度空运中美突击队去袭击缅北重镇密支那，当时密支那机场外围仍为日军占领控制，我们被空运到密支那机场，下了飞机后，我连全连到齐，便立即对日军搜索攻击前进。

当时日军并不太清楚我们的动向与兵力，我连的攻击进展也很快速，当到达一座独立屋附近时，因为太深入敌境，我连暂停前进，在原地构筑工事。那时正逢雨季，交通壕构筑完成后，低处的积水都深至大腿。我军停止攻击，日军也不再撤退，经分析日军已无能力向我军攻击，只是阻止我军攻击前进。在一个夜晚，我连派一小部队兵力夜袭日军（因为全连官兵大部分泡在积水的壕沟里，时间太久恐怕身体会受不了），想不到这仗却袭击成功，使日军撤退。

南坎作战

新一军占领密支那后，经过短暂的整补，便立即继续向日军攻击。新三十八师为先头部队，包围八莫，但遭到日军的强烈抵抗，久攻不下。新三十师则奉令绕过八莫向八莫—南坎攻击前进。

新三十师到达卡的克便和增援八莫的日军遭遇，新三十师九十团为先头部队，当即展开作战：以第一营在左翼，第三营在右翼，向日军攻击。第三营第七连、第九连为第一线攻击部队，第八连为预备队。当时第九连已抢占五三三八高地，日军增援的部队则沿着八莫—南坎公路前进。

第一营在卡的克遭受日军猛烈攻击，阵地被日军突破，预备队已向前支援，但仍不能阻止日军前进；第三营预备队位置在第一营的右翼。敌攻击的重点在第一营，团长项殿元立即命令我第八连支持第一营，由侧方攻击日军（第三营正面当时没有日军）。我带着第八连由侧翼向日军猛攻猛打，使在原第一营仍站脚未稳的日军招架无力而撤退，于是我连收复了第一营的阵地，第八连重新归建。

日军在我方左翼攻击失败，改攻我右翼南坎外围的五三三八高地，想利用此高地牵制卡的克一带我方的军事进展，并且利用五三三八高地这个制高点，来解救八莫被我军包围的日军。如果日军攻占此高地，可以控制八莫—南坎公路，新三十师可能需要全师后撤，故五三三八高地此役对敌方而言非常重要！

第八连归建后，王礼宏营长要我接替第九连，因为第九连抢占五三三八高地后第二天，遭到日军攻击，伤亡很大，死伤了几十个官兵。王营长带着我去第九连阵地视察，我看到第九连伤亡的官兵都没有后送，于是我要求营长先将伤兵都后送，否则士气本来很高的我第八连弟兄，一旦看到第九连这些死伤的士兵都没有处置得宜，士气一定会受影响，接下来的仗怎么打？我向第九连连长表示，第九连的伤兵什么时候送完，我第八连就什么时候接防。一直到黄昏时第九连才将伤亡的官兵后送完毕，于是我带着第八连的弟兄去接防。

在王营长带我上去看了五三三八高地后，我心里就想着：如果日军占领五三三八高地的话，他们要防守太容易了，因为五三三八高地面向我方，坡度很大，上山都很困难。我们守的话也很困难，因为面对日军的正面是起伏地，固守很困难，也难怪我方的伤亡会这么大。

在接防第九连任务时，我决定不带六〇迫击炮排上山，只带两个步兵排、一个重机枪排和观测员，并且把环形的防御面加大，因为这次作战是遭遇战，没有什么重大工事可构筑，我也加强警戒，并趁日军尚未发现我连动向时，利用夜晚偷偷做好战斗准备、加强工事。当天晚上平安无事，直到第二天日军才开始向我连攻击，日军发射了一百多发炮弹，五三三八高地有两百平方米，日军炮击我阵地，然后开始向我阵地攻击，我第八连官兵沉着应战。等到日军攻击接近射击有效距离时，我第八连集中所有的武器向日军齐发反击，使日军不能再前进一步。日军炮兵原已延伸射程，数分钟之后日军又继续炮击我阵地，掩护部队撤退。

日军拂晓第一次对我阵地的攻击行动，虽然炮击我阵地十多分钟，但我连伤亡很小，主要是因为我连已加强防御工事，把阵地加大，人员疏散距离亦加大，否则我连的伤亡可能同第九连一样惨重。日军第一次攻击失败后，第二天又发动第二次攻击，此次日军仍然是先行炮击，但在这次日军炮击中，我第三营王礼宏营长在阵地中被日军炮弹击中牺牲殉国，副营长唐伯中升营长，而我由第八连连长升为副营长，但因战事需要仍兼任连长（直到三个月后缅北战争结束，我才离开第八连）。在这次日军炮击中，我连士兵伤亡也不少。回想起来我就很难过，因为我连的士兵都是湖南的年轻学生。

由于日军在第二天的攻击中仍然进展不大，于是在第三天拂晓，日军集中所有的火炮，朝第八连阵地猛烈炮轰，我第八连这天伤亡数超过前两天的总和。当时新三十师炮兵团的迫击炮也集中火力支持我连作战，但因为火力过于集中，造成迫击炮不慎击落美军运输机的悲剧，当时担任迫击炮连的连长是赵宗信（现在台湾）。

日军第三次炮击，使第八连的阵地毁坏三处之多，最严重的是正面的步兵阵地全部被毁，重机枪排阵地也被摧毁，日军以此阵地为突破口，派十一名日军朝第八连阵地冲锋。我第八连核心阵地只有一个班加上连部的几名士兵，于是集中火力阻挡日军的冲锋，但这样少的兵力防御是不够的，正在这千钧一发之时，何启湘班长从被日军摧毁的一班阵地中爬出（当时他腿部已负伤），发现日军已突入我核心阵地，便立即用冲锋枪向冲入阵地的日军背后射击，在我核心阵地士兵的反击和何班长的夹击之下，来犯的十一名日军全部被我方击毙。何班长回头又拿着机关枪向第二波冲锋的日军射击，此时我重机枪排已完成阵地变换，也开始向冲锋的日军侧射，第二波先头冲锋的日军均遭击毙。在日军第二波攻击中，有一名敌军官手拿指挥刀带头冲锋，被我方首先击毙，这次日军攻击失败后便立即全面撤退。

由于当时我方还未能证实日军是否已撤退，机枪班班长便立即跳出阵地，在我方火力掩护之下，把被击毙的日军指挥官的指挥刀、手枪、肩领章全部拿回来，证实被我方击毙的该名日军军官为少校大队长（营长）。

事后我们察看日军阵地，发现日军的遗尸很多，炮弹痕迹遍布，证实日军的伤亡比我军惨重。我方牺牲了一位营长，日军也同样牺牲了一名大队长。

第三营第七连、第九连两连超越第八连追击日军，第八连则在原阵地向师长所属的美军联络官十多人报告这三天半激烈的战争经过。听到我的报告后，数位联络官把我高高抬起，并连连欢呼：顶好！师部的联络官当场表示我应当授勋。

后来美军驻印军总指挥索而登中将，为上尉连长陈庆忠、第八连上士班长何启湘各颁美国银星勋章一枚、奖金两百美元。这两百美元是美国人为获勋者发放的请客之费，美国人想得真周到。

在日军攻打五三三八高地时，孙立人将军打了许多电话，下令我们一定要固守这个高地。我们结束战斗后，我在原地向军教导队学生说明了战斗的经过。

贵街作战

打下南坎后，远征军及驻印军会师，但我们作战部队还是继续向前作战，我们打到贵街，贵街那边是山地，然后有个很大的开阔地，日军在这设有防御工事，此时我第三营为预备队。我方第一、第二两营在这和日军展开作战，虽然我方猛烈炮击日军阵地，但日军仍未撤退。我军在这停滞了很长一段时间，团长项殿元于是命令第八连迂回绕到日军侧后方，支援正面攻击，这是一个高度困难的任务。

我们编组了一个加强连，奉命限期到达日军的侧后方支援正面攻击。日军的侧后方为森林起伏地,第八连刚到达即被日军发现,遭到日军射击,一名传令兵身中五颗子弹被送回后方,不到两个月即回连上。当日军向我射击时,我立即使用六〇迫击炮向日军射击,虚张声势,迫使日军撤退,部队继续向前攻击。

总结

一、制胜原因:士气太重要!那个时代出国官兵心里只有国家至上、民族至上,在国内战场,我军碰到日军时,因为日军武器比我们好,只有用消耗战争取时间,受尽日本人的气。到印度后,装备好、营养好、医疗等设备好,因此碰到日军根本未把他们放在眼里,士气高、豪情万丈,以至所向无敌。

二、密支那作战中,小部队运用非常成功。

三、在卡的克支援友军时,从侧翼猛攻猛打,使日军无力还手。

四、五三三八高地三天半的战斗,消灭日军大队长以下二百人之多,使这个要地固若金汤。

五、贵街作战,大胆迂回勇猛前进迫使日军撤退。

几场战役中令我最难忘的是何启湘班长(江西人),如果没有他,恐怕五三三八高地战斗会有更大伤亡,也许第八连将全军覆没,新三十师全师会被迫后撤,则战况将不堪设想,战局恐将改观,真是小兵立大功!

李清上校访问记录

一、受访人:李清

年龄:七十七岁

退伍时之军阶:上校

二、滇印缅作战期间服役情形

服役部队:第五十师第一四九团

军阶级职:上尉连长、少校营长

三、受训之军事院校:中央军校第十八期

四、目前居住地:高雄悬大乡

五、访问地点:自宅

六、访问时间:一九九六年十月十六日

七、主访人:邱中岳、谭中文

八、记录:刘祥锋

九、整理:孙建中

索卡道作战

我们五十师属于五十四军(军长阙汉骞),在民国三十三年由昆明坐飞机到印度汀江。后来因前方部队伤亡太大,我们就被空运到新平洋,然后到孟关,这时史迪威要五十师一四九团到沙杜渣配属新二十二师作战,并命令由美国布朗上校指挥一四九团,向索卡道实施迂回包围。布朗上校指挥不当，带着我们在沙逊山区白走了五六天，部队还是在原地打转，我们饿了几天没东西吃，顶多吃些野生的芭蕉根。后来一四九团团长罗锡畴对我说："李清，你到这边来，我要爬到树上去看看！"结果他爬到树上后，也看不出什么名堂。那时我们都有一幅缅甸地图，我看那个地图的曲线就说，假如没有敌情的话，我们按那个曲线走，马上就可以回到原来的出发位置。他说："对！"我们就这样把部队带下了山，只花了一天就回到了原出发点。

新二十二师从间布山向南打索卡道，因为兵力不足打了很久，伤亡很大。新二十二师师长廖耀湘就命令我一四九团增援第一线，我团和日军经过三天的激烈战斗，就把索卡道打了下来。

密支那作战

打密支那时我们一共牺牲了两个营长（注：郭文轩营长、欧阳爵营长）。打仗时，比如昨天某某营长阵亡了，今天就补上去一个营长，但没过几个钟头这个营长又阵亡了，便再补一个上去。

到密支那战争结束的时候，我们所用炮弹的钢铁，大概可以在整个密支那城盖一个屋顶。反攻缅甸时，日军的伤亡很大，我们打到哪，日军就在哪死守。我们五十师的师长是潘裕昆，我一四九团团长是罗锡畴，打密支那时我为副营长。有一天，罗锡畴团长打电话给我说：李清啊！我们要突击密支那。他叫我去，要我在五十师三个团里挑选士官组成突击队，编成六个人一组，每人手提轻机枪、冲锋枪，带十几个手榴弹，去突击密支那的一条铁路。我们突击队一共有一百八十人，编成三十组，由我带队去攻击。

密支那日军的主阵地距离我们大约一千五百米远，过去我们都是白天攻击，因此日军没料到我们会在拂晓攻击。我们攻击前研究过，只要见到敌人的散兵坑、掩护部分，不管里面有没有人，都丢个手榴弹。密支那打了两三个月，老百姓死的死，走的走，剩下的大都是日本人。那天下午五点多，罗锡畴团长带着我到攻击发起线侦察。我一看这地方有条沟，就讲依这条沟的地形一定会被日军的轻机枪给封锁住，日军应该不会料到我们会攻击这里。于是我交代下去，并对十几个突击队的组长讲了三次，指示要占领铁道后的一条马路。

我们的突击队攻击前进，日军顽强死守着那里。我们就用手榴弹从墙角往日军阵地丢，这一仗我们只伤了五六个人，我的裤子被打了六个洞，师长潘裕昆说我的命够大！日本军人善战，军队训练时，要士兵平时挖个散兵坑，打仗时在散兵坑里的日军，没有军佐（我们叫士官）的命令不敢出来。我们攻击他，他就死守拼到底，打密支那我们死了几千人，日军也死了几千人，就是因为日军死守这个地方。日军被我军突击后，伤亡惨重。残敌沿着伊洛瓦底江边逃窜，我军在江边追击，因此日军生还的人很少。

细胞（西保）作战

我们打下密支那后，部队在这里暂时休息进行整补，整补后向八莫前进，打下八莫后，我们继续向腊戍推进（此时新三十八师正攻打腊戍）；五十师奉命由南杜向细胞推进，攻打细胞。

细胞的日军虽被我军打散了,但四处都有日军的散兵游勇。有一天我们在休息时,虽然四周都有警戒,但遇到一个日本狙击手拿着三八式步枪向我们袭击。那个日本兵离我和罗锡畴团长只有二三十米远,我的传令兵发现他后大喊:"日本人!日本人!"随即用冲锋枪把他射杀了。假如这次我的传令兵未早点发现并射杀他的话,我和罗团长两个不知道哪个人将被日军的狙击手射杀。

在细胞作战时,特别的战斗经验就是有一次我在一处炮阵地观察敌情,其间我把望远镜交给左边一位排长和右边一位炮兵观测员。那时我们用八一迫击炮弹打前面山头的日军,不料在射击时,有一颗炮弹的破片飞向我们。那时我站在中间没有受什么伤,但我身旁的那个排长却被炮弹的破片打中。我一看他受了伤,想把他从炮弹坑中拉出来,却拉不上来。

在缅甸战场上有很多有趣的故事,例如当时流传的新二十二师打间布山时一个英勇士兵的故事:在缅甸原始森林中,有很多很粗很粗的大树,有一次日本人的搜索兵在一棵大树干下防守,而我们的搜索兵正好也来到这棵树干边。那棵树干很大,双方都晓得丢手榴弹丢不过去,于是敌我两个人开始绕着树打转。但我们那个四川兵很聪明,他把手榴弹放在大树的这一头,然后马上由那一头伸出刺刀。这个日本兵一看有刺刀,就从这里向后逃,手榴弹正好爆炸,日本兵就被炸死了。从前部队中的军官见了调皮的士兵多半不重用,但这些调皮的士兵在战争时,往往最有办法制服敌人。

打下细胞后,我们就向马得拉(密特拉)转进,距离马得拉还有几十华里时,英国人就不准我们再前进。英国人器量小,不让我们继续在他们的殖民地(缅甸)驻留。把细胞打下后,我们只好回到腊戍在那休息,之后便从腊戍空运回国了。

郭建新上校访问记录

一、受访人:郭建新
年龄:七十七岁
退伍时之军衔:上校
二、滇印缅作战期间服役情形
服役部队:新六军第五十师第一五〇团
军阶级职:上尉军需官
三、受训之军事院校:财务学校
四、目前居住地:台北市
五、访问地点:自宅
六、访问时间:一九九七年二月
七、主访人:邱中岳
八、记录:柯慧玲
九、整理:孙建中

问:密支那作战情况如何?

答：当时我们一五〇团团长是黄春城，副团长是钟鹤皋，第一营营长是黄耀荣，第二营营长是谭云生，第三营营长是郭文轩。我当时在团部，是上尉军需官。我们在国内的军需业务，是根据薪饷册去领取补给，而美军则根据人员统计表分发补给。补给方面，都是实品，没有代金；食物方面，因为是作战地区，多数是罐头类，如牛肉罐头，一磅、半磅、五磅都有，蔬菜方面的罐头都是红萝卜和包心菜，且都是脱水蔬菜。另外，当时给养没有香肠这类东西。我们到了缅甸之后，没过多久就参加进攻密支那机场战役。我们最先是以第三营郭文轩营作为攻击部队，第一营为预备队。这一仗打得很激烈，那时我们团部的幕僚也好，传令兵也好，全员参加了这场战斗。这一次战役，我们这个部队牺牲人数很多，士兵就牺牲了三分之二，第三营营长郭文轩阵亡了，我们九个步兵连连长加上三个机枪连连长，再加上迫击炮连连长，好像只剩下五个连长。密支那打下来后，就成立了新六军，黄团长调到新六军军部去了，副团长钟鹤皋升任团长，钟鹤皋升团长没有几天就精神分裂，由第二营营长谭云生接任。谭云生是中校，而当时营长的编制是少校，他是由中校来担任团长，一直到回国的时候才由黄耀荣接任。

问：当时日本有多少兵力在密支那？只有五十师担任攻机场的任务？

答：日本当时是十八师团一个师团的主力在那里。我们五十师是担任攻击正面的任务，至于协同作战的部队有哪些，我已经记不得了。因为机场是开阔地，日军在机场的每一个地区都构筑了地下工事，都有碉堡。我们是夜间攻击的，攻击前我们每一个人都用圆铁锹挖了一个防御坑。发起攻击之后，我们就躲到坑洞里，作为掩护。那天很不凑巧地下起大雨，坑洞都被淹没了，我们一个上尉书记官，他也是湘乡人，身体胖，他一爬过去，头就先栽进去了。等到雨势减弱，我们救他时，他只剩下半条命。我们发起夜攻，主要目的就是要占领机场，所以伤亡比较大。我们打了两三天才占领机场。由于当时伤亡人数颇多，后来便由一四九团来接替防务。一四九团也是我们五十师的，当时五十师有三个团，即一四八团、一四九团、一五〇团。

问：参与密支那战役后，是否还有其他参战经历？

答：我军在密支那机场作战时，团长黄春城在帐篷内休息小睡，碰巧史迪威来视察，认为前线战斗激烈，身为团长怎能睡觉！当即向蒋委员长报告将他免职，值新成立的新六军军长廖耀湘与黄春城系同期同学，又是同乡，故调其任军部军务处长。我们这些幕僚，因为当时军部需人，所以也都到军部去了。

问：能不能谈一下调到军部以后，负责后勤作业这方面的情况？

答：美军的补给手续比较简单，不像国内那样繁杂。美军只需要人员统计表，就给你薪饷、粮食，服装都是每次战役之后给你补充。我们国内的补给要由单位去领，美军则是由上而下主动将补给送到各单位来。除一部分让我们到战地去领，大部分只需我们把统计表交给美军，美军就看地形状况补给，或直接空投。美军补给还有一个长处，即掌握了部队的动态，例如今天你第一师到台北，现在要你往宜兰这个方向进发，他晓得你今天下午会到八堵，那他的补给就送到八堵，不会要你到八堵再去想补给的问题。美军的补给机械是统一的，可以用车辆运输，也可以空投。

问：副食方面你刚才提到有牛肉罐头、蔬菜罐头，我们中国人是吃米食，美军有这方面的补给吗？

答：主食还是大米，由美军负责补给，不过对于作战部队他就没办法分发大米，只能发干粮给你，刚好是你一天的分量，亦即每人四个罐头、一包饼干，至于枪支、弹药也是由美军负责补给。我们出国时用的步枪是七九式，到了印度以后都换成三〇步枪，到了南缅装备、枪械、服装全面换新，连钢盔也是美式的。

问：你们空运回国是搭什么飞机？

答：我们是搭美军的运输机回国，机型好像是C-46。我们在昆明下机，再搭火车到曲靖，军部驻沾益，那时已经快过农历年了。我们当时穿的袜子都是毛袜。皮鞋有两种，一种是翻面的，另一种是光面的，这是给士兵的；我们军官的两双皮鞋，一双是翻面的，一双是黑面皮底的，很结实。但是我们在国内的装备与回国的装备完全不一样。我记得在出国前的三十二年冬天，发的棉衣都是旧棉衣，上面铺了一层布，夏季服装经洗涤之后，就缩水了大半件，另外，当时在国内一天只吃两餐，早餐、中饭以后就没得吃了。我们如果能像美国一样，拥有充裕的物资，对日抗战就不会打得那么艰苦了。

吴光军上尉访问记录

一、受访人：吴光军

年龄：七十八岁

退伍时之军阶：上尉

二、滇印缅作战期间服役情形

服役部队：陆军战车第一营

军阶级职：上士车长

三、受训之军事院校：装甲兵学校

四、目前居住地：台北县汐止镇

五、访问地点：军史馆

六、访问时间：一九九九年三月十七日

七、主访人：孙建中

八、记录：孙建中

九、整理：孙建中

第一次入缅作战

我是在云南昆明战车训练营接受装甲兵的训练，课程主要有战车的驾驶、射击、保养和通讯等项目。结训后我到陆军第五军的装甲兵团一营担任上士车长，第五军在昆明附近的杨林驻防了一年多，直到民国三十一年初我第五军在军长杜聿明带领之下开拔到缅甸和日军作战。

到了缅甸之后，我随部队参加了叶达西、同古等战役。由于我只是一名士官，因此对整个作战的战斗经过所知十分有限。在我的记忆中，有位战一营的魏姓连长在战场上失踪生死不明。

初次到缅甸作战时，我们装甲兵的武器装备来源五花八门，像我们使用的战车有苏联、意大利、德国制造的。战车的厂牌、样式不同，人员编制也不一，有的一车五人，也有的一车四人。

由于在缅甸战场上的失利，第五军被迫分两路转进，一部分向缅甸北方的野人山转进到印度，另一部分则是沿滇缅公路向国内转进，我装甲兵部队则是沿着滇缅公路转进到了云南。

兰姆伽整训

民国三十二年我所属的战车第一营，由云南空运到印度兰姆伽整训。那时我们的士兵来源，主要是地方上的征兵，新兵以四川兵最多，其次来自湖南。我们在兰姆伽整训了几个月，在那接受美军的训练，换上美式武器装备，学习操作美式战车。

第二次入缅作战

兰姆伽整训完后，我们战车第一营就开拔到印缅边境的雷多，随着战局的进展，我们收复了新平洋、于邦，在民国三十三年三月打到缅北重镇孟关。孟关的日本驻军远比新平洋和于邦多，日军在此顽强抵抗，但这时日军在战力、武器装备上已远不如我军，我战车第一营和新二十二师合力攻下孟关。由于日军溃不成军、四处逃窜，日军第十八师团司令部的关防遗留在孟关指挥所内，被我战车第一营获得。

打下孟关后，由于日军的战力已呈衰弱之势，加上我所属的部队为支持部队，因此我们并未和日军有激烈的战斗接触。孟拱打下后，缅甸的雨季来了，反攻作战暂时停止，我所属的战车部队则空运到印度萨地亚整训。

以上选编自《抗战时期滇印缅作战——参战官兵访问纪录》，1999年

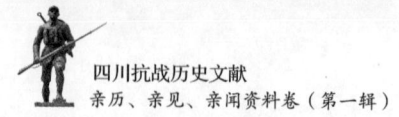

中国驻印军中的"娃娃兵"

易克恨

原编者按：1942年2月至5月，中国远征军为保卫国际交通线滇缅公路，奉命远征缅甸，与侵缅日军交战，但因指挥不当，作战失利，远征军大部撤回云南，一部西撤至印度兰姆伽，改称中国驻印军。后来中国政府又从国内选调部分兵员对驻印军加以补充，准备再次入缅与日军决战。引人注目的是，从国内选调前往印度受训的兵员中，有一批十六七岁的"娃娃兵"。他们经过训练后，成为中国驻印军中的坦克驾驶员，在1943年10月—1945年3月的第二次入缅作战中大显身手，打得日军闻风丧胆！易克恨先生就是当年的"娃娃兵"之一，且看他的生动回忆。

1943年9月，我就读的机械化学校中有一批学生被选为赴印学员。9月30日，大雾迷漫，天空灰蒙蒙的。被唤醒的孩子们，离开了自己的学校，离开了洪江市的父老乡亲，满怀着对日本侵略者的深仇大恨，开始了远征。

我们分乘十多辆卡车经贵阳到昆明。在昆明体检后于10月18日冒着敌人的炮火，从驼峰航线冲破日本零式战斗机的层层封锁，横跨漫长的中印边境，飞越险峻的喜马拉雅山脉到达印度的汀江机场。在这里换装后，向目的地兰姆伽进发。

兰姆伽是同盟军的训练基地，我们叫它"烂木枷"，是印度比哈尔邦的一个小镇。这地方非常偏僻，到那里的头一晚，丛林里不断传来怪叫声，仿佛鬼哭狼嚎，多数人都不敢入睡，第二天才知道是猴子在丛林里叫。

训练基地分为中美战车、汽车、无线电通讯等三个分校。技术和训练由美方负责，军纪和行动由中国军官管理。培训后，三个分校的学员一起被编入"中国驻印军战车第一营"。

参加这期学习的，基本都是机械化学校驾教团的学员，年龄均在十八岁以下，我当时只有十六岁，但不算最小的，还有一部分是幼年排选送来的。学员因年龄小身高达不到标准，不符合机械化部队要求的占30%。当时同盟军总部，对这个快速部队的信心是不足的，戏称这个营为"娃娃兵"部队，将原定战车营，改为轻战车营。最好的装备，也只是15吨级的轻型坦克。

当时我被编入本部连搜索排，用的搜索车是2.5吨级的"不令空（译音）"装甲车。这种车很笨重，用方向盘操纵，却又是履带装置的敞篷车，我们叫它"三不像"。为了掌握车的特性，基地搞了一次长途实习，目的地是印度的伽耶。伽耶属比哈尔邦，是印度的佛教圣地，这里有株一千多年的菩提树，树高叶茂，绿油油的枝干伟岸挺拔，经冬不凋。传说释迦牟尼就是坐在这棵树下修成正果的。每年释迦升天的日子，树叶忽然脱落，但经过一夜又叶茂枝繁。还传说，唐僧西天取经时，曾在这棵树下坐了九天。我们到那里时，寺庙里还有近百名中国和尚。

实习结束后，休息了几天，就以实战演习的名义向缅甸进发。在行进中，我们把各种艰难险阻都假设成敌情，有时还配合一些实弹演习和夜战科目。

最艰巨的是越过印缅交界的野人山！这座山，我们快速部队整整爬了七天七夜，如果没有一位优秀的指挥员，也许一个月都很难过去。这位指挥员就是战车一营营长赵振宇。他在练兵上有独特之处，对娃娃兵充满信心。上山时，他引用《东周列国志》中管仲与齐桓公讨伐孤竹国时，战胜高山险阻的壮语"跋彼山巅兮，不为难"激励士气，鼓舞部队爬上山顶。下山时，他用"历几盘兮，顷刻而平地"消除战士前路茫茫何处是尽头之感，给大家以胜利的信心。

随着我们的前进，印度人踏着坦克履带的印痕建造公路。这条公路，就是后来的雷多公路。它的起点是阿萨姆的雷多，终点是缅甸的密支那。

1944年1月21日，坦克车队到达缅甸的背泽。这里是中国远征军刚从日军手里夺回的。日本人丢弃的阵地上，遍地是零乱的物资和一具具尸体。

我们在森林边缘宿营。这里古树参天，连绵千里。我们在合抱粗的大树上刻下"消灭日寇，为父老乡亲报仇"，留下中国远征军战士的印记。

宿营地到处是积水，蚊蝇滋生，毒蛇出没，疟疾等瘟疫接踵袭来。每天第一件事，就是服奎宁丸，吃得浑身发黄，连眼珠子都是黄的。

从2月份开始，同盟军驻印军总指挥史迪威将军，在北缅战役中采取"破釜沉舟"的战略，完全放弃固定的供应线，让军队只依靠空投，穿越丛林山地，长驱直入突袭敌人。

我营接受的命令为战斗演习，需在原始森林中开路前进。这种战斗演习的性质，就连我们这些"娃娃兵"也能猜出几分究竟。

一连三天都很平静，第四天刚出发，就听到了阵阵炮弹爆炸声，指挥组命令各连队："大规模的实弹演习就要开始了，连队在没有出森林前，仍按一路纵队，车与车之间保持一定距离，为了灵活运用，搜索排换用3/4吨的通讯车作通讯联络，传达命令和检查命令的执行情况，违令者按军法处理。"枪炮声越来越近，直到黄昏，我们终于冲出原始森林。

夜，出奇的黑，天空没有星星，没有月亮，只有枪炮子弹出膛的火焰划破夜空。我有些怀疑，战斗演习从来没有这样长的时间！如果说是正式参战，坦克是不适合夜战的呀！究竟在搞什么鬼！这时命令传来："以连为单位，对准前方的高地前进，一律不准开大灯，可开尾灯联系，车速要快。接近阵地时，一律用高爆弹（一种远距离杀伤力很强的炮弹）、霰弹或机枪，不准打开车盖。"眼看车辆超过了活动半径，有的弹药也快耗尽，还没有停止前进的命令，一直坚持到凌晨3点，天下起了小雨，对峙的枪声停止了，这时营指挥组才发出命令："以连为单位，选择适当的地方集中，每连派一个排警戒，为防止被敌人流弹命中，车辆不准熄火，做前后移动，任何人不准下车，坚持到拂晓。"

第二天黎明，一切都很安静，车子里实在闷不过，有人偷偷地爬出车子，一声惊叫："呀！死尸！这是演习？活见鬼！""呀！我们参战了。""我们复仇了！""为什么要骗我们？"有人在埋怨。"早告诉我们，也许这一仗打得更好。"说这话的人，表现得非常自豪。"我早就知道这不是演习。"坦克较集中的地方，人都跑到一起了，大家议论着，几乎把整个阵地轰动起来。这时友军（中国驻印军步兵）在占领阵地，他们竖起大拇指向我们示意，各种各样的议论继续着。我一直保持沉默，这一切就像是梦！我感到所有疲劳都没有了，多轻松，多舒展啊！

"孩子们，我们已参加了为祖国、为同胞复仇的战斗，我们胜利了！有人说'娃娃兵'不可能进攻、摧毁日本师团，让这些话见鬼去吧！我们穿插到日寇阵地的后面把他们全部消灭了，为拂晓进攻的友军扫除了障碍，狼狈逃窜的敌人，已由友军在追击。这就是你们盼望已久的参战，你们怕不怕？"这是赵振宇在无线电传话器里的声音。"不怕！"健儿们不管营长能不能听到，都情不自禁地回答。不知什么时候，副营长来到我们中间，他跳上一辆坦克说："孩子们，不！战士们，别人说你们热饭烫了也要哭，打不得仗，我们就是要打给他们看看。而且是打的坦克作战史上从未打过的夜间战！我们已是初战告捷。现在大家集中一下，把车辆整理好，阵地移交给印度人清理，我们退后两英里休息，准备迎接更大的战斗和胜利！"接着是一阵响彻云霄的欢呼。在清理车辆时，才发现有些坦克的履带上粘有鬼子的血肉，战壕内外鬼子的尸体一片狼藉。这一切，使我们领略了战争的残酷。当想到日本鬼子侵占我们的国土，屠杀我们的父兄，破坏我们平静的生活时，复仇的火焰，使我们镇定下来，大家不约而同地唱起了岳飞所作的《满江红》，胜利的喜悦代替了一切。

这次胜利，对缅北战场鼓舞很大，友军一鼓作气攻克了太白加后，准备去占领孟关，向胡冈地区进发，我坦克营负责切断瓦拉邦和孟关之间的丛林小径，攻击日本人的交通线。由于在森林里穿插十分困难，指挥部为缓解战士们的疲劳，原计划休息三天，但孩子们士气高涨，请战情绪强烈。得到总指挥部批准，第二天继续前进。

我们又回到了大象和老虎的乐园，一步一绊，到处都是它们的粪便和足迹，仍然是边开路边前进。在森林中，敌我双方情况都不清楚，只凭指南针引路。白天黑夜都是一样，见不到天日。也不知过了几个时日，我们到达了一条河流的北岸。我搜索排侦察时，发现有两处河面宽，河水浅，河底坚硬，坦克可以从此渡河。将这一情况向指挥组汇报后，指挥组却命令停止前进，要三连二排加足油料，听候调用。但该排战士参战心切，为抢头功，驾驶着5辆坦克向河对岸驶去。对岸静悄悄的，渡河非常顺利，待营部命令他们到后面掩护补给车辆时，他们已走远了。营长只好改变计划，叫三连全连跟上。当先头坦克离部队5英里时，发现前方山边有一个大村庄，显得平静如常，谁也没料到这就是敌人的驻地，敌人更不会想到，河对岸的亘古森林里会窜出一支庞大的坦克群。

时间一分一秒地过去，突然前车无线电传话器里传来了声音："豆腐店的大少爷，前面村庄有汽车和马达，并有膏药旗。"一号车车长用望远镜发现敌人后，用暗语向排长报告。

排长加快速度向前靠，证实了大村庄只有少数农舍，大部分是敌帐篷，这时村前小山包上的敌人也发现了坦克，开始乱成一团。排长下达了进攻命令："一、二号随五号向右侧公路迂回，三、四号正面逼近村庄，逼近后一律用霰弹和机枪射击。"战斗打响后,三连增援坦克也上来了,并向营部做了汇报,营长立即调一、二号车堵住敌前沿部队的退路。

原来这里驻的是日军第十八师团司令部,它就是我营这次攻击的目标。营部原准备待补给充足后再发起攻击,没想到三连二排没有得到准确的命令就单枪匹马、冒冒失失地撞上了这根硬骨头。

日军第十八师团的师团长是田中新一中将,他这个师是训练有素的精锐之师,由于战斗力强,一贯骄横,目空一切。该师团司令部前的一个高地是他们的前沿阵地。日军以此高地的优势,借助左翼森林边河流的自然险阻和右翼连绵不断的大山,自认为是万无一失的了。殊不知我们从前沿与司令部之间插了进去,而且是从自然险阻中来,给其以措手不及的打击,真像是神话里的天兵天将,直捣日军的司令部。这次出其不意的进攻,使天险成了敌人自我埋葬的墓地。更惨的是,其前沿部队也失去了退路。

刚一停火,我随本连陈敬昌连长检查战况,发现该司令部高级指挥人员逃脱甚少,连十八师团的关防(代表师团的大印)和太阳旗、战马及大批辎重,都成了我们的战利品。伙房锅里的饭菜还是热的,敌人就做了饿死鬼。

日本人吸取这次惨痛的教训,发明了一种专门对付坦克的磁性地雷。我营在孟拱作战时,被这种地雷炸透两辆坦克。针对这种武器我营7天没有出击,赶制了一种铁丝网焊在坦克上,引爆磁性地雷,使之爆破深度穿不透坦克钢板,从而把敌人的磁性地雷变成迎接我们坦克的鞭炮。1944年5月12日,我们开始进攻密支那。不久进入雨季,坦克受自然条件的限制,回到沙地亚。在雨季前的参战期间,只要坦克出动,就战无不胜,攻无不克,"娃娃兵"竟成了同盟军的坦克英雄。美军将指挥组的中型坦克和机械化工兵的开山机与推土机都交给了"娃娃兵"。

我营借着雨季,在沙地亚进行休整。一阵阵的大雨,使沙地亚郊外普遍积水,我们把汽车拼成吊楼,作为寝室和工作的场所,开始过雨季生活。

当雨季快要过去时,我们得到第二次参战的命令,这消息使每个战士都高兴得跳跃起来。

这次参战,再没有用演习来哄我们了。除新兵外,每个人对如何做好战斗准备都非常老练。随同我营出发的是一个经过步战协同训练的步兵团。我们隐蔽地向敌人包围进攻,因此又钻进了森林。这次最头痛的是前面开路的不是机器,而是缅甸人协同步兵用斧头、缅刀开路,目的是尽量使敌人听不到机械的马达声。这样一天前进不过几英里,使本来灵巧的轻型坦克,变成了老牛。

在潮湿闷热的森林里,腐烂的枝叶散发出难闻的气味,茫茫无际的森林,就像是一张绿色的大网,笼罩着我们。更恼人的是找不到水源,干巴巴的口粮,实在吞不下去。后来,缅甸人告诉我们一些取水的方法。他们伐倒肥大的芭蕉,将根茎上部挖成盆状,霎时就有芭蕉水从盆底涌了出来,随取随满。芭蕉水作饮料,比任何泉水都甜美。最有趣的是,我们学会了用大树叶和竹筒做大米饭,用这种方法做出的米饭甜滋滋香喷喷的。

我们的坦克,在茫茫林海中横向插入敌阵地。这是炮兵观察哨根据空军轰炸的目标而确定的方位。飞机轰炸一停,敌人还不敢抬头,坦克就进入了阵地,开始在敌人的战壕上压来碾去，把鬼子活埋在战壕里，并用穿甲弹炸毁敌人的堡垒，为步兵扫除前进道路上的障碍。

进入阵地后，敌人已毫无还击之力，有的战士干脆打开车盖，端着冲锋枪扫射，仅打死的敌人就有300多名。

这次战斗，受自然条件限制的坦克，能在雨季还没有过去就参战，是日军万万没有想到的。在与敌人进行正面作战时，坦克整营参战的机会少了，通常只上一个排或一个连。这批上去，那批下来，使敌人防不胜防。敌人一天溃退十几英里，连喘气的机会也没有。

英国人见到日军节节败退，想在胜利面前分享一分战功，主动要求接替我步兵防线，这时我营为积蓄力量，与步兵一道退回后方休息。可是英国人接防后，日本人就进行反攻，英国人丢盔弃甲往后逃，闹得我们不得安宁。我战车营的战士，不得不自发地组成督战队，在英军后退的道路上进行阻击，迫使他们坚持了两天两夜。

日军并非软弱可欺，相反，他们非常顽固。以八莫一仗为例，他们的口号是与八莫共存亡，他们不惜战死，凶悍无比，为了防止后退，竟事先用铁链串在每一个士兵的腿上，使其无法单独行动。

我军攻克八莫的战术是先用飞机轰炸，后用坦克扫荡，最后是步兵肉搏。经过飞机轰炸，八莫已成废墟，坦克进入八莫时，处处是燃烧的椽木和炸塌的墙壁，在坦克扫荡后，已是尸横遍野，敌人仅伤兵集体自杀的就有700多名。

中国远征军的"娃娃兵"，在印缅战场上打出了中国军队的威风，经过艰苦的战斗生活，锻炼出不屈不挠、不畏艰险、坚韧不拔的作风。

战争不是浪漫者的冒险，而是残酷无情的厮杀。我们这些"娃娃兵"初生牛犊不怕虎，没有后顾之忧，勇猛无畏，所求甚微，随时准备为民族、为祖国奉献一切，终于战胜了似乎不可战胜的日本师团。

选编自印缅战区在蓉中国老兵《"二战"胜利五十周年纪念集》（未刊稿）

我所目睹的日军广州投降

钟 华

1944年初春，我正在成都甫澄中学（川军将领刘湘创办的学校，校址即现在的成都体育学院）高中一年级读书。

此时尽管世界反法西斯战争凯歌高奏，中国战场却异常艰苦，在日寇发起的一号战役中，中国军队一败涂地，大片国土相继沦丧，最危险时日寇一度打到贵州独山，直接威胁陪都重庆，中华民族真到了最危险的时候。

在这危急时刻，大后方特别是四川地区的青年学生激于爱国热情，喊着"天下兴亡，匹夫有责"的口号，纷纷志愿从军，直接上战场与日寇拼杀，掀起了一波又一波的青年从军高潮。尽管我年纪尚小，但抑制不住爱国热情澎湃，毅然报名参军。

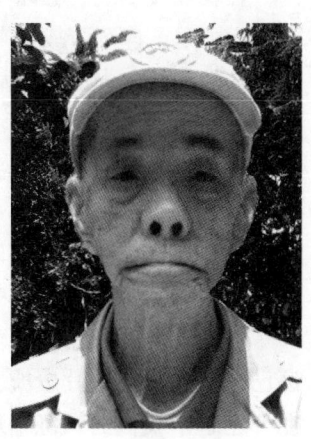

钟华

2月上旬，成都天气乍暖还寒，我们这批志愿从军的青年学生，在新津机场乘坐美军飞机经昆明抵达印度汀江，加入了中国驻印军的战斗行列。下飞机后我们这批学生兵即被送进训练营，进行短期培训。

我们到达之前的几个月，驻印军主力新三十八师和新二十二师相继离开雷多基地，吹响了缅北大反攻的号角，他们翻越野人山，在胡康谷地同日军号称"丛林战之王"的第十八师团展开了殊死搏斗。胡康谷地在缅语里意为"死亡之地"，这里原始森林遮天蔽日、瘴气弥漫、疟疾横行，毒蜂、食人蚁、蚂蟥四处出没，稍有不慎便会送命。凶恶的日军以逸待劳，沿路修筑了无数的坚固工事拼命顽抗。驻印军将士面对这支南京大屠杀的元凶，同仇敌忾、勇不可当，打得鬼子落花流水，战线不断前伸，已经逼近了孟拱。但驻印军自身伤亡也很大，急需兵员补充。因此我们这批成都来的学生兵，来不及更多训练，便被分到部队上前线。

我被分到孙立人将军为师长的新三十八师，跟随师部作为预备补充部队开往孟拱前线。我们从雷多出发，跨过鬼门关翻越野人山，沿着中美工兵部队刚刚建成的中印公路开往孟拱。除了高耸险峻的大山，汽车便是在不见天日的原始密林中穿行。

狡猾而凶残的日军充分利用缅北树大林深的特点，专门在大树上布置狙击手猎杀我军官兵，特别是各级指挥官，前期战斗中我新三十八师很多营连长死于日军狙击手枪下，给部队造成很大损失。这些狙击手被铁链固定在大树上，换班时新来的解开锁链，让被替换的把自己锁上。

孙将军洞悉日军阴谋，再三命令部队高度警惕日军狙击手，对可疑的大树用机枪沿纵线上下扫射,很多被固定的日军狙击手尸体挂在树上腐烂。在孟拱城外下车步行,经过一片茂密的林地,大家做好战斗准备,警惕着树上的动静,随时开火消灭树上的敌人。

我们注意力全集中在上面,却忽视了脚下,一声巨响,地雷爆炸开来,前面的官兵倒在血泊中,飞起的弹片击中了我的右肋和左腿,顿时鲜血长流剧痛不止,一下子倒在地上。经过紧急抢救后我被送往后方的美军野战医院,经过三个多月的治疗,伤愈后出院回到部队。七十多年过去了,每逢天气变化,我的伤口仍隐隐作痛。

在我住院期间,驻印军同美军梅支队经过三个月的苦战攻克了缅北重镇密支那,这时已进入雨季,连续苦战了十个月的驻印军各部队开始休整。休整期间部队开始扩编,以新三十八师和新二十二师为基础分别组建新一军和新六军,孙立人和廖耀湘分任两军军长。

孙将军高瞻远瞩,缅北反攻胜利在望,国内战场还任重道远,驻印军回国后还要打更多的硬仗恶仗,为了充实新一军各部队的基层指挥员,提高全军官兵的军事素质,正好利用休整把从成都源源而来的青年学生集中起来,创办新一军青年干部教导总队,孙将军亲自兼任总队长,梁砥柱上校负责总队日常具体工作。

我向新三十八师师部报到后,奉命到教导总队,编入第八队第三区队。

教导总队设在密支那南郊伊洛瓦底江西岸,由于长达三个月的残酷争夺,密支那城区已被战火烧成一片废墟。教导总队的官兵们自己动手,砍竹伐木,搭起了一排排竹木棚,建起了我们的训练基地。

在我们学习期间,新六军奉调回国参加湘西雪峰山会战,缅北战场由我们新一军独自承担,孙将军率新一军连续发起了八莫、南坎、腊戍战役,八莫战役期间教导总队曾组成一个团增援新三十八师。

随着八莫、南坎的相继攻克,我们新一军同从滇西一路血战打过来的远征军在芒友胜利会师,完成了打通中印公路的战略任务。

我们教导总队也在此时结业,大批经过集中培训的学生兵被派往新一军各部队,我被派回新三十八师,在该师第一一四团三营八连担任排长。

不久我们新一军奉命回国参加消灭日本侵略军的战斗。

新一军各部从腊戍、南坎等地向密支那集中,在缅北只有密支那机场可以起降大型运输机。新三十八师乘坐美军大型运输机直飞广西,在南宁机场降落。回国后新一军转隶张发奎指挥的中国陆军第二方面军。

下飞机后部队开往贵县,并向玉林地区集中,担任华南方面对日反攻任务,首先攻打雷州半岛,夺取华南港口。

这时候广西境内暴雨不断,公路和桥梁大都被洪水冲毁,作为新一军的前锋,新三十八师克服一切困难,冒着滂沱大雨急行,如期于8月10日到达玉林,稍事休息便离开玉林向广东廉江地区推进。

行军途中传来日本帝国主义无条件投降的消息,我们全军官兵欣喜若狂,投笔从戎时真没想到能活着看到抗日战争的最后胜利。

但我们来不及庆祝,部队奉命紧急开往广州,接受华南日军投降。新三十八师立即转向开往梧州,在梧州乘船沿西江直下广州。

9月6日，第一一四团作为全军先锋，率先抵达广州，在珠江边登陆上岸，直接开进广州市区。

当时广州是日军南支那派遣军和第二十三军司令部所在地。日军第二十三军辖有第一〇四师团、第一三〇师团、第二十三混成旅团及南支那派遣军配属的海空军部队，实力远在我们新一军之上。

刚从欧洲战场考察回国的孙立人将军命令新一军第五十师开往东莞，新三十师进军与香港毗邻的宝安（现在的深圳）九龙地区，新三十八师全师进入广州，并命令我们第一一四团立即强行开进沙面。

沙面原来是英国租界，中国人是不能随便进入的。第一次大革命期间省港工人大罢工，英国殖民当局竟向游行示威的中国民众开枪，制造了震惊全国的"沙面事件"。广州沦陷后，日军在沙面设立了南支那派遣军司令部，大批日本银行和商社住进沙面，沙面成了日本鬼子耀武扬威的乐土。孙将军认为沙面是代表帝国主义侵略中国、让中国人长期遭受屈辱的毒瘤，必须立即根除。

在广州市民的欢呼声中，我们第一一四团开进沙面，立刻把在沙面的所有日本人全部驱逐，只允许他们带走随身衣物和简单行李，其余物品一律没收封存上交第二方面军总部。

新三十八师其他部队开进广州后，我们开始把盘踞广州各处的日军强行驱赶到珠江南岸的战俘营集中，战俘解除武装后听候遣送回国。

1945年9月16日，雨后初晴，天清气朗，在广州中山纪念堂举行了庄严的华南日军投降仪式，我们第一一四团开到中山纪念堂，负责受降仪式的引导和警戒。我们排在纪念堂外执勤，全体官兵换上崭新的米黄色驻印军军装，精神抖擞，展现了驻印军威武之师的雄姿。

我们团一营少校营长钟正带领部队前往珠江南岸的日军战俘营，引导日军南支那派遣军司令官田中久一中将前往中山纪念堂受降现场。

会场外我第一次这么近地看一个侵华日军的高级指挥官，他虽腰挂指挥刀，却神色黯然。受降后的次年，中国军事法庭判处双手沾满中国人民鲜血的田中久一死刑，在广州郊外处决。

受降仪式很简短，后来听会场内的长官讲，受降仪式由第二方面军司令官张发奎上将主持，广东省政府主席罗卓英、广州市市长陈策、我们军长孙立人、第十三军军长石觉、第五十四军军长阙汉骞也出席了受降仪式。验明田中久一身份后，田中久一在投降书上签字盖章，随后他解下佩剑，双手毕恭毕敬呈献给张发奎上将，鞠躬后退出会场，仍由我们团引导返回江南战俘营。

现场的所有中国军人都神情激动，苦战十四年，数百万兄弟埋骨沙场，终于盼到了这一天，作为中国军人我感到无比自豪。

受降后我们开始大规模收缴日军武器，之后第一一四团奉命镇守珠江，监视珠江南岸近十万的日军战俘。

不久新一军奉命撤离广东地区，我也离开部队回到了四川。

本文写于2015年8月

滇西作战概况

黄 杰

民国三十一年五月,敌军自缅甸入侵我国滇西,占领腾冲、龙陵及怒江以西之半壁,致我国陆上唯一对外交通线滇缅公路被切断,盟邦美国援助物资与军事装备,唯有仰赖空运。从印度经驼峰到昆明的空运,虽然十分繁忙,但终究杯水车薪,不能满足军事上的需求,故就当时全盘情势而言,配合盟军作战,收复滇西国土,打通滇缅公路,重开国际路线是我军最优先的任务,因此自滇缅形势逆转后,我国与盟邦即无时不在筹划反攻。民国三十二年,一月卡萨布兰卡之盟国参谋会议、五月华盛顿会议、八月魁北克会议,对反攻决策即已决定,然因彼时正值雨季,实施较为困难,乃延至十月底始先由我驻印军与盟军在印缅地区发动。我远征军改换美式装备,实施短期训练,至民国三十三年四月,亦已完成,如是乘我驻印军迫近密支那附近,遂决定由滇西反攻,以策应驻印军之作战。

民国三十三年五月,远征军以第二十集团军组成攻击军,由栗柴坝、双虹桥间地区渡过怒江,发动攻击;以第十一集团军为防守军,仍担任怒江东岸之防守,但各军派遣加强团渡江游击,以牵制当面之敌,使攻击军易于进展。

自五月十一日以后,攻击军之第二十集团军与防守军之第十一集团军各加强团,均顺利渡过怒江,占领阵地,向指定目标攻击。五月二十二日,我统帅部为扩张战果,电饬远征军全部渡江攻击,原攻击军之第二十集团军,改为右翼军,攻击目标为腾冲;防守军之第十一集团军,改为左翼军,攻击目标为龙陵、芒市。

民国三十三年九月,第二十集团军攻克腾冲,第十一集团军攻克松山,但对龙陵,虽于六月五日至十三日、八月十日至二十五日,两度发起攻击,终因敌人坚强抵抗,数度由腾冲、芒市方面增援反扑,以致苦战数月,未克奏功。至九月二十一日,我奉命接替第十一集团军总司令指挥任务,当时隶属集团军指挥的战斗部队有第二、第六、第五十三、第七十一等四个军,第七十六、第九、新三十三、预备第二、第九十三、第一一六、第一三〇、第八十七、第八十八、新二十八等十一个师。配属集团军指挥的有第三十六、第二〇〇、荣誉第一等三个师,与重炮兵第十团、重迫击炮第七混合营、通讯兵第九连,特种部队滇康缅特别游击队第一、第三、第五等三个纵队。

敌前受命,我的任务是要再予攻击,克服龙陵,经过一月余的策划,集团军以敌势日衰,我之准备日熟,遂决定做第三次之攻略。集团军下达命令,以十月二十九日开始向龙陵围攻,兵力部署:以第二军与第二〇〇师由左右两翼向敌侧背包围,切断龙芒公路,阻敌增援;第七十一军,指挥荣誉第一师、第八十七师、第三十六师,以主力向龙陵郊区三关坡、庙房坡等地攻击;八十八师为总预备队。各部队士气如虹,在空军支持、步炮协同的优势火力下,与敌激战五昼夜,于十一月三日晨,占领龙陵。

攻战龙陵后，我军调整部署，乘胜追击，于十一月十九日，开始攻击芒市，作战方针为：以主力保持于右翼，将敌人包围于芒市坝内而歼灭之；五十三军由蚌哈以北渡过芒市大河，进入遮放东北地区，切断芒遮公路，阻敌北进；第七十一军取捷径南进，攻击三台山附近之敌；第六军展开于提蜡、木康附近，向芒市之敌攻击；第二军展开于青树坡、回旋附近，向诸葛营、五峰山及其西北攻击。芒市之敌，慑我龙陵余威，不敢恋战，甫一攻击，即狼狈南窜，十一月二十日晨四时，我第二军第九师攻克芒市。

十一月二十一日，集团军下达追击命令，以一部肃清三台山之敌，主力继续攻击遮放，敌人竭尽手段，破坏交通，于三台山、囊左寺等处布设强固阵地，阻我前进，我各追击部队争先恐后奋勇前进。十二月二日，我七十一军第八十八师、八十七师，分由滇缅公路与芒遮公路击破敌人抵抗，进占遮放新城与老城。

集团军以畹町位于国境线上，为敌重要根据地之一，早在其外围附近地区构筑强固工事，如继续攻击，必须详细侦察敌情地形，重新调整部署，增强战力。为确保芒遮，防敌反攻，故于遮放克复后，会令各部队暂取守势，以备而后之作战，至十二月二十一日，奉远征军司令长官电令："奉委座亥文酉令一元电略开：着远征军迅速攻击畹町之敌，限期占领，等因，着该总司令即就现属各部队，积极部署，攻占畹町具报。"如是芒市总司令部，根据攻击畹町计划大纲，部署各部队，下达攻击命令。

作战方针：为彻底肃清滇西残敌，决于十二月二十七日开始攻击畹町，以主力保持于左翼，将敌压迫包围于畹町坝歼灭之。

兵力部署：第五十三军主力，先进占日岗、景坎附近，阻止猛卯之敌向畹町增援，而后渡过龙川江，截断滇缅公路，协力主力军之作战；第六军展开于帕赖、拱撒附近，与敌大黑山主力军作战；第二军展开于谢连、猛古街附近，向黑猛龙及南平、梁子之敌攻击，进入畹町及其东南地区；第七十一军为总预备队，位置于小街至石门坎间地区。

畹町北有黑山门、回龙山为屏障，南有雷中山绵亘，东有黑猛龙倚恃，西有龙川江之萦回，天然形势，南脉锁门，既为敌在滇西之最后据点，亦为我国防之门户，师出缅甸，势所必经。我第九师、第八十八师自三十三年十二月二十七日开始攻击，至三十四年一月二十日，与敌激战二十五日夜，敌人倾五十六师团全部兵力（第一四八、一四六、一一三联队）负隅顽抗，我军数次调整部署，增援续攻，尤以元月十日第八十八师攻击回龙山之战最为惨烈，陈军长以下全师官兵，抱不成功即成仁之决心，寸土必争，与敌反复肉搏，血满山陵。一月二十一日，集团军三十六师、新三十九师、第七十六师、第八十七师等均已先后击破当面之敌，继续向缅甸芒市压迫，势如潮涌，敌人惊相奔逃。是日七时三十分，我军与新一军之新三十八师及盟军，会师于芒市。二十八日十一时，与新一军及盟军在缅甸姆色举行会师典礼，十四时在畹町举行通车典礼，至此，本集团军之任务完成。

国际交通，重告恢复，在当时对加速敌军溃败，争取抗战胜利，配合盟军作战，均具有极重大影响。总计全战役我官兵伤亡四万八千五百九十八员，赤胆忠魂，永镇河岳，其冒白刃洒热血、精忠贯日月之精神，将永垂青史。

选编自《抗战时期滇印缅作战——参战官兵访问纪录》，1999年

1942年滇西第一仗
——中国远征军反攻滇西战役亲历记（之一）

高仁勋

1942年5月4日，我们第十一集团军直属第二工作大队配属总部直辖的陆军第三十六师在祥云县接到宋（希濂）总司令急电：限一夜赶到保山前线，阻止敌军渡江进犯。天快黑了，我军才乘上辎汽五团派来的军车，一夜不知遇到几千辆汽车，都争先恐后地往这边开，前方战事之吃紧一目了然。5号那天黎明，我们到达保山南的大官屯，正要吃早饭时，忽然大批日机从头顶上飞过，飞至保山城上空，便俯冲下来投弹，投了旋回来再投，有几架敌机就在轰炸离我们不远的飞机场。顿时城区和机场上空机声轰隆，炸弹呼啸，爆炸声震得山摇地动，尘土硝烟弥漫上空，一时间，天像要塌下来一样。许多战士气得咬牙，架起机枪就要打。我向团长请示，团长说："不许暴露目标，我们的任务是守护惠通桥，谁敢乱动，枪毙！"这才制止住那些怒不可遏的士兵。飞机飞走后，熊正诗团长命令：第一营回城帮助维持治安，救助百姓；第二营开往马林寨；第三营到老鲁田。我营一到街上，人们顿时欢腾起来，同时也紧张起来，看着还有部队往前开，很是惊奇。我们下车后便看到山下大江如条带子，弯转而来，又钻进左侧的峡谷，对山壁立面前，像要靠拢；大江两岸的公路蜿蜒盘旋上下，多么雄伟的河山，我们跑遍大半个中国还未见过。来不及细致观赏，各连长接到命令：第九连占领山腰左边高冈，控制惠通桥和右侧大弯公路；第八连占领干箐右面山头，控制对岸从腊勐到江边的公路，同时掩护九连侧翼；第七连在老鲁田作为预备队。分派已定，立即各就各位，可谁知几百敌人已渡过江来，妄图与我们抢占山头，战斗立即打响。此刻，我们这边的盘山公路上，正爬行着几百辆汽车，车声轰轰，风声沙沙，水声隆隆，震天响地，山水呼应。正在这时，忽听见几声爆炸响，霎时桥头枪声大作。打起来了！打起来了！街上人车顿时沸腾起来。我从望远镜中看到惠通桥被炸断了，桥两头对射很激烈。小日本！好快呀！真的就到了此地，老子叫你有来无回。我将情况报告团长，未过一小时，李志鹏师长和熊团长带领第二营相继赶到老鲁田。

在这段时间里，从对岸腊勐街一带打来上百发炮弹，咣！咣！咣！这边正爬坡的汽车被打中十几辆，有的立即燃烧起来，烈焰冲天，有的翻滚到山沟里。公路上这里堵一串，那里堵一串，车上的人，有的弃车爬山逃跑，有的集中力量，把坏车掀开，继续开

高仁勋

车往上爬，老鲁田饭馆里吃饭的人，则丢下碗筷爬上汽车，开着就跑，山上山下乱成一片。我们沉住气，不动声色。我看小日本的炮，倒真打得准，几发炮弹就打中一辆汽车，可见这个部队训练有素，要认真对待！

那些日军被胜利冲昏了头脑，自以为天下无敌。也难怪，听说这个第五十六师团，号称"钢军"，师团长是渡边正夫中将，打新加坡收降了几万英印军队，3月25日才在仰光登陆，会合第五十五师团，在同古打败第二〇〇师，开着汽车东打西冲，只用40天时间就从仰光攻下同古、腊戍、南坎、畹町、龙陵，直打到这怒江边上，战线共计一千五百多公里，在战斗中还打死了戴安澜师长，受到日本天皇的敕诏嘉勉。我们的熊团长，正是要利用他们骄横的弱点，以柔克刚，先忍耐至极，后一鼓作气，迎头痛击敌军。

头一天，双方不知底细，我营从老鲁田往下冲，迅速占领了惠通桥东岸公路盘绕的那个山冈，敌人则只抢占到原骡马道旁的几处小山包，对我仰攻可吃力多了，可日军的炮火比我们强，又有飞机来扫射轰炸，加之那些日本兵南进太平洋以来还从未遇到过真正的对手，所以妄想打到保山去，修复惠通桥，进而攻占昆明、重庆。我们的李师长则下定决心：一定要把过江的敌人消灭干净，不获全胜决不收兵。于是调集全师力量，坐镇老鲁田，亲自指挥我们打。我营占领的那个山头，南可控制惠通桥两头，西可俯瞰怒江西岸公路，北可射击十几里外的干沟驿道和两条"大""之"字弯的公路，东面沿公路接老鲁田，真是个好阵地。我们一到就赶快修工事、挖战壕，不顾敌人拼命从腊勐打来的炮弹，打退了敌人一次又一次的步兵进攻，敌人每次除丢下几十具尸体外一无所获。6日又打了一天攻防战。7日拂晓，敌人集中全力，利用公路弯道死角，想偷爬到我营阵地背后来抢夺山头，可未爬到半山就被我发现，一〇七团配合从干沟方向以密集火力打垮了偷袭之敌。下午，宋总司令来到师指挥所，召开连长以上干部会，限令明天以前一定要把过江之敌全部歼灭，不许延误。李师长立即做出部署：一〇八团由驿道右侧攻到江边，截断敌军渡江退路；一〇七团沿公路扫荡下去直到江边再向左右两边展开；一〇六团一营坚守山头高地，控制敌各方退路，并及时给各营连以火力支持；另两个营配给迫击炮连、小钢炮连和工兵连，攻占惠通桥东头碉堡及全部工事。

5月8日上午八时总攻开始，各团营连排一齐从规定的发起攻击点跃起，信号弹还未落地就冲出十几米远，一个个像下山猛虎，狂奔跳跃，一时间满山尽是人往山下冲。敌人从对岸腊勐街打来的炮弹，到处开花，硝烟四起，但我方全然不顾，只是呼叫着冲呀！杀呀！忘命地往前冲锋，见敌人就打，敌人冲来就拼刺刀，就凭这种气势也把那未被打死的三四百个日本鬼子吓昏了，他们的长官还挥着战刀，哇哇叫着背水一战，可这些对那些日兵来说已没有什么意义了，带过江来那点弹药已打光十之七八，干粮也基本吃光了，难道还能以一顶十吗？我军全体官兵则憋满了一肚子气，一脑子仇恨，从上海、南京、武汉会战到富金山战斗，多少弟兄死在他们手里，而今千里赶来就是为宰断他们的脚爪，不让他们再践踏我们的土地，有此报仇雪恨的机会谁能放过，人家争先恐后一个劲地往下冲，一直冲到江边，日军除个别跳江外全部被我军歼灭。

我们攻桥头可费了不少力气，敌人凭着残破碉楼和掩体殊死抵抗，江对岸的日军不时用山炮和重机枪施以支援，对我们跃起冲锋形成威胁。我气极了，指挥炮兵集中轰击，工兵用炸药包炸死角地堡，直到把所有工事全毁光，步兵方冲上去打扫战场。

至此，惠通桥阻击战或叫滇西第一战胜利结束，全歼偷渡过江敌人五百余名，缴获一些枪支。

此战，在抗日战争中算不上什么大战，但却意义非凡：一是使日军南进侵略各地的所向无敌之势，到此打下第一个句号；二是我军与日军形成隔江对峙态势，积极准备反攻，对收复国土有利，所以值得称道。

"惠通桥大捷"的消息传得很快，不几天就看到各种报纸都在报头下用特号字刊登出来，大大鼓舞了全国人民抗日的信心和斗志。

不久，我军的八十七师开来接替我师防务，我们就开回保山附近，又是庆功又是受奖，李师长、熊团长获得勋章，我们这些营连长也得到奖章：有的叫宝鼎，有的叫甲胄，不知是啥意思。熊正诗团长还升为少将副师长，叫我当中校团副我不干，还不如当营长打仗合老粗的胃口，我就是这样成了中校营长的。其余有功的官兵都得到奖赏，有的升了官，有的记了功，全师都得到了当地民众的慰劳。

当兵嘛！就是要打仗，特别要不怕牺牲打胜仗，才对得起国家，对得起上级，对得起老百姓，"养兵千日用兵一时"，就是这个道理。张营长每次讲话都是越讲越起劲，见听讲的人多了，就往往要加上这几句朴素而精辟的精神训话作为结束语。

选编自印缅战区在蓉中国老兵《"二战"胜利五十周年纪念集》（未刊稿）

腾北之战
——中国远征军反攻滇西战役亲历记(之二)

高仁勋

日军在腾北受损后,第十五军牟田口廉也中将组织反击。该军在征得缅甸方面军司令官饭田祥二郎中将同意后于1943年9月初,下达缅北作战指导纲要(要点):

怒江方面:以第五十六师团主力及第十八师团之一部,击灭进出于怒江西岸中国远征军之一部,夺其反攻据点。

胡康河谷方面,对于中美联军之反攻,遂行持久作战。
……

一、曲石之战

据此,第五十六师团渡边正夫师团长,亲率搜索联队、一四八联队、炮兵大队、工兵大队为中路,从腾冲出发,直取界头;派坂口静夫少将率原第五十六旅团为右路,从龙陵出发,沿怒江西岸北上;另第十八师团派丸山少将率第五十五、第五十六联队各两个步兵大队及炮兵、工兵中队为左路,从密支那出发,经拖角翻尖高山,向滇滩、明光进发。三路人马共两万余人,于10月3日开始,分头急进,准备一举把我军第三十六师及滇西游击纵队全歼于腾北地区。

我军早得情报,远征军司令长官卫立煌上将、第十一集团军总司令宋希濂中将下达命令:相机予敌重创后向洱源转移。李师长部署:第一○七团转进马面关,会同师直属炮兵、工兵营严加防守;第一○八团向南斋公房挺进,在上营、芒宽一带,阻敌北上;第一○六团在大江北岸,阻滞敌人后,迅速撤至江苴和大小江之间山林待命。熊团长立即命令第一、二营严守灰腰桥及以西地区,第三营仍守曲石河坝及两江汇合处。我们即刻再加固工事、扫清射界、清理交通壕,工作分队全部召集到曲石街上,组织老弱妇孺,提前往高黎贡山深处转移,民兵及担架队随军行动。布置就绪,专等日军到来。

10月5日上午,日机反复飞来侦察扫射,我们根本不理。张营长叫我们同他一起进入掩蔽部,刘乡长、民兵大队长也同去。开始我们有点恐慌,初上战场嘛,说一点不在乎那是假话,但看到张营长他们个个谈笑风生,像去看戏一样,我们也就渐渐稳定下来了。中午轰炸机来了,一阵狂轰滥炸之后,掩蔽部里尘土沙沙撒落,交通壕和射击掩体多处被毁。飞机飞走后,大家赶快跑出去修复。接着远程大炮打来,我们又躲进掩体里。前奏曲过后,对岸的山炮、小钢炮响了,打得好准,掩蔽部上中了好几发,尘土简直把人都要全埋起来,我们睁不开眼,呼吸也很困难,但我们知道,这个掩蔽部是用高黎贡山的大楠木,横两层直两层搭建,用抓钉抓牢的,根本打不垮。紧接着迫击炮、枪榴弹也从对岸打来，轻重机枪也响了。从瞭望孔里看见对岸河坝的日军赶着民夫驮马，分三路直冲到江边，边打枪边趄趄趔趔淌水过来，我急得几次喊张营长下令打，他毫不理睬，真急人。原来他早胸有成竹，这里江面有二百来米宽，水虽只齐膝，可流速快，江底全是长满苔藓的大鹅卵石，滑得很，站不住，走不稳。眼看不少敌军人马滑翻冲下，在水里挣扎，爬起又跌下，被冲得七歪八倒，满河皆是。这时张营长才喊李连长下令：进入阵地。战士们冒着炮火猫着腰，从交通壕跑入自己的阵地，眼看有几个日本兵已经爬上百米外的河滩了。连长这才下令：打！各种枪炮火力全部集中射击，江中水花四溅，炮弹落处，水柱冲起几米高，直打得上岸的趴着不动，水中的人仰马翻，清清的河水染红了。我们几个的老七九步枪，也凑了下热闹，扳一下打一枪，打了十几发。日军冲过来的百多人，一个也没能跑回去，全被我军击毙了。

在我们战斗的同时，灰腰桥那边打得更激烈，那边是正线，桥又非夺下不可，所以成为日军的主攻方向。

我们这里沉寂了近一小时，敌人的飞机又来了，大炮又轰过来了，但我们不予理睬。在这段时间里，我们重伤的、牺牲的都用担架抬到街上去了，轻伤的也包扎好了。各在掩蔽部吃点干粮，喝几口水，慢慢抽烟，擦枪磨子弹头，专等不速之"客"再来。有了上次的经验，我们也无所畏惧了，炮战三番，敌人发动更大规模的攻势，这次可能有五六百人，兵分五路，同样直冲下来。我们也把预备队全调来，又一场恶战开始，不过这次敌人下定决心不顾伤亡，不断地冲下江来，可人马越多把江水堵起来，水冲得更凶，人马更难站稳前进，我们的火力更加猛烈，打死的人马阻流成坝，敌乘机冲上岸来，用死尸做掩体卧射，有的还在沙滩上推着死尸做靶垛，不断前进，这下手榴弹起作用了，双方摔来丢去，一阵乱战，可我们是在战壕里，杀伤小，他们在沙滩上，杀伤大，同时双方靠得太近，都不敢再打炮，敌重机枪也打得过高、过远，我们减少了威胁，更能沉着射击，命中率提高很多。敌人哪有那么多兵马，暂时未打死的，因势单力薄也趴着不动，战事又停缓下来，双方对峙，虎视眈眈，一有动静又打上几枪，坚持到天快黑，我军接到转移命令，张营长令留下一个排，便带着我们连夜撤到江苴街上。

第二天中午起，便听到不间断的大炮声，知道一定是我军与敌在马面关展开了激战。

8日晚，团长命令收复曲石，夺下灰腰桥，在江南岸狙击回窜之敌。得知第一、二营已奇袭腾冲城去了。我们营午夜出发，两个连绕道红木，从南向北反攻灰腰桥，我们营直和七连攻曲石街。街上日军万万没有想到，"逃跑"的中国人还敢再来，正高枕无忧、大梦方酣之际，我们冲进了曲石街，有的日军还来不及穿衣拿枪就做了"刀下鬼"，少部分逃出街外的，也被埋伏的我军用机枪、手榴弹打死，横尸街头。一个中队日军除个别逃进森林外，全部被歼。灰腰桥那边也打得很凶，天亮后得知灰腰桥被我军夺回。这就是"骄兵必败"的实证，十里江防又重归于我，可这回是从南防北了。这次战斗打得如此利落，全赖张营长于驻守该地的半年之中，多次分批带领班长以上干部，走遍防区内外几十平方公里的各条小道，观察地形，使每个指挥员对地物地貌了如指掌。同时民众得到组织训练，知道了保卫家乡就是保卫国家的道理，成为战斗的有力支柱，所以我军虽在黑夜行动亦能准确无误。

再说坐镇界头指挥进攻马面关的日军第一四八联队长藏重康美大佐，听到腾冲城被攻，于是调回搜索联队和一个步兵大队回攻灰腰桥，又被我营集中火力狠狠地揍了一顿，等其摆开架势想架桥围攻我们时，我们早已悄悄撤出战斗，回到曲石，通过江苴、南斋公房，会合一〇八团渡过栗柴坝撤回怒江东岸去了。

当撤到江苴时，我决定要何绍厚分队附带着张德生、徐成富（玉璧村人）等七位家在腾冲的同学，回家去坚持抗战。我和王会臣（保山人）、苏志义（湖北人）三人，从江苴沿高黎贡山西麓，钻进原始大森林中，历尽千辛万苦，九死一生，三天三夜才摸到北斋公房，碰到了几个同学，其中有女生队的张淑玉（祥云人）、吕耀辉（腾冲人）等，一起同行。在山顶路边石坎上坐着十几个战士，步枪横背在背包上，看着像是坐下歇息，当中有个面熟的同学，我们到跟前看他，笑眯眯地喊他"走了！"不料一拉硬邦邦的，竟是冻死了，吓得我们赶快离开，跑步下山。我们吸取教训：冷地不能久坐，行动必须多人。回到漕涧向三十六师收容处报到。

这场战役，我军第三十六师挺进腾北建立反攻基地，历时半年，经过大小战斗50余次，歼灭日军两千余人，吸引了日军两万多人来腾北，大大减轻了中国驻印军反攻时的阻力。如丸山支队的五千余人，在尖高山一带转来转去与我游击纵队周旋，直到纵队奉命由江心坡、片马撤回内地，他们才返回第十八师团，这时中国驻印军已攻下胡康河谷的达洛、法加一带了。回救腾冲城的第五十六师团联队，在灰腰桥挨了一棒，回城扑个空，再转回马面关组织进攻，而我第三十六师全师早已渡过怒江开回内地去了。

二、惠通桥参战

1944年4月，第十一集团军总部奉命推进到保山，分监部驻由旺镇，这里离惠通桥仅一山之隔、三十余公里。5月远征军即开始大反攻，运输股长张佩良少校带着我们几个科员，到惠通桥东岸的怒江边设立指挥所，担任指挥将辎汽五团和独汽第三、五营用汽车运来的作战物资，转交给四十个驮马运输大队或民夫队渡江转运去前方的工作。"兵马未动粮草先行"是自古行军作战的规律，十几万大军渡江作战，需要多少粮秣、弹药、装备器材等可想而知，我们工作的紧张辛劳也就不言而喻了，大家没日没夜，没有轮班休息，一人顶四五个人的工作。在这期间，日军还想破坏我军补给线，多次从芒市派飞机来扫射轰炸。头两次听到飞机的强大轰叫声和炸弹的嘶鸣声、爆炸声，混合着高山流水连续的回响声，声胜雷响，震耳欲聋，确也有些害怕，大家东奔西跑，造成了一些人员伤亡和物资损失。后来，日军已成强弩之末，制空权已转到盟军手里，加之这里两山窄逼，深壑高差两千余米，偷袭的敌机不敢飞得过低，弹着点准确性极差，只要我们镇静，看敌机从北来扫射，卧倒在大石南面，从相反方向射来，卧倒在大石北面就万无一失了。果然，以后几次就很少有人伤亡。远征军总部又调来高射炮队，派美机轰炸芒市机场，日机就再没有出现了。

反攻松山战斗开始后，经常看到我军炮兵第七、第十团的一〇五、一五五榴弹炮，从老鲁田后边的山顶马林寨，向对岸的腊勐街、松山射击，两山直线相距仅十公里，可公路一下一上要盘旋七十余公里，可见这里的地势是何等险恶。起初，我们抬头望着两三千米的高空中，炮弹飞过去，弹道划成条白线，千道万道，高兴极了，大家狂吼打得好！打得好！可望久了，颈项酸了，看多了，也就见惯不奇了。一个来月的昼夜奋战，风餐露宿，栉风沐雨，每个人都瘦了十来斤。李国源少将分监，于是另派我科的张厚植上校科长，带领更多的人来把我们换回分监部去。直到7月1日惠通桥修复，指挥所才推进到腊勐街。

三、雨季反攻

回到由旺，虽然人抽走很多，一个人要顶两三个人的工作，电话昼夜不停，文稿电报成摞，但生活起居可安定舒适多了。此时，亚热带雨季已经进入旺盛时期，有时望着瓢泼大雨和奔流的屋檐水，又不禁想起在惠通桥时，经常听到那些驮马大队和民夫队的人骂街："当官不会选择作战时机，简直是笨蛋！害得大家在泥里水里滚爬，马走不稳，人担不动，坡陡路滑，不知有多少人马摔下山死了。"当然作战部队更困难，敌人躲在堡垒里，以逸待劳，等着你趴在泥水里，匍匐前进去攻，补给跟不上还得忍饥挨饿去战斗。因为日本侵略军把英印军围在印度的英帕尔，英印军危在旦夕，英国首相丘吉尔三番五次向美国总统罗斯福告急，要求中国远征军赶快开辟滇西战场，以吸引日军，减轻英军压力。果然，中国远征军一反攻，日军就把仰光附近的第二、第四十九、第五十三师团调到缅北和滇西来，加上原来的第十八、第五十六师团，共计十余万人，还成立了第三十三军统一指挥，滇西和缅北的这场恶战，就这样越打越激烈了。

选编自印缅战区在蓉中国老兵《"二战"胜利五十周年纪念集》（未刊稿）

滇西大反攻

——中国远征军反攻滇西战役亲历记（之三）

高仁勋

1944年5月11日，我军开始了滇西大反攻作战，既是大反攻就得下大力气，在云南的中国远征军，以第十一、第二十两个集团所辖的第二、第六、第五十三、第五十四、第七十一等五个军，计第九、新二十八、新三十三、三十六、新三十九、七十六、八十七、八十八、一一六、一三〇、一九八师和预备第二师共12个师，以及长官司令部直辖的游击军指挥部的第一、二、三纵队，先后从栗柴坝到打黑渡的十几个渡口强渡怒江，分头对腾冲、松山、龙陵、平夏四个日军主要防守要地发起攻击。各处日军拼命坚守，誓死不退，我军则势在必得，奋勇进攻，双方进行剧烈的攻防战，到处呈现白热化。日军凭着装备精良、训练有素、阵地坚固等优势，顽强抵抗。我军虽装备窳劣，但具有不当亡国奴的民族精神、为正义而战理直气壮的勇武，加上人数众多——具有五比一的优势（局部则二三十比一），所以战斗打得十分惨烈。在战斗进行到最关键的时刻，还将在昆明陆军总司令部的预备队第八军（第八十二、一〇三和荣誉第一师）、第五军的第二〇〇师，以及长官部预备队的第九十三师、工兵指挥部的几个团统调到前方来，加上重迫击炮二团，重炮第七、第十团，辎重兵汽车第五团，独汽第三、第五营，通讯兵营、兵站部队等，云南远征军共达三十余万人。再加上中国驻印军十万人，共计四十余万人。

现在仅把我在云南远征军所见所闻的几次滇西大战情况，简要忆述下来，以申悰忱。

一、腾冲焦土

腾冲古称腾越，从汉唐以来就是"南方丝绸之路"的边陲重镇、历史名城。明朝洪武年间，沐英将军用特坚青石筑成这座高7米、厚4米、广约4平方公里的名城。腾冲历来是腾龙边区八属的首府，是其政治、经济、文化的中心。因地处要冲，所以腾越改名腾冲。腾冲东越高黎贡山跨怒江，到保山168公里；南过龙川江到龙陵80公里；西经梁河、盈江至缅甸八莫约200公里；北至密支那217公里，地理位置十分重要。

1942年5月10日，日本帝国主义侵略者把这座本来就很坚固的城池，再加修碉堡，掘战壕，街街通地道，室室有地堡，数千人用两年多时间，修成了一座坚不可摧的城市。第五十六师团长松山佑三视察后妄称：凭中国军的装备，十万人一年也难攻破腾冲。

1944年5月11日夜，滇西远征军第一九八师师长叶佩高率领五九四团，渡过栗柴坝渡，攻北斋公房。第三十六师在李志鹏师长率领下，悄悄渡过缅戛渡，这是三十六师最熟悉的老路，所以第二十集团军总司令霍揆彰中将要该师打先锋，并且要副总司令方天中将兼第五十四军军长来指挥。（这是因为该军的第十四、第五十两个青年学生师，奉调印度比哈尔邦兰姆伽装备训练，由原军长阙汉骞带领。远征军司令长官卫立煌上将，报准把第十一集团军直辖的第三十六师拨过去，为了便于协调指挥，因而把副总司令方天也调去并兼第五十四军军长，阙军长4月回国仍当军长，方不再兼任）这时第二十集团军共有4个师：第五十三军有一一六、一三〇师，第五十四军有第三十六、一九八师，加上集团军和两个军的直属部队及第六军的预备第二师顾葆裕部共有五万人攻腾冲。反攻腾冲战役是这样部署的：第五十四军由老营街、漕涧出发，攻取北斋公房、马面关、界头，过固东、古永、下中和、荷花，抄敌后路；第五十三军攻南斋公房、江苴、曲石、下马站，主攻勐连、腾冲；另一路由第六军的预备第二师从泸水渡江，沿江心坡、片马攻腾冲东北，与在古永游击的该师部队会合。

日军第五十六师团长松山祐三中将，截获我军电报，得悉第二十集团军要大举进攻腾冲，马上率领第一一三联队和搜索联队主力赶到腾冲，坐镇指挥。第一四八联队藏重康美大佐到界头，指挥南、北斋公房和马面关、江苴两线防卫；第一一三联队松井联队长指挥大塘子、上营一线，企图将第二十集团军主力消灭在天险高黎贡山上。

两支强军相遇，各处都打得十分激烈。我军第一九八师于6月14日攻克北斋公房，第三十六师于5月13日攻克唐习山、大塘子，16日攻克马面关，牺牲两位营长、四位连长，第一一六师的上校团长覃子斌亦在攻南斋公房时壮烈殉国。我军于6月16日占领江苴街。这时因龙陵被我军攻占，松山师团长急率第一一三联队、搜索联队回救龙陵。留下号称"山地战黑风队"的第一四八联队和炮兵、工兵大队等与我军周旋。至6月20日我军全部攻过高黎贡山，稍事休整，继续按计划进攻。28日起全面发动攻击腾城外围据点来凤山、飞凤山、高良山等阵地。7月4日，第三十六师、预二师、一一六师开始攻击城南主阵地来凤山，连日几次强攻均以大炮先轰击，步兵再突上去血战。26日还出动57架次飞机，把城区和来凤山炸成一片焦土，并在五千发炮弹的轰击后，发动最后猛攻，以火焰喷射器、无后坐力炮等新武器，焚烧未炸毁的堡垒，27日终于攻克。在这期间，一九八师等也将高良山、飞凤山攻克。

7月23日的第一次攻城，因兵力较薄，且守军用原城内生力军接战，弹药充足，士气旺盛，城墙坚固，我军伤亡很大，连续几日强攻均未攻破城池。26日的轰炸，使日军受到较大重创，形成对峙，这时霍揆彰总司令做新的总攻部署：第三十六师自城西（预二师为后援），一九八师自西南角，一一六师自南（一三〇师为后援），于8月2日晨再次发起总攻。先以60架次飞机轰炸扫射，再炮击三千余发，然后步兵猛攻，第三十六师首先以炸药包爆破城墙，以平射炮、火焰喷射器封锁枪眼，直打到3日午时才打破西南角的一部分城墙，毁坏了碉堡，我军冲进城内，然因日军组织力量进行夜袭又退出城外。5日，15架B-25飞机炸毁城墙13处，我军趁机大量冲入城内，但到处都是敌军地堡，火力甚猛，经激战后又被迫撤出，城墙缺口又被敌人连夜堵上。6日再以32架飞机轰袭，第三十六师和预二师一部再次攻入西南角，连续三天逐屋争夺，日军倾全力向我军一〇八团反击，我军立脚不住，退了出来。东南各处也同样几次未能攻入城内。

8月13日,藏重康美正在东门城楼下防空洞召开军事会议,突然飞来51架飞机进行地毯式轰炸,一颗500磅的重弹,正落在工事上,插进地窖把正在开会的32名军官集体葬在一起,只剩下联队副官太田正人大尉一人,他就理所当然成了继任守备队长。日军的覆灭命运早已经注定,这下更加速了他们的灭亡。19日,我军进行第三次总攻,打得更凶猛,采取步步为营战法,攻下一点即坚守不让。21日再用百架飞机狂炸,发炮1.5万发。22日,一九八师主攻西门,占领原领事馆。东南城亦大部为一一六师和一三〇师攻占。到31日至9月1日,城东南角全部攻克,日军只剩下约一半的城内地盘,兵员也减少到350名。5日,我军发动最后攻击,把残兵压缩到城东北角的联队本部周围。11日,太田大尉烧毁军旗,烧死最后的重伤员,枪毙慰安妇,做完一切后事,于13日带着仅存的几十颗手榴弹和轻伤员做自杀性冲锋,全被撂倒在街上。

9月14日,霍揆彰总司令向卫长官发出电报:昨日全面收复腾冲。至此,被日军强占蹂躏了两年零四个月的腾冲,终在我军强攻下收复。可原来美丽的腾冲城已不复存在了,只剩下断壁残垣,一片荒凉。这场激战,敌人伤亡5000多人,中国军人死伤一万余人(包括预二师少将团长李颐、第二游击纵队司令黄福臣少将及团营、连、排长百余名),民众亦死伤近两万人。

二、松山破击战

松山是高黎贡山的下段,海拔2260米,它东下怒江惠通桥31公里,西去龙陵45公里,是控制滇缅交通的咽喉,战略位置十分重要。日本侵略军于1942年5月5日强渡怒江失败后,第五十六师团渡边正夫中将师团长命第一一三联队松井大佐带领两个工兵大队,并在缅征集三千民夫,在腊勐至松山大垭口七公里两侧,修筑永久性防御工事,总面积约6平方公里。主堡垒都是三层:上层瞭望射击,中层住人和生活,下层储备弹药粮食油料,还有发电站、抽水站,设施一应俱全。主堡之间有地道,高宽各2米,15吨小坦克车和小汽车往来自如,再以成百个暗堡组成交叉火网,无一死角。交通壕四通八达,关山的炮兵阵地更坚固,火炮可电动升降,发射后即降下去隐蔽。工事建成后,渡边带着第十五军军长牟田口廉也中将等前来参观,誉之为东方的直布罗陀,用两千人可顶五万人攻半年。

日本人以松山脚腊勐村谐音,取名拉孟守备队。

我军攻击松山,是从1944年6月2日开始的,第十一集团军总司令宋希濂中将派第七十一军史宏烈副军长率新编第二十八师刘又军师长等,渡过怒江后兵分两路,一路抄到松山背后,截断松山通往龙陵的公路,一路以主力攻腊勐,要求6月4日攻克腊勐街。准备两路夹攻,一举拿下,但经十天激战,不但毫无进展,还造成很大伤亡。宋总司令再派副总司令黄杰中将率第六军的新编第三十九师,由新任师长洪行少将率领全师接替新二十八师攻松山,新二十八师全部由松山背后围攻。

从攻松山开始,在怒江东岸山顶马林寨的重炮第七团、第十团,就不断以一〇五、一五五榴弹炮配合轰击。可炮弹落在敌阵上只能摧毁其表皮工事,对主堡垒等于搔痒,没啥用处。所以新三十九师从14日接攻以来,多次组织轮番进攻,次次都被猛烈的火网封住，牺牲很大，亦无进展。卫长官心急如焚，因松山若打不通，已到前面攻击龙陵的四个师的补给就难以送去，同时雨季已到，行动更加艰难，于是将驻扎在昆明附近的第八军调来增援。副军长李弥中将带着荣誉第一师（全由伤愈归队的老兵组成，故称荣誉师）先到，主力去支持龙陵，师长汪波少将于20日以四个营接替三十九师后，立即组织进攻松山，从松林坡开始一步步逼向主阵地，可伤亡不轻。这时，何绍周军长（何应钦的侄子）也带着第八十二师、第一〇三师赶到，以一个军的力量（欠八个营），全力发动进攻，15日已攻到离两个主阵地四五百米的地方，几次冲锋都被暗堡火网扫射，伤亡很大，只好构筑工事对峙，双方利用狙击手，见头就打。25日发动全面总攻，先集中全部炮火，几乎把所有地面阵地夷为平地，步兵立即推进，公路干线两侧阵地只剩下长500米、宽200米狭小的一块了。这时日军只剩下三百来人，第一一三联队松井联队长电令其副官真锅大尉做最坏打算（焚毁文件军旗）。8月1日至2日，第八十二师王伯勋师长指挥拼死攻击关山炮兵阵地，至7日占领。第一〇三师熊绶春师长指挥炮兵密集射击后，迅速将路东表面阵地全部夺下，但日军辻义夫炮兵大尉指挥的士兵仍坚守关山第二、三层地堡，无法攻取。

8月初，何军长召开作战会议，决定采纳李弥建议："用爆破法从下边端他的老窝。"立即开始由工兵营昼夜挖掘隧道，经半个多月努力，隧道掘通了，百米主洞，再分两条支洞，直通到敌主阵地。我军在敌主阵地底下的中间，装进两车TNT黄色炸药，一切就绪，决定8月19日施爆。当时，远征军长官部和美军联络官都赶来观看这一历史壮举，十一时引爆，三声闷雷似的巨响，如五级地震，山摇地动，松山阵地被凌空抛起，滚滚红砂、硝烟顿时弥漫整个山岭，数百观众欢呼雀跃："松山攻下了！"可事情没那么简单，主堡被轰，副堡犹存。金光守备队长还一连三次组织残兵，企图夺回关山阵地，均被击退回西山阵地和5600高地。9月5日，荣一师和第八十二师分别再攻这两个据点，直打到6日下午，金光少佐战死，真锅大尉代行指挥，还派木下中尉等三人执书逃脱出阵地，到芒市向师团长报告情况。7日，真锅大尉才从容地做完善后工作——枪毙慰安妇、打死重伤员、销毁文件，然后自戕向天皇"报告"去了。这是在打扫战场时从一个幸存的慰安妇口中得知的。

松山战役从6月2日开始到9月8日结束，历时三个月零七天，远征军动用了五个步兵师和工兵、炮兵等共五万余人，死、伤、病两万余人。同时进行的密支那战役（5月17日至8月3日），那里有三个中国师、一个美军团，飞机大炮火力装备都很好，战斗也极惨烈艰苦，同样证实要取得对日作战胜利是极不容易的。

日本《朝日新闻》当时是这样报道的："云南拉孟守军三千全员'玉碎'以报天皇。"

三、龙陵通断战

龙陵县城，南距芒市32公里，北至腾冲80公里，东到松山45公里，是日军防御战略的中心、"断"号作战的重点，龙陵失则腾冲、松山不保，芒市、畹町难守，不但断不了中国的国际交通线，还要断送自己的性命。所以缅甸方面日军不惜血本，把防守南方海防和仰光的两个师团都调到龙陵来，誓死一搏。

拿下龙陵则腾冲、松山犄角点孤立无援，便于攻克。芒、遮、畹收复亦较容易。所以远征军司令长官卫立煌，选派从上海淞沪战役就打出了名的、久经抗日战场与日军多次较量、战斗力很强的精锐之师第七十一军主攻龙陵，第二军主力协助。5月下旬第七十一军副军长陈明仁中将首先率领新编第二十八师过江，先攻松山、腊勐，并以一部截断松龙公路，随即钟彬军长亦率领军直和第八十七、八十八两师，绕过松山，迅速从白泥潭、镇安街、黄草坝正面进攻龙陵。另一路第二军则由军长王凌云中将率领，从打黑渡过江，以一个师（新三十三师，师长杨宝谷）围攻平戛，军主力两个师——第七十六师（师长夏德贵）、第九师（师长张金廷），攻取象达、芒市，切断芒市至龙陵公路，从南面进攻龙陵。七十一军的八十八师首先攻占了腾龙桥，切断腾龙公路，第八十七师在师长张绍勋少将指挥下，把龙陵东山等据点逐个占领，经6月9至16日激战，很快攻入城区，残敌仅剩三百来人，退到红土坡、西山坡、观音寺一带死守。这时张师长兴高采烈，认为全占龙陵指日可待，于16日发出战报"我部占领龙陵，残敌即将肃清"。这么好的消息，各种媒体当然立即发出消息，传遍世界。

可事情并非那样简单。日军第五十六师团长得到信息，立即带领师团主力、第一一三联队、搜索联队、炮兵工兵大队，乘汽车一夜就赶到龙陵，17日拂晓即与我军第八十八师在腾龙桥展开激战，胡家骥师长率部拼死抵抗。同时芒市日军也派出第一四六联队由吉田四郎大佐率领，强攻我军第七十六师和第九师，均发生激烈的战斗。这时候的日军经过两年的休整，战斗力正强，我军虽经苦战，但补给困难，弹药将尽，死伤很大，不得不退出龙陵城关，于18日晚向黄草坝、大坝撤退，龙陵得而复失。龙陵战败，舆论大哗。重庆最高当局层层追究责任，首当其冲的当然是张师长，他自知罪责难逃，上压下逼，不能不当"替罪羊"，于是在镇安街师指挥所举枪自杀。（实际重伤未死，我在由旺分监部曾见到其夫人，全副武装步行随担架照料转往后方，还听说那位夫人是个大学生，文武双全，是不在册的秘书和参谋长，还被称为巾帼英雄呢!）不久，第八十八师师长胡家骥也借病离职，由副师长熊新民升代。

后来因龙陵久攻不克，二次攻克又失，蒋介石极为震怒，为整饬军纪，于9月初将第十一集团军总司令宋希濂、第七十一军军长钟彬撤职，调重庆陆大将官班，由副总司令黄杰升代总司令，陈明仁升为七十一军军长，史宏烈也升为第六军军长（原黄杰兼）。战争就是这样，胜则荣，败则辱。这是后话。

龙陵前线日军大举反攻，我军拼死苦守黄草坝一线。可天时极为不利，热带雨季正盛，每天暴雨不断，浓云低覆，几万人的给养全靠几千匹驮马和上万民夫从怒江边卜绕过松山，背驮百余公里，山高路险，泥泞路滑，许多人马还摔下深渊，葬身悬岩，能有百分之八十运到就算好事。因此，坚守阵地的战士们就更困难了，缺吃少穿，弹药不足，临时的简陋工事难蔽风雨。敌人则粮足兵精，还在老东坡等处施放窒息性毒气，使我整排整连的官兵窒息而死，血战半月，死伤过半。钟军长只得把两个师合并，再退往黄草坝、镇安街一带死守，日军又用坦克尾追，我军没有反坦克炮，只有用炸药包、集束手榴弹消灭它。道路崎岖泥泞路滑，坦克也难充分发挥作用，虽然日军离松山只二十多公里，却始终没法接近松山。七十一军硬撑到7月1日，实际已处于弹尽粮绝的境地，幸亏荣誉第一师主力和第六军新三十九师的一个团赶到，立即投入战斗，才扼止住日军的强攻，紧接着师主力也到达，才稳住了阵脚。双方暂时成对峙局面，你攻我守，我攻你守，像拉锯一样，拉来拉去。

7月中旬，天气有些好转，美机可以飞临前线空投粮弹了，最多一天达几百吨，还空袭日军阵地，使其白天不敢妄动。我军得到补充，战斗力增强，又逐步加强了攻势。21日，远征军长官部直属的重迫击炮团也千辛万苦地开到了，当天就向日军发射成千发炮弹，之后经常压制住日军的炮击和进攻，迫使其龟缩在破烂的掩体里，也让他们尝尝失去制空权和在露天大雨中作战的滋味。

我军得到补充后，宋希濂总司令又将指挥所由老鲁田推进到镇安街来，实行战地指挥。从8月中旬起，在美机的支援下，发动了对龙陵的第二次攻城战，逐个把外围据点攻下，日军受到致命打击，死伤甚众。我军于22日再次打进龙陵城，日军退守三关坡、新城一隅拼死顽抗。这回不再事先发攻克战报了。明知将有更大的战斗等待，不到最后胜利，决不发战报。

这时，日本缅甸方面军司令官河边正三在英帕尔失败，密支那丢掉，腾龙、松山岌岌可危的四面楚歌之际，急忙在仰光召开会议，传达大本营和南方军总司令官意图，不顾第十五军司令官牟田口廉也的反对，决定孤注一掷，全力进行"断"一期作战计划。他为确保龙陵会战取得胜利，把守孟加湾海防的第二师团和守仰光的总预备队第四十九师团调到芒市，又以第五十三师团接替第十八师团防地，把十八师团调到八莫、南坎一线。五十六师团则把腊戌、新威、南坎、畹町一带的守备队尽量减少，集中交给第一四六联队带到芒市。至此，第三十三军司令官本多政材共指挥着五个师团的兵力，占了缅甸十个师团的一半。他也把指挥所从新威搬到芒市来，就近坐镇指挥。这下，两军主帅相距仅58公里，日军一线三个师团，我军八个师，以龙陵为核心，展开了"通"与"断"的最后大决战。

日军的作战部署：以第五十六师团为左翼，集中全力从云龙山、碗水山、西山、昂龙山一线，进攻老户山，目标为达愿山、黄草坝；以第二师团为右翼，从一山、二山攻到八山（无名山冈，日军自编代号），直至长岭岗会师回歼；龙陵守备队同时出击。

我军的部署：第七十一军八十七师仍在城东的东山及三至八山坚守；八十八师守腾龙桥、老户山、昂龙山一带，新二十八师在长岭岗、老山一带作机动接应；第二军的七十六师、第九师仍负责切断芒龙公路阻敌增援部队；第六军的新三十九师仍在龙川江一带阻击第五十六师团。我军以这些已应战两月有余、死伤过半的部队，去迎击养精蓄锐两年的敌第二师团生力军和第五十六师团从后方集中来的新军，日军还增添了炮兵联队，战斗的艰苦与惨烈，是可想而知的！

我分散在各个山冈的守军与敌肉搏血战，惨痛壮烈至极，死伤越来越多，处处告急，不少阵地因全员牺牲而丢失。正在此万分紧张关头，松山阵地完全攻克，我第八军全部前来增援，方才刹住日军气焰。双方又暂时形成对峙态势，阵地犬牙交错，攻防交替进行，不但空军没法使用，连大炮都难分你我，光靠步兵对战，打得难分难解。第二十集团军攻克腾冲后，第五十四军的第三十六师、第一九八师、第六军预备第二师从腾冲赶来龙陵支援（第五十三军的一一六师、一三〇师从梁河、盈江、陇川绕攻瑞丽、畹町）。这下我军已有12个师的兵力，尽管战斗力大都减弱，但在数量上仍是日军的两三倍，日军无奈，只得转取守势，战斗又呈胶着状态。

这时，滇缅公路咽喉惠通桥和松山顶上十来公里弹痕累累、七坑八凼的公路，也经工兵团昼夜赶修可以勉强通车了，汽车、战车可以直接开到镇安街。我在惠通桥边奋战后，被换回分监部，公路一通，即又跟随上校参谋长罗文山率领的前进指挥所乘车直到镇安街。路过松山时，参谋长叫停车，让大家下来看看这个现代战场：公路两旁的所有山冈，地翻三尺，没一棵树，没一株小草，有的只是黑乎乎的一些残木钢片，连石块也是黑的，红土也全变成了黑土，有几棵几个人才能围抱的大楠木，也是弹痕密布，树皮全黑，只剩下几枝桶般粗的大枝丫，没细枝，没叶片，惨不忍睹。

小小镇安街，这时成了龙陵战役的指挥中枢，第十一集团军指挥部在这里，长官部、美军联络组也有派人在这里，炮兵、工兵指挥部就在我们隔壁，将星云集，随处都能碰上几位将军，真是大开眼界。听说炮七团和炮十团的榴弹炮，都是之前从德国买来的，炮弹很久前就打光了，现在用的是从非洲缴获隆美尔兵团的炮弹，用飞机运来的，运到一些打一些，时常供应不上。炮兵指挥官邵百昌少将、工兵指挥官傅克军少将，都是罗参谋长的座上常客。重炮七团的团长吕钦黄、十团团长胡克先、辎汽五团团长钱立三位少将有时亦到指挥所来，常听他们闲聊许多有关战斗的趣事，听多了，有的稀奇事就常记不忘了。那时我们的指挥所只两间房子，行军床前就是办公桌，床就是坐凳，大家不分昼夜就在床上办公，累极了仰着躺下去就算睡觉，电话铃一响又翻起身来接，就这样听着没完没了的告急电话，传阅着没完没了的战报情报，记录着各军、各师的补给情况。由于参谋长看了我拟的几个电报，说写得还简明通顺，字也写得不错，从此把我当秘书来用，他看的文件由我登记，会议由我记录，会见客人大都有我在场记事和接待，所以从此时起我知道的情况更多，印象也特别深刻一些。

松山通车后，汽车可直达镇安街，辎汽五团派刘志平副营长，独汽三、五营也派员来指挥所负责该单位的车辆运输，所以我们很少到现场去干具体工作了。同时大量物资源源运到，各部队得到了充分的补给。日军也得到第四十九师团主力的增援，人数超过三万。9月下旬至10月初，日军又组织了一次进攻，在东线还开来了几十辆坦克，与我第八军和第五十四军新增援部队展开了前所未有的激战。原来的第七十一军、第二军和第六军的一个师，仍分散在三十几个阵地上坚守，战事进行到白热化阶段，战局扑朔迷离，时胜时败，就是没法攻占全城。这段时间，大雨滂沱，有时暴雨淹满了交通壕和掩体，大大影响了双方的攻击。

重庆得知日军调集三个师团举行大反攻，龙陵要域久未攻克，不得不把驻守昆明、已全部配上美式装备并集结补充整训了两年的王牌机械化部队——第二〇〇师调来龙陵前线。机械化搜索团和炮兵团由副师长郑庭笈少将率领，乘飞机先运到大坝简易机场（离镇安只三公里）降落，其余由师长高吉人中将率领乘汽车星夜赶来。这支两万余官兵的部队，同仇敌忾，喊着誓死为戴安澜师长报仇的口号，开着坦克车、装甲车，狂击敌军，处处找着日军第五十六师团打，誓雪耻仇。同时各路友军全面发起猛攻。

10月下旬，龙陵城外全被我军占领，日军守备队退缩到文笔坡一带几个坚固的堡垒里。10月中旬，日本缅甸方面军新任司令官木村兵太郎中将，鉴于腾冲、松山坚固阵地已失，龙陵会战失利，中国新军增援，若再恋战势必全军覆没，于是决定暂停

"断"一期作战，改在芒市、畹町、南坎、八莫一带，实行"断"二期作战。敌第三十三军本多司令官更同意松山师团长的建议：留第二师团顶住我军在芒市的进攻；令工兵第五十六联队的小石钟太郎中佐为龙陵守备队长死守；派第一六八联队长吉田四郎大佐率领本联队和第四十九师团两个步兵大队，救出第一四六联队（金冈宗四郎）一个大队的平戛守备队。该支队由芒市出发，从象达、勐戛两路疾进，与围攻平戛数月战力消耗极大的我第二军新三十三师激战，师长杨宝谷少将率部顶住敌两面夹攻，终于不支，让平戛守备队逃掉了。

10月29日，各路兵马集结部署完毕，卫立煌长官和黄杰总司令亲临前线指挥，20万大军发动了龙陵会战的最后总攻。飞机、大炮、坦克一齐出动，日军伤亡过半，哪里还顶得住。这时雨季已近末尾，正利作战，可以充分发挥各种兵器的效力。但日军终究是经过严格的"武士道"精神训练、以誓死报效天皇为荣的部队，其中的第二师团，早在九一八事变时，就在柳条湖与马占山将军对战，并转战中国十几年，又是南进攻击马达加斯加岛的勇武部队，最擅长山地作战及单兵作战，剩一个人也要打到底的精神更为顽强。这时我军虽以二十比一的数量战斗，仍异常艰苦，不到全歼日军，就谈不上占领。激战空前，日军伤亡殆尽，本多司令官才命令日军退回芒市。11月3日，龙陵城才算最后真正收复。龙陵之战历时188天，共歼灭日军一万零七百人，我军伤亡四万余人（其中死二万余人），直到11月11日远征军才发出战报。

四、挺进芒市

11月上旬我军进行了大调整，第八军、第二〇〇师返回昆明原驻防地点，原远征军按作战计划，分路向芒市挺进。日军第三十三军前进指挥所，第二、第四十九、第五十六师团除留下少部分部队守三台山、南天寺和勐戛、遮放外，于19日前撤往畹町、南坎、腊戍一带。我军原在镇安街的各级指挥机构亦相继推进到芒市，我们分监部指挥所也于下旬末搬到芒市公路边的三棵树村。

芒市，是个风景美丽的城镇，它是龙川江冲出高黎贡山后，被横亘的三台山阻拦，冲积而成的一块二三十平方公里的小坝子，四周山峦林木葱郁，四季常绿，属亚热带气候，雨量充沛，土地肥沃，稻谷年产两季。坝内因疟疾盛行，是当时著名的"蛮烟瘴雨"之乡，居民几乎全系傣族，别的民族除赶街前来做买卖外，极少在这里居留，所以居民不多，只有两三万人，由姓方的土司统治着。芒市、遮放、勐板三个土司，又属潞西设治局（治所在勐戛）管辖。芒市这一带物产丰富，民情风俗淳厚，是十个土司管地中最富有的一个管地。英帝国主义早就觊觎这块地方，派传教士来广设教堂和慈善机构，把公路从缅甸修到芒市来，送小轿车给他们，还把方土司和遮放的多英培土司弄到英国去留学，给他们找太太。鼓励民众在山区种罂粟（鸦片烟），明眼人一看就知道，这全是帝国主义的侵略手段。日本人打来，他们又帮着统治，筹款筹粮，所以远征军打回来，他们就站不住脚都跑了。日军由于腾冲、松山、龙陵三大战役的失败，共伤亡损失兵力达五万余人（其中战死三万八千人），第五十六师团原有四万之众，现有残兵败将不过近万人。加之缅北的第十八、第五十三师团也被歼七成以上，英帕尔三个师团也损失三分之二以上，已经处于捉襟见肘之境地，再组织不起什么"断"二期作战了，只能采取且战且退的战术，只在三台山、勐戛、遮放、畹町留守一些兵力以迟滞我军行动而已。我军在芒市附近休整近一个月后展开了新的作战，第二军从勐戛攻遮放，截断敌三台山退路；第七十一军从芒市正面进攻三台山、南天寺几处据点。这时我们指挥所的工作轻松多了，汽车可以将物资运到各军师后勤兵站，我们只需办一个分派登记手续即可。战斗开始，我和张代澄、王伟等几个同事，常到外边看大炮发射，三个重炮团轮番射击，一天把几千发炮弹倾泻在三台山敌阵地上，硝烟四起，林木燃烧，之后步兵再逐步进攻，其中以南天寺之战最为激烈。日军借寺庙修有工事，虽被我军火力摧毁大部，但未死日军仍然顽抗。我军经休整之后，大不相同，锐不可当，争先恐后向敌发起一浪高过一浪的冲锋，仅两天时间，就把三台山所有敌人的阵地攻下。同时，第二军亦从勐戛攻克遮放，并分兵从南面攻三台山，完全切断敌军退路。少数未死的日军逃进密林之中，我军留下新三十九师钻林扫荡了好几天才将其肃清。大部队迅速向畹町推进，我们指挥所也紧跟着部队前进到遮放。从三台山到畹町黑山门，系遮放平坝，无险可守，因此我们的部队全推进到黑山门和回龙山一带。此时后勤工作更加好做，近千辆汽车日夜不停地运送各种军需品，只办一下转运手续就直送各军师后勤兵站，再没有吵吵嚷嚷争要东西的电话了。

畹町祝捷，1945年1月5日，罗参谋长喊张佩良和我同他一起，开着小吉普车风驰电掣般飞奔在遮畹公路上，38公里路很快就驶过，九点半在畹町坡头原资源委员会畹町办事处的操场坝里，举行收复畹町祝捷大会。我们到的最晚，大会已经开始了，大家正举手敬礼，看着中美两国国旗，冉冉升起，快到杆顶时，突然从九谷东面的回龙山上，打来几发炮弹，有的从旗杆旁飞落到山后面爆炸，有两发竟打中这边公路上停着的小车，小车顿时燃烧起来。会场一片大乱，大家各自奔向自己的汽车，我们的车停在最后面，驾驶兵已将车调好头，这下我们可跑在最前了，一溜烟跑回遮放。我心想：这次又该谁"背时"了。果然，后来驻印军与云南远征军在芒市胜利会师，中印公路打通，部队进行整编时，第二军被撤销，军长王凌云被撤职，调楚雄军官总队当总队长，部队补充到第六、第七十一军，这又是后话。听说卫长官返回芒市立即召开军事会议，把黄杰总司令，史宏烈、陈明仁、王凌云等军长，狠狠地训了一顿，还是萧毅肃参谋长从中缓解，才免使大家当面下不了台，但是严令十天内全部攻下回龙山、黑山门，否则军法从事。于是各部队又分派任务，一级压一级，迅即展开了轰轰烈烈的收复国土的最后一战。开头落尾结大瓜，这次的十万人大反攻，在三四十平方公里的中缅两国边界上展开，从回龙山到木姐瑞丽江边，以黑山门掏洞攻坚战最为艰苦。我在芒市见到第三十六师政治部的李科长，把他介绍给罗参谋长，大家都想拉关系，一谈就熟。这次三十六师主攻黑山门想扩大影响，特邀记者和有关方面首长观战，我也跟着去了，真是打得惨烈，几乎全是用火焰喷射器逐洞逐层烧光的。回龙山地域辽阔，虽没什么坚固阵地，但日军推着钢板制的活动堡垒迎战，山峦起伏，树林茂密，一片一片地搜索攻击也颇费时日，一直打到1月19日才算把日军全部赶到木姐、贵概以南去了。1945年1月20日，仍在畹町那个操场坝里，举行了隆重的收复国土的胜利祝捷大会，中美两国的云南远征军将领全部到会，千人的会场彩旗飞扬，锣鼓喧天，人人热情洋溢，欢欣鼓舞，相互祝贺，共庆胜利。一些部队继续前进。这时中国驻印军的新一军也攻克缅北重镇八莫、南坎向国境推进，一部与云南远征军于1月17日在缅甸的姆色会师，孙立人中将军长率领的新三十八师主力则于1月27日在缅北芒市会师，双方高级将领和美军索尔登中将等全部到场，举行了极为隆重的会师庆典和盛大的阅兵仪式。至此，中、缅、印公路全线打通，原滇缅公路改称中印公路，全长近两千公里。后来为纪念史迪威将军的功劳，中国当局将其命名为"史迪威公路"。中国唯一的国际路线又重新恢复通车了，美国的援华作战物资又源源不断从这条公路运到昆明，转到湘、桂、鄂前线。每月运送物资达四万吨以上，四五个月，就开来两万辆十轮大卡车，成立了40个汽车团，大大充实了反攻机动能力。我们分监部指挥所，在指挥运完打扫战场的物资和组织运送胜利之师的部队后，撤回芒市。在这期间，除处理总结统计上报等工作外，空余时间多了，几个人常到各处看热闹，如看着全机械化施工的那条大口径输油管，一天一个样，几天就铺过芒市坝。这条油管从印度的加尔各答印度洋边铺到昆明，共三千多公里长，是当时全世界最长的输油管，上坡用油泵打，下坡自流，沿线设了上百个防护站和油泵站，我们到昆明后几万辆汽车就是用这条管道输送来的汽油，这样伟大艰巨的工程只用了两年多时间就建成，不能不说是一种战争速度。鲜血结硕果。纵观中国抗日战争历史，许许多多大小战役无不表现了中华民族不屈不挠的斗志、坚韧不拔的毅力、忘我的牺牲精神，但都在强敌的冲杀下，最后以失败转移而告终，唯独这次远征印缅和滇西反攻，是取得完全彻底胜利的一次，而且是在国际友人面前英勇顽强奋战取得的。这次远征战役，在同盟国的相互支持下，中国远征军、驻印军先后抗击二十万日军，歼灭十余万敌人，中国亦以死伤十一万七千人的代价获得了盟国的支持和广泛的赞誉，承认中国为世界四强之一，共同倡议组织联合国发表宣言，各列强争相宣布废除一切在华特权和不平等条约，百年耻辱从此一雪，大国地位从此建立，"为有牺牲多壮志"，不经过民族牺牲奋斗是得不到的。

1945年高仁勋老照片

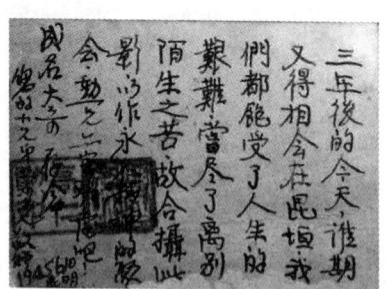

老照片背面题字

选编自印缅战区在蓉中国老兵《"二战"胜利五十周年纪念集》（未刊稿）

血战松山的敢死队员
——一个参加松山血战幸存老兵的点滴回忆

吴汉文（口述）　谭方德（整理）

我叫吴汉文，四川省秀山县（现属重庆管辖）人，我的家乡秀山位于四川、贵州、湖南三省交界处，山高林密，民风剽悍，历来是土匪绿林啸聚之所，土匪四处占山为王。当时秀山附近有两股势力很大的土匪武装，盘踞四面山一带，抗战爆发后他们接受了国民政府的改编，听说编入了我们第八军的第八十二师。

我是1940年3月在家乡参的军，当时第八军从前线返回，正在秀山一带休整，军部就驻在秀山城里，第一〇三师正在收编土匪武装。参军后我被编进第一〇三师第三〇七团，在该团迫击炮连当兵。第八军以贵州人居多，军长开始是黄埔军校一期生郑洞国，1943年郑洞国调往印度担任驻印军新一军军长，由副军长何绍周继任第八军军长。

参军后不久，第八军调往湖北，隶属陈诚任司令长官的第六战区。到达湖北后第八军驻守湖北沙市、宜都一带，担任拱卫陪都重庆的任务。在湖北期间，我随部队参加过一些战斗，印象最深的是保卫宜都和沙市的战斗。曾经两次负伤，第一次是在湖北老河口一带打游击，在一次遭遇战中臀部中弹；第二次是在武汉外围，右臂被鬼子手榴弹炸伤。

1943年秋第八军转隶中国远征军，奉命开赴云南，部队离开湖北，经过湖南、贵州，徒步行军到了云南南部的文山、蒙自、河口一线，担任滇南的防务，我们第一〇三师驻在文山一带。

当时正值汪精卫叛国投敌不久，汪精卫就是从重庆经昆明飞往越南河内的。越南原来是法国殖民地，现已被日军占领，日军以越南为基地，除了截断滇越铁路，还虎视眈眈威胁昆明，从河口就可沿铁路直达昆明。因此我们第八军驻守滇南，既可拱卫西南大后方，也暗含监视不大可靠的龙云部队第六十军。

在滇南驻防期间，还发生过第八军第八十二师暴乱，暴乱被平息后，参加暴乱的营团长都被判刑，部队才稳定下来。

在第八军中，第八十二师战斗力最弱，第八军官兵都知道，由抗战伤愈归队老兵组成的荣誉第一师最能打，其次就是我们第一〇三师战斗力强。

滇西大反攻开始后，我们第八军作为中国远征军的总预备队，陆续移往滇西，我们第一〇三师驻祥云、弥渡一带，第八十二师移往怒江边担任怒江江防，荣一师各部则担任保山云南驿机场的警卫。

1944年7月初，我记得是7月8日，我们第一〇三师奉命开往松山前线参加攻克松山的战斗，在这以前我们军的荣三团和第八十二师的第二四六团因为离松山较近已开但日军工事坚固异常，炮火很难摧毁日军工事。美军轰炸机虽然多次飞临松山上空，但密密的松树林却使飞行员无法发现目标。

在一次战斗中，小鬼子的一颗子弹从我右耳下打进，从后颈窝穿出，虽然流了很多血，但因是贯穿伤，没有生命危险，经过简单治疗和包扎后我没有下火线，依然在前线坚持战斗。

后来军里增派第三〇八团和第八十二师第二四六团各一部参加攻打滚龙坡的战斗，逐步攻占了滚龙坡的戊、己、甲几个高地，我们也攻下了壬高地和无名高地，打到8月初，终于攻下了滚龙坡，啃下了这块硬骨头。

顺便说一句，整座松山由大小几十座山头构成，当时中国军队对这些山头按照中国传统的天干地支法予以命名，比如松山主峰就以子高地命名，当然日本人是按他们的习惯命名。

8月20日，在松山主峰那边，我们军的工兵营挖掘了两条直通主峰子高地日军最大的那座堡垒下的隧洞，填埋了几吨TNT炸药，把顽抗的小鬼子轰上天，夺取了子高地。

我们第三〇七团攻下滚龙坡后，继续向北进攻，攻打一个叫大寨的日军据点。在一天深夜，我们团一个叫张学成的下士班长，带着几个弟兄摸进去，他发现一间房子亮出灯光，悄悄爬过去，扔了几颗手榴弹，再一阵冲锋枪扫射，打死几个开会的鬼子，缴获了日军第一一三联队的关防。

从7月初我们第八军开进松山地区后，打了整整一个月，伤亡了好几千弟兄，终于攻占了松山大部分地区，把残存不多的小鬼子逼到以黄土坡和黄家水井为核心的一小片地区。

这时候重庆最高统帅部通过远征军司令长官部下了死命令，要求我们第八军务必在国耻日（9月18日）前攻占整个松山，打通滇缅公路，支援龙陵会战。逾期不克，第八军军师团主官都要受到军法制裁。

我们第八军自开上松山以来，在滂沱大雨中苦战了一个多月，伤亡惨重，一个两千多人的团只剩下几百人，连伙夫、号兵和卫生连抬担架的这些勤杂兵都编进连队打仗。整座松山到处都是敌我双方的尸体，日晒雨淋，腐烂变质，臭气熏天。

尽管这样，军令如山，再艰苦也得无条件执行。

第一〇三师熊绶春师长下令，第三〇七团必须在9月4日黄昏前攻占黄家水井，否则军法从事。

第三〇七团程鹏团长集合部队训话，他慷慨激昂地说：今晚若不能占领黄家水井，无亮后我就在弟兄们面前自裁，请师部再派能干的团长领导弟兄们继续战斗。

程团长这番话让官兵们热血沸腾，大家纷纷表示要死一起死，我们跟着团长冲，哪怕都死在鬼子阵地前，决不退后一步。

有些兵把帽子一摔，敞开衣服拍得胸膛响：这腔热血就喷在鬼子阵地上。

为了加强第三〇七团的攻击力，熊师长把师属搜索连和工兵连全拨给第三〇七团，并以第三〇七团为主，在全师范围内抽调有战斗经验、身强体壮的官兵组成敢死队，突击黄家水井。

当时年轻气盛,被团长那番话一鼓动,我第一个报名参加敢死队,全团官兵踊跃报名,很快组成了一支 300 多人的敢死队,由程团长带领,作为前锋突击黄家水井。

战斗打响后,我军各种火器暴风雨般泼向敌人,在炮兵火力掩护下,敢死队呐喊着冲向黄家水井日军阵地,在日军疯狂顽抗下,冲锋路上敢死队员不断倒下,但活着的人毫不退缩,继续冲锋。

冲垮黄家水井外围敌阵,我们冲到日军核心阵地前,一群日本兵跳出来,挺着雪亮的刺刀向我们扑来。尽管我们的自动武器扫倒了一片日军,但剩下的小鬼子依然呀呀叫着与我们拼起了残酷的白刃战。一个面目狰狞的鬼子瞪起双眼,挺起枪刺恶狠狠地向我刺来,我用枪用力隔开他的刺刀,然后用我练习过的德式格斗法顺势猛抬右臂,想用枪托砸向他的面部,狡猾的鬼子侧身闪开,猛地举起刺刀向下,一下子就刺中我的右腿,顿时腿上鲜血长流。我忍住剧痛,心一横今天不是你死就是我亡,心里这样一想,腿伤也不那么疼了,双臂越来越有力,我们对刺了十几个回合,我终于抓住时机一刀戳进了鬼子的胸膛,这个鬼子倒下痛得满地乱滚,我又一刀捅进他的后背,消灭了这个凶恶的鬼子。

打到天亮,我们第三○七团终于完全占领了黄家水井,战后清查,阵地上除被我军炸塌的掩蔽部和火焰喷射器烧毁无法清点的鬼子尸体外,壕沟内外就有 100 多具日本兵尸体,并且生俘了 6 名小鬼子,缴获大炮 1 门、高射机枪 1 挺、三八式步枪无数。

攻下黄家水井后,我们团奉命坚守黄家水井既得阵地,防止日军反扑。第三○八团越过黄家水井,继续向马鹿塘进攻,荣一师和第八十二师部队扫荡黄土坡残敌。

我由于流血过多,伤势较重,马上被用担架抬到腊勐街,包扎后用汽车送往保山的美军野战医院治疗。

经过我第八军全军官兵的浴血奋战,终于在九一八国耻日之前,于 9 月 7 日歼灭松山全部日军,打下了日本鬼子叫嚣的中国军队永远也攻不下的松山要塞,光复了中国神圣的国土。

勇士血战南天门

谭方德

2015年8月下旬的一天,我们四川普善公益协会的志愿者陪同四川来的几位远征军老兵在凭吊松山战场和参观龙陵县抗战遗址后,结束了这一次七十年后老兵重返滇西故战场的活动。

午餐后,龙陵志愿者安排了两辆车送我们前往芒市,在芒市搭乘飞机到昆明。

两辆汽车冒着蒙蒙细雨开出龙陵,沿着杭瑞国道前往芒市。

志愿者同司机聊天,司机说前面就是南天门,过了这里便是德宏州境内。

坐在一旁的老兵余海均听到这里,突然冒了一句:"南天门?我在南天门打过仗。在南天门下的放马桥,我还击毁过日本人的一辆坦克。"

听老人这一说,大家全来了劲儿,都要余老讲讲当年的战斗故事。

余老想了一下,缓缓打开了话匣子:我原来不叫余海均,参军时的名字叫余绍乘。我是1921年出生的,现在整整九十四岁。我的家在四川省长宁县三元乡二十一保第三甲,从小就在家里务农。

我十六岁那年被抽丁入伍,被交到第四十五补充兵训练处,我们那批壮丁有三百多人,光三元乡就有几十人。在四十五补充兵训练处训练了一年。然后在长宁上船到了合江,继续开到了泸州,接着顺长江而下涪陵,差不多用了一个多月的时间到了重庆江北县的芭蕉湾继续整训,半年后整训结束,部队坐大卡车一直到了昆明。不久,我们就补充进云南整训的军队。我被分派到第五十四军的第三十六师,到了三十六师又分到下面的第一〇八团第二营第四连。我们师长叫李志鹏,团长叫李定陆,营长叫朱俊涛,连长叫许志棠。当时三十六师驻在大理北边的邓川,这里紧靠洱海,我们就在洱海边又训练了几个月,学习打枪开炮。我是连里的迫击炮手。

不久,部队奉命开拔,乘坐汽车经过大理来到了保山,中国远征军要开始大反攻。5月中旬,部队开到怒江边。过了几天,命令下来了,黄昏时候我跟随部队到了渡口,乘坐美国人提供的橡皮船顺利到了怒江西岸,接着便向高黎贡山进攻。第五十四军的一九八师打北斋公房,我们三十六师打南斋公房。

高黎贡山真高呀,到处都是密不见天的原始森林,就那么一条小路,又窄又陡,日本人早就修好了工事,等着我们进攻。打唐习山时死了好多弟兄,鲜血顺着山沟直往下流,一直流到怒江里。

打了好多天,死了不少人,还是无法打过去,于是部队避开南斋公房,将其转给新开上来的第五十三军打,我们师另走没有人走的小路,工兵在前面用刀开路,部队就这样披荆斩棘,艰难地往上爬。尽管当时已经是夏天,但高黎贡山顶还在下雪,山顶冷得要命，空气又稀薄，连喘气都困难。有一天晚上在山垭口，部队靠在路边休息，天亮时冻死了好几百人。我幸好当时还年轻，勉强挺过来了，幸亏美军空投了许多雨衣，不然还得冻死好多人。

后来师里调来第一〇六团支援，打开了垭口，我们翻过了高黎贡山，下到平原，经过几天激战终于打下了日军在腾北的坚固据点瓦甸街。

远征军打开高黎贡山后，沿着龙川江分道南下包围了腾冲城，我们一〇八团的三个营都驻扎在城东的飞凤山下一个叫草坝街的地方。有一天晚上轮到我值班当哨兵，半夜时我突然听见远处传来脚步声，仔细一听是皮鞋踩在地上的声音。那时候我们中国军队穷，都穿的草鞋，哪里还有大皮鞋。我紧张起来，知道是日本人趁夜偷袭，我架起机枪对着黑乎乎的人群一阵猛射，连里其他人也赶紧开枪。天亮后一看，两边沟里全被血水染红，但没有一具尸体，日军是不遗留尸体的，他们将尸体全拖走了。

几天后，开始攻打腾冲城，那时候来凤山、飞凤山都被攻下，山上架起了大炮，天上是美军的轰炸机，来来回回扔炸弹，地面上是大炮猛轰。几个师同时从东南西北几个方向攻城，整整打了三个多月，总算光复了腾冲，但我们有八千官兵阵亡。

打下腾冲后，我们三十六师马上集合起队伍，沿着腾龙公路南下支援第十一集团军攻打龙陵。我们三十六师本来就属于第十一集团军，宋希濂总司令是我们三十六师的第一任师长。第十一集团军打了两次龙陵都没有打下，主要是芒市的日军主力过来增援。

我们一开到龙陵，就马上投入战斗，首先攻打县城附近的三关坡，战斗打得非常惨烈，我们这个机枪排四十多个人，最后只剩我和刘大富两个人。战斗中，我亲眼看见日本一颗炮弹打过来，在班长蒋中义（也是四川人）面前爆炸，他被炸得血肉模糊，当场就阵亡了。蒋中义牺牲后，营里叫我当班长，阵地上就我们两个人。日本人又要进攻，刘大富说，就我们两个人，咋守得住？我们也撤下去吧。我说，那怎么办？丢失阵地，回去还得军法从事，肯定被枪毙，反正都是一死，死在战场上还有个光荣。于是我们坚守下来，靠着两挺机关枪挺了过来。

接着我们开到南天门，阻击从芒市过来的日军，掩护集团军全力攻打龙陵。

正说着，汽车停下来，原来南天门到了。

下车回头看，两座大山中夹着一个细窄的通道，真像一道门，公路就从这门缝里钻出来。

路边一条小山沟，从山上奔流下来浑浊的溪水。

余老指着左面的山梁说：那时候，我们就在这山上。前两次打龙陵坚守南天门的是第六军新三十九师。他们同日军主力打了几天，日本人又是轰炸，又是坦克开路，新三十九师死的差不多了，南天门才被攻破。南天门一打开，日军主力疯狂地冲过来，一直打到龙陵城下，对我军实行夹击，集团军只好再次撤离龙陵。

李师长下令，哪怕全师死光也要守住南天门，保证集团军打下龙陵。这次天上是我们的飞机，从头上飞过轰炸芒市到龙陵的公路。

日本人又开始进攻，照例是坦克打头阵，我们埋伏在山上，日本坦克从山沟里开过来，排长命令我瞄准前边的坦克打，说打掉了第一辆就把它堵死了，后面有再多的坦克也开不过来。

我算好距离，瞄准，一炮打过去，炮弹还真听话，一下子就打在坦克上，坦克立刻冒起了烟，它赶紧后退，却被后面那辆猛地撞上，两辆坦克都滚到了沟里。我趁势向坦克后面的日军步兵连放了十几枪，团里的轻重机枪、迫击炮，还有火箭弹，一起打过去，很快打垮了日军的进攻。

　　就这样，我们三十六师坚守在南天门，打退了日军一次又一次的进攻，当时腾冲和松山已经打下，大部队都过来了，重炮群也从怒江东岸跨过刚刚修复的惠通桥，赶来龙陵参战，打了三次的龙陵终于被攻下了。

　　余老指着放马桥下浑浊的洪水说：那时候，我们在山上往这里打，我的炮筒都打红了，日本鬼子在这桥上死了好多，连水都染红了。

　　余老深情地望着叠嶂的山峰说：当年我的阵地就在这里，可惜老了，再也爬不上去了。

　　他望着一直向南的公路，当年他们在打下龙陵后，就沿着脚下这条公路追击溃逃的日军，打芒市，克遮放，一直打到畹町，把日本鬼子赶出中国，同驻印军在缅甸芒市胜利会师。

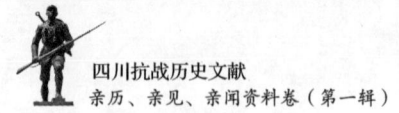

壮烈之战长忆松山
——老兵晚年忆抗战

刘中柱（启然）

一、全国军民奋起抗战

1937年日本竟悍然向我国发起全面进攻，许多青年义愤填膺，从戎报国。我与家兄刘启烈及弟刘启熙三人先后都参军踏上了征程。

我族名刘启然，出生于1920年3月5日，籍贯四川省合川县（今重庆市合川区），1941年黄埔军校应抗战需要扩大招生，我经考试被录取，编入第十八期十四总队二大队五中队，经过学科术科三年学习，于1943年毕业分配在远征军第八军，直接任排长。

刘中柱

二、中国远征军概况

抗战时期有正面和敌后两大战场，正面战场除有十个战区外，还有滇、缅、印开辟的国际性盟军大战场。1941年12月至1942年8月，中国派出远征军十万人赴缅甸作战（史称第一阶段远征军），司令长官罗卓英、副司令长官杜聿明，配第五军（军长杜聿明兼）、第六军（军长甘丽初）、第六十六军（军长张轸）等赴缅与日军作战，但终以盟军之间协调不善和补给滞后而失败，以致英、美盟军撤往印度，中国远征军亦兵分两路撤离：一路是新三十八师师长孙立人率四千余人，新二十二师师长廖耀湘率五千余人先后撤到了印度，其余在缅甸的远征军损失惨重，全部撤回国内整补。

就在上述军队撤退的时候，日军乘势猛追到滇西，妄图从云南进攻陪都重庆。我军急忙炸毁惠通桥和惠人桥——双方凭怒江天险相持对峙两年多。在此时期，日军在松山、腾冲、龙陵修建了坚固的永久性工事，作为进攻和防守的基地，我军则在此时积蓄力量准备大反攻。

1943年4月，我国以第十一、第二十两个集团军十二万人，与撤回国的新二十八师等重建远征军（史称第二阶段远征军），司令长官陈诚（先）、卫立煌（后），副长官黄琪翔。第二十集团军总司令霍揆彰下辖第五十三军、五十四军和第八军，主要负责攻腾冲；第十一集团军总司令宋希濂辖第二军、第六军、第七十一军及一个游击师，主要任务是攻松山和龙陵，两集团军攻克目标后，继续扩大战果不断推进。

三、远征军第八军激战克松山

第八军是在第一次国共合作时期成立的,参加过东征和北伐,抗战时在淞沪、武汉、长沙等地作战,唐生智、卫立煌、郑洞国等名将担任过第八军军长。我被分配去时是何绍周当军长,李弥为副军长,下辖荣誉一师、八十二师、一〇三师。我到军部不久,又被派到一〇三师(师长熊绶春)三〇七团(团长程鹏)第一营(营长刘家骥)第三连先当排长后升为连长。

松山与龙陵、腾冲呈掎角之势,紧靠腊勐,相传这一带是蜀汉诸葛亮平乱地区之一,海拔 2600 多米,植被繁茂,大树参天,扼怒江和滇缅国道之咽喉,是当时我国通往国际的唯一通道。日军自 1942 年占据松山,便在那里修筑了非常坚固的堡垒式工事,完工后以十架日机试炸,内部居然无损,它不但是支撑滇缅日军的战略重地,也是进攻陪都重庆的军事基地,日本称它是"东方马其诺防线",狂言"中国军队若不抛下十万尸体休想攻克松山"。

1944 年 5 月松山攻坚战打响,先是新二十八师进攻,经过艰难苦战攻下了腊勐,但在攻竹子坡时,伤亡太大无进展。远征军长官卫立煌令新二十八师回头去参加围攻龙陵,让第八军去攻松山,并限于 9 月 18 日前必须攻克,以利于后面腾冲和龙陵的战事。

5 月底,在敌我双方炮战之下,我第八军一面以橡皮艇渡江,一面抢修惠通桥,水陆并进完成渡江,接替了新二十八师进攻松山的任务,随后立即派遣部队堵死松山各处要隘,防止敌人增援和逃窜。不久,何军长便下总攻令,以百门大炮上万发炮弹轰击敌阵,各师、团、营、连随弹幕开路进攻。我连随三〇七团第一营冲到滚龙坡时遭到了隐蔽敌堡的密集射击,伤亡甚大。营长命令且战且转,伺机再攻。荣誉一师第三团随弹幕直冲到山上敌主阵地,原想迅猛奇袭、中心开花擒贼王,不料入了敌人火力圈,火舌如织,群堡齐射,拼命战了一个昼夜,黎明回到原地时已不满一班人了。由此可见战事的艰险与惨烈。

于是,军部调整战术,派出多批侦察小组在全山进行潜隐式火力侦察,发现了日军三十多处隐蔽暗堡,且其堡与堡间有交通壕相通,可以互相支持。军部便以大炮轰毁敌人交通壕,再以"剥笋"战术层层推进,攻下一处立筑简易工事立足,步步为营,逐步推进,有进无退。

我连随大炮弹幕前进,在机枪掩护下,派突击班轮番用手榴弹和炸药包去袭敌堡,斩获虽有,伤亡亦多,只好回到战壕待机再攻。

换防后,有一次我连奉令组成侦察小组往大垭口侦察,途中意外地与敌一个小分队遭遇。我下令捉住俘虏有赏,全连迅速展开包抄袭击。敌人顽强抵抗,战斗结束后敌小队 15 个日本鬼子全部被击毙了,我连牺牲三人。令我最痛心的是,一名作战灵活的安岳籍士兵李刚阵亡,还有一名准备提升排长的南充人张凯阵亡。张凯是一名神枪手,可用步枪击落飞动中的麻雀,在阻击战中消灭敌人百发百中。

黄家井水和马鹿塘是日军战略重点和汲取用水的地方,由包括我连在内的三〇七团去攻击,经昼夜拼杀,却几得几失,在激战中副团长陈一匡壮烈牺牲,军部高参王光炜和第一营长刘家骥均受伤,我连伤亡尤甚。战至最后,三〇八、二四六团派出增援部队合力猛攻,共打死日军六百多人,终于攻克了该要地。

松山的子高地,是日军大型地堡之一,由我连和全营去进攻,正得手时,突冒出一批日机凌空轰炸和扫射,我军以高射炮猛打,美国盟军飞机也及时来驱歼。一阵空战,打伤日机多架,其中一架冒烟坠毁,余者仓皇逃跑,这时我营便乘势攻克了该高地。

后来,军部又调整战术。先以大量迫击炮弹阻断敌人后援,再以步兵保护山炮前移。我连也掩护一个炮组,防止日军闪袭突袭。山炮在炮击时,更引发敌堡内弹药猛炸,真是突显了大炮的威力。这时未被炸死的日军窜出堡垒来拼命夺大炮,却遭遇我连和机枪连的密集射击,我连乘势攻克敌地堡。

不过,这种战术虽收奇效,但是不宜常用。后来军部便启用美制火焰喷射器,当时这种秘密武器日军尚未见闻过。在攻打本道敌堡时,由包括我连在内的一〇三师三〇七团挑选出精干人员,编成八个突击小组,带着火焰喷射器,先以炮兵断后和开路,再以机枪掩护。突击组匍匐至敌堡约50米时,向堡内喷射火焰,一条条又长又粗的火龙,势不可阻地窜进敌堡,顷刻之间,烧得日本鬼子鬼哭狼嚎。又因高温引起堡内弹药爆炸,像炸米花般炸死日军,有的未被炸死烧死的鬼子冲出堡来拼命,却被我机枪扫射而亡。我连与三〇七团便攻克了本道敌堡,而八十二师、荣誉一师同时使用此种武器,也大有斩获。全军便节节推进,处处修筑战壕,最后目的是围困和全歼日军。

夏季的松山,常下大雨,第八军的官兵们常常被浸泡在积有泥水、血水、尸水的战壕里,既要时时警惕敌人的逆袭,又要随时准备袭击敌人。湿衣常被体温捂干,刚干不久又遭雨水淋透。山上蚊虫又多,我和许多战士都患过疟疾,虽服奎宁暂时缓解,但却时时复发,只得常服此种药品。这种恶疾威胁着官兵生命,我当时因服药物过多,听力受损,以致留下后遗症至今未愈。

有一次全军发动总攻,八十二师二四六团一营去攻打日军G堡垒时,未料误入敌人群堡火力圈,进退皆难,战至当晚,全营官兵仅剩二十多人,营长谢梦熊壮烈牺牲。当我读到这一战报时,对我军在战场上的所有牺牲者均表至高的崇敬,而对日军的狡诈和凶残则是切齿的愤恨。

不论日军多么狡诈和顽固,我军不断调整战略战术,终于推进到敌人的中央主堡阵前了。这主堡异常坚固,可以进出坦克,我军总攻两次,牺牲不少而无进展。长官以怒江东岸的重炮群和西岸的120毫米榴弹炮群以及军、师、团的炮火齐轰,再由美国盟军的飞机投掷若干1000磅重的炸弹,当炮火和飞机停止轰炸,我军去进攻时,主堡的机关枪、速射炮、火箭炮、枪榴弹等从主堡密集射出,我军付出重大伤亡,仍未攻下主堡垒。

为此,我军便研定了另一种打法,8月10日以大炮继续轰击,步兵不断佯攻,工兵却在山腰向敌主堡的位置从地下秘密掘坑道。至19日坑道掘成,立即以6吨TNT炸药填进坑道内的两个药室,再以麻袋装土填实坑道。20日拂晓,全军一齐佯攻,炮声、枪声、呐喊声震耳欲聋,摆出一副决战姿态,意在吸引更多的日军都到中央敌堡来。上午十一时左右,佯攻部队迅速撤回,总指挥手旗一挥,只见子高地敌主堡处两股黑烟突然冒起,直冲云霄,随即传来沉闷的爆炸声,四周山堡似在微动,回声似闷雷在山谷回荡。当我率领全连随着大军一起冲上山顶时,见主堡位置已变成了直径约40米、深约15米的两个大坑，炸死日军不计其数，敌枪炮弹药还有散落在周围的。奇怪的是，山坡上残留着一个火堆，火堆周围有人的头发、手臂、掌骨等，好像是日本人食人肉后的剩余物。

此时，山顶一些敌人一时也被炸懵了，但一回过神来，又顽固抵抗。我军则气势如虹，一阵猛击扫射，将其歼灭，并将西山、横股敌堡迅速攻克。至9月7日清扫战场止，已全部攻克了松山，除将日军松山守备司令官金光惠次郎及其以下的日军全部歼灭外，并俘虏了24个日本兵。另有16人举起白旗来投降，他们中有8人是缅甸的伙夫，有8名是慰安妇。

战斗结束，评功授奖，我得干城奖。

四、攻克松山的重要意义

第一，由于攻克松山，全部消灭了日本守军，拉开了滇缅大反攻的胜利序幕，大振了我国军队的士气，也动摇了日本的军心。仅一周左右，第二十集团军便攻克了腾冲，第十一集团军不久也攻克了龙陵，从此，远征军气壮山河，每攻必克，紧接着便攻克了芒市、遮放、畹町、芒友等重镇，为与中国驻印军会师奠定了基础。

第二，由于松山日军全军被歼，致滇西日军迅速崩溃，使滇西与驻印的两支远征军得以迅速会师，帮助英国盟军在缅甸收复了大小五十余座城镇，英盟总司令亚力山大将军说："攻克松山是东方诺曼底大捷，为打败日本法西斯开了个好头。"

第三，打通了中、缅、印的国际通道，从此，以万吨计的物资源源流向国内，有力地支援了抗战和建设。

第四，何绍周团长在连长以上的干部会上总结松山之役说，我军在松山激战了三个多月，全部消灭了松山的日军，这是滇西大反攻之首胜，但在松山我们也伤亡了16000多人（新二十八师伤1000余人，亡3000余人；第八军伤4000余人，亡7000余人），这些官兵的血染红了松山，足以说明中华儿女捍卫国土的英勇精神。后来我回忆松山之役时，不禁写下一诗：

> 松山啊，松山，
> 血染的山，英雄的山！
> "二战"耀眼的一页，抗战鲜红的章篇！
> 中华儿女永远记惦！

由于松山战役中就地掩埋了以万计的官兵遗体，这些英雄们永别父母妻儿在山上长眠，而今清明时节，有两岸同胞和包括我儿子（刘克天）在内的老兵后代前往松山、腾冲、龙陵等地去祭吊抗战先烈。昔日的战场，今已成为爱国教育旅游地了，意义深远。

五、胜利后我的裁军转业、起义和参加建设

第八军攻克松山，又参加龙陵、芒市等战役，至1945年8月15日，日本宣布投降，我国抗战胜利了！当时我们与当地群众听后都跳跃相庆。但不久即大量裁军，第八军被裁为整编第八师，我被裁后先被分配到乐山县警察局，后调至四川省保安司令部人

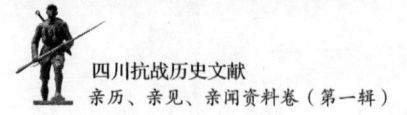

事室担任铨叙工作，至 1949 年 12 月 23 日随该部起义。

起义后，我考入西南合作干部训练班第一班，1951 年毕业被分配至西南军事委员会合作事业管理局工作。曾率领工作组到长寿县傅何乡组建起川东第一个供销合作社，后在供应经理部负责化肥经营工作并兼局机关中苏友好协会会长。后调四川省供销合作社成立的四川省农资公司工作。我在上述工作单位，曾多次被评为先进工作者，直到 1985 年 65 岁退休。

六、为两岸和平统一事业而努力

退休后受聘成都市工商局荷花池市场管理处，编辑《市场报》。曾先后担任成都市武侯区、青羊区、成华区的政协文史研究员，共撰写了 18 篇文史资料。其中《泸州"还我河山"摩崖写刻经过》一文，荣获中共成都市委宣传部二等奖，并颁发证书。在担任成都民俗文学研究会理事时，参加编写《成都沙河话古今》。此外，还编写过《合川刘氏谱牒》《海峡两岸话家谱》《温故集》等书。

我有三代亲人和不少黄埔同学居于台湾。为促进和平统一事业，我参加了黄埔军校同学会，以方便两岸黄埔同学交往。千禧年后，我被选为黄埔军校同学会全国总会第四、五届代表和四川省黄埔军校同学会第四、五届理事兼成都市成华区联络组负责人，其间曾参加编辑《黄埔军校建校八十周年纪念册》（精装本），其中载有我整理编写约四万字的《黄埔军校简史》随册流传于国内外。

令我倍感激动的是，2015 年我被遴选为四川五位抗战老兵代表之一，到京参加纪念中国人民抗日战争暨世界反法西斯战争胜利七十周年阅兵，受到非常的关爱和礼遇。9 月 3 日我同来自全国的 125 名抗战老兵分乘 12 辆阅兵专车最先安排受阅（我编座在第二排的左一位），车队缓缓经过天安门受习主席检阅。回到首都大酒店又收到参加盛典的荣誉证书等，即兴之中写诗述怀：

    进京参阅万里行，一路关爱最情深。
    回首抗战人已老，枯木盛世又逢春。
    阅兵震撼风雷荡，维护史事为和平。
    国力军力大展现，彰显华发筑梦人。

在参加阅兵前后期间，我曾受到新华社、人民日报、中国青年报、华西都市报、成都商报等近二十家媒体采访。

回忆抗战，虽经无数艰险，多次与死神擦肩而过，但是终于幸运尚存。抗战乃是每个中华儿女应尽之责，所以我一直无怨无悔。而今已至望百之年，欣逢全面深化改革盛世，实为晚年的幸福。但是如果有外国来侵略，我们的后代必会坚决以抗击，中华民族一定会复兴，但愿世界永久和平！

本文写于 2015 年 10 月